KRIEGS-
VERBRECHEN

Die Originalausgabe erschien 1999 bei W.W. Norton & Company, London, unter dem Titel „Crimes of War: What the Public Should Know".

Copyright © 1999 by Crimes of War Project

Konzept: Gilles Peress
Redaktion: Roy Gutman und David Rieff
Juristisches Fachlektorat: Kenneth Anderson
Militärrechtliche Beratung: General A.P.V. Rogers
Allgemeine Beratung: Ron Goldfarb
Projektmanagerin: Peggy Lampl
Stellvertretender Projektmanager: Alan Dorsey
Design: Jeff Streeper mit Brooke Hellewell
Bildredaktion und -recherche: Sheryl A. Mendez

Die Deutsche Bibliothek – CIP-Einheitstitelaufnahme
Ein Titeldatensatz für diese Publikation ist bei der
Deutschen Bibliothek erhältlich

© Deutsche Verlags-Anstalt GmbH, Stuttgart München
1. Auflage Februar 2000
2. Auflage April 2000
Alle Rechte vorbehalten
Übersetzung: SWB Communications, Isabel Sterner
Redaktion: SWB Communications, Dr. Heinrich Jaus
Satz: SWB Communications, Marbach, und INKA Satz & Grafik, Rudersberg
Gesetzt in Officina Sans (QuarkXPress)
Umschlaggestaltung: Susanne Gerhards, Düsseldorf
Druck und Bindearbeiten: Friedrich Pustet, Regensburg
Diese Ausgabe wurde auf chlor- und säurefrei gebleichtem,
alterungsbeständigem Papier gedruckt.

Printed in Germany

ISBN 3-421-05343-X

KRIEGS-VERBRECHEN

WAS JEDER WISSEN SOLLTE

Herausgegeben von Roy Gutman und David Rieff
Juristisches Fachlektorat: Kenneth Anderson

Inhalt

8	**Einführung** Roy Gutmann und David Rieff
15	**Vorwort** Richard Goldstone
20	**Das humanitäre Völkerrecht: Ein Überblick** Lawrence Weschler

A

28	**Aggression** Steven R. Ratner
30	**Apartheid** Steven R. Ratner
33	**Der arabisch-israelische Krieg** Benny Morris
45	**Israels Auffassung zur Anwendung des humanitären Völkerrechts auf der Westbank und im Gazastreifen** Kenneth Anderson
47	**Aufhetzung zum Völkermord** Colette Broeckman
51	**Ausbildung im humanitären Völkerrecht** Michael H. Hoffman
52	**Aushungerung** Marita Vihervuori
55	**Außer Gefecht gesetzt** Kurt Schork

B

60	**Begrenzter Krieg** Peter Rowe
61	**Belagerung** Tom Gjelten
64	**Besetzung** Caryle Murphy
67	**Biologische Experimente** Sheldon H. Harris
71	**Biologische Waffen** Terence Taylor
74	**Blockade als Kriegshandlung** Christopher Greenwood
76	**Bosnien** Florence Hartmann
84	**Bürgerkrieg** A.P.V. Rogers
87	**Bürgerwehren** Ewen Allison und Robert K. Goldman

C

90	**Chemische Waffen** Peter Pringle

D

94	**Deportation** Roy Gutman

E

98	**Eigentum: Willkürliche Zerstörung** Victoria Brittain

101 **Eigentum: Zerstörung von Zivileigentum** Amira Haas
105 **Ethnische Säuberung** Roger Cohen
109 **Evakuierung von Zivilpersonen aus dem Kampfgebiet** H. Wayne Elliott
113 **Exekutionen, außergerichtliche** Don Oberdorfer
117 **Exekutionen, außergerichtliche: Die Kamera als Zeuge** Alec Levac

F

120 **Flächenbombardierung** Horst Fischer
123 **Flüchtlinge, Rechte der** David Rieff
127 **Folter** Nicole Pope
130 **Freie Feuerzonen** Lewis M. Simons
133 **Freiheitsentzug der Zivilbevölkerung** Ewen Allison und Robert K. Goldman

G

136 **Gefährliche Kräfte: Dämme, Deiche und Atomkraftwerke** Erich Rathfelder
138 **Geiseln** Sean Maguire
141 **Gerechter und ungerechter Krieg** Karma Nabulsi
143 **Gerichtsmedizinische Untersuchung von Kriegsverbrechen** David Rohde
147 **Geschützte Personen** Heike Spieker
149 **Gesundheitsfürsorge** Eric Stover
152 **Gewohnheitsrecht** Theodor Meron
154 **Giftwaffen** Gwynne Roberts
158 **Der Golfkrieg** Frank Smyth
166 **Grauzonen im humanitären Völkerrecht** Ewen Allison und Robert K. Goldman
168 **Guerilla** Jon Lee Anderson

H

174 **Heimtücke und Verrat** David Rohde
177 **Humanitäre Hilfe, Behinderung der** David Rieff
180 **Humanitäre Intervention** David Rieff

I

186 **Identifikation** H. Wayne Elliott
188 **Immunität vor Angriffen** Emma Daly
191 **Internationale Humanitäre Ermittlungskommission** Frits Kalshoven
192 **Internationales Komitee vom Roten Kreuz (IKRK)** Michael Ignatieff
196 **Interne Vertreibung** Maud S. Beelman
200 **Iran und Irak, der Krieg 1980–1988** Jonathan C. Randal
209 **Irreguläre Streitkräfte** Ewen Allison
210 **Ius ad bellum / Ius in bello** Karma Nabulsi

J

214 **Journalisten, Schutz von** William A. Orme, jr.
217 **Journalisten in Gefahr** Frank Smyth

K

220 **Kambodscha** Sydney Schanberg
230 **Kindersoldaten** Anna Cataldi
233 **Kindersoldaten: Kinder als Killer** Corinne Dufka
235 **Kollateralschäden** Horst Fischer
237 **Kollektivstrafen** Daoud Kuttab
241 **Kolumbien** Douglas Farah
247 **Kombattantenstatus** A.P.V. Rogers
248 **Konzentrationslager** Ed Vulliamy

254	**Kranke und Verwundete** *Eric Stover*	329	**Parlamentäre** *Ewen Allison*
257	**Krankenhäuser** *Charles Lane*	330	**Plünderung** *Thomas Goltz*
261	**Kriegsgefangene, Nicht-Repatriierung von** *Mark Huband*		**R**
263	**Kriegsgefangenenlager** *H. Wayne Elliott*	336	**Rechtliches Gehör** *Gideon Levy*
268	**Kriegshandlung** *David Turns*	340	**Rechtswidrige Gefangenhaltung** *Ed Vulliamy*
269	**Kriegsverbrechen, Kategorien von** *Steven R. Ratner*	345	**Rechtswidrige oder verbotene Handlungen** *Ewen Allison und Robert K. Goldman*
273	**Kulturgut und geschichtliche Denkmäler** *Peter Maass*	346	**Repressalien** *Frits Kalshoven*
276	**Kuwait und seine Ölquellen** *Robert Block*	348	**Rotes Kreuz / Roter Halbmond, Zeichen des** *Christian Jennings*
	L	351	**Ruanda – der Völkermord** *Mark Huband*
280	**Legitime militärische Ziele** *Gaby Rado*	356	**Ruanda – Flüchtlinge und Beteiligte am Völkermord** *Lindsey Hilsum*
284	**Liberia** *Mark Huband*		**S**
	M	362	**Sanitätspersonal** *Eric Stover*
292	**Massengräber** *Elizabeth Neuffer*	363	**Sanitätstransporte** *Michael Ignatieff*
296	**Medizinische Experimente an Kriegsgefangenen** *Sheldon B. Harris*	365	**Sanktionen** *Tom Gjelten*
298	**Militärische Notwendigkeit** *Françoise Hampton*	367	**Schutzschilde, menschliche** *Robert Block*
300	**Militärische Ziele** *Hamilton DeSaussure*	371	**Sexuelle Gewalt** *Tom Shanker*
304	**Minen** *John Ryle*	376	**Sexuelle Gewalt: Systematische Vergewaltigungen** *Alexandra Stiglmayer*
	N	378	**Sexuelle Gewalt: Versklavung und Zwangsprostitution** *George Rodrigue*
308	**Die NATO und die Genfer Konventionen** *Roy Gutman*	381	**Sicherheitszonen** *Adam Roberts*
311	**Nötigung zum Dienst für das Militär** *Patrick J. Sloyan*	383	**Sklaverei** *Pierre Richard*
314	**Nuklearwaffen** *Burrus M. Carnahan*	386	**Soldaten, Rechte der** *Peter Rowe*
	O	389	**Söldner** *Elizabeth Rubin*
318	**Opfer, Rechte der** *Lindsey Hilsum*	393	**Status einer kriegführenden Partei** *Ewen Allison und Robert K. Goldman*
	P		**T**
322	**Paramilitärs** *Christiane Amanpour*	396	**Terrorismus** *Rich Mkhondo*
326	**Pardon, kein Gewähren von** *Christiane Amanpour*	400	**Terrorismus gegen Zivilpersonen** *Serge Schmemann*

402 **Todesschwadronen** Jean-Marie Simon
405 **Töten als Repressalie** Kenneth Anderson
408 **Totaler Krieg** Peter Rowe
410 **Tote und Verwundete** H. Wayne Elliott
413 **Tschetschenien** Barry Renfrew

U

422 **Umweltzerstörung als Mittel der Kriegführung** Mark Perry und Ed Miles
425 **Universelle Gerichtsbarkeit** Françoise Hampton
427 **Unterschiedsloser Angriff** Roy Gutman und Daoud Kuttab
431 **Unterschiedsloser Angriff: Arten**
432 **Unverteidigte Städte** Adam Roberts

V

436 **Verantwortlichkeit der Vorgesetzten** Nomi Bar-Yacoov
439 **Verbrechen gegen den Frieden** Stephen R. Ratner
441 **Verbrechen gegen die Menschlichkeit** M. Cherif Bassiouni
444 **Die Vereinten Nationen und die Genfer Konventionen** Roy Gutman
448 **Verfolgung aus politischen, rassischen oder religiösen Gründen** William Shawcross
453 **Verhältnismäßigkeit, Grundsatz der** Horst Fischer
455 **Verschickung von Zivilpersonen** Thomas Goltz
457 **Verschwindenlassen von Personen** Corinne Dufka
460 **Völkermord** Diane F. Orentlicher
466 **Volksaufgebot** Karma Nabulsi
468 **Vorsätzliches Töten** Peter Maass
470 **Vorsätzlichkeit** A.P.V. Rogers

W

474 **Waffen** Burrus Carnaham
477 **Waffenstillstand** Howard S. Levie
480 **Wasserversorgung und Wasserwerke, Zerstörung von** Emma Daly
482 **Willkürliche Zerstörung** Jeremy Bowen

Z

486 **Zivilpersonen, Immunität von** Heike Spieker
488 **Zivilpersonen, Rechtswidrige Angriffe auf** Joel Greenberg
492 **Zivilschutz** Heike Spieker
494 **Zwangsabschiebung von Flüchtlingen (Refoulement)** David Rieff
497 **Zwangsarbeit** John Ryle
501 **Zwischenstaatliche im Vergleich mit innerstaatlichen Konflikten** Steven R. Ratner

503 **Der gemeinsame Artikel 3 der vier Genfer Konventionen vom 12. August 1949**
504 **Nachwort** Kenneth Anderson
507 **Hinweis zum Recht und zu den rechtlichen Begriffen** Alan Dorsey
507 **Wichtige Übereinkünfte des humanitären Völkerrechts**
510 **Weiterführende Literatur**
510 **Rechtsquellen online**
511 **Mitwirkende**
523 **Danksagung** Roy Gutman
526 **Register**

EINFÜHRUNG

Roy Gutman und David Rieff

Anfang der neunziger Jahre, als sich die Führer der westlichen Welt noch zum Ende des Kommunismus und dem Fall des sowjetischen Reiches gratulierten, begann die Sicherheitsstruktur, die zum Eintritt dieser Ereignisse beigetragen hatte, zu zerfallen. Das Nordatlantische Bündnis unter der Leitung der Amerikaner, vier Jahrzehnte lang wirkungsvolles Gegengewicht zur russischen Vorherrschaft in Osteuropa, erwies sich als unfähig, mit einem einzigen jugoslawischen Despoten, Slobodan Milosevic, fertigzuwerden. Das Bündnis, das der Gefahr einer nuklearen Apokalypse gegenübergestanden hatte, sah sich außerstande, eine schlüssige Reaktion auf einen kleinen, mit konventionellen Mitteln ausgetragenen Konflikt in Südosteuropa zu zeigen.

Der Krieg war auf den europäischen Kontinent zurückgekehrt. Zunächst in Kroatien und dann in Bosnien wurde er anscheinend ohne die Beachtung der Regeln der Kriegführung ausgetragen, die im Gefolge des Zweiten Weltkriegs und des Holocaust aufgestellt worden waren. Diese Regeln für das Verhalten im Krieg bildeten einen weniger bekannten Bestandteil der nach 1945 entstandenen Architektur der internationalen Sicherheit. Sie standen für die Bemühung, eine Wiederholung der schlimmsten Ausschreitungen des Zweiten Weltkriegs zu verhindern: die Konzentrationslager, die Massendeportationen, die Bombardierungen zur Verbreitung des Schreckens unter der Zivilbevölkerung. Mit diesen Regeln in der Hand konnten die Nachkriegsregierungen in Europa und Nordamerika ihren Völkern wenigstens versichern, daß die Lektionen gelernt und neue Normen errichtet worden waren.

Es ist keine Übertreibung zu sagen, daß diese Verhaltensmaßregeln sogar im Falle eines Krieges einen Schutzwall zwischen Zivilisation und Barbarei bilden sollten. Die Nürnberger Prozesse von 1945 schrieben das Prinzip fest, daß es so etwas wie Verbrechen gegen die Menschlichkeit gibt, systematische Verbrechen gegen Zivilpersonen, die zwar innerhalb eines Landes begangen, aber auch anderswo gerichtlich verfolgt werden können. Die Konvention gegen Völkermord von 1948 wies diesem schlimmsten Verbrechen des Verbrechenskatalogs eine rechtliche Bedeutung und Rechtskraft zu. Die Genfer Konventionen von 1949 kodifizierten die Regeln in Kriegen zwischen Staaten und entwickelten sie weiter, wobei zwischen rechtmäßigem Verhalten und unerlaubten und strafbaren Handlungen im Krieg unterschieden wurde. Zusammen mit den zwei Zusatzprotokollen von 1977 bilden die Genfer Konventionen die zentrale Sammlung von allgemein anerkannten Regeln zur Kriegführung. Wissenschaftler und humanitäre Organisationen, die den Schutz von Nicht-Kombattanten nach diesem Recht betonen wollen, bezeichnen dieses Gebiet als „Humanitäres Völkerrecht". Das Militär spricht lieber von Kriegsrecht und bezieht in diese Definition die Problematik der Ursachen von Kriegen mit ein.

In den wohlhabenden westlichen Ländern haben sich die Regeln des humanitären Völkerrechts etabliert, nachdem die teilweise grausamen Kolonialkriege erst einmal vorbei waren. Man vergleiche nur einmal zum Beispiel das militärische Verhalten Amerikas in Vietnam, wo gegen viele Normen des humanitären Völkerrechts verstoßen wurde, mit seinem Versuch, diese Normen im Golfkrieg gewissenhaft einzuhalten. Leider haben sich die Konflikte in die arme Welt verlagert, wo dieses Rechtssystem von Regierungen und Aufständischen regelmäßig ignoriert wird. Und in der Zeit unmittelbar nach dem Ende des Kalten Krieges fühlte sich keine bedeutende westliche Macht für die Konflikte in der Dritten Welt zuständig, solange es nicht um Öl ging.

Es ist daher kaum verwunderlich, daß die Struktur des humanitären Völkerrechts weniger als zwei Jahre nach dem Fall der Berliner Mauer vor dem Zusammenbruch zu stehen schien. Es brauchte erst einen Krieg in Europa – Kroatien 1991 – um das Interesse der Öffentlichkeit wachzurütteln. Der Krieg in Bosnien-Herzegowina (1992), die Völkermorde in Ruanda (1994) und Tschetschenien (1995) sorgten dafür, daß die Alarmglocken noch lauter schrillten, auch wenn sie schon weit früher hätten losgehen sollen.

Der Auslöser war Bosnien. Mitten im „zivilisierten" Europa hatten serbische Streitkräfte Konzentrationslager eingerichtet, deportierten Nicht-Serben in Viehwagen, zerstörten Städte und Dörfer, organisierten die systematische Vergewaltigung kroatischer und muslimischer Frauen und gingen im Namen einer „ethnischen Säuberung" gegen Zivilpersonen vor. Das große westliche Bündnis sah tatenlos zu, und ohne das grelle Licht der Medien, wie bereits über zwei Jahrzehnte zuvor in Vietnam, ohne den Aufschrei der Öffentlichkeit in Westeuropa und Nordamerika wäre die Barbarei vielleicht noch endlos weitergegangen.

Als Reaktion auf diesen Aufschrei der Öffentlichkeit schickten einflußreiche Mächte Nahrungsmittel und Medikamente und entsandten UN-Streitkräfte zur Beaufsichtigung der Hilfsgüterverteilung, dies aber eher im Bestreben, die öffentliche Meinung zu beschwichtigen, denn als politische Antwort auf die Ursache dieser von Menschen herbeigeführten Katastrophe. Verspätet – und lange, nachdem die schlimmsten Verbrechen bereits begangen worden waren – wurden die ersten Kriegsverbrechertribunale seit Nürnberg eingerichtet, erst für Bosnien und dann auch für Ruanda. Dies geschah zumindest teilweise als Reaktion auf den Druck von Menschenrechtsorganisationen, Hilfsorganisationen, religiösen und anderen nichtstaatlichen Organisationen und Nachrichtenmedien.

Das war an sich schon etwas ganz Neues. Zwar können nichtstaatliche Organisationen und engagierte Einzelpersonen zu Recht für sich in Anspruch nehmen, 1948 die Allgemeine Menschenrechtserklärung der UNO und die Konvention zum Völkermord konzipiert, aufgesetzt und angenommen zu haben, doch traditionell hat die Öffentlichkeit bei der Eindämmung von Kriegsverbrechen kaum eine Rolle gespielt. Die Anwendung internationaler Normen war stets Sache der Regierungen, des Militärs und des in Genf ansässigen Internationalen Komitees vom Roten Kreuz, das seit über einem Jahrhundert bei der Aufstellung, Überwachung und Anwendung der Genfer Konventionen hilft.

Noch weiß niemand, ob die Tatsache, daß nichtstaatliche Organisationen auf einmal in den Blickpunkt der Öffentlichkeit geraten sind, dazu beitragen kann, die Verantwortung hin zu einer Weltordnung zu verlagern, die auf einer Zusammenarbeit zwischen Regierungen, zwischenstaatlichen Organisationen wie den Vereinten Nationen und privaten Gruppen beruht. Andererseits wird möglicherweise das Wort vom Beginn einer Ära des internationalen Rechts und vom Ende der alten, scharf umrissenen Vorstellung von der Souveränität der Staaten überbewertet. Doch welche Strukturen der Weltpolitik sich im nächsten Jahrhundert auch herausbilden, die Redakteure und Autoren, die an diesem Buch beteiligt sind – Anwälte, Journalisten und Wissenschaftler –, sind der Ansicht, daß das Kriegsrecht die Sache aller ist. Es gehört zu den großen Leistungen der Zivilisation und ist in diesem Zeitalter der Ungewißheit und Unordnung wichtiger denn je.

Zur Zeit jedenfalls ist Berechenbarkeit in Konflikten nicht die Regel, sondern die Ausnahme. Und realistisch betrachtet, wird sich das humanitäre Völkerrecht nicht ohne die Unterstützung von Regierungen durchsetzen können. Aber nun, da das Interesse der Öffentlichkeit am humanitären Völkerrecht wächst und dieses einst esoterische Gebiet allmählich Schlagzeilen macht, liegt ein Gefühl des Wandels in der Luft. Ob es nun, zum ersten Mal seit den Nürnberger Prozessen, um die Verurteilung eines ruandischen Bürgermeisters wegen Völkermords geht oder um die Bemühung, Inspektoren zur Aufklärung von Kriegsverbrechen in den Kosovo zu entsenden, oder um den Versuch eines spanischen Staatsanwalts, den früheren chilenischen Diktator Augusto Pinochet wegen der Verbrechen an seinem Volk vor Gericht zu stellen, oder um die Entscheidung der US-Regierung, die Riesensumme von 5 Millionen Dollar für die Ergreifung verurteilter bosnischer Kriegsverbrecher auszusetzen – die Zeichen stehen auf einen radikalen Wandel.

Jetzt lautet die Frage, ob sich diese Entwicklung durchsetzen kann und ob sich die Herrschaft des Rechts, festgelegt in internationalen Verträgen, wirklich auf Konflikte anwenden läßt. Gründe zur Skepsis gibt es reichlich. Sicher ist jedoch, daß dies ohne das Problembewußtsein der Öffentlichkeit und ohne deren Engagement nicht geschehen wird. Und ohne das Wissen über die grundlegenden Tatsachen zum Kriegsrecht kann es beides nicht geben.

Der Bedarf ist groß. Heute werden Kriege immer öfter nicht zwischen Armeen ausgetragen, deren Offiziere einem Ehrenkodex verpflichtet sind, sondern von Kämpfern, darunter vielen Kindern, die keine Soldaten im konventionellen Sinn des Wortes sind. Das Ziel dieser Konflikte besteht häufig in einer ethnischen Säuberung – der zwangsweisen Vertreibung der Zivilbevölkerung des Feindes – und nicht in dem Sieg einer Armee über die andere.

Die Hauptopfer eines derartigen Krieges – Gemetzel trifft den Sachverhalt meist besser – sind Zivilisten. Wie schrecklich hoch die Zahl der Toten im Ersten Weltkrieg auch war: die Millionen von Opfern fielen hauptsächlich auf dem Schlachtfeld. Es waren Soldaten, getötet von Soldaten, nicht Zivilisten, die durch gesetzlose, willkürliche oder geplante Brutalität zu Tode kamen. Das Verhältnis zwischen militärischen und zivilen Opfern lag bei neunzig zu zehn. Im Zweiten Weltkrieg war das Verhältnis ungefähr fünfzig zu fünfzig. Heute kommen auf jeweils zehn gefallene Militärangehörige etwa neunzig tote Zivilisten. Die Realität unseres Zeitalters, zu sehen in Angola, Somalia, Bosnien, Ruanda und Tschetschenien, besteht darin, daß Folterungen um sich greifen, die Ermordung von Zivilpersonen an der Tagesordnung ist und die Vertreibung der Überlebenden aus ihren Wohngebieten häufig eines der Hauptziele einer militärischen Offensive darstellt.

Dieses Buch wurde mit Blick auf den fünfzigsten Jahrestages der Genfer Konvention im August 1999 veröffentlicht, um der Öffentlichkeit Gelegenheit zu geben, sich über die Grundsätze des Verhaltens im Krieg zu informieren. Es besteht aus drei Arten von Artikeln. Das Kernstück des Rechts und so auch dieses Buches sind die groben Verstöße oder auch schweren Kriegsverbrechen, die in den vier Genfer Konventionen von 1949 und im Ersten Zusatzprotokoll von 1977 dargestellt sind. Die Herausgeber haben versucht, für jeden Verstoß ein eindeutiges Beispiel zu finden, ohne Ansehen der Länder oder Gegner, und baten dann Reporter, die jeweils vor Ort gewesen waren, eine anschauliche Fallstudie dessen zu liefern, was sie gesehen hatten. Diese Artikel sind mit dem Begriff Verbrechen gekennzeichnet. Führende Wissenschaftler in den Vereinigten Staaten und im Ausland haben kürzere Artikel zu Fachthemen beigetragen; die meisten davon sind mit dem Begriff Recht gekennzeichnet. Außerdem gibt es zu wichtigen Themen Artikel in Essay-Länge von Journalisten und Wissenschaftlern, sie sind unter Schlüsselbegriffe aufgeführt. Um einen besseren Überblick über die aktuelle Konfliktsituation zu bieten, haben die Herausgeber Reporter und einen Historiker gebeten, die Konflikte unserer Zeit aus einem neuen und kritischen Blickwinkel zu betrachten und sie im Licht der Kriegsverbrechen zu untersuchen. Diese zehn Fallstudien bieten Einblicke in die Dynamik von Verbrechen in neun Kriegen (Ruanda wird zweimal aus zwei verschiedenen Perspektiven betrachtet) und können als Buch im Buch gelesen werden. Die Fallstudien werden ergänzt durch die Überblicke über das geltende Recht durch drei Experten: „Kategorien von Kriegsverbrechen" von Steven Ratner, „Verbrechen gegen die Menschlichkeit" von Cherif Bassiouni und „Völkermord" von Diane Orentlicher. Jeder Artikel wurde von unserem Rechtsredakteur Kenneth Anderson, seinen Kollegen am Washington College of Law der American University und von führenden militärischen Rechtsexperten in den Vereinigten Staaten und Großbritannien überprüft.

Der alphabetische Aufbau, der Gebrauch von Fettdruck zum Kennzeichnen von Querverweisen und die grafische Gestaltung sollen bewirken, daß das Buch leicht zu benutzen ist. Die Fotografien stellen visuelle Lesezeichen dar und dokumentieren gleichzeitig die Realität hinter den Worten. Die Texte enthalten einige der bezwingendsten Reportagen des modernen Journalismus. Sydney Schanbergs Fallstudie über Kambodscha, Roger Cohens Artikel über die ethnische Säuberung in Bosnien, Gwynne Roberts' Bericht über die Vergasung kurdischer Zivilisten in Halabja und deren Nachwirkungen, Frank Smyths Erzählung über eine Verhaftung im Irak, Ed Vulliamys Bericht über Konzentrationslager und Corinne Dufkas Bericht über Kindersoldaten in Liberia sind einige der Artikel, die den Grund für die Entstehung dieses Buches lieferten.

Einige Beiträge bieten Nicht-Militärs einzigartige Einblicke in militärische Themen. So erfahren beispielsweise Reporter bzw. Besucher oder Inspektoren von Kriegsgefangenenlagern aus Wayne Elliotts Artikel über Kriegsgefangene, worauf man sein Augenmerk richten muß. Elliott demonstriert, wie allein die Tatsache, daß Fragen gestellt werden, die Aufmerksamkeit auf die Beachtung der Regeln bzw. auf Regelverstösse lenken kann und die Befehlshaber daran erinnert, daß die Augen der Welt auf sie gerichtet sind. Hamilton DeSaussures Essay über militärische Ziele macht dem Leser die moralische Debatte klar, die in einem Offizier ablaufen sollte, bevor er beschließt, was anzugreifen und was zu verschonen ist.

Kriegsverbrechen war als Handbuch für Reporter geplant. Aber so wie der Krieg zu wichtig ist, um ihn den Generälen zu überlassen, so ist auch die Berichterstattung über den Krieg zu wichtig, um sie unkritisch den Nachrichtenmedien zu überlassen. Auch die allgemeine Öffentlichkeit sollte über moralische und juristische Maßstäbe des Rechts informiert sein. Einer der Gründe für eine Interessenübereinstimmung besteht darin, daß die Berichterstattung über Konflikte in unserer Zeit immer häufiger ohne einen Filter, ein Rahmenwerk oder einen Kontext erfolgt. Ein zweiter besteht darin, daß jeder, der die Dinge von nahem beobachtet, nur ein begrenztes Gesichtsfeld hat.

Journalisten, die über Kriege und humanitäre Notfälle der Welt nach dem Kalten Krieg berichten, wissen viel besser als ihr Publikum oder ihre Kritiker, wie sehr sie auf unbekanntem Gelände operieren. Inmitten all der Verwüstung, Verwirrung und Desinformation zu verstehen, was vor sich geht, ist alles andere als leicht. Und fast nichts in ihrer Ausbildung bereitet die Reporter darauf vor, wie sie die notwendige Unterscheidung zwischen rechtmäßigen, unerlaubten und strafbaren Handlungen machen können. Ist es nach internationalem Recht ein Kriegsverbrechen oder eine schreckliche, destruktive, aber rechtmäßige Kriegshandlung, wenn man sieht, wie ein Hospital in Sarajewo beschossen, ein humanitärer Hilfskonvoi an einem Kontrollpunkt an der Grenze zwischen Dagestan und Tschetschenien blockiert wird oder in Sri Lanka ein Kampf stattfindet, bei dem keine Gefangenen gemacht werden? Ist es eine legitime Sanktion seitens eines Staates, wenn die Heime angeblicher Terroristen in Schutt und Asche gelegt werden, wie es regelmäßig in Israel geschieht, oder handelt es sich dabei um ein Kriegsverbrechen? Wenn Kombattanten in der Zivilbevölkerung untertauchen, wie es in Vietnam oder kürzlich erst in Ruanda der Fall war, verstößt das gegen die internationalen Konventionen?

Der beste Indikator für ein schweres Kriegsverbrechen ist häufig die massive Vertreibung von Zivilpersonen. Aber Menschen rennen um ihr Leben, um von einem Ort des Verbrechens oder vor unmittelbar drohenden Verbrechen zu fliehen, wie es häufig während des Bürgerkriegs im Sudan geschah, oder weil ihre Anführer es ihnen befohlen haben, mit dem Hintergedanken, mit militärischen Kräften zurückzukehren, wie dies die Serben 1991 taten, als sie das kroatische Slawonien verließen. Möglicherweise fliehen sie auf Anordnung ihrer politischen Anführer, die sie als Verbrechensopfer hinstellen wollen, wie die Tadschiken, die 1993 nach Afghanistan flohen, oder weil sie und ihre Anführer schwere Verbrechen begangen haben und die Gerechtigkeit oder Rache fürchten, wie es bei den ruandischen Hutus der Fall war, die 1994 im Gefolge des Völkermords nach Ost-Zaire flüchteten. So etwas läßt sich schon unter den günstigsten Bedingungen nur schwer sagen – um so schwieriger ist es unter Termindruck.

Manchmal ist das Kriegsrecht frustrierend ernüchternd. Wie dieses Buch zeigt, befaßt sich das humanitäre Völkerrecht nicht mit den Gründen oder Ursachen eines bestimmten Krieges oder damit, welche Seite recht und welche unrecht hatte, sondern allein damit, wie der Krieg geführt wird. So ist es zum Beispiel gut möglich, daß ein Aggressor einen Eroberungskrieg gemäß den Genfer Konventionen führt oder daß der Angegriffene in einem legitimen Selbstverteidigungskrieg Kriegsverbrechen begeht. Doch die Tatsache, daß das Recht nicht auf jede Frage eine Antwort hat oder uns vor jedem moralischen Dilemma schützen kann, vor das uns ein Krieg stellt, bedeutet nicht, daß es gar keine Antworten hat oder uns keinen Schutz vor Barbarei und Verbrechen bietet.

Verstehen ist immer schwierig, doch nie mehr als in einem Krieg, wenn man der Verlockung einfacher Erklärungen vielleicht nur schwer

Auschwitz, Polen, 1979

widerstehen kann. Die britische Journalistin Lindsey Hilsum behauptet, wenn ein Journalist berichtet, daß Anarchie herrsche, oder zu vereinfachenden Klischees greift, z.B. einen bestimmten Konflikt als das Produkt uralter ethnischer oder Stammesanimositäten beschreibt, dann habe er wahrscheinlich nicht ganz verstanden, was dort vor sich ginge.

Ganz offensichtlich kommt Journalisten eine bedeutende Rolle zu, aber sie sind nicht die einzigen, die den Blick auf die Brutalität von Konflikten in unserer Zeit gerichtet halten. Gruppen wie Human Rights Watch, Amnesty International und die Deutsche Gesellschaft für bedrohte Völker richten ihr Augenmerk verstärkt auf Verstöße gegen das Menschenrecht, aber sie können nicht die gesamte Verantwortung für die Aufdeckung von Kriegsverbrechen übernehmen. Menschenrechtsgruppen verfügen über ein außergewöhnliches Fachwissen und engagierte ständige Mitarbeiter, doch ihre Ressourcen sind begrenzt, sie kommen vielleicht erst später an den Tatort, haben nur begrenzten Zugang oder brauchen etwas Zeit, um ihre Berichte zu erstellen. Und wie viele private, auf Spendengelder angewiesene Gruppen hat jede ihren eigenen Auftrag und ihr eigenes Programm.

Mitarbeiter von Hilfsorganisationen vor Ort sind zu den Augen und Ohren der Welt in Konfliktgebieten geworden. Meist sind sie als erste vor Ort und gehen als letzte weg. Aber der Versuch, Kriegsverbrechen zu verhindern oder auch nur über sie zu berichten, gehört üblicherweise nicht zu ihren Aufgaben, und sie sind dafür im Normalfall auch nicht ausgebildet. Wenn sie diese Grenze öffentlich übertreten, riskieren sie die Ausweisung, mit allem, was das für die gefährdete Bevölkerung bedeutet, der sie helfen wollen. Doch mit dem Wissen darüber, was bei der Kriegführung rechtmäßig, was unerlaubt und was strafbar ist, können sie oder andere Beobachter diejenigen darauf aufmerksam machen, die die Aufgabe und die Mittel haben, die Öffentlichkeit zu informieren oder zu handeln.

Kriegsverbrechen soll die allgemeine Öffentlichkeit in die Lage versetzen, Nachrichten aufgrund eines gewissen Hintergrundwissens besser zu verstehen, indem es Maßstäbe für die Kontrolle von „Wachhunden" und Regierungen aufzeigt. Was genau die Regierungen unternehmen sollten, um Verstöße gegen das Kriegsrecht in großem Maßstab zu verhindern, ist nicht Gegenstand dieses Buches. Manchmal kann allein die Tatsache, daß schwere Verstöße gegen das Menschenrecht bekannt werden, sich auf das Verhalten auf einem kleinen Kriegsschauplatz auswirken; in anderen Fällen, wie auf dem Balkan, kann nur eine militärische Intervention oder deren Androhung etwas bewirken. Unsere Hoffnung ist, wenn die Rechtsgrundsätze allgemein bekannt sind und die Nachrichtenmedien und andere Beobachter der Öffentlichkeit die relevanten Tatsachen präsentieren, daß aufgrund dieser Sachkenntnis dann auch Lösungen gefunden werden.

Joseph Pulitzer hat dies am klarsten ausgedrückt, als er schrieb: „Es gibt kein Verbrechen, das nicht in Heimlichkeit lebt. Wenn man diese Dinge ans Licht bringt, sie beschreibt, sie angreift, sie in der Presse der Lächerlichkeit preisgibt, dann wird die öffentliche Meinung sie früher oder später hinwegfegen." Das zumindest ist die Hoffnung aller, die zu diesem Buch beigetragen haben.

VORWORT

Richard Goldstone

Reporter und andere Beobachter in der Frontlinie eines Konfliktes sind oft frustriert darüber, daß ihre Berichte und Bemühungen im Bewußtsein der Öffentlichkeit kaum einen Eindruck hinterlassen und nur wenig dazu beitragen, eine unerträgliche Situation zu ändern. Tatsache ist jedoch, daß eine rechtzeitige, präzise und ausgewogene Berichterstattung über Kriegsverbrechen eine Wirkung haben kann, die weit über die augenblickliche Zielsetzung hinausgeht.

Das vielleicht dramatischste Beispiel der letzten Zeit für die Auswirkungen, die eine solche Berichterstattung haben kann, ist die Einrichtung des Internationalen Kriegsverbrechertribunals der Vereinten Nationen für das ehemalige Jugoslawien. Text- und Bildberichte über das Elend der Opfer ethnischer Säuberungen in Bosnien haben den Sicherheitsrat zu dem beispiellosen Schritt veranlaßt, einen Gerichtshof als Unterorgan einzurichten. Noch nie zuvor war auch nur in Erwägung gezogen oder vorgeschlagen worden, die friedensbewahrenden Befugnisse des Sicherheitsrats zu diesem Zweck zu nutzen. Von wesentlicher Bedeutung für diesen Schritt waren die Tatsachen, daß sich mitten in Europa ethnische Säuberungen ereigneten und daß der Kalte Krieg beendet war. Es besteht jedoch kein Zweifel, daß diese Entscheidung durch die Berichterstattung der Medien ausgelöst wurde.

Als ich als erster Chefankläger des Tribunals nach Den Haag kam, war seine Glaubwürdigkeit an einem Tiefpunkt angelangt, da die UN die Bewilligung der erforderlichen Mittel für die ordentliche Durchführung seiner Arbeit unglaublich verzögerte. In der internationalen Gemeinschaft bezweifelten viele, daß die Politiker wirklich vorhatten oder wünschten, das Tribunal zu einer effektiven Institution zu machen. Mir war sehr wohl bewußt, daß das Tribunal ohne die Unterstützung der Medien einen sehr schlechten Stand gehabt hätte. In meinem ersten Jahr im Amt verbrachte ich einen Großteil meiner Zeit damit, Journalisten aus vielen Ländern zu informieren. Von ganz wenigen Ausnahmen abgesehen, wollten sie, daß das Tribunal Erfolg haben würde, und kamen meinen Bitten um eine positive und unterstützende Berichterstattung nach.

Selbst über unsere ersten kleinen Fortschritte wurde in den Medien groß berichtet. Ich beziehe mich beispielsweise auf Deutschland, das die Gerichtshoheit des Tribunals im Fall Dusko Tadic anerkannte, der wegen Kriegsverbrechen und Verbrechen gegen die Menschlichkeit während des Krieges in Bosnien angeklagt war, und auf die Publicity bei früheren Verurteilungen, auch wenn es sich dabei nur um sogenannte kleine Fische gehandelt hatte. Auch die Gemeinschaft nichtstaatlicher Organisationen erhob ihre Stimme und half mit, die öffentliche Meinung zu mobilisieren und die Regierungen unter Druck zu setzen. Diese Unterstützung trug wesentlich dazu bei, die Vollversammlung zu überzeugen, dem Tribunal beträchtliche Gelder zur Verfügung zu stellen. Dies führte unter anderem dazu, daß einige Regierungen ihre Verpflichtungen ernster nahmen. Die Parlamente verschiedener Länder erließen Gesetze, um ihre Behörden in die Lage zu versetzen, den Ersuchen und Anordnungen des Tribunals Folge zu leisten. Auf die kriegführenden Parteien wurde Druck ausgeübt, damit sie mit dem Ankläger kooperierten; einige taten es tatsächlich und machten es dadurch den anderen schwerer, es nicht zu tun. Daß es keine rückhaltlose Zusammenarbeit gab, war eine Quelle der Frustration und der Enttäuschung. Der springende Punkt ist, daß das Tribunal ohne öffentliche Aufmerksamkeit schon bald gescheitert wäre.

Nun, da die internationale Gemeinschaft auf dem besten Weg ist, einen permanenten Strafgerichtshof einzurichten, und die Arbeit der zwei Ad-hoc-Tribunale schnell vonstatten geht, ist es an der Zeit zu fragen, was wir bisher daraus gelernt haben. Vielleicht die wichtigste Lektion betrifft die schwierige Aufgabe, eine qualitativ hochwertige Berichterstattung über Konfliktsituationen mit einem Nachrichtenwert zu kombinieren. In der Öffentlichkeit ist das Verständnis des humanitären Rechts im allgemeinen kaum verbreitet, was den Journalisten die Berichterstattung über diese Themen zusätzlich erschwert. Zudem hat die Beziehung zwischen Kriegsberichterstattern und internationalen Gerichtshöfen bereits zu Spannungen geführt.

Durch die Einrichtung internationaler Tribunale hat der Journalismus eine neue und noch undefinierte Dimension erhalten. Journalisten haben ganz andere Aufgaben, eine ganz andere Vorgehensweise, einen anderen Zugang zu Informationen und andere Maßstäbe, wann sie etwas für erwiesen halten, als juristische Institutionen. Die zwei Funktionen sollten nicht durcheinandergebracht werden. Reporter müssen Reporter bleiben – das heißt, sie müssen das, was geschieht (und das, was dahintersteckt), für die allgemeine Öffentlichkeit aufdecken und aufschreiben.

Doch häufig kommt es auch zu Überschneidungen. Ein praktisches Beispiel: 1991 schoß eine Gruppe südafrikanischer Polizisten bei Johannesburg in eine Menge von fünfzigtausend Demonstranten. Dabei wurden viele Demonstranten getötet und viele weitere verletzt. Wie in solchen Situationen üblich, gab es widersprüchliche Aussagen darüber, was der Anlaß für die Schüsse gewesen sei. Ich wurde von dem damaligen Präsidenten de Klerk beauftragt, den Vorfall zu untersuchen. Einige Tage, bevor die öffentliche Anhörung beginnen sollte, wurde anonym ein Videoband in meine Räume im Gerichtsgebäude geliefert. Es zeigte die Aufstellung der Polizei und die Front der Menge in den Minuten vor und während der Schießerei. Nicht zuletzt aufgrund dieses Materials konnte ich feststellen, daß die Schießerei nicht gerechtfertigt gewesen war und daß die Polizisten, die geschossen hatten, sich für ihr Verhalten vor einem Strafgerichtshof verantworten mußten. Die Polizisten wurden vor Gericht gestellt, und die Regierung zahlte den Opfern und Überlebenden ein beträchtliches Schmerzensgeld. Man kann sich die Gewissensnöte der Berichterstatter vorstellen, als sie überlegten, ob sie mir das Band schicken sollten. Wie sie die allgemeine Regel, keine derartigen Beweismittel für Gerichtsverfahren zur Verfügung zu stellen, abwogen gegen die einzigartigen Beweise, die sie zu dem fraglichen Vorfall in der Hand hatten. Aufgrund der Reaktion der Menge vermute ich stark, daß der Film vom Team einer amerikanischen Fernsehgesellschaft stammt. Wer sie auch waren, ich war ihnen außerordentlich dankbar für das, was sie taten, denn durch sie wurde vielen unschuldigen Opfern eine gewisse Gerechtigkeit zuteil. Soweit ich weiß, ging das Video nie über den Sender, und das illustriert die Belastung und Unsicherheit, die Journalisten bei einer Veröffentlichung oder Sendung von Berichten über kontroverse Ereignisse empfinden, bei denen sie die genauen Grenzen des Rechts oder seiner Durchsetzung nicht kennen.

Eine bessere Kenntnis des Kriegsrechts, wozu dieses Buch einen herausragenden Beitrag leistet, wird die Qualität der Berichterstattung verbessern und das Bewußtsein der Öffentlichkeit schärfen. Die Konfliktparteien wissen normalerweise, was im Krieg rechtmäßig, was unerlaubt und was strafbar ist. Reporter dagegen wissen es nicht, aber das sollten sie, ebenso wie die Öffentlichkeit. Es sieht aus, als müßten wir noch eine ganze Weile mit dem Krieg leben. Das humanitäre Recht akzeptiert auf pragmatische Weise die Realität des Krieges, wie wir es alle müssen. Wenn die Kenntnis von diesem Recht sorgsam angewendet wird, kann die Allgemeinheit durch sie die kritische, doch oft verborgene Dynamik von Konflikten besser verstehen.

Durch einen leichtfertigen Gebrauch der Kriegsrecht-Terminologie riskiert der Beobachter, sein Ziel zu verfehlen und den Eindruck zu verwässern. Konfliktparteien, insbesondere solche, denen Kriegsverbrechen zur Last gelegt werden, können tatsächlich die Begehung von Greueltaten, komplett mit Zeugen, Fotos und Bändern, als Teil einer gewissenlosen Propagandakampagne inszenieren, um Sympathien und politische Unterstützung zu gewinnen. Wenn Reporter das entsprechende Recht kennen, würde sie dies in die Lage versetzen, sachdienliche Fragen zu stellen und zu bestimmen, was unbedingt untersucht werden sollte, was natürlich sehr wahrscheinlich mit einem großen Risiko für sie selbst verbunden wäre. Daher gibt es einen noch dringenderen Bedarf an Maßnahmen zum Schutz von Journalisten.

Jetzt gibt es weitere Gründe, das Interesse an dieser Sammlung von Rechtsregeln zu fördern. Einer ist die rasche Entwicklung des humanitären Rechts, insbesonders seit den Greueltaten im ehemaligen Jugoslawien und in Ruanda, und die Arbeit der zwei Tribunale bei der Auslegung vager, häufig widersprüchlicher oder verwirrender Rechtsaussagen.

Sollte die Rolle der Reporter so weit gehen, daß sie Beiträge zu den Verhandlungen vor diesen Tribunalen leisten? Damit befassen sich die Konventionen nicht und werden es wahrscheinlich auch nicht tun. Nicht selten fallen Journalisten Beweise für Kriegsverbrechen in die Hände – als Augenzeugen, bei der Entdeckung eines Massengrabes oder indem sie in der Hitze des Gefechts Äußerungen von Befehlshabern mitbekommen. Wie bei den Mitarbeitern von Hilfsorganisationen oder Delegierten des Roten Kreuzes oder des Roten Halbmondes ist ihre Sicherheit und die Möglichkeit, sich in Zukunft in einem Kampfgebiet aufzuhalten, in Gefahr, sobald sie als mögliche Zeugen wahrgenommen werden. Meiner Meinung nach berücksichtigt das Recht diese Realität nicht genug.

Ich würde daher eine Regel des Kriegsrechts unterstützen, die Journalisten davor schützt, gegen ihren Willen in einer Situation auszusagen, die sie oder ihre Kollegen in Zukunft in Gefahr bringen könnte. Wie bereits angesprochen, sollte dasselbe auch für Mitarbeiter von Hilfsorganisationen und Delegierte des Roten Kreuzes und des Roten Halbmondes gelten. Sie sollten nicht gezwungen werden auszusagen, um nicht der Möglichkeit beraubt zu werden, weiter vor Ort zu arbeiten; sie können sich aber natürlich zu einer freiwilligen Aussage entscheiden.

Vor dem Ausgang dieses Jahrhunderts stehen wir vor einem Paradoxon. Die Entwicklung des humanitären Rechts und des internationalen Menschenrechts war noch nie so weit fortgeschritten wie jetzt; und doch waren noch nie zuvor so viele unschuldige Zivilisten Opfer von Kriegsverbrechen, und noch nie zuvor ist häufiger gegen die Menschenrechte verstoßen worden. An dieser Situation wird sich nichts ändern, solange es keine Mechanismen gibt, um dieses Recht und die Prinzipien, die es verkörpert, durchzusetzen. Das wird der internationalen Gemeinschaft allmählich klar; daher auch die beiden Ad-hoc-Tribunale und die Bemühungen um die Einsetzung eines permanenten Internationalen Strafgerichtshofs. Diese positiven Entwicklungen sind zum großen Teil Reportern zu verdanken. Wenn diese neuen Durchsetzungsmechanismen erfolgreich sein sollen, sind sie auf die weitere ständige Wachsamkeit der Medien und ein verstärktes öffentliches Bewußtsein angewiesen. Dazu kann diese hervorragende Publikation einen unschätzbaren Beitrag leisten.

In der Nähe der Grenze zu Ruanda, Zaire, 1994

Das humanitäre Völkerrecht: ein Überblick

Lawrence Weschler

Die Gerechtigkeit mag vieles sein in diesen Tagen vor dem Haager Gerichtshof zur Verfolgung von Kriegsverbrechen in Jugoslawien - schnell ist sie jedenfalls nicht. Manchmal scheint das Tempo des Verfahrens in dem Hauptanhörungsraum des Gerichtes – einem schimmernden, lichten, fast futuristisch anmutenden Würfel hinter einer kugelsicheren Glaswand – beinahe Dickens'sche Züge anzunehmen. Immer wieder kommt das Verfahren einen ordentlichen Schritt voran, um sich dann wieder in einem Dickicht pedantisch erscheinender juristischer Unterschiede zu verlieren, und an manchen Tagen schweifen die Gedanken selbst des aufmerksamsten Zuhörers ab.

An einem solchen Morgen ertappte ich mich vor einiger Zeit, wie ich meine Aufmerksamkeit einem Geschichtsbuch zuwandte, das ich für alle Fälle mitgebracht hatte, allerdings zufällig über Holland und nicht über Jugoslawien. Ich las von den ersten menschlichen Ansiedlungen in den Niederlanden, in den tiefliegenden Marschen und Sumpfgebieten nördlich des Rheindeltas – einem Gebiet, das so tief liegt, daß es regelmäßig von katastrophalen Überschwemmungen heimgesucht wurde. Es überraschte mich daher nicht weiter, daß diese morastige Flutebene viele Jahrhunderte lang zum größten Teil unbesiedelt blieb und erst im Jahre 800 die ersten zaghaften Besiedelungsversuche erfolgten, als winzige Gemeinschaften ein paar windschiefe Hütten auf künstlich aufgeschütteten Hügeln, den sogenannten Terpen (Warften), errichteten.

Im Laufe der Generationen wurden manche Warften wiederum durch sorgfältig aufgeschüttete Landbrücken miteinander verbunden, die als Verbindungswege wie auch als Schutzdeiche dienten. Dreiecke aus Deichen, die drei Warften miteinander verbanden, konnten zudem das von ihnen umschlossene Gebiet vor dem Überfluten von außen schützen, aber daraus ergab sich nun ein neues Problem: Was sollte man mit all dem Regen und Grundwasser tun, das in dem umschlossenen Gebiet nicht mehr abfließen konnte und faulte? Hinweise auf die ersten Versuche, diese ungesunden Marschgebiete, die sogenannten Polder, trockenzulegen, wurden schon 1150 dokumentiert, doch einen richtigen Durchbruch erzielte man erst mit den Windmühlen im fünfzehnten und besonders im sechzehnten Jahrhundert. Schließlich setzte man jeweils Dutzende aufeinander abgestimmte Windmühlen ein, die nacheinander das Marschwasser um jeweils einige Zentimeter anhoben und schließlich über die Deiche in das umliegende Netz von Bewässerungs- und Schiffahrtskanälen transportierten. So wurde ein Polder nach dem anderen trockengelegt – Hunderte, Tausende und inzwischen Hunderttausende Morgen ungewöhnlich fruchtbaren Landes in einem Prozeß, der bis zum heutigen Tag andauert.

Mit halbem Ohr auf die laufende Verhandlung hörend, wurde mir plötzlich klar, daß die Richter, Ankläger und Ermittler dort in Den Haag sich ein Ziel gesetzt hatten, das in gewissem Sinn erstaunliche Ähnlichkeiten mit der Problematik der Landgewinnung aufwies. Der erste Präsident und vorsitzende Richter des Tribunals, der Italiener Antonio Cassese, der erste Ankläger, der Südafrikaner Richard Goldstone, und seine Vetretung, die Kanadierin Louise Arbour, sie alle haben ihre Arbeit wiederholt mit dem Versuch verglichen, den historischen Kreislauf ethnischen Blutvergießens zu durchbrechen, der wieder und wieder Orte wie das frühere Jugoslawien oder Ruanda, den anderen Hauptaufgabenbereich des Tribunals, heimsucht. An beiden Orten, so haben diese Juristen wiederholt mit Nachdruck versichert, ist der Hang zu ethnischer Vernichtung alles andere als endemisch oder unvermeidbar. „In der überwiegenden Zeit ihrer Geschichte", so erklärte Richter Goldstone zu Anfang, „haben Kroaten, Serben und Moslems sowie Tutsis und Hutus in relativem Frieden miteinander gelebt, und bis vor kurzem ging das auch recht gut. Eine derartige Gewalt unter den Volksgruppen wird normalerweise von bestimmten Einzelpersonen angefacht, die auf unmittelbare politische oder materielle Vorteile aus sind und sich dann auf einen früheren Groll berufen, der bisher niemanden gekümmert hat … Diese Leute, nicht die Gruppe als Ganzes, müssen zur Rechenschaft gezogen werden, durch eine faire und sorgsam detaillierte Vorlage der Beweismittel, so daß beim nächsten Mal niemand mehr behaupten kann, daß alle Serben dies getan hätten, oder alle Kroaten oder Hutus –, damit die Menschen sehen können, daß einzelne Personen in ihrer Gemeinschaft andauernd versuchen, sie so zu manipulieren. Ich bin wirklich überzeugt, daß dieser Kreislauf nur auf diese Weise durchbrochen werden kann."

In diesem Kontext kam mir der Gedanke, daß jeder dieser Ankläger wie ein einzelner Hügel war, eine Warft, die sich auf dem moralischen Sumpfgebiet der Nachwehen des Krieges behauptete – und das gesamte Unternehmen des Tribunals ein System miteinander verbundener Deiche, Schleusen, Pumpen, Windmühlen und Kanäle, mit deren Hilfe jede der Regionen die Möglichkeit einer fruchtbaren Regeneration erhalten sollte.

Doch die Tribunale versuchten dies nicht allein für Jugoslawien und Ruanda durchzusetzen. Dort auf der Zuschauergalerie des Tribunals fiel mir die alte Juristenweisheit wieder ein, die in etwa besagt, wenn am Nullpunkt des Rechts das internationale Recht existiert, dann gilt das umso mehr für das Kriegsrecht am Nullpunkt des internationalen Rechts; und ich stellte mir vor, wie dort, in diesem endlosen sumpfigen Grenzland, diese Juristen, Rechtsanwälte und Ermittler und auch die Diplomaten, die die Voraussetzungen für deren Bemühungen überhaupt erst geschaffen hatten, und die Menschenrechtsbeobachter und auch die Journalisten, die sorgfältig (und häufig unter großen persönlichen Risiken) die ersten für dies Unternehmen erforderlichen Bausteine zusammengetragen hatten. Wie sie alle sich dafür einsetzten – Tatbestand für Tatbestand, Aussage für Aussage, Fall für Fall – in dem bisher letzten Anlauf der Jahrzehnte währenden, manchmal quälend langsamen, schwierigen und immer wieder durchkreuzten Bemühungen, den Geltungsbereich des Rechts selbst zu auszuweiten.

Ich sage „Jahrzehnte während", aber tatsächlich wird dieses Grenzgebiet schon seit Jahrhunderten, ja, Jahrtausenden, von Menschen bearbeitet. Das Sumpfland, wo die jetzigen Pioniere versuchsweise ihre neuen Fundamente errichtet haben, kann kaum noch jungfräulich genannt werden; ständig stieß man auf die im Wasser versunkenen Ruinen früherer Bemühungen, Bollwerke, die eine Weile aussahen, als würden sie halten, aber dann doch nicht standhalten konnten und nun neu errichtet werden müssen. Wir Menschen der Moderne sind so stolz auf unsere ganzen Verträge, Konventionen, Proklamationen und Protokolle – als seien wir die ersten, denen jemals etwas so Dämliches wie gleichzeitig Brillantes eingefallen ist (denn schließlich geht es hier darum, humane Beschränkungen für die Ausübung des Krieges aufzustellen!). Und dabei existierten doch schon vor Jahrhunderten ganze Regelwerke (teilweise das Produkt sorgfältig ausgearbeiteter Dispute von Denkern wie Augustin und Thomas von Aquin). Man betrachte beispielsweise einmal das bemerkenswerte System der Ritterlichkeit im Europa des Mittelalters (oder auch der verschiedenen Samurai-Kodexe im Japan der Tokugawa-Zeit): Die Art, in der alles bis auf die geringste Kleinigkeit geregelt war, von der Erfordernis einer ordnungsgemäßen Vorwarnung bis hin zum Verhalten auf dem Schlachtfeld, zur Behandlung der Nicht-Kombattanten, zum Schutz von Gefangenen und der Verantwortung des Siegers, nachdem sich der Gegner ergeben hatte. Diese Regeln wurden meist peinlich genau eingehalten, aus Furcht vor dem Verlust der Ritterehre (eine Schande, die manchmal schlimmer war als selbst eine Niederlage). Natürlich hatten solche Ehrenkodexe ihre Grenzen. Zum einen beruhten sie im Falle des Rittertums meist auf dem stark ritualisierten Verhalten der sich Auge in Auge gegenüberstehenden Kombattanten (wobei sowohl die Möglichkeit einer Lösegeldforderung wie das Gebot, Gnade walten zu lassen, prägend waren) und überlebten daher die Einführung von Handfeuerwaffen und Artillerie auf dem Schlachtfeld nicht. Darüber hinaus hingen sie mit Vorstellungen christlichen Edelmutes zusammen und wurden daher schnell fallengelassen, sobald ein Krieg auch Nicht-Christen betraf, wie bei den unaussprechlich grausamen Kreuzzügen. Und als das Christentum zu Beginn der protestantischen Reformation schließlich selbst auseinanderbrach, gingen die Christen dazu über, sich gegenseitig wie heidnische Ketzer zu behandeln. Die Religionskriege, die im Europa des sechzehnten und siebzehnten Jahrhunderts wüteten, gehörten zu den grausamsten und zügellosesten Kriegen aller Zeiten. Viele der frühen Theorien, auf denen schließlich das moderne Kriegsrecht basieren sollte (von Grotius bis zu Montaigne und Rousseau), entstanden unter dem entsetzlichen Eindruck dieses anscheinend grenzenlosen Chaos.

Die letzte Kampagne, eine internationale humanitäre Rechtsordnung zu entwerfen und festzuschreiben (das heißt, ein Kriegsrecht, das die Interaktionen zwischen Kombattanten und zwischen Kombattanten und Nichtkombattanten bei einem militärischen Konflikt regelt – im Unterschied zu der allgemeiner gedachten Menschenrechtsdoktrin, die jederzeit für alle Menschen gelten soll), wurde nach allgemeiner Auffassung Mitte des neunzehnten Jahrhunderts in die Wege geleitet, zum Teil als Reaktion auf die exponentielle Verstärkung des Vernichtungspotentials, das durch das Zusammentreffen von Masseneinberufungen und technischem Fortschritt zustandekam. Während des Krimkrieges 1854 beispielsweise gingen achtzigtausend Soldaten des dreihunderttausend Mann starken französisch-britischen Expeditionskorps in entsetzlichem Chaos und Elend zugrunde. Fünf Jahre später, im Juni 1859, als eine riesige österreichische Armee bei der Schlacht von Solferino auf eine französisch-italienische Streitmacht traf, fielen beinahe vierzigtausend Mann innerhalb weniger Tage – wobei möglicherweise die meisten an nicht behandelten Wunden starben. Ein junger schweizer Geschäftsmann namens Jean-Henri Dunant, der sich zufällig dort aufhielt, wurde so „von Schrecken und Mitleid ergriffen", daß er den Rest seines Lebens damit verbrachte, etwas gegen die furchtbare Situation zu tun. Er gründete 1863 das Internationale Komitee vom Roten Kreuz und berief dann eine internationale Konferenz ein, die mit der Genfer Konvention von 1864 „zur Verbesserung des Loses der Verwundeten der Streitkräfte im Felde" endete. Zu derselben Zeit, während in Amerika ein Bürgerkrieg tobte, beauftragte Präsident Abraham Lincoln – jedoch mit besonderem Augenmerk auf die Erfordernisse des Friedens, der auf den Krieg folgen mußte – einen New Yorker Professor, Francis Lieber, einen Entwurf für die Regeln einer militärischen Auseinandersetzung auszuarbeiten, insbesondere im Hinblick auf die Behandlung von Kriegsgefangenen. Der Lieber-Code, den Lincoln daraufhin für bindend für alle Unionsstreitkräfte erklärte, sollte sich stark auf spätere Regelwerke auswirken.

Das humanitäre Völkerrecht, so wie es sich im Laufe des nächsten Jahrhunderts entwickeln sollte, war entschieden agnostisch in bezug auf die Frage der Legalität des Krieges selbst. Anders gesagt, es setzte Krieg als etwas Gegebenes voraus und war bestrebt, seine Exzesse einzudämmen. Lange Zeit wurden die Hauptbahnen, auf denen dieser Prozeß verlief, mit zwei Städten in Verbindung gebracht: mit Den Haag, wo sich 1899 und 1907 abgehaltene Konferenzen eher auf das Verhalten im Krieg konzentrierten (zulässige Waffen und ähnliches), und mit Genf, wo weitere Konventionen unter der Schirmherschaft des Völkerbundes im Jahre 1925 und des Internationalen Komitees vom Roten Kreuz in den Jahren 1929, 1949 und 1977 auf der Arbeit der ursprünglichen Konvention von 1864 aufbauten. Diese Konferenzen neigten häufig dazu, sich mit dem vergifteten Vermächtnis des unmittelbar vorangegangenen Krieges zu befassen. Das Genfer Protokoll von 1925 beispielsweise verbot den Gebrauch von Giftgas und biologischen Waffen. Die vier Genfer Konventionen von 1949 befaßten sich jeweils mit den Verwundeten und Kranken im Felde, den Verwundeten, Kranken und Schiffbrüchigen zur See, Kriegsgefangenen und, vielleicht am bedeutsamsten, dem Schicksal von Zivilpersonen in Kriegszeiten. Ein 1954 in Den Haag abgeschlossenes Abkommen behandelte den Schutz von Kulturgut. Zwei Protokolle von 1977 zu den Genfer Konventionen von 1949, die Frucht eines dreijährigen Entwurfsmarathons, weiteten unter anderem die Regeln der vorhergegangenen Konventionen über Konflikte zwischen Staaten teilweise auf innerstaatliche Befreiungskriege und Bürgerkriege aus. Die Nürnberger Prozesse gegen die Nazi-Führer (und in geringerem Umfang die Kriegsverbrecherverfahren gegen japanische Offizielle in Tokio) steckten mit der Entwicklung und Verbreitung der Vorstellung von „Verbrechen gegen die Menschlichkeit" neues Gebiet ab, Gebiet, das 1948 mit der UN-Konvention über die Verhütung und Bestrafung des Völkermords weiter gefestigt wurde.

Kurz gesagt, haben die letzten anderthalb Jahrhunderte ein bemerkenswertes Projekt der konstruktiven Expansion dort draußen im endlosen Grenzgebiet erlebt. Ja, die miteinander verbundenen Bollwerke, Deiche und Bastionen des humanitären Völkerrechts stellen eines der wahren Wunder unseres Zeitalters dar; die erstaunliche und Mut machende Leistung von Generationen von Vertretern der juristischen und diplomatischen Handwerkskunst. Ihr meisterhaftes Monument hat sich jedoch im besten Falle von nur mittelmäßiger Wirksamkeit erwiesen. Die porösen Wälle hängen durch, sie sind undicht und scheinen jeden Moment vollends zusammenbrechen zu wollen.

Obwohl die verschiedenen Konventionen und Kodexe im Tonfall autoritärer Allgemeingültigkeit abgefaßt sind, fehlte ihnen, zumindest bis vor kurzem, in erster Linie eine wirksame Möglichkeit, ihre gebieterischen Normen durchzusetzen und insbesondere einzelne Personen strafrechtlich für Verstöße zur Verantwortung zu ziehen, sowohl im Hinblick auf ihre Opfer als auch auf die gesamte Weltöffentlichkeit. Zwar standen derartige Strafverfolgungen von Einzelpersonen im Mittelpunkt der Prozesse von

Nürnberg und Tokio, aber diese Strafverfolgungen konnten wohl auch als Beispiele einer Siegerjustiz betrachtet werden, und ohnehin hat es in den fast fünfzig Jahren danach keine derartigen Gerichtsverfahren mehr gegeben. Es gab interne nationale Anklagen wegen Verstoßes gegen die Menschenrechte nach dem Zusammenbruch von Diktatorenherrschaften in Griechenland, Argentinien und Äthiopien und es gab Fälle, in denen Regierungen insgesamt, nicht jedoch Einzelpersonen, des Verstoßes gegen verschiedene Menschenrechtsbestimmungen für schuldig befunden wurden: so in der Türkei, in Honduras, in Uruguay.

Doch der riesige Mechanismus des humanitären Völkerrechtes blieb meist ungenutzt, zum Teil gelähmt durch die Befürchtung der meisten nationalen regierenden Schichten und insbesondere der Regierungen der fünf ständigen Sicherheitsratsmitglieder, die diese Normen am ehesten hätten anrufen können, daß auch ihre eigenen Handlungen eines Tages mit einer derartigen Aufmerksamkeit untersucht werden könnten. (In den Vereinigten Staaten drückte sich diese Sorge häufig in der Befürchtung aus, daß „nach dieser Logik auch Henry Kissinger für die Bombardierung von Hanoi an den Weihnachtstagen hätte zur Verantwortung gezogen werden können" – was auch sehr wohl hätte geschehen können.)

Vor diesem Hintergrund war der plötzliche Fortschritt durch die Einrichtung der beiden Ad-hoc-Tribunale zu den Verbrechen in Jugoslawien und Ruanda Mitte der 90er Jahre buchstäblich ein glücklicher Zufall (ungeachtet des jahrelangen Lobbyings durch engagierte Menschenrechtsanwälte und -aktivisten für eine Staatenverantwortlichkeit und ein Ende der Straffreiheit für Einzelpersonen), wobei ihre Errichtung wohl hauptsächlich der panischen Überreaktion der fünf ständigen Sicherheitsratsmitglieder zu verdanken war, die beschämt waren durch das Spektakel ihrer eklatanten Unfähigkeit, rechtzeitig und konsequent für ein Ende des Gemetzels einzutreten. (Zumindest war durch den Beschluß eine Aktivität vorweisbar geworden.) Kaum waren die Tribunale eingerichtet, schienen mehrere der fünf Mitglieder, denen vielleicht inzwischen die ganze Tragweite ihres „Fehlers" klargeworden war, das ganze Projekt schon wieder in Frage zu stellen. Über ein Jahr lang zögerten sie die Ernennung des ständigen Anklägers hinaus und verhinderten dann durch alle möglichen verfahrenstechnischen und finanziellen Einschränkungen, daß das Jugoslawien-Tribunal effizient arbeiten konnte. Insbesondere erging an die internationalen Friedenstruppen vor Ort für eine ganze Weile die Anweisung, den verurteilten Kriegsverbrechern, die sich ganz offensichtlich mitten unter ihnen befanden, nach Möglichkeit aus dem Weg zu gehen und sie schon gar nicht zu verhaften. Und doch setzten sich die Tribunale durch, obwohl alle Chancen gegen sie standen.

Am bezeichnendsten ist vielleicht, daß sie, obwohl sie so ad hoc entstanden waren, die Grenzen dessen, was im Grenzgebiet der humanitären Völkerrechtspraxis möglich war, immer weiter hinauszuschieben schienen. Und zu jedermanns Erstaunen sah es plötzlich so aus, als würden nun die Grundlagen für einen permanenten Internationalen Strafgerichtshof geschaffen, am deutlichsten im Sommer 1998 in Rom, wo eine internationale diplomatische Konferenz schließlich einen Vertrag zustandebrachte, der die Errichtung einer bescheidenen, zugegebenermaßen dezimierten, doch immerhin noch überraschend stabilen Version just eines solchen Tribunals forderte (obwohl die Vereinigten Staaten, die ursprünglich zu den eifrigsten rhetorischen Befürwortern eines permanenten Gerichtshofes zählten, wieder einmal vor der eingebildeten Gefahr einer Beschneidung ihrer eigenen Souveränität zurückzuschrecken schienen und zumindest anfangs Einwände erhoben.)

Plötzlich, so unwahrscheinlich es auch war, fanden zum ersten Mal seit fast fünfzig Jahren dort in jenem endlosen Grenzgebiet alle möglichen konkreten Aktivitäten statt.

Vor diesem Hintergrund kam eine Gruppe internationaler Journalisten – viele von ihnen langjährige Kriegskorrespondenten – auf die Idee, den Leitfaden herauszugeben, den Sie jetzt in Händen halten. Obwohl sie im Laufe der Jahre viele Kriegsverbrechen im fachlichen Sinne des Wortes mit angesehen und darüber berichtet hatten, hatten sie doch kaum erwartet, daß die Straftäter jemals der Gerechtigkeit zugeführt werden würden. Nein, mehr noch: Sie hatten darüber berichtet in der fast sicheren Gewißheit, daß die Straftäter wieder einmal davonkommen würden und daß das Regime der Straflosigkeit unbeschadet fortbestehen würde.

Plötzlich jedoch scheint sich an diesem traurigen Zustand etwas zu ändern. Plötzlich ist es nicht mehr egal, ob sich, sagen wir, wirklich ein Maschinengewehrnest zwischen den Dachsparren dieses Krankenhauses befunden hat oder nicht oder ob eine Kanone im Krankenhaushof stand. Es ist nicht mehr egal, ob die Flüchtlingskolonne, die aus der untergehenden Enklave floh, von bewaffneten Truppen begleitet wurde oder ob die Verteidiger eine weiße Fahne gehißt hatten und erschossen wurden, als sie sich ergeben wollten. Durch ihren Beruf finden sich Kriegskorrespondenten möglicherweise unter den ersten außenstehenden Zeugen am Tatort von Kriegsverbrechen. Als solche müssen sie gut informiert sein, und wir anderen müssen eine viel besser informierte und viel engagiertere Öffentlichkeit bilden.

Daher dieses Buch.

28 **Aggression** Steven R. Ratner

30 **Apartheid** Steven R. Ratner

33 **Der arabisch-israelische Krieg** Benny Morris

45 **Der arabisch-israelische Krieg:
Israels Auffassung zur Anwendung des humanitären Völkerrechts
auf der Westbank und im Gazastreifen** Kenneth Anderson

47 **Aufhetzung zum Völkermord** Colette Braeckman

51 **Ausbildung im humanitären Völkerrecht** Michael H. Hoffman

52 **Aushungerung** Marita Vihervuori

55 **Außer Gefecht gesetzt** Kurt Schork

Aggression

Steven R. Ratner

Aggression wird im internationalen Recht definiert als Anwendung von Gewalt durch einen Staat gegen einen anderen Staat, wenn die Gewaltanwendung weder aus Gründen der Selbstverteidigung erfolgt, noch durch andere juristisch anerkannte Ausnahmen gerechtfertigt ist. Die Rechtswidrigkeit der Aggression ist die vielleicht fundamentalste Norm des modernen Völkerrechts; die Verhinderung von Aggression der Hauptzweck der Vereinten Nationen. Bereits vor Bestehen der UN war die Vermeidung von Aggression ein Hauptziel des Völkerbundes, und die Kriegsverbrechertribunale der Alliierten nach dem Zweiten Weltkrieg betrachteten Aggression als Verbrechen unter der Rubrik **Verbrechen gegen den Frieden**.

Die zuverlässigste Definition stammt von der Generalversammlung der UN. (Die UN-Charta definiert den Begriff an keiner Stelle und verbietet stattdessen die Androhung oder Anwendung von Gewalt.) 1974 schloß sie ein zwanzig Jahre dauerndes Projekt zur Definition von Aggression ab. Die Mitgliedstaaten hatten die Behauptung aufgestellt, daß eine Definition es der UN – und insbesondere dem Sicherheitsrat, der sich laut Charta mit Aggressionen befassen sollte – leichter machen würde, konsequenter und rascher zu reagieren. Die Definition spiegelt zwar eine breite internationale Übereinstimmung wider, ist jedoch kein Vertrag, auch wenn sie vielleicht **Völkergewohnheitsrecht** darstellt.

Die Definition beginnt mit der Feststellung, daß, wenn „ein Staat als erster Waffengewalt unter Verletzung der Charta" anwendet, dies einen ausreichenden Beweis für eine Aggression darstellt. Die Definition ist insofern etwas eng gefaßt und dreht sich gewissermaßen im Kreis, als die Erstanwendung von Gewalt durch einen Staat dann nicht als Aggression zu betrachten ist, wenn dies in einer Art und Weise geschieht, die mit der Charta im Einklang steht. Demnach galt zum Beispiel der Einsatz von US-Streitkräften in Somalia 1992 trotz der Erstanwendung von Gewalt nicht als Aggression, weil er gemäß Abschnitt VII der Charta durch den Sicherheitsrat genehmigt worden war. Eine Reihe von Staaten geht davon aus, daß es sich dann nicht um eine Aggression handelt, wenn ein Staat als erster Gewalt anwendet, um bedrohte eigene Staatsbürger aus einem anderen Staat, der nicht in der Lage ist, diese zu schützen, herauszuholen (z. B. die israelische Aktion von Entebbe 1976), und daß es sich bei einer derartigen Aktion um eine Form der Selbstverteidigung handeln kann. Einige Wissenschaftler und Menschenrechtsaktivisten befürworten ein weiter gefaßtes Recht auf Interventionen, auch wenn diese nicht von der UN gebilligt werden, zur Verhinderung von massiven Menschenrechtsverletzungen.

Zum zweiten enthält die Definition eine erläuternde Auflistung von Aggressionsakten: Invasion, Angriff oder Besetzung von jeglicher Dauer; Bombardierung; Blockade; Angriffe auf die Streitkräfte eines anderen Staates; nicht autorisierter Einsatz von in einem anderen Staat stationierten Streitkräften; Duldung der Nutzung des eigenen Hoheitsgebietes für eine Aggression; Entsendung bewaffneter Banden oder ähnlicher Gruppen zur Ausübung von Aggressionsakten oder die wesentliche Beteiligung an einer solchen Entsendung.

Derartige Aggressionsakte lösen die zwei wichtigsten rechtmäßigen Anwendungen von Gewalt aus, die in der Charta genannt werden: a) individuelle oder kollektive Selbstverteidigung und b) Gewaltanwendung, die von der UN selbst gebilligt wurde. So löste die Invasion Kuwaits durch den Irak das Recht Kuwaits und seiner Verbündeten zur Selbstverteidigung sowie das Recht der UN zur Billigung des Einsatzes von Gewalt gegen den Irak gemäß Abschnitt VII aus.

Obwohl die Aggression im Völkerrecht verboten ist, bleibt sie ein Bestandteil des internationalen Lebens. Heute droht ein klassischer Angriff auf einen anderen Staat nicht mehr so häufig vor wie vor dem Zweiten Weltkrieg, aber subtilere Formen bewaffneter Interventionen halten sich hartnäckig, und die Reaktionen der internationalen Gemeinschaft bleiben weiterhin geprägt von Ängstlichkeit und Inkonsequenz.

(Siehe **Humanitäre Intervention; gerechte und ungerechte Kriege**)

VERBRECHEN

Apartheid

Steven R. Ratner

Nelson Mandela beschrieb Apartheid als „die Farbgrenze, die nur allzu häufig bestimmt, wer reich ist und wer arm ... wer im Luxus und wer im Elend lebt ... wer Nahrung, Kleidung und Gesundheitsfürsorge bekommt ... und wer leben und wer sterben wird."

Apartheid war das System der Rassendiskriminierung und Rassentrennung, das von 1948 bis zu seiner Abschaffung Anfang der 90er Jahre in Südafrika herrschte. Auf einer jahrelangen Diskriminierung von Schwarzen aufbauend, übernahm die Nationalpartei die Apartheid als Modell für die getrennte Entwicklung der Rassen, die jedoch nur dazu diente, die weiße Überlegenheit zu zementieren. Dabei wurden die Menschen unterteilt in Weiße, Bantu (Schwarze), Farbige (gemischtrassig) oder Asiaten. Die Apartheid manifestierte sich unter anderem durch Vorenthaltung des Wahlrechts, getrennte Wohngebiete und Schulen, interne Reisepässe für Schwarze und die Kontrolle des Rechtssystems durch Weiße.

1973 nahm die UN im Rahmen ihrer jahrzehntelangen Bemühungen, dieser Praxis ein Ende zu machen, die Internationale Konvention über die Bekämpfung und Bestrafung des Verbrechens der Apartheid an, die von 101 Staaten ratifiziert wurde. Sie charakterisiert Apartheid als ein Verbrechen, für das Individuen zur Verantwortung gezogen werden können. Die Konvention definiert Apartheid als eine Reihe von „unmenschlichen Handlungen, die zu dem Zweck begangen werden, die Herrschaft einer rassischen Gruppe über eine andere rassische Gruppe zu errichten und aufrechtzuerhalten und diese systematisch zu unterdrücken." Dies umfaßt die Verweigerung des Rechtes auf Leben und Freiheit, Auferlegung von Lebensbedingungen, die darauf ausgelegt sind, die Gruppe zu vernichten, legislative Maßnahmen, um die Teilhame der Gruppe am nationalen Leben zu verhindern, die Trennung der Bevölkerung nach Rassenzugehörigkeit und die Ausbeutung der Arbeitskraft der Gruppe. Sie erklärt Apartheid zudem zu einem **Verbrechen gegen die Menschlichkeit.**

Die Genfer Konventionen verpflichten die Staaten zu einer Politik der Nichtdiskriminierung bei der Behandlung der Kranken und Verwundeten, der Schiffbrüchigen und der Gestrandeten, gefangengenommener Kombattanten und Zivilisten unter einer Besatzung oder in einem Konflikt. Die Apartheid wurde im Ersten Zusatzprotokoll zu den Genfer Konventionen auch als **Kriegsverbrechen** in internationalen Konflikten bezeichnet. Das Erste Zusatzprotokoll nennt als schwere Verletzung des Protokolls Apartheid „und andere auf Rassendiskriminierung beruhende unmenschliche und erniedrigende Praktiken, die grobe Verletzung der persönlichen Würde einschließen", obwohl diese nur bei zwischenstaatlichen bewaffneten Konflikten schwere Verletzungen darstellen würden. Die Einbeziehung der Apartheid bei den schweren Verletzungen des Protokolls resultierte aus der internationalen Kampagne zur Isolation Südafrikas und wurde von mehreren westlichen Mächten abgelehnt, als nicht ausreichend mit einem bewaffneten Konflikt in Zusammenhang stehend. Das Internationale Komitee vom Roten Kreuz (IKRK) stellte fest, daß durch die Aufnahme

Unter der Apartheid hatten Schildermaler ihr Auskommen, da sich die Rassentrennung selbst auf die banalsten Aktivitäten bezog – wobei meist nicht einmal dem Anschein nach eine Gleichbehandlung herrschte.

der Apartheid in die Liste schwerer Verletzungen keine wesentliche Ausweitung der Definition von Kriegsverbrechen erzielt wurde, da viele der schlimmsten Praktiken der Apartheid bereits als Kriegsverbrechen gelten würden, würden sie im Rahmen bewaffneter Konflikte begangen. Doch einige Handlungen, die vorher nicht unbedingt als strafbar (wenn auch als unerlaubt) galten, wurden es nun durch die Einbeziehung der Apartheid – z. B. die Trennung von Kriegsgefangenen oder Zivilisten nach ihrer Rasse.

Der neueste Versuch, die Apartheid zu kriminalisieren, erfolgte 1996 im Rahmen des Entwurfs eines Kodex der Verbrechen gegen den Frieden und die Sicherheit der Menschheit der UN-Völkerrechtskommission zu internationalen Verbrechen, der als Verbrechen gegen die Menschlichkeit auch eine Straftat einbezieht, die als „institutionalisierte Diskriminierung" bezeichnet wird, eine Art allgemeiner Apartheidsversion, und im Römischen Statut des Internationalen Strafgerichtshofes (ICC), das die Apartheid ebenfalls als Verbrechen gegen die Menschlichkeit aufführt und sie allgemein definiert als unmenschliche Handlungen, „die im Zusammenhang mit einem institutionalisierten Regime der systematischen Unterdrückung und Beherrschung einer oder mehrerer rassischer Gruppen durch eine andere rassische Gruppe ... in der Absicht begangen werden, dieses Regime aufrechtzuerhalten".

A Trotz der geographisch nicht begrenzten Definition der Apartheids-Konvention (und jetzt des Internationalen Strafgerichtshofes) haben Staaten und nichtstaatliche Organisationen (nongovernmental organizations, NGO) nur selten Systeme außerhalb von Südafrika als Apartheidssysteme bezeichnet. Gruppen wie die Kurden, die Tamilen, die Südsudanesen oder andere indigene Völker leiden unter systematischer Diskriminierung, die sehr wohl unter die Definition der Apartheid fallen könnte, selbst wenn diesen Praktiken die legale Aufmachung des südafrikanischen Modells fehlt. Doch die Opfer oder ihre Fürsprecher haben sich bisher nicht auf diesen Begriff berufen, zweifellos weil er immer noch mit Südafrika in Verbindung gebracht wird. So bleibt die Wahrscheinlichkeit, daß Einzelpersonen in der nahen Zukunft national oder international wegen Apartheid angeklagt werden, gering.

FALLSTUDIE

Der arabisch-israelische Krieg *Benny Morris*

Am 2. November 1948 stieß eine Patrouille der israelischen Streitkräfte (Israel Defense Force, IDF) im Westen des Sees von Tiberias in Nordisrael auf das Lager eines kleinen Beduinen-Unterstammes, die Arab al Mawasa. Das Gebiet war mit dem restlichen oberen zentralen Galiläa drei oder vier Tage zuvor bei einer von gepanzerten Fahrzeugen unterstützten Offensive mit dem Code-Namen Hiram von den Israelis erobert worden.

Die Patrouille durchkämmte das Gebiet auf der Suche nach Waffen. Auf der nahegelegenen „Höhe 213" fanden die Truppen die geköpften Leichen von zwei israelischen Soldaten, die seit einem Gefecht einen Monat zuvor vermißt worden waren. Im Patrouillenbericht des 103. Bataillons heißt es: „Die Männer zündeten [dann] die Heime [Zelte?] der Araber an. Die Männer kehrten mit 19 arabischen Männern zum Stützpunkt zurück. Am Stützpunkt wurden die Männer voneinander getrennt, und diejenigen, die an feindlichen Operationen gegen unsere Armee teilgenommen hatten, wurden identifiziert und dann unter Haims [Hayuns] Kommando an einen bestimmten Ort gebracht, wo 14 von ihnen liquidiert wurden. Die übrigen werden in ein Kriegsgefangenenlager verbracht."[1]

Nur wenige derartige Dokumente sind in den letzten fünfzig Jahren in Israels Archiven aufgetaucht, zum Teil, weil Soldaten und Offiziere, die Greueltaten begingen, nur selten schriftliche Beschreibungen hinterlassen haben, zum Teil, weil diejenigen, die es gibt, hauptsächlich im IDF-Archiv hinterlegt sind, wo interne Zensoren dafür sorgen, daß Dokumente, die sich ausdrücklich auf Massaker oder Vertreibungen beziehen, auf keinen Fall ans Licht kommen. Doch hin und wieder gibt es Ausrutscher.

Inzwischen wissen wir aufgrund von Unterlagen der Vereinten Nationen, der Amerikaner und der Briten und aufgrund einiger weniger Unterlagen, die in den 80er und 90er Jahren in Israels zivilen Archiven aufgetaucht sind (im israelischen Staatsarchiv, in parteipolitischen Archiven, in Sammlungen privater Papiere etc.) von über einem Dutzend Massakern an Arabern durch jüdische Truppen während des ersten arabisch-israelischen Krieges 1948. Diese reichten vom Erschießen einer Handvoll oder mehrerer Dutzend Zivilisten, die willkürlich ausgewählt und nach der Eroberung eines Dorfes vor eine Dorfmauer gestellt wurden (wie es zum Beispiel während der Hiram-Operation in Majd al Kurum, Bi'na und Dir al Assad, Ilaboun, Jish, Saliha, Safsaf und Sasa geschah) bis zum Abschlachten von etwa 250 Zivilisten und Häftlingen während eines Feuergefechtes in der Stadt Lydda südöstlich von Tel Aviv am Nachmittag des 12. Juli 1948.

Im Laufe der Jahre wurden durch die Freigabe neuer Dokumente und durch Zeitungsinterviews mit Zeugen und Teilnehmern Massaker an arabischen Zivilisten und Kriegsgefangenen durch Israelis während der Kriege

---

[1] Bericht der „C Company", 103. Bataillon, Unterschrift unleserlich, 2. November 1948, IDF-Archiv 1096\49\\65.

A von 1956, 1967, 1973 und 1982 aufgedeckt. Für einen großen Teil der israelischen Öffentlichkeit waren diese Enthüllungen ein Schock, da sie in dem Glauben an ihre eigene moralische Überlegenheit und an eine Doktrin von der „Reinheit der Waffen" gelebt hatte. Jüdische Truppen, so glaubte man, waren bis 1948 bei der wichtigsten jüdischen Untergrundorganisation, der Haganah, und danach bei den IDF, dafür ausgebildet worden, ihre Waffen nicht durch Greueltaten zu beschmutzen. Wenn dennoch eine Greueltat ans Licht kam, tat man sie stets als seltene Ausnahme, als Einzeltat ab.

Die Wahrheit aber sieht anders aus – was nicht weiter überraschend ist. Den arabisch-israelischen Kriegen liegen ein gegenseitiger tiefverwurzelter Haß und tiefgreifende existentielle Ängste zugrunde, bei den israelischen Juden wie bei den palästinensischen Arabern. Zudem wurden die Kriege zumindest teilweise in Gebieten ausgefochten, in denen viele Zivilisten lebten (1948 in ganz Palästina, 1956 und 1967 im Gazastreifen, 1967 auf der Westbank und den Golanhöhen und 1982 im Südlibanon und in Beirut). Es war fast unvermeidlich, daß dabei Zivilisten verwundet und getötet wurden, manchmal absichtlich, häufiger unbeabsichtigt.

Der blutigste dieser Kriege, der Krieg, in dem sich die meisten Greueltaten ereigneten, war ohne Zweifel der Unabhängigkeitskrieg von 1948, der von November 1947 bis Mai 1948 als Bürger-/Guerillakrieg zwischen Palästinas durch und durch miteinander vermischten arabischen und jüdischen Siedlungen begann, sich aber von Mai 1948 bis Januar 1949 zu einem konventionellen Krieg zwischen den eindringenden Truppen der arabischen Staaten und dem neugegründeten Staat Israel auswuchs. Die Tatsache, daß die Araber den Krieg begonnen hatten – die palästinensischen Araber im November/Dezember 1947 und die arabischen Staaten im Mai 1948 – und daß der Krieg sich in die Länge zog, wobei die Juden große Opfer zu verzeichnen hatten (sechstausend Tote oder ein Prozent der gesamten Bevölkerung von 650 000 Menschen), verstärkte nur die Wut auf die Araber und die Tendenz zu Greueltaten. Die auf beiden Seiten vorhandene Bereitschaft, Greueltaten zu begehen, wurde noch durch manchmal zutreffende, manchmal aus der Luft gegriffene

Früh erwachsen geworden, heben palästinische Kinder ihre Spielzeugwaffen in einer Gebärde des Widerstandes. Viele ihrer Altersgenossen sind bereits von echten Waffen getötet oder verstümmelt worden. Gaza 1993.

A Berichte über Greueltaten der jeweils anderen Seite angefacht; häufig war Vergeltung das Motiv für Araber wie für Israelis.

Zwei von drei Massakern, die Araber im Krieg von 1948 an Juden begingen, wurden ausgelöst durch jüdische Greueltaten an Arabern. Am 30. Dezember 1947 warfen Terroristen der Irgun Zvai Leumi (Nationale Militärische Organisation oder IZL) eine Bombe auf eine arabische Bushaltestelle am Eingang zur Ölraffinerie vor den Toren von Haifa. Ein halbes Dutzend Araber wurde getötet, und noch mehr wurden verletzt. Die arabischen Arbeiter in der Raffinerie übten sofortige Vergeltung, indem sie mit Messern, Brecheisen und Stöcken auf ihre jüdischen Kollegen losgingen und 39 von ihnen töteten. (Die Haganah wiederum reagierte darauf, indem sie in der Nacht des 31. Dezember über das nahegelegene arabische Dorf Balad ash Sheikh herfiel, wo viele der Arbeiter lebten, mehrere Dutzend Häuser in die Luft jagte und etwa sechzig Araber tötete.)

So waren auch die Angriffe irregulärer arabischer Kräfte auf den Konvoi aus Ärzten, Krankenschwestern, Studenten und Milizsoldaten der Haganah auf dem Weg zum Berg Scopus (Mount Scopus Convoy) am 13. April eine Vergeltung für den Überfall jüdischer Truppen (IZL/Lehi/Haganah) auf das arabische Dorf Deir Yassin im Westen von Jerusalem am 9. April 1948, bei dem etwa einhundert Dorfbewohner bei den Kämpfen oder unmittelbar danach getötet wurden.

Der dritten und schlimmsten Greueltat der Araber im Krieg war kein direkter jüdischer Angriff bzw. keine jüdische Greueltat vorausgegangen. Es war das Massaker vom 13. Mai bei Kfar Etzion im Etzion-Siedlungsblock nördlich von Hebron, das von irregulären Truppen an Dutzenden sich ergebender Haganah-Mitgliedern, unter ihnen etwa zwanzig Frauen, begangen wurde.

Doch im großen und ganzen begingen die verschiedenen jüdischen Truppen Haganah, IZL, Lehi (Lohamei Herut Yisrael, Freiheitskämpfer von Israel, oder die „Stern Gang", wie sie von den britischen Behörden genannt wurde) und die IDF 1948 viel mehr Grausamkeiten als die arabischen Truppen, und sei es auch nur, weil sie dafür in einer viel besseren Position waren.

Die Haganah und später die IDF überrannten große, von Arabern bevölkerte Gebiete, etwa vierhundert Dörfer und Städte, wohingegen die arabischen Truppen im Laufe des Krieges weniger als ein Dutzend jüdischer Siedlungen eroberten oder überrannten. Hinzu kommt, daß der Bürgerkrieg in Palästina, der Mitte Mai 1948 endete, in einem Land tobte, das nominell unter britischer Verwaltung stand. Weder Juden noch Araber durften rechtmäßig Gefangene festhalten, und beide Seiten hatten monatelang keine Möglichkeit, viele Menschen zu internieren, daher wurden Gefangene erschossen, oder es wurden erst gar keine gemacht.

Von den Massakern einmal abgesehen, war es für 1948 bezeichnend, daß in großer Zahl arabische Zivilisten willkürlich durch jüdische Truppen getötet wurden. Durch Patrouillen und bei Überfällen aus dem Hinterhalt wurden willkürlich Zivilpersonen umgebracht, die nach Nahrung suchten oder aus anderen Gründen versuchten, die Frontlinien zu überqueren.

Aus den verfügbaren Unterlagen geht hervor, daß offenbar kein einziger jüdischer Soldat oder Offizier je in Zusammenhang mit diesen Grausamkeiten bestraft wurde. Ebenso wurde, soweit sich das aufgrund der vorhandenen Informationen sagen läßt, anscheinend auch kein irregulärer oder regulärer arabischer Kämpfer für die Ermordung von Israelis vor Gericht gestellt oder bestraft.

Die Beerdigung eines israelischen Wachmanns, der 1953 bei einem Grenzzwischenfall getötet wurde.

Die Grausamkeiten beschränkten sich nicht auf das Töten; viele arabische Dorfbewohner und Städter wurden von einrückenden jüdischen Einheiten aus ihren Heimen vertrieben. Die umfangreichste derartige Vertreibung fand am 12. und 13. Juli in den Städten Lydda und Ramle statt, als über fünfzigtausend Menschen auf den Weg nach Osten geschickt wurden. Zurückblickend ist klar, daß das, was 1948 in Palästina geschah, eine Art **ethnischer Säuberung** arabischer Gebiete durch Juden war. Es läßt sich unmöglich sagen, wieviele der etwa 700 000 Palästinenser, die 1948 zu Flüchtlingen wurden, tatsächlich physisch vertrieben wurden und wieviele einfach aus der Kampfzone flohen. Sicher ist jedoch, daß beinahe allen durch den Beschluß der israelischen Regierung von Juni 1948 und danach durch Beschluß durch die IDF die Rückkehr in ihr Zuhause oder ihr Gebiet verwehrt wurde. Ebenso wurden fast alle der ca. vierhundert arabischen Dörfer, die von Israel überrannt und entvölkert worden

A waren, noch im Jahr 1948 oder unmittelbar danach dem Erdboden gleichgemacht, zum Teil, um die Flüchtlinge an einer Rückkehr zu hindern. Kein jüdischer Soldat oder Befehlshaber wurde jemals für die Vertreibung einer arabischen Dorfgemeinschaft oder die Zerstörung eines arabischen Dorfes vor Gericht gestellt oder bestraft (allerdings wurde, soweit sich das sagen läßt, anscheinend auch kein jüdischer Soldat oder Befehlshaber jemals vor Gericht gestellt oder bestraft, wenn Araber nicht vertrieben oder ein arabisches Dorf bzw. Stadtviertel nicht zerstört wurde).

Im Verlauf des Krieges vertrieben arabische Soldaten oder Irreguläre eine Handvoll jüdischer Gemeinschaften. Tatsächlich vertrieben Araber jüdische Gemeinschaften aus allen Gebieten, die sie überrannten, doch das waren weniger als ein Dutzend. Dazu gehörte das Jüdische Viertel in der Altstadt von Jerusalem, woraufhin die meisten Gebäude dort dem Erdboden gleichgemacht wurden; außerdem der Etzion-Siedlungsblock (Kfar Etzion), Massu'ot Yitzhak, Revadim und Ein Tzurim (auch hier wurden die Gebäude von ihren plündernden Eroberern dem Erdboden gleichgemacht) und Kfar Darom im Gazastreifen. (Alle diese Orte wurden von den Juden erneut besiedelt, nachdem Israel im Krieg von 1967 die Westbank und den Gazastreifen erobert hatte. Dagegen blieben die Hunderte von Orten, aus denen 1948 Araber vertrieben und deren Gebäude zerstört wurden, unbewohnt, oder es siedelten sich Juden dort an.)

Nach 1948 besserte sich allmählich die Disziplin und das ethische Verhalten der IDF. Danach, in jedem darauffolgenden Krieg und in den Jahren zwischen den Kriegen, wurden immer weniger Greueltaten begangen, was General Rafael Eitan, der Leiter des Generalstabs der israelischen Streitkräfte, mit Nachdruck betonte, als er wegen des Verhaltens seiner Truppen während der Invasion im Libanon 1982 angegriffen wurde.

Im Oktober/November 1956 überrannten die IDF den Gazastreifen, den sie bis März 1957 kontrollierten. Während der Schlacht um diese stark besiedelte Zone und während der ersten Wochen der Besatzung töteten die IDF etwa fünfhundert Zivilisten, entweder beim tatsächlichen Kampf oder in einer darauffolgenden Serie von Massakern. Berichten zufolge töteten IDF-Truppen während des Sinai-Suez-Krieges fliehende und oft unbewaffnete ägyptische Soldaten zu Hunderten sowie gelegentlich ägyptische Kriegsgefangene. So brachten beispielsweise Ende Oktober 1956 IDF-Fallschirmjäger in der Nähe des Mitla-Passes etwa drei Dutzend Kriegsgefangene um. Als dieser Vorfall 1995 bekannt wurde, löste er Proteste der ägyptischen Regierung in Jerusalem und die Forderung nach einer Untersuchung aus (deren Ergebnisse niemals bekanntgegeben wurden).

Während des Sechs-Tage-Krieges 1967 und des Jom-Kippur-Krieges im Oktober 1973 töteten IDF-Truppen mehr als einmal fliehende und oft unbewaffnete arabische Truppen und ermordeten Kriegsgefangene. Wieder hatten die siegreichen Israelis mehr Gelegenheit zum Begehen von Greueltaten als ihre arabischen Gegner, doch es liegen Hinweise darauf vor, daß auch arabische Truppen, wenn sie denn die Gelegenheit dazu bekamen, kapitulierende Israelis und Kriegsgefangene umbrachten. Derartige Vorfälle ereigneten sich in den ersten Tagen des Jom-Kippur-Krieges 1973, als die Syrer einen Teil der Golanhöhen und die Ägypter die Bar-Lev-Linie am Ostufer des Suezkanals überrannten. Arabische Zivilisten und Sicherheitskräfte töteten zudem an beiden Fronten abgestürzte israelische Piloten.

Andererseits gab es unmittelbar nach diesen zwei Kriegen fast gar keine Berichte über Greueltaten, die IDF-Truppen an arabischen Zivilisten verübt hätten. Tatsächlich zeichneten sich sowohl der Krieg von 1967 (als die IDF bevölkerungsreiche Städte auf der Westbank und im Gazastreifen eroberten) als auch der von 1973 (als die IDF das bewohnte Westufer des Suezkanals eroberten) dadurch aus, daß fast gar keine Zivilpersonen getötet wurden. Jedoch zerstörten die IDF unmittelbar nach dem Sechs-Tage-Krieg im Juni 1967 über ein halbes Dutzend arabischer Dörfer auf der Westbank (Imwas, Yalu, Beit Nuba, Khirbet Beit Mirsim, Nabi Samwil etc.) und vertrieben deren Bewohner. Das Gebiet der ersten drei Dörfer wurde daraufhin in einen Naturpark umgewandelt, Park Canada, bis heute ein beliebter Picknickplatz der Israelis.

Insgesamt verließen während des Krieges 1967 und unmittelbar danach etwa 200 000 bis 300 000 Palästinenser die Westbank und den Ga-

Israelische Soldaten mit ägyptischen Kriegsgefangenen unter ägyptischem Artilleriebeschuß beim Jom-Kippur-Krieg. Sinai 1973.

zastreifen und zogen nach Jordanien; viele von ihnen waren damit zum zweiten Mal auf der Flucht, nachdem sie bereits 1948 aus den an Israel gefallenen Gebieten auf die Westbank geflohen waren. Zudem flohen fünfzig- bis neunzigtausend syrische Zivilisten (die genaue Zahl ist umstritten) während der Eroberung durch die IDF aus ihren Heimatorten oder wurden von den Golanhöhen vertrieben. Wie bereits 1948 ließ Israel nur wenige dieser Flüchtlinge aus der Westbank, dem Gazastreifen und von den Golanhöhen zurückkehren; die meisten leben noch immer in Lagern in Jordanien und Syrien.

Auch 1982 begingen die IDF-Truppen, als sie den südlichen Libanon einschließlich Beiruts und eines großen Teils der Straße von Beirut nach Damaskus überrannten, wenige willkürliche Grausamkeiten, trotz der Tatsache, daß der Krieg in einem bevölkerungsreichen Gebiet stattfand, in dem es über ein halbes Dutzend palästinensischer Flüchtlingslager gab, die den eindringenden Truppen heftigen Widerstand entgegensetzten. Dennoch wurden Tausende palästinensischer und libanesischer Zivilisten

A durch israelische Flieger, Artillerie und Panzer getötet, während die eindringenden Streitkräfte sich langsam in Richtung Norden bewegten und das Gelände vor sich mit Dauerfeuer belegten, um jeglichen Widerstand zu brechen und die Verluste der IDF möglichst gering zu halten. Die Frage, wieviele arabische Zivilisten genau umkamen, ist strittig (auf israelischer Seite spricht man offiziell von „Hunderten", auf libanesischer und palästinensischer Seite von „Tausenden", und in einem Bericht ist sogar von achtzehntausend die Rede). Unbestritten ist, daß bei den Kämpfen ganze Häuserblöcke und Straßenzüge libanesischer Städte (in Tyrus, Sidon und Beirut) vernichtet und eine Reihe von Flüchtlingslagern zum großen Teil zerstört wurden (Rashidiye in der Nähe von Tyrus, Ein al Hilwe in der Nähe von Sidon und andere).

Der israelische Einmarsch in den Libanon wurde nach Angaben israelischer Regierungssprecher verursacht oder provoziert durch den „Terrorismus" der Palästinenser, der sich vom südlichen Libanon aus gegen Ziele in Israel richtete. Tatsächlich hatte es von Juli 1981 bis Juni 1982, als die Invasion begann, praktisch keine gegen Israel gerichteten Terroranschläge aus dem Libanon gegeben. Doch zwischen 1969 und 1981 hatte der südliche Libanon als Stützpunkt für Angriffe der Palästinensischen Befreiungsarmee (PLO) auf Ziele in Israel gedient, deren bekanntester der Überfall auf die Küstenstraße im März 1978 war, als palästinensische Terroristen aus dem Libanon vom Meer aus einen israelischen Bus zwischen Tel Aviv und Haifa in ihre Gewalt brachten und über dreißig Fahrgäste töteten.

Im September fand die schlimmste willkürliche Greueltat des Libanonkrieges statt, das Massaker, das libanesische christliche Milizen der Phalange-Partei in den Lagern von Sabra und Shatilla und bei Süd-Beirut an mehreren hundert palästinensischen Flüchtlingen begingen (auch hier ist die genaue Anzahl umstritten, jedoch fanden dabei offenbar fünfhundert Menschen den Tod). Zwar waren diese Milizen, die mit Israel verbündet waren, von den israelischen Besatzungstruppen in die Lager gelassen oder geschickt worden, jedoch hatten die Israelis das Massaker nicht gewollt oder geplant, obwohl Israels Verteidigungsminister Ariel Sharon daraufhin auf Empfehlung einer Untersuchungskommission seines Postens enthoben wurde. Die Kahan-Kommission beschuldigte ihn der „Fahrlässigkeit" und machte ihn indirekt für das, was geschehen war, verantwortlich. Das Massaker und die vorausgegangene Zerstörung von Flüchtlingslagern im Süden traf mit Sharons Taktik zusammen, die Flüchtlingsgemeinschaften so weit wie möglich nach Norden und weg von Israels Grenze zu verlagern, und mit dem Wunsch der Phalange-Partei, die (zum größten Teil moslemische) palästinensische Bevölkerung ganz aus dem Libanon zu vertreiben.

Danach sind in der israelischen Presse nur zwei Berichte von willkürlichen Greueltaten aufgetaucht, bei denen einige libanesische Dorfbewohner und Palästinenser den Tod fanden, und es ist fraglich, ob überhaupt viel mehr stattgefunden haben. Doch in den Jahren 1982 – 1985, als die israelischen Sicherheitskräfte sich erfolglos bemühten, die schiitische Widerstandsbewegung gegen die Besetzung des südlichen Libanon zu unterdrücken, wurden schiitische Kämpfer gelegentlich von Mitgliedern der israelischen Sicherheitskräfte exekutiert, Tausende Verdächtige wurden ohne Verfahren festgehalten, es fanden systematische **Folterungen** von Verdächtigen statt, und gelegentlich wurden die Häuser von Widerstandskämpfern zerstört.

Der arabisch-israelische Krieg führte natürlich auch dazu, daß Israel ein Land mit fremder Bevölkerung kontrollierte (ob dies nun technisch als Besetzung von Feindesgebiet auf der Westbank und im Gazastreifen galt oder nicht), was Widerstand gegen diese Anwesenheit und israelische Bemühungen zur Unterdrückung des Widerstands zur Folge hatte. Von 1967 bis 1995 besetzte und verwaltete Israel die von Palästinensern bewohnte Westbank und den Gazastreifen, wobei sich die Bevölkerungszahl in dieser Zeit von etwa einer Million auf zwei Millionen erhöhte.

Häufig schlossen sich Gruppen Einheimischer zusammen, um sich gegen die Besetzung zu wehren, wobei sie manchmal zu gewaltfreien politischen Mitteln (Streiks, Schulschließungen, Demonstrationen), zu anderen Zeiten aber zu gewaltsamen Mitteln griffen, was die Palästinenser als „bewaffneten Widerstand" und die Israelis als **„Terrorismus"** bezeichneten. Diese Angriffe, sowohl in den besetzten Gebieten und in Israel selbst wie auch an der israelischen Grenze zu Jordanien und zum Libanon, beinhalteten häufig auch willkürliche Angriffe auf Zivilisten, was normalerweise als Terrorismus definiert wird. So wurden beispielsweise bei Ausbrüchen des palästinensischen islamisch-fundamentalistischen Terrorismus von 1994 bis 1996 israelische Busse in den Zentren von Tel Aviv und Jerusalem durch Selbstmordkommandos zerstört, wobei Dutzende israelischer Bürger getötet wurden.

Israel reagierte auf beide Arten des Widerstands, den gewaltsamen und den gewaltlosen, mit verschiedenen Mitteln, von denen viele gegen das Völkerrecht und die Menschenrechtskonventionen verstießen. So hat Israel beispielsweise im Laufe der Jahrzehnte ohne Gerichtsverfahren Hunderte politischer Aktivisten aus den Gebieten vertrieben; einige davon wurden verdächtigt, Verbindungen zum „Terrorismus" zu unterhalten, andere dagegen wurden lediglich politischer „Agitation" und „Aufhetzung" verdächtigt.

Strenge Strafen waren normalerweise denjenigen vorbehalten, die der Teilnahme an etwas verdächtigt wurden, was israelische Behörden als Terrorismus oder Unterstützung des Terrorismus bezeichneten. Von 1967 bis 1981 zerstörten oder versiegelten die israelischen Behörden etwa eintausenddreihundert Häuser, meist von mutmaßlichen Terroristen. Etwa weitere siebenhundert Häuser wurden während der Intifada, des halbgewalttätigen palästinensischen Aufstandes von 1987 bis 1993, zerstört oder versiegelt. In den fraglichen Häusern wohnten im allgemeinen auch Brüder und Schwestern, Eltern und Kinder der Verdächtigen, wodurch die Maßnahme zu einer Art **Kollektivstrafe** wurde. Normalerweise durften die Familien ihre Häuser nicht wieder aufbauen. Die Häuser wurden üblicherweise zerstört, bevor der Verdächtige vor Gericht gestellt oder wegen eines Verbrechens verurteilt wurde.

Die bei weitem häufigste Maßnahme gegen den Widerstand war die Festnahme. Während der dreißig Besatzungsjahre durchliefen über fünfzigtausend Palästinenser das israelische Gefängnissystem, die meisten davon in den Jahren der Intifada. Tausende weitere wurden auf Anweisung der Verwaltung festgehalten, was bedeutet, daß sie niemals vor irgendein Gericht gestellt oder verurteilt wurden. Die Militärbehörden dürfen Personen bis zu sechs Monate ohne Gerichtsverfahren festhalten, und dieser Zeitraum kann mit Einverständnis eines Richters verlängert werden. In den israelischen Gefängnissen befinden sich immer noch über einhundert Personen, die auf eine Verwaltungsanweisung hin festgehalten werden, und einige von ihnen sitzen seit Jahren im Gefängnis, ohne

Traumatisierte Patienten eines palästinensischen psychiatrischen Krankenhauses nach einem Einschlag israelischer Geschosse bei der Belagerung von Beirut 1982.

je vor Gericht gestanden zu haben. Doch die meisten Gefangenen – zur Zeit befinden sich in den israelischen Gefängnissen etwa fünftausend palästinensische Gefangene – wurden von Militärgerichten verurteilt. Die Gerichte haben sehr wenige Verdächtige freigesprochen, und die Urteile wurden häufig als unverhältnismäßig streng kritisiert. Ein fünfzehnjähriger Junge kann zu einem oder zwei Jahren Gefängnis verurteilt werden, nur weil er einen Stein auf ein Auto geworfen hat. Dagegen tendieren die israelischen Militär- und Zivilgerichte zu sehr großer Milde gegenüber israelischen Soldaten oder Zivilisten, die Palästinenser getötet haben, und lassen sie meist mit Bewährungsstrafen oder einer Verurteilung zu gemeinnütziger Arbeit davonkommen. Israels Allgemeiner Sicherheitsdienst [Shaback, früher Shin Bet] und seltener auch IDF und Polizeieinheiten haben im Laufe der Jahre systematisch verschiedene Formen von **Folter** bei mutmaßlichen Terroristen angewandt, z.B. Schlafentzug, Prügel, kalte Duschen und das erzwungene Einnehmen schmerzhafter Haltungen.[2]

Während der Intifada töteten IDF-Truppen mit regulären und plastikummantelten Geschossen etwa eintausend Palästinenser, von denen viele noch minderjährig waren. Die meisten wurden bei Zusammenstößen zwischen Soldaten und steinewerfenden Randalierern getötet.

Während der Intifada wurden Dutzende von Personen, die des Terrorismus verdächtigt wurden, von verdeckt arbeitenden Einheiten des israelischen Militärs und der Polizei getötet, denen häufig vorgeworfen wurde, sich wie **Todesschwadronen** zu verhalten. Israelische Sprecher entgegneten, daß bei der besonderen Vorgehensweise derartiger Einheiten (kleine Trupps, die als Araber verkleidet inmitten arabischer Städte und ohne schnell erreichbare Unterstützung durch reguläre Truppen operierten) ein nervöser Finger am Drücker überlebenswichtig sei. Doch in den sechs Jahren der Intifada wurde nur ganz selten einmal ein derartiger verdeckt arbeitender Trupp von Arabern getötet oder verletzt, so daß sich die Frage stellt, ob sie bei ihren Operationen üblicherweise in großer Gefahr waren.

Neben Aktionen, die sich speziell gegen mutmaßliche Terroristen und deren Anhänger richteten, griffen die IDF-Truppen häufig zu Kollektivmaßnahmen in großem Maßstab, um den Widerstandswillen der Bevölkerung der Westbank und des Gazastreifens zu unterdrücken. Häufig wurde in ganzen Städten oder Dörfern eine Ausgangssperre über 24 Stunden oder von der Abenddämmerung bis zum Morgengrauen verhängt, was die Bewohner tagelang daran hinderte, zur Arbeit zu gehen oder ein normales Leben zu führen. Gelegentlich, zum Beispiel während oder nach einem national motivierten Streik, schlossen die Behörden Schulen, Universitäten oder Geschäfte. Manchmal unterbrachen die Truppen als Bestrafungsmaßnahme die Wasser- oder Stromversorgung oder die Telefonleitungen zu bestimmten Orten. Schließlich verhafteten die Sicherheitskräfte häufig Familienmitglieder mutmaßlicher Terroristen und verhörten sie, um den Aufenthaltsort der Verdächtigen herauszufinden.

Israels Verwaltung der besetzten Gebiete wird häufig kritisiert, zum Teil deswegen, weil Israel behauptet, es sei rechtlich nicht verpflichtet, die Bestimmungen der Vierten Genfer Konvention bezüglich der Besetzung von Gebieten einzuhalten. Israel hat alle vier Genfer Konventionen ratifiziert, hat aber die zwei Zusatzprotokolle von 1977 nicht unterzeichnet.

Die Regierung sagt, daß sie in den betreffenden Gebieten das praktiziere, was sie die „humanitären Bestimmungen" der Vierten Konvention nennt, ohne sich jedoch festzulegen, welche der Bestimmungen „humanitär" sind. Diese Position wird von den Palästinensern und den arabischen Staaten angegriffen und weder von Israels Hauptverbündetem, den Vereinigten Staaten, noch von anderen einflußreichen Staaten anerkannt.

Ein Grund dafür, daß Israel sich weigert, die Vierte Genfer Konvention als geltendes Recht anzuwenden, besteht darin, daß die regierende Arbeitspartei 1967 befürchtete, daß sie bei Anwendung der Konvention, in deren zweitem Artikel von „allen Fällen vollständiger oder teilweiser

---

[2] B'Tselem, *The Interrogation of Palestinians during the Intifada*, 1991, Jerusalem; außerdem B'Tselem, *Routine Torture: Interrogation Methods of the General Security Service*, Jerusalem, 1998.

Besetzung des Gebietes einer Hohen Vertragspartei" die Rede ist, effektiv Jordanien als frühere Hoheitsmacht anerkennen würde. Israel betrachtete Jordanien als aggressiven Besetzer, der widerrechtlich in das Westbank-Gebiet eingedrungen sei und die Westbank annektiert habe.

In der Praxis halten sich die israelischen Gerichte gemäß den Richtlinien des Obersten Gerichts an das akzeptierte internationale Gewohnheitsrecht und die internationalen Konventionen, die in das israelische Recht übernommen wurden. Daher besteht eine Art Zwiespalt zwischen der offiziellen öffentlichen Position Israels auf internationalen Foren und der rechtlichen Praxis in bezug auf die besetzten Gebiete.

Zusammenfassend haben die arabisch-israelischen Kriege wie die meisten Kriege Greueltaten nach sich gezogen, die hauptsächlich von der Gewinnerseite bzw. der Seite begangen wurden, die dazu Gelegenheit hatte; diese Handlungen waren gegen Soldaten wie Zivilisten gerichtet. Die Anzahl und Häufigkeit der Greueltaten ist im Lauf der Jahre geringer geworden, teilweise, weil die Kriege kürzer waren (der Krieg von 1948 dauerte ein volles Jahr, der von 1967 kaum sechs Tage), teilweise aber auch wegen der größeren Disziplin unter den israelischen Truppen. Andererseits führt die erhöhte Feuerkraft in israelischer Hand dazu, daß Truppen auf dem Marsch durch bebaute Gebiete wie 1982 dazu neigen, den Weg vor sich unter konstanten Beschuß zu nehmen, was schon viele Opfer unter der Zivilbevölkerung gefordert hat. Dies war in den früheren Kriegen nicht der Fall, als die IDF über weniger Feuerkraft verfügten oder sich nicht in bebauten Gebieten engagierten.

Zur gleichen Zeit haben die Jahrzehnte der Besetzung der Westbank, des Gazastreifens und der Golanhöhen durch die Israelis zu dem systematischen Einsatz verschiedener Mittel geführt, die dem humanitären Völkerrecht widersprechen, darunter der Folter von mutmaßlichen Terroristen, der Zerstörung von Häusern, einer administrativen Einbehaltung ohne **rechtliches Gehör** sowie **Deportationen**.

Der arabisch-israelische Krieg: Israels Auffassung zur Anwendung des humanitären Völkerrechts auf der Westbank und im Gazastreifen

Kenneth Anderson

Obwohl fast alle Staaten die Westbank und den Gazastreifen als „besetzte Gebiete" bezeichnen und dadurch implizieren, daß dort für alle israelischen Aktivitäten die Vierte Genfer Konvention von 1949 anzuwenden ist, nennt Israel sie „verwaltete Gebiete" und vertritt bezüglich seiner Verpflichtungen und des rechtlichen Status der Gebiete eine andere Auffassung.

Nach Auffassung der israelischen Regierung, dargelegt in Rechtsmemoranden des Außenministeriums, gehörten die Gebiete zu der Zeit, als Israel sie im Krieg von 1967 einnahm, zu keinem souveränen Staat. Das heißt: Ägypten beanspruchte den Gazastreifen nicht, Jordanien hat vielleicht Anspruch auf die Westbank erhoben, doch wurde dieser Anspruch von Israel und der großen Mehrheit der Staaten nicht anerkannt, und die Palästinenser machten zu jener Zeit keine Hoheitsgewalt über dieses Gebiet geltend. Zudem besagen die UN-Resolutionen Nr. 242 und 338, die Israel aufforderten, sich aus besetztem Gebiet zurückzuziehen, nicht, daß andere Staaten zu jener Zeit eine Hoheitsgewalt in Anspruch nahmen. Israel argumentiert weiter, daß alle palästinensischen Ansprüche auf eine Hoheitsgewalt über die Gebiete auf der Grundlage der Teilungsresolution der UN-Generalversammlung von 1947 ungültig seien, da die Palästinenser und die verbündeten arabischen Staaten die Resolution abgelehnt und bekämpft hätten.

Also kann nach Israels Ansicht der Text der Vierten Konvention nicht auf diesen Fall angewandt werden, da gemäß dem zweiten Absatz von Artikel 2, der allen vier Konventionen von 1949 gemeinsam ist, die Konventionen nur für die „Besetzung des Gebietes einer Hohen Vertragspartei" gelten. Die formale Anerkennung der Anwendbarkeit der Konventionen, so argumentierte Israel, impliziere eine Anerkennung der Hoheitsgewalt der früheren Regierung.

Dessen ungeachtet hat die israelische Regierung in offiziellen Erklärungen zugesichert, die Bestimmungen einzuhalten, die sie als die humanitären und gewohnheitsrechtlichen Bestimmungen der Konvention betrachtet, ohne sich jedoch festzulegen, welche Artikel sie dabei im Sinn hat. Israel behauptet, daß es in seinem Schutz der lokalen Bevölkerung der Gebiete weitergegangen sei als erforderlich. Obwohl beispielsweise die Konvention die Rechtmäßigkeit der Todesstrafe anerkennt, findet diese selbst bei den schlimmsten Terrorakten keine Anwendung. Ebenso fordert die Konvention nicht, daß Möglichkeiten für Bewegungen der lokalen Bevölkerung in die Gebiete hinein und aus den Gebieten heraus bestehen, während Israel innerhalb gewisser Grenzen einen derartigen Verkehr selbst mit Ländern zuläßt, mit denen es sich rechtlich im Kriegszustand befindet.

Israels rechtliche Position wird vom Sicherheitsrat der Vereinten Nationen, vom Internationalen Komitee vom Roten Kreuz, von Staaten und Wissenschaftlern kritisiert. Die Kritiker weisen darauf hin, daß Artikel 1 der Vierten Genfer Konvention von den Hohen Vertragsparteien verlangt, die Konvention „unter allen Umständen einzuhalten und und seine Ein-

A haltung durchzusetzen". Außerdem heißt es in Artikel 4: „Durch das Abkommen werden die Personen geschützt, die sich im Falle eines Konflikts oder einer Besetzung zu irgendeinem Zeitpunkt und gleichgültig auf welche Weise im Machtbereich einer am Konflikt beteiligten Partei oder einer Besatzungsmacht befinden, deren Angehörige sie nicht sind". Daher, so sind sich die Kritiker einig, solle Israel die Konvention in vollem Umfang anwenden, und es sei übertrieben zu behaupten, daß durch die Anerkennung der Anwendbarkeit der Konvention auch die Anerkennung einer früheren Hoheitsgewalt impliziert werde.

VERBRECHEN

Aufhetzung zum Völkermord

Colette Braeckman

„Ihr müßt härter arbeiten, die Gräber sind noch nicht voll", hetzte die Stimme im Radio. Als im April 1994 der Völkermord in Ruanda begann, wichen die gewöhnlichen Leute keinen Augenblick von ihren Transistorradios. In einem Teil der Welt, in dem die meisten Leute keinen Strom haben, ist dies der Weg, auf dem Nachrichten verbreitet werden. Doch in jenem Frühjahr in Ruanda schienen die populären Radiosender nur ein Ziel zu kennen: die Hutu-Massen aufzuhetzen, ihre Tutsi-Nachbarn auszulöschen.

Der populärste Radiosender war RTLM (Radio Télévision des Milles Collines), die Rundfunk- und Fernsehgesellschaft „der Tausend Hügel". Der Sender war bekannt für die besten Diskjockeys in Ruanda und für seine attraktive Mischung aus afrikanischer Musik, Nachrichten und politischen Analysen. Der 1993 von Familienmitgliedern und Freunden des Staatsoberhauptes Habyarimana gegründete Sender vertrat zwar extremistische Ansichten von der Überlegenheit der Hutus, aber viele unpolitische Ruander hörten den Sender wegen seiner Musik. Doch dabei wurden sie seelisch und geistig auf den Völkermord vorbereitet. Als das Morden am 6. April schließlich begann, wurde klar, was die Eigentümer und Leiter des Senders geschaffen hatten – eine Kanzel des Teufels, von der aus sie die Aufforderung zum Morden in ganz Ruanda verbreiten konnten.

Den Auslöser für die Massaker bildete der Abschuß von Habyarimanas Flugzeug durch eine Rakete. Bereits Minuten nach dem Absturz beschuldigten RTLM-Journalisten belgische Truppen einer UN-Friedensmission in Ruanda, das Flugzeug abgeschossen zu haben. Am darauffolgenden Morgen wurden zehn belgische Soldaten brutal ermordet, und die UN-Truppen zogen sich zurück. Es war der Sender RTLM, der das Signal zum Töten von Tutsis und gemäßigten Hutus gab.

RTLM am 7. April und 8. April: „Ihr müßt [die Tutsis] umbringen, das sind Kakerlaken ..." 13. Mai: „Ihr alle, die ihr uns zuhört, steht auf, so daß wir alle für unser Ruanda kämpfen können ... Kämpft mit den Waffen, die euch zur Verfügung stehen, wer von euch Pfeile hat, mit Pfeilen, wer von euch Speere hat, mit Speeren ... Nehmt eure traditionellen Werkzeuge ... Wir alle müssen [die Tutsis] bekämpfen; wir müssen sie erledigen, sie auslöschen, sie aus dem ganzen Land hinwegfegen ... Ihnen darf kein Zufluchtsort mehr bleiben, nicht einer." Und am 2. Juli: „Ich weiß nicht, ob Gott uns helfen wird, [die Tutsis] auszulöschen ... aber wir müssen aufstehen, um diese Rasse schlechter Menschen auszulöschen ... Sie müssen ausgelöscht werden, weil es keine andere Möglichkeit gibt."

Die Botschaft kam an. Bis Juli 1994, als der Sieg der von den Tutsis geführten Ruandischen Patriotischen Front (RPF) dem Völkermord ein Ende machte, waren bis zu 1 Million Ruander – hauptsächlich Tutsis, aber auch Hutus, die den demokratischen Parteien in Ruanda angehört hatten – abgeschlachtet worden. Die Radiosender waren bei der Anreizung zum Völkermord nur allzu erfolgreich gewesen.

A Was sie getan hatten – und zwar erstens den Boden für das Morden zu bereiten und zweitens die Zuhörer nach dem Beginn des Völkermordes zum weiteren Morden aufzufordern –, war nach dem humanitären Völkerrecht, das kein absolutes Recht auf freie Meinungsäußerung anerkennt, natürlich absolut rechtswidrig. Nach der Definition waren die meisten getöteten Zivilpersonen, das heißt „Personen, die nicht unmittelbar an den Feindseligkeiten teilnehmen". In einem innerstaatlichen Konflikt, wie es in dem gemeinsamen Artikel 3 der vier Genfer Konventionen von 1949 heißt, werden Zivilpersonen „unter allen Umständen mit Menschlichkeit behandelt, ohne jede auf Rasse, Farbe, Religion oder Glauben, Geschlecht, Geburt oder Vermögen ... beruhende Benachteiligung".

Als das Wüten um sich griff, wurde die Völkermord-Konvention von 1948, der Ruanda 1975 beigetreten war, zum Schlüsseldokument. Die Konvention definiert das Verbrechen des Völkermords als eine unter mehreren „Handlungen, die in der Absicht begangen wird, eine nationale, ethnische, rassische oder religiöse Gruppe als solche ganz oder teilweise zu zerstören". Diese Handlungen umfassen die Tötung von Mitgliedern der Gruppe; Verursachung von schwerem körperlichem oder seelischem Schaden und die vorsätzliche Auferlegung von Lebensbedingungen für die Gruppe, die geeignet sind, ihre körperliche Zerstörung ganz oder teilweise herbeizuführen. Die Konvention erklärt nicht nur den Völkermord selbst zu einem internationalen Verbrechen, sondern besagt in Artikel 3, daß auch die „unmittelbare und öffentliche Aufhetzung zur Begehung von Völkermord" strafbar ist. Und im September 1998 verurteilte ein Internationaler Ad-Hoc-Strafgerichtshof für Ruanda (ITCR) in Arusha, Tansania, den früheren Regierungschef Jean Kambanda wegen der unmittelbaren und öffentlichen Aufhetzung zur Begehung von Völkermord, zum Teil deswegen, weil er RTLM darin unterstützt hatte, seine Aufrufe zu Massakern an den Tutsis fortzusetzen. Im selben Monat verurteilte der Gerichtshof Jean-Paul Akayesu, den Bürgermeister von Taba, wegen Vorwürfen, die die unmittelbare und öffentliche Aufhetzung zur Begehung von Völkermord einschlossen.

Die Verbote, die in der Völkermord-Konvention aufgeführt sind, und der vom ITCR gesetzte Präzedenzfall wurden mit dem Statut des Internationalen Strafgerichtshofes (ICC) bestätigt, das am 17. Juli 1998 angenommen wurde. Einhundertzwanzig Nationen stimmten dem Römischen Statut zu, das die Grundregeln für den ersten internationalen Strafgerichtshof der Geschichte festlegte; Artikel 5 des Statuts führte den Völkermord als erstes der Verbrechen auf, auf die sich die Gerichtsbarkeit des Gerichtshofes erstreckt.

Die Haß verbreitenden Journalisten von RTLM blieben bis zum allerletzten Moment des ruandischen Völkermords auf Sendung. Als die RPF, die Tutsi-Armee, die aus dem benachbarten Uganda kam, im Juli 1994 die ruandische Armee besiegte und dem Völkermord ein Ende setzte, nahm das RTLM-Personal einen mobilen Sender und floh nach Zaire, zusammen mit Hutu-Flüchtlingen. Ferdinand Nahimana, ein bekannter Historiker, der als Leiter von RTLM fungiert hatte, floh nach Kamerun. Dort wurde er verhaftet und an das Arusha-Tribunal ausgeliefert, wo er sich wegen einer ganz speziellen Anklage verantworten muß: der Aufhetzung zum Völkermord.

Hutus, denen Völkermord vorgeworfen wird, drängen sich im Hof des Gefängnisses von Kigali. Ruanda, 1994.

A   RTLM wurde von der neuen Tutsi-geführten Regierung geschlossen, doch damit war seine Botschaft nicht verstummt: In Kivu, Zaire, richteten Hutus einen weiteren geheimen Radiosender ein und verbreiteten dieselben Slogans, die sich nun gegen Tutsis in Burundi richteten.

SCHLÜSSELBEGRIFF

Ausbildung im humanitären Völkerrecht

Michael H. Hoffman

Zivile und militärische Führer behaupten oft, daß ihre Streitkräfte stets das humanitäre Völkerrecht anwenden und einhalten. Wie diese Führer auf eine simple Frage antworten, kann viel dazu beitragen, ihre Behauptungen zu bestätigen - oder zu widerlegen. Die Frage lautet: Wie werden Ihre Streitkräfte im humanitären Völkerrecht ausgebildet?

Die Genfer Konventionen von 1949 enthalten eine Bestimmung, die Staaten verpflichtet, das „Studium" des humanitären Völkerrechts in „die militärischen und, wenn möglich, zivilen Ausbildungsprogramme aufzunehmen, so daß die Gesamtheit der Bevölkerung, insbesondere die bewaffneten Streitkräfte, das Sanitätspersonal und die Feldgeistlichen, seine Grundsätze kennenlernen kann". Analog dazu wird von Aufständischen erwartet, daß sie ihren Streitkräften eine ähnliche Ausbildung bieten. Die ultimative Zuständigkeit für eine Ausbildung im humanitären Völkerrecht verbleibt bei den politischen Behörden und militärischen Führern. In vielen Teilen der Welt bilden das **Internationale Komitee vom Roten Kreuz (IKRK)** und die nationalen Gesellschaften des Roten Kreuzes und des Roten Halbmonds auch Zivilpersonen im humanitären Völkerrecht aus.

Die militärische Ausbildung ist normalerweise praxisbezogen. Eine effektive Ausbildung im humanitären Völkerrecht für Soldaten erfordert normalerweise eine praktischen Ansatz, bei dem es um eine Problemlösung geht. Einige Streitkräfte integrieren Szenarios in Zusammenhang mit dem humanitären Völkerrecht in ihre Ausbildungsübungen, andere ziehen eine theoretische Schulung vor. Bei manchen Streitkräften erfolgt die Ausbildung im humanitären Völkerrecht durch Militärhilfe-Teams aus anderen Ländern. Es gibt auch Militär, das wenig oder gar keine Ausbildung anbietet, und Militär, das nicht weiß, daß dieses Recht überhaupt existiert.

Zwei zivile Einrichtungen spielen bei der Ausbildung im humanitären Völkerrecht eine wichtige Rolle. Das IKRK hat eine Abteilung für Beziehungen mit Streit- und Sicherheitskräften, die eine Ausbildung im humanitären Völkerrecht durch einen multinationalen Lehrkörper anbietet, der sich aus pensionierten Offizieren zusammensetzt. Am internationalen Institut für humanitäres Recht in San Remo, Italien, belegen Offiziere aus der ganzen Welt Intensivkurse im humanitären Völkerrecht bei Experten, die in den Streitkräften ihrer Länder im aktiven Dienst stehen.

Streitkräfte, die noch kein Programm zur Ausbildung im humanitären Völkerrecht entwickelt haben, können ein solches Programm extern von den Streitkräften verbündeter Staaten und/oder international anerkannten Einrichtungen erhalten. Wer seine Streitkräfte nicht im humanitären Völkerrecht ausbildet, kann also keinen stichhaltigen Entschuldigungsgrund dafür anführen.

(Siehe **Verantwortlichkeit der Vorgesetzten; Soldaten, Rechte der**)

VERBRECHEN

Aushungerung

Marita Vihervuori

Der Hilfskonvoi der Human-to-human-Organisation war am Hauptkontrollpunkt der Serben vor Sarajewo gestoppt worden. Schweißüberströmt schob ein uniformierter serbischer Kämpfer einen Schubkarren voller Güter, die aus einem der Fahrzeuge stammten, in den Keller des Hauses, das er und seine Kameraden als Wachstube benutzten. Daneben waren andere serbische Kämpfer dabei, Kartons der beschlagnahmten Hilfsgüter in einen Kleintransporter zu stapeln.

Ihr Kommandant war sich keiner Schuld bewußt. „Gemäß den Anordnungen der Behörden der Republika Srpska müssen uns 30 Prozent der Güter in allen Hilfskonvois übergeben werden."

Tatsächlich war der Human-to-human-Konvoi einer der wenigen privaten Hilfskonvois, die bis nach Sarajewo durchkamen. Aber nicht intakt. Nachdem er 30 Prozent seiner Fracht am ersten Kontrollpunkt verloren hatte, wurde er in dem von Serben kontrollierten Vorort Ilidza noch weiter dezimiert. Schließlich gelangten nur noch das Mehl und die Makaroni bis in die Stadt.

Den Mitarbeitern des UN-Flüchtlingshochkommissars (UNHCR) in Sarajewo war klar, daß die serbischen Streitkräfte, die die bosnische Hauptstadt belagerten, humanitäre Hilfsgüter beschlagnahmten, die für die Zivilbevölkerung der Stadt gedacht waren. Das kannten sie aus eigener Erfahrung; meist ließen sie die Serben auch 30 Prozent der vom UNHCR selbst herbeigebrachten Waren nehmen. Nach dem Völkerrecht hatten die Serben jedes Recht, alle Nahrungs- und Sanitätslieferungen zu prüfen, die an ihnen vorbei in das von der Regierung kontrollierte Gebiet gebracht wurden, um sich davon zu überzeugen, daß die Hilfslieferungen für Nichtkombattanten und nicht für die bosnische Armee bestimmt waren. Aber sie hatten kein Recht, davon Nahrungsmittel für sich selbst zu behalten. **Plünderung** ist in zwischenstaatlichen Konflikten ein Kriegsverbrechen und in innerstaatlichen Konflikten eine verbotene Handlung.

Die Aushungerung der Zivilbevölkerung als Mittel der Kriegführung ist in zwischen- und in innerstaatlichen Konflikten verboten; dieses Verbot wird in den beiden Zusatzprotokollen von 1977 zu den Genfer Konventionen ausdrücklich aufgeführt. Dennoch ist eine Streitmacht, die Hilfslieferungen kontrolliert, die über Zugänge oder Gebiete erfolgen, die sie unter Kontrolle hat, nicht verpflichtet, die gegnerischen Streitkräfte auf irgendeine Weise zu unterstützen. Die Spannung zwischen diesen beiden Positionen hat zu der Entstehung einem komplexen Regelwerk geführt, das ohne die Anwendung von Gewalt durch die internationale Gemeinschaft schwer durchzusetzen ist. Das Internationale Komitee vom Roten Kreuz (IKRK) vertritt die Ansicht, daß die Befürchtung, die Güter könnten für Kombattanten zweckentfremdet werden, keine rechtmäßige Begründung für die Verweigerung der Durchfahrt bietet. Aber diese Ansicht wird nicht allgemein geteilt.

Humanitärer Hilfe für Zivilpersonen ist nach Artikel 23 der Vierten Genfer Konvention freier Durchlaß zu gewähren, wenn sie „Kindern unter

15 Jahren, schwangeren Frauen und Wöchnerinnen" vorbehalten ist. Eine größere Ausnahme kann gemacht werden, wenn die gesamte oder ein Teil der Zivilbevölkerung in besetztem Gebiet „ungenügend versorgt" ist. Da die Sorge des Militärs, daß die Waren zur Versorgung feindlicher Streitkräfte verwendet werden können, sehr begründet ist, wird „ungenügend" sehr eng aufgefaßt.

Des weiteren ist es gemäß Artikel 54 des Ersten Zusatzprotokolls verboten, „für die Zivilbevölkerung lebensnotwendige Objekte" zu zerstören, darunter Nahrungsmittel und ihre Erzeugung, Trinkwasser und Bewässerungsanlagen, oder so vorzugehen, „daß eine unzureichende Versorgung der Zivilbevölkerung mit Lebensmitteln oder Wasser zu erwarten wäre, durch die sie einer Hungersnot ausgesetzt oder zum Weggang gezwungen

Ein Opfer eines endlosen Bürgerkrieges, in dem der Regierung allgemein vorgeworfen wurde, Aushungerung als Waffe zu gebrauchen. Sudan, 1998.

würde." Ob aus diesem Verbot der Zerstörung derartiger Objekte eine positive Verpflichtung hergeleitet werden kann, Durchlaß zu gewähren, um eine von einer Hungersnot bedrohte Bevölkerung zu versorgen, wird aus Artikel 54 nicht klar, könnte aber aus darauffolgenden Bestimmungen zu Hilfsaktionen geschlossen werden.

Wenn Zivilpersonen in einem Konflikt ungenügend versorgt sind, „so sind", gemäß Artikel 70 des Ersten Zusatzprotokolls, „ohne jede nachteilige Unterscheidung unparteiische humanitäre Hilfsaktionen durchzuführen, sofern die davon betroffenen Parteien zustimmen". Soweit keine Bestimmungen vorliegen, nach der für das Überleben der Zivilbevölkerung wesentliche Versorgungsgüter bereitzustellen sind, unterliegen Hilfsaktionen der Vereinbarung der Parteien.

Wenn die Zivilbevölkerung bei einem innerstaatlichen bewaffneten Konflikt „übermäßige Entbehrungen" wegen eines Mangels an „lebensnotwendigen" Lebensmitteln oder Sanitätsmaterial leidet, dann sind Hilfsaktionen „rein humanitärer unparteiischer Art" und „ohne jede nachteilige Unterscheidung" mit Zustimmung des betroffenen Staates durchzuführen.

Obwohl die Vereinigten Staaten dem Ersten und Zweiten Zusatzprotokoll nicht beigetreten sind, unterstützen sie das Verbot des Aushungerns als Mittel der Kriegführung.

Daß die Vereinten Nationen und private Hilfsgruppen in Bosnien so erpreßbar waren, wie ich es an dem serbischen Kontrollpunkt beobachtet habe, lag zu einem großen Teil an der rechtlichen Ambiguität – der Spannung zwischen der **militärischen Notwendigkeit** und der Verpflichtung aller Konfliktparteien, Versorgungsgüter passieren zu lassen, um eine Hungersnot oder eine drohende Hungersnot zu verhindern, die Zivilpersonen aus ihren Heimen treiben würde.

Wenn die Tatsache, daß man den Serben 30 Prozent der Versorgungsgüter ließ, dazu führen würde, daß diese die übrigen 70 Prozent durchließen, wozu sie strenggenommen nicht eindeutig verpflichtet waren, dann war es besser nachzugeben. So argumentierten jedenfalls die meisten Hilfsgruppen. Die Alternative hätte sehr wohl sein können, die verwundbarsten Gruppen – insbesondere die sehr Alten und die sehr Jungen – verhungern zu lassen. Und die Möglichkeit einer allgemeinen Hungersnot, die durch die humanitären Bemühungen in Bosnien abgewehrt werden konnte, bestand immerhin bis fast zum Ende des Krieges.

In Bosnien waren die Signale alles andere als eindeutig. Dem UNHCR und anderen Organisationen wurde bereits früh klar, daß es fraglich war, ob die Serben Hilfslieferungen durchlassen mußten. Der UN-Sicherheitsrat stellte in seinen Direktiven entsprechende Forderungen, aber realistisch betrachtet war auch ihm klar, daß trotz aller Bestimmungen nicht verhindert werden konnte, daß ein Teil der Hilfe an die bosnische Armee floß. Wie auch immer die rechtlichen Feinheiten lauten mögen, in jedem Krieg gilt: die Armee ißt zuerst.

Das war einer der Gründe, weshalb so verfahren wurde. Ein anderer war, daß auf seiten der UN oder der einflußreichen Mächte nicht der Wille vorhanden war, die Hilfe gewaltsam durchzusetzen. So schien es besser, die Kämpfer zu kaufen, als darauf zu bestehen, bei den Hilfsaktionen um keinen Zentimeter nachzugeben.

„Wir konnten nicht all diese Menschen sterben lassen", so sagte damals ein UNHCR-Vertreter in Zagreb, „daher drückten wir oft ein Auge zu." Eine große Rolle bei dieser Entscheidung spielten Schlupflöcher im Recht und die praktischen Gegebenheiten.

(Siehe **Humanitäre Hilfe, Behinderung der; Belagerung; Wasserversorgung und Wasserwerke, Zerstörung von**)

VERBRECHEN

Außer Gefecht gesetzt

Kurt Schork

Im Oktober 1991 führten irakische Armeetruppen und kurdische Peschmerga mehrere Tage lang einen erbitterten Kampf in und um die Stadt As-Sulaymaniyah. Am Nachmittag des dritten Tages leisteten die Iraker in As-Sulaymaniyah nur noch in einem Gebäudekomplex am südwestlichen Stadtrand Widerstand. Hunderte kurdischer

Kurdische Peschmerga-Guerillas haben irakische Gefangene entwaffnet. 11. Oktober 1991, Nordirak.

Irregulärer sammelten sich zu einem endgültigen Vorstoß gegen die Iraker, den ich beobachtete.

Nach einem etwa einstündigen Schußwechsel mit Handfeuerwaffen, Raketen und Mörsern trugen die kurdischen Truppen einen Sturmangriff über mehrere hundert Meter offenes Gelände vor und überrannten die irakischen Stellungen in der ersten Gebäudereihe. Als die Kurden hügelaufwärts zum letzten Teil des Gebäudekomplexes vorrückten, kamen sie über eine kleine Bodenwelle, hinter der zahlreiche irakische Soldaten tot und verwundet lagen. Andere irakische Soldaten in diesem offenen Gelände machten deutlich, daß sie sich ergeben wollten, indem sie ihre Waffen niederlegten, sich auf den Boden knieten und ihre Hände hinter ihrem Kopf verschränkten. Viele riefen, um Gnade bittend, „Allahu Akbar" (Gott ist groß). Es wurden keine weiteren Schüsse mehr aus dem Gebäude oben auf der Anhöhe abgegeben, wo die meisten verbliebenen irakischen Soldaten Stellung bezogen hatten. Die Schlacht war im Grunde vorüber.

A Die irakischen Soldaten, die ich sehen konnte, waren außer Gefecht gesetzt und hatten daher nach den Bestimmungen des humanitären Völkerrechts Anrecht auf Schutz, d. h. sie durften nicht mehr angegriffen werden, und auf eine menschliche Behandlung. Der gemeinsame Artikel 3 der Genfer Konventionen von 1949, der für den Fall eines „Konflikts, der keinen internationalen Charakter hat", gilt, wie beispielsweise die kurdische Rebellion im Nordirak, besagt: „Personen, die nicht unmittelbar an den Feindseligkeiten teilnehmen, einschließlich der Mitglieder der Streitkräfte, welche die Waffen gestreckt haben, und der Personen, die durch Krankheit, Verwundung, Gefangennahme oder irgendeine andere Ursache außer Gefecht gesetzt sind, werden unter allen Umständen mit Menschlichkeit behandelt."

Die Kurden metzelten die Gefangenen nieder, ohne das Flehen eines zum Tode verdammten Irakers zu beachten.

Kurt Schork; Reuters

Gegenüber Personen, die außer Gefecht gesetzt sind, verbietet Artikel 3: „Angriffe auf das Leben und die Person, namentlich Tötung ..., Verstümmelung, grausame Behandlung und Folterung". Das Verbot ist absolut. Wie der Kommentar des Internationalen Komitees vom Roten Kreuz zu dem gemeinsamen Artikel 3 klarstellt: „Es bleibt kein Schlupfloch übrig; es kann keine Entschuldigung, keine mildernden Umstände geben." In einem zwischenstaatlichen Konflikt stellt ein Verstoß gegen diesen Grundsatz eine schwere Rechtsverletzung dar.

Statt die Kapitulation der irakischen Soldaten zu akzeptieren, wie es das Recht erfordert hätte und wie es bei den Kämpfen in der letzten Zeit um As-Sulaymaniyah üblich gewesen war, richteten die Kurden sie hin. Ein irakischer Soldat ohne Waffe und mit erhobenen Händen wurde wenige Schritte neben mir erschossen. Sieben unbewaffnete Gefangene, die in der Nähe auf dem Boden knieten, wurden nur Augenblicke später erschossen. Jeder irakische Soldat, den ich außerhalb des Hauptgebäudes sah, wurde exekutiert. Keiner von ihnen war bewaffnet, keiner versuchte

Widerstand zu leisten oder zu entkommen. Als ich schließlich das Hauptgebäude erreichte, waren mindestens fünfundsiebzig irakische Soldaten in einen großen Raum getrieben worden. Keiner war bewaffnet oder leistete Widerstand, und viele schienen vor dem Ende des Kampfes verwundet worden zu sein. Auch diese Gefangenen wurden erschossen. Kurden mit Kalaschnikows leerten Magazin auf Magazin in etwas, was allmählich zu einem blutgetränkten Stapel von Leichen wurde. Einige kurdische Nicht-Kombattanten beteiligten sich an dem Gemetzel, indem sie die Köpfe der irakischen Soldaten, die noch nicht an ihren Wunden gestorben waren, mit Betonbrocken zermalmten. Innerhalb von dreißig Minuten waren alle irakischen Soldaten an diesem Ort tot – es müssen etwa 125 gewesen sein.

Der Mord an diesen irakischen Soldaten war ein Kriegsverbrechen, selbst nach den allerengsten Definitionen des humanitären Völkerrechts. Sobald ein Kombattant „in Feindeshand gefallen" oder kampfunfähig ist, zu kapitulieren versucht oder gefangengenommen wird, hat er Anrecht auf Schutz.

(Siehe **Pardon, kein Gewähren von**)

B

60 **Begrenzter Krieg** Peter Rowe

61 **Belagerung** Tom Gjelten

64 **Besetzung** Caryle Murphy

67 **Biologische Experimente** Sheldon H. Harris

71 **Biologische Waffen** Terence Taylor

74 **Blockade als Kriegshandlung** Christopher Greenwood

76 **Bosnien** Florence Hartmann

84 **Bürgerkrieg** A.P.V. Rogers

87 **Bürgerwehren** Ewen Allison und Robert K. Goldman

SCHLÜSSELBEGRIFF

Begrenzter Krieg

Peter Rowe

Ein Staat kann klarstellen, durch Erklärungen seiner Führer oder durch seine Handlungen, einschließlich unilateraler oder bilateraler Abkommen, daß er einen begrenzten Krieg führen will. Damit kann gemeint sein, daß der Staat nur auf einem bestimmten definierten Gebiet mit seinem Feind kämpfen will; oder daß er nicht versucht, einen anderen Staat als Verbündeten in den Krieg hineinzuziehen; oder daß er bestimmte Waffen, die ihm zur Verfügung stehen, nicht anwenden will; oder daß er nur eine bestimmte Art von militärischer Infrastruktur, z. B. Radareinrichtungen, zerstören will.

Der bewaffnete Konflikt zwischen Großbritannien und Argentinien 1982 konnte insofern als begrenzter Krieg bezeichnet werden, als Großbritannien die Möglichkeit gehabt hätte, Schläge gegen das argentinische Festland zu richten, es aber nicht tat. Kein anderer Staat war darin verwickelt, und Großbritannien seinerseits begrenzte den Konflikt auf die Falkland-Inseln/Malvinas und eine Kriegszone, die es um diese herum ausgerufen hatte, um Neutrale von feindlichen Kombattanten zu unterscheiden. Wäre ein Kriegsschiff der Royal Navy während des Konflikts im Pazifik einem argentinischen Kriegsschiff begegnet, hätte es dieses wahrscheinlich nicht angegriffen.

Das humanitäre Völkerrecht gilt, sobald sich ein bewaffneter Konflikt ereignet, selbst wenn keine der kämpfenden Staaten einen Kriegszustand anerkennt. Daher ist, sobald ein bewaffneter Konflikt eintritt, die Intensität oder der Umfang des Konfliktes irrelevant. Die beteiligten Kombattanten haben dieselben Pflichten wie bei jeder anderen Form eines zwischenstaatlichen bewaffneten Konfliktes. Daraus folgt, daß das Konzept eines begrenzten Krieges ebenso wie das eines **totalen Krieges**, wenngleich von großer Bedeutung, um das Verhalten der Parteien in Kriegszeiten zu verstehen, kein Rechtsbegriff des humanitären Völkerrechts ist.

In der Praxis aber kann beabsichtigt sein, einen begrenzten Krieg zeitlich einzuschränken. Infolgedessen kann es als impraktikabel gelten, Kriegsgefangenenlager zu errichten. Daher können Kriegsgefangene während des Krieges rückgeführt werden, wie dies 1982 im Falkland-Konflikt der Fall war. Mit modernen Waffensystemen hat ein Staat unter Umständen die Möglichkeit, primäre **militärische Ziele** mit sehr präzisen Waffen zu treffen, ohne daß andere Kampfhandlungen erforderlich sind. Folglich ist die Möglichkeit des angegriffenen Staates, darauf zu reagieren, unter Umständen nicht existent oder sehr begrenzt, und das Ziel, den Konflikt zu begrenzen, kann erreicht werden.

In all diesen Fällen gilt das humanitäre Völkerrecht.

SCHLÜSSELBEGRIFF

Belagerung

Tom Gjelten

Jahrhundertelang versuchten Armeen Städte einzunehmen, indem sie sie umzingelten, die Zugangsstraßen blockierten und das eingeschlossene Gebiet dann so lange beschossen, bis die Stadtbewohner oder ihre Verteidiger aufgaben. Konstantinopel wurde zu verschiedenen Zeiten von den Persern, den Türken, den Bulgaren und den Rus-

Das Fahrrad eines Sechzehnjährigen, der von serbischen Heckenschützen erschossen wurde. Sarajewo, 1993.

sen belagert. Die Belagerung Leningrads (Sankt Petersburgs) im Zweiten Weltkrieg dauerte 872 Tage und kostete über eine Million Zivilpersonen das Leben.

Fünfzig Jahre später war Sarajewo an der Reihe. Nachdem der Versuch der bosnisch-serbischen Armee, die Stadt zu überrennen, gescheitert war, sperrte sie im Mai 1992 alle Zugangsstraßen von Sarajewo, blockierte den Handel und begann, Stadtviertel aus allen Richtungen unter Artilleriebeschuß und Heckenschützenfeuer zu nehmen. Menschenrechtsgruppen, Hilfsorganisationen und einige Regierungen sagten, die serbischen Kriegstaktiken um Sarajewo liefen auf eine Belagerung der Stadt hinaus, was unmoralisch und rechtswidrig sei.

    Das humanitäre Völkerrecht verbietet nicht eine Belagerung an sich. Die Einnahme einer von Feinden kontrollierten Stadt ist ein legitimes militärisches Ziel, und Armeebefehlshaber sehen in einer Belagerung häufig eine weniger kostspielige Alternative zu einem Häuser- und Straßenkampf. Historisch bestand ein Schlüsselelement einer Belagerung darin, die Verteidigungskräfte einer Stadt zu reduzieren und die Stadt zur Kapitulation zu zwingen, indem sie von lebensnotwendigen Versorgungsgütern abgeschnitten und die Bevölkerung, Zivilpersonen und Militärs gleichermaßen, ausgehungert wurde. So grausam diese Taktik auch ist, ließen die Gesetze des Krieges sie zumindest bis zum Ende des Zweiten Weltkrieges mit der Begründung der **militärischen Notwendigkeit** zu.

In der neuesten Version des Feldhandbuches zur Landkriegsführung der US-Armee für Befehlshaber heißt es beispielsweise, daß Zivilpersonen, die aus einer belagerten Stadt fliehen, als „extreme Maßnahme" zur Umkehr und Rückkehr in die Stadt gezwungen werden können, um „ihre Kapitulation zu beschleunigen". Implizit erlaubte dieser Grundsatz die vorsätzliche **Aushungerung** der Zivilbevölkerung, wenn auch nur als Methode zur Demoralisierung der bewaffneten Verteidiger der Stadt. Nach den Haager Abkommen durften „unverteidigte" Städte vor dem Zweiten Weltkrieg nicht bombardiert werden, aber Belagerungstaktiken werden üblicherweise gegen verteidigte Orte eingesetzt, daher schloß dieses Verbot Belagerungen nicht aus.

Die Bestimmungen bezüglich einer Kriegführung durch Belagerung haben sich jedoch nach dem Zweiten Weltkrieg radikal geändert. Auch wenn das Wort „Belagerung" als Rechtsbegriff nie verwendet wird, erlegen die Genfer Konventionen von 1949 und die Zusatzprotokolle von 1977 der Kriegführung Beschränkungen auf, die, wenn sie durchgesetzt würden, eine Belagerung effektiv rechtswidrig machen würden. Belagernde Streitkräfte dürfen keine Zivilpersonen angreifen oder sie „als Mittel der Kriegführung" aushungern, und Hilfsorganisationen dürfen bedürftigen Bevölkerungen Hilfssendungen bringen.

Die spezifischsten Einschränkungen sind diejenigen, die Angriffe auf Zivilpersonen untersagen. Das Erste Zusatzprotokoll, das für zwischenstaatliche Konflikte gilt, verlangt, daß Konfliktparteien zwischen der Zivilbevölkerung und Kombattanten unterscheiden; „sie dürfen daher ihre Kriegshandlungen nur gegen militärische Ziele richten". Das Zweite Zusatzprotokoll, das für innerstaatliche bewaffnete Konflikte gilt, ist weniger spezifisch, erklärt aber immerhin: „Weder die Zivilbevölkerung als solche noch einzelne Zivilpersonen dürfen das Ziel von Angriffen sein."

Das Verbot einer vorsätzlichen Aushungerung von Zivilpersonen und die Behinderung **humanitärer Hilfe** sind weniger eindeutig. Die Vierte Genfer Konvention sieht vor, daß eine Armee rechtmäßig die Lieferung von Nahrung oder anderen Hilfsgütern in eine belagerte Stadt blockieren kann, wenn die Hilfe dazu führen würde, daß dem belagerten Militär mehr Mittel zur Verfügung stünden. Die Frage, die sich Richtern in Kriegsverbrecherprozessen stellt, lautet, ob diese Bestimmung durch das Erste Zusatzprotokoll aufgehoben wird, das die Anwendung einer Aushungerungstaktik mit dem Ziel, die lokale Bevölkerung zum Verlassen einer belagerten Zone zu zwingen, verbietet. Nach dieser Bestimmung muß eine belagernde Streitmacht möglicherweise zulassen, daß Hilfslieferungen in eine belagerte Stadt gebracht werden, auch wenn unweigerlich einige der Güter mit den Verteidigern geteilt werden. Das Erste Zusatzprotokoll verbietet außerdem die Zerstörung der „für die Zivilbevölkerung lebensnotwendigen Objekte". Eine belagernde Armee darf daher beispielsweise die **Wasserversorgung** einer Stadt nicht zerstören.

In Sarajewo stellten Vertreter der United Nations Protection Force (UNPROFOR) die Frage, ob die Stadt wirklich belagert werde, da die serbischen Streitkräfte gelegentlich UN-Hilfskonvois in die Stadt durchließen. Commander Barry Frewer, der Sprecher der UNPROFOR, faßte die offizielle Haltung bei einer Informationsveranstaltung für Journalisten im Juli 1993 folgendermaßen zusammen: „Die Serben haben die Stadt umringt", gab er zu. „Sie sind in der Position, Druck auf die Stadt auszuüben. Das nennen Sie eine Belagerung. Wir sagen, sie befinden sich in einer taktisch vorteilhaften Position."

Der Disput war so lächerlich wie irrelevant. Kein anderer Begriff als „Belagerung" brachte die Lage der Stadt besser auf den Punkt, und in jedem Fall wurde mit der Terminologie nicht die Frage gelöst, ob die militärische Vorgehensweise der Serben rechtmäßig war. Es ging im Grunde darum, ob das Mittel der fortgesetzten Umzingelung Sarajewos gegen das humanitäre Völkerrecht verstieß. Ein Teil der Ereignisse dort läßt daran wenig Zweifel. Der unterschiedslose Beschuß von Wohngebieten ist eindeutig rechtswidrig. Die Befehlshaber der serbischen Armee verfügten über moderne Artillerie, ungehinderte Sicht auf ihre Ziele in Sarajewo und eine dreijährige Praxis. UN-Militärbeobachter berichteten regelmäßig von Angriffen serbischer Schützen auf Zivilpersonen. Wegen der Angriffe auf Sarajewo wurden serbische Befehlshaber, die man für verantwortlich für den Beschuß „ziviler Ansammlungen ohne militärische Bedeutung" hielt, wegen Kriegsverbrechen angeklagt.

Könnte eine Armee möglicherweise eine Stadt belagern, ohne dabei gegen das humanitäre Völkerrecht zu verstoßen? Die Grenzen des Völkerrechts wurden von Taliban-Milizen in Afghanistan, von Hutu-Rebellen in Zentralafrika und von den russischen Streitkräften in Tschetschenien getestet. Rechtmäßig oder nicht, die Kriegsführung durch Belagerung ist beliebt wie eh und je.

VERBRECHEN

Besetzung

Caryle Murphy

Ich habe Asrar Qabandi zwar nie kennengelernt, aber sicher kann man annehmen, daß ihr Schock genauso groß war wie meiner, als sie am 2. August 1990 in Kuwait erwachte und feststellen mußte, daß der Irak im Schutz der Dunkelheit in das winzige Emirat am Golf eingefallen war.

Als Korrespondent für die *Washington Post* machte ich mich auf, um über die chaotische Szene zu berichten, die sich unter dem bedrückend grauen Himmel des frühen Morgens abspielte. Panzer rollten am Hotel vorbei, und nur wenige Blocks entfernt tobte eine heftige Artillerieschlacht. Gleichzeitig machte sich Qabandi an ein viel gewagteres und gefährlicheres Unternehmen.

Die einunddreißig Jahre alte Kuwaiterin, die in Colorado ihren Master-Abschluß in Informatik gemacht hatte, verließ das Heim ihres Vaters, nahm eine falsche Identität an und schloß sich der kuwaitischen Widerstandsbewegung an. Mit einem versteckten Satellitentelefon faxte sie Informationen an kuwaitische Führer im Exil und gab CNN Interviews. Sie brachte kuwaitischen Kämpfern Waffen und Geld, versteckte Angehörige westlicher Länder vor den irakischen Truppen, holte mit dem Krankenwagen verwundete Kämpfer ab und schmuggelte Regierungsunterlagen aus Kuwait heraus. Qabandi, das sechste von zehn Kindern, war geradeheraus, direkt und entschlossen.

Aber sie flog auf, und im November wurde sie an einem Kontrollpunkt verhaftet. In den darauffolgenden zwei Monaten wurde sie bei der landwirtschaftlichen Forschungsstation Meshatil festgehalten, die die Iraker in ein Haft- und Folterzentrum verwandelt hatten. In den ersten siebzehn Tagen ihrer Gefangenschaft wurde sie geschlagen und an einen Schreibtisch gekettet. Am 14. Januar 1991, nur drei Tage bevor der Kampf zur Befreiung Kuwaits begann, wurde Qabandis Leiche vor dem Heim ihrer Familie abgeladen. Sie hatte vier Kugeln im Bauch und eine zwischen den Augen. Die rechte Seite ihres Gesichts war mit einer Axt weggehauen worden. Ihre Hände waren mit Plastikschläuchen zusammengebunden.

Qabandis Tod war Mord. Er war außerdem ein Kriegsverbrechen, denn er verstieß gegen die Vierte Genfer Konvention, die in Abschnitt III Bestimmungen für die Besetzung eines fremden Gebietes aufführt. Nach dem Kriegsrecht gilt ein Gebiet als besetzt, wenn es tatsächlich von einer ausländischen Macht kontrolliert wird.

Der Irak rechtfertigte seinen Überfall mit der Behauptung, daß Kuwait ursprünglich zum Irak gehört habe, und annektierte es dann als seine „neunzehnte Provinz". Dieser Anspruch wurde von keinem anderen Staat akzeptiert. Die internationale Gemeinschaft sah den Irak als Besatzungsmacht und entsprechend der Vierten Genfer Konvention insbesonders zur Achtung der Rechte **geschützter Personen** verpflichtet, die unter seiner Kontrolle standen.

Zwar hätte die irakische Regierung in Qabandis Fall versuchen können, Bestimmungen in Abschnitt III anzuführen, nach der eine Besatzungsmacht Personen, die Widerstand leisten, verhaften und bestrafen darf. Tatsächlich darf eine Besatzungsmacht lokale Gesetze aufheben oder suspendieren, wenn sie eine Bedrohung ihrer Sicherheit darstellen oder die Anwendung der Vierten Genfer Konvention behindern. Eine Besatzungsmacht kann sogar Vorkehrungen für die Aufrechterhaltung „einer ordentlichen Verwaltung des Gebietes" und zum Schutz des Eigentums und der Verbindungslinien der Besatzungsarmee oder -verwaltung treffen. Aber dieses Recht unterliegt weitreichenden Vorschriften, die besagen: Ein Beschuldigter hat Anspruch auf einen Rechtsanwalt und ein ordentliches Gerichtsverfahren, wo er seine Verteidigung vortragen und Zeugen aufrufen kann sowie das Recht hat, gegen das Urteil Rechtsmittel einzulegen; außerdem muß die Besatzungsmacht die Bestimmungen derjenigen lokalen Gesetze achten und anwenden, die sie nicht suspendiert oder aufhebt. Zwar hat die Besatzungsmacht das Recht, Straftäter vor ihre eigenen Militärgerichte zu bringen, doch diese Gerichte müssen sich auf dem besetzten Gebiet befinden und dürfen nicht politisch sein. Mit anderen Worten, ihr Ziel kann keine politische Verfolgung sein; eine Todesstrafe kann nur für schwere Verbrechen, einschließlich Spionage und Sabotage mit Todesfolge verhängt werden und nur dann, wenn das Gericht berücksichtigt, daß ein Angeklagter, der nicht Angehöriger der Besatzungsmacht ist, dieser gegenüber nicht zur Loyalität verpflichtet ist. Wenn eine Todesstrafe verhängt wird, darf sie erst frühestens sechs Monate, nachdem die Besatzungsmacht eine außenstehende Regierung davon in Kenntnis gesetzt hat, die mit dem Schutz der Zivilpersonen des besetzten Gebietes betraut ist, vollzogen werden.

Abgesehen von diesen Einschränkungen verbietet die Konvention ausdrücklich Folterung, Tötung, körperliche Strafen, Verstümmelungen und „alle anderen Grausamkeiten".

Auch in anderer Weise hat der Irak gegen Abschnitt III der Konvention verstoßen: Er verhinderte die Abreise ausländischer Staatsangehöriger, unter anderem von Amerikanern, Europäern, Thailändern, Indern und Philippinern. Laut der Konvention haben ausländische Staatsangehörige das Recht, das besetzte Gebiet zu verlassen; allerdings kann die Besatzungsmacht dagegen Einspruch erheben, wenn ihre nationalen Interessen dies absolut erforderlich machen. Es sah aber nicht so aus, als ob die nationalen Interessen des Irak durch die Abreise ausländischer Staatsangehöriger aus Kuwait bedroht würde. Hunderte von Kuwaitern wurden während der Besetzung verhaftet und in Gefängnisse im Irak überführt. In den letzten Tagen der Besetzung wurden etwa fünfzehnhundert Mann zusammengetrieben und vermutlich als Kriegsgeiseln in den Irak gebracht. Diese Handlungen verstießen gegen mehrere Bestimmungen der Konventionen, die die Deportation von Zivilpersonen aus besetztem Gebiet, Geiselnahme und die Ausübung von körperlichem oder moralischem Zwang auf Zivilpersonen, insbesondere zum Erwerb von Informationen, verbieten. Der Irak ermunterte seine Staatsbürger, nach Kuwait zu ziehen und sich dort niederzulassen. Auch wenn dies nicht in großem Maßstab erfolgte, verstieß es gegen die Konventionen, in denen es an einer Stelle heißt, daß die Besatzungsmacht ihre Angehörigen nicht in besetztes Gebiet verlegen dürfe. Zu den irakischen Verstößen gegen die Konventionen gehörte auch, daß Kuwaitern der Zugang zu Hilfslieferungen und zu den Einrichtungen des Internationalen Komitees vom Roten Kreuz zum Aufspüren von Gefangenen verwehrt wurde, daß Kuwaitern in einigen Krankenhäusern eine normale ärztliche Versorgung vorenthalten wurde, daß staatliches und persönliches Eigentum gestohlen wurde. So wurden z. B. Tausende von Kraftfahrzeugen aus Ausstellungsräumen und privaten Garagen in den Irak gebracht und Universitätsbibliotheken und wissenschaftliche Labors geplündert.

Plünderung ist nach den Konventionen verboten, dennoch setzte der Irak königliche Paläste, die Nationalversammlung, das Außenministerium, einige Museen und Hunderte von Ölquellen in Brand oder zerstörte sie.

Nicht einer der hier beschriebenen Verstöße des Irak gegen Abschnitt III über besetzte Gebiete wurde je von einem internationalen Tribunal gerichtlich verfolgt, obwohl sie alle der rechtlichen Definiton von Verstößen gegen das humanitäre Völkerrecht zu entsprechen scheinen. Die westlichen Mächte, die die internationale Aktion gegen den Irak zur Befreiung Kuwaits leiteten, haben sich nicht ernstlich bemüht, irgendeinen irakischen Vertreter wegen dieser mutmaßlichen Kriegsverbrechen zu verfolgen, einesteils, weil sie keinen dieser Vertreter in Gewahrsam haben, anderenteils, weil man auch zum jetzigen Zeitpunkt mit einigem Grund solche Festnahmen noch nicht einmal erwarten kann.

Dennoch sind die Verstöße gegen das humanitäre Völkerrecht und die Kriegsverbrechen dokumentiert, in Aussagen von Kuwaitern, aufgenommen von Journalisten, Mitarbeitern von Hilfsorganisationen und anderen. Das hilft Asrar Qabandi und den vielen anderen Kuwaitern nicht mehr, die wie sie rechtswidrig exekutiert und auf den Türschwellen ihrer Familien abgeladen wurden. Aber es sorgt dafür, daß das, was geschehen ist, nicht mehr geheim ist. In Qabandis Fall eine traurige Pointe, denn ihr Vorname Asrar bedeutet „Geheimnisse".

(Siehe **Rechtliches Gehör; Rechtswidrige Gefangenhaltung**)

VERBRECHEN

Biologische Experimente

Sheldon H. Harris

Die Nazis waren nicht die einzigen, die in der Zeit vor dem Zweiten Weltkrieg Vernichtungslager errichteten. Auch die Japaner hatten ihre Konzentrationslager. Ihr Ziel bestand nicht, wie bei den Deutschen, in der Auslöschung eines Volkes, sondern in der Verwendung inhaftierter Verbrecher und Kriegsgefangener als Versuchskaninchen bei Experimenten zur biologischen und, in geringerem Maße, zur chemischen Kriegsführung.

Die Gründe dafür waren einfach. Die fanatischen rechtsorientierten Militaristen, die die japanische Gesellschaft vom Ende der 20er Jahre bis zum Ende des Zweiten Weltkrieges beherrschten, glaubten, um ihr Ziel, die japanische Herrschaft über Ostasien, erreichen zu können, zu exotischen Waffen wie biologischen und chemischen Waffen greifen zu müssen. Das war schrecklich genug. Doch diejenigen, die das Programm aufgestellt hatten, waren nicht der Ansicht, daß diese Waffen einfach in Labors entwickelt und dann auf die Feinde auf dem Schlachtfeld losgelassen werden konnten. Sie mußten an Menschen ausprobiert werden.

Und so entstand ein riesiges Netzwerk von Todesfabriken, das sich schließlich bei Beginn des Zweiten Weltkrieges von den fernen Steppen der Inneren Mongolei bis nach Singapur und von Bangkok bis nach Manila erstreckte. Das Zentrum dieses Todesreiches war Ping Fang, ein Vorort von Harbin in Nordchina, wo der Architekt des japanischen Programms für die chemische und biologische Kriegführung, Generalleutnant Shiro Ishii, sein Hauptquartier hatte.

In jeder Fabrik waren mindestens zweitausend Menschen angestellt, insgesamt (abgesehen von den Soldaten, die zur Bewachung der Einrichtungen gebraucht wurden) etwa zwanzigtausend Ärzte, Mikrobiologen, Veterinärmediziner, Zoologen und Botaniker. Vorsichtig geschätzt, wurden im Rahmen ihres teuflischen Forschungsprojekts für Versuche mit Krankheitserregern und biologischen Waffen an den Lagerinsassen zwischen zwölf- und vierzehntausend Männer, Frauen und Kinder mißbraucht.

Zehntausende weitere wurden in Feldversuchen umgebracht. Bei diesen Feldversuchen wurde mit tödlichen Krankheitserregern verseuchtes Essen ausgegeben, es wurden Wasserbrunnen, Ströme und Staubecken mit anderen Krankheitserregern versetzt, ahnungslosen Bauern wurde gesagt, sie würden gegen Cholera geimpft, doch in Wirklichkeit wurden die Erreger der Cholera injiziert, und es wurden verschiedene biologische Waffen aus der Luft über Dörfern, Städten und Großstädten versprüht oder abgeworfen.

Mit Ausnahme von einigen weniger wichtigen Beteiligten, denen von den sowjetischen Behörden ein Schauprozeß gemacht wurde, wurden die meisten Architekten des japanischen Programms für die biologische Kriegführung niemals vor Gericht gestellt. Der Grund dafür bestand darin, daß nach der Besetzung Japans durch die USA amerikanische Wissenschaftler, die an den bei diesen biologischen Versuchen gewonnenen experimentellen Daten interessiert waren, erfolgreich argumentierten, ihre

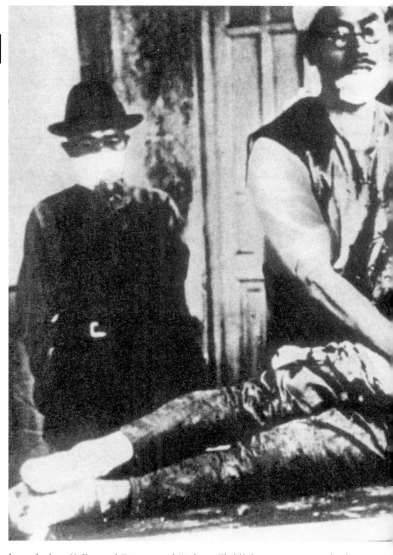

japanischen Kollegen hätten unschätzbare Einblicke gewonnen, wie der menschliche Körper auf bestimmte Pathogene reagiert – Informationen, die eine große Hilfe für die amerikanischen Programme zur biologischen Kriegführung sein würden. Also stimmten die US-amerikanischen Besatzungsbehörden einer Vertuschung des Geschehenen zu.

Die Verwendung „bakteriologischer Kriegsmittel" ist seit dem Genfer Protokoll über chemische und biologische Waffen von 1925 völkerrechtlich verboten; dieses war die Antwort auf die Schrecken des Giftgases, das während des Ersten Weltkrieges eingesetzt worden war. In dem sogenannten Ärzte-Fall bei den Nürnberger Kriegsverbrecherprozessen zwei Jahrzehnte später wurde den Angeklagten die Durchführung medizinischer und biologischer Experimente an Tausenden deutscher und nichtdeutscher Staatsbürger vorgeworfen. Das Gericht vertrat die Auffassung, daß, welches Recht Deutschland auch immer gehabt habe, an Häftlingen deutscher Nationalität Experimente durchzuführen, dieses Recht „nicht

Anm. des Lektorats: Die Authentizität dieses Photos, das eine Vivisektion zeigt, ist umstritten. In chinesischen Publikationen wird es den Geschehnissen in der berüchtigten japanischen Armee-Einheit 731 zugeschrieben.

... soweit ausgedehnt werden" dürfe, „um die Praxis an Angehörigen anderer Staaten zu gestatten, die ... ohne ihre Zustimmung und unter äußerst brutalen und sinnlosen Umständen Versuchen unterzogen werden ... Soweit es sich bei diesen Versuchen nicht um Kriegsverbrechen handelte, stellten sie Verbrechen gegen die Menschlichkeit dar."

Allein diese Aussagen hätten es schon beinahe zwingend erscheinen lassen, die Architekten des japanischen Programms zur biologischen Kriegführung strafrechtlich zu verfolgen. Doch es ging in allem sehr viel um den Kalten Krieg und sehr wenig um den Status des humanitären Völkerrechts. Dennoch haben spätere Gesetze das Verbot dieser schweren Völkerrechtsverletzungen nur noch verstärkt, deren sich die Japaner schuldig gemacht hatten. Das Erste Protokoll der Zusatzprotokolle von

1977 zu den Genfer Konventionen verbietet ausdrücklich „medizinische und wissenschaftliche Versuche" selbst mit Zustimmung der Betroffenen. Und was den Waffenkontrollbereich angeht, so verbietet die Konvention zu biologischen Waffen von 1972, „mikrobiologische oder ... biologische Agenzien oder ... Toxine" und „Ausrüstungen ..., die für die Verwendung solcher Agenzien oder Toxine für feindselige Zwecke oder in einem bewaffneten Konflikt bestimmt sind", zu entwickeln.

Doch ganz abgesehen von einer strafrechtlichen Verfolgung ist es schwer genug, die Wahrheit herauszufinden. Bis in die 80er Jahre leugnete die japanische Regierung, daß die von ihren Ärzten und Wissenschaftlern begangenen Verbrechen jemals stattgefunden hätten. Als das überwältigende Gewicht der Beweise sie zwang zuzugeben, daß da tatsächlich etwas gewesen war, behaupteten die japanischen Behörden mit Nachdruck, daß das Programm das Werk abtrünniger Militaristen gewesen sei. Die Regierung hat sich bei den noch lebenden Opfern der Experimente zur biologischen Kriegführung oder den Familien und Erben derer, die sie nicht überlebt haben, weder entschuldigt, noch hat sie ihnen eine Entschädigung angeboten.

(siehe **Biologische Waffen, Chemische Waffen, Medizinische Experimente an Kriegsgefangenen**)

VERBRECHEN

Biologische Waffen

Terence Taylor

Potentiell können biologische Waffen (B-Waffen) bei nur sehr geringem Materialeinsatz den Tod von vielen Tausenden bewirken. Was ihre Gefahr für das menschliche Leben betrifft, so sind sie als Massenvernichtungswaffen mit Nuklearwaffen vergleichbar, und einige bedeutende Mächte betrachten sie als deren strategisches Äquivalent.

Vor Beginn der von den USA geleiteten Operation Wüstensturm zur Befreiung Kuwaits 1991 warnte US-Außenminister James Baker seinen irakischen Amtskollegen Tariq Aziz, daß, wenn der Irak Massenvernichtungswaffen irgendwelcher Art einsetzen würde, der Irak einen Schlag erleiden würde, nach dem er Jahre bräuchte, um sich davon zu erholen. Zu jener Zeit verfügte der Irak über einsatzbereite biologische und chemische Waffen, während sein Nuklearprogramm noch in der Entwicklung stand.

Der Irak verstand dies als Drohung, daß gegen ihn Nuklearwaffen eingesetzt werden würden, und die Führung des Irak entschied sich gegen einen Ersteinsatz von Massenvernichtungswaffen.

Man kann Biologische Waffen unter Verwendung lebender Organismen (wie Bakterien und Viren) oder von Toxinen (Giftstoffen) entwickeln, die aus diesen Organismen gewonnen werden. Mit dem richtigen technischen Fachwissen sind sie billiger und leichter zu produzieren als Nuklearwaffen. Durch neuere Entwicklungen in der zivilen Biotechnologie, hauptsächlich im pharmazeutischen und veterinärmedizinischen Bereich, können einige Arten pathogener Organismen jetzt leichter hergestellt, gelagert und waffenfähig gemacht werden. Bis Mitte der 70er Jahre waren B-Waffen, obwohl von einem gewissen militärischen Wert, in ihrer technischen Entwicklung doch so wenig fortgeschritten, daß ihre Wirkung zu unkalkulierbar und die Probleme bei der Lagerung und Handhabung zu groß waren; andere Waffen boten daher größere Vorteile. Die Fortschritte in der Zivilindustrie, hauptsächlich in den vergangenen zwanzig Jahren, ermöglichen die Produktion von Waffen, die effektiver sind und besser kalkulierbare Resultate erzielen.

Zudem läßt sich ein B-Waffenprogramm leichter in zivilen Forschungs- und Produktionseinrichtungen verstecken als ein nukleares oder chemisches Waffenprogramm. Bei den zwei größten bekannten Geheimprogrammen in der Zeit nach dem Zweiten Weltkrieg, und zwar in Rußland (begonnen noch zur Zeit der Sowjetunion) und im Irak, fand diese Strategie Anwendung. Am schwierigsten kann bei der Entwicklung von B-Waffen geheimgehalten werden, wie der Organismus oder das Toxin in Waffen wie Flugkörpergefechtsköpfe, Bomben, Artilleriegeschosse oder Tanks von Sprühgeräten gefüllt wird. Da dies jedoch erst kurz vor der beabsichtigten Verwendung erforderlich ist, läßt sich ein maximaler Überraschungseffekt erzielen. Die größte Gefahr geht von diesen tödlichen Waffen für die schutzlose Zivilbevölkerung aus. So haben Studien beispielsweise gezeigt, daß eine Rakete, die 30 Kilogramm Sporen des Milzbranderregers (Bacillus anthracis) über einem Stadtgebiet versprüht, in einem Umkreis von ca. 10 Kilometern zwischen 80 000 und 100 000 Menschen töten kann, wenn diese nicht über besondere Schutzmaßnahmen verfügen. Zum Vergleich: eine Nuklearwaffe mit einer Sprengkraft von 12,5 Kilotonnen (das entspricht ungefähr der Hiroshima-Bombe), die über einem ähnlichen Gebiet von 7,8 Quadratkilometern abgeworfen würde, könnte zwischen 23 000 und 80 000 Menschen töten (aber auch schwere Materialschäden anrichten). Um mit einem chemischen Kampfstoff ähnlich hohe Verluste wie bei dem oben angeführten Einsatz von B-Waffen zu erzielen, müßte man ihn in erheblich größeren Mengen einsetzen. Zum Beispiel könnten selbst 300 Kilogramm eines hoch tödlich wirkenden chemischen Kampfstoffes, wie das Nervengas Sarin, in einem vergleichbar großen Zielgebiet nur etwa 80 bis 200 Menschen töten und wären nur in einem Bruchteil des Gebietes wirksam, das von 30 Kilogramm Milzbranderregern abgedeckt würde.

Die Konvention über das Verbot biologischer Waffen (B-Waffen-Abkommen), die 1975 in Kraft trat, verbietet die Forschung, Entwicklung, Herstellung, Lagerung und den Erwerb biologischer und toxischer Waffen. Die Konvention verbietet zudem Systeme, die speziell für den Einsatz derartiger Waffen gebaut wurden. Während das B-Waffen-Abkommen sich nur mit dem Besitz dieser Waffen befaßt, wurde ihr Ersteinsatz bei der Kriegführung durch das Genfer Protokoll von 1925 verboten (das sich auch mit der Verwendung chemischer Waffen befaßte). Das Protokoll selbst basierte auf altem Kriegsgewohnheitsrecht, das den Einsatz „vergifteter" Waffen oder giftiger Substanzen in bewaffneten Konflikten einschränkte. Dieses Kriegsrecht war zum ersten Mal in den Haager Konventionen von 1899 und 1907 kodifiziert worden. Bisher sind 149 Länder dem B-Waffen-Abkommen beigetreten.

Das B-Waffen-Abkommen sieht keine Überwachungsmechanismen vor, aber es gibt ein nicht bindendes „Vertrauensbildungs"-System, wonach Staaten Erklärungen über Einrichtungen machen können, die mit hochpathogenen Organismen umgehen, und Listen von Publikationen weitergeben können, die sich damit befassen. Obwohl eine Gruppe der Vertragsparteien mit dem Aufsetzen eines rechtlich bindenden Protokolls zur Verifizierung begonnen hat, glaube ich wie auch andere mit Felderfahrung, daß es nicht möglich ist, globale Maßnahmen zu finden, die funktionieren und denen man trauen kann. Wahrscheinlicher ist, daß dies zu einer Art falscher Sicherheit führt, die möglicherweise schlimmer ist als die bestehende Situation.

Während die Vereinigten Staaten und Großbritannien ihre B-Waffen-Programme abgebaut hatten, lange bevor das B-Waffen-Abkommen in Kraft trat, zeigte sich 1990, daß die Sowjetunion ein umfangreiches verbotenes B-Waffen-Programm betrieben hatte. Sie hatte die neueren Entwicklungen in der Biotechnologie genutzt, um ihr Programm auf einen technisch viel höheren Stand zu bringen. Im April 1992 gab der russische Präsident Boris Jelzin öffentlich zu, daß ein B-Waffen-Programm existiere, und verkündete einen Erlaß, um es zu beenden. Ein überzeugender Beweis, daß das Programm vollständig eingestellt wurde, steht noch aus.

Der Irak hat das B-Waffen-Abkommen niemals ratifiziert, obwohl auch er es unterzeichnet hat, und er hat ein technisch hochentwickeltes Programm unter Verwendung von Viren, Bakterien und Toxinen aufgestellt. Zur Zeit der Operation Wüstensturm 1991, die zur Befreiung Kuwaits führte, hatte der Irak einsatzbereite Flugkörper, Flugzeugbomben und Artilleriegeschosse, die mit biologischen Kampfstoffen gefüllt waren. Außerdem hatte der Irak Programme zur Erforschung und Entwicklung neuer Kampfstoffe und Einsatzsysteme in Arbeit. Weder die Vereinigten

Staaten noch Großbritannien kannten den Umfang des Programms, aber beide trafen Vorsichtsmaßnahmen wie Milzbrand-Impfprogramme für die Truppen und prophylaktische Maßnahmen gegen Angriffe mit Nervengiften. Großbritannien setzte zudem ein System zur Erkennung und Warnung vor biologischen Kampfstoffen ein. Die Bombardierung der Verbündeten richtete sich gegen Chemiewaffenanlagen; die wichtigsten B-Waffen-Anlagen wurden jedoch nicht bombardiert, da diese den Verbündeten nicht bekannt waren.

Der Irak gab erst nach vierjährigen Untersuchungen durch UN-Inspektoren zu, daß er über ein B-Waffen-Programm verfüge. Jedoch verheimlicht der Irak auch weiterhin wichtige Aspekte seines Waffenprogramms.

Auch in anderen Teilen der Welt gab oder gibt es immer noch kleinere Programme. Ein Beispiel für ein inzwischen beendetes Programm war das, das bis zu Beginn der 90er Jahre von dem Apartheitsregime in Südafrika betrieben wurde. Dies war ein relativ kleines Programm, das darauf ausgerichtet war, Attentate durchführen zu können. Jedoch nutzte es fortgeschrittene biotechnologische Methoden, und sehr wahrscheinlich nutzen einige von denen, die an dem Programm gearbeitet haben, ihre Kenntnisse jetzt anderenorts.

RECHT

Blockade als Kriegshandlung

Christopher Greenwood

Nach dem traditionellen Konzept der *Blockade* hatte ein kriegführender Staat das Recht, eine Blockade über den gesamten feindlichen Küstenbereich (oder eines Teiles) zu verhängen und Kriegsschiffe einzusetzen, um die Blockade durchzusetzen. Es gab keine rechtliche Verpflichtung, eine Blockade zu respektieren, aber jedes Handelsschiff, ob es nun einer kriegführenden oder einer neutralen Partei angehörte, das bei dem Versuch, die Blockade zu durchbrechen, durch Kriegsschiffe des blockierenden Staat abgefangen wurde, konnte aufgebracht werden. Nach der Entscheidung eines Prisengerichtes fielen das Schiff und seine Fracht an die blockierende Macht. Das traditionelle Konzept der Blockade war daher auf das Seekriegsrecht beschränkt. Heute ist *Blockade* ein rechtlicher Fachbegriff, mit dem viele Menschen, auch Juristen, recht unpräzise verschiedene Verhaltensweisen außerhalb des maritimen Kontexts bezeichnen.

Damit eine See-Blockade rechtens war, mußte sie formal erklärt werden und wirksam sein, das heißt, sie mußte durch Kriegsschiffe des blockierenden Staates durchgesetzt werden. Einst bedeutete dies die Stationierung von Kriegsschiffen direkt vor der Küste des Staates, über den die Blockade verhängt worden war, doch in der Zeit der beiden Weltkriege wurden Blockaden häufig aus der Ferne durchgeführt. Mit einer wirksamen Blockade konnte eine kriegführende Partei den gesamten maritimen Handel zwischen ihrem Feind und der restlichen Welt unterbinden. Der Zweck bestand nicht allein darin, zu verhindern, daß Güter den Feind erreichten (das konnte ohnehin zum großen Teil auch ohne eine Blockade erreicht werden), sondern auch darin, zu verhindern, daß der Feind Güter in die Außenwelt exportieren und so seine Kriegswirtschaft aufrechterhalten konnte. Blockaden wurden während des amerikanischen Bürgerkriegs und während der beiden Weltkriege sehr wirkungsvoll eingesetzt, aber seit 1945 gab es wenige Fälle einer Blockade in diesem technischen Sinne.

Heutzutage jedoch wird der Begriff *Blockade* häufig auf Operationen zur See angewandt, die auf Geheiß des Sicherheitsrates der Vereinten Nationen durchgeführt werden. Der Rat hat bei verschiedenen Gelegenheiten Kriegsschiffe ermächtigt, Schiffe abzufangen, die verdächtigt wurden, gegen Wirtschaftssanktionen zu verstoßen. So verbot beispielsweise nach der Invasion Kuwaits durch den Irak 1990 die Resolution Nr. 661 Importe oder Exporte in den oder aus dem Irak bzw. dem besetzten Kuwait. Kurz darauf ermächtigte die Resolution Nr. 665 Staaten mit einer Seestreitmacht in der Region, die mit der Regierung von Kuwait kooperierten, Schiffe abzufangen, die verdächtigt wurden, gegen diese Sanktionen zu verstoßen. Das Ergebnis war in vielen Fällen praktisch mit einer Kriegsblockade zu vergleichen. Kriegsschiffe mehrerer Flotten fingen zwischen dem Sommer 1990 und dem Ende der Feindseligkeiten über zehntausend Schiffe ab, und jeglicher Seehandelsverkehr mit dem Irak und dem besetzten Kuwait wurde wirksam unterbunden.

Dennoch unterscheiden sich derartige Operationen auf verschiedene Art und Weise von der traditionellen Blockade. Zum einen gibt es eine

Rechtspflicht, die sich aus den Resolutionen des Sicherheitsrates ergibt, nicht gegen **Sanktionen** zu verstoßen, und bei jedem Bruch von Sanktionen muß mit Strafe gerechnet werden. Zum zweiten hat die Verpflichtung, die Sanktionsresolutionen der UNO einzuhalten, Vorrang vor bestehenden Verträgen und internationalen Vereinbarungen zur Schiffahrt. Zum dritten sind Kriegsschiffe, die UN-Embargo-Operationen dieser Art überwachen, berechtigt, Handelsschiffe anzuhalten, zu durchsuchen und Schiffe zurückzuschicken, die verdächtigt werden, gegen die Sanktionen zu verstoßen. Es gibt jedoch keine Bestimmungen zum Aufbringen von Schiffen oder zu Prisengerichtsverfahren. So müßten beispielsweise die Eigentümer eines griechischen Schiffes, das während der Jugoslawien-Sanktionen von einem amerikanischen Kriegsschiff bei dem Versuch gestoppt wurden, einen jugoslawischen Hafen anzulaufen, damit rechnen, von einem griechischen Gericht bestraft zu werden, nicht aber von einem amerikanischen. Schließlich galt die Verhängung einer traditionellen Blockade normalerweise als **Kriegshandlung**, während es sich bei der Durchsetzung von Sanktionen der Vereinten Nationen um etwas ganz anderes handelt. Obwohl gelegentlich ein bewaffneter Konflikt zwischen den Staaten, deren Kriegsschiffe zur Durchsetzung der Sanktionen benutzt werden, und dem Zielstaat besteht (wie dies eindeutig während des **Golfkriegs** 1991 und möglicherweise im vorhergehenden Zeitraum der Fall war), ist dies nicht immer so. Die Durchsetzung rechtlicher Sanktionen, auch mittels eines See-Embargos, ist nicht unbedingt eine Kriegshandlung.

In letzter Zeit wird der Begriff *Blockade* auch manchmal zur Beschreibung von Operationen zu Lande verwendet, die Lieferungen in eine bestimmte Stadt oder ein bestimmtes Gebiet verhindern sollen. Diese Operationen, die eher mit den **Belagerungen** der Vergangenheit vergleichbar sind, sind eigentlich alles andere als Blockaden. Die Vielzahl rechtlicher Bestimmungen für See-Blockaden ist auf sie nicht anwendbar, es gibt keine Bestimmungen für die Konfiskation des Eigentums derjenigen, die Lieferungen in das belagerte Gebiet bringen wollen, und die Betonung liegt eher auf der Verhinderung von Importen des betreffenden Landes als auf einer Verhinderung seiner Exporte. Außerdem besteht infolge des Ersten Zusatzprotokolls der Genfer Konventionen eine Verpflichtung, der Zivilbevölkerung nicht die elementaren Mittel zum Überleben vorzuenthalten. Die Auswirkung dieser Vorschrift tritt bei Operationen zur See viel weniger klar zu Tage, obwohl eine Blockade, deren einziges Ziel darin bestünde, der feindlichen Bevölkerung Nahrung und andere Lieferungen für humanitäre Zwecke zu verwehren, heute gegen das Recht verstieße.

(Siehe **Humanitäre Hilfe, Behinderung der; Aushungerung**)

FALLSTUDIE

Bosnien

Florence Hartmann

Der Konflikt in Bosnien-Herzegowina, der im April 1992 begann und im November 1995 endete, ist auf der ganzen Welt zum Inbegriff eines Krieges der ethnischen Säuberung geworden. Es war das Brutalste, was sich seit dem Zweiten Weltkrieg in Europa abgespielt hatte, und die Zerstörung des kleinen Vielvölkerstaates rief die Erinnerung an die Ruinen in Deutschland nach der Bombardierung durch die Alliierten wach. Die Methoden der ethnischen Säuberung, die zur Gebietseroberung angewandt wurden, ließen sämtliche Lektionen des Zweiten Weltkriegs außer acht, die in den Genfer Konventionen ihren Niederschlag gefunden hatten. Praktisch das einzige, was in dem

dreieinhalb Jahre währenden Krieg zugunsten der Politik der westlichen Länder zu sagen war, war die Entscheidung, ein internationales Kriegsgerichtstribunal einzurichten, um einige der Verantwortlichen vor Gericht zu stellen und zu verurteilen.

Inzwischen ist jedem klar, daß der Krieg sowohl die Folge des Zusammenbruchs Jugoslawiens war als auch das Ereignis, das dafür gesorgt hat, daß Jugoslawien niemals wieder neu entstehen kann. Lange vor Beginn des Krieges hatten sich Slobodan Milosevic in Serbien und nach seinem Beispiel auch Franjo Tudjman in Kroatien von dem jugoslawischen Ideal eines ethnisch gemischten Bundesstaates abgewandt und sich daran gemacht, ihre eigenen ethnisch homogenen Staaten zu errichten. Als es Milosevic 1991 nicht gelang, die Herrschaft über ganz Jugoslawien zu erlangen, waren die Würfel für einen Krieg gefallen.

Zivilisten beeilen sich, aus der Reichweite serbischer Heckenschützen in der „Allee der Heckenschützen" zu kommen. Allzu viele waren nicht schnell genug. Sarajewo, 1992

B Milosevic, der alle Angebote eines lockeren Staatenbunds glatt ablehnte, sich sträubte gegen die Einführung demokratischer Reformen und einer Marktwirtschaft nach westlichem Vorbild, die den ehemaligen Sowjetblock hinweggefegt hatten, und von Studentenprotesten auf den Straßen unberührt blieb, wählte den militärischen Kampf. Er kontrollierte praktisch die Bundesarmee und die Polizei, außerdem eine aufgewiegelte serbische Diaspora in den Teilrepubliken, die ihre Unabhängigkeit anstrebten, Ultranationalisten in vorderster Reihe, und er hatte die Möglichkeit, alle Schlüsselinstitutionen in Serbien zu manipulieren, die Akademiker, die Medien und die Serbische Orthodoxe Kirche. So illustrierten die Kriege um die Nachfolge des Vielvölkerstaates Jugoslawien in perfekter Weise Clausewitz' Auffassung, daß der Krieg die Fortsetzung der Politik mit anderen Mitteln sei.

Französische Mitglieder der UN-Friedenstruppe erläutern ethnische Grenzen in Zentralbosnien, 1990.

Um die Kontrolle über seine Machtbasis im eigenen Land zu verstärken, machte es sich Milosevic zur Aufgabe, die ethnischen und nationalen Gruppen Jugoslawiens gegeneinander aufzuhetzen. Schließlich gelang es ihm, aus dem, was von Jugoslawien noch übriggeblieben war, alle nationalen Gruppen zu verjagen, die sich weigerten, die Vorherrschaft des serbischen Volkes und der Sozialistischen Partei Milosevics (der Nachfolgerin des Bundes der Kommunisten) anzuerkennen.

Das serbische politische Projekt hatte, zunächst in Kroatien, dann in Bosnien-Herzegowina, die Erschaffung ethnisch homogener Staaten zum Ziel; Staaten, die dadurch zustande kommen sollten, daß anderen Staaten Gebiete weggenommen werden sollten. **Ethnische Säuberung** bedeutete die Anwendung von Gewalt und Deportationen, um jede Spur der anderen ethnischen Gemeinschaften zu beseitigen, die zuvor in den begehrten Gebieten mit Serben zusammengelebt hatten. Diese „Säuberung" war das Ziel des Krieges, nicht etwa eine unbeabsichtige Folge. Nicht die Unfähigkeit der verschiedenen ethnischen Gruppen zum Zusammenleben hatte zum

Konflikt geführt, sondern vielmehr das politische Ziel, sie zu trennen. Die entfesselte Gewalt entstand direkt aus der Künstlichkeit des politischen Vorhabens, das in totalem Widerspruch zu der jahrhundertealten Vielvölker-Geschichte auf dem Balkan stand. Einfach ausgedrückt: Es war nur durch extreme Gewaltanwendung möglich, ethnisch einheitliche Staaten in einer Region mit historischer Durchmischung zu erschaffen. In Bosnien nahm die Säuberung eindeutig die Form eines **Völkermords** an, denn sie zielte darauf ab, die Bevölkerung so weit zu dezimieren, angefangen mit der Vernichtung ihrer Elite, daß sie keine Mehrheit mehr bilden konnte. Den Serben dienten Kriegsverbrechen als Kräftemultiplikator, als Methode, eine größere Wirkung zu erzielen, da sie nicht über genügend militärische Mittel verfügten, um ihre Ambitionen anders zu verwirklichen.

Paßfotos kürzlich getöteter Einwohner warten darauf, den Todesanzeigen in der Tageszeitung Oslobodjene hinzugefügt zu werden. Sarajewo, Bosnien. 1994

Dreieinhalb Jahre lang schauten westliche Regierungen, angefangen bei den Vereinigten Staaten, tatenlos zu. Als Reaktion auf die Greueltaten, über die die Medien, Hilfsorganisationen und sogar die eigenen Diplomaten berichteten, und um den öffentlichen Aufschrei über die eindringlichen Bilder verhungernder Insassen von **Konzentrationslagern** hinter Stacheldraht verstummen zu lassen, erließ der Sicherheitsrat Resolutionen (die seine Mitglieder dann nicht anwandten) und setzte zusammen mit der Europäischen Gemeinschaft eine diplomatische Offensive in Gang, die keine der beiden Institutionen mit militärischer Gewalt unterstützen wollte. Um sich ihren Verpflichtungen nach der Genfer Völkermordkonvention von 1948 zu entziehen, nach der die Unterzeichner einen Völkermord verhindern und bestrafen müssen, griffen westliche Führer häufig auf den von serbischen Funktionären verwendeten Begriff *ethnische Säuberung* zurück und behaupteten dann, daß diese Praxis von allen Beteiligten angewandt worden sei. Den Begriff *Völkermord* verwendeten sie erst, als der Krieg zu Ende war. Die bedeutenderen Mächte erkannten

Bosnien-Herzegowina als souveränen Staat an, nahmen es als Vollmitglied in die Vereinten Nationen auf und nahmen diplomatische Beziehungen zu ihm auf, während sie die UN-Mitgliedschaft Rest-Jugoslawiens aussetzten und ihm wegen Unterstützung des Krieges Sanktionen auferlegten. Doch sie weigerten sich, den Konflikt als zwischenstaatliche bewaffnete **Aggression** anzuerkennen und bezeichneten ihn stattdessen als **Bürgerkrieg** und historische Fehde unter Volksstämmen, wodurch sie ihre kollektiven Sicherheitsverpflichtungen nach der UN-Charta umgehen konnten. Sie weigerten sich außerdem, von ihren Geheimdiensten die Verbindungen zwischen der serbischen und der bosnisch-serbischen Armee dokumentieren zu lassen: eine integrierte Befehlsstruktur, eine einheitliche logistische Infrastruktur und einen gemeinsamen Zahlmeister.

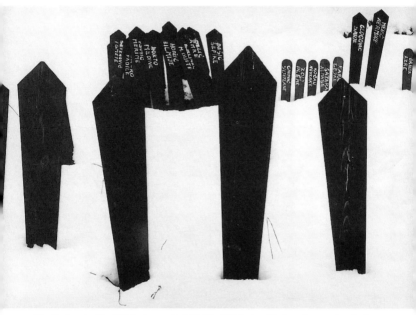

Die Grabmale identifizierter und nicht identifizierter Kinder, die von den Serben massakriert wurden, kontrastieren mit dem Schnee auf dem Löwenfriedhof. Sarajewo, Dezember 1995

Ein amerikanischer Spitzendiplomat bezeichnete die Tatsache, daß darauf international keine Reaktionen erfolgten, als die schlimmste Krise der europäischen kollektiven Sicherheit seit den 30er Jahren.

Die Beweise für Konzentrationslager, systematische Vergewaltigungen, Massaker, Folterungen und Massendeportationen von Zivilisten waren nicht zu leugnen, und im Februar 1993 setzte der Sicherheitsrat, zum großen Teil auf Drängen der Amerikaner, ein „Internationales Gericht zur Verfolgung der Verantwortlichen für die seit 1991 im Hoheitsgebiet des ehemaligen Jugoslawiens begangenen schweren Verstöße gegen das humanitäre Völkerrecht" (ITCY) in Den Haag ein. Aber erst im Juli 1994 konnten sich die bedeutenderen Mächte dazu durchringen, einen Chefankläger zu ernennen, und sie unterstützten die bosnische Regierung in keiner Weise, als diese Serbien wegen Völkermordes vor den Internationalen Gerichtshof in Den Haag bringen wollte; stattdessen wurde Bosnien wiederholt von westlichen Regierungen gedrängt, die Anklage fallenzulassen.

Das Tribunal verfolgte in erster Linie kleinere Funktionäre und konnte das Schweigen des Westens zur wahren Natur des Unternehmens nicht verbergen. Erst im Juli 1995, als die Intervention der NATO in Bosnien-Herzegowina stattfand, klagte das Tribunal den politischen Führer Radovan Karadzic und den militärischen Befehlshaber Ratko Mladic wegen Völkermordes an. Und als 1996 Dusko Tadic wegen Verbrechen angeklagt wurde, die er im Internierungslager Omarska und anderswo im Prijedor-Gebiet begangen hatte, bewertete das Tribunal anhand der Beweise, die es aus öffentlich zugänglichen Quellen, von Opfern und von den stets widerstrebenden Großmächten erhalten konnte, die Greueltaten so, als seien sie im Rahmen eines militärischen Feldzuges und eines Bürgerkriegs begangen worden anstatt bei einem zwischenstaatlichen Konflikt. Das

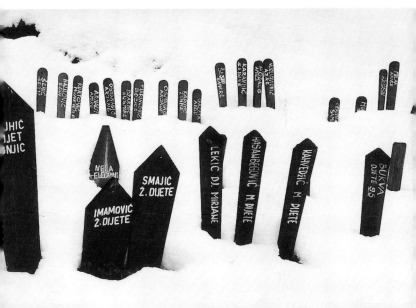

Tribunal war zwar mit sämtlichen Zuständigkeiten ausgestattet, um ihn wegen eines zwischenstaatlichen Konfliktes anzuklagen, aber der enge Fokus der Anklagepunkte verhinderte effektiv, daß Serbien direkt verantwortlich gemacht wurde für den Völkermord, den es organisiert und an dem Dusko Tadic teilgenommen hatte.

Ein Schlüsselfaktor bei der **Aufhetzung zum Völkermord** war, zuerst in Serbien und später in Kroatien, die Tatsache, daß die Medien von den politischen Anführern kontrolliert wurden. Diese psychologische Konditionierung verschleierte den Konflikt mit staatstragenden und ethnischen Begriffen, indem das entscheidende Alibi vorgeschoben wurde, nämlich die Unfähigkeit der Völker des früheren Jugoslawiens, in ein und demselben Gebiet zusammenzuleben. Aber sie rief auch die Barbarei wach, die in uns allen steckt, und gab den Anstoß zum Verüben dieser furchtbaren Greueltaten.

Traditionell besteht das Hauptziel beider Seiten in konventionellen Konflikten darin, die Armee des Feindes auf dem Schlachtfeld zu vernichten und Gebiete zu erobern. Das Töten und Verwunden von Zivilisten, die Zerstörung von Eigentum sowie Flucht und Vertreibung sind häufig Nebenprodukte dieser Ziele. Während diese Verwüstung nach internationalem Recht zu einem großen Teil rechtmäßig ist, da das Kriegsrecht keine vollständigen Garantien für die Sicherheit von Zivilisten in Kampfzonen bietet, ist das Kriegsrecht im wesentlichen bemüht, das Leid so gering wie möglich zu halten. Das bedeutet auch, daß die Zivilbevölkerung unter keinen Umständen als Angriffsziel dienen darf. Wenn Soldaten in regulären Armeen gegen diese Regeln verstoßen, werden sie wegen Kriegsverbrechen angeklagt. In Bosnien-Herzegowina war das Töten von Zivilpersonen kein Nebenprodukt des Krieges, denn das Ziel der ethnischen Säuberung bestand in der Auslöschung von Zivilpersonen.

Als Jugoslawien zusammenbrach, war der Ruf der jugoslawischen Bundesarmee irreparabel besudelt, denn unter Milosevics Führung koordinierte und unterstützte die Armee viele der Milizen, die die schmutzige Arbeit erledigten.

Das waren keine isolierten, sporadischen Akte, begangen von amoklaufenden Miliz-Gruppen. Im Gegenteil, die Art und Weise, in der sie begangen wurden, ihre Ritualisierung, ihre Dauer und die Art, wie sie im gesamten Gebiet unter der Kontrolle der Armee durchgeführt wurden, deuten alle darauf hin, daß sie das Produkt einer systematischen Politik waren, geplant und koordiniert auf den höchsten politischen und militärischen Ebenen der jugoslawischen Regierung.

Um das Kriegsziel zu erreichen, gab es wahrscheinlich keinen anderen Weg. In einer Vielvölkergesellschaft wie dem ehemaligen Jugoslawien vor 1991 konnte die für das Erreichen des Kriegsziels notwendige Annexion von Gebieten nicht genügen. Zuviele Mitglieder rivalisierender ethnischer Gemeinschaften wären noch dort verblieben, und je mehr Gebiete erobert worden wären, desto schwieriger wäre es paradoxerweise geworden, sie zu besetzen und zu verwalten. Nur durch eine ethnische Säuberung, das heißt, die Eliminierung der anderen ethnischen Gemeinschaften, die in den begehrten Gebieten lebten, konnten die Kriegsziele der Serben und später auch der Kroaten erreicht werden. Sowohl Milosevic als auch Tudjman war dies von Anfang an klar. Die Greuel und die Ziele des Krieges waren ein und dasselbe, oder genauer gesagt, der Erfolg des Krieges hing von den Greueltaten ab.

Der Krieg begann am 6. April 1992 mit dem Angriff auf bedeutende Städte wie Bijeljina und Zvornik an der bosnisch-serbischen Grenze durch die jugoslawische Armee und mit ihr verbündete paramilitärische Gruppen, gefolgt von der Belagerung Sarajewos. Obwohl von langer Hand geplant, wurde der Befehl, die insgeheim um die bosnische Hauptstadt in Stellung gegangenen eindrucksvollen militärischen Kräfte zu aktivieren, zurückgehalten, bis die Europäer und Amerikaner die Unabhängigkeit Bosnien-Herzegowinas anerkannt hatten.

Vom ersten Moment des Konfliktes an wurde **Terror** angewandt, um die Gemeinschaften voneinander zu trennen. Die Verstöße gegen das humanitäre Völkerrecht zeugen von der Entschlossenheit, dieses Ziel zu erreichen. Beschießung der Zivilbevölkerung, erst in Sarajewo, dann in den belagerten Dörfern, Massaker während der Eroberung, dann die zwangsweise Evakuierung von Zivilpersonen, um die ethnische Struktur dieses bestimmten Gebietes zu verändern; illegale Internierung der Zivilbevölkerung in Konzentrationslagern, Folterung, systematische Vergewaltigung, summarische Hinrichtungen, Aneignung und Plünderung von Zivileigentum, systematische Zerstörung des kulturellen und religiösen Erbes mit dem alleinigen Ziel, jede Spur von Nicht-Serben in den eroberten Gebieten auszulöschen, die Verwendung von Gefangenen als menschliche Schutzschilde an der Front und in Minenfeldern und die Aushungerung von Zivilpersonen, die Widerstand leisteten – das sind nur einige der Verstöße gegen das humanitäre Völkerrecht und das Kriegsrecht, dessen sich die Serben schuldig gemacht haben.

Gewalt erzeugt Gewalt. 1993 traten die Kroaten, kühn geworden durch Milosevics Terrorkampagne gegen die Moslems und das konsequente Leugnen eines Völkermordes durch die westlichen Mächte, in den Krieg gegen ihre ehemaligen moslemischen Verbündeten ein, wobei sie viele Methoden der Serben übernahmen – Terror, Deportationen, Konzentrationslager, unterschiedsloses Bombardement von Zivilpersonen, Massaker, Blockierung humanitärer Hilfe, Zerstörung religiöser Heiligtümer und Aneignung von Eigentum.

Sie wurden ermutigt durch Slobodan Milosevics Unterstützung eines größeren Kroatiens (das die westliche Herzegowina und einen Teil Zentralbosniens umfassen sollte, wo eine Mehrheit von 800 000 bosnischen Kroaten lebte). Diese schweren Verstöße gegen die Gesetze des bewaffneten Konflikts fanden stets in einem kleineren Maßstab statt als bei den Serben.

Die Moslems, Opfer einer doppelten Aggression, begingen ganz sicher Verstöße gegen das humanitäre Völkerrecht. Aber die Regierung in Sarajewo verfolgte eine ethnische Säuberung niemals als Hauptziel, wie dies ihre Gegner getan hatten. Das ist keine Entschuldigung für die Taten gewisser Spezialeinheiten der bosnischen Armee, die summarischen Hinrichtungen einiger Serben in Sarajewo und die Einrichtung mehrerer Konzentrationslager, in denen angeblich sexuelle Übergriffe, Morde und Folter an der Tagesordnung waren.

In einem erschöpfenden Bericht an die Vereinten Nationen kam eine spezielle Expertenkommission unter Vorsitz von Cherif Bassiouni von der DePaul University in Chicago zu dem Schluß, daß global 90 Prozent der Verbrechen, die in Bosnien-Herzegowina begangen wurden, serbischen Extremisten zuzuschreiben seien, 6 Prozent kroatischen Extremisten und 4 Prozent moslemischen Extremisten. Dies entspricht im großen und ganzen einer Bewertung der amerikanischen CIA.

Wie auch immer die Schuldverteilung aussieht: es ist eine tragische Tatsache, daß die ethnischen Säuberer in ihrer Arbeit nur allzu erfolgreich waren. Es bleibt abzuwarten, ob irgendetwas davon rückgängig gemacht werden kann, indem die Architekten und Täter dieser Verbrechen der Gerechtigkeit zugeführt werden.

(Siehe **Zwischenstaatliche bewaffnete Konflikte im Vergleich mit innerstaatlichen; Die NATO und die Genfer Konventionen; Die Vereinten Nationen und die Genfer Konventionen**)

Bürgerkrieg

A.P.V. Rogers

Abkommen zum Kriegsrecht befassen sich mit dem Krieg zwischen verschiedenen Staaten, nicht mit Bürgerkriegen (neuere Bezeichnung: innerstaatliche bewaffnete Konflikte). Sie sind nur in dem unwahrscheinlichen Fall auf Bürgerkriege anzuwenden, in dem den Aufständischen der **Status einer kriegführenden Partei** zuerkannt wurde. Erst nach dem Zweiten Weltkrieg wurden in Völkerrechts-Abkommen einige Bestimmungen zu innerstaatlichen bewaffneten Konflikten aufgenommen, um für die Opfer dieser Konflikte einen gewissen Schutz zu gewährleisten.

Es ist nie leicht zu bestimmen, wann sich eine gewaltsame Konfrontation innerhalb eines Staates von einer Angelegenheit des innerstaatlichen Strafrechts zu einem bewaffneten Konflikt entwickelt, auf den das Völkerrecht anzuwenden ist. Das ist um so mehr der Fall, als jeder Staat nur widerstrebend zugeben wird, daß er die Situation nicht unter Kontrolle hat, aber Kräfte, die sich von einem Staat loslösen wollen, schnell mit der Behauptung bei der Hand sind, daß es sich bei ihrer Sache um eine Angelegenheit von internationaler Bedeutung handelt.

Vorausgesetzt, diese Schwelle würde überschritten, so würde man feststellen, daß die internationalen Rechtsregeln für innerstaatliche bewaffnete Konflikte viel weniger entwickelt sind, als die Regeln für zwischenstaatliche bewaffnete Konflikte. Die Regeln sind in den grundlegenden Prinzipien des Völkergewohnheitsrechts und im Allgemeinen Artikel 3 der Genfer Konventionen von 1949 enthalten. Zusätzlich bieten gewisse fundamentale Grundsätze des Menschenrechts (die sogenannten „unveräußerlichen Menschenrechte") den Opfern dieser Konflikte Schutz. Auch das Zweite Zusatzprotokoll von 1977 ist anzuwenden, wenn abtrünnige Kräfte eine ausreichende Kontrolle über einen Teil des Hoheitsgebietes eines Staates ausüben, die es ihnen ermöglicht, anhaltende und koordinierte Kampfhandlungen durchzuführen und ihren Verpflichtungen nach dem Protokoll nachkommen.

Die folgenden Regeln sind die wichtigsten Regeln, die für alle Parteien innerstaatlicher bewaffneter Konflikte gelten:

1. Alle Kampfhandlungen müssen militärisch zu rechtfertigen sein; Handlungen, die nicht militärisch notwendig sind, sind verboten.

2. Angriffe dürfen sich *ausschließlich* gegen Objekte richten, die zu den militärischen Bemühungen des Feindes beitragen und daher von taktischer oder strategischer Bedeutung sind. Versehentliche Verluste und Schäden müssen so gering wie möglich gehalten werden.

3. Es muß stets unterschieden werden zwischen Kombattanten, die unmittelbar an Feindseligkeiten teilnehmen und selbst angegriffen werden können, und Nichtkombattanten, die nicht unmittelbar an Feindseligkeiten teilnehmen. Letztere dürfen nicht angegriffen oder als Schutzschilde gebraucht werden.

4. Nichtkombattanten und ihr Eigentum müssen so weit wie möglich vor den Nebenwirkungen von Kampfhandlungen verschont werden. Diebstahl ist im Krieg wie im Frieden eine Straftat.

Ibo-Truppen auf dem Rückzug im nigerianischen Bürgerkrieg 1968, der durch die Lossagung Biafras ausgelöst wurde.

5. Den Status eines Kriegsgefangenen gibt es bei innerstaatlichen bewaffneten Konflikten nicht. Gefangene Personen können nach dem Recht des Staates, in dem der bewaffnete Konflikt stattfindet, für alle Straftaten vor Gericht gestellt werden, die sie eventuell nach diesem Recht begangen haben. Für sie gelten die unter Artikel 6 aufgeführten Schutzbestimmungen und der Menschenrechtsschutz. Urteile dürfen erst nach einer ordentlichen Gerichtsverhandlung vor einem ordentlich eingesetzten Gerichtshof vollstreckt werden.

6. Personen, die nicht aktiv an den Feindseligkeiten teilnehmen (Nichtkombattanten, gefangene Personen, Verwundete, Kranke und

Schiffbrüchige) sind human und nach dem Gleichheitsgrundsatz zu behandeln, ungeachtet ihrer Rasse, Hautfarbe, Religion, ihres Geschlechts, Vermögens etc. Das heißt, daß Mord, Verstümmelung, grausame Behandlung, Folter, Vergewaltigung, sexuelle Übergriffe oder andere Beeinträchtigungen der persönlichen Würde oder eine entwürdigende oder erniedrige Behandlung verboten sind.

7. Es ist verboten, Geiseln zu nehmen.

8. Das Aushungern von Nichtkombattanten als Methode der Kriegführung ist verboten.

9. Verwundete, Kranke und Schiffbrüchige müssen geborgen und gepflegt werden.

10. Obgleich es erforderlich sein kann, Nichtkombattanten aus Gefahrenbereichen zu evakuieren, ist es verboten, sie aus diskriminierenden Gründen zu verlegen oder zu dem Zweck, militärische Ziele vor Angriffen zu schützen.

Bei innerstaatlichen bewaffneten Konflikten, für die das Zweite Zusatzprotokoll gilt, werden die oben angeführten Regeln ergänzt durch detailliertere Bestimmungen zum Schutz der Zivilbevölkerung, insbesondere von Kindern, zur Behandlung Internierter und zur Durchführung strafrechtlicher Verfolgungen.

(Siehe **Zwischenstaatliche bewaffnete Konflikte im Vergleich mit innerstaatlichen**).

SCHLÜSSELBEGRIFF

Bürgerwehren

Ewen Allison und Robert K. Goldman

1982 befahl ein Armee-Oberst dem guatemaltekischen Dorf Chichicastenango, eine „zivile Verteidigungspatrouille" zu bilden, die bei der Niederschlagung eines Aufstandes helfen sollte. Der Oberst stellte klar, daß alle, die sich weigerten, eine Dienstverpflichtung für diese Bürgerwehr zu unterschreiben, als Subversive betrachtet und getötet würden. Die Dorfbewohner unterschrieben.

Hunderttausende guatemaltekischer Zivilisten mußten in Bürgerwehren dienen, im Grunde **paramilitärische** Gruppen, die aus der Zivilbevölkerung gebildet wurden, um diese zu kontrollieren und ihre Unterstützung im Bürgerkrieg zu gewinnen. Die Mitglieder dieser Bürgerwehren, ohnehin schon arm, mußten der Armee Waffen und Uniformhemden abkaufen. Die Mitglieder mußten bis zu vierundzwanzig Stunden am Stück in der Woche patrouillieren und gelegentlich in Begleitung der Armee Aktionen durchführen, die mehrere Wochen lang dauern konnten. Männer beinahe aller Altersstufen – sogar Achtjährige – wurden zwangsverpflichtet. Neben ihren Kampfpflichten mußten die Angehörigen der Bürgerwehr Arbeiten für Armeesoldaten durchführen. Wer sich weigerte, daran teilzunehmen, mußte eine Gebühr zahlen, einen Ersatz finden, mit Prügeln und anderen schweren Bestrafungen oder sogar mit der Hinrichtung rechnen, alles ohne Gerichtsverfahren.

Das humanitäre Recht mischt sich nicht in das Recht einer Regierung ein, Aufstände zu unterdrücken und erlaubt implizit eine Einberufung zum Wehrdienst. Das Menschenrecht hält nicht viel davon, Menschen zum Dienst in derartigen Bürgerwehren zu zwingen. Die Interamerikanische Menschenrechtskommission hat wiederholt erklärt, daß die Einrichtung von Bürgerwehren in Guatemala eine Beschränkung der Freiheit und eine Form unfreiwilliger Knechtschaft sei, die gegen die Artikel 6, 7 und 22 der amerikanischen Menschenrechtskonvention verstoße.

Dennoch sind die Mitglieder von Bürgerwehren nicht nur Opfer, sondern auch Täter. Mitglieder von Bürgerwehren in Guatemala prügelten, folterten, ja töteten Tausende mutmaßlicher Subversiver und sogar Dienstverweigerer. Manchmal wurde Bürgerwehren der Befehl dazu von Vertretern der Armee oder der Regierung gegeben, manchmal handelten die Bürgerwehren auf eigene Initiative. In jedem Fall verstießen die Mitglieder der Bürgerwehren nicht nur gegen die Menschenrechte der Opfer, sondern auch gegen die Regeln innerstaatlicher bewaffneter Konflikte, die eine humane Behandlung von Nichtkombattanten fordern.

Normalerweise werden die Regierungen für Verstöße gegen das humanitäre Recht sowie gegen die Menschenrechte verantwortlich gemacht, die die Mitglieder solcher Bürgerwehren begehen. Das ist insbesondere dann der Fall, wenn die Bürgerwehren durch Vertreter der Regierung oder der Armee organisiert werden. Außerdem gelten die Regierungen menschenrechtlich als verantwortlich, wenn sie Verstöße durch privat organisierte bewaffnete Gruppen nicht verhindern.

(Siehe **Nötigung zum Dienst für das Militär; Irreguläre Streitkräfte**)

90 Chemische Waffen *Peter Pringle*

VERBRECHEN

Chemische Waffen

Peter Pringle

Im März 1984 geriet ein iranischer Soldat bei einem Angriff während des iranisch-irakischen Konflikts unter Artilleriebeschuß, bei dem schwerer, nach Knoblauch riechender Qualm freigesetzt wurde. Innerhalb weniger Minuten brannten die Augen des Soldaten, seine Haut begann zu jucken, sich zu röten und Blasen zu werfen. Fünf Tage später löste sich die Haut an seinem Hals, seiner Brust und seinen Schultern ab. Kurz darauf starb der Soldat.

Bei einer Untersuchung mehrerer derartiger Fälle durch die UN kam man zu dem Schluß, daß es sich um den Einsatz chemischer Waffen, darunter Senfgas und das Nervengas Tabun, gehandelt habe. Bis zum Ende des Krieges hatte der Iran Zehntausende Opfer chemischer Waffen zu beklagen. Es gab keinen Zweifel, daß der Irak gegen das Genfer Protokoll von 1925 über das Verbot des Einsatzes erstickender, giftiger oder anderer Gase und bakteriologischer Methoden der Kriegführung verstoßen hatte, und es gab auch keinen Zweifel daran, daß der Iran mit gleicher Münze heimgezahlt hatte, wenn auch nur kurz und weniger effektiv.

Seitdem hat Saddam Hussein offenbar ein Lager chemischer und **biologischer Waffen** angelegt. Unbestätigten Berichten zufolge wurden derartige Waffen auch von anderen Staaten eingesetzt: so wurde angeblich Gas von den von Südafrika unterstützten Streitkräften in Mosambik verwendet, von Kämpfenden im Konflikt zwischen Aserbaidschan und Armenien, von Türken gegen Kurden und im sudanesischen Bürgerkrieg. In neuerer Zeit gab es nicht verifizierte Behauptungen eines Überläufers aus der Sowjet-Ära, daß die Russen Superstämme von Krankheitserregern als Waffen entwickelt hätten; einige davon mögen immer noch im russischen Arsenal existieren.

Einem Beobachter an der Front ist es fast nicht möglich, Beschuldigungen über den Gebrauch chemischer und biologischer Waffen an Ort und Stelle zu überprüfen. Nur nach einer längeren Untersuchung, bei der die Leichen der Opfer untersucht und Überlebende befragt werden, bei der nach Überresten von Waffeninhaltsstoffen sowie nach Produkten chemischer Reaktionen gesucht wird, an denen solche Inhaltsstoffe beteiligt sind, kann die Wahrheit ans Licht kommen – und manchmal nicht einmal dann.

Eines der ungelösten militärischen Rätsel des Kalten Krieges war der angebliche Einsatz von sogenanntem Gelbem Regen durch Moskau gegen Hmong-Stammesmitglieder in Laos. Gelber Regen, so behaupteten die Vereinigten Staaten, sei eine tödliche chemische und biologische Waffe, die aus leichten Flugzeugen versprüht werde und „wie ein gelber Regen" vom Himmel fiele. Eine unabhängige Untersuchung durch amerikanische und britische Wissenschaftler kam allerdings auf eine ganz natürliche Erklärung des „Gelben Regens": Bienen-Kot. Wenn Bienen ihren Darm entleeren, verlassen sie ihren Stock im Schwarm, und das Ergebnis kann für jeden, der unterhalb ihres Flugweges steht, wie eine Art gelber Regen aussehen. Bienen-Kot enthält Toxine, die Menschen krank machen können. Jedoch hat die US-Regierung die Bienentheorie weder offiziell akzeptiert, noch ihre Beschuldigungen in bezug auf den „Gelben Regen" fallengelassen.

Wenn man solche Berichte über die Anwendung geächteter Waffen über die Jahre zusammenrechnet, dann unterstreichen sie noch die Dringlichkeit der Verschärfung internationaler Kontrollen. Das Genfer Protokoll von 1925, das schließlich von 149 Staaten ratifiziert wurde, verbot nur die erste Verwendung chemischer und biologischer Waffen. Die Entwicklung und Lagerung chemischer Waffen zum Zweck der Verteidigung war erlaubt: Vergeltungsmaßnahmen mit chemischen Waffen waren nicht verboten. Das Verbot bezog sich nicht auf den Einsatz der Waffen gegen die eigenen Angehörigen eines Landes und auch nicht auf Tränengas,

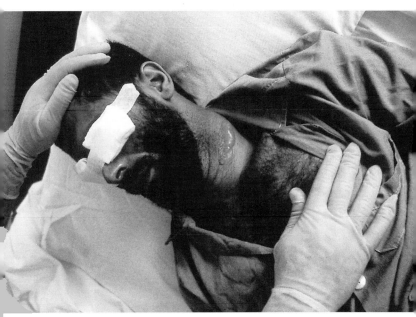

Ein iranisches Opfer irakischer Chemiewaffen wird 1986 in einem Krankenhaus behandelt.

einschließlich CS-Gas. Die Konvention über biologische Waffen von 1972 verbot Waffen aus Krankheitserregern vollständig, einschließlich ihrer Entwicklung und Lagerung. 1993 lag die neue Chemiewaffen-Konvention in Paris zur Unterzeichnung auf. Sie trat am 29. April 1997 in Kraft und wurde von 111 Staaten ratifiziert, darunter von den USA und Rußland.

Der fünfzigtausend Wörter umfassende Vertrag besagt im wesentlichen, daß jeder Staat sich verpflichtet, unter keinen Umständen jemals chemische Waffen zu entwickeln, herzustellen, auf andere Weise zu erwerben, zu lagern oder zurückzubehalten oder mittelbar oder unmittelbar an irgend jemanden weiterzugeben; chemische Waffen einzusetzen oder Vorbereitungen zu ihrem Einsatz zu treffen oder irgend jemanden in irgendeiner Art zu unterstützen, zu ermutigen oder zu veranlassen, Tätigkeiten vorzunehmen, die das Übereinkommen verbietet.

Der in dem Übereinkommen verwendete Ausdruck „chemische Waffen" bezeichnet Kriegsmaterial oder andere Geräte, die chemische Substanzen verwenden, um bei Menschen oder Tieren den Tod, eine vorübergehende Behinderung oder einen dauerhaften Körperschaden herbeizuführen. Der Vertrag verbietet nicht die Entwicklung toxischer Chemikalien für industrielle, landwirtschaftliche, forschungsbezogene, medizinische, pharmazeutische oder sonstige friedliche Zwecke oder Zwecke, die mit dem Schutz vor chemischen Waffen in Zusammenhang stehen, sowie zur Durchsetzung des Rechts, einschließlich der Kontrolle von Aufständen innerhalb des eigenen Landes. Mittel zur Niederwerfung von Aufständen, wie CS-Gas, können nicht im Krieg verwendet werden – eine Unterscheidung, die nicht immer einfach ist. (In einem Schritt, an der keine andere Partei der Konvention Anstoß nahm, versicherte Präsident Bill Clinton vor dem Kongress, daß die Vereinigten Staaten unter zwei Umständen nicht in ihrer Verwendung von Mitteln zur Kontrolle von Aufständen eingeschränkt sein würden: in Konflikten, an denen die Vereinigten Staaten nicht direkt beteiligt sind, sondern in denen sie nur eine friedenssichernde Rolle spielen, und an Orten, wo US-Truppen mit Zustimmung des Gastgeberlandes stationiert sind.)

Jeder Staat verpflichtete sich, innerhalb von zehn Jahren sein Arsenal an chemischen Waffen und alle Produktionseinrichtungen zu vernichten, die mehr als eine Tonne an chemischen Waffen pro Jahr produzieren können.

Mit dem Vertrag wurde die Organisation für das Verbot chemischer Waffen mit Sitz in Den Haag gegründet. Sie soll die Einhaltung des Vertrages überwachen und allen Behauptungen über eine Vertragsverletzung durch Mitgliedsstaaten nachgehen. Der Generalsekretär der Vereinten Nationen ist durch eine UN-Resolution ermächtigt, allen Behauptungen über eine Vertragsverletzung durch Nicht-Mitgliedsstaaten nachzugehen.

94 Deportation *Roy Gutman*

VERBRECHEN

Deportation

Roy Gutman

Der Personenzug mit achtzehn Waggons rollte in den kleinen Bahnhof von Palic in Nordserbien ein, kam mit einem Kreischen zum Stillstand und entließ achtzehnhundert Männer, Frauen und Kinder, die vier Tage lang darin eingesperrt gewesen waren. Dies waren die Bewohner des Dorfes Kozluk in Ostbosnien.

Ende Juni 1992 rollten zwei jugoslawische Panzer auf den Dorfplatz und richteten ihre Geschütze drohend auf die komfortablen Häuser am Platz. Die Dorfbewohner wurden vor die Wahl gestellt: wegzugehen oder die Zerstörung ihres Dorfes mittendrin zu erleben. Nachdem sie ihr Eigentum den serbischen Behörden übergeben hatten, gingen viele von ihnen über die nahegelegene Drina-Brücke in das benachbarte Serbien, wo Grenzsoldaten ihnen sagten, sie könnten nicht nach Bosnien zurückkehren. Andere bestiegen Busse in die serbische Stadt Samac, wo sie in den Zug verlegt wurden. Die Regierung des serbischen Präsidenten Slobodan Milosevic hatte die Züge der staatlichen jugoslawischen Eisenbahn in der Absicht bereitgestellt, die Bewohner Kozluks nach Österreich zu deportieren, aber es besaßen so wenige von ihnen Reisepapiere, daß Ungarn die Durchreise nach Österreich nicht gestatten wollte.

Nach der Definition der Nürnberger Prozesse nach dem Zweiten Weltkrieg sind Einzel- oder Massendeportationen Kriegsverbrechen und **Verbrechen gegen die Menschlichkeit** und nach den Genfer Konventionen von 1949 sind sie Kriegsverbrechen. Ist damit ein enormer Verlust an Leben verbunden, kann eine Deportation den Tatbestand des Völkermords erfüllen – nach dem Juristen Alfred de Zayas von der Rutgers-Universität die Absicht, eine nationale, ethnische, rassische oder religiöse Gruppe ganz oder teilweise zu töten oder zu verletzen.

Deportationen waren vor dem Zweiten Weltkrieg nicht ausdrücklich verboten. Die Haager Konventionen von 1907 ließen ihre Erwähnung aus, weil Massenvertreibungen „allgemein abgelehnt wurden, da sie unter den Mindeststandard der Zivilisation fallen und daher keines ausdrücklichen Verbotes bedürfen", schrieb der Rechtsgelehrte Georg Schwarzenberger.

Hitlers Nazi-Regime hatte über 100 000 Franzosen aus Elsaß-Lothringen in das Frankreich der Vichy-Regierung vertrieben und über 1 Million Polen aus den westlichen Teilen des besetzten Polen in das von Deutschen verwaltete „Generalgouvernement Polen". Außerdem deportierte Deutschland bis zu 12 Millionen Nicht-Deutsche als Zwangsarbeiter für die deutsche Kriegsindustrie.

Das Nürnberger Gericht verurteilte wiederholt die Praxis der „Germanisierung" besetzter oder annektierter Gebiete, das heißt, die Verlegung eines Teils der deutschen Bevölkerung dorthin sowie die Deportation von Zivilpersonen aus dem einen in ein anderes besetzten Gebiet oder nach Deutschland. Es sagte, Deportationen nach Deutschland zum Zweck der Zwangsarbeit hätten „nicht nur gegen allgemein akzeptierte Völkerrechtsregeln verstoßen, sondern die elementaren Gebote der Menschlichkeit vollkommen mißachtet".

Doch die siegreichen Alliierten übernahmen in den Staaten, die von Kommunisten eingenommen worden waren (Tschechoslowakei, Ungarn, Rumänien, Jugoslawien und Ostdeutschland), Nazi-Praktiken und vertrieben nach dem Zweiten Weltkrieg etwa 15 Millionen Volksdeutsche in den Westen. Als Folge davon kamen schätzungsweise zwei bis drei Millionen Menschen ums Leben.

Die Vierte Genfer Konvention von 1949 verbietet ausdrücklich Deportationen im Krieg. „Einzel- oder Massenzwangsverschickungen sowie Verschleppungen von geschützten Personen aus besetztem Gebiet nach dem Gebiet der Besatzungsmacht oder dem irgendeines anderen besetzten oder unbesetzten Staates sind ohne Rücksicht auf deren Beweggrund untersagt." Verboten ist auch die allgemeine Praxis einer Besatzungsmacht,

D

Die serbische Regierung mietete diesen Zug mit achtzehn Waggons, um die moslemischen Einwohner Kozluks nach Österreich zu bringen, das sich weigerte, sie aufzunehmen. Nachdem sie vier Tage lang im Zug eingesperrt gewesen waren, endeten die meisten schließlich als Deportierte in Österreich – aber sie blieben am Leben.

Teile ihrer eigenen Zivilbevölkerung in das von ihr besetzte Gebiet zu deportieren oder zu verlegen. Die Konvention erlaubt die „vollständige oder teilweise Räumung" einer Gegend, wenn entweder „die Sicherheit der Bevölkerung oder zwingende militärische Gründe" es erfordern, auch in Gegenden außerhalb des besetzten Gebietes, wenn sich dies „aus materiellen Gründen nicht vermeiden läßt", aber die evakuierten Zivilpersonen müssen „unmittelbar nach Beendigung der Feindseligkeiten in der betreffenden Gegend" wieder in ihre Heimat zurückgeführt werden.

Die Deportation von Kuwaitis in den Irak durch den Irak und die Ansiedlung von Irakern in Kuwait wurde vom UN-Sicherheitsrat besonders verurteilt. Die serbische „ethnische Säuberung" in Bosnien von 1992 bis 1995 stellt ebenfalls ein **Verbrechen gegen die Menschlichkeit** und ein Kriegsverbrechen dar. Die Deportation von Palästinensern aus den eroberten Gebieten durch Israel verstößt nach Ansicht der Vereinigten Staaten, des UN-Sicherheitsrates, der Generalversammlung der UN und des Internationalen Komitees vom Roten Kreuz (IKRK) ebenfalls gegen die Genfer Konventionen. Israel sagt, die Konvention habe keine rechtliche Relevanz für sein Vehalten in den Gebieten, doch es wende deren „humanitäre Bestimmungen" freiwillig und aus eigenen Stücken an, ohne jedoch anzugeben, welche Bestimmungen es dabei im Sinn hat.

Die fünftausend Einwohner Kozluks gehörten zu den glücklicheren bosnischen Moslems, denn die meisten überlebten ihre Vertreibung. Viele Familien schafften es schließlich bis nach Österreich, wo sie als Flüchtlinge lebten, und die Männer kehrten zurück, um auf der Seite der bosnischen Regierung zu kämpfen. Ihre erzwungene Abreise war niemals als „vorübergehende Räumung" gedacht. Bis Mitte 1998 war noch keiner von ihnen in sein Heim nach Kozluk zurückgekehrt.

(Siehe **Interne Vertreibung; Zwangsabschiebung von Flüchtlingen; Flüchtlinge, Rechte der; Verschickung von Zivilpersonen**)

98 **Eigentum: Willkürliche Zerstörung**
Victoria Brittain

101 **Eigentum: Zerstörung von Zivileigentum**
Amira Haas

105 **Ethnische Säuberung** Roger Cohen

109 **Evakuierung von Zivilpersonen aus dem Kampfgebiet**
H.Wayne Elliott

113 **Exekutionen, außergerichtliche** Don Oberdorfer

117 **Exekutionen, außergerichtliche: Die Kamera als Zeuge**
Alex Levac

VERBRECHEN

Eigentum: Willkürliche Zerstörung

Victoria Brittain

Nichts konnte einen Besucher auf den Anblick von Cuíto vorbereiten, einer Stadt im zentralen Hochland von Angola, die 1993 und 1994 von Jonas Savimbis Nationalunion für die völlige Unabhängigkeit Angolas (UNITA) belagert worden war.

An der Hauptstraße, die die vorderste Verteidigungslinie der angolanischen Regierungstruppen gebildet hatte, stand kein einziges Gebäude mehr. Kein Dach oder Fenster war intakt geblieben, und viele Wohnblöcke waren zu Schutthaufen zusammengesunken. Die rosafarbenen Mauern der grandiosen alten kolonialen portugiesischen Regierungsgebäude wiesen Einschußlöcher von Zehntausenden von Gewehrkugeln auf. Nur eine einzige Wand und der Glockenturm der Kathedrale standen noch. Und natürlich waren das Stromversorgungssystem und das Wasserversorgungssystem zerstört worden.

Selbst Gebäude, die nach dem humanitären Völkerrecht besonderen Schutz genossen, wurden nicht geschont. Das große **Krankenhaus** der Region mußte aufgegeben werden. Aber nachdem das Personal die chirurgische und medizinische Ausrüstung in einen kleinen Laden in einem von den Regierungskräften kontrollierten Teil der Stadt gebracht hatte, wurden die Angriffe fortgesetzt. Schließlich fand eine UNITA-Granate ihr Ziel und zerstörte den Laden. Auch die Regierung zeigte wenig Respekt für geschützte Orte. In einem späten Stadium des Kampfes bombardierten Kriegsflugzeuge der Regierung das zentrale Krankenhaus, was möglicherweise gar nicht rechtswidrig war, weil es sich um eine militärische Stellung der UNITA handelte.

Eine Studie von Human Rights Watch besagte, daß die UNITA bis Juli 1993 jeden Tag etwa eintausend großkalibrige Artilleriegranaten auf Cuíto herabregnen ließ, und die Rebellenstreitmacht „hat sich eindeutig kaum bemüht, präzise zu zielen". Sie kam zu dem Schluß, daß bis zu dreißigtausend Menschen, meist Zivilpersonen, während der **Belagerung** gestorben seien, fast ein Drittel aller Personen, die während des angolanischen Bürgerkriegs gestorben waren. Der Schaden an Eigentum war weniger tragisch, nahm aber dennoch ungeheure Ausmaße an. Bei der Belagerung von Cuíto fanden massive Verstöße gegen die Genfer Konventionen und ihre Protokolle statt, darunter **unterschiedslose Angriffe** und **willkürliche Zerstörung**.

In streng geographischem Sinn handelte es sich um einen innerstaatlichen Konflikt, und daher galten viele Schutzbestimmungen für Eigentum hier eigentlich nicht; aber da in diesen Konflikt schon in einem sehr frühen Stadium außenstehende Staaten verwickelt wurden und eingriffen – darunter Kuba, Südafrika und Zaire –, behandelten viele Experten, unter ihnen das Internationale Komitee vom Roten Kreuz (IKRK) ihn als einen „internationalisierten" Konflikt, für den der gesamte Rechtskomplex in bezug auf zwischenstaatliche bewaffnete Konflikte anzuwenden war.

Nach dem Recht der bewaffneten Konflikte darf Zivileigentum als solches nicht angegriffen werden, nur um es zu zerstören. Es muß ein **legitimes militärisches Ziel** oder ein **militärisches Ziel** bilden. Seine Zerstörung muß durch die **militärische Notwendigkeit** bedingt sein. Eine Konfliktpartei darf Zivileigentum nur beschädigen oder zerstören, wenn die Zerstörung in einem Verhältnis zu dem zu erlangenden militärischen Vorteil steht. Dieses Verbot ist in den Haager Abkommen von 1907 enthalten und gilt inzwischen als Teil des **Gewohnheitsrechts**. Die Zerstörung oder Wegnahme von Eigentum ist verboten, außer wenn dies „durch die Erfordernisse des Krieges dringend erheischt wird". Das Erste Zusatzprotokoll von 1977 zu den Genfer Konventionen besagt ausdrücklich: „Zivile Objekte dürfen weder angegriffen noch zum Gegenstand von Repressalien gemacht werden. Zivile Objekte sind alle Objekte, die nicht militärische Ziele ... sind." Das Römische Statut des Internationalen Strafgerichtshofes von 1998 nennt als schwere Verletzung der Genfer Konventionen „Zerstörung und Aneignung von Eigentum, die durch militärische Erfordernisse nicht gerechtfertigt sind und in großem Ausmaß rechtswidrig und willkürlich vorgenommen werden."

Um festzustellen, ob diese Zerstörung und Wegnahme ein Kriegsverbrechen darstellen, d.h. individuell strafbare Verstöße gegen die Gesetze und Gebräuche des Krieges, oder aber rechtmäßige Handlungen waren, müßte ein Außenstehender, der nach der Schlacht an den Schauplatz kommt, wissen, in welcher Weise die Regierungsstreitkräfte die Stadt verteidigt haben, wie die Position oder die wechselnden Positionen militärischer Einrichtungen und Infrastruktur waren, die zur Unterstützung verwendet wurden, und ob geschützte Gebäude für religiöse, kulturelle oder medizinische Zwecke von einer der beiden Seiten zu militärischen Zwecken oder als Schutzschilde benutzt wurden.

Im Fall von Angola waren häufig beide Seiten im Unrecht. Der Bischofssitz in Cuíto beispielsweise, in dem Dutzende Flüchtlinge Zuflucht gefunden hatten, wurde zerstört, nachdem er dreimal angegriffen worden war. Als Zivilobjekt, aber insbesondere auch als Gebäude, das religiösen, kulturellen oder medizinischen Zwecken dient, sollte es eigentlich nach den Bestimmungen über **Kulturgut** vor Angriffen immun sein. Die UNITA nahm das Gebäude 1993 ein. Regierungsstreitkräfte eroberten es im darauffolgenden Monat zurück, und dann, nach einem heftigen Kampf, der sieben Tage lang dauerte, fiel es erneut an die UNITA. Beide Seiten hatten es als Schutzschild verwendet; beide Seiten waren teilweise für seine Zerstörung verantwortlich. Die Höhe des Schadens an dem Gebäude und wie er zustande kam, lassen darauf schließen, daß es das Ziel unterschiedsloser Angriffe war, das heißt, es gab keinen Versuch, zwischen diesem Gebäude und anderen zu unterscheiden.

Eine solche Zerstörung war das Kennzeichen des angolanischen Bürgerkrieges. Eine Zeitlang war dies der tödlichste Konflikt der Welt, wobei jeden Tag tausend Menschen nicht nur bei den Kämpfen selbst, sondern auch an Hunger und Krankheiten starben. Die Verwüstung geriet dermaßen außer Kontrolle, daß das IKRK unter Hinweis auf seine auf den Genfer Konventionen beruhende Rolle als Bewahrer und Förderer des humanitären Völkerrechts beiden Seiten im Konflikt eine seiner seltenen öffentlichen Rügen erteilte.

„Streitkräfte", so erklärte das IKRK im Juni 1994, „haben kein unbegrenztes Recht in bezug auf die Methoden und Mittel der Kriegführung; unter allen Umständen muß klar zwischen Zivilpersonen und zivilen Objekten einerseits und Kombattanten und militärischen Objekten andererseits unterschieden werden." Die Verbote umfassen: Angriffe gegen zivile Objekte, Begehen oder Androhung von Gewalt zu dem hauptsächlichen Zweck, Schrecken unter der Zivilbevölkerung zu verbreiten, und „alle Angriffe, die unterschiedslos auf militärische und zivile Ziele gerichtet sind, sowie solche, bei denen damit zu rechnen ist, daß sie auch Verluste an Menschenleben, Verwundung von Zivilpersonen oder die Beschädigung ziviler Objekte verursachen, die in keinem Verhältnis zum erwarteten konkreten und unmittelbaren militärischen Vorteil stehen." Des weiteren, so sagte das IKRK scharf, dürften Krankenhäuser, Krankenwagen und alle anderen Objekte, die mit dem Zeichen des Roten Kreuzes versehen seien, nicht angegriffen oder zu militärischen Zwecken verwendet werden und müßten „unter allen Umständen geachtet" werden.

(Siehe **Zivilpersonen, Immunität von**)

VERBRECHEN

Eigentum: Zerstörung von Zivileigentum

Amira Hass

Zwischen plumpen, pausbäckigen Kakteen und eleganten Mandelbäumen liegen Gebäude in drei architektonischen Stilarten und zwei Arten von Ruinen; sie stehen dicht an dicht in einem sanften Tal und ziehen sich dann vereinzelt über die Hänge hinweg. Diese Gebäude erzählen die Geschichte von Beit Mirsim, einem palästinensischen Dorf, das gerade eben den südlichen Teil der Grünen Linie (der Waffenstillstandsgrenze zwischen der Westbank/Jordanien und Israel von 1948) berührt. Sie erzählen nicht nur die Geschichte der Zerstörung durch die siegreiche israelische Armee, sondern auch von den fortdauernden Auswirkungen des Sechstagekrieges von 1967 auf das Leben der Menschen.

Und von noch etwas erzählen diese Gebäude: von dem beharrlichen israelischen Drang, Palästinenser „aus dem Weg zu räumen", sie zu veranlassen, „nach Osten zu ziehen" und die Landschaften ihrer Kindheit für immer zu verlassen. Und von der anderen Seite dieser Medaille: der palästinensischen Unverwüstlichkeit.

Während des Sechstagekrieges wies eine Einheit der israelischen Armee die Dorfbewohner von Beit Mirsim an, ihre Heime zu verlassen, die direkt an der Grenze zu Jordanien lagen. Die Hälfte des landwirtschaftlichen Bodens des Dorfes war nach dem Krieg von 1948 bereits an Israel gefallen, und diesmal hatten sich die Dorfbewohner geweigert, die über dem Dorf aufragenden Hügel zu verlassen. Noch heute erinnern sie sich deutlich daran, wie innerhalb weniger Stunden das Tal von dem herzzerreißenden Geräusch der Sprengungen erfüllt war, die ihre Heime aus großen, schweren Steinen und mit bogenförmigen Fenstern und Türen zerstörten. Die israelischen Streitkräfte (Israel Defense Forces, IDF) zerstörten Häuser in mehreren Dörfern, die an der Grünen Linie oder im östlichen Jordantal lagen. Nur nach Beit Mirsim und in ein benachbartes Dorf kehrten Bewohner zurück.

Das Recht der bewaffneten Konflikte läßt unter gewissen Umständen die vorsätzliche Zerstörung von Eigentum zu. Artikel 52 des Ersten Zusatzprotokolls von 1977 zu den Genfer Konventionen sanktioniert derartige Angriffe, aber als militärische Ziele gelten „nur solche Objekte, die auf Grund ihrer Beschaffenheit, ihres Standorts, ihrer Zweckbestimmung oder ihrer Verwendung wirksam zu militärischen Handlungen beitragen und deren gänzliche oder teilweise Zerstörung, deren Inbesitznahme oder Neutralisierung unter den in dem betreffenden Zeitpunkt gegebenen Umständen einen eindeutigen militärischen Vorteil darstellt." Diese Bestimmung regelt die Situation, wenn Streitkräfte einen unmittelbaren Angriff auf zivile Objekte und Eigentum zum Zweck ihrer Zerstörung führen.

Nach Ansicht der Dorfbewohner von Beit Mirsim boten ihre Wohnstätten den jordanischen Gegnern der IDF weder definitive militärische Vorteile, noch behinderten sie Israels eigene militärische Pläne in jenem

Sektor. Ihrer Ansicht nach hatte die Zerstörung ihrer Heime damals wenig mit konkreten militärischen Vorteilen zu tun. Sie glauben, ihre Heime wurden zerstört, um sie dazu zu veranlassen, die Zone für immer zu verlassen, und nicht aufgrund militärischer Erfordernisse. Die Zerstörung von Wohnstätten, um die Bevölkerung zu veranlassen, die Gegend für immer zu verlassen, verstößt gegen das Recht der bewaffneten Konflikte.

Es ist nicht bekannt, ob israelische Befehlshaber zu der Zeit, als die Zerstörung erfolgte, der Auffassung zugestimmt hätten, daß diese keinem konkreten militärischen Zweck diente. Im allgemeinen herrscht jedoch großes Widerstreben, im Nachhinein die Entscheidung von Befehlshabern anzuzweifeln, die in einer Kampfsituation die konkreten militärischen Vorteile gegen **Kollateralschäden** abwägen müssen, und dies unter unklaren Bedingungen, mit ungenauen Informationen und oft sehr rasch.

Da es alles andere als eindeutig ist, ob die Zerstörung von Beit Mirsim den israelischen Streitkräften einen definitiven militärischen Vorteil brachte, läßt sich darüber streiten, ob das, was die Israelis taten, eine schwere Verletzung der Genfer Konventionen und des Ersten Zusatzproto-

kolls darstellt. Gemäß den Haager Abkommen von 1899 und 1907 (die nach Entscheidungen des Obersten Gerichts Israels für die Westbank und den Gazastreifen gelten) ist „die Zerstörung oder Wegnahme feindlichen Eigentums außer in den Fällen, wo diese Zerstörung oder Wegnahme durch die Erfordernisse des Krieges dringend erheischt wird", rechtswidrig. Sie besagen außerdem, „das Privateigentum" soll „geachtet werden".

Das Recht der bewaffneten Konflikte regelt außerdem die Bedingungen, unter denen Eigentum als Kollateralschaden zerstört werden darf. Die Schwelle der **militärischen Notwendigkeit** darf dabei nicht überschritten werden, und die Zerstörung darf nicht willkürlich erfolgen.

Eine weitere rechtliche Grundlage für die Bewertung der Zerstörung von Häusern in Beit Mirsim ist die Vierte Genfer Konvention, die ausdrücklich die Zerstörung von Zivileigentum unter den Bedingungen einer Besetzung verbietet, es sei denn, sie ist durch die militärische Notwen-

E

Das zerstörte Heim des Selbstmordattentäters Sufyan Jabarin, der für den Bombenanschlag auf den Bus in Ramat Ash Kol, Jerusalem, im August 1995 verantwortlich war, bei dem 59 Personen starben. Im Dorf Dhariya, Westbank, 1996.

digkeit gerechtfertigt. Israel gibt an, daß die rechtliche Anwendbarkeit der Vierten Konvention „zweifelhaft" sei und daß es seit 1967 die „humanitären Bestimmungen" der Vierten Konvention auf die besetzten Gebiete anwende, ohne dabei anzugeben, welche Bestimmungen gemeint sind. Kein anderes Land erkennt Israels selektive Auslegung der Konventionen von 1949 an. Die Vierte Konvention besagt, daß „Zerstörung und Aneignung von Eigentum, die durch militärische Erfordernisse nicht gerechtfertigt sind und in großem Ausmaß rechtswidrig und willkürlich vorgenommen werden", eine schwere Verletzung darstellen.

Dennoch geht es im Fall von Beit Mirsim, wie immer, wenn etwas auf den ersten Blick wie ein möglicher Fall von Zerstörung aussieht, um die militärische Notwendigkeit. Und da sich Befehlshaber immer darauf berufen können, daß die Erfordernisse des Krieges sie gezwungen hätten, so zu handeln, wird es immer problematisch sein, Bestimmungen gegen die Zerstörung von feindlichem Eigentum durchzusetzen, und alle Behauptungen der militärischen Notwendigkeit oder auch der vollkommen rechtmäßige Wunsch, einen militärischen Vorteil zu erlangen, werden schwer zu widerlegen sein.

Militärische Notwendigkeit oder nicht, die Bewohner von Beit Mirsim halten beharrlich an ihren Heimen und ihrem Dorf fest. Sie waren so hartnäckig zum Bleiben entschlossen, daß 1967 der Verteidigungsminister Moshe Dayan persönlich kam, um mit ihnen zu verhandeln. „General Dayan kam, um mit uns zu reden", erinnert sich Abu Sherif, der inzwischen siebzig ist. „Schließlich willigte er ein, daß wir anstelle jedes zerstörten Hauses ein Zimmer bauen durften. Wir sagten zu ihm: ,Aber General Dayan, ein Zimmer reicht nicht für eine zehnköpfige Familie.' Und er antwortete: ,Wir hoffen, daß die Lage sich zum besseren wendet und daß Sie mit der Zeit in der Lage sein werden, mehr zu bauen.'" Damals entstand die zweite architektonische Generation: winzige Ein-Zimmer-Bauten aus kleineren Steinen.

Nach dem Oslo-Abkommen von 1993 zwischen der Palästinensischen Befreiungsorganisation PLO und der israelischen Regierung begannen die Dorfbewohner erneut zu bauen, ohne auf eine Verlegung israelischer Truppen oder israelische Baugenehmigungen zu warten, die niemals kommen. Sie bauten eine dritte Generation von Häusern, geräumig, häßlich, aus nacktem Beton. 1997 erhielten fünfzehn der dreißig noch dort lebenden Familien Anweisung, den „rechtswidrigen" Bau zu stoppen und ihre eigenen Häuser zu zerstören. Eines wurde gesprengt: es blieben zerschmetterte, graue Betonblöcke, ein kaputter Wasserhahn und verdrehte schwarze Eisenstangen, die aus den Trümmern nach oben ragen. Inzwischen wurde die Bautätigkeit eingestellt.

(Siehe **Militärische Ziele**)

VERBRECHEN

Ethnische Säuberung

Roger Cohen

Das Leben von Hiba Mehmedovic, einer bosnischen Moslemin, zerbrach am 31. Mai 1992, kurz nach Beginn des Kriegs in Bosnien. Drei Serben mit automatischen Waffen drangen in ihr Zuhause ein und nahmen ihre beiden Söhne, Kemal und Nedzad, mit, die sie niemals wiedersah. Einige Wochen später wurde sie selbst mit Waffengewalt in einen Bus geführt, zur Front westlich ihres Heimatortes Vlasenica gefahren und dort abgesetzt.

Sie machte sich auf den mühsamen Weg in von Regierungstruppen beherrschtes Gebiet. Als ich sie fand, auf dem Boden eines Kindergartens in Kladanj liegend, war sie ein gebrochener Mensch, charakteristisch für diesen Krieg: tränenüberströmt und verängstigt, eine von vielen Moslems, die aus ihrer Heimat vertrieben worden waren, Menschen wie Treibgut, auf dem Boden leerstehender Gebäude verstreut. Ihre ins Leere blickenden Augen gaben Zeugnis von einer Existenz, die keinen Inhalt mehr hatte. Vor dem Krieg lebten 18 699 Moslems in Vlasenica, ca. 60 Prozent der Bevölkerung. Heute leben dort gar keine Moslems mehr.

Ethnische Säuberungen – die Anwendung von Gewalt oder Einschüchterung, um Menschen einer bestimmten ethnischen oder religiösen Gruppe aus einem Gebiet zu entfernen – standen im Mittelpunkt der Kriege der Zerstörung Jugoslawiens. Diese Praktik hat eine Methode: **Terror**. Sie hat einen Geruch: das übelriechende Elend der Flüchtlinge. Sie hat ein Aussehen: die Ruinen verwüsteter Wohnhäuser. Ihr Zweck besteht darin, durch Morde, Zerstörung, Bedrohung und Demütigung dafür zu sorgen, daß eine Rückkehr unmöglich ist.

Jugoslawien und sein Herzstück Bosnien hatten eine Art Brückenfunktion. Doch aus Orten, an denen verschiedene Bevölkerungsgruppen zusammengelebt hatten, waren nach vier Jahren Krieg, in denen mehr als 1,5 Millionen Menschen im Namen rassistischer Ideologien vertrieben wurden, Orte trostloser ethnischer Homogenität geworden. Bei dem verheerendsten Ausbruch von Gewalt, der zwischen April und August 1992 stattfand, vertrieben die Serben mehr als 700 000 Moslems aus einem Gebiet, das 70 Prozent von Bosnien ausmachte.

Derartige Massen-**Deportationen** waren in diesem Jahrhundert ethnischer Umstrukturierung nichts Neues. Die Griechen sollten raus aus der Türkei, die Türken aus Griechenland, die Serben aus dem faschistischen Kroatien der Jahre 1941 bis 1945, die Juden aus Hitlers Europa, die Volksdeutschen aus der Tschechoslowakei der Nachkriegszeit und die Palästinenser aus den von Israel besetzten Gebieten. Die Wellen der Zwangsvertreibungen ethnischer und religiöser Gruppen traten immer wieder auf, wobei häufig die Entfernung der Menschen mit verheerender Gewalt oder wie im Falle der Juden mit Völkermord einherging.

Ethnische Säuberung ist ein Pauschalbegriff, der kein bestimmtes Verbrechen bezeichnet, doch diese Praktik umfaßt eine Vielzahl strafbarer Handlungen. Die Expertenkommission der Vereinten Nationen definierte den Begriff „ethnische Säuberung" im Januar 1993 in einem Bericht an

E

den Sicherheitsrat als „Vorgehensweise, mit der ein Gebiet in ethnischer Hinsicht homogen gemacht wird, indem Gewalt oder Einschüchterung angewandt werden, um Mitglieder bestimmter Gruppen aus dem Gebiet zu entfernen". In diesem Bericht hieß es, daß ethnische Säuberungen im ehemaligen Jugoslawien mit Hilfe von Mord, **Folter**, willkürlicher Festnahme und Haft, **außergerichtlichen Exekutionen**, Vergewaltigung und **sexueller Gewalt**, Inhaftierung der Zivilbevölkerung, vorsätzlichen militärischen Angriffen oder unter Androhung von Angriffen auf Zivilpersonen und zivile Gebiete sowie unter willkürlicher Zerstörung von Eigentum durchgeführt wurden. Im Abschlußbericht der Kommission vom Mai 1994 wurden außerdem die folgenden Verbrechen hinzugefügt: Massenmord, Mißhandlung ziviler Gefangener und Kriegsgefangener, Verwendung von Zivilpersonen als menschliche **Schutzschilde**, Zerstörung von **Kulturgut**, Raub persönlichen Eigentums sowie Angriffe auf **Krankenhäuser, Sanitätspersonal** und Orte mit dem Emblem des **Roten Kreuzes/Roten Halbmonds**.

Personen, die derartige Verbrechen begehen, unterliegen individueller strafrechtlicher Verantwortlichkeit, und militärische und politische Führer, die an der Konzipierung und Durchführung dieser Politik beteiligt waren, „können nicht nur wegen schwerer Verstöße gegen die Genfer Konventionen und wegen anderer Verletzungen des humanitären Völkerrechts angeklagt werden, sondern auch wegen **Völkermord** und **Verbrechen gegen die Menschlichkeit**", heißt es im Bericht von 1994.

Die Frage der systematischen Vertreibung von Zivilpersonen und den damit einhergehenden barbarischen Praktiken fand nach dem Zweiten Weltkrieg Eingang in das Völkerrecht. Artikel 49 der Vierten Genfer Konvention von 1949 verbietet „Einzel- oder Massenzwangsverschickungen sowie Verschleppungen von geschützten Personen aus besetztem Gebiet nach dem Gebiet der Besatzungsmacht oder dem irgendeines anderen ... Staates". Diese Handlungen sind schwere Verletzungen der Vierten Konvention; Kriegsverbrechen besonderer Schwere.

Nur die Sicherheit der Zivilbevölkerung oder „zwingende militärische Gründe" können gemäß der Vierten Genfer Konvention die **Evakuierung von Zivilpersonen** in besetztem Gebiet rechtfertigen. Im Zweiten Zusatzprotokoll von 1977 wird diese Regel auf Zivilpersonen in internen bewaffneten Konflikten ausgedehnt. In Bosnien, wo die Serben zu Anfang den Vorteil einer beträchtlichen militärischen Überlegenheit besaßen, war die gewaltsame Vertreibung von moslemischen Männern, Frauen und Kindern offensichtlich nicht durch derartige Überlegungen motiviert. Pero Popovic, ein serbischer Wächter im Susica-Konzentrationslager in Vlasenica, sagte mir einmal: „Unser Ziel war es einfach, die Moslems loszuwerden."

Der Artikel 49 gilt für internationale Konflikte. Ich reiste mit so vielen serbischen Truppen, die die Grenze zu Bosnien überquerten, daß ich keinen Zweifel daran habe, daß es sich hier um einen Krieg handelte, der von Belgrad aus organisiert, finanziert und geführt wurde. Doch auch wenn man den Krieg in Bosnien als einen Bürgerkrieg zwischen Serben, Moslems und Kroaten des Landes betrachtet, verstößt die gewaltsame Vertreibung gegen den Artikel 3, der allen vier Genfer Konventionen gemein ist und für den Fall eines „Konflikts, der keinen internationalen Charakter hat", gilt.

Ein umgestürztes Minarett bildet einen ironischen Hintergrund für eine provisorische Leichenhalle, in der die Leichen von Opfern vor der Bestattung gewaschen werden. Bosnien, Mai 1993.

RECHT

In diesem Artikel ist festgelegt, daß „Personen, die nicht unmittelbar an den Feindseligkeiten teilnehmen", stets „mit Menschlichkeit behandelt [werden], ohne jede auf Rasse, Farbe, Religion oder Glauben, ... Geburt oder Vermögen ... beruhende Benachteiligung". Er verbietet „erniedrigende und entwürdigende Behandlung" und „Angriffe auf das Leben und die Person, namentlich Tötung jeder Art, Verstümmelung, grausame Behandlung und Folterung".

Auch das Nürnberger Statut muß hier berücksichtigt werden. In Artikel 6 wurden „Verbrechen gegen die Menschlichkeit" so definiert, daß hierbei „Ermordung, Ausrottung, Versklavung, Verschleppung oder andere an der Zivilbevölkerung vor Beginn oder während des Krieges begangene unmenschliche Handlungen" eingeschlossen werden. Und Nürnberg machte deutlich, daß die Verlagerung einer Bevölkerung ein Kriegsverbrechen darstellt.

Der kostbarste Besitz von Frau Mehmedovic waren Fotografien ihrer beiden Söhne, die 27 und 25 Jahre alt waren, als sie von den Serben aus dem Haus gezerrt wurden. Ich nahm die Fotos mit zu Popovic, dem serbischen Wächter in Vlasenica, der sich inzwischen von den Praktiken der Serben distanziert hatte. Sein Blick zeigte eindeutig, daß er die beiden Jungen wiedererkannte. Er sagte mir, daß sie im Lager Susica hingerichtet worden waren.

(Siehe **Bosnien; Interne Vertreibung; Flüchtlinge; Belagerung; Aushungerung.**)

Evakuierung von Zivilpersonen aus dem Kampfgebiet

H. Wayne Elliott

Kampfgebiete sind keine Orte, an denen man sich in der Regel gerne aufhält. Soldaten befinden sich dort, weil ihr Kampfauftrag und ihre Pflicht dies erfordern. Wenn sich Zivilpersonen in Kampfgebieten befinden, so ist dies meist ein Versehen oder zumindest unbeabsichtigt. Verwundung, Tod und Zerstörung gehen mit Kämpfen einher. Menschen werden verwundet und kommen vielleicht ums Leben. Welche Pflichten haben Soldaten gegenüber jenen Zivilpersonen, die versehentlich in Kämpfe geraten?

Eine Zivilperson kann man durch das definieren, was sie nicht ist. In der Regel ist eine Zivilperson jemand, der kein Kombattant ist und nicht unmittelbar an den Kampfhandlungen beteiligt ist. Auf dem Schlachtfeld geht es dem Soldaten darum, ob es sich bei den anwesenden Personen um legitime militärische Ziele handelt, die meist als „rechtmäßige Ziele" bezeichnet werden. Falls es echte Zivilpersonen sind, sollten sie sich nicht an den Kämpfen beteiligen. Tun sie es dennoch, können sie ebenfalls als Ziel behandelt werden, und falls sie gefangen genommen werden, können sie als rechtswidrige **Kombattanten** vor Gericht gestellt werden.

Angenommen, ein Befehlshaber weiß, daß sich echte Zivilpersonen im Kampfgebiet befinden. Welche Pflichten hat er in diesem Fall? Muß versucht werden, die Zivilpersonen zu evakuieren? Es besteht keinerlei Verpflichtung zur Evakuierung von Zivilpersonen aus einem Kampfgebiet. Andererseits ist die absichtliche Gefährdung von Personen, die keine Kombattanten sind, eine Verletzung des Kriegsrechts. In der Praxis vermeiden Befehlshaber häufig die Probleme, die sich aus der Anwesenheit von Zivilpersonen in einem Kampfgebiet ergeben können, dadurch, daß sie einfach Warnungen ausgeben. Dies kann durch Flugblätter oder Ankündigungen über Lautsprecher oder Rundfunk erfolgen. Auf den ersten Blick erscheint diese Vorgehensweise unwahrscheinlich oder sogar unrealistisch. Doch als militärische Methode haben derartige Warnungen durchaus einen Sinn (außer natürlich bei Überraschungsangriffen). Zum einen bemüht sich der Befehlshaber, der die Warnung ausgibt, nachweislich darum, eine Schädigung von Nicht-Kombattanten zu vermeiden. Zum zweiten hat die Warnung an Zivilpersonen, sich aus dem Gebiet zu begeben, als militärische Maßnahme den Propaganda-Effekt, daß man diesen Personen den Eindruck vermittelt, ihre eigenen Streitkräfte seien möglicherweise nicht dazu in der Lage, die vorrückenden Streitkräfte aufzuhalten. Ein dritter Punkt ist, daß die meisten Zivilpersonen in Richtung ihrer eigenen Streitkräfte fliehen werden und nicht in die Richtung, aus der der Feind heranrückt. Und dies dürfte die verteidigenden Streitkräfte vor ein größeres logistisches und taktisches Problem stellen.

Das Recht überträgt die Verantwortung für den Schutz von Zivilpersonen in erster Linie den Streitkräften, die eine gewisse Befehlsgewalt über diese Zivilpersonen haben. Angreifende Truppen dürfen also nicht absichtlich Zivilpersonen ins Visier nehmen, doch verteidigende Truppen

dürfen auch Zivilpersonen nicht als eine Art Schutzschild gegen legitime Angriffe benutzen.

Nun kann es sein, daß sich zivile Nicht-Kombattanten in einem belagerten Gebiet befinden, wie dies beispielsweise in Sarajewo während des Krieges in Bosnien der Fall war. Artikel 17 der Vierten Genfer Konvention sieht vor: „Die am Konflikt beteiligten Parteien werden sich bemühen, örtlich begrenzte Übereinkünfte zur Evakuierung" von Nicht-Kombattanten „aus einer belagerten oder eingeschlossenen Zone ... zu treffen". Das Wort „bemühen" zeigt eindeutig, daß eine derartige Evakuierung nicht obligatorisch ist. Der Befehlshaber des belagerten Gebiets wird jedoch dazu neigen, die zivilen Nicht-Kombattanten zu evakuieren, da sie Vorräte und Lebensmittel verbrauchen. Andererseits (und aus dem gleichen Grund) wird der Befehlshaber der belagernden Truppen wahrscheinlich nicht erlauben, daß Personen, die die Vorräte des Feindes erschöpfen,

Auf Wiedersehen, Sarajewo: Vor fünf Jahrhunderten fanden Juden auf der Flucht vor der spanischen Inquisition eine Heimat in Sarajewo. 1993 werden diejenigen, die von der alten Gemeinde noch übriggeblieben sind, mit dem Bus aus der Reichweite serbischer Granaten und Heckenschützen gebracht.

das Gebiet verlassen dürfen. Unabhängig davon, ob hierüber nun eine Einigung erzielt wird oder nicht, gilt in jedem Fall, daß Zivilpersonen nicht speziell angegriffen werden dürfen. Während der Belagerung von Sarajewo töteten Heckenschützen Menschen, bei denen es sich eindeutig um Zivilpersonen handelte (Schulkinder, alte oder kranke Menschen usw.). Bei einigen Tötungen in Sarajewo handelte es sich um Kriegsverbrechen – nicht weil die Zivilpersonen nicht evakuiert wurden, sondern weil auf sie gezielt geschossen wurde.

Während Truppen vorrücken, kann es sein, daß die allgemeineren Verpflichtungen der Vierten Genfer Konvention, die für die Besetzung feindlichen Gebiets gelten, zum Tragen kommen. Wenn eine vorrückende Truppe zu einer Besatzungstruppe wird, wird diese Truppe dem Recht nach als eine Interimsregierung betrachtet. Dies hat zur Folge, daß ihre Verantwortlichkeiten gegenüber der Zivilbevölkerung umfassender sind und genauer festgelegt.

Die Verantwortung für den Schutz von Zivilpersonen vor den Kampffolgen eines Krieges liegt bei drei genau bezeichneten Parteien: Erstens bei der vorrückenden Truppe, die sich nach Kräften bemühen muß, unnötige Verletzungen von Zivilperson zu vermeiden, zweitens bei der verteidigenden Truppe, die wahrscheinlich die beste Möglichkeit dazu hat, Zivilpersonen vor dem Beginn von Kämpfen aus dem Gebiet zu entfernen, und drittens in erster Linie bei den Zivilpersonen selbst. Sie müssen eine Beteiligung an den Kämpfen vermeiden. Sie sollten, falls möglich, einfach dafür sorgen, daß sie sich nicht am Schauplatz von Kämpfen aufhalten.

(Siehe **Kollateralschäden; Ethnische Säuberung; Interne Vertreibung; Belagerung; Verschickung von Zivilpersonen**)

VERBRECHEN

Exekutionen, außergerichtliche

Don Oberdorfer

Begleitet vom schlagartig einsetzenden Sperrfeuer aus Geschützen und Mörsern stürmten im metallischem Licht von Leuchtkugeln zwei nordvietnamesische Bataillone am 31. Januar 1968 noch vor der Morgendämmerung über zwei nur wenig verteidigte Brücken und zwei von Lotus überwucherte, sumpfige Gräben in die Stadt Huê, die zur Kaiserzeit die Hauptstadt Vietnams gewesen war.

Dieser Vorstoß gehörte zu den Überraschungsangriffen, die am Feiertag „Tet", dem Neujahrstag des Mondkalenders, von den kommunistischen Streitkräften fast gleichzeitig auf nahezu alle bedeutenden Städte und Orte in Südvietnam durchgeführt wurden. Die Tet-Offensive, wie die landesweiten Angriffe später genannt wurden, schockierte die amerikanische Regierung und Öffentlichkeit so sehr, daß man die US-Militäraktionen in Vietnam überdachte und schließlich einstellte.

Huê war 25 Tage lang besetzt, bevor die Nordvietnamesen schließlich verdrängt werden konnten. Während dieser Zeit beherrschten die Truppen und die sie begleitenden politischen Führungskräfte weite Teile der Stadt. Eines der Hauptziele der Besatzung, so war es bereits im voraus in einem schriftlich verfaßten Plan festgelegt worden, bestand in der „Zerstörung und Desorganisation" des Verwaltungsapparats, den das südvietnamesische Regime aufgebaut hatte, nachdem das Land auf der Grundlage eines internationalen Abkommens im Jahre 1954 geteilt worden war. Die Eliminierung „feindlicher" Funktionäre sollte sich laut Plan „von der Provinz- und Bezirksebene bis zur Ebene der Stadtbezirke, Straßen und Kais" erstrecken. Die politischen Führungskräfte kamen mit einer sorgfältig ausgearbeiteten „Liste der Ziele" mit 196 Adressen, die nach Blocks gegliedert waren und denen besondere Aufmerksamkeit gewidmet werden sollte. Darunter waren auch US-amerikanische und südvietnamesische Amtsgebäude und die Wohnungen der dort arbeitenden Beamten sowie die Wohnungen derjenigen Personen, von denen man meinte, daß sie führende Positionen innehätten oder mit entsprechenden Stellen zusammenarbeiteten, einschließlich Ausländer. Nachdem die Besatzungstruppen die Macht übernommen hatten, erweiterten sie ihre Listen der Ziele mit Hilfe örtlicher Sympathisanten.

Auf diese Weise wurden viele Menschen getötet. Le Van Rot, der Besitzer des bekanntesten chinesischen Suppenrestaurants in der Stadt, war der staatliche Blockleiter seines Gebiets. Vier bewaffnete Männer, von denen zwei aus Huê und zwei aus Nordvietnam stammten, kamen in sein Geschäft und nahmen ihn mit der Begründung fest, er werde der Spionage beschuldigt. Sie banden ihm die Arme mit Draht auf dem Rücken zusammen und wollten ihn zur Tür ziehen. Als er Widerstand leistete, schoß ihm einer der vier eine Kugel in den Kopf.

Ein weiteres Opfer war Pham Van Tuong. Er arbeitete als Teilzeithausmeister im Informationsbüro der Regierung. Vier Männer in schwarzen Baumwollanzügen kamen an sein Haus und forderten ihn namentlich auf, aus dem Bunker zu kommen, in den er sich mit seiner Familie geflüchtet hatte. Als er jedoch mit seinem fünfjährigen Sohn, seiner dreijährigen Tochter und zwei seiner Neffen herauskam, wurde auf sie gefeuert, und alle fünf wurden erschossen.

Dr. Horst Gunther Krainick war ein deutscher Kinderarzt und Professor für Innere Medizin, der sieben Jahre lang mit Teams aus Deutschen und Vietnamesen daran gearbeitet hatte, an der Universität von Huê eine medizinische Fakultät aufzubauen. Nachdem die Stadt eingenommen worden war, blieb Krainick in seinem Universitätsappartment, da er glaubte, seiner Frau und ihm würde nichts geschehen. Sie wußten nicht, daß sie bereits auf der ursprünglichen Liste der Ziele aufgeführt waren. Am fünften Tag der Besatzung kam ein bewaffneter Trupp und setzte die Krainicks und zwei andere deutsche Ärzte in einen beschlagnahmten VW-Bus. Ihre Leichen fand man später in einem Kartoffelfeld. Sie waren alle erschossen worden.

Am selben Tag drangen nordvietnamesische Truppen in die römischkatholische Kathedrale ein, in der viele Menschen Zuflucht vor den Kämpfen gesucht hatten. Vierhundert Männer wurden aus dem Gebäude heraus beordert, einige namentlich und andere anscheinend deshalb, weil sie im wehrfähigen Alter waren oder wohlhabend aussahen. Als die Gruppe versammelt war, sagte der vor Ort anwesende politische Anführer den Menschen, daß sie sich nicht zu fürchten bräuchten; die Männer würden lediglich vorübergehend zum Zwecke politischer Indoktrination mitgenommen. Neunzehn Monate später wurden US-Soldaten von drei Überläufern in ein Bachbett geführt, das sich in einem Urwald mit besonders dichtem Blätterdach, zehn Meilen von Huê entfernt, befand. Dort lagen die Schädel und Knochen derjenigen Menschen, die damals abtransportiert worden waren. Zu den Getöteten gehörten südvietnamesische Militärangehörige, Beamte, Studenten und gewöhnliche Bürger. Aus den Schädelverletzungen war ersichtlich, daß die Opfer erschossen oder mit stumpfen Gegenständen erschlagen worden waren.

Insgesamt gab es laut Angaben der südvietnamesischen Behörden in Huê ca. 2800 Opfer willkürlicher Hinrichtungen während der Tet-Offensive. Bei manchen Opfern war sofort bekannt, welches Schicksal sie erlitten hatten. Die Leichen anderer fand man erst später in Massengräbern in nahegelegenen Urwäldern oder auf den Salzebenen an der Küste. Wie die Menschen aus der Kathedrale waren sie erschossen, zu Tode geprügelt oder lebendig begraben worden.

Nachdem die Stadt Huê zurückerobert worden war, sollen sich die südvietnamesischen Behörden der gleichen Methoden schuldig gemacht haben. Wie ich von einem US-amerikanischen Team erfuhr, wurden „schwarze Teams" südvietnamesischer Killer eingesetzt, um jene zu eliminieren, von denen man glaubte, daß sie den Feind während der Besatzung unterstützt hatten. Am 14. März, drei Wochen nach der Rückeroberung durch Südvietnam, wurden mehr als 20 Gefangene, darunter einige Frauen und Schuljungen, in das Militär-Hauptquartier der Provinz gebracht, mit Säcken über dem Kopf, die Hände auf dem Rücken fest mit Draht zusammengebunden. Nachdem die Gefangenen in ein Steingebäude gebracht worden waren, das den Ruf einer Hinrichtungsstätte hatte, wurde keiner der Gefangenen jemals wieder gesehen.

Der südvietnamesische Polizeichef Oberst Nguyen Ngoc Loan erschießt während der Tet-Offensive von 1968 einen mutmaßlichen Vietkong-Offizier.

Selbstverständlich ist es rechtswidrig, eine beschuldigte Person ohne einen vorausgegangenen fairen Prozeß hinzurichten. Hierfür gelten zwei Rechtsarten: das humanitäre Recht, das in einem bewaffneten Konflikt gilt, und die Menschenrechte, die auch in den Fällen gelten, in denen das Kriegsrecht nicht anzuwenden ist.

Im humanitären Völkerrecht werden Tötungen der Art, die in Huê stattfand, in der Regel als „vorsätzliches Töten ohne Gerichtsverfahren" bezeichnet. Falls es sich bei den Opfern um gegnerische Kriegsgefangene (einschließlich akkreditierter Journalisten und ziviler Lieferanten und Auftragnehmer, die für die feindlichen Truppen arbeiten) oder um Sanitäts- oder Seelsorgepersonal handelt, das dem Militär angegliedert ist, stellen derartige Exekutionen schwere Verstöße gegen die Dritte Genfer Konvention dar. Sind die Opfer feindliche Zivilpersonen, handelt es sich um einen schweren Verstoß gegen die Vierte Genfer Konvention.

Die Anforderungen bezüglich fairer Gerichtsverfahren sind für Militärangehörige und Zivilpersonen ähnlich. Jede beschuldigte Person hat Rechte: das Recht, nicht gegen sich selbst aussagen zu müssen; das Recht, nicht auf der Grundlage eines Gesetzes mit rückwirkender Kraft verurteilt zu werden; das Recht, über die eigenen Rechte aufgeklärt zu werden; das Recht auf einen Anwalt; das Recht darauf, die Einzelheiten der Anklage zu erfahren; das Recht darauf, eine Verteidigung vorzubereiten; das Recht auf die Benennung von Zeugen; das Recht auf einen Dolmetscher und das Recht auf Einlegung eines Rechtsmittels. „Ebenso, wie es verboten ist, geschützte Personen in einem zwischenstaatlichen bewaffneten Konflikt zu töten, ist es auch verboten, diejenigen Personen zu töten, die nicht unmittelbar an den Feindseligkeiten teilnehmen, aus denen ein innerstaatlicher bewaffneter Konflikt besteht", wie der Internationale Strafgerichtshof für das ehemalige Jugoslawien 1998 sagte. Das Hauptelement ist „der Tod des Opfers als Ergebnis der Handlungen des Beschuldigten." Auch wenn nicht klar ist, ob es sich bei einer Situation um einen bewaffneten Konflikt handelt, verbieten die Menschenrechte außergerichtliche Exekutionen.

(Siehe **Todesschwadronen; Verschwindenlassen von Personen; Rechtliches Gehör**)

Exekutionen, außergerichtliche: Die Kamera als Zeuge

Alex Levac

Am 13. April 1984 kaperten vier junge Palästinenser den Bus Nummer 300, der auf dem Weg von Tel Aviv in die im Süden gelegene Stadt Ashkelon war, und zwangen ihn, nach Dir el-Ballah zu fahren, einer kleinen Stadt im nördlichen Gazastreifen, die damals von Israel besetzt war. Dort wurde der Bus von Soldaten und Polizisten umstellt. Nachdem es die ganze Nacht lang zu keiner Einigung gekommen war, wurde der Bus kurz vor Sonnenaufgang von Einsatzkommandos gestürmt, und die Stille vor der Morgendämmerung verwandelte sich in einen Tumult aus Schreien, Schüssen und Explosionen, der mehrere Minuten dauerte.

Zusammen mit anderen Fotografen und Reportern, die die Straßensperren der Polizei umgangen hatten, um zu dem Ort des Geschehens zu kommen, rannte ich bei fast völliger Dunkelheit auf den Lärm zu. Plötzlich stand ich zwei Männern gegenüber, die eine dritte Person abwechselnd schleppten und stützten. In der Meinung, es handele sich um einen der vielen Fahrgäste, die aus dem Bus gerettet worden waren, machte ich einen einzigen Schnappschuß. Die beiden Männer stürzten sich sofort auf mich und verlangten, ich solle ihnen den Film aus der Kamera übergeben.

Ein junger palästinensischer Geiselnehmer, abgeführt von zwei Shin-Bet-Männern, die ihm mit einem Stein den Schädel einschlugen. Im offiziellen Bericht hieß es, er sei während der Aktion zur Rettung der Busfahrgäste, die er als Geiseln genommen hatte, erschossen worden. Die Gesichter der Polizisten wurden auf Verlangen des israelischen Zensors unkenntlich gemacht.

Ich mogelte und gab ihnen statt des Films aus der Kamera eine noch unbelichtete Filmrolle. Danach zogen sie ab.

Auf der Rückreise nach Tel Aviv hörte ich, wie der Sprecher der Armee im israelischen Rundfunk mitteilte, daß ein Fahrgast getötet worden sei, einige wenige seien verwundet, und die übrigen seien unverletzt geborgen worden. Der Sprecher sagte, zwei der palästinensischen Geiselnehmer seien ums Leben gekommen und zwei andere gefangengenommen worden, als die Truppen den Bus gestürmt hätten. Eine Stunde später hieß es jedoch in der nächsten Sendung, alle vier Entführer seien ums Leben gekommen, als die Truppen den Bus gestürmt hätten. Und diese Version wurde zur offiziellen Fassung, die von der Regierung verbreitet wurde.

Erst als ich den Film entwickelte, wurde mir klar, warum die Männer auf dem Bild – Mitglieder von Shin Bet[1], dem israelischen Geheimdienst – meinen Film haben wollten. Der Mann, den sie mit sich wegschleppten, so stellte ich zu meinem Erstaunen fest, war überhaupt kein Fahrgast. Er war einer der Geiselnehmer. Ein junger Mann, mit Handschellen an die Männer gefesselt, die ihn gefangengenommen hatten, und er war zweifelsohne lebendig. Zumindest einer der Palästinenser hatte die Aktion zur Befreiung der Geiseln überlebt. Das Foto war ein Beweis dafür, daß die Vertreter des Geheimdienstes gelogen hatten. Die Wahrheit lag in den Augen dieses jungen Palästinensers, der zwar gefangen war, aber lebte. Das Foto zeigte einen Mann, der erst kurz zuvor einen Bus voller Fahrgäste terrorisiert und sämtliche Israelis in Angst und Schrecken versetzt hatte.

Je länger ich ihn ansah, um so mehr verwandelte er sich vor meinen Augen von einem abscheulichen Menschen in einen mitleiderregenden Menschen – ein Mann, der Schutz vor seinen beiden Shin-Bet-Bewachern benötigte. Ein paar Augenblicke zuvor waren die beiden Shin-Bet-Männer noch Helden gewesen, die Fahrgäste eines Busses gerettet hatten. So, wie sie nun rechts und links neben ihrem Gefangenen standen, waren sie die Bösen. Wird unsere Einschätzung der Personen dadurch beeinflußt, daß wir um ihren bevorstehenden Tod wissen? Von dem Augenblick seines Todes an wurde der Palästinenser zum Spiegelbild unserer eigenen Sterblichkeit. Sollen wir ihn aus unserem kollektiven Gedächtnis löschen und ihn unter einem Erdhügel verschwinden lassen, oder sollen wir seinen Geist beschwören und uns mit seinem Recht darauf auseinandersetzen, zu leben, ein Gerichtsverfahren zu erhalten, ein Mensch zu sein?

Jeder Fotoreporter möchte mit seinen Bildern etwas bewirken, er möchte, daß sein Bild mehr sagt als tausend Worte. Mein Foto des palästinensischen Geiselnehmers, der von den Shin-Bet-Männern zu seinem Tod eskortiert wird, beeindruckt durch das, was der Betrachter auf dem Foto nicht sieht, jedoch nicht umhin kann, sich vorzustellen: den Augenblick, in dem die Shin-Bet-Männer den Schädel des Palästinensers mit einem Stein einschlagen, den Augenblick des Todes.

(Siehe: **Geiseln**)

[1] Anmerkung des Lektorats: Früherer Name des israelischen Inland-Geheimdienstes, heute Shaback (Akronym für: Allgemeiner Sicherheitsdienst).

F

120 Flächenbombardierung *Horst Fischer*

123 Flüchtlinge, Rechte der *David Rieff*

127 Folter *Nicole Pope*

130 Freie Feuerzonen *Lewis M. Simons*

133 Freiheitsentzug der Zivilbevölkerung
Ewen Allison und Robert K. Goldman

RECHT

Flächenbombardierung

Horst Fischer

Luftangriffe auf eine Stadt, die diese als ein einziges **militärisches** Ziel behandeln und keine direkten militärischen Ziele unterscheiden und diese einzeln angreifen, sind ein Beispiel für eine Flächenbombardierung bzw. für einen Luftangriff durch das Legen von Bombenteppichen. Viele Angriffe auf Städte im Zweiten Weltkrieg zielten auf ein ganzes Gebiet anstatt auf einzelne militärische Objekte. Für diese strategischen Bombardierungen wurden rechtliche Argumente und militärische Gründe ins Feld geführt, unter anderem, daß die feindliche Industrie zerstört, die Moral der Bevölkerung geschwächt, oder einfach, daß der Gegner für begangene Verstöße bestraft werden solle. Bekannte Beispiele sind die Zerstörung Rotterdams, Dresdens und Hiroshimas. Bei den Nürnberger Prozessen wurden Flächenbombardierungen nicht eingehend behandelt. Diese Praxis, die allen Bestimmungen der Vierten Genfer Konvention von 1949 zum Schutz der Zivilbevölkerung hohnspricht, wurde bis in die Zeit des Kalten Krieges fortgesetzt. Die Luftangriffe der USA gegen Nord-Vietnam, insbesondere die Bombardierung Hanois und Haiphongs zu Weihnachten 1972, gelten als rechtswidrige Flächenbombardierungen.

Flächenbombardierungen wurden zum ersten Mal im Ersten Zusatzprotokoll von 1977 ausdrücklich kodifiziert, das sich auf das Bombardement von großen und kleineren Städten, Dörfern oder von anderen Gebieten bezieht, in denen Zivilpersonen konzentriert sind. Ein Angriff durch Bombardierung, gleichviel mit welchen Methoden oder Mitteln, bei dem mehrere deutlich voneinander getrennte militärische Einzelziele wie ein einziges militärisches Ziel behandelt werden, gilt als **unterschiedsloser Angriff** und ist verboten. Einen solchen Angriff in dem Wissen zu unternehmen, daß dadurch Verluste an Menschenleben unter der Zivilbevölkerung, die Verwundung von Zivilpersonen und die Beschädigung ziviler Objekte verursacht werden, die in keinem Verhältnis zum militärischen Vorteil stehen, gilt als schwere Völkerrechtsverletzung. Die Bombardierung von Gebieten mit ausschließlich militärischen Zielen ist erlaubt. Einflußreiche Staaten wie die Vereinigten Staaten von Amerika, die das Erste Zusatzprotokoll nicht unterzeichnet haben, akzeptieren dieses Prinzip als bindendes Völker-**Gewohnheitsrecht.**

Obwohl die Formulierung des Protokolls klarmacht, daß der Angriff auf Städte als solche verboten ist, ließen Erklärungen von Staaten während der Verhandlungen über den Text erkennen, daß es bei der Anwendung des Protokolls große Probleme gibt. Die Staaten haben festgestellt, daß „deutlich voneinander getrennt" eine gewisse Entfernung zwischen einzelnen militärischen Zielen impliziert, doch die Größe einer Entfernung ist höchst subjektiv.

Ein offensichtliches Problem ist die Ungenauigkeit von Luftangriffen. Dies hat sich durch neuere, präzisionsgelenkte Waffen geändert; doch diese stehen nur wenigen Kombattanten zur Verfügung, und nur in be-

Bombenkrater nach Angriffen durch B-52-Bomber. In der Nähe von Saigon, Vietnam, 1968.

grenzter Zahl. Solange die Konfliktpartei, die zwischen Zielen zu unterscheiden versucht, Waffen einsetzt, die chirurgisch genau benutzt werden können, wird sie behaupten können, daß sie vermieden hat, die Grenze zur Verletzung des humanitären Völkerrechts zu überschreiten.

Aus den Konflikten der letzten Zeit kann die Schlußfolgerung gezogen werden, daß sich die Kombattanten der Beschränkungen bei Flächenbombardierungen bewußt sind, selbst wenn sie nicht durch die Regeln des Ersten Zusatzprotokolls gebunden sind. Die wichtigsten Verbündeten im **Golfkrieg** behaupteten, beim Angriff auf irakische Militärziele die Bestimmungen des Ersten Zusatzprotokolls eingehalten zu haben, obwohl sie nicht dazu verpflichtet gewesen wären.

Das US-amerikanische Oberkommando hat eingeräumt, daß die Bombardierung des irakischen Gebietes bei Basra durch amerikanische B-52-Bomber im Jahr 1991 ein Flächenbombardement gewesen sei. Da die Angriffe sich aber allein gegen die Kombattanten der sogenannten irakischen Republikanischen Garden gerichtet haben, betrachteten die Vereinigten Staaten die Angriffe als rechtens.

Flüchtlinge, Rechte der

David Rieff

Zwei sinnbildliche Figuren, der Exilierte und der Flüchtling, nehmen am Ende des Jahrhunderts großen Raum in unserem Bewußtsein ein. Das zwanzigste Jahrhundert ist eine Zeit gewaltiger Flüchtlingsströme. Das läßt sich zum Teil darauf zurückführen, daß Grenzen heute leichter überwunden werden können als noch z. B. vor 150 Jahren. Die Menschen wollten immer schon aus Gefahrenzonen weg; heute haben sie die Mittel dazu, welche Risiken damit auch verbunden sein mögen. Als daher der Hurrikan Mitch 1998 Honduras verwüstete, sagten viele voraus, daß innerhalb weniger Monate ein Massenexodus honduranischer Flüchtlinge in die Vereinigten Staaten stattfinden werde.

Die honduranischen Flüchtlinge fliehen vor einer Naturkatastrophe und sind daher eher untypisch, da Menschen, die vor Naturkatastrophen fliehen, nur einen geringen Prozentsatz der über 50 Millionen Flüchtlinge und Vertriebenen auf der Welt ausmachen. Wer an Flüchtlinge denkt, dem fallen meist die Opfer politischer Unterdrückung wie in Ost-Timor ein, die Opfer religiöser Verfolgung wie in Tibet, oder Zivilpersonen, die vor Angriffen aus einer Kriegszone fliehen, wie in einem Dutzend Konflikte von dem in der Demokratischen Republik Kongo bis zu dem im Kosovo.

Natürlich ist Unterdrückung keine neue Erscheinung, und die Frage, ob der Krieg im zwanzigsten Jahrhundert barbarischer geworden ist, ist weiterhin umstritten. Diejenigen, die nach dem Zweiten Weltkrieg das humanitäre Völkerrecht in Bezug auf Flüchtlinge ersannen, dachten offenbar, daß es so sei. Das glauben auch diejenigen, die einige Zeit in Todeszonen wie Bosnien, Südsudan und im Gebiet der „großen Seen" in Afrika verbracht haben. Dort werden Zivilpersonen oft bevorzugt von Kriegführenden aufs Korn genommen, und jeder Dorfbewohner, der in diesen Mahlstrom gerät, ist gewissermaßen ein potentieller Flüchtling.

Vielleicht aus diesem Grund hat Sadako Ogata, die Hohe Kommissarin der UN für Flüchtlinge, einmal gesagt: „Flüchtlinge sind die Symptome für die Übel einer Zeit" – unserer Zeit. Im Mittelpunkt beinahe jeder Krise, die uns seit dem Ende des Kalten Krieges heimgesucht oder vor ein Rätsel gestellt hat, von Tadschikistan bis Burundi, lag das Flüchtlingsproblem. Man kann ihm nicht entrinnen, und wie es scheint, ist es auch nicht lösbar.

Das liegt nicht an einem Mangel entsprechender Bestimmungen, sondern vielmehr an ihrer mangelhaften Durchsetzung. Würde der politische Wille der einflußreichen Mächte der Welt den Schutzbestimmungen entsprechen, die es für Flüchtlinge bereits gibt, dann wären einige der grausamsten Tragödien des letzten Teils des zwanzigsten Jahrhunderts vielleicht sehr viel weniger schlimm ausgefallen. Nach dem Zweiten Weltkrieg wurde eine Unmenge internationaler Abkommen vereinbart, und ein halbes Jahrhundert später garantiert das wachsende Gewicht des Gewohnheitsrechtes die Rechte der Flüchtlinge. Anders als im Falle von intern Vertriebenen beispielsweise (der Unterschied besteht darin, daß ein Flüchtling eine Staatsgrenze überschritten hat), existieren für Flüchtlinge zahlreiche Rechte und Schutzbestimmungen, einschließlich des Rechtes auf verschiedene Arten von Rechtshilfe und materieller Unterstützung. Wenn man die jetzige Situation der Flüchtlinge auf der Welt damit vergleicht, wie sie eigentlich sein sollte, dann ist sie entsetzlich; wenn man sie aber damit vergleicht, wie sie ohne das humanitäre Völkerrecht aussähe, dann ist sie zumindest nicht hoffnungslos. Die zwei wichtigsten Werke in bezug auf Flüchtlinge sind die Vierte Genfer Konvention von 1949 mit dem Ersten Zusatzprotokoll von 1977 zu den Genfer Konventionen sowie die UN-Konvention über die Rechtsstellung der Flüchtlinge von 1951. Die Genfer Konventionen legen für Zivilpersonen, die keinen diplomatischen Status genießen, einen gewissen menschlichen Behandlungsstandard fest. Die Vierte Konvention gewährt Flüchtlingen das Recht, nicht in das Land zurückkehren zu müssen, in dem ihnen Gefahr droht oder von dem sie berechtigterweise behaupten können, daß sie dort mit religiöser oder politischer Verfolgung rechnen müssen. Das Erste Zusatzprotokoll dehnte den Standard für den Schutz von Zivilpersonen, der in den Genfer Konventionen von 1949 niedergelegt ist, auf alle Zivilpersonen ungeachtet ihrer Nationalität aus.

Die UN-Flüchtlings-Konvention definiert, wer ein Flüchtling ist und wie Flüchtlinge zu behandeln sind. Die Garantien der Konvention sind überwiegend grundlegende Menschenrechte, die bereits in anderen internationalen Übereinkünften niedergelegt sind. Flüchtlinge dürfen nicht dorthin zurückgeschickt werden, wo ihnen Verfolgung droht, noch dürfen sie ohne rechtliches Gehör ausgewiesen werden, es sei denn aus Gründen nationaler Sicherheit. Sie dürfen nicht als illegale Ausländer behandeln werden (das ist ein sehr wesentliches Recht, insbesondere in Westeuropa und Nordamerika, wo die Behörden routinemäßig geltend zu machen versuchen, daß die Personen, die einen Flüchtlingsstatus in Anspruch nehmen wollen, in Wirklichkeit Wirtschaftsflüchtlinge sind). Ihr Recht, sich in ihrem Asylland zu bewegen, darf nicht unnötigerweise eingeschränkt werden, und wenn sie keine Ausweispapiere haben, müssen ihnen welche ausgestellt werden.

In einer Welt, in der Flüchtlinge zu einer ganz alltäglichen Erscheinung geworden sind, wo die Menschen in reichen Ländern sich durch den

Eine Frau, die ihren dürftigen Hausrat bei sich trägt, sucht den Himmel nach angreifenden Kampfflugzeugen ab. Tigre, Äthiopien, 1985.

Druck von Wirtschaftsmigranten, legalen und illegalen, bestürmt fühlen und wo die Menschen in armen Ländern in Gegenden, die an Konfliktzonen angrenzen, weder die Ressourcen noch die Erfahrung haben, mit Flüchtlingsströmen ungeheuren Ausmaßes fertigzuwerden (im Sommer 1994 kamen in weniger als einer Woche 2 Millionen ruandische Flüchtlinge über die Grenze nach Zaire), bedeutet dies, daß die Situation, was Flüchtlinge betrifft, immer schwieriger geworden ist. Insbesondere die Belastungen für die wichtigste internationale Organisation, die mit dem Schutz von Flüchtlingen betraut ist, das Flüchtlingshochkommissariat der UN, sind kaum noch zu bewältigen. Allgemeiner ausgedrückt, ist die Lücke, die zwischen dem Recht und der Praxis klafft, im Bereich der Flüchtlingsrechte größer als in fast allen anderen Bereichen. Vielleicht ist diese Lücke ein Zeichen des Versagens. Aber viele Flüchtlingsanwälte sagen, daß uns damit die Mittel an die Hand gegeben wurden, die Ideale des Flüchtlingsschutzes in die Realität umzusetzen, während die Situation ohne ein derartiges Regelwerk und die darin enthaltene Idee des Schutzes noch ernster wäre, als sie ohnehin schon ist.

(Siehe **Interne Vertreibung; Zwangsabschiebung von Flüchtlingen; Opfer, Rechte der**)

VERBRECHEN

Folter

Nicole Pope

Ferhat ist ein gebrochener Mann. Klein und untersetzt, mit pechschwarzem Haar und einem buschigen Schnurrbart, wirkt er gesund und stark wie ein Stier, aber aus seinen dunklen Augen ist das Leben gewichen.

Dieser junge Mann von zweiunddreißig Jahren kann nachts nicht mehr schlafen, weil er Angst vor der Dunkelheit hat. Er verliert die Fassung, wenn seine vier kleinen Kinder laut spielen, weil ihr Kreischen ihn an die nächtlichen Schreie erinnert, die er in seiner Zelle hörte. Er spricht in monotonem Tonfall, sein rauher Akzent läßt seine kurdische Abstammung erkennen. Manchmal hält er, von seinen Gefühlen überwältigt, inne, starrt seine Schuhe an, schüttelt den Kopf, um die Bilder zurückzudrängen, die ihn immer noch verfolgen, vier Jahre, nachdem er in einem Verhörzentrum in Istanbul gefoltert wurde.

Wie viele andere aus dem hauptsächlich kurdischen Südosten der Türkei geriet Ferhat (das ist nicht sein richtiger Name) in den Konflikt, der seine Region seit 1984 zerreißt. Mindestens dreißigtausend Menschen sind gestorben, und Hunderttausende Dorfbewohner, darunter Ferhat und seine Familie, mußten ihr Heim verlassen, als die Armee es in dem Versuch niederbrannte, die Guerilla-Kämpfer in den entlegenen Berggegenden von Versorgung und logistischer Unterstützung abzuschneiden. Ferhat war kein Kämpfer, aber er war Mitglied einer legalen pro-kurdischen Partei, die von den türkischen Behörden mit großem Mißtrauen beobachtet und inzwischen von den Gerichten verboten wurde. Ferhat wurde zweimal, 1993 und 1994, verhaftet und beschuldigt, „einer illegalen Organisation Vorschub geleistet zu haben", aber er weigerte sich, eine Straftat zuzugeben, die er nach seinen Worten nicht begangen hat, trotz des großen körperlichen und seelischen Drucks, der auf ihn ausgeübt wurde. Am Ende seines ersten Verfahrens wurde er freigesprochen. Gegen ihn lag nichts vor als eine Denunzierung, die man von einem anderen Gefangenen unter ähnlichen Umständen erhalten hatte.

Ferhats Fall ereignete sich im Kontext eines Konfliktes, der als innerstaatlicher Konflikt gilt, obgleich die türkische Armee häufig über die Grenze in den Nordirak eindringt, um militante Angehörige der Kurdischen Arbeiterpartei (PKK) zu verfolgen. Während ein Staat berechtigt ist, einen Aufstand zu unterdrücken und Rebellen festzuhalten und zu verurteilen, ist Folter allgemein verboten. „Außergewöhnliche Umstände gleich welcher Art, sei es Krieg oder Kriegsgefahr, innenpolitische Stabilität oder ein sonstiger öffentlicher Notstand, dürfen nicht als Rechtfertigung für Folter geltend gemacht werden", heißt es in dem Übereinkommen gegen Folter und andere unmenschliche oder erniedrigende Behandlung oder Strafe von 1984.

Das Übereinkommen, dem die Türkei beigetreten ist, definiert Folter als „jede Handlung, durch die einer Person vorsätzlich große körperliche oder seelische Schmerzen oder Leiden zugefügt werden, zum Beispiel, um von ihr oder einem Dritten eine Aussage oder ein Geständnis zu erlangen". Sie kann „von einem Angehörigen des öffentlichen Dienstes oder einer anderen in amtlicher Eigenschaft handelnden Person, auf deren Veranlassung oder mit deren ausdrücklichem oder stillschweigendem Einverständnis verursacht werden." Den Inhaftierten für eine Handlung zu bestrafen, die er oder eine andere Person begangen hat, oder ihn oder jemand anderen aus Gründen einzuschüchtern, die auf Diskriminierung beruhen, fällt ebenfalls unter die rechtliche Definition der Folter.

Das ist in Menschenrechtsabkommen kodifiziert, wie dem Internationalen Pakt über bürgerliche und politische Rechte, der Konvention über die Rechte des Kindes, in der Europäischen Menschenrechtskonvention, der Afrikanischen Charta der Rechte der Menschen und Völker und der Amerikanischen Menschenrechtskonvention.

Folterung ist in bewaffneten Konflikten, zwischen- wie innerstaatlichen, ausdrücklich verboten, ob sie nun gegen Soldaten angewandt wird, die ihre Waffen gestreckt haben, gegen Zivilpersonen oder auch gegen gewöhnliche Straftäter. Das Verbot existiert im **Gewohnheitsrecht** und in internationalen Abkommen. Der gemeinsame Artikel 3 der vier Genfer Konventionen von 1949 stellt klar: „Angriffe auf das Leben und die Person, namentlich Tötung jeder Art, Verstümmelung, grausame Behandlung und Folterung" sowie „Beeinträchtigung der persönlichen Würde, namentlich erniedrigende und entwürdigende Behandlung" sind unter allen Umständen verboten. Die Haager Landkriegsordnung von 1907 stellt in Artikel 44 ebenfalls fest: „Einem Kriegführenden ist es untersagt, die Bevölkerung eines besetzten Gebietes zu zwingen, Auskünfte über das Heer des anderen Kriegführenden oder über dessen Verteidigungsmittel zu geben."

Das Recht macht einen gewissen Unterschied zwischen Folterung, die häufig angewandt wird, um einem Verdächtigen Informationen zu entreißen, und unmenschlicher Behandlung, die die Würde eines Menschen angreift; die Grenze zwischen diesen beiden Handlungen ist jedoch fließend. Tatsächlich setzen sich die Motive von Folterern ebensosehr aus Rache- und Haßgefühlen zusammen wie aus dem Bestreben, Informationen zu erlangen. Die Folter dient nicht nur der Zufügung körperlicher Schmerzen, sondern auch der Demütigung des Opfers. Aus diesem Grund läßt man Gefangene Folterungen häufig nackt ertragen, und Vergewaltigung oder an den Genitalien zugefügte Schmerzen gehören zu den verbreitetsten Formen der Folter. In Wirklichkeit sind bei Konflikten Übergriffe sexueller Natur so verbreitet, daß Artikel 27 der Vierten Genfer Konvention sich ausdrücklich mit der Behandlung von Frauen befaßt, die insbesondere vor „Vergewaltigung, Nötigung zur gewerbsmäßigen Unzucht und jeder unzüchtigen Handlung" zu schützen sind. Der Grundgedanke der Genfer Konventionen ist in der Tat der Schutz der menschlichen Würde unter allen Umständen.

Die Türkei, die ebenfalls den Genfer Konventionen beigetreten ist, hat die Gerichtsbarkeit des Europäischen Gerichtshofes für Menschenrechte akzeptiert und hat bis Mitte 1998 acht Folterfälle verloren. Amnesty International sagt, in der Türkei „findet Folter routinemäßig und systematisch statt" und wird in allen Teilen des Landes angewandt. Der Menschenrechtsbericht des US-Außenministeriums von 1997 sagte, „Folter ist weiterhin weit verbreitet" und „die Polizei ... hat Internierte häufig mißhandelt und bei Inhaftierung und Verhören ohne eine Verbindung des Gefangenen zur Außenwelt Folter angewandt".

Bei den Methoden gibt es von einem Land zum anderen anscheinend kaum Unterschiede. Ferhat zeigt ein Netz dünner Narben an seinen Ellenbogen, die von Klammern stammen, an denen er stundenlang unter Schmerzen aufgehängt wurde, während Stromkabel an seinen Zehen und Genitalien befestigt wurden. Brennende Zigaretten haben kleine runde Narben auf seinen Unterarmen hinterlassen. „Sie haben sogar meinen Schnurrbart verbrannt", sagt er. Aber schlimmer als die körperlichen Schmerzen waren die Tage und Nächte, die er mit verbundenen Augen in völliger Dunkelheit verbrachte, die Verhöhnungen und Beleidigungen durch die Verhörenden, die Todesdrohungen und das Klicken einer Pistole, während er auf eine Hinrichtung wartete, die nicht kam.

Die meisten Länder haben ihre eigenen Folterverbote, aber die Justiz scheint manchmal unwillig, gegen die Sicherheitskräfte vorzugehen, und

Ein Bett, das im Folterzentrum der Khmer Rouge zum Festketten von Opfern gebraucht wurde. Phnom Pen, Kambodscha, 1998.

Straftäter kommen wegen Mangels an Beweisen unbehelligt davon. Die Opfer werden häufig in Haft behalten, bis die körperlichen Narben verblassen, wodurch die Folter schwierig nachzuweisen ist. Aber wie Ferhat weiß, hinterläßt sie unauslöschbare Narben auf der Seele.

(Siehe **Geschützte Personen; Sexuelle Gewalt; Vorsätzliches Töten**)

VERBRECHEN

Freie Feuerzonen

Lewis M. Simons

Mitte der 60er Jahre, als ich für Associated Press über den Vietnamkrieg berichtete, wurden an US-Kommandeure kleine Karten verteilt, die gut in die Brieftasche paßten, und den Warnhinweis trugen: „Wenden Sie Ihre Feuerkraft mit Umsicht und Unterscheidung an, insbesondere in bevölkerten Gebieten." Häufig endeten diese Kärt-

Das 11. US-Panzerkavallerieregiment beschießt das Gebiet in einer Übung, die es „Mad Minute", „Verrückte Minute" nennt. Kambodscha, 1970.

chen in einer Tasche des Kampfanzugs, wo sie während der Dauer des Einsatzes seines Trägers denn auch unbeachtet verblieben.

Mit der Ausstellung der Kärtchen wollte das Verteidigungsministerium nervöse US-Soldaten davon abhalten, versehentlich oder absichtlich ein verdächtiges Dorf zur „freien Feuerzone" zu erklären, es dann zu zerstören und seine Bewohner zu töten. Allzu häufig wurde bei nachträglichen Untersuchungen festgestellt, daß solche Zonen friedlich gewesen waren und nicht hätten angegriffen werden dürfen. Diese Art Vorfall mit der dazugehörigen negativen Publicity – My Lai war vielleicht das berüchtigtste, wenn auch nicht unbedingt das ungeheuerlichste Beispiel – war ein wiederkehrender Alptraum des militärischen Oberkommandos und mehrerer US-Regierungen.

Im Grunde genommen demonstrierten die Kärtchen nur die Naivität der Bürokratie. In Wirklichkeit wußten US-Truppen in Vietnam selten mit Sicherheit, welche Dörfer ihnen und ihren in Saigon sitzenden Alliierten freundlich gesinnt waren und welche auf der Seite der von Hanoi unterstützten kommunistischen Vietkong-Guerillas standen.

Die Praxis, freie Feuerzonen einzurichten, entstand, weil viele Dörfer im damaligen Südvietnam den Vietkong-Kämpfern bereitwillig Zuflucht gewährten. Andere dagegen wurden gewaltsam von plündernden Guerilla-Banden besetzt, die das Dorf als Deckung benutzten. Viele weitere Dörfer waren von überzeugten Anti-Kommunisten bewohnt. Dennoch hatten die amerikanischen Streitkräfte häufig große Probleme, diese Dörfer voneinander zu unterscheiden. Die Tatsache, daß die Guerilla-Kämpfer üblicherweise in schwarze, pyjamaähnliche Baumwollanzüge gekleidet waren, wie sie von den meisten vietnamesischen Bauern getragen wurden, vergrößerte die Verwirrung nur.

Doch trotz der Verwirrung der GIs ermahnt das Völkerrecht Armeen eindringlich, ausschließlich militärische Ziele anzugreifen, und stellt Zivilpersonen unter fast allen Umständen unter seinen Schutz. Freie Feuerzonen nach der Definition der Doktrin des US-Verteidigungsministeriums und der Gefechtsregeln stellen aus zwei Gründen eine schwere Verletzung des Kriegsrechts dar. Zum einen verstoßen sie gegen das Verbot des direkten Angriffs auf Zivilpersonen, indem sie voraussetzen, daß nach ergangener Räumungsanweisung an die Zivilbevölkerung jeder, der sich immer noch in der Zone befindet, rechtmäßig angegriffen werden darf. Die Vorschrift, die direkte Angriffe auf Zivilpersonen verbietet, bietet keiner Konfliktpartei eine Grundlage für die Verlagerung der Verantwortung, indem diese eine ganze Zone als „frei von Zivilpersonen" erklärt. Und zum zweiten verstoßen sie gegen die Regel, nach der ein **unterschiedsloser Angriff** verboten ist, indem sie ohne rechtliche Grundlage davon ausgehen, daß die Anweisung an Zivilpersonen, das Gebiet zu räumen, die Bestimmungen außer Kraft setzen, nach denen beim Beschuß zwischen einzelnen Zielen unterschieden werden muß.

Keinen Schutz bieten die Genfer Konventionen Zivilpersonen in dem Fall, daß diese „unmittelbar an den Feindseligkeiten teilnehmen". Es hat natürlich Fälle gegeben, in denen vietnamesische Zivilpersonen US-Truppen unmittelbar angegriffen haben, aber ganz überwiegend handelte es sich bei den Fällen, die Nachrichtenreportern auffielen, um solche, in denen ein Dorf zur freien Feuerzone erklärt wurde und Unschuldige in Ausbrüchen von unkontrolliertem Feuereinsatz und Brutalität ums Leben kamen.

Konfrontiert mit dieser negativen Berichterstattung und mit großen Problemen bei der Durchsetzung der Völkerrechtsregeln, die die Errichtung freier Feuerzonen sowie andere Elemente der Gefechtsregeln beschränken, ergänzte das Pentagon seine Taschenkärtchen im Laufe der Zeit durch weitere Richtlinien: Ein Dorf durfte nicht ohne Vorwarnung bombardiert werden, selbst wenn amerikanische Truppen daraus beschossen wurden; ein Dorf, das bekanntermaßen auf der Seite der Kommunisten stand, konnte nur angegriffen werden, wenn seine Einwohner vorgewarnt worden waren; nur wenn die Zivilpersonen ein Dorf verlassen hatten, konnte dieses zu einer freien Feuerzone erklärt und nach Belieben beschossen werden.

Nach einem Artikel von Major Mark S. Martens aus dem Judge Advocate-General's Corps (JAG; Büro des obersten Militäranwalts der US-Streitkräfte), einem hervorragenden Absolventen der US-Militärakademie, der Oxford University und der Harvard Law School, waren alle diese Regeln „radikal uneffektiv". Häufig wurden sie einfach ignoriert. In einigen Fällen konnten des Lesens unkundige Bauern mit Flugblättern, die die Warnung enthielten, ihr Dorf werde demnächst zur freien Feuerzone erklärt, überhaupt nichts anfangen. In anderen Fällen wurden bei hastigen Zwangsevakuierungen zahlreiche Zivilpersonen schutzlos zurückgelassen und kamen bei dem folgenden Angriff durch Bombardierung, Artilleriebeschuß, Infanteriefeuer oder durch die dabei entstehenden Brände um. Ein zynischer GI-Spruch lautete: „Nur ein verbranntes Dorf ist ein gutes Dorf."

Wirkungslose Bemühungen, den Hang der GIs zur Errichtung freier Feuerzonen in Vietnam einzudämmen, führten dazu, daß die US-Streitkräfte bei vielen Vietnamesen und auch bei Amerikanern als undiszipliniert galten. Von größerer Bedeutung war vielleicht die Tatsache, daß der weithin propagierte Plan, „Herz und Verstand" der Vietnamesen für sich zu gewinnen, unermeßlichen Schaden nahm durch den Eindruck – und erst recht durch die Bestätigungen in der Realität –, daß das Leben von Vietnamesen für Amerikaner keinerlei Wert hatte.

Gegen Ende der 60er Jahre wurde der Begriff freie Feuerzone selbst aus dem Vokabular des US-Militärs gestrichen, nicht zuletzt deswegen, weil diese Doktrin Aktionen umfaßte, die die Vereinigten Staaten heute als illegal betrachten würden. Spätere Militärhandbücher und Gefechtsregeln der USA, ob für Boden-, Luft- oder Seestreitkräfte, neigen dazu, sich eng am zentralen Grundsatz des humanitären Völkerrechts zu orientieren, nämlich daß eine **Immunität von Zivilpersonen** besteht und daß diese nicht angegriffen werden dürfen.

(Siehe **Zivilpersonen, rechtswidrige Angriffe auf; Immunität**)

RECHT

Freiheitsentzug der Zivilbevölkerung

Ewen Allison und Robert K. Goldman

Als die Alliierten des Zweiten Weltkrieges die Nürnberger Kriegsverbrecherprozesse vorbereiteten, sahen sie sich vor das Problem gestellt, daß das bestehende Recht des bewaffneten Konflikts sich nicht mit Verbrechen gegen die Angehörigen des eigenen Staates befaßte. Die Nazis beispielsweise hatten Millionen von Zivilpersonen verhaftet und in **Konzentrationslager** deportiert, wo sie ohne Gerichtsverfahren festgehalten, mißbraucht und hingerichtet wurden. Um sich mit den Greueltaten des Krieges befassen zu können, wurden im Nürnberger Statut zum ersten Mal **Verbrechen gegen die Menschlichkeit** kodifiziert, das heißt, Verbrechen, die vor oder während eines Krieges und gegen die eigene Bevölkerung verübt wurden. Dies umfaßt „Ermordung, Ausrottung, Versklavung, Verschleppung oder andere an der Zivilbevölkerung vor Beginn oder während des Krieges begangene unmenschliche Handlungen; oder Verfolgung aus politischen, rassischen oder religiösen Gründen ... ."

In ihren Urteilen bezogen sich die Nürnberger Richter wiederholt auf „Akte der Freiheitsentziehung", die zu den Verbrechen gegen die Menschlichkeit gehörten, und später wurde diese im Gewohnheitsrecht als solches anerkannt.

Die Statuten der Internationalen Strafgerichtshöfe der UN für Ruanda und das ehemalige Jugoslawien, die vom UN-Sicherheitsrat aufgestellt wurden, führen beide Freiheitsentziehung als Verbrechen gegen die Menschlichkeit auf. Im Statut des Internationalen Strafgerichtshofes von 1998 heißt es in einem Artikel, der von den UN-Mitgliedsstaaten einhellig gebilligt wurde, daß „Freiheitsentzug oder sonstige schwere Entziehung der körperlichen Freiheit unter Verstoß gegen die Grundregeln des Völkerrechts", wenn dies als Teil eines großangelegten oder systematischen Angriffs gegen die Zivilbevölkerung begangen wird, als Verbrechen gegen die Menschlichkeit gilt.

(Siehe **Rechtswidrige Gefangenhaltung**)

136 **Gefährliche Kräfte: Dämme, Deiche und Atomkraftwerke** Erich Rathfelder

138 **Geiseln** Sean Maguire

141 **Gerechter und ungerechter Krieg** Karma Nabulsi

143 **Gerichtsmedizinische Untersuchung von Kriegsverbrechen** David Rohde

147 **Geschützte Personen** Heike Spieker

149 **Gesundheitsfürsorge** Eric Stover

152 **Gewohnheitsrecht** Theodor Meron

154 **Giftwaffen** Gwynne Roberts

158 **Der Golfkrieg** Frank Smyth

166 **Grauzonen im humanitären Völkerrecht**
Ewen Allison und Robert K. Goldman

168 **Guerilla** Jon Lee Anderson

VERBRECHEN

Gefährliche Kräfte: Dämme, Deiche und Atomkraftwerke

Erich Rathfelder

Voller Sorge beobachteten die Einwohner von Omis, einer kleinen Stadt an der Adria, den Fluß Cretina. Jederzeit konnten in jenem bitterkalten Winter 1993 Tod und Zerstörung den Fluß herabgetost kommen. Die Einwohner von Omis und die Bewohner der umliegenden Dörfer warteten mit angehaltenem Atem.

Die Gefahr einer Überflutung drohte vom Peruca-Damm, einem riesigen Bauwerk etwa 40 km im Landesinneren, der vor dem Zusammenbruch Jugoslawiens zu dem zweitgrößten hydroelektrischen Komplex des Landes gehört hatte. Seit dem Beginn des kroatischen Krieges 1991 wurde er von serbischen Streitkräften kontrolliert. Nun sammelten sich kroatische Streitkräfte für einen Angriff auf Peruca, und die 641 Millionen Kubikmeter Wasser hinter dem Damm bildeten eine tödliche Gefahr für die Zivilpersonen in der flußabwärts gelegenen Stadt.

Am 28. Januar hatten serbische Truppen in verschiedenen Teilen des Damms zwischen dreißig- und siebenunddreißigtausend Tonnen Sprengstoff zur Explosion gebracht. Bis in die Grundmauern war der Peruca-Damm erbebt, doch er schien zu halten. Wären seine Mauern zerstört worden, hätten sich die Wassermassen in einer gewaltigen Woge das enge Flußtal hinab ergossen, die Dörfer am Fluß hinweggespült und Omis vollständig ausgelöscht.

Zum Glück für die Bewohner von Omis war ein kroatischer Gegenangriff erfolgreich. Kroatische Pioniere erreichten den Damm und öffneten die Schleusentore, so daß der Wasserpegel sank und der Druck nachließ. Ihre Tat und die von Hauptmann Mark Gray, einem britischen Offizier, der als Militärbeobachter der UN tätig war, retteten wahrscheinlich zwanzig- bis dreißigtausend Menschen das Leben. Im Oktober 1992, als noch die Serben den Peruca-Damm hielten, öffnete Gray nach heftigen Regenfällen die Schleusentore auf eigene Initiative und senkte so den Wasserstand um sechs Meter.

Die serbischen Kampfhandlungen unterlagen zwei fundamentalen Grundsätzen in bezug auf die Auswirkungen bewaffneter Konflikte auf Zivilpersonen sowie einer Reihe von Sonderregeln in bezug auf „gefährliche Kräfte". Zunächst einmal dürfen Zivilpersonen nicht zu dem unmittelbaren Ziel eines Angriffs gemacht werden. Wenn das Ziel des Angriffs auf den Damm darin bestand, die Zivilbevölkerung von Omis auszulöschen, war dies eine schwere Verletzung. Wenn das Ziel darin bestand, die Zivilbevölkerung unter Androhung der Zerstörung zu veranlassen, das Gebiet aus Gründen zu verlassen, die nicht ausschließlich mit militärischen Erfordernissen oder mit ihrer Sicherheit zusammenhing, dann war dies ein schwerer Verstoß.

Selbst wenn der Angriff auf den Damm nicht unternommen wurde, um Zivilpersonen direkt zu treffen, dann wäre er, wenn der daraus resultierende Schaden für Zivilpersonen und zivile Objekte nicht durch **militä-**

rische Notwendigkeit gerechtfertigt gewesen wäre und in keinem Verhältnis zu den erworbenen militärischen Vorteilen gestanden hätte, ebenfalls ein Verstoß gegen die Gesetze des bewaffneten Konflikts gewesen.

Zudem gelten für diesen Fall noch besondere Regeln.

In Artikel 56 des Ersten Zusatzprotokolls von 1977 zu den Genfer Konventionen heißt es: „Anlagen oder Einrichtungen, die gefährliche Kräfte enthalten, nämlich Staudämme, Deiche und Kernkraftwerke, dürfen auch dann nicht angegriffen werden, wenn sie **militärische Ziele** darstellen, sofern ein solcher Angriff gefährliche Kräfte freisetzen und dadurch schwere Verluste unter der Zivilbevölkerung verursachen kann."

So scheint auf den ersten Blick das, was die Serben taten, ein Verstoß gegen die Regeln des bewaffneten Konflikts gewesen zu sein. Doch wie es bei so vielen Verboten im humanitären Völkerrecht der Fall ist, unterliegt auch Artikel 56 des Ersten Zusatzprotokolls wichtigen Vorbehalten. Mit anderen Worten, selbst ein anscheinend so krasser Verstoß wie die Zündung von Sprengstoffen in einem Deich, der zu schweren Verlusten unter der Zivilbevölkerung führt, ist Soldaten nicht immer verboten.

Traditionsgemäß erlauben die Gesetze und Gebräuche des Krieges die Zerstörung von Dämmen und Deichen, um das Vorrücken eines Feindes aufzuhalten. Und Artikel 56 führt tatsächlich drei Ausnahmen für das Verbot eines Angriffs oder einer Zerstörung von Anlagen oder Einrichtungen auf, die gefährliche Kräfte enthalten. Bei Staudämmen oder Deichen wird eine Ausnahme gemacht, wenn die Einrichtungen „zu anderen als ihren gewöhnlichen Zwecken und zur regelmäßigen, bedeutenden und unmittelbaren Unterstützung von Kriegshandlungen benutzt werden und wenn ein solcher Angriff das einzige praktisch mögliche Mittel ist, um diese Unterstützung zu beenden."

Mit anderen Worten, der Artikel erlegt nicht nur angreifenden Streitkräften, sondern auch den Verteidigern Pflichten auf, die diese Einrichtungen oder die benachbarten Gebiete möglicherweise zur „regelmäßigen, bedeutenden und unmittelbaren" Unterstützung von Kriegshandlungen nutzen wollen.

In diesem Fall dürften die Ausnahmen des Verbotes wohl nicht geltend gemacht werden können, da die kroatischen Streitkräfte den Staudamm nicht hielten und daher auch nicht vorgebracht werden kann, daß sie ihn als militärische Einrichtung genutzt haben. Die Serben konnen auch nicht behaupten, daß die Zerstörung des Dammes ihnen ermöglicht hätte, die kroatische Offensive abzuwehren. Vielmehr dürften die serbischen Angriffe auf den Damm ein eindeutiger Verstoß gegen die Verpflichtung der Serben gewesen sein, „alle praktisch möglichen Vorsichtsmaßnahmen zu treffen, um das Freisetzen gefährlicher Kräfte zu verhindern."

(Siehe **Verhältnismäßigkeit, Grundsatz der**)

VERBRECHEN

Geiseln

Sean Maguire

„Sie sagen, wenn es noch einmal eine Bombardierung gibt, werden wir sterben." Die beunruhigenden Worte des unbewaffneten kanadischen Offiziers erreichten das Hauptquartier der Vereinten Nationen in Sarajewo über Funk nur Stunden, nachdem NATO-Kampfflugzeuge als Strafmaßnahme für die Nichteinhaltung der UN-Resolutionen ein Munitionslager der bosnischen Serben bombardiert hatten.

Jetzt hielten die bosnischen Serben den Offizier und seine Kollegen als menschliche **Schutzschilde** fest. Daß sie sich in Lebensgefahr befanden, stand außer Frage, obwohl unklar war, ob sie durch die Hände ihrer Wärter oder als Opfer bei den Bombenangriffen sterben würden. Fernsehbilder zeigten sie an die Tür einer Munitionsfabrik gekettet oder wie sie gezwungen wurden, mit ihren Wagen zwischen den Trümmern des Luftangriffs hin- und herzufahren, um eine Rückkehr der Flugzeuge zu verhindern. Ein einzelner polnischer Offizier war vor einer Radarstation angekettet, neben sich zwei maskierte serbische Soldaten, Schrotflinten auf die Hüften gestützt. Die schwarzen Kapuzen, die den Wächtern das Aussehen von Henkern verliehen, verbargen ihre Identität.

Die Vorsichtsmaßnahme dieser beiden Serben war berechtigt. Vor dem Haager Tribunal waren bereits Anklagen wegen Kriegsverbrechen erhoben worden, und die bosnischen Serben wußten, daß ihre Handlungen genauestens untersucht werden würden. Seit 1949 verbieten die Genfer Konventionen, Geiseln zu nehmen. Kriegsgefangene oder Inhaftierte als menschliche **Schutzschilde** zu benutzen ist entweder ausdrücklich oder implizit durch Klauseln verboten, die es einer Konfliktpartei untersagen, Personen in ihrer Gewalt Schaden zuzufügen, die „nicht unmittelbar an den Feindseligkeiten teilnehmen".

Der gemeinsame Artikel 3 der Konventionen verbietet die Geiselnahme in innerstaatlichen Konflikten, während die Vierte Konvention verbietet, daß Zivilpersonen zu Kriegszeiten als Geiseln genommen werden. Diese Verbote bei einem zwischenstaatlichen Konflikt zu ignorieren, ist eine schwere Verletzung des Völkerrechtes, wobei diejenigen, die dafür verantwortlich sind, international gesucht und verfolgt werden können. Die Konventionen verfügen weiterhin, weder ein Kriegsgefangener noch eine Zivilperson dürfe „dazu verwendet werden, um durch seine Anwesenheit die Kampfhandlungen von gewissen Punkten oder Gebieten fernzuhalten". Zivilpersonen werden zusätzlich durch das Zusatzprotokoll von 1977 zu den Genfer Konventionen geschützt, das sich mit internen Konflikten befaßt. Auch dieses verbietet eine Geiselnahme.

Die Praxis, im Krieg Geiseln zu nehmen, hat eine lange Tradition. In der Vergangenheit wollte man damit den Gehorsam eines besetzten Volkes oder die Einhaltung von Bedingungen eines Vertrages sicherstellen. Die Praxis wurde 1949 ausdrücklich verboten, weil während der Nürnberger Prozesse festgestellt wurde, daß bestehende Gesetze offensichtlich Hinrichtungen als Vergeltungsmaßnahme zuließen. Unter bestimmten Umständen sind einer Armee zwar immer noch **Repressalien** bei einer rechtswidrigen Handlung eines Gegners erlaubt, aber sie darf keine „übermäßige" Gewalt anwenden oder Kriegsgefangene oder Zivilpersonen hinrichten.

Das Internationale Komitee vom Roten Kreuz (IKRK) definiert Geiseln als „Personen, die sich, freiwillig oder unfreiwillig, in der Gewalt des Feindes befinden und die mit ihrer Freiheit oder ihrem Leben für die Einhaltung der Anweisungen des letzteren (des Feindes) und für die Aufrechterhaltung der Sicherheit seiner Streitkräfte einstehen."

Kontroversen über die Art des modernen Konflikts machen es schwierig zu beurteilen, ob und inwieweit die Schutzbestimmungen der Genfer Konventionen anzuwenden sind. Wenn auf einem internationalen Flug das Flugzeug entführt wird, verstoßen die Entführer zwar nicht gegen die

Ein serbischer Soldat mit einer Kapuze bewacht ein als Geisel angekettetes Mitglied der UN-Friedenstruppe. Bosnien, 1995.

Genfer Konventionen, die sich auf Geiseln beziehen, die von „einer Behörde" festgenommen werden, dafür aber gegen das Internationale Übereinkommen von 1979 gegen Geiselnahme, das eine derartige grenzüberschreitende Kriminalität ausdrücklich verbietet.

Als „Geiseln" bezeichnete die UN auch die vierhundert Mitglieder der Friedenstruppen, die die bosnischen Serben Ende Mai 1995 aus Depots und Garnisonen zusammentrieben. Das IKRK war jedoch anderer Meinung. Es argumentierte, indem die UN Luftschläge angeordnet habe, sei sie in den bosnischen Konflikt verwickelt worden, und daher seien ihre Mitarbeiter Kriegsgefangene. Das IKRK gab allerdings seinem Entsetzen darüber Ausdruck, daß die Gefangenen durch ihre Verwendung als menschliche **Schutzschilde** als Geiseln und nicht als Kriegsgefangene behandelt wurden. Später verurteilte das Haager Tribunal die bosnischen Serbenführer Radovan Karadzic und Ratko Mladic für ihre Geiselnahme-Kampagne und die Verwendung von UN-Mitarbeitern als menschliche **Schutzschilde**.

Damals jedoch ging die bosnisch-serbische Taktik leider, aber nicht überraschenderweise auf. „Ich war eine Art Versicherungspolice gegen die angedrohten weiteren Bombardierungen der NATO", sagte Hauptmann José Mendez nach seiner Freilassung. Der spanische Offizier saß zehn Tage lang auf dem Rollfeld eines Luftstützpunktes der bosnischen Serben und hoffte, die NATO würde es bei den Serben nicht darauf ankommen lassen. Sie tat es nicht. Die nächste Bombardierungskampagne der NATO, die zu dem Friedensvertrag von Dayton führte, erfolgte erst, als keine UN-Soldaten mehr gefangengenommen werden konnten.

(Siehe **Töten als Repressalie**)

Gerechter und ungerechter Krieg

Karma Nabulsi

Doktrinen darüber, was einen gerechten Krieg darstellt, haben sich aus dem römischen Recht, religiösen Enzykliken, aus der Militärtheorie und -praxis, aus der modernen politischen Theorie und Philosophie sowie dem Völkerrecht und der Völkerrechtslehre entwickelt. Die Wurzeln im westlichen Denken reichen zu klassischen moralischen, rechtlichen und historischen Quellen zurück und umfassen die scholastische Tradition sowie die mittelalterlichen Vorstellungen von Rittertum und Ehre. Eine kritische Debatte, die sich in den USA über die Teilnahme und das Verhalten im Vietnamkrieg entspann, sorgte im Westen unter weltlichen Philosophen und christlichen Denkern für eine Neubelebung der Theorie des gerechten Krieges.

Die Debatte stellte einen Versuch dar zu bestimmen, ob die Teilnahme der USA an dem Krieg von den Voraussetzungen her ungerecht war oder in der Art, wie er geführt wurde. Deutlich andere, aber bedeutsame Vorstellungen von einem gerechten und ungerechten Krieg entwickelten sich in den 30er und 40er Jahren in kommunistischen Theorien über den Krieg „des Volkes" gegen den Faschismus, zu Kämpfen zur „nationalen Befreiung" von den Kolonialmächten nach dem Zweiten Weltkrieg und zum „heiligen Krieg" im modernen Islam, beispielsweise während des iranisch-irakischen Krieges. Der „Dschihad" ist zu einem Klischee für den Kampf radikal-islamischer Kräfte gegen die meisten westlichen Mächte geworden.

Die Kriterien für das Führen eines gerechten Krieges, die der holländische Philosoph Hugo Grotius im siebzehnten Jahrhundert als erster zusammenfaßte und die sich auf ältere, mittelalterliche katholische Theologien stützten, bestehen aus sieben Elementen:
1) es geht um eine gerechte Sache,
2) es gibt eine richtige Autorität (einen rechtmäßigen Souverän), die den Krieg auslöst,
3) die Parteien, die Gewalt gebrauchen, tun dies in der richtigen Absicht,
4) die Gewaltanwendung ist verhältnismäßig,
5) Gewalt ist ein letzter Ausweg,
6) bei der Unternehmung des Krieges ist Frieden das Ziel (und nicht der Krieg um des Krieges willen),
7) es gibt eine vernünftige Hoffnung auf Erfolg.

In neuerer Zeit wurde der Begriff des gerechten Krieges zum großen Teil ersetzt durch den Begriff der legitimen Gewaltanwendung. Die Prinzipien des gerechten Krieges sind heute in der Charta der Vereinten Nationen enthalten, die betont, daß es nicht zulässig ist, sich Gebiete durch Gewalt anzueignen. Zwar waren Eroberungen Mitte des neunzehnten Jahrhunderts in Europa rechtlich nicht gestattet, doch dies kompensierten die europäischen Mächte durch Eroberungen in Übersee. In Europa hielt sich lange eine Denkweise, hauptsächlich eine preußische, die weiterhin argumentierte, daß das Prinzip der Eroberung – wer die Macht hat, hat recht – reichlich Grund für einen gerechten Krieg bot. Diese Denkweise verlor infolge des Zweiten Weltkrieges jegliche Berechtigung.

Heute wird unter einem gerechten Krieg normalerweise ein Krieg zur Selbstverteidigung verstanden, wie er gemäß Artikel 51 der Charta der UN zulässig ist. Das ist das einzige Prinzip, das in der gesamten Geschichte der Theorien über einen gerechten Krieg klar definiert und durchgängig betont wurde. Die Generalversammlung der Vereinten Nationen hat zudem eine umfassende und strenge Definition rechtswidriger **Aggression** und gerechtfertigter Selbstverteidigung aufgesetzt.

Eine nicht-westliche, tatsächlich vorwiegend anti-westliche Vorstellung über einen gerechten Krieg – die Doktrin der nationalen Selbstbestimmung – hat sich aus den Kämpfen zur Emanzipation von den Kolonialmächten entwickelt. Die Vereinten Nationen haben sich bemüht, diese Doktrin in den 60er Jahren durch Resolutionen der Generalversammlung zu billigen. Die Rechtfertigung für den Beginn von Kampfhandlungen im Golfkrieg, die in den Präambeln zahlreicher Resolutionen des Sicherheitsrates ausgedrückt wurde, stützte sich ebenfalls auf die Grundsätze eines gerechten Krieges, wie sie die Charta der UN vertritt.

(Siehe **Verbrechen gegen den Frieden; Ius ad bellum/ius in bello**)

VERBRECHEN

Gerichtsmedizinische Untersuchung von Kriegsverbrechen

David Rohde

Unter den gespannten Blicken von einem Dutzend Fotografen und Reportern hob John Gerns gelassen eine 1,80 m lange, T-förmige Eisenstange von einem Kleintransporter. Endlich waren er und ein Team von Ermittlern vom Internationalen Strafgerichtshof für das ehemalige Jugoslawien (ITCY) auf einer idyllischen Wiese in Lazete, Bosnien, angekommen.

Hurem Suljic, ein zweiundfünfzigjähriger bosnischer Moslem, hatte Ermittlern berichtet, hier habe er im Juli 1995 die Massenhinrichtung von Hunderten bosnischer Moslems durch bosnische Serben überlebt. Neun Monate nach den mutmaßlichen Exekutionen wiegte sich ein Kaleidoskop von Wildblumen auf dem, was nach Suljics Worten ein Massengrab war.

Am Rand der Wiese trieb Gerns die Stange durch sein Körpergewicht langsam in den Boden. Er hielt einen Moment inne, um wieder zu Atem zu kommen, zog die Stange vorsichtig wieder aus dem Boden und tat dann etwas, was viele Journalisten verblüffte: Er roch an der Spitze der Stange. Wie die Journalisten später erfuhren, prüfte der forensische Ermittler so die Erde auf den Geruch verwesenden menschlichen Fleisches.

Die Lazete-Exhumierung war die letzte Stufe einer gerichtsmedizinischen Untersuchung von Todesfällen, wie sie im Frieden wie im Krieg möglich ist. In den meisten Strafrechtssystemem wird bei einem gewaltsamen oder verdächtigen Todesfall oder bei einem Todesfall, für den es keine Zeugen gibt, eine gerichtsmedizinische Untersuchung durchgeführt, um die Umstände des Todes zu klären.

Die Untersuchung beginnt mit der Sammlung von Daten und Unterlagen aus der Zeit vor und nach dem Tod. Ist diese Sammlung abgeschlossen, wird ein rechtliches Dokument aufgesetzt, meist ein Totenschein, aus dem Angaben über den Verstorbenen und, soweit möglich, die Ursache und die Art des Todes hervorgehen.

Durch gerichtsmedizinische Untersuchungen läßt sich auch ermitteln, ob Folter oder chemische Waffen angewandt wurden. So können Experten Flüchtlinge untersuchen, die einen Angriff mit chemischen Waffen überlebt haben, oder sie können ehemalige Gefangene oder Festgehaltene auf Anzeichen von Folter untersuchen.

Die trügerisch friedvolle Wiese bei Lazete bot den Ermittlern in Sachen Kriegsverbrechen Gelegenheit, Zeugenaussagen durch Beweise zu untermauern – in diesem Fall ging es um die Klärung der Frage, ob der Befehlshaber der bosnisch-serbischen Armee für eine Massenhinrichtung verantwortlich war oder nicht.

Hurem Suljic, der das Massaker überlebt hatte, indem er sich unter der Leiche eines Mitgefangenen versteckte, hatte den Ermittlern eine eidesstattliche Erklärung vorgelegt, nach der er Zeuge gewesen war, wie

der Befehlshaber der bosnisch-serbischen Armee, General Ratko Mladic, die Exekutionen bei Lazete beaufsichtigt hatte. Die Ermittler fanden Geländepunkte wie eine Schule und Eisenbahngeleise in der Nähe der Wiese, die mit Suljics Beschreibung übereinstimmten. Aber um seinen Bericht zu bestätigen, mußten die Ermittler Leichen finden und die Todesursache der Opfer feststellen.

William Haglund, ein amerikanischer forensischer Anthropologe, leitete das Team an jenem Tag. Wie bei den meisten medizinischen Untersuchungen in Friedenszeiten gehörten dem Team Experten verschiedener Fachrichtungen an, z.B. aus der Pathologie, der Radiologie, der Anthropologie, der Archäologie und der Zahnheilkunde.

Als die Exhumierung begann, wurde den Journalisten das langsame, sorgfältige Vorgehen bald langweilig. Bevor die Ermittler zu graben anfingen, vermaßen sie zuerst die Wiese und fotografierten sie. Immer, wenn eine Geschoßhülse, ein Knochen oder eine Leiche gefunden wurde,

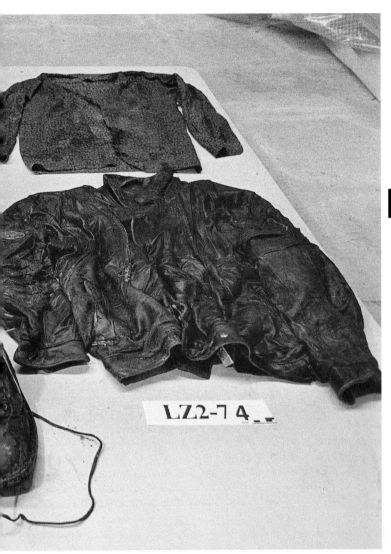

Die Kleidung eines ermordeten Bosniers aus Srebrenica, ausgebreitet in der temporären Leichenhalle in Kalesija. Bosnien, 1996.

wurde alles sorgfältig gekennzeichnet, fotografiert und in eine Plastiktüte gesteckt. Genau wie bei einer zivilen Mordermittlung können Beweismittel, so überzeugend sie auch sein mögen, abgelehnt oder vor Gericht angezweifelt werden, wenn sie nicht ordnungsgemäß gesammelt wurden.

Wenn Ermittler eine ordnungsgemäße Untersuchung durchführen, sollten sie sich an das „Manual on the Effective Prevention and Investigation of Extra-Legal, Arbitrary and Summary Executions" (Handbuch zur wirksamen Verhinderung und Untersuchung von außergesetzlichen, willkürlichen und summarischen Hinrichtungen) halten, auch bekannt unter der Bezeichnung „Minnesota Protocol", das 1992 von der UN angenommen wurde. Das Handbuch legt dar, wie die einzelnen Schritte einer gerichtsmedizinischen Untersuchung verlaufen sollten, angefangen bei der Sammlung von Daten und Unterlagen aus der Zeit vor dem Tod, beispielsweise medizinischen Unterlagen und Röntgenaufnahmen, bis hin zur Durchführung von Autopsien.

Die Befunde von Lazete und anderen **Massengräbern** in den Hügeln um Srebrenica waren vernichtend. Einhundertvierundsechzig Leichen wurden aus den Gräbern exhumiert. Viele der Opfer hatten die Hände hinter dem Rücken zusammengebunden und trugen Augenbinden. Religiöse Artefakte und andere an den Leichen gefundene Gegenstände wiesen darauf hin, daß es sich um bosnische Moslems handelte. Ende 1997 war eine der Leichen anhand einer DNS-Analyse als einer der Männer identifiziert worden, die im Sommer 1995 aus Srebrenica geflohen waren.

Suljics Bericht war damit bestätigt worden, aber der bedrückendste Fund war ein Schnappschuß, der in der Hemdtasche eines der Opfer gefunden wurde. Von der abgegriffenen Fotografie sah einem eine lächelnde Frau entgegen, offenbar die Ehefrau oder Freundin des Opfers. Genau in der Mitte des Fotos war ein Durchschuß von einer Kugel.

Geschützte Personen

Heike Spieker

Im humanitären Völkerrecht wird Einzelpersonen „Schutz" vor den Auswirkungen von Feindseligkeiten gewährt. Einzelpersonen, auf die sich solche „Schutzbestimmungen" beziehen, werden als „geschützte Personen" innerhalb der festgelegten Grenzen des Schutzes bezeichnet, den ihnen das humanitäre Völkerrecht gewährt. Sie lassen sich in unterschiedliche Kategorien einteilen. Historisch bestand die erste Gruppe von Einzelpersonen, die durch internationale Abkommen geschützt wurde, nicht aus Zivilpersonen, sondern aus Kombattanten. Die ersten Abkommen befaßten sich mit der Behandlung von Verwundeten, dem Schutz von Sanitätspersonal und -einrichtungen sowie menschlichen Bedingungen für Kriegsgefangene.

1949 artikulierten die vier Genfer Konventionen das erste umfassende Regelwerk, das Kombattanten und Nichtkombattanten bei internationalen bewaffneten Konflikten unter Schutz stellt. Die ersten drei Konventionen bezogen sich auf den Schutz von Kombattanten und dem damit zusammenhängenden Personal (auf Verwundete und Kranke im Felde; auf Verwundete, Kranke und Schiffbrüchige auf See und auf Kriegsgefangene) und die vierte auf den Schutz von Zivilpersonen. Ein Kombattant ist, einfach ausgedrückt, ein Mitglied einer bewaffneten Streitkraft, d. h. eine Person, die aktiv an den Feindseligkeiten teilnimmt, die töten kann und die wiederum ein rechtmäßiges militärisches Ziel bildet. Ein Kombattant kann unter verschiedenen Umständen den Status einer geschützten Person erwerben, beispielsweise, wenn er gefangengenommen oder verwundet wird.

Die vier Konventionen erfordern die menschliche Behandlung geschützter Personen „ohne jede auf Rasse, Farbe, Religion oder Glauben, Geschlecht, Geburt oder Vermögen oder auf irgendeinem anderen ähnlichen Unterscheidungsmerkmal beruhende Benachteiligung". Geschützte Personen dürfen nicht vorsätzlich getötet, verletzt oder für medizinische Experimente verwendet werden. Gefangengenommenen und festgehaltenen Personen muß Nahrung, Kleidung, Unterkunft und die medizinische und spirituelle Fürsorge gewährt werden, die sie benötigen. Niemandem darf das Recht auf eine ordnungsgemäße Gerichtsverhandlung verwehrt werden. Geschützte Personen dürfen nicht gefoltert, zu etwas gezwungen oder als menschliche Schutzschilde verwendet werden, sie dürfen nicht mit Kollektivstrafen belegt werden.

Die Konventionen lassen einige Unterscheidungen zu. Sie legen fest: „Frauen werden mit aller ihrem Geschlecht gebührenden Rücksicht behandelt", und weiblichen Kriegsgefangenen steht die gleiche Behandlung zu wie Männern. Die Vierte Genfer Konvention sieht zudem vor, daß Frauen vor „Vergewaltigung, Nötigung zur gewerbsmäßigen Unzucht und jeder unzüchtigen Handlung" zu schützen sind. Zudem legt sie fest, daß bestimmte Personengruppen wie Kranke und Verwundete, Schwangere, Alte, Kinder, Geistliche und Sanitätspersonal Gegenstand „eines besonderen Schutzes und besonderer Rücksichtnahme" sind.

Die Vierte Genfer Konvention unterteilt Zivilpersonen außerdem in drei Kategorien: Ausländer auf dem Gebiet einer Konfliktpartei, Personen in besetztem Gebiet und Internierte. Es bestehen Unterschiede in Bezug auf die Schutzbestimmungen, die für die einzelnen Personengruppen gelten, aber allen steht der grundlegende Schutz zu, der in Artikel 27 kodifiziert ist: Achtung, Schutz und menschliche Behandlung unter allen Umständen.

Das Erste Zusatzprotokoll von 1977 liefert ein Element, das in der Vierten Konvention noch fehlt. Artikel 51 besagt ausdrücklich, daß jede Zivilperson „allgemeinen Schutz vor den von Kriegshandlungen ausgehenden Gefahren" genießt, und verbietet direkte Angriffe gegen sie sowie sogenannte unterschiedslose Angriffe, die nicht zwischen Zivilpersonen und Kombattanten unterscheiden. Das Erste Zusatzprotokoll ergänzt auch die Bestimmungen der Vierten Konvention, nach der Hilfsaktionen durchzuführen sind, wenn eine Zivilbevölkerung nicht angemessen mit den grundlegenden Versorgungsgütern ausgestattet ist, die für ihr Überleben erforderlich ist.

Bürgerkriege: Die erste Vertragsbestimmung, die sich ausdrücklich mit dem Schutz von Personen in nicht internationalen bewaffneten Konflikten – häufig als innerstaatliche bewaffnete Konflikte oder Bürgerkriege bezeichnet – befaßt, findet sich in dem gemeinsamen Artikel 3 der Genfer Konventionen von 1949. Der elementare Grundsatz sieht eine menschliche Behandlung ohne Benachteiligung vor. Er verbietet Angriffe auf das Leben und die Person, Geiselnahme und Beeinträchtigung der persönlichen Würde. Der Artikel fordert grundlegende gerichtliche und Verfahrensgarantien und enthält die Verpflichtung, Verwundete und Kranke zu bergen und zu pflegen.

Dieser Grundsatz der menschlichen Behandlung unter allen Umständen wird im Zweiten Zusatzprotokoll von 1977 weiterentwickelt, das viele der Bestimmungen aus dem Ersten Zusatzprotokoll und aus den Genfer Konventionen von 1949 auf innerstaatliche bewaffnete Konflikte ausdehnt. Das Zweite Zusatzprotokoll befaßt sich mit der Zivilbevölkerung sowohl als Gruppe als auch als Einzelpersonen. Im Kern geht es darum, daß Zivilpersonen nicht zum Ziel eines Angriffs gemacht werden dürfen. Angriffe gegen Staudämme, Deiche und Kernkraftwerke sind verboten, wenn sie zu schweren Verlusten unter der Zivilbevölkerung führen können. Ebenfalls verboten sind Angriffe auf Objekte, die für das Überleben der Zivilbevölkerung erforderlich sind. Zudem sind Verbreitung von Schrecken unter der Zivilbevölkerung und Aushungern von Zivilpersonen als Mittel der Kriegführung verboten. Ebenso Zwangsverlegungen, es sei denn aus Sicherheitsgründen oder zwingenden militärischen Gründen. Wenn die Zivilbevölkerung unter „übermäßigen Entbehrungen" leidet, sind Hilfsoperationen zu unternehmen. Ein wichtiger Vorbehalt ist die Tatsache, daß das Zweite Zusatzprotokoll technisch nur für innerstaatliche bewaffnete Konflikte in Staaten gilt, die es ratifiziert haben. Daher gilt in den meisten Fällen innerstaatlicher bewaffneter Konflikte der gemeinsame Artikel 3.

(Siehe **Zwischenstaatliche im Vergleich mit innerstaatlichen bewaffneten Konflikten; Sexuelle Gewalt**)

SCHLÜSSELBEGRIFF

Gesundheitsfürsorge

Eric Stover

Ein Krieg entzieht der Gesundheitsfürsorge und anderen sozialen Diensten einen Teil der ohnehin knappen Ressourcen, zerstört zudem häufig die Infrastruktur dieser Dienste und erleichtert die Verbreitung von Krankheiten. Seit Beginn der 70er Jahre besteht für Einrichtungen der Gesundheitsfürsorge eine weitere große Gefahr: obwohl Angriffe auf Sanitätspersonal und Sanitätseinrichtungen nach dem humanitären Völkerrecht verboten sind, haben sie auf der ganzen Welt in beunruhigendem Maße zugenommen.

Als ein Beispiel für diese Entwicklung der neueren Zeit können die Ereignisse im Kosovo während der Offensive der jugoslawischen Regierungsstreitkräfte gegen Rebellen albanischer Volkszugehörigkeit im Sommer und Herbst 1998 dienen, als Zehntausende Gebäude, unter anderem Kliniken, von Truppen zerstört und Hunderttausende von Zivilpersonen vertrieben wurden, die in den Bergen und Wäldern Zuflucht suchten. Vertreter von Hilfsorganisationen schätzten, daß etwa zwanzig Ärzte von serbischen Sonderpolizeieinheiten verhaftet wurden oder aus dem Land flohen und möglicherweise Hunderte von Zivilpersonen infolge des Zusammenbruchs der Gesundheitsfürsorge starben. Nach dem Angriff herrschte unter den wenigen noch im Kriegsgebiet verbliebenen Mitarbeitern der Gesundheitsfürsorge eine Atmosphäre der Furcht. Mehrere Ärzte sagten, daß sie trotz ihrer ethischen Pflicht zur Behandlung aller Notleidenden Angst davor hätten, ärztliche Hilfe zu leisten, da die Regierungspolizei dies als Vorwand für ihre Verhaftung benutzen könnte.

Angriffe auf medizinische Einrichtungen sind nach den Genfer Konventionen von 1949 und den Zusatzprotokollen von 1977 verboten. Diese Übereinkommen verpflichten die kriegführenden Seiten, Zivilpersonen, **Kranke und Verwundete, außer Gefecht gesetzte Kombattanten** sowie Sanitäts- und Seelsorgepersonal zu schützen. Alle Seiten in einem Konflikt müssen bestimmte Objekte vor Schaden schützen, unter anderem **Krankenhäuser** und andere medizinische Einrichtungen, Krankenwagen und Ausrüstung mit dem Zeichen des **Roten Kreuzes** oder des **Roten Halbmondes**, die Verwundete geborgen haben, Transportmöglichkeiten und andere Einrichtungen, die von humanitären und Hilfsorganisationen verwendet werden, sowie Objekte, die für das Überleben der Zivilbevölkerung unverzichtbar sind, wie Feldfrüchte, Vieh und die **Wasserversorgung.**

Die Wirklichkeit aber sieht ganz anders aus. In den Konflikten unserer Zeit werden Sanitätspersonal und Patienten angegriffen, entführt, gefoltert oder ermordet. Krankenwagen werden von Mörsern und Heckenschützen aufs Ziel genommen. **Sanitätstransporte** mit wichtigen medizinischen Versorgungsgütern und Essen werden unter Beschuß genommen oder daran gehindert, belagerte Städte und Orte zu erreichen. All diese Handlungen können als schwere Verletzungen der Genfer Konventionen und des Ersten Zusatzprotokolls sowie als Verbrechen gegen die Menschlichkeit betrachtet werden. Wenn **Flüchtlinge** sich in Sicherheit bringen, sammeln sie sich in provisorischen Lagern, wo die Kombination aus Erschöpfung, mangelhafter Ernährung, unhygienischen Bedingungen und

Überfüllung häufig zum Ausbruch von Krankheiten wie Cholera und Masern führen und zahlreiche Todesopfer fordern.

Während des Völkermordes in Ruanda 1994 drangen Militärs und Milizen, die als *Interahamwe* („die zusammen kämpfen") bekannt waren, in Dutzende von Krankenhäusern und Kliniken ein, ermordeten und verstümmelten Patienten und Personal. Einer der schrecklichsten Vorfälle ereignete sich in der Universitätsstadt Butare, wo Macheten schwingende Milizangehörige einundzwanzig Kinder niedermetzelten, die in ein Waisenhaus des Roten Kreuzes evakuiert worden waren.

In den 80er Jahren überfielen in Mosambik Guerilla-Kämpfer der Nationalen Widerstandsbewegung von Mosambik (RENAMO) über tausend Zentren der Gesundheitsfürsorge, etwa 48 Prozent aller medizinischen Zentren des gesamten Landes, so daß 2 Millionen Menschen keine Möglichkeit einer medizinischen Versorgung hatten.

In Bosnien-Herzegowina, wo der bewaffnete Konflikt durch fast alle nur vorstellbaren Verstöße gegen die Neutralität medizinischen Personals und medizinischer Einrichtungen gekennzeichnet war, wurde 1992 und Anfang 1993 das wichtigste Gesundheitsfürsorgezentrum Sarajewos, das Kosevo-Krankenhaus, durch mindestens 172 Mörsergranaten getroffen. Der brutalste Angriff auf den Krankenhauskomplex erfolgte im Mai 1992, als bosnisch-serbische Streitkräfte auf kurze Entfernung wiederholt die Kinderklinik und das benachbarte Krankenhaus für Geburtshilfe und Gynäkologie unter Beschuß nahmen und dadurch das Personal zwangen, siebzehn Neugeborene (viele aus ihren Brutkästen genommen und ohne zusätzlichen Sauerstoff) und dreiunddreißig ältere Kinder zu evakuieren. Neun der Babies starben schließlich an Wärme- und Sauerstoffmangel.

Selbst wenn Einrichtungen der Gesundheitsfürsorge nicht unter direkten Beschuß geraten, stehen sie in Kriegszeiten unter einer enormen Belastung. Krankenhäuser in oder in der Nähe von Kampfgebieten leiden üblicherweise unter Personalmangel und haben, wenn überhaupt, nur wenige Orthopäden, ganz zu schweigen von Chirurgen mit großer Erfahrung in der Behandlung von Wunden, wie sie durch Explosionen verursacht werden. Patienten mit Verletzungen durch Minen brauchen häufig doppelt soviel Blut wie Patienten, die durch andere Waffen verwundet werden. Viele, wenn nicht die meisten durch **Minen** Verletzte brauchen eine Prothese, die alle drei bis fünf Jahre ersetzt werden muß. Und wenn die Kämpfe aufgehört haben, hält der Druck weiter an. Antipersonenminen bilden eine enorme Belastung für die Gesundheitsfürsorge in Ländern, die gerade einen Krieg überstanden haben. Bei Opfern von Minenexplosionen ist die Wahrscheinlichkeit größer, daß Gliedmaßen amputiert werden müssen und der Krankenhausaufenthalt länger als bei Patienten, die durch andere Waffen verwundet werden. Nicht explodierte Munition und kleine Antipersonenminen, die auf Fußpfaden, in Reisfeldern, in Flußbetten und um Dörfer herum verstreut liegen, verstümmeln und töten noch die Kinder und Enkel der Soldaten, die sie gelegt haben.

Die andere Gefährdung der Gesundheitsfürsorge besteht in der Übertragung ansteckender Krankheiten. Schon immer haben Eroberer ihre Feinde nicht nur getötet und verstümmelt, sondern außerdem ansteckende Krankheiten mitgebracht, wie Beulenpest, Tuberkulose, Masern, Pocken, Windpocken, Keuchhusten, Mumps und Influenza, die, wenn sich Menschen mit ihnen infizieren, die noch niemals Kontakt mit den Erregern hatten, mit hoher Wahrscheinlichkeit zahlreiche Todesopfer fordern. Anfang des 16. Jahrhunderts starben Millionen von Azteken bei der Eroberung Mexikos an den Pocken, die Hernan Cortés und seine Männer eingeschleppt hatten. Zwei Jahrhunderte später schickten britische Truppen in den amerikanischen Kolonien zumindest bei einer Gelegenheit während des Indianeraufstands von 1763 (Pontiac's War) absichtlich pockenverseuchte Decken an Shawnee- und Delaware-Indianer. Während des Unabhängigkeitskrieges warfen amerikanische Truppen den Briten vor, Schuld an der Ausbreitung der Pocken zu tragen, weil sie Menschen, die Anzeichen dieser Krankheit zeigten, aus den Städten vertrieben, um so die Krankheit unter den amerikanischen Soldaten zu verbreiten.

Gewohnheitsrecht

Theodor Meron

Neben den Verträgen bildet das Gewohnheitsrecht eine der Hauptquellen oder -bestandteile des humanitären Völkerrechts. Es ergibt sich aus einer allgemeinen und konsistenten Praxis von Staaten, die aus einem Gefühl der rechtlichen Verpflichtung heraus befolgt wird. Die offensichtlichste Bedeutung einer Norm, eines Grundsatzes oder einer Regel gewohnheitsrechtlicher Art besteht darin, daß sie Staaten bindet, die nicht Parteien eines Abkommens sind, in dem die Norm formuliert wird. Natürlich ist es nicht die Bestimmung eines Abkommens, sondern vielmehr die Völkerrechtsnorm mit identischem Inhalt, die solche Staaten bindet. Das Gewohnheitsrecht ist zudem von Bedeutung, um Punkte zu ergänzen, die von Abkommen zum humanitären Recht nicht hinreichend abgedeckt werden. Die Tatsache, daß eine Norm Teil des Gewohnheitsrechts bildet, ist auch relevant für die einschlägigen Auslegungsregeln und kann als positiver Effekt die Befugnis von Staaten beschränken, Vorbehalte in bezug auf diejenigen Abkommen des humanitären Völkerrechts geltend zu machen oder sie zu kündigen, in die das humanitäre Völkerrecht in großem Maße Eingang gefunden hat. Ein Staat kann nicht von seiner Pflicht zurücktreten, sich an allgemeines Völkerrecht zu halten. Die Anerkennung, daß ein Abkommen des humanitären Völkerrechts Gewohnheitsrecht formuliert, stärkt den moralischen Anspruch der internationalen Gemeinschaft auf seine Einhaltung, indem es seinen moralischen Charakter und seine tiefe Verwurzelung in den Werten der Gemeinschaft betont.

Die Entscheidungen des Haager Tribunals für das ehemalige Jugoslawien zum humanitären Gewohnheitsrecht sind die direkten Nachfolger der Entscheidungen der Nürnberger Tribunale. Sowohl in Nürnberg als auch in Den Haag hielten sich die Tribunale in ihren Entscheidungen eher an die Auffassung von Staaten, daß gewisse Prinzipien rechtlich bindend sind, als an die Praxis der Staaten. Diese Entscheidungen unterstützten eine expansive Auffassung des Völkerrechts. Gerichte und Tribunale neigen dazu, sich nicht auf die auf dem Schlachtfeld geübte Praxis zu stützen, sondern auf verbale Erklärungen, in denen Staaten oder Institutionen (z.B. Organe der UN) ihre Unterstützung für Prinzipien des humanitären Völkerrechts ausdrücken. Obwohl sie sich an die traditionelle zweifache Voraussetzung für die Herausbildung von Völkergewohnheitsrecht halten (die Praxis und den Glauben, daß eine derartige Praxis rechtlich bindend sei), betrachten sie im Effekt solche Erklärungen sowohl als Nachweis für das Bestehen einer Praxis als auch als Artikulation des Glaubens, der in der Herausbildung von humanitärem Recht und Menschenrechtsschutz von entscheidender Bedeutung ist. Die Betonung des psychologischen Elements hilft dabei, das seltene Vorkommen einer unterstützenden Praxis zu kompensieren.

Die Frage, wie Verletzungen zu behandeln sind, ist weiterhin von großer Bedeutung. Sowohl wissenschaftliche als auch gerichtliche Quellen lehnen die Gültigkeit von Regeln, deren Inhalt den Status des Gewohnheitsrechts verdient, keineswegs ab, selbst wenn Regelverletzungen in der Praxis vorkommen. Vielleicht weil dadurch anerkannt werden soll, daß humanitäre Prinzipien grundlegende Werte der Gemeinschaft ausdrücken und von entscheidender Bedeutung für die Aufrechterhaltung der öffentlichen Ordnung sind. Selbst wiederholte Verstöße werden oft nicht als Negation des Gewohnheitsrechts betrachtet, vorausgesetzt, andere Staaten oder internationale Organisationen reagieren darauf mit Proteten oder Verurteilungen und der beschuldigte Staat leugnet entweder die Fakten seines fragwürdigen Verhaltens oder führt Ausnahmen oder Rechtfertigungen an, die in der Regel selbst enthalten sind.

Die Ansicht, daß die Regeln der vier Genfer Konventionen von 1949 zum Schutz von Kriegsopfern und der Haager Landkriegsordnung von 1907 (mit Ausnahme administrativer, technischer und logistischer Bestimmungen) Gewohnheitsrecht widerspiegeln, wird in beträchtlichem Maße von der Justiz und der Rechtswissenschaft unterstützt, ebenso vom Internationalen Komitee vom Roten Kreuz. Es ist auch weitgehend anerkannt, daß viele, vielleicht sogar die meisten Bestimmungen, Grundsätze und Regeln des Ersten Zusatzprotokolls der Genfer Konventionen und einige, vielleicht sogar viele der Bestimmungen des Zweiten Zusatzprotokolls Gewohnheitsrecht reflektieren. Mehrere Regeln in bezug auf Waffenarten und insbesondere das Verbot des Einsatzes chemischer Waffen gelten als Gewohnheitsrecht.

In mehreren Verträgen des humanitären Völkerrechts ist eine Erklärung der Bedeutung des Gewohnheitsrechtes enthalten, am deutlichsten in der sogenannten Martens'schen Klausel, benannt nach ihrem Erfinder Feodor de Martens, der Anfang des Jahrhunderts Berater des russischen Außenministeriums war. Sie wurde zum ersten Mal in der Präambel des Zweiten Haager Abkommens von 1899 aufgenommen und definiert ein Mindestmaß an menschlicher Behandlung durch die Kombattanten, selbst in Abwesenheit spezieller Bestimmungen in Verträgen. „So lange, bis ein vollständigeres Kriegsgesetzbuch festgestellt werden kann, halten es die hohen vertragschließenden Teile für zweckmäßig, festzusetzen, daß in den Fällen, die in den Bestimmungen der von ihnen angenommenen Ordnung nicht einbegriffen sind, die Bevölkerung und die Kriegführenden unter dem Schutze und der Herrschaft der Grundsätze des Völkerrechts bleiben, wie sie sich ergeben aus den unter gesitteten Völkern feststehenden Gebräuchen, aus den Gesetzen der Menschlichkeit und aus den Forderungen des öffentlichen Gewissens."

Eine Untersuchung der gewohnheitsrechtlichen Regeln des humanitären Völkerrechts, die zur Zeit vom IKRK durchgeführt wird, wird wahrscheinlich viele zusätzliche Regeln des humanitären Völkerrechts ausmachen, die in zwischenstaatlichen und, was von besonderer Bedeutung ist, in innerstaatlichen bewaffneten Konflikten als Gewohnheitsrecht anzuwenden sind. Das Römische Statut des Internationalen Strafgerichtshofes kodifiziert viele Regeln und Grundsätze des humanitären Völkerrechtes als Strafgewohnheitsrecht.

In jeder Erörterung des Gewohnheitsrechtes darf man nicht die Tatsache aus den Augen verlieren, daß die Genfer Konventionen praktisch universell ratifiziert und die Zusatzprotokolle von sehr vielen Seiten ratifiziert wurden. Für Staaten, die Parteien der Verträge des humanitären Völkerrechts sind, sind natürlich alle Vertragsbestimmungen, ob sie nun Gewohnheitsrecht reflektieren oder nicht, bindend. Im innerstaatlichen Recht vieler Länder jedoch bildet das Gewohnheitsrecht einen Teil des Rechtes dieses Landes. Als solches kann es von Opfern von Verletzungen des humanitären Völkerrechts oder der Menschenrechte angerufen werden.

VERBRECHEN

Giftwaffen

Gwynne Roberts

Shaho war neun, als 1988 die irakische Luftwaffe die irakische Kurdenstadt Halabjah mit chemischen Waffen bombardierte.

Er erinnert sich immer noch lebhaft an die Flugzeuge über ihm, die Wolken von Gas, die nach Früchten rochen, und dann, wie er in den Iran floh, um sein Leben zu retten. Innerhalb weniger Wochen begann Shaho unter Rückenschmerzen zu leiden und hat in den letzten sechs Jahren nicht mehr stehen oder gehen können. Sein Leiden trägt die Bezeichnung „Skoliose", eine schwere Wirbelsäulenverkrümmung. Er hat keinen Zweifel, wodurch sie verursacht wurde.

„Vor dem chemischen Angriff war ich vollkommen gesund", sagt Shaho. „Ich bin ganz sicher, daß das Giftgas meine Krankheit verursacht hat. Meine Mutter hat damals das Augenlicht verloren, und mir geht es seit damals immer schlechter." Er verbringt jeden Tag, auf seiner Matratze liegend, zu Hause; alle dreißig Minuten dreht ihn seine Schwester mit Engelsgeduld, damit er sich nicht wundliegt. Seine Familie hat sich tief verschuldet, um eine Heilmethode zu finden – vergebens. (Auch wenn die Forschungen zu den Auswirkungen von Nerven- und Senfgas auf den menschlichen Körper begrenzt sind, weiß man doch, daß derartige Agenzien Störungen in verschiedenen Geweben sowie im Gehirn und im Rückenmark verursachen und daher für ein anormales Wachstum von Zellen in Knochen verantwortlich sein können.)

Nizar, dreiundzwanzig, ebenfalls aus Halabjah, kann kaum gehen und sinkt nach einigen Schritten zu Boden. Er bricht in Tränen aus. „Ich kann nicht einmal alleine zur Toilette gehen", sagt er. „Bitte helfen Sie mir. Ich habe Angst, für immer im Bett bleiben zu müssen." Auch er war dem Gasangriff ausgesetzt und danach zwei Tage lang bewußtlos. Die Gase, die nach Äpfeln rochen, griffen sein Nervensystem an, und im Laufe der Jahre hat er allmählich die Kontrolle über seine Muskeln verloren. In beiden Fällen gibt es eine Verbindung zwischen schweren neurologischen Schäden und **chemischen Waffen**.

Auf gewisse Weise haben beide noch Glück gehabt: Sie haben die Bombardierung wenigstens überlebt.

Der Kampf um Halabjah begann am 15. März 1988, als kurdische Rebellen und iranische revolutionäre Garden, ausgestattet mit ABC-Schutzanzügen, in die Stadt einmarschierten und in heftigen Kämpfen irakische Einheiten heraustrieben. Dann wurden die Stadtbewohner daran gehindert, aus Halabja zu fliehen, und von den Invasoren gezwungen, wieder in ihre Häuser zurückzukehren. Diese Taktik sollte Tausenden das Leben kosten.

Der chemische Angriff begann einen Tag später um 18.20 Uhr und wurde sporadisch über drei Tage lang fortgesetzt. Welle auf Welle von Bombenflugzeugen, sieben bis acht in jeder Welle, griffen Halabjah an, eine Stadt mit achtzigtausend Einwohnern, sowie alle Straßen, die zu den darumliegenden Bergen führten. Sie ließen einen Cocktail aus Giftgasen fallen: Senfgas, die Nervengase Sarin und Tabun, und, laut einer gut informierten Quelle beim irakischen Militär, auch VX, das tödlichste von allen, mit dessen Produktion im Irak gerade begonnen worden war. Gaswolken hingen über der Stadt und den umgebenden Hügeln, verwehrten den Blick auf den Himmel und kontaminierten die nahegelegenen fruchtbaren Ebenen.

Die Stadtbewohner konnten sich nicht schützen; die Chemikalien setzten sich in ihre Kleider, in ihre Haut, ihre Augen und Lungen. Mindestens fünftausend, wahrscheinlich aber viel mehr, starben innerhalb von Stunden. Viele wurden in den Kellern vergiftet, in die sie sich geflüchtet hatten – von Gasen, die schwerer waren als Luft. Es war der größte chemische Angriff, der jemals gegen eine Zivilbevölkerung geführt wurde.

Diese kurdische Frau und ihr Kind wurden 1988 in Halabjah von irakischen Truppen mit Giftgas getötet.

Auf der Straße, die aus der Stadt herausführte, wurden etwa viertausend Menschen in der Nähe des Dorfes Anab getötet, als sie versuchten, in den Iran zu fliehen. Viele warfen sich in einen Teich, um die Chemikalien abzuspülen, starben aber innerhalb von Minuten. Ihre Leichen lagen dort mehrere Monate lang ungeborgen, tödliche Giftstoffe aus ihren Körpern sickerten in die Erde und kontaminierten Berichten zufolge das Grundwasser.

Einige Überlebende flohen in den Iran, wo sie heute noch leben. Andere, die in nahegelegene kurdische Städte flohen, kehrten nach Halabjah zurück und leben jetzt in denselben Häusern, in denen viele ihrer engen Verwandten starben. Sie sagen, sie wüßten, daß ihre Häuser noch kontaminiert sind, aber sie könnten es sich nicht leisten, anderswo zu leben. Sie klagen, daß Mörtelstaub immer noch Hautläsionen und Augenreizungen verursacht.

Die Beweise für den Angriff sind immer noch in den Hügeln um Halabjah verstreut. Leere Chemikalienbomben mit russischer Beschriftung stecken aufrecht in der gepflügten Erde wie groteske Pilze. Die Gehäuse sind auf Schrottplätzen in der Gegend aufgestapelt und werden von den Bewohnern von Halabja sogar als Blumentöpfe verwendet.

Die Chemikalien haben angeblich sogar den Boden um Halabjah ruiniert, einst die fruchtbarste Region im Nahen Osten. Die Bauern klagen, daß die landwirtschaftlichen Erträge dramatisch zurückgegangen seien, Granatäpfel-Plantagen sind ausgetrocknet, und andere Obstbäume tragen nicht mehr.

Die Chemikalien scheinen auch Mutationen im Pflanzen- und Tierreich hervorgerufen zu haben. Zum ersten Mal seit Menschengedenken wurde die Stadt von einer Heuschreckenplage heimgesucht. Nach Aussage eines Arztes vor Ort sind Schlangen und Skorpione seit dem Angriff giftiger geworden; allein im letzten Jahr starben etwa zwanzig Menschen an tödlichen Bissen, zehnmal soviele wie vorher in dieser Gegend.

Aber diese chemischen Waffen haben ein noch erschreckenderes Vermächtnis hinterlassen. Nach den Worten von Christine Gosden, Professor für medizinische Genetik an der Liverpool University, die mich Anfang 1998 nach Halabjah begleitete, haben diese Gifte genetische Schäden unter der Bevölkerung vor Ort verursacht.

Seit dem Angriff wird Halabjah von der Außenwelt gemieden und von den internationalen Hilfsorganisationen ignoriert. Doch seine Bewohner leben in einem absoluten Alptraum – ihre Gesundheit wurde bei dem Angriff irreversibel geschädigt, genau wie die ihrer Kinder und Kindeskinder.

Bei unserem Besuch wurden wir buchstäblich bestürmt von Leuten, die unterschiedliche schwerwiegende irreversible Gesundheitsschäden aufwiesen, von aggressivem Krebs über neurologische Schäden und Hautkrankheiten bis zu herzzerreißenden Entstellungen und schweren psychiatrischen Störungen. Die Ärzte sind daran gewöhnt, Kugeln aus Menschen herauszuholen, deren Selbstmordversuche mißlungen sind.

Professor Gosden, die mit Ärzten in dem Gebiet zusammenarbeitete, verglich die Unfruchtbarkeitsraten und die Raten von Geburtsfehlern und Krebs in Halabja mit denen der Bevölkerung einer Stadt in derselben Region, die den Angriffen nicht ausgesetzt gewesen war. Sie stellte fest, daß zehn Jahre nach dem Angriff die Häufigkeitsraten drei- bis viermal höher waren. Am besorgniserregendsten aber: Sie entdeckte, daß mehr und mehr Kinder jedes Jahr an Leukämie und Lymphomen starben. Ihre Tumore waren aggressiver als anderswo, und es gibt keine Chemo- oder Strahlentherapie.

„Die Situation ist eine genetische Zeitbombe, die in den zukünftigen Generationen explodiert", sagte sie. „Es ist viel schlimmer, als ich es mir hätte vorstellen können."

Shahos Fall illustriert den Bedarf an weiteren Forschungen. Es mag so aussehen, als sei Skoliose ein unwahrscheinlicher Nebeneffekt von chemischen Waffen, aber Dr. Gosden weist darauf hin, daß die menschliche Knochenstruktur nicht statisch ist; tatsächlich wird unser gesamtes Skelett jedes Jahr ersetzt. Knochenstoffwechselstörungen wie Osteoporose können zum Schrumpfen des Skeletts führen, während Knochenkrebs einen schweren Buckel, Knochenschwächung und Knochenfrakturen verursachen kann.

Es gibt kaum einen Zweifel, daß Halabjah eine medizinische Katastrophe ist. Es gibt auch wenig Zweifel unter den Bewohnern von Halabjah, wer dafür verantwortlich ist: Saddam Hussein. Der Angriff erfolgte während der letzten Stadien des Konfliktes zwischen **Iran und Irak**, und die Iraker haben eindeutig das Genfer Protokoll von 1925 verletzt, das die Verwendung „von erstickenden, giftigen oder gleichwertigen Gasen sowie allen ähnlichen Flüssigkeiten" verbietet. Außerdem verstieß der Angriff gegen die Haager Abkommen von 1899 und 1907, die die Verwendung von „Gift oder vergifteten Waffen" verbieten.

Durch ihren Einsatz gegen Zivilpersonen erreichte dieses Verbrechen jedoch ganz andere Dimensionen. Der Irak hat die Zusatzprotokolle von 1977 zu den Genfer Konventionen, die Zivilpersonen beim Kampf unter Schutz stellen, nicht ratifiziert. Aber in diesem Fall gelten die Haager Abkommen von 1907. Sie besagen, daß jede Streitmacht, die ein besiedeltes Gebiet bombardiert, Vorkehrungen treffen muß, um Nebenschäden so gering wie möglich zu halten. Daß keine derartigen Vorkehrungen getroffen wurden, ist ganz klar.

In den USA werden, unterstützt von der Regierung, immer häufiger Forderungen laut, ein Kriegsverbrechertribunal zu errichten und Hussein als Kriegsverbrecher zu brandmarken. Von wesentlicher Bedeutung sind in diesem Fall der Gasangriff auf Halabjah und seine Folgen.

Einen Haken hat die Sache jedoch. 1990 behauptete das US-Verteidigungsministerium entgegen allen Beweisen, daß der Iran ebenfalls verantwortlich für den Chemiewaffenangriff auf Halabjah gewesen sei. Eine interne Studie des Pentagon stellte angebliche „überzeugende Beweise" dafür zusammen, daß der Iran an einem der schlimmsten Massaker an Zivilpersonen im Krieg zwischen Iran und Irak beteiligt gewesen sei. Dieser Bericht, der an die *Washington Post* durchsickerte, dient jetzt irakischen Vertretern dazu, die Schuld von sich abzulenken.

Viele stehen den Beweisen des Pentagons skeptisch gegenüber, nicht zuletzt die Bewohner Halabjahs. Ich habe bei meinem Besuch mit vielen Einwohnern Halabjahs gesprochen, die bei dem Angriff von 1988 dabei waren, und alle waren sich einig, daß einzig der Irak dafür verantwortlich war. Die kurdischen Guerilla-Armeen, die damals mit dem Iran verbündet waren und in und um Halabjah kämpften, sind der gleichen Meinung, einschließlich der Kurdischen Demokratischen Partei von Masoud Barzani, dessen aktuelles Verhältnis zu den Iranern nur als feindselig bezeichnet werden kann. Sie fragen sich alle: „Warum sollten iranische Befehlshaber, deren Truppen sich zu der Zeit in Halabjah befanden, Giftgas gegen ihre eigenen Männer einsetzen?". Ihre Logik klingt überzeugend.

Dennoch kompliziert die – in Washington niemals widerrufene – Behauptung einer iranischen Komplizenschaft in Halabjah die Frage in bezug auf das Völkerrecht. Der Irak wird fast sicher behaupten, daß der Iran als erster Giftgas verwendet hat und daß er darauf nur mit einer Vergeltungsmaßnahme reagiert habe. Dieses Stück schwarzer Propaganda, ausgegeben zu einer Zeit, als die Vereinigten Staaten die Iraker sowohl politisch als auch materiell unterstützten, ist nun wieder aufgetaucht, um sich gegen die jetzige US-Regierung zu kehren.

FALLSTUDIE

Der Golfkrieg

Frank Smyth

Die Haltung der Kriegführenden im Golfkrieg in bezug auf das humanitäre Völkerrecht und seine Normen hätte unterschiedlicher nicht sein können. Der Befehlshaber der von den USA geführten Koalition, General Norman Schwarzkopf, beriet sich häufig mit Kriegsrechtsexperten, einschließlich Mitgliedern des Internationalen Komitees vom Roten Kreuz (IKRK), um sicherzustellen, daß spezifische militärische Operationen später nicht als Rechtsverletzungen betrachtet würden. Tatsächlich wendeten sich Schwarzkopfs Berater so oft hilfesuchend an das IKRK, daß sich dessen Vertreter schließlich weigerten, weiter Auskünfte zu erteilen, da sie schließlich nicht die Rechtsberater der Koalition seien. Der irakische Präsident Saddam Hussein dagegen lehnte ein Treffen mit Vertretern des IKRK ab.

Natürlich war der Golfkrieg ein konventioneller Konflikt, und die von den USA geführte Koalition hatte wegen ihrer überlegenen Feuerkraft einen gewaltigen Vorteil gegenüber der anderen Seite. Auch wenn die alliierten Streitkräfte sicherlich einige Verstöße gegen das Kriegsrecht begangen haben, die unnötige Opfer unter der Zivilbevölkerung zur Folge hatten, konnten sie einen relativ sauberen Feldzug bestreiten und ihn dennoch gewinnen. Saddam Husseins Streitkräfte dagegen begingen viele Verstöße gegen das Kriegsrecht, darunter schwere Verletzungen der Genfer Konventionen von 1949 und des Ersten Zusatzprotokolls von 1977. Ebenso ignorierte Saddam die humanitären Normen bei der Niederschlagung der zivilen Aufstände im Irak, die unmittelbar auf den Golfkrieg folgten.

In der Haltung der amerikanischen und irakischen Führungskräfte zum humanitären Völkerrecht drückten sich die unterschiedliche Interessen der beiden Seiten aus. US-Befehlshaber befürchteten, den starken Rückhalt für den Krieg in ihrem Lande zu verlieren, wenn Verstöße der Koalitionstruppen gegen das Völkerrecht bekannt würden. Überdies befürchtete

Auf der Straße von Samarah nach Nasariyah kam eines der allgegenwärtigen Portraits von Saddam Hussein bei der Bombardierung des dahinter gelegenen Lagers zu Fall. Irak, 1991.

man, daß durch derartige Verstöße die von den USA geführte Koalition aus siebenundzwanzig Ländern gegen den Irak zerbrechen und sich insbesondere arabische Staaten zum Rückzug veranlaßt sehen könnten. Außerdem befürchteten US-Befehlshaber, daß jede Intervention der Koalition zugunsten der Aufständischen im Irak die Koalition ebenfalls spalten könnte. Saddam dagegen hatte noch nie viel Rücksicht auf die öffentliche Meinung im Irak an den Tag gelegt; allerdings versuchte er während des Golfkriegs doch einen Appell an panarabische Empfindungen. Insbesondere die Beschießung von zivilen Bevölkerungszentren in Israel durch den Irak zielte darauf ab, Israel in den Golfkrieg hineinzuziehen und dadurch möglichst die arabischen Staaten aus der von den USA geführten Allianz zu lösen.

G Jeder Seite im Golfkrieg wurden Verstöße gegen das humanitäre Völkerrecht zur Last gelegt; in einigen Fällen ist der Verstoß rechtlich eindeutig, in anderen Fällen jedoch diskutieren die Experten noch.

Die alliierten Streitkräfte zerstörten bei ihren Angriffen zahlreiche Kraftwerke im Irak. Die Angriffe schadeten der Zivilbevölkerung des Irak insofern, als dadurch Kläranlagen in vielen Gebieten nicht mehr funktionsfähig und viele Krankenhäuser ohne Strom waren. Dies veranlaßte einige Beobachter wie z. B. Human Rights Watch (HRW), einer privaten Menschenrechtsorganisation mit Sitz in New York, zu der Frage, ob solche Angriffe gegen Bestimmungen des humanitären Völkerrechts verstießen, nach denen zivile Objekte nicht angegriffen werden dürfen. Insbesondere wurde gefragt, ob die Angriffe eine unverhältnismäßig hohe Anzahl von Opfern unter der Zivilbevölkerung gefordert hätten im Vergleich mit dem konkreten und unmittelbaren militärischen Vorteil, der von dem Angriff erwartet wurde. Andere Beobachter, darunter das IKRK, sahen dieselben Angriffe jedoch anders. Das IKRK bedauerte die durch sie verursachten Leiden unter der Zivilbevölkerung, erkannte jedoch an, daß Kraftwerke legitime militärische Ziele bilden können und traditionell auch als solche behandelt werden.

Die Streitkräfte der Koalition führten auch Angriffe, durch die viele Zivilpersonen starben, was Fragen in bezug auf **unterschiedslose Angriffe** aufbrachte, die zu unnötigen Opfern unter der Zivilbevölkerung führen. So feuerte beispielsweise am 14. Februar ein britisches Flugzeug eine lasergelenkte Rakete auf eine Brücke bei Al-Fallujah westlich von Bagdad ab. Sie verfehlte ihr Ziel und traf eine Wohngegend, wodurch bis zu 130 Zivilpersonen starben. Einige Beobachter, darunter der ehemalige Justizminister der USA, Ramsey Clark, behaupten, daß es sich bei allen Angriffen der Koalition, bei denen irakische Zivilpersonen zu Schaden kamen, um Kriegsverbrechen handele. Aber ohne den Beweis, daß eine Gegend absichtlich oder fahrlässig unter Beschuß genommen wird oder daß dies Teil einer breiter angelegten Gesamtstrategie unterschiedsloser Angriffe ist, gilt ein derartiger Vorfall weder als schwere Verletzung noch als ernsthafter Verstoß gegen die Genfer Konventionen.

Eine weitere Tragödie hatte sich am Tag zuvor ereignet, als eine Cruise Missile der USA den Ameriyaa-Luftschutzbunker in Bagdad zerstörte und bis zu dreihundert Zivilpersonen ums Leben kamen, darunter mindestens einundneunzig Kinder. CNN zeigte Bilder des Blutbads. US-Brigadegeneral Richard Neal gab später in Riad zu, daß alliierte Streitkräfte den Luftschutzbunker absichtlich beschossen hätten. Er sagte außerdem, die Befehlshaber der Koalition hätten gewußt, daß der Luftschutzbunker Mitte der 80er Jahre während des iranisch-irakischen Krieges von Zivilpersonen genutzt worden sei, daß er aber seitdem in einen „Luftschutzbunker für [militärische] Befehls- und Führungsstellen" umgewandelt worden sei. HRW behauptet mit Bezug auf die Aussage Neals, der Angriff auf den Luftschutzbunker sei ein Verstoß gegen das Kriegsrecht gewesen. Bevor die alliierten Streitkräfte darauf feuerten, hätten sie, so der Standpunkt von HRW, zunächst einmal den Irak warnen müssen, daß sie den ehemals zivil genutzten Luftschutzraum jetzt als legitimes militärisches Ziel betrachteten. HRW fügte hinzu, daß seiner Meinung nach der Beweis für die angebliche Umwidmung des Schutzraumes für militärische Zwecke nicht ausreiche, um die Annahme zu widerlegen, daß er nach wie vor von Zivilpersonen genutzt werde. Diese Meinung wird von anderen Beobachtern, darunter auch Juristen der Koalitionskräfte, nicht geteilt. Sie weisen darauf hin, daß die ausschließliche Nutzung des Luftschutzbunkers

Ein irakischer Soldat, der am Steuer seines Fahrzeugs in der Nähe des Euphrat bei An Nasiriya verbrannte. Irak, 1991.

für zivile Zwecke nur im mehrere Jahre zurückliegenden iranisch-irakischen Krieg erfolgt sei, daher seien alliierte Befehlshaber nicht verpflichtet gewesen, den Irak zu warnen, daß sie den Schutzraum jetzt im Golfkrieg als legitimes militärisches Ziel betrachteten. Allerdings steht der Beweis der Koalition für ihre Behauptung, der Bunker sei zur Zeit des Golfkrieges zu militärischen Zwecken genutzt worden, immer noch aus.

Die von den USA geführten Streitkräfte töteten außerdem viele Zivilpersonen, als Flugzeuge der Koalition, darunter B-52-Bomber, schwere Luftschläge auf den Hafen von Basra und seine Umgebung führten. Die Streitkräfte versuchten, dort mehrere militärische Einzelziele zu zerstören. Einige Kritiker behaupten, die Streitkräfte der Koalition hätten **Flächenbombardierungen** durchgeführt, wie es sie häufig während des Zweiten Weltkriegs gab, was ein unterschiedsloser Angriff gewesen wäre, da dadurch ein gesamtes Gebiet mit auseinanderliegenden Einzelzielen unter Verletzung von Artikel 51 des Ersten Zusatzprotokolls als ein einziges Ziel behandelt worden wäre. Niemand bestreitet, daß bei den Angriffen viele Zivilpersonen, die in Wohngebieten um den Hafen herum lebten, ums Leben kamen (obwohl zuverlässige Zahlen nicht bekannt sind). Die Frage ist, ob derartige Angriffe einen Verstoß gegen das humanitäre Völkerrecht darstellen. Ein Sprecher der US-Armee beschrieb Basra später in Riad als „Militärstadt", in der neben anderen Streitkräften ein starkes Kontingent der Elitetruppen der Republikanischen Garden stationiert war. Die Juristen der Koalitionstruppen weisen dem Irak die Schuld an den daraus herrührenden Verlusten unter der Zivilbevölkerung zu. Sie weisen darauf hin, daß der Irak rechtlich verpflichtet gewesen sei, die Streitkräfte von den Zivilpersonen zu trennen und die letzteren nicht als **Schutzschild** zu benutzen, und daß die Anwesenheit von Zivilpersonen in der Nähe von militärischen Zielen derartige Ziele nicht vor Angriffen schützt. Dennoch, so argumentieren Kritiker, hätten die Koalitionstruppen genauere Waffen benutzen können, z. B. Cruise Missiles oder lasergelenkte Waffen, mit denen sich derselbe Erfolg mit weniger **Kollateralschäden** unter der Zivilbevölkerung hätte erreichen lassen. Juristen des US-Militärs wandten dagegen jedoch ein, daß die Verpflichtung, genauere Waffensysteme zu benutzen, durch **militärische Notwendigkeiten** bedingt werde, darunter Verfügbarkeit und die Notwendigkeit ihres Einsatzes gegen andere **militärische Ziele.** Sowohl das HRW als auch das IKRK folgerten, daß das völlige Zerbomben des Hafens von Basra und seiner Umgebung unnötige Opfer und Schäden unter der Zivilbevölkerung verursacht habe, doch die Frage bleibt umstritten.

Ein weiterer strittiger Vorfall, an dem Truppen der Koalition beteiligt waren, ereignete sich am letzten Tag des Bodenkrieges, als sich eine ganze Kolonne irakischer Truppen auf dem Rückzug aus Kuwait befand. Diese Truppen hatten sich nicht ergeben, weshalb sie legitime militärische Ziele waren. Dennoch leisteten sie nur minimalen Widerstand, während Flugzeuge der Koalition „Rockeye"-Fragmentationsbomben und andere Antipersonenwaffen einsetzten und dadurch Tausende töteten. Das IKRK stellte fest, daß diese Angriffe „unnötiges Leiden und überflüssige Verletzungen" verursacht hätten, und sie gleichbedeutend mit der „Verweigerung von Pardon" gewesen seien. Viele andere Beobachter widersprechen dem jedoch mit der Begründung, daß die Verweigerung von Pardon nicht auf Streitkräfte bezogen werden könne, die sich nicht ergeben hätten.

Das IKRK beschuldigte außerdem einige Partner der von den USA geführten Koalition, nicht genügend Ressourcen bereitgestellt zu haben, um ihre sämtlichen irakischen Gefangenen ordnungsgemäß beim IKRK oder einem anderen „zentralen Suchdienst" zu registrieren. Saudi-Arabien z. B. hat nicht einen einzigen seiner Gefangenen registriert.

Auch andere Streitkräfte der Koalition verstießen gegen humanitäre Normen, obwohl unklar bleibt, ob die Verstöße im Kontext eines inner- oder eines zwischenstaatlichen Konfliktes begangen wurden und welche internationalen Normen oder Bestimmungen daher anzuwenden waren. Nach dem Golfkrieg begingen kuwaitische Behörden bei ihrer Repatriierung zahlreiche Verstöße gegen das Menschenrecht. Mit Billigung der Behörden schikanierte ein wütender Mob Tausende von Menschen, darunter Palästinenser und andere, die der Unterstützung der irakischen Besatzungsmacht verdächtigt wurden, hielten sie fest, folterten sie und richteten sie manchmal summarisch hin.

Dennoch ist der Irak für viel mehr Verstöße gegen die humanitären Normen und Bestimmungen verantwortlich, da seine Truppen sie während des gesamten Golfkrieges und in der Zeit danach völlig ignorierten. Bei vielen Gelegenheiten beschoß der Irak absichtlich Zivilpersonen, was eine schwere Verletzung der Genfer Konventionen darstellt. Während seiner Besetzung Kuwaits schikanierten und folterten auch irakische Truppen Tausende von Kuwaitern und richteten sie manchmal summarisch hin. Auch andere irakische Mißhandlungen stellten eindeutig Verstöße gegen das Kriegsrecht dar. Vor dem Golfkrieg benutzte der Irak Zivilpersonen, typischerweise Ausländer, als menschliche Schutzschilde, um sowohl in Kuwait als auch im Irak militärische Ziele zu schützen. In Kuwait stellte diese Praxis zweifellos ein Kriegsverbrechen gemäß Artikel 51 des Ersten Zusatzprotokolls dar, da in bezug auf Kuwait eindeutig ein Kriegszustand und eine Besetzung vorlag. Die Tatsache, daß im Irak Angehörige eines

Eine Feuersäule: Brennende Ölfelder in Kuwait nach dem irakischen Rückzug 1991.

anderen Staates vor dem Beginn der Feindseligkeiten zwischen dem Irak und den Koalitionstruppen als menschliche Schutzschilde benutzt wurden, ist ein weniger eindeutiger Fall. In einem unverkennbaren Verstoß gegen das Kriegsrecht versäumte es der Irak während des Krieges, Kriegsgefangene der Koalitionstruppen beim IKRK zu registrieren. Es wurden sogar einige Kriegsgefangene vom Irak gedemütigt und gefoltert. (Obwohl ein US-Soldat, der in Kriegsgefangenschaft geraten war, später zugab, daß er sich selbst Verletzungen zugefügt habe, um nicht im irakischen Fernsehen vorgeführt zu werden.)

Irakische Truppen feuerten zudem Scud-Raketen auf Bevölkerungszentren in Saudi-Arabien und Israel ab, was manche Beobachter für ein Kriegsverbrechen halten, nämlich das des direkten Angriffs auf Zivilpersonen bzw. des unterschiedslosen Angriffs auf Bevölkerungszentren. Damit diese Angriffe als Kriegsverbrechen gelten, muß jedoch zunächst bewiesen werden, daß der Irak entweder die Bevölkerungszentren absichtlich beschossen hat, um Zivilpersonen direkt anzugreifen, oder versäumt hat sicherzustellen, daß nur militärische Ziele beschossen wurden.

Auch wenn einige der siebenunddreißig auf Saudi-Arabien abgeschossenen Raketen anscheinend auf militärische Ziele gerichtet worden waren, zielten andere offensichtlich auf Städte wie die saudische Hauptstadt Riad. Die meisten der neununddreißig Scud-Raketen, die auf Israel und die besetzte Westbank abgefeuert wurden, waren offenbar auf Städte wie die israelische Hauptstadt Tel Aviv gerichtet. Drei Fragen bleiben dabei offen. Kann man begründet beweisen, daß die Raketen, die der Irak auf Bevölkerungszentren abfeuerte, im Rahmen der technischen Möglichkeiten des Irak auf legitime militärische Ziele in diesen Städten gerichtet gewesen waren? Hat der erwartete spezifische und konkrete militärische Vorteil solcher Angriffe für den Irak die Opfer unter der Zivilbevölkerung überwogen (wobei der rechtswidrige militärische Vorteil unberücksichtigt bleibt, der sich aus Terrorangriffen auf Zivilpersonen selbst ergibt)? Haben die Koalitionsbehörden andererseits gegen ihre Pflichten nach dem humanitären Völkerrecht verstoßen, indem sie die Zivilbevölkerung in Saudi-Arabien nicht von militärischen Zielen getrennt hielten? Tatsächlich ist der Nachweis einer Rechtswidrigkeit sowohl bei den Scud-Angriffen auf Saudi-Arabien als auch bei den Angriffen der Koalition auf Basra und Bagdad offenbar sehr schwer zu erbringen.

Doch am schwierigsten dürften für den Irak wohl die Scud-Angriffe auf Israel zu rechtfertigen sein, da die Koalitionstruppen weder in Israel anwesend waren, noch Israel überhaupt an dem Konflikt beteiligt war. Ohne stichhaltige Beweise, die zeigen, daß Israel unmittelbar davor stand, in den Krieg gegen den Irak einzutreten, was einen Präventivschlag gegen legitime militärische Ziele gerechtfertigt hätte, scheint es sich bei dem Abschuß der Scud-Raketen auf Israel um Terrorangriffe gegen Zivilpersonen gehandelt zu haben. Es wird weitgehend anerkannt, daß die Absicht des Irak darin bestand, Israel durch Angriffe auf seine Zivilbevölkerung in den Konflikt hineinzuziehen; auch wenn das humanitäre Völkerrecht nichts dazu sagt, wie ein Krieg beginnt oder sich ausbreitet, scheint die Methode des Irak in diesem Fall rechtswidrig zu sein.

Außerdem hat der Irak als Teil seiner Militärstrategie mehrere Akte von **Umweltzerstörung als Mittel der Kriegführung** begangen. Die ökologischen Folgen der Angriffe, die dem Irak möglicherweise einen kleinen und nur vorübergehenden militärischen Vorteil verschafften, werden zweifellos noch über Jahre zu spüren sein. Während des Golfkrieges ließ der Irak Millionen Liter Rohöl in den Persischen Golf fließen, um Seewasserentsalzungsanlagen zu zerstören, die von den Koalitionstruppen genutzt wurden. Gegen Ende des Krieges zündete der Irak 950 Ölquellen an, die Tonnen toxischer Gase in die Atmosphäre entließen. Damit derartige Handlungen als Verstöße gegen das humanitäre Völkerrecht betrachtet werden können, müssen sie ausgedehnte, langanhaltende und schwere Schäden der natürlichen Umwelt verursachen. Die Experten sind sich immer noch nicht einig, ob die beschriebenen Handlungen diese Bedingung erfüllen.

Die irakischen Streitkräfte begingen gegen viele ihrer eigenen Staatsangehörigen Menschenrechtsverstöße, hauptsächlich bei den von Schiiten und Kurden geführten Aufständen unmittelbar nach dem Ende des von der Koalition geführten Feldzuges, was zumindest nicht den internationalen humanitären Normen entspricht. Hier spielte auch US-Präsident George Bush eine Schlüsselrolle. Am 1. März rief Bush die Irakis auf, „[Saddam] aus dem Weg zu räumen" und den Irak „zurück in die Familie der friedliebenden Nationen" zu führen. Am selben Tag begannen

Schiiten im Südirak zu einer Revolte aufzurufen, während Kurden im Nordirak zwei Wochen später rebellierten; die Koalitionstruppen sahen tatenlos zu, wie irakische Truppen, unterstützt von Panzern und Kampfhubschraubern, die Aufständischen in einem Feldzug der verbrannten Erde dezimierten. In vielen dieser Angriffe machten die irakischen Streitkräfte anscheinend keinen Unterschied zwischen zivilen und militärischen Zielen. Am 20. März rückten irakische Einheiten in As-Samawah im Südirak hinter einem menschlichen Schutzschild gefangengenommener Schiiten-Frauen vor, während sie auf alle Männer in Sichtweite schossen. Am 28. März nahmen irakische Kampfhubschrauber und Mehrfachraketenwerfer fliehende kurdische Guerillas und Zivilpersonen unter blinden Beschuß, wiederum offenbar ohne zwischen ihnen zu unterscheiden. Spezialtruppen der irakischen Armee, die den Angriff führten, richteten außerdem viele kurdische Kombattanten nach ihrer Gefangennahme summarisch hin (ebenso wie den für *Newsweek* tätigen freiberuflichen Fotografen Gad Gross).

Des weiteren verstieß der Irak in seiner Behandlung ausländischer Gefangener im Abu Ghraib-Gefängnis westlich von Bagdad, in dem auch gefangengenommene Journalisten festgehalten wurden, gegen humanitäre Normen und Menschenrechte. Zwar wurden gefangengenommene Journalisten gemäß Artikel 4 der Dritten Genfer Konvention als Kriegsgefangene behandelt, doch gab der Irak im allgemeinen bis zu ihrer Freilassung nicht zu, daß er sie festhielt, was einen Verstoß gegen das Kriegsrecht darstellte. Mindestens ein Journalist, der CBS-News-Korrespondent Bob Simon, wurde einer körperlichen Folter unterzogen.

Der Irak verstieß im Abu Ghraib-Gefängnis auch gegen die Menschenrechte vieler irakischer Inhaftierter. Ich wurde dort etwa einen Monat nach Ende des Golfkrieges zwei Wochen lang zusammen mit dem Fotojournalisten Alain Buu festgehalten. Zwar wurde uns kein körperlicher Schaden zugefügt, doch wir sahen und hörten, wie viele Irakis von den Gefängnisbehörden gefoltert wurden: wie ein Mann mit einem flachen Brett eine ganze Nacht lang immer wieder auf das Gesäß geschlagen wurde und dabei wie ein Hahn krähen mußte, wie ein nackter Gefangener an einem kalten Tag draußen mit einem Schlauch abgespritzt und dann wiederholt mit einem Elektroschocker betäubt wurde und wie ein sechzehnjähriger Junge, der der Aufwiegelung beschuldigt wurde, mit Gummischläuchen geschlagen wurde. Manchmal hörten wir nur aus einem anderen Zellenblock im Gefängnis die langgezogenen Schreie von Männern unter extremen, anhaltenden Schmerzen. Einige der Gewalttaten wurden nach Lust und Laune von den Wärtern begangen, andere wurden auf Befehl vorgesetzter Behörden begangen, um den Gefangenen Informationen zu entreißen.

Der Golfkrieg und seine Nachwirkungen demonstrieren die Stärken und Lücken der humanitären völkerrechtlichen Normen und Bestimmungen. Obwohl die Koalition unter Führung der USA in einigen Fällen zumindest hart an der Grenze des Erlaubten operierte, waren die Alliierten in den meisten Fällen bewußt um die Einhaltung humanitärer völkerrechtlicher Normen bemüht. Saddam Hussein dagegen zog es vor, sie fast vollständig zu ignorieren. Bisher hat die internationale Gemeinschaft noch keine Partei in irgendeiner Form für im Golfkrieg begangene Verstöße zur Verantwortung gezogen.

(Siehe **Zivilpersonen, Rechtswidrige Angriffe auf**)

RECHT

Grauzonen im humanitären Völkerrecht

Ewen Allison und Robert K. Goldman

Ein Konflikt zwischen Regierungsstreitkräften und Rebellen kann drei Regelwerken unterliegen, und das Problem der Beobachter besteht darin festzustellen, welches jeweils anzuwenden ist. Bei Grauzonen im humanitären Recht geht es darum, ob es sich bei einer bestimmten Situation um einen bewaffneten Konflikt handelt, und wenn ja, ob es ein innerstaatlicher oder ein zwischenstaatlicher ist.

Eine Frage lautet, wie eine innerstaatliche Situation einzuordnen ist, die in die Grauzone zwischen Krieg und Frieden fällt. Die Grenze zwischen besonders gewalttätigen internen Spannungen und Unruhen einerseits und bewaffneten Konflikten auf niedrigem Niveau andererseits kann manchmal verschwommen und nicht leicht zu erkennen sein. Derartige Situationen sind typischerweise mit Aufständen, isolierten und sporadischen Akten der Gewalt verbunden, die zu Massenverhaftungen führen, zu einem Einschreiten der Polizei und manchmal der Streitkräfte, um die Ordnung wiederherzustellen. Das alles ist noch nicht gleichbedeutend mit dem, was das humanitäre Recht als bewaffneten Konflikt bezeichnet. Ein Grauzonenkonflikt wäre dann ein innerstaatlicher bewaffneter Konflikt, wenn er zumindest über einen längeren Zeitraum anhielte und bewaffnete Zusammenstöße zwischen Regierungstruppen und relativ gut organisierten bewaffneten Gruppen einschließen würde. Zu bestimmen, was ein längerer Zeitraum ist und was gut organisiert bedeutet, erfordert eine fallspezifische Analyse der Tatsachen.

Bei einer weiteren Form des innerstaatlichen Konfliktes muß bestimmt werden, ob es infolge der Auflösung des Staates eine Regierungseinheit mit Streitkräften gibt, die den Unfrieden in der Bevölkerung zwischen bewaffneten Gruppen verschiedener Clans, Religionsgemeinschaften, Stämmen oder ethnischen Gruppierungen niederschlagen kann. In einer wirklich anarchischen Situation mit minimalen Organisationsgraden gilt der gemeinsame Artikel 3 der Genfer Konventionen, der sich auch auf Zusammenstöße der Regierung mit bewaffneten Gruppen von Aufständischen bezieht. Wenn es jedoch einen Konflikt zwischen einer Regierung und abtrünnigen Streitkräften gibt, die abtrünnige Gruppe unter einem verantwortlichen Befehl organisiert ist und eine territoriale Kontrolle ausübt, dann wird der gemeinsame Artikel 3 durch das Zweite Zusatzprotokoll ergänzt. Um das Zweite Zusatzprotokoll anwenden zu können, muß es sich zumindest bei einer der beiden Parteien um eine Regierung handeln, die definiert wird als allgemein anerkanntes Regime, das das Recht und die Pflicht hat, Autorität über eine Bevölkerung auszuüben und für ihre Bedürfnisse aufzukommen.

Eine weitere Grauzone betrifft die Frage, ob ein Konflikt inner- oder zwischenstaatlich ist. Die Geschichte hat gezeigt, daß diese Unterscheidung häufig künstlich ist. So können beispielsweise Truppen eines fremden Landes neben Rebellen oder Regierungstruppen kämpfen, die in interne Feindseligkeiten verwickelt sind. Kommt es zu einer derartigen ausländischen Intervention, kann unklar sein, ob für die Feindseligkeiten die Regeln des innerstaatlichen oder des zwischenstaatlichen bewaffneten Konfliktes gelten. Ein derartiger Konflikt wird als „internationalisierter interner Konflikt" bezeichnet. Die kürzlich erfolgten Feindseligkeiten in Bosnien und Angola sind Beispiele für solche gemischten bewaffneten Konflikte.

Inzwischen kommt dieser Frage dank einer Entscheidung des Internationalen Strafgerichtshofes für das ehemalige Jugoslawien eine geringere Bedeutung zu. Im Fall Dusko Tadic befand die Berufungskammer, daß führende Grundsätze des humanitären Völkerrechtes für beide Arten von Konflikten gelten. Dennoch werden die spezifischen Grundsätze und Regeln für *zwischenstaatliche* bewaffnete Konflikte nicht Wort für Wort in die Gesetze des *innerstaatlichen* bewaffneten Konflikts transponiert. Es ist daher unklar, ob spezifische Bestimmungen auf beide Konfliktarten anzuwenden sind. Normalerweise gilt, je allgemeiner ein Grundsatz, desto wahrscheinlicher ist er allgemein anzuwenden.

(Siehe **Zwischenstaatliche im Vergleich mit innerstaatlichen bewaffneten Konflikten**)

SCHLÜSSELBEGRIFF

Guerilla

Jon Lee Anderson

1982 hielt ich mich in einem Dorf im zentralen Hochland Guatemalas auf, als eine Einheit bewaffneter Regierungssoldaten erschien, die zwei verängstigt aussehende Indianer in Zivilkleidung an um die Hälse gelegten Seilen hinter sich herzerrten.

Ich fragte einen der Soldaten, wer die Männer seien. „Subversive Elemente", antwortete er. Ich fragte, woher er das wisse, und der Soldat sagte, daß die Männer ein Jagdgewehr bei sich gehabt und bei ihrem Anblick versucht hätten wegzulaufen. Er machte mit der Hand die Bewegung des Halsabschneidens. Die anderen Soldaten, die uns beobachtet hatten, lachten, während die Verurteilten, anscheinend tief in Gedanken verloren, auf den Boden zu ihren Füßen starrten.

Diese Männer hatten eindeutig keine Gnade zu erwarten. Doch ob sie nun Guerilla-Kämpfer waren oder nicht – ihre Behandlung stellte einen klaren Verstoß gegen das internationale Kriegsrecht dar. Die guatemaltekische Armee betrachtete Indianer als subversive Elemente und subversive Elemente als Guerilla-Kämpfer; sie machte keinen Unterschied zwischen Zivilisten und **Kombattanten**. Nach dem humanitären Völkerrecht gelten Guerilla-Kämpfer als irreguläre Streitkräfte, die genauer definiert werden als Kämpfer, die zu unkonventionellen Methoden der Kriegführung greifen wie Sabotage, Überraschungsangriffe und Hinterhalte. Doch es gibt Vorschriften zum Schutz gefangengenommener Guerilla-Kämpfer, auch bei einem innerstaatlichen Konflikt.

Nach dem humanitären Völkerrecht ist die Guerillakriegführung an sich nicht verboten, doch die Guerilla muß sich an dieselben Vorschriften halten, die für alle regulären bewaffneten Streitkräfte gelten.

Wie alle Streitkräfte hat auch eine Guerilla unterschiedliche Rechte, je nachdem, ob es sich bei ihrem Kampf um einen innerstaatlichen oder einen zwischenstaatlichen bewaffneten Konflikt handelt. Nach den Genfer Konventionen von 1949 gelten Mitglieder irregulärer Streitkräfte (dies sind häufig solche, die wir heute als Guerilla-Kämpfer bezeichnen würden) als rechtmäßige Kombattanten in einem zwischenstaatlichen bewaffneten Konflikt, unter der Voraussetzung, daß beim Kampf bestimmte festgelegte Bedingungen eingehalten werden. Der Status eines rechtmäßigen Kombattanten ist in zweifacher Hinsicht von Bedeutung. Zunächst einmal kann ein Kombattant bei der Gefangennahme durch gegnerische Streitkräfte eines anderen Staates nicht wegen seiner Teilnahme am Kampf angeklagt oder bestraft werden (dies trifft jedoch nicht bei Gefangennahme durch Streitkräfte seiner eigenen Regierung zu). Zum zweiten muß er nach den geltenden internationalen Bestimmungen als Kriegsgefangener behandelt werden.

Um den Status eines rechtmäßigen Kombattanten zugesprochen zu bekommen, muß ein Kämpfer jedoch vier Regeln beachten:

1. Er muß einem Befehlshaber unterstellt sein, der für seine Untergebenen verantwortlich ist; dies soll sicherstellen, daß irreguläre Streitkräfte über eine Befehlsstruktur und eine Disziplin verfügen, durch die die Einhaltung des Kriegsrechtes gewährleistet werden kann.

2. Er muß ein bestimmtes Erkennungszeichen oder Kleidungsstück tragen, das aus einer größeren Entfernung zu sehen ist, um zu zeigen, daß er Kombattant und ein potentielles Ziel ist und rechtmäßig von gegnerischen Streitkräften angegriffen werden kann; dies soll dem Schutz von nicht am Kampf beteiligten Zivilpersonen dienen.

3. Er muß seine Waffe offen tragen, damit er als Kombattant erkenntlich ist, und damit Kombattanten von der Zivilbevölkerung unterschieden werden können.

4. Er muß sich an das Kriegsrecht halten.

Mit dem Ersten Zusatzprotokoll zu den Genfer Konventionen wurde versucht, die Realitäten der Guerillakriegführung zu berücksichtigen, insbesondere die routinemäßig angewandte Praxis, in der Bevölkerung un-

Ein weiterer Fluß: Contras im Chontales-Gebiet in Nicaragua, 1987.

terzutauchen. Eine umstrittene Regel des Protokolls besagt, daß ein Guerilla-Kämpfer in einem zwischenstaatlichen bewaffneten Konflikt nur unmittelbar vor einem Angriff seine Waffen offen tragen muß. Die Vereinigten Staaten haben das Protokoll aus verschiedenen Gründen nicht ratifiziert. In diesem speziellen Fall ist man der Meinung, dies bedeute einen Rückschritt im Schutz von Zivilpersonen, da dadurch Guerilla-Kämpfern in verstärktem Maße das Recht zugebilligt werde, Zivilpersonen einem größeren Risiko auszusetzen.

Für Guerilla-Kämpfer in einem innerstaatlichen bewaffneten Konflikt gilt der allen vier Genfer Konventionen von 1949 gemeinsame Artikel 3 sowie das nicht allgemein anerkannte, umstrittene Zweite Zusatzprotokoll von 1977. Um sich als Kombattanten nach dem gemeinsamen Artikel 3 zu qualifizieren, müssen Guerilla-Kämpfer die Anforderungen des Gewohnheitsrechtes erfüllen, d.h. in erster Linie sich mit der erforderlichen Disziplin betragen, um zu zeigen, daß sie sich an das Kriegsrecht halten. So müssen Aufständische beispielsweise gefangene Zivilpersonen und Regierungssoldaten human behandeln.

Auch Aufständische dürfen ihre Gefangenen nur nach einer regelgerechten Gerichtsverhandlung einer Strafe zuführen.

Selbst wenn Guerilla-Kämpfer alle Regeln einhalten, profitieren sie bei innerstaatlichen Konflikten nur sehr begrenzt von einem Kombattanten-Status. Wenn sie von Truppen ihrer Regierung gefangengenommen werden, können sie wegen Rebellion, Aufwiegelung und Handlungen, die sie in ihrer Eigenschaft als Guerilla-Kämpfer begangen haben, z. B. Mord oder Zerstörung von Eigentum, vor Gericht gestellt werden. Wenn das Recht eines Landes es zuläßt, können sie hingerichtet werden, vorausgesetzt, es handelt sich beim Verfahren und dem Urteil um das „eines ordentlich bestellten Gerichts, das die von den zivilisierten Völkern als unerläßlich anerkannten Rechtsgarantien bietet".

G 1985 bereiste ich Nicaragua mit einer Einheit der von der CIA unterstützten Contra-Guerilla („Contras"), die gegen die linksgerichtete Sandinisten-Regierung kämpfte. „Tigrillo", der Befehlshaber, hatte eine Freundin namens Marta. Eines Tages konnte ich mich mit Marta allein unterhalten, und sie erzählte mir unter Tränen, daß sie nur bei den Contras sei, weil sie von Tigrillos Bande zusammen mit mehreren Männern aus ihrem Dorf, die der Zivilbevölkerung angehörten, entführt worden war. Die Männer waren beschuldigt worden, Regierungssympathisanten zu sein, und vor ihren Augen zu Tode gehackt worden. Marta war verschont worden, weil Tigrillo sie attraktiv fand.

In diesem Fall hatten die Contras gegen das humanitäre Völkerrecht verstoßen. Sie hatten nicht nur Zivilpersonen entführt und ermordet, sondern außerdem Marta gegen ihren Willen als Geisel verschleppt.

Zwei Jahre später suchte ich im Osten Sri Lankas in der Nähe der Stadt Batticaloa einen Stützpunkt der Tamil-Tiger auf, einer Guerillagruppe, die gegen die überwiegend aus Singhalesen bestehende Regierung für einen unabhängigen Tamilenstaat kämpfte. Während eines Interviews befahl der Befehlshaber der Tiger, Kumarrappa, einen gefangengenommenen „Spion" vorzuführen. Bald wurde eine kleine, ängstliche Frau mit verfilzten Haaren vorgeführt. Sie hieß Athuma. Kumarrappa erklärte, daß sie mit Sprengdraht an einen Laternenmast gebunden und bei lebendigem Leib in die Luft gesprengt werden solle. Als Athuma dies hörte, begann sie, um ihr Leben zu betteln. Kumarrappa hörte ihr eine kurze Weile lächelnd zu und brachte sie dann zum Verstummen, indem er ihr erklärte, sie würde auf jeden Fall getötet werden. Er machte eine Handbewegung, und Athuma wurde weggeführt.

Hier wie in Nicaragua begingen die Guerilla-Kämpfer einen eklatanten Verstoß gegen das Kriegsrecht. Athuma, eine Zivilperson, war terrorisiert und mißhandelt worden und sollte nun hingerichtet werden, ohne daß ihr ein regelgerechtes Gerichtsverfahren zuteil wurde. Doch an Brutalität stand die Armee von Sri Lanka, die willkürlich tamilische Zivilisten folterte und erschoß, den Tigern in nichts nach. Häufig wurden tamilische Verdächtige, die in Lagern festgehalten wurden, hingerichtet und ihre Leichen verbrannt, um Beweise zu vernichten. So erzeugt Terror immer nur neuen Terror.

Wie diese Geschichten zeigen, können Reisen eines Außenstehenden in Gebiete, in denen Guerillakriege und Feldzüge gegen Aufständische stattfinden, zu einem verwirrenden und traumatischen Erlebnis werden. An jedem Ort, den ich erwähnt habe, hielt ich mich als ein mit der jeweiligen Widerstandsbewegung bzw. Regierung sympathisierender Journalist auf, fand mich aber unerwartet mit Situationen konfrontiert, in denen ich die moralische Verpflichtung verspürte, zu versuchen, Leben zu retten. Ich hatte keinen Leitfaden wie den vorliegenden, mit klar dargelegten Rechtsvorschriften, der mir geholfen hätte, meine Argumente überzeugender zu formulieren. Man kann nur schwer abschätzen, ob sich Männer, die sich als über dem Gesetz stehend betrachten, durch Argumente rechtlicher Art überzeugen lassen, doch es ist auf jeden Fall einen Versuch wert. In Guerillakriegen, wo die Kombattanten normalerweise ihre eigenen grausamen Rechtsvorstellungen durchsetzen, wiegen Argumente, die auf internationalem Recht basieren, vermutlich schwerer als alle Appelle an das Mitleid.

(Siehe **Zwischenstaatliche im Vergleich mit innerstaatlichen bewaffneten Konflikten; Irreguläre Streitkräfte; Paramilitärs; Soldaten, Rechte der**)

174 Heimtücke und Verrat *David Rohde*

177 Humanitäre Hilfe, Behinderung der *David Rieff*

180 Humanitäre Intervention *David Rieff*

H

VERBRECHEN

Heimtücke und Verrat

David Rohde

Die bosnisch-moslemischen Männer waren aus Srebrenica geflohen, der ersten von den Vereinten Nationen deklarierten Schutzzone der Welt, nachdem diese am 11. Juli 1995 an die bosnischen Serben gefallen war. Und das, was mehrere Dutzend von ihnen zu berichten hatten, war bestürzend konsistent.

Die holländischen UN-Friedenstruppen und die NATO-Düsenflugzeuge, die nach Zusicherung des UN-Sicherheitsrats Srebrenica schützen sollten, hatten nur wenig Widerstand geleistet. Die Männer wußten, daß ihr Tod beschlossene Sache war, und so waren sie geflohen. In einer fünf Kilometer langen Einzelkolonne aus fünfzehntausend meist unbewaffneten Männern kämpften sie sich fünfzig Kilometer durch feindliches Gebiet, um die bosnischen Regierungstruppen zu erreichen. Wieder und wieder wurden Hunderte von ihnen auf dem Marsch bei einer Reihe gutgeplanter Überfälle durch bosnisch-serbische Truppen getötet. Dann sagten bosnisch-serbische Soldaten in gestohlenen UN-Uniformen und mit gestohlenen UN-Fahrzeugen über Megaphon durch, sie seien Mitglieder der UN-Friedenstruppen und seien bereit, die Kapitulation der bosnischen Serben zu beaufsichtigen und dafür zu sorgen, daß diesen nichts geschehen würde.

Orientierungslos und erschöpft, wie sie waren, fielen viele bosnische Moslems auf die Lüge herein. Erst nach ihrer Kapitulation entdeckten sie ihren fatalen Irrtum. Denn indem sie sich ergaben, besiegelten sie ihren Tod. Wen die Serben in die Hände bekamen, der wurde durch Exekutionskommandos getötet.

Srebrenica war das schlimmste Massaker in Europa seit dem Zweiten Weltkrieg. Der Schock über das, was dort geschah, war so groß, daß einem die Unterscheidung zwischen Kriegsverbrechen und vollkommen zulässigen Kampfhandlungen fast obszön vorkam und in vieler Hinsicht immer noch vorkommt. Und doch waren die Hinterhalte der Serben auf die fliehenden Bosnier vom Standpunkt des humanitären Völkerrechts eine rechtmäßige List, wie sie Soldaten im Krieg anwenden dürfen. Ermittler des Internationalen Kriegsverbrechertribunals für das ehemalige Jugoslawien sagten, da viele Männer in der auf dem Rückzug befindlichen Kolonne bosnische Regierungssoldaten gewesen seien, sei die Kolonne eine militärische Bedrohung und daher ein legitimes Ziel gewesen. Rechtlich betrachtet, hatten die bosnisch-serbischen Hinterhalte die bosnischen Moslems nicht in dem falschen Gefühl der Sicherheit gewiegt, daß sie unter dem Schutz des Völkerrechts stünden, sondern führte bei ihnen eher zu einer Fehleinschätzung in der Art der Bedrohung.

Ganz und gar rechtswidrig aber war die Verwendung von Emblemen und Material der UN durch die bosnischen Serben, um die fliehenden Moslems zur Kapitulation zu bewegen: ein klares Beispiel für ein Kriegsverbrechen. Das heutige Verbot dessen, was als „Heimtücke" oder „Treulosigkeit" bezeichnet wird, geht zurück bis in die Zeit des amerikanischen Bürgerkriegs. Aber die definitive Aussage zur Ächtung des Vertrauensmißbrauchs, wie ihn die bosnischen Serben auf den Straßen um Srebrenica begangen haben, findet sich in den Artikeln 37, 38 und 39 des Ersten Zusatzprotokolls von 1977 zu den Genfer Konventionen.

Artikel 37 des Ersten Zusatzprotokolls besagt: „Als Heimtücke gelten Handlungen, durch die ein Gegner in der Absicht, sein Vertrauen zu mißbrauchen, verleitet wird, darauf zu vertrauen, daß er nach den Regeln des in bewaffneten Konflikten anwendbaren Völkerrechts Anspruch auf Schutz hat oder verpflichtet ist, Schutz zu gewähren." Und Artikel 38 erwähnt ausdrücklich das Verbot, „das Emblem der Vereinten Nationen zu verwenden, sofern die Organisation dies nicht gestattet hat." Er verbietet zudem, „das Schutzzeichen des **Roten Kreuzes**, des **Roten Halbmonds** oder des Roten Löwen" zu mißbrauchen; die heimtückische Anwendung dieser Zeichen stellt eine schwere Verletzung dar.

Die sterblichen Überreste eines Bosniers aus Srebrenica. Möglicherweise hat er sich Serben ergeben, die sich heimtückisch als UN-Friedenstruppen ausgaben. Pilice, 1996.

Der Unterschied zwischen Heimtücke und Treulosigkeit ist der Unterschied zwischen arglistiger Täuschung und Verrat. Bei der heimtückischen Handlung wird jemand dazu gebracht, etwas Falsches zu glauben, während ein Verrat eine Handlung beinhaltet, die dieser Person tatsächlich schadet. Im Völkerrecht sind Treulosigkeit und Heimtücke austauschbar.

Heimtücke liegt auch dann vor, wenn man vortäuscht, über einen Waffenstillstand oder eine Kapitulation verhandeln zu wollen, wenn man vorgibt, durch Wunden oder Krankheit behindert zu sein, und wenn man den Status einer Zivilperson, eines Nichtkombattanten, vortäuscht. Artikel 39 verbietet die Verwendung von Flaggen, militärischen Kennzeichen, Abzeichen oder Uniformen der gegnerischen Seite während eines Angriffs, um Kriegshandlungen zu schützen oder zu behindern.

Aber das Protokoll besagt ausdrücklich, daß Kriegslisten nicht verboten sind. Eine List ist eine Handlung, die einen Gegner irreführen oder „zu unvorsichtigem Handeln veranlassen" soll, die aber keine Regel des bewaffneten Konflikts verletzt und nicht versucht, das Vertrauen des Gegners zu erwerben, indem ihm ein rechtlicher Schutz vorgegaukelt wird. Zulässige Kriegslisten sind Tarnung, Scheinstellungen, Scheinoperationen und irreführende Informationen. Ein Beispiel für eine zulässige List war während des Golfkriegs die Zusammenziehung von US-Streitkräften auf See, um den Irak glauben zu machen, daß ein Angriff von der Seeseite bevorstünde; tatsächlich kam der Angriff von der Landseite. Ein weiteres Beispiel ist es vielleicht, ein Bombenflugzeug Kasernen anfliegen zu lassen, um Luftverteidigungskräfte von einer Schiffswerft wegzulocken.

Der Fall der moslemischen Männer bei Srebrenica war eine nur allzu tragische Entsprechung der Definition der Heimtücke, die ja sehr eng gefaßt ist. Die bosnischen Moslems, die sich ergaben, taten dies, weil sie von den Serben dazu verleitet wurden zu glauben, daß sie sich in Gegenwart von UN-Friedenstruppen befänden. Das war keine Kriegslist, die bei der Kriegführung rechtmäßig ist, sondern Heimtücke, ganz einfach und simpel, und sie kostete Tausende das Leben.

H Das Töten all derer, die sich ergaben und **außer Gefecht gesetzt** waren, ist natürlich die schwerste Völkerrechtsverletzung von allen.

Humanitäre Hilfe, Behinderung der

David Rieff

Den Mitarbeitern humanitärer Hilfsorganisationen, die LKWs mit Versorgungsgütern von Metkovic in Kroatien in die in Trümmern liegenden Städte und Dörfer Zentralbosniens und weiter nach Sarajewo fuhren, war klar, daß sie eine Art humanitäres russisches Roulette spielten.

Aus der Sicht der Kämpfer brachten die Hilfskonvois ihren Feinden Nachschub. Daher betrachteten sie die Mitarbeiter der Hilfsorganisationen ebenfalls als Feinde. „Ihr sagt, ihr helft Frauen und Kindern", hörte ich an einem improvisierten Kontrollpunkt in der westlichen Herzegowina einen kroatischen Kämpfer einmal bitter zu einer Vertreterin des Dänischen Flüchtlingsrates sagen. „Das tut ihr nicht. Ihr helft den Moslems."

Die dänische Vertreterin schüttelte nur den Kopf. „Das stimmt wirklich nicht", sagte sie. „Wir ergreifen niemandes Partei; unsere Hilfe ist neutral." Die einzige Antwort des kroatischen Soldaten bestand in einem bitteren Lachen.

Wir mußten lange an dem Kontrollpunkt warten. Genauso lange würden wir bei einem halben Dutzend weiterer Kontrollpunkte warten müssen, bis wir endlich in der von der bosnischen Regierung kontrollierten Stadt Travnik ankommen würden. Die Kroaten hielten uns auf der Straße an. Die Serben beschossen uns von den Hügeln aus. Das war bei einem Hilfskonvoi nicht weiter ungewöhnlich. An den Kontrollstellen galt das Recht wenig. Wie die dänische Vertreterin zu mir sagte: „Nicht nur halten sich in diesem Krieg die Kämpfer nicht an das Recht – wenn wir von humanitären Erfordernissen sprechen, wissen sie nicht einmal, wovon wir überhaupt reden."

Und dennoch waren sich fast alle außerhalb Bosniens zumindest über die Notwendigkeit **humanitärer Interventionen** einig, um die schlimmsten Folgen für die Zivilbevölkerung zu lindern. Es gab keine Einigkeit darüber, wer in dem Konflikt nun recht oder unrecht hatte, ganz zu schweigen davon, wie er zu lösen sei. Doch man war fest entschlossen, dafür zu sorgen, daß humanitäre Hilfslieferungen durchkamen, und ehrlich empört, als dies nicht gelang. Wenn die Serben den Flughafen von Sarajewo schlossen oder Konvois blockierten, rief das bei allen Außenstehenden Entrüstung hervor. Humanitäre Hilfe sollte doch über der Politik des Krieges stehen, weit über allen Fragen eines militärischen oder psychologischen Vorteils. Bei ihr handelte es sich um etwas unbestreitbar Gutes, und daher durfte man sich ihr nicht in den Weg stellen.

Diese Ansicht erhielt bereits eine starke rechtliche Grundlage durch die Annahme der Vierten Genfer Konvention von 1949. Sie erlegt allen Vertragsparteien die Verpflichtung auf, „allen Sendungen von Arzneimitteln und Sanitätsmaterial ... freien Durchlaß" zu gewähren, und ebenso „allen Sendungen von unentbehrlichen Lebensmitteln, von Kleidung und von Stärkungsmitteln, die Kindern unter 15 Jahren, schwangeren Frauen und Wöchnerinnen vorbehalten sind", selbst wenn sie den militärischen Feinden zugedacht sind. Die Zusatzprotokolle von 1977 zu den Genfer Konventionen erweiterten sowohl die Pflichten der Kriegführenden als auch die Rechte der Nicht-Kombattanten. Artikel 69 verpflichtet die Besatzungsmacht, der feindlichen Bevölkerung „ohne jede nachteilige Unterscheidung" Hilfssendungen zu liefern, um das Überleben dieser Bevölkerung zu gewährleisten (und fordert sogar die Bereitstellung von Gegenständen, die zur Ausübung der Religion erforderlich sind). Artikel 70 verlangt, daß die Kriegführenden Hilfsangebote nicht als Einmischung in den Konflikt betrachten, solange es sich um „unparteiische humanitäre Hilfsaktionen" handelt, sondern als Verpflichtung nach dem humanitären Völkerrecht.

In Wirklichkeit, und nicht nur in **Bosnien**, waren die Dinge komplizierter. Das letzte, was Kämpfer in einem Krieg zur **ethnischen Säuberung** wollen, ist es, der gegnerischen Zivilbevölkerung ein Bleiben zu ermöglichen, ganz zu schweigen von einer ordentlichen Unterbringung, Ernährung und freier Religionsausübung. So oft war der Verstoß gegen das humanitäre Völkerrecht die Norm und seine Einhaltung die Ausnahme. In Nordbosnien stellten die Serben den Moslems keine Gegenstände für die Ausübung ihrer Religion bereit. Sie jagten systematisch Moscheen in die Luft. Und je mehr Konvois sie behinderten, desto wahrscheinlicher war es, daß die moslemische Bevölkerung fliehen würde, wodurch die ethnische Säuberung erreicht sein würde, die von Anfang an Ziel des Krieges gewesen war.

Die bittere Wahrheit lautete, daß das Eintreten für das Völkerrecht in bezug auf den Durchlaß humanitärer Hilfe ein Eintreten gegen die Kriegsziele der bosnischen Serben und, in einem geringeren Maße, der bosnischen Kroaten sowie ihrer jeweiligen Herren in Belgrad und Zagreb bedeutete. Für die Kämpfer des Kroatischen Verteidigungsrates (HVO) war beispielsweise das Passierenlassen eines Hilfskonvois in das von der bosnischen Regierung kontrollierte Ost-Mostar gleichbedeutend mit der Billigung der fortdauernden Anwesenheit von Moslems in diesem Teil von Bosnien-Herzegowina. Und das ganze Morden und Zerstören war mit dem genau umgekehrten Ziel vor Augen unternommen worden. In diesem Sinne verstanden wir alle, die wir mit den Hilfskonvois zu tun hatten – die Mitarbeiter der Hilfsorganisationen, die Kämpfer an den Kontrollpunkten, die zivilen Nutznießer und natürlich die Journalisten – daß es bei den Appellen der Vertreter des Hohen Flüchtlingskommissars der UN (UNHCR) oder der privaten Hilfsorganisationen, uns passieren zu lassen, im Grunde um die Fortsetzung des Krieges selbst ging. Mit anderen Worten, das, was im humanitären Völkerrecht häufig ein Kriegsverbrechen darstellt, bildete für die Kämpfer die grundlegende Taktik ihres Kampfes.

Aber selbst streng rechtlich betrachtet, war die Situation in einem Gebiet wie Bosnien nicht immer eindeutig. Die Vierte Genfer Konvention und die Zusatzprotokolle von 1977 enthalten zahlreiche Ausnahmen von dem Verbot der Behinderung humanitärer Hilfssendungen. Das liegt daran, daß es sich bei dem bosnischen Konflikt um alles andere als einen Krieg handelt, wie ihn die Schöpfer der Konvention oder der Zusatzprotokolle im Sinn hatten. Artikel 23 der Vierten Genfer Konvention besagt, daß eine Armee Gewißheit besitzen muß, daß es keinen „triftigen Grund" zur Befürchtung gibt, daß die Hilfssendungen möglicherweise nicht ihrer Bestimmung oder den beabsichtigten Empfängern zugeführt würden oder daß die Kontrolle über die Verteilung nicht wirksam sei oder daß dem

Feind daraus ein wesentlicher Vorteil für seine Kriegsbemühungen oder eine Stützung seiner Wirtschaft erwachse. Artikel 18 des Zweiten Zusatzprotokolls betont die „rein humanitäre und unparteiische Art" aller entsprechenden Hilfsaktionen. Zum Passierenlassen gehört das Recht der Kriegführenden, Konvois zu inspizieren, um sich zu vergewissern, daß sie auch das enthalten, was sie enthalten sollen, und für die Bevölkerung gedacht sind, die ein Anrecht darauf hat.

In Kriegen, in denen sich nicht Armeen, sondern bewaffnete Bevölkerungsgruppen gegenüberstehen, ist so etwas praktisch unmöglich zu gewährleisten. Die Kämpfer aller Seiten nutzen humanitäre Hilfssendungen für ihre eigenen Zwecke, und mit dem Kriegsrecht ist das Problem eines Krieges, in dem der Unterschied zwischen Soldat und Zivilperson unklar ist bzw. gar nicht existiert, nicht wirklich in den Griff zu bekommen.

Die Lösung dieser Fragen wird noch lange auf sich warten lassen, denn letzten Endes geht es dabei ebensosehr um politische und moralische wie um rechtliche Fragen. Im bosnischen Kontext könnten die Schlupflöcher in den Regelungen, die die Behinderung eines Hilfskonvois zu einem Kriegsverbrechen erklären, leicht genutzt werden, um zu verhindern, daß die Hilfskonvois dorthin gelangten, wo die Not am größten war. Natürlich ist nichts davon besonders tröstlich für eine in einem Krieg der ethnischen Säuberung gefangene Zivilbevölkerung, für die Hilfslieferungen fast die einzige Hoffnung sind.

SCHLÜSSELBEGRIFF

Humanitäre Intervention

David Rieff

Auf dem Höhepunkt der Belagerung von Sarajewo, als jeden Tag Hunderte von Granaten in der bosnischen Hauptstadt einschlugen, glaubten viele dort nicht mehr daran, daß sie mit dem Leben davonkommen würden. Die Luftbrücke der Vereinten Nationen, die Nahrung für viele brachte, die sonst verhungert wären, wurde ständig durch serbische Streitkräfte unterbrochen, die wiederholt die Start- und Landebahn des Flughafens unter Beschuß nahmen. Als die Monate zu Jahren wurden und die Belagerung immer noch nicht aufgehoben wurde, glaubten sowohl die Bewohner Sarajewos als auch viele mitfühlende Ausländer, daß entweder die Stadt zerstört werden würde oder eine Intervention von außen stattfinden müßte.

„Wie könnt ihr im Westen dies zulassen?" fragte mich im Januar 1993 eine Schauspielerin im Nationaltheater von Sarajewo. „Mir fallen die Zähne aus, ich bin über und über von Ekzemen bedeckt, ich habe seit Monaten nicht gebadet, und nach den Standards dieser Stadt bin ich dabei noch privilegiert. Ich weiß, daß da draußen niemand wirklich versteht, was hier passiert; ihr alle glaubt, wir wären Wilde vom Balkan, die sich ihrem uralten angestammten Blutdurst hingeben. Das ist natürlich völliger Unsinn. Aber selbst wenn ihr das glaubt, selbst wenn ihr uns nicht allein schon deswegen zu Hilfe kommen wollt, weil wir das Recht auf unserer Seite haben, warum könnt ihr uns dann nicht aus humanitären Gründen helfen? Warum könnt ihr nicht einfach die Belagerung beenden?"

Wie auf Kommando heulte in diesem Moment ein Düsenflugzeug durch den nachmittäglichen Himmel. Es war ein NATO-Kampfflugzeug auf einem Routine-Aufklärungsflug. Die Schauspielerin lächelte. „Gutes Timing, oder?" sagte sie. „Wenn es herabstoßen und ein paar Bomben abwerfen würde, könnte ich ein Bad nehmen."

Sie hatte recht, was die Verwirrung der meisten Menschen in den USA und in Westeuropa betraf, wenn sie an Bosnien dachten. Diejenigen, die glaubten, daß der bosnischen Regierung geholfen werden sollte, da sie im Recht sei, bildeten immer eine kleine Minderheit, selbst unter denen, die die Anwendung von Gewalt für notwendig hielten, um die ethnische Säuberung und die Belagerung Sarajewos zu beenden. Häufiger war das Argument zu hören, daß das, was dort geschah, so furchtbar sei, daß es einfach gestoppt werden müsse, und wenn dazu ein militärisches Vorgehen erforderlich sei, nun, dann müsse man eben militärisch vorgehen. Mit anderen Worten, der überwiegenden Mehrheit derjenigen, die Bosnien überhaupt irgendwelche Aufmerksamkeit schenkten – und das war selbst auf dem Höhepunkt des Gemetzels nur ein kleiner Prozentsatz der westlichen Öffentlichkeit –, erschien nicht eine politische Intervention am einleuchtendsten, sondern eine Intervention aus rein humanitären Gründen.

Als der Massenmord an über siebentausend moslemischen Männern und Jungen in Srebrenica die westlichen Mächte schließlich zum Handeln zwang, taten sie dies nicht aus der politischen Überzeugung heraus, daß wieder ein vereinter bosnischer Staat entstehen müsse, sondern aus einer

Art humanitären Impulses. Das Blutvergießen und Abschlachten, so beschlossen die westlichen Führer endlich, durfte nicht länger zugelassen werden.

Die humanitäre Intervention ist eine unermeßlich machtvolle und zugleich erschreckend ungenaue Konzeption. Es existiert keine formale rechtliche Definition dafür, aber ihre fundamentale Voraussetzung lautet, daß außenstehende Mächte das Recht und vielleicht unter bestimmten Bedingungen auch die Pflicht haben zu intervenieren, um in anderen Ländern Menschen zu schützen, die zu Opfern gemacht werden, selbst wenn es sich dabei um einen Konflikt innerhalb eines Staates handelt. Während klassische Interventionen ihrer Art nach politisch sind und ein Staat dabei entweder mit Gewalt einem anderen seinen Willen aufzwingt oder einem anderen zu Hilfe eilt (wodurch die traditionelle Vorstellung, daß die Souveränität eines Staates praktisch nicht verletzt werden darf, in keiner Weise angetastet wird), stellen humanitäre Interventionen derartige Vorstellungen von Souveränität unmittelbar in Frage. Das trifft besonders für direkte Eingriffe in die inneren Angelegenheiten eines einzelnen Staates zu. Im Grunde weichen solche Interventionen Fragen nach dem politischen Recht und Unrecht in dem jeweiligen Konflikt aus. Aus der Perspektive eines Staates oder einer Staatengruppe, die eine humanitäre Intervention in Betracht zieht, kommt es dabei nur auf die Auswirkungen an, die ein Konflikt auf Zivilpersonen hat.

Ein Beispiel für eine solche Denkweise war die Debatte über den kanadischen Vorschlag einer Intervention im damaligen Ost-Zaire im Jahre 1996, um die Millionen geflüchteter Hutus zu schützen, denen sowohl durch Angriffe ruandischer Streitkräfte unter der Führung von Tutsis als auch durch die Wirren des Bürgerkrieges in Zaire Gefahr drohte. Die Kanadier argumentierten, die Rechte einer bedrohten Zivilbevölkerung wögen schwerer als alle anderen Überlegungen, einschließlich der Auswirkung, die ein solcher humanitärer Einsatz auf den damals in Zaire stattfindenden politischen Kampf haben könnte. Diejenigen, die sich gegen den Einsatz aussprachen, sagten im Grunde, daß humanitäre Erfordernisse allein keine derartige Einmischung von außen rechtfertigen könnten. Viele wiesen außerdem warnend darauf hin, daß die langfristigen Auswirkungen einer humanitären militärischen Intervention kaum vorhersehbar seien.

Was das Völkerrecht betrifft, so ist die humanitäre Intervention allein eine Frage der politischen Präferenzen der Person, die sie zur Diskussion bringt. Offenbar wird allgemein akzeptiert, daß der Sicherheitsrat alles, was ihm einfällt, zu einer „Bedrohung für den internationalen Frieden und die internationale Sicherheit" erklären kann, wobei dies nicht irgendwelchen objektiven rechtlichen Einschränkungen unterliegt, sondern allein dem politischen Veto seiner ständigen Mitglieder. Seine Entscheidungen werden beeinflußt durch die öffentliche Meinung, internationale Aktivisten, CNN und die politischen Erwägungen von Sicherheitsratsmitgliedern sowie durch weitergefaßte und prinzipienorientiertere Grundsätze und Regeln. Innerhalb des humanitären Völkerrechtes ist es ein gewaltiger Sprung von den Bestimmungen in bezug auf Hilfssendungen bis zu einer militärischen Intervention, doch nicht zu groß für jene, die entsprechend politisch motiviert sind.

In der Praxis dient die humanitäre Intervention häufig als Rechtfertigung für Staaten, in solchen Konflikten aktiv zu werden, bei denen eine direkte politische Intervention im eigenen Land keinen Rückhalt finden würde. Die Öffentlichkeit in Nordamerika und Westeuropa hat sich trotz

des ganzen Geredes über den Mangel an Mitleid in der Gesellschaft als bemerkenswert aufgeschlossen für die Anwendung von Gewalt zur Abwendung oder Beendigung einer humanitären Katastrophe erwiesen. Andererseits hat eine humanitäre Intervention auch schon als Rechtfertigung für andere politische Motivationen gedient. Bei der französischen humanitären Intervention in Ruanda 1994, der Operation Türkis, wurde allgemein angenommen, daß der humanitäre Imperativ Frankreich als Deckmantel für seine Absicht diente, weiterhin zu versuchen, die Ereignisse im Gebiet der „Großen Seen" mit militärischer Gewalt zu beeinflussen und insbesondere die von Frankreich unterstützte, aber Völkermord begehende Regierung zu retten. Historisch gesehen wurden viele Feldzüge, die europäische Kolonialmächte im neunzehnten Jahrhundert unternahmen, mit humanitären Erfordernissen gerechtfertigt.

Heute sind humanitäre Interventionen hauptsächlich das Geistesprodukt von UN-Bürokraten und humanitären Hilfsorganisationen, die in

Unter serbischem Beschuß stützen Soldaten der UN-Friedenstruppen eine verwundete Frau. Sarajewo, 1994.

Konfliktgebieten nicht sicher operieren können. Diese Gruppen haben sich zu den eifrigsten Befürwortern von Interventionen entwickelt. Ein französischer Vertreter einer humanitären Organisation, Bernard Kouchner, popularisierte sogar die Rechtstheorie des französischen Gelehrten Mario Bettati von dem „Recht auf Intervention". Eine ganz andere Frage ist natürlich, ob die Leute ebenso reagieren würden, wenn der Preis in Form des Lebens von Soldaten und in Form von Geld zu hoch würde. Das liegt zum Teil daran, daß westliche Politiker routinemäßig, oft aber wenig glaubwürdig, humanitäre Interventionen als sicher beschreiben. Wenn sich dies als falsch erweist, wie es bei der von den USA geführten Operation der Vereinten Nationen in Somalia (UNOSOM II) der Fall war, baut sich schnell ein Druck auf, die humanitäre Intervention abzubrechen. Diesem Druck können Politiker kaum widerstehen.

Im Völkerrecht besteht das Tauziehen zwischen der Staatensouveränität und der Verpflichtung anderer Länder, den internationalen Frieden und die internationale Sicherheit aufrechtzuerhalten, weiter fort. In der Praxis hat die Vorstellung immer mehr an Boden gewonnen, daß der Grundsatz der Souveränität von Staaten zumindest im Falle von sogenannten „failed states", d.h. Staaten, die mit ihren inneren Ordnungsaufgaben nicht mehr fertigwerden, einfach irrelevant sei und die Bedürfnisse der Menschen Vorrang hätten. Diese Vorstellung wird allmählich zum allgemeinen Ausgangspunkt für Diskussionen darüber, was in Situationen ungeheuren menschlichen Leids und bei sehr wenig Aussicht auf eine sofortige Besserung zu tun ist. So wurde die US-Intervention in Somalia der amerikanischen Öffentlichkeit präsentiert, und so begründeten die Kanadier ihren Vorschlag eines Einsatzes in Ost-Zaire. Es bleibt die Frage, wie steigende Kosten für humanitäre Interventionen sich auf außenstehende Staaten auswirken werden, vor allem auf ihre Bereitschaft zu intervenieren, um Menschen vor systematischen Verstößen gegen international anerkannte Menschenrechte zu schützen oder um ihnen Hilfssendungen zu schicken. Die Idee der humanitären Intervention ist jedoch für viele Menschen weiterhin ungeheuer attraktiv, und da nach dem Ende des Kalten Krieges weder ein echtes internationales Sicherheitssystem existiert, noch eine echte Übertragung von Befugnissen an supranationale Institutionen wie die UN stattfindet, wird diese Idee vermutlich, wenn auch halbherzig, fortbestehen.

186 **Identifikation** H. Wayne Elliott

188 **Immunität vor Angriffen** Emma Daly

191 **Internationale Humanitäre Ermittlungskommission**
Frits Kalshoven

192 **Internationales Komitee vom Roten Kreuz (IKRK)**
Michael Ignatieff

196 **Interne Vertreibung** Maud S. Beelman

200 **Iran und Irak, der Krieg 1980–1988**
Jonathan C. Randal

209 **Irreguläre Streitkräfte** Ewen Allison

210 **Ius ad bellum / Ius in bello** Karma Nabulsi

RECHT

Identifikation

H. Wayne Elliott

Im amerikanischen Bürgerkrieg trugen Soldaten selten irgendeine Form von Erkennungsmarke. Die meisten Soldaten schrieben vor der Schlacht ihren Namen und ihre Einheit auf ein Stück Papier und befestigten dieses auf ihrem Rücken. Manchmal funktionierte dieser einfache Notbehelf. Manche Soldaten kauften bei Marketendern kunstvolle gravierte Anstecknadeln oder Identifikationsschildchen aus Metall. Auf den Schildchen stand der Name des Soldaten, seine Einheit und manchmal seine Heimatstadt. Keine der beiden Regierungen gab Identifikationsschilder aus. Diese planlose Art der Identifikation von Soldaten erklärt vermutlich, weshalb fast die Hälfte der Bürgerkriegsgräber die Inschrift „unbekannt" trägt.

Nur wenige Jahre später gab im Deutsch-Französischen Krieg die preußische Armee nicht nur Erkennungsmarken aus, sondern schrieb außerdem vor, daß jeder Soldat eine Ausweiskarte bei sich zu tragen hatte. Diese Karten wurden der „Grabstein" der Soldaten genannt. Heute verlangt das Kriegsrecht, daß Soldaten identifiziert werden müssen. In nicht allzu ferner Zukunft wird es voraussichtlich elektronische Marken mit zahlreichen Informationen über den Soldaten geben. Die Verwendung von DNA-Tests könnte bedeuten, daß es „unbekannte" Soldaten einfach nicht mehr gibt. Ungeachtet der Methoden ist die Identifikation als rechtmäßiger Kombattant und Mitglied einer Streitkraft von entscheidender Bedeutung für die spätere Behandlung als Kranker, Verwundeter, Gefallener oder Gefangener, oder dann, wenn es sich um Soldaten, Sanitätspersonal oder Zivilpersonen handelt.

Während die militärische Uniform vielleicht einen Indizienbeweis dafür darstellt, daß der Betreffende ein rechtmäßiger **Kombattant** ist, erkennt das Kriegsrecht die Uniform allein nicht als absoluten Beweis dafür an, daß jemand Militärangehöriger ist. Der Status als Militärangehöriger ist wichtig. Jemand, der an Feindseligkeiten teilnimmt, ohne dazu von den rechtmäßigen Behörden autorisiert zu sein, riskiert, als rechtswidriger Kombattant beschuldigt und als solcher verfolgt zu werden. Was aber möglicherweise von größerer Bedeutung ist: Eine Konfliktpartei ist nicht verpflichtet, den Status eines **Kriegsgefangenen** auf Personen auszuweiten, die keine rechtmäßigen Kombattanten sind. Aus diesem Grund sind Armeen bestrebt, diejenigen identifizierbar zu machen, die ihnen im Kampf dienen.

Heute tragen die Soldaten in den meisten Armeen Erkennungsmarken (die in der US-Armee häufig auch als „dog tags", Hundemarken, bezeichnet werden). Die Marken werden auch in der Ersten Genfer Konvention von 1949 in Zusammenhang mit der Verpflichtung genannt, die Verwundeten und Gefallenen zu identifizieren. Jedoch verlangen die Konventionen selbst weder die Ausstellung solcher Marken noch, daß sie von den Soldaten getragen werden. Im allgemeinen steht auf einer Erkennungsmarke der Name des Soldaten, seine Erkennungsnummer, die Blutgruppe und die Religion. Diese Angaben sind für die korrekte Behandlung eines verwundeten oder toten Soldaten wichtig. Die Marken sollen in erster

Linie dazu dienen, Soldaten zu identifizieren, die schwerverletzt oder tot sind und auf anderem Wege nicht identifiziert werden können.

Artikel 17 der Dritten Genfer Konvention schreibt vor, daß Konfliktparteien denjenigen Personen, die in Kriegsgefangenschaft geraten könnten, Ausweise ausstellen. Auf dem Ausweis muß der Name des Betreffenden, sein Rang, seine Erkennungsnummer und sein Geburtsdatum stehen. Der Ausweis kann auch andere Informationen sowie die Unterschrift des Betreffenden, seine Fingerabdrücke und ein Foto enthalten. Der Ausweis muß von einem Gefangenen auf Verlangen vorgezeigt werden, darf ihm aber nicht weggenommen werden. Die Schöpfer der Konvention sahen nur Informationen vor, die für Nachrichtendienste wertlos sind, so daß es keinen Grund dafür geben kann, einem Gefangenen den Ausweis wegzunehmen. Hat ein Gefangener seinen Ausweis verloren, fordert Artikel 18, daß der Gewahrsamsstaat (d.h. der Staat, der den Soldaten in Gefangenschaft hält) ihm einen anderen, ähnlichen Ausweis ausstellt. Der Ausweis ist auch wichtig, um die Behandlung von Kriegsgefangenen festzulegen. Der Rang eines Kriegsgefangenen zum Zeitpunkt seiner Gefangennahme steht im Ausweis, und hieraus ergibt sich, ob der Gefangene als Offizier oder gemeiner Soldat zu behandeln ist. Die Pflichten, die von Kriegsgefangenen erwartet werden, sind je nach Rang unterschiedlich, daher ist der Ausweis von einiger Bedeutung.

Die Anforderungen an den Ausweis stehen in engem Zusammenhang mit den allgemeinen Regeln bezüglich einer Vernehmung von Gefangenen. Der Gefangene „muß" bei einer Vernehmung nur seinen Namen, seinen Rang, sein Geburtsdatum und seine Erkennungsnummer angeben. Dieses Muß wird häufig mißverstanden. Die Dritte Genfer Konvention fordert in Artikel 17, daß diese Information gegeben wird. Dieselbe Information steht im Ausweis, und dieser muß auf Verlangen vorgezeigt werden. Daher gibt es keinen Grund, diese Angaben bei einer Befragung nicht zu machen. Während der Gefangene nur verpflichtet ist, diese Angaben zu machen, kann derjenige, der ihn gefangengenommen hat, auch nach weiteren Informationen fragen, unter anderem nach militärisch sensiblen Daten. Jedoch braucht der Kriegsgefangene nur auf die vier in der Dritten Genfer Konvention angeführten Fragen zu antworten und darf nicht bestraft oder mißhandelt werden, wenn er dies nicht tut.

Diejenigen, die Gelegenheit bekommen, Kriegsgefangene zu sehen oder mit ihnen zu reden, sollten verlangen, daß ihnen die Ausweispapiere gezeigt werden. Der Ausweis ist nicht nur ein Beweis für den Status des Betreffenden nach dem Kriegsrecht, sondern sein Fehlen ist ein Beweis dafür, daß der Gewahrsamsstaat eben dieses Recht nicht voll und ganz einhält. Wenn Erkennungsmarke und Ausweis vorliegen, ist dies ein einfacher und sichtbarer Hinweis darauf, daß zumindest minimale Anforderungen des Kriegsrechts in bezug auf Gefangene eingehalten werden.

(Siehe **Tote und Verwundete**)

VERBRECHEN

Immunität vor Angriffen

Emma Daly

Unsere Freundin lag im Bett und zupfte nervös an den grauen, blutfleckigen Laken herum, ihre Augen von einer Bandage bedeckt, ihr Gesicht von Glasschnitten überzogen. „Ich will nach Hause", sagte sie heftig. „Ich habe schreckliche Angst davor, in diesem Gebäude zu bleiben."

Wir konnten ihre Sorge verstehen: Die Mauern der Betonblöcke und die geschwungenen Fassaden des Kosevo-Krankenhauskomplexes in Sarajewo waren übersät von Schrapnell-, Geschoß- und Granateinschlägen. Zwei Wochen zuvor waren zwei Patienten getötet worden, als eine Granate auf ihrer Station einschlug. In der Ferne konnten wir die Einschläge von Granaten hören und verdächtig nahe beim **Krankenhaus** das hohle Geräusch von abgehendem Mörserfeuer. Gemäß den Genfer Konventionen, die Zivilpersonen und zivile Objekte in Kriegszeiten theoretisch unter besonderen Schutz stellen, sind Krankenhäuser im allgemeinen immun vor Angriffen. Die **Belagerung** Sarajewos aber sprach dem humanitären Ideal hohn, nach dem die Gefahren des Krieges soweit wie möglich auf die an den Kämpfen beteiligten Streitkräfte begrenzt werden sollten.

Das Konzept der Immunität, die Regel, daß bestimmte Personen und Orte im Krieg „geschützt und geschont" werden sollten, reicht bis mindestens 1582 zurück, als ein spanischer Richter erklärte, das „vorsätzliche Töten unschuldiger Personen, beispielsweise von Frauen und Kindern, ist im Krieg nicht zulässig". Die Genfer Konventionen von 1949 bestätigten die Immunität für Zivilpersonen, Krankenhäuser und medizinisches Personal, und die Zusatzprotokolle zu den Konventionen von 1977 besagen: „Die Zivilbevölkerung und einzelne Zivilpersonen genießen allgemeinen Schutz vor den von Kriegshandlungen ausgehenden Gefahren."

Die absolute Regel besagt, daß Zivilpersonen nicht unmittelbar angegriffen werden dürfen. Des weiteren genießen einige Einzelpersonen, die als besonders verwundbar betrachtet werden – Kinder unter fünfzehn, ältere Menschen, schwangere Frauen und Mütter von Kindern unter sieben Jahren – einen besonderen Schutz und können beispielsweise auf Vereinbarung der kriegführenden Parteien in Zonen verlegt werden, die sicher vor Angriffen sind. Verwundete, Kranke oder Schiffbrüchige sowie Militärangehörige, die als **außer Gefecht gesetzt** betrachtet werden, sind geschützt, ebenso wie **Kriegsgefangene**.

Krankenhäuser, sowohl stationäre als auch mobile, Krankenwagen, Lazarettschiffe, Sanitätsflugzeuge und (ziviles wie militärisches) **Sanitätspersonal** haben nach den Genfer Konventionen ebenfalls Anrecht auf Schutz vor feindlichem Feuer, vorausgesetzt, daß die Einrichtungen mit einem **roten Kreuz** oder **roten Halbmond** gekennzeichnet sind und nicht entgegen ihrer Bestimmung oder in der Nähe militärischer Einrichtungen verwendet werden und daß das Personal ordnungsgemäß geschützt wird. Zum Personal gehören nicht nur Ärzte, Krankenschwestern und Sanitäter, sondern auch Fahrer, Reinigungskräfte, Köche, die Crews von Lazarettschiffen – kurz, alle, die dazu beitragen, daß eine Sanitätseinheit ordnungsgemäß funktioniert. Ebenfalls geschützt sind einige Hilfskräfte, beispielsweise freiwillige Rotkreuz-Helfer, die Kranke und Verwundete auf dem Schlachtfeld versorgen und Militärpfarrer. Neben Krankenhäusern dürfen auch bestimmte andere Gebäude nicht angegriffen werden. Kultstätten und geschichtliche Denkmäler sind geschützt, genauso wie Schulen und andere Objekte, die nicht verwendet werden, um militärische Aktivitäten zu unterstützen. Nach dem Abkommen zum Schutz von Kulturgut von 1954 sind bedeutende Kultstätten, historische Stätten, Kunstwerke und andere Kulturschätze ebenso vor Angriffen geschützt.

Es gibt Ausnahmen. So wird zum Beispiel eine Schule zu einem legitimen **militärischen Ziel**, wenn dort Soldaten stationiert sind. Bei Krankenhäusern ist die Situation komplizierter, da diese bewaffnete Wachen

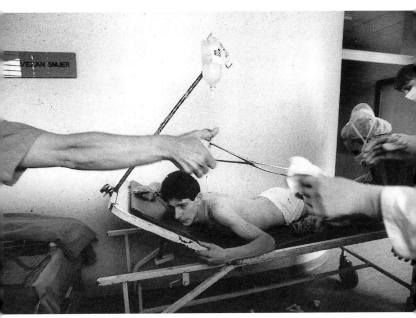

Auf dem Flur der Trauma-Klinik des Kosevo-Krankenhauses wird einem Mann ein Granatsplitter aus dem Bein entfernt. Sarajewo, Bosnien, 1993.

auf ihrem Grundstück haben dürfen. Doch die Immunität vor einem Angriff kann verloren gehen, wenn Menschen oder Objekte benutzt werden, um Handlungen zu begehen, die einer Seite in einem Konflikt schadet. Wären die bosnischen Serben, die Sarajewo belagerten, zu dem Schluß gekommen, daß Regierungskräfte Waffen aus dem Kosevo-Krankenhauskomplex abfeuern würden, hätten sie das Recht gehabt, zurückzufeuern – aber erst, nachdem sie die bosnische Regierung aufgefordert hätten, das Krankenhaus nicht länger als **Schutzschild** zu gebrauchen, und ihr einen vernünftigen Zeitraum zugestanden hätten, um dieser Forderung zu entsprechen.

Einer unschuldigen Person oder einem unbeteiligten Objekt Schaden zuzufügen, ist nicht immer rechtswidrig. Der Tod von Zivilpersonen oder Schaden von Zivilpersonen und an zivilen Objekten sind als Ergebnis eines Angriffs auf ein militärisches Ziel erlaubt, aber nur, wenn durch den Angriff ein definitiver militärischer Vorteil zu erwarten ist. Der Schaden an Personen oder Objekten, die im Prinzip nach dem humanitären Völkerrecht als immun gelten, darf im Verhältnis zu dem erwarteten militärischen Vorteil nicht exzessiv sein. So wäre beispielsweise das Zerbrechen der Fenster eines Krankenhauses während eines Angriffs auf ein fünfhundert Meter entfernt gelegenes Waffenlager nicht rechtswidrig, da der militärische Vorteil den zivilen Schaden bei weitem überwöge.

Doch legitime militärische Ziele von geschützten zivilen Standorten zu trennen, ist in der Praxis nicht einfach. Nach dem humanitären Völkerrecht müssen Konfliktparteien ihr Militär soweit wie möglich von Zivilpersonen getrennt halten. Doch in der Realität kann das schwierig sein. So war beispielsweise in Sarajewo das belagerte Gebiet so klein, daß es einfach unmöglich gewesen wäre. Allerdings waren in Sarajewo wie auch in vielen Städten in ganz Bosnien-Herzegowina offensichtlich die Zivilpersonen das primäre Ziel der Belagerer. Das ist einer der Gründe, weshalb Radovan Karadzic und Ratko Mladic, die zivilen und militärischen Führer der sezessionistischen bosnischen Serben, vor dem Internationalen Strafgerichtshof in Den Haag wegen Kriegsverbrechen angeklagt wurden.

(Siehe **Zivilpersonen, Immunität von; Zivilpersonen, Rechtswidrige Angriffe auf; Sanitätstransporte; Verhältnismäßigkeit, Grundsatz der; Geschützte Personen**)

RECHT

Internationale Humanitäre Ermittlungskommission

Frits Kalshoven

Die Internationale Humanitäre Ermittlungskommission (International Humanitarian Fact-Finding Commission, IHFFC) ist ein unabhängiges, ständiges Organ, das seine Existenz dem Artikel 90 des Ersten Zusatzprotokolls von 1977 verdankt. Sie besteht seit 1991 mit Sitz und Sekretariat in Bern und steht Parteien bewaffneter Konflikte zur Verfügung, die den Verdacht haben oder unter dem Verdacht stehen, daß schwere Verstöße gegen das humanitäre Völkerrecht begangen wurden. Ursprünglich für zwischenstaatliche bewaffnete Konflikte gedacht, hält die Kommission sich selbst für qualifiziert, auch in einem innerstaatlichen bewaffneten Konflikt tätig zu werden, eine Haltung, gegen die bisher keine Regierung Einwände erhoben hat. Die IHFFC vertritt die Ansicht, daß sie ihre Dienste Konfliktparteien ohne Aufforderung anbieten kann, wird jedoch einen solchen Schritt nur unternehmen, falls sie das für klug hält.

Sie hat die folgende Aufgaben: 1. Sie kann angebliche schwere Verstöße gegen das Völkerrecht untersuchen; 2. Sie kann durch Vermittlerdienste dazu beitragen, daß das humanitäre Völkerrecht wieder respektiert wird.

Die IHFFC betrachtet die beiden Aufgaben nicht unbedingt als miteinander verbunden, wodurch sie in der Lage ist, ihre Vermittlerdienste unabhängig von einer Untersuchung auszuführen (und umgekehrt). Dadurch kann sie ihren einigermaßen unterschiedlichen Ausrichtungen gerecht werden: Während eine Untersuchung angeblicher Verstöße in die Richtung eines Strafverfahrens gehen kann, können Vermittlerdienste für die Wiederherstellung einer Haltung des Respekts nicht nur für das humanitäre Völkerrecht, sondern auch für die andere Partei förderlich sein.

Staaten können die Zuständigkeit der IHFFC für sich und andere, genauso handelnde Staaten akzeptieren, indem sie bei den Schweizer Behörden eine entsprechende Erklärung hinterlegen. Während dieser Artikel geschrieben wird, haben bereits dreiundfünfzig Staaten derartige Erklärungen hinterlegt, darunter viele europäische Staaten (auch aus dem ehemaligen Ostblock) sowie eines der ständigen Mitglieder des UN-Sicherheitsrates, und zwar Rußland. (Ein weiteres Mitglied, Großbritannien, hat seine Absicht erklärt, dies bald zu tun.) Wenn ein Staat die Zuständigkeit der IHFFC anerkannt hat, bindet das diesen Staat nicht in bezug auf seinen oder seine Gegner in einem innerstaatlichen bewaffneten Konflikt auf seinem Gebiet. Die fünfzehn IHFFC-Mitglieder „von hohem sittlichem Ansehen und anerkannter Unparteilichkeit" werden von den Staaten, die entsprechende Erklärungen abgegeben haben, für eine Amtszeit von fünf Jahren gewählt. Seit den Wahlen von 1996 besteht die IHFFC aus elf Europäern (einem aus Rußland) und vier Mitgliedern von anderen Kontinenten außer Asien.

Damit die IHFFC ihre Funktionen unparteiisch und effektiv ausführen kann, benötigt sie die Zustimmung der beteiligten Parteien. Diese unabdingbare Voraussetzung könnte gleichzeitig einer der Faktoren sein, weshalb die Dienste der IHFFC bis zum heutigen Tag weitgehend nicht in Anspruch genommen wurden.

Frits Kalshoven ist Vorsitzender der IHFFC.

SCHLÜSSELBEGRIFF

Internationales Komitee vom Roten Kreuz (IKRK)

Michael Ignatieff

Das Internationale Komitee vom Roten Kreuz (IKRK) wurde 1863 gegründet. Die Idee dazu stammte von Jean-Henri Dunant, einem schweizerischen Geschäftsmann, der 1859 Zeuge der Schlacht von Solferino zwischen Frankreich und Österreich geworden war und den der hohe Blutzoll entsetzte, den die Vernachlässigung der Verwundeten forderte.

Dunant versuchte in ganz Europa Unterstützung für einen neuen Grundsatz zu finden, daß nämlich verwundete feindliche Soldaten die gleiche medizinische Behandlung wie die Truppen des eigenen Landes verdienten. 1863 bildeten fünf angesehene Genfer Bürger ein Komitee und ernannten Dunant zu dessen Sekretär. Aus dieser Keimzelle sollte sich später das Internationale Komitee vom Roten Kreuz entwickeln. 1864 fand in der Schweiz eine Konferenz mit Teilnehmern aus 16 Ländern statt, um Empfehlungen für Verbesserungen des Sanitätsdienstes im Krieg auszuarbeiten. Die Parteien dieser ersten Genfer Konvention stimmten überein, daß Krankenhäuser, Krankenwagen und Sanitätspersonal bei Konflikten als neutral gelten sollten, und wählten als Symbol für das Sanitätskorps das rote Kreuz.

Zwischen dem IKRK und den Genfer Konventionen bestand von Anfang an eine einzigartige und enge Verbindung. Laut den Genfer Konventionen von 1949 und den Zusatzprotokollen von 1977 hat das IKRK den Auftrag:

 a) Kriegsgefangene zu besuchen, zu registrieren und Post und Essenspakete zuzustellen;
 b) Zivilpersonen, die in bewaffnete Konflikte verwickelt werden, humanitäre Nothilfe zu leisten;
 c) vermißte Personen, aus der Zivilbevölkerung und dem Militär, zu suchen und mit ihren Familien zusammenzuführen;
 d) Streitkräfte in der Einhaltung des humanitären Völkerrechts auszubilden;
 e) die Genfer Konventionen auszuweiten und weiterzuentwickeln;
 f) als Vermittler tätig zu werden, um den Austausch von Gefangenen, Repatriierungen und die Freilassung von Geiseln zu gewährleisten.

Inzwischen unterhält das IKRK Delegationen in über fünfzig Ländern, knapp die Hälfte davon in Afrika. Sein Jahresbudget beträgt knapp über 550 Millionen US-Dollar. Das meiste davon stammt von Regierungen, hauptsächlich den Vereinigten Staaten, der Europäischen Union, den skandinavischen Ländern und der Schweiz. Sein Komitee besteht ausschließlich aus Schweizern; auch die meisten Abgeordneten sind immer noch Schweizer Bürger, allerdings rekrutieren sie auch Nicht-Schweizer.

Vertreter des IKRK, die als „Delegierte" bezeichnet werden, arbeiten in der Praxis mit den Gesellschaften des Roten Kreuzes und des Roten

Halbmonds zusammen, die meisten ihrer vor Ort praktisch tätigen Mitarbeiter entstammen den nationalen Gesellschaften. Was aber die nationalen Gesellschaften als Institutionen betrifft, so behandelt das IKRK diese eher mit Vorsicht, weil es manche ihrer Führungsspitzen entweder für korrupt oder für zu sehr auf der Seite der lokalen regierenden Eliten stehend betrachtet.

Das IKRK ist eine einzigartige Organisation in bezug auf seinen rechtlichen Status im Völkerrecht, seine Rolle bei der Etablierung und Unterstützung der Genfer Konventionen und in bezug auf seine Geschichte und Rolle bei der unparteiischen Hilfe für zivile Opfer und Verwundete aller Nationen. Diese unterschiedlichen Rollen stellen das IKRK auch vor ein einzigartiges moralisches Dilemma: Soll es öffentlich bekanntmachen,

Es geht nach Hause: Ein Flugzeug des Internationalen Komitees vom Roten Kreuz bringt ein verletztes Kind nach seiner Behandlung nach Hause. Afghanistan, 1990.

wer gegen das Recht verstößt, das das IKRK doch unterstützen und weiterentwickeln will und das der Organisation ihren besonderen Status verleiht, oder soll es diskret operieren, um nicht seine Möglichkeit aufs Spiel zu setzen, weiterhin Fronten zu überschreiten, Zugang zu Gefangenen zu erlangen und ihre Behandlung überwachen zu können? Oder einfacher ausgedrückt, soll das IKRK Verstöße und Verletzungen bekanntmachen – und dadurch riskieren, nicht mehr zu den Opfern gelangen zu können – oder den Mund halten und so zum Komplizen des Bösen werden?

Solche Entscheidungen sind immer schwierig, und im Lauf seiner Geschichte hat sich das IKRK meist dafür entschieden, seinen Standpunkt nicht öffentlich zu vertreten. Doch Fehlschläge lasten schwer auf der Organisation. Obwohl das IKRK schon 1935 erstmals Zugang zu deutschen Konzentrationslagern hatte, und obwohl der IKRK-Führung in Genf detaillierte Informationen über die Pläne der Nazis zur Judenvernichtung vorlagen, unterließ sie es, weiterzusagen, was sie wußte, oder öffentlich zu protestieren. Zwar retteten mutige Delegierte Juden in Ungarn und in

Griechenland, aber erst 1945, als es bereits zu spät war, erhielt die Organisation Zutritt zu den Lagern.

Vor dasselbe Dilemma sah sich das IKRK im Juli 1992 gestellt, als IKRK-Delegierte von serbischen Internierungslagern in Zentralbosnien erfuhren, wo moslemische Gefangene ausgehungert, gefoltert und summarisch hingerichtet wurden. Zwar äußerten sich die lokalen IKRK-Delegierten wieder nicht öffentlich zu der Angelegenheit, bestätigten aber insgeheim Informationen, die Journalisten aus anderen Quellen erhalten hatten, und trugen so dazu bei, daß die Informationen über die Lager bekannt wurden. In manchen Fällen prangert das IKRK grobe Verstöße gegen das Völkerrecht an, aber offiziell macht die Organisation ihren Standpunkt immer noch ungern publik, da sie befürchtet, dadurch ihren Ruf der Neutralität und Unparteilichkeit zu gefährden.

Da die Organisation bereits seit Mitte des neunzehnten Jahrhunderts besteht, verfügt das IKRK über ein gewaltiges institutionelles Gedächtnis. Es hat Millionen von Kriegsgefangenen in zwei Weltkriegen besucht und Rotkreuz-Nachrichten und Pakete für sie weitergeleitet. Sein Suchdienst hat geholfen, Hunderttausende von Flüchtlingsfamilien wieder zusammenzuführen; seine Delegierten waren Zeugen jedes größeren bewaffneten Konfliktes seit 1864, und es verfügt über eine unübertroffene Sachkenntnis, wenn es darum geht, Zugang zu allen Parteien eines Konfliktes zu erhalten.

Unabhängigkeit lautet seine Parole. Offiziell wahren seine Vertreter Distanz zu internationalen nichtstaatlichen Hilfsorganisationen (Nongovernmental Organizations oder NGOs) vor Ort sowie zur UN. Während des Bosnien-Krieges waren sie sehr bemüht, ihre Tätigkeit von der der UN-Organisationen getrennt zu halten, und lehnten es beispielsweise ab, Konvois der UN-Friedenstruppen zu begleiten, mit der Begründung, daß dies ihre Neutralität in Frage stelle.

Es ist eine Organisation, die sich streng an die Regeln hält – an die Genfer Konventionen, ihre Artikel und Unterartikel. Dieser Hang, sich strikt an die Paragraphen zu halten, verleiht ihrer Arbeit Präzision und Disziplin, aber ihre vorsichtige, am Recht orientierte Neutralität wird auch von manchen humanitären Organisationen (z. B. den Ärzten ohne Grenzen) kritisiert. Doch wie sein missionarischer Begründer spielt das IKRK auch eine zentrale Rolle bei Kampagnen zur „Zivilisierung" der Kriegführung, beispielsweise beim Verbot blendender Laser-**Waffen** und Antipersonen-**Minen.**

Seit seiner Gründung versucht das IKRK, seiner Aufgabe treu zu bleiben, in einer Kriegszone „die ersten, die hereinkommen, und die letzten, die weggehen" zu sein. Das trägt dazu bei, daß es aus dem immer gedrängteren und von Konkurrenzdenken geprägten Feld der internationalen humanitären Hilfsorganisationen hervorsticht. Dies hat sich schon so manches Mal bezahlt gemacht. Während der NATO-Luftschläge auf bosnisch-serbisches Gebiet im August 1995 wurden alle nichtstaatlichen Hilfsorganisationen aus NATO-Ländern evakuiert. Das IKRK aber blieb und konnte den Hunderttausenden serbischen Zivilpersonen, die von den kroatischen und moslemischen Streitkräften aus der Krajina vertrieben wurden, humanitäre Hilfe leisten.

Im August 1998 schlugen Tomahawk-Marschflugkörper in eine afghanische Einrichtung ein, bei der es sich nach Angaben der US-Regierung um ein Ausbildungslager für Terroristen handelte. Auf den Straßen der afghanischen Hauptstadt Kabul versuchte eine wütende Menge, die amerikanische Botschaft zu stürmen; es wurde auf Ausländer geschossen, und zwei Mitglieder von Hilfsorganisationen wurden getötet. Die UN evakuierte ihr gesamtes Personal aus Afghanistan in das nahegelegene Pakistan, ebenso wie die NGOs. Nur das IKRK blieb. Dreißig seiner Delegierten blieben und versorgten die Kriegerwitwen von Kabul mit Nahrung, hielten die Militärkrankenhäuser offen, paßten amputierten Kindern Prothesen an und versuchten, ihre Kommunikationsverbindungen für alle Seiten des brutalen Bürgerkriegs in Afghanistan offenzuhalten.

Manchmal zahlt das IKRK den Preis für sein Bleiben. Am 17. Dezember 1996 stiegen in Tschetschenien maskierte Angreifer in einen Krankenhauskomplex des IKRK in der Nähe von Grosny ein und erschossen mit schallgedämpften Pistolen sechs Mitarbeiter des Roten Kreuzes im Schlaf. Dennoch weigert sich das IKRK, in Krankenhäusern oder als Begleitung für seine Konvois bewaffnete Wachen einzusetzen.

(Siehe **Rotes Kreuz/Roter Halbmond, Zeichen des; Ausbildung in humanitärem Völkerrecht**)

VERBRECHEN

Interne Vertreibung

Maud S. Beelman

An jenem trägen Augustnachmittag, an dem Mädchen in weißen Sommerkleidern an kornblumenblauen Feldern vorbeiradelten, wirkten die Wagen und Busse, die sich über einen ländlichen Straßenabschnitt in Nordwestbosnien schlängelten, von fern wie ein Verkehrsstau. Erst von nahem erzählte der Schrecken in den Augen der Bewohner von Sanski Most mit ihren hastig in Taschen und Plastiksäcke gestopften Besitztümern und die Polizisten mit ihren Schrotflinten im Anschlag die wahre Geschichte.

I

Über fünfzehnhundert slawische Moslems mußten an jenem Tag Mitte August 1992 ihr Heim verlassen, vertrieben von Volksserben, die Nord-

bosnien von ihren zu Feinden gewordenen Nachbarn säubern wollten. Die Serben hatten sogar städtische Busse bereitgestellt, um diejenigen wegzubringen, die kein Auto hatten; allerdings sollte aus der großzügigen Geste bald ein die ganze Nacht lang dauernder Marsch über Blut und Leichenteile zur anderen Seite der Front werden. Vier Monate nach Beginn des Krieges war dem Hohen Flüchtlingskommissar der UN klargeworden, daß die Massenbewegung von Zivilpersonen in Bosnien nicht zu den chaotischen Zufällen des Krieges gehörte, sondern vielmehr eine kalkulierte, gesteuerte Verlegung der Bevölkerung zur Schaffung ethnisch homogener Gebiete war.

Eine derartige Massenvertreibung hatte Europa seit dem Zweiten Weltkrieg nicht mehr erlebt. Als Folge von Hitlers Greueltaten auf dem gesamten Kontinent waren 1949 die Genfer Konventionen entstanden, die spezielle Schutzbestimmungen für Zivilpersonen enthalten. Artikel 49 der Vierten Genfer Konvention besagt, „Einzel- oder Massenzwangsverschickungen ... sind ohne Rücksicht auf deren Beweggrund untersagt."

Intern vertriebene bosnische Moslems auf der Flucht vor den Serben aus Banja Luka, mit allem, was sie tragen können.

Die Teilnehmer des Sanski Most-Konvois, die von einem Ort des Landes an einen anderen Ort innerhalb desselben Landes vertrieben wurden, gelten nach dem humanitären Völkerrecht als intern Vertriebene. Würden sie über eine Staatsgrenze vertrieben, wäre dies eine **Deportation**, und sie würden als **Flüchtlinge** behandelt.

Das Zweite Zusatzprotokoll von 1977, das sich mit innerstaatlichen Konflikten befaßt, sieht vor, daß eine Zwangsverlegung von Zivilpersonen nur dann rechtmäßig ist, wenn dies für die Sicherheit der Zivilpersonen selbst oder aus „zwingenden militärischen Gründen" geboten ist. Zudem besagt Artikel 17, daß Zivilpersonen nicht gezwungen werden dürfen, ihr „eigenes Gebiet" aus Gründen zu verlassen, die mit dem Konflikt im Zusammenhang stehen. Der Artikel definiert nicht eindeutig, was mit „Gebiet" gemeint ist. Im Kommentar des Internationalen Komitees vom Roten Kreuz (IKRK) zu den Zusatzprotokollen heißt es, damit sei beabsichtigt, die politisch motivierte Verlegung von Zivilpersonen zu minimieren.

Die Norm ist für zwischen- und innerstaatliche Konflikte die gleiche: Wenn Zivilpersonen aus einem der beiden Gründe - aus Sicherheitsgründen oder aus militärischen Erfordernissen - verlegt werden müssen, dann muß ihre Evakuierung in geschützten, hygienischen und menschlichen Verhältnissen verlaufen, und sie darf nur so kurz wie möglich dauern. Nichts davon traf im Fall von Sanski Most zu, das in den ersten Tagen des Krieges unter bosnisch-serbische Kontrolle fiel und in dem drei Jahre lang, bis Herbst 1995, keine Kämpfe stattfanden.

Das Völkerrecht war daher eindeutig. Artikel 49 der Vierten Genfer Konvention verbietet die Massenverschickung der Zivilbevölkerung Bosniens, und Artikel 17 des Zweiten Zusatzprotokolls verbietet die Vertreibungen.

Doch sie erfolgten dem humanitären Völkerrecht zum Trotz. Wir waren auf der ganztägigen Fahrt bis ins Herz der Finsternis vorgedrungen, als der Konvoi von der Hauptstraße auf abgelegene Landstraßen abbog und unter dem Geschrei „schlachtet sie, schlachtet sie!" wie bei einem Spießrutenlauf an serbischen Soldaten und Zivilpersonen, die sich immer feindseliger gebärdeten, vorbei mußte. Als die Sonne unterging, sollte der schlimmste Teil erst noch kommen. Die Menschen aus Sanski Most mußten unter vorgehaltener Waffe aus den Bussen und Autos aussteigen, die zum größten Teil beschlagnahmt wurden. Dann wurden sie mit dem, was sie tragen konnten, zu Fuß durch die Dunkelheit geschickt, durch ein Niemandsland, das zwei Armeen voneinander trennte. Ich ging mit ihnen.

Alte und Junge, Gesunde und Schwache, alle zusammen schleppten wir uns über eine Gebirgsstraße, die Krater von Mörsereinschlägen aufwies, auf einer Seite vermint war und von Heckenschützen beschossen wurde. An manchen Stellen war das Blut so dick, daß unsere Schuhe einen Moment lang an der Straße kleben blieben, und wir stolperten über menschliche Leichenteile und Hinterlassenschaften derer, die vor uns hier entlangmarschiert waren – Teddybären, Rucksäcke, Hausschuhe. An der Front, einer hohen Mauer aus Felsblöcken, die aus dem Berg herausgesprengt worden waren, wurde ein verkrüppelter Mann hinübergetragen und nach ihm sein Rollstuhl. Babies wurden ihren Müttern hinübergereicht. Alte Männer und Frauen, gebeugt vom Alter, kletterten mühsam über die Felsen auf die von der Regierung kontrollierte Seite. Der Fußmarsch ging über zwanzig Kilometer und dauerte sechs Stunden.

Bis zum Dezember 1995, direkt nach dem Friedensvertrag von Dayton, waren mindestens 1,2 Millionen Bosnier intern vertrieben worden. Drei Jahre später war nur ein Bruchteil von ihnen zurückgekehrt. „Zivilpersonen, nicht Soldaten, waren die hauptsächlichen und oft beabsichtigten Opfer im bosnischen Konflikt. Die Vertreibung war nicht nur ein Nebenprodukt, sondern ein Ziel der Kampfhandlungen und der Verfolgung", sagte damals die Hohe Flüchtlingskommissarin der UN, Sadako Ogata.

Aber drei Jahre später geschah es erneut, diesmal in der serbischen Provinz Kosovo, wo serbische Truppen einen großen Teil des Jahres 1998 damit verbrachten, einen Aufstand der Volksalbaner niederzuschlagen, die 90% der Bevölkerung ausmachten. Bis September 1998 waren 350 000 Menschen vertrieben worden, meist Frauen und Kinder.

Nicht alle internen Vertreibungen geschehen zum Zweck der **ethnischen Säuberung**. In Kolumbien haben beide Seiten des Konfliktes zwischen Regierungstruppen und Rebellen zwangsweise Zivilpersonen verlegt, um sich einen politischen oder wirtschaftlichen Vorteil zu verschaffen. Weltweit gab es 1998 schätzungsweise 20 bis 25 Millionen intern Vertriebene, im Vergleich mit etwa 13 Millionen Flüchtlingen, das heißt, Menschen, die über Staatsgrenzen hinweg vertrieben wurden.

Juristen und humanitäre Experten räumen ein, daß das bestehende Recht ungenügend und zudem durch einen Mangel an politischem Willen geschwächt ist. Die Auslegungen der „zwingenden militärischen Gründe" gehen weit auseinander, und die Regierungen wollen sich zudem nicht in etwas verwickeln lassen, was als die inneren Angelegenheiten eines anderen Staates betrachtet werden könnte. Francis Deng, der Spitzenvertreter der UN für intern Vertriebene, sagt: „Letztendlich geht es hier um mangelnden politischen Willen. Auch wenn man gute Grundsätze und gute Regeln hat, sind sie nichts als tote Buchstaben, wenn der Wille fehlt, sie durchzusetzen."

(Siehe **Evakuierung von Zivilpersonen**)

FALLSTUDIE

Iran und Irak, der Krieg 1980–1988

Jonathan C. Randal

Unter dem Deckmantel der Realpolitik legte die internationale Gemeinschaft in den 80er Jahren eine bewußte Gleichgültigkeit gegenüber den Schrecken des langen Krieges zwischen Iran und Irak an den Tag, indem sie wissentlich massive Verstöße gegen das humanitäre Recht, Kriegsverbrechen und wahrscheinlich sogar Völkermord tolerierte; dies bestärkte die Kriegführenden in dem Gefühl, daß sie straflos davonkommen würden. Ein Jahrzehnt nach dem Ende der Kämpfe vergiftet dieses schwärende Vermächtnis immer noch die Be-

ziehungen zwischen dem Iran und dem Irak und hat gefährliche Präzedenzfälle für zukünftige Konflikte geschaffen.

Daß sich Großmächte auf diese Weise mit dem Bösen arrangieren, läßt sich immer noch schwer hinnehmen, auch wenn es leicht zu verstehen ist. Eine Animosität zwischen den zwei regionalen Mächten am Golf bestand schon lange, bevor Teherans islamische Fundamentalisten damit drohten, ihre Revolution zu exportieren. Dies führte zur einer präventiven Invasion durch den Irak und schließlich zu internationalen Befürchtungen, der Iran könnte in diesem Konflikt siegen. Die gespannten Beziehungen zwischen den Nachbarstaaten reichen mindestens bis zu der Spaltung des Islams zwischen dem vorherrschenden sunnitischen Bagdad und den als abtrünnig betrachteten Schiiten in jenen Gebieten zurück, die heute den Iran bilden.

In den Jahrzehnten vor dem Krieg hatte Washington den Schah von Persien mit den neuesten Waffen, Militärstützpunkten und Technikern

Iranische Frauen im Tschador üben mit Pistolen in einem Krieg, über den trotz seiner enormen Opfer in den westlichen Medien kaum berichtet wurde. Iran, 1986.

ausgestattet und ihn de facto zum Golf-Polizisten ernannt. In vergleichbarer Art und Weise statteten die Sowjets, unterstützt von kleineren Beiträgen durch Großbritannien und Frankreich, auch den Irak mit einem übermäßigen Waffenarsenal aus. Die Rivalitäten des Kalten Krieges und Waffenverkäufe, mit denen sich leicht gutes Geld für Öllieferungen machen ließ, paßten nahtlos ineinander. Damals lieferte die Golf-Region zwei Drittel der Rohölimporte der „freien Welt".

Doch selbst für dieses blutige Jahrhundert setzte der Konflikt, der vom September 1980 bis zum Juli 1988 dauerte, neue Maßstäbe des Grauens, einschließlich des ersten umfassenden Einsatzes **chemischer Waffen** durch eine Regierung gegen ihre eigenen Bürger und eine minutiös dokumentierte Völkermordkampagne gegen die irakischen Kurden.

Iranische Soldaten feiern 1980 einen Vorstoß auf die Faw-Halbinsel. Als der Krieg zu Ende ging, waren etwa eine Million Iraker und Iraner umgekommen.

In diesem Krieg, der als einer der verlustreichsten der letzten fünfzig Jahre gilt, starben nach Schätzungen bis zu 750 000 iranische und möglicherweise 250 000 irakische Soldaten auf dem Schlachtfeld. Die Kämpfe lieferten zudem erschütternde Beweise für eine systematische Mißachtung der sogenannten Regeln der Kriegführung – und nicht nur seitens der Kriegführenden.

Für viele Ausländer stellte der Konflikt während des größten Teils seines Verlaufes ein seltsames Wiederaufleben des mörderischen Stellungskrieges des Ersten Weltkrieges dar, kompliziert durch einen ideologischen Eifer, der für alle, die sich in der uralten, blutigen und unversöhnlichen Geschichte des Nahen Ostens nicht auskennen, unverständlich ist. Anfangs fand der Westen beide kriegführende Seiten gleichermaßen so bedrohlich und unattraktiv, daß Zyniker wie der ehemalige US-Außenminister Henry Kissinger in der fortschreitenden Schwächung beider Regimes allen Grund zur Freude sahen.

Als das „beste" Ergebnis galt die gegenseitige Erschöpfung von Ayatollah Ruhollah Khomeinis Islamischer Republik Iran, die entschlossen war, die Revolution auf die gesamte moslemische Welt auszuweiten, und Saddam Husseins weltlichem, pseudo-preußischem Regime im Irak, das für die Einschüchterung seiner eigenen Bürger und der kleineren Ölscheichtümer am Golf berüchtigt war. Diese herablassende Haltung bot den fünf ständigen Mitgliedern des UN-Sicherheitsrates einen ethisch fragwürdigen Grund für ihre Untätigkeit, trotz bindender Verpflichtungen angesichts wiederholter und eindeutiger Verstöße gegen internationale Verträge, die der Iran, der Irak und natürlich sie selbst unterzeichnet hatten.

Das Internationale Komitee vom Roten Kreuz (IKRK), der neutrale Garant für akzeptable Regeln der Kriegführung, die unter der Bezeich-

Ein irakischer Oberst, von Iranern gefangengenommen, bei Khoramshahr, September 1982. Über zehn Jahre nach Kriegsende halten beide Seiten immer noch Tausende von Kriegsgefangenen fest.

nung humanitäres Völkerrecht bekannt sind, sah sich wiederholt gezwungen, sein gewohntes Schweigen zu brechen und nachdrücklich seine Empörung über das Fehlverhalten der Kriegführenden sowie implizite Kritik an der nachsichtigen Komplizenschaft der Großmächte bei solchen Verstößen publik zu machen.

Der Verzicht auf Moral im letzten klassischen zwischenstaatlichen Krieg des Jahrhunderts wurde denn auch von den Beteiligten der mörderischer Konflikte in Ruanda, Somalia, Liberia, Bosnien und anderswo vorausgesetzt, die die Ära unmittelbar nach dem Kalten Krieg einläuteten. Diese in der ganzen Welt ausbrechenden Kämpfe neigten sich bereits dem Ende entgegen, als Khomeini schließlich „den Giftkelch leerte" und im Sommer 1988 die Waffenstillstandsbedingungen des Sicherheitsrates akzeptierte, die er im Jahr zuvor noch abgelehnt hatte.

Doch um dies zu erreichen, mußten die Großmächte erst einmal ihre ursprüngliche Haltung der „Splendid Isolation" ablegen und ihre Einstellung, die Pest beiden Parteien an den Hals zu wünschen. Der Sinneswandel wurde durch die unverkennbaren Anzeichen eines irakischen Zusammenbruches bewirkt, durch den die Großmächte gezwungen wurden, dem Irak gerade genügend militärische Hilfe zu leisten, um den Iran in Schach und Saddam am Kampf beteiligt zu halten. Der Anfangserfolg des Iraks nach seiner Invasion des Irans war angesichts des wachsenden entschlossenen iranischen Widerstands, der eine so hohe Zahl an Opfern kostete, daß sie für alle anderen Regierungen außer einem Revolutionsregime inakzeptabel gewesen wäre, rasch geschwunden.

Schließlich erfolgte mit Unterstützung aller ständigen Mitglieder des Sicherheitsrates mit Ausnahme Chinas eine größere internationale Übung in Realpolitik, nachdem der Iran die Iraker 1982 hinter ihre Grenze zurückgedrängt und ein Multimilliarden-Dollar-Reparationspaket im Austausch für ein Ende der Feindseligkeiten abgelehnt hatte. Diese Hinwendung der internationalen Gemeinschaft zum Irak machte Khomeinis Traum von einer islamischen Republik im Irak und der weiteren Verbreitung der Revolution effektiv zunichte. Dazu gehörten entscheidende, manchmal offene, meist aber heimliche militärische Hilfsleistungen, von den offen „geliehenen" französischen Super-Etendard-Kampfbombern bis zur heimlichen Störung von Teherans Radar und der Bereitstellung von Satellitenfotos, auf denen die iranischen Ziele klar zu erkennen waren, durch die Amerikaner. Trotz alledem tat sich der Irak schwer, sich gegen den Iran zu halten. Weit davon entfernt, sich von nun an „zu benehmen", fiel Saddam, der nicht klüger geworden war, nur zwei Jahre nach Kriegsende in Kuwait ein.

Ein Patt herbeizuführen, um Saddam vor seiner eigenen Torheit zu schützen, war ohne sehr hohe Kosten an Menschenleben nicht möglich. Die im Krieg allgegenwärtigen Verstöße gegen die Menschenrechte multiplizierten sich mit immer tödlicheren innovativen Wendungen. Diese Verstöße wurden regelmäßig von Menschenrechtsorganisationen angeprangert, doch vergebens.

Im Laufe der Jahre verstieß die eine oder die andere Seite, manchmal beide, gegen die Genfer Konventionen von 1949 und die Zusatzprotokolle von 1977, nach denen Angriffe auf Zivilpersonen, auf zivile Objekte, der Einsatz von Kindern bei Kämpfen verboten sind und **Kriegsgefangene** geschützt werden müssen, sowie gegen das Protokoll von 1925, das den Einsatz chemischer Waffen verbietet.

Unzählige nicht ausgebildete iranische Kindersoldaten, nur mit Plastikschlüsseln ausgestattet, die ihnen den Zugang zum Himmel garantieren sollten, sprengten sich zu Zehntausenden bei der Räumung von Minenfeldern in die Luft oder starben, als sie in Artillerie-Sperrfeuer stürmten, die eines Verduns oder Stalingrads würdig gewesen wären. Irakische Raketen heulten durch die Nacht, um Schrecken unter iranischen Stadtbewohnern Hunderte von Meilen hinter der Front zu verbreiten. Erbarmungslos beschossen und zerstörten Iraker und Iraner gegenseitig ihre in Grenznähe gelegenen Städte.

Besondere Schwierigkeiten machte dem IKRK die Neigung beider Seiten, sich nicht an seine normalerweise feststehenden Verfahren zu halten. Sowohl der Iran als auch der Irak durchkreuzten die Suche des IKRK nach **Kriegsgefangenen** und die Identifikation der Vermißten und Toten. Beide Parteien komplizierten so die Aufgabe, nach dem Krieg festzustellen, wer überlebt hatte, und verzögerten die Repatriierung.

Der Irak beschwerte sich wiederholt darüber, daß seine **Kriegsgefangenen** „liquidiert" würden, daß ihnen keine Kontaktaufnahme gestattet würde oder daß sie, im Falle von Soldaten schiitischen Glaubens, einer Gehirnwäsche unterzogen und genötigt würden, in die speziellen militärischen Überläufer-Einheiten der „Badr-Brigade" einzutreten, die auf Betreiben des Iran organisiert wurden, um eines Tages in ihrem Vaterland für eine islamische Republik zu kämpfen. Das IKRK hatte Schwierigkeiten, Gefangene im Iran zu registrieren und Teheran zu überreden, Gefangene ohne Zeugen befragen zu lassen.

Teheran protestierte dagegen, daß seine Gefangenen im Iran daran gehindert würden, miteinander zu beten, was Bagdad mit Sicherheitsgründen rechtfertigte. Der Irak wiederum hinderte das IKRK daran, etwa zwanzigtausend Iraner zu besuchen, die seit 1987 gefangengenommen worden waren.

Verwundete iranische Soldaten warten auf ihre Evakuierung zu Krankenhäusern hinter der Front, bei einer iranischen Offensive, die in den ersten Tagen im April 1992 fünfzigtausend Tote und viele weitere Verwundete kostete. Shalamche, Iran.

Selbst nach dem Ende der Kämpfe 1988 wurden noch zwei Jahre lang kaum Gefangene repatriiert, trotz der im Waffenstillstand niedergelegten Bestimmungen in bezug auf ihre sofortige Rückkehr und obwohl das IKRK hartnäckig darauf drängte. (1990 gab Saddam nach, um die Beziehungen zum Iran zu verbessern, während er sich dagegen wappnete, daß die von den USA geführte Koalition ihm Kuwait wieder abnahm.) Als schließlich etwa vierzigtausend Männer jeder Seite nach Hause geschickt wurden, verletzten diese Austauschaktionen die IKRK-Bestimmungen gegen einen solchen Eins-zu-Eins-Gefangenenaustausch.

Noch ein Jahrzehnt, nachdem der letzte Schuß des Krieges gefallen war, waren nicht alle Gefangenen wieder zu Hause. Aber im April 1998 repatriierte der Iran in einem neuen Versuch, die Beziehungen mit der arabischen Welt zu verbessern und aus seiner zwei Jahrzehnte dauernden Isolation auszubrechen, etwa sechstausend irakische **Kriegsgefangene**. IKRK-Vertreter, die **Kriegsgefangene** im Iran besucht hatten, berichteten, daß viele der verbleibenden zwölftausend offiziell Festgehaltenen zwanzig Jahre älter aussahen, als sie waren. Viele waren schon lange der Badr-Brigade beigetreten und hatten Angst vor Repressalien zu Hause.

Der iranischen Weigerung, seinen IKRK-Verpflichtungen nachzukommen, lag nicht Ignoranz zugrunde, wie dies anfangs beim Irak der Fall war, sondern die Tatsache, daß die islamische Revolution alles ablehnte, was vom Schah und seiner Pahlevi-Dynastie stammte, die achtzehn Monate, bevor der Irak seinen Präventivkrieg begann, von Khomeini gestürzt worden war. Das IKRK, seine Regeln, Vorschriften und hartnäckigen Vertreter mit ihrem vorgeblich objektiven Verhalten waren alle als westlich und christlich suspekt und wurden als nicht bindend für eine Revolution betrachtet, lodernd von ihrer eigenen militant-selbstgerechten Vision der Universalität.

Unbekannter Soldat: Im Irak ließ der lange Konflikt die ganzen Schrecken des Stellungskrieges aus dem Ersten Weltkrieg wieder aufleben.

Was Saddams Bruch des Tabus zum Gebrauch **chemischer Waffen** betrifft, zunächst gegen iranische Truppen, dann gegen seine kurdischen Mitbürger, so liegt eine entsprechende ideologische Begründung dafür nicht auf der Hand. Seine Entscheidung stand dagegen im Einklang mit seiner bekannten Neigung, jedem, der sich ihm in den Weg stellte, gleich an die Kehle zu gehen. (Kurden zu vergasen, oder wie 1983 im Rahmen einer Vergeltungsmaßnahme achttausend zivile Stammesangehörige des kurdischen Guerilla-Anführers Massoud Barzani zu töten, war für Saddam ein und dasselbe.) Er pokerte darauf, daß die Außenwelt fast alles tolerieren würde, um Khomeini aufzuhalten.

Schließlich hatten während des Krieges westliche Firmen dem Irak wissentlich „doppelt verwendbare" Chemikalien und Ausrüstungen für angebliche „Düngemittel"-Fabriken geliefert, mit denen, wie sie sehr wohl wußten, verschiedene durch internationale Abkommen verbotene Gase und Nervengase hergestellt werden konnten. Diese Waffen stellen UN-Inspektoren, die mit der Aufgabe betraut sind, sie aus Saddams Arsenal zu entfernen, immer noch vor Probleme. Daß westlichen Regierungen vor Iraks Überfall auf Kuwait 1990 die Gefahr solcher Chemikalien nicht bewußt gewesen sein soll, klingt da schon sehr unwahrscheinlich.

Aber erst, als sie unter dem Druck standen, Saddam zu dämonisieren, und als ihre eigenen Truppen diesen **chemischen Waffen** ausgesetzt waren, überwanden westliche Regierungen ihre Amnesie und begannen, die Verwendung dieser geächteten Waffen durch den Irak anzuprangern. Bis zum heutigen Tag schützt die UN die darin verwickelten westlichen Firmen. Rolf Ekeus, der ehemalige leitende Waffeninspektor der UN im Irak, hat privat bestätigt, daß der Sicherheitsrat 1993 eine Abmachung mit UN-Inspektoren, Bagdad und der Internationalen Atomenergie-Organisation getroffen hat, nach der die Identität der Firmen nicht bekanntgegeben werden soll.

Der Wunsch, der Verantwortung auszuweichen, ist verständlich, wenn man bedenkt, welchen Schaden diese Waffen verursacht haben. Das bekannteste Beispiel betraf die irakische Kurdengemeinde Halabjah in der Nähe der iranischen Grenze. Wütend über die Einnahme der Stadt durch kurdische Guerilla-Kämpfer, die mit iranischen revolutionären Garden verbündet waren, ließ Saddam sie am 16. März 1988 in Wellen durch Kampfflugzeuge angreifen.

Sie versprühten Senfgas, einen der beliebtesten Kampfstoffe im Ersten Weltkrieg, sowie Tabun und Sarin, beides Nervengase, die von den Nazis entwickelt, aber noch nie eingesetzt worden waren, und VX, das der Irak zum ersten Mal testete. Mindestens dreitausend kurdische Zivilpersonen starben.

Zumindest dies eine Mal gab es Bilder von den furchtbaren Wirkungen **chemischer Waffen**. Iranische Hubschrauber brachten ausländische Korrespondenten, Fernsehteams und Fotografen in das Gebiet. Ihre Berichte und insbesondere Bilder von den Leichen, die in Pompeji-artigen Posen auf den Straßen von Halabjah erstarrt waren, versetzten die Welt in Entsetzen.

Dabei hätte das, was in Halabjah geschah, die Welt gar nicht so sehr überraschen dürfen. Bereits im November 1983 reichte Teheran die erste von mehreren Beschwerden bei der UN ein, in der Bagdad beschuldigt wurde, **chemische Waffen** zu verwenden, um iranische Infanterie-Angriffe durch immer neue Menschenwellen abzuwehren. Der Irak lehnte einen Vorschlag der UN ab, Experten zu beiden Kriegführenden zu entsenden, um vor Ort Untersuchungen anzustellen.

Der UN-Bericht von 1984, der sich allein mit den Untersuchungsergebnissen auf iranischem Grund und Boden befaßte, besagte ebenfalls, daß der Irak Senfgas und Tabun eingesetzt habe. Doch ohne Dokumentation durch Film und Fotografie zeigte dies wenig Wirkung. Der Sicherheitsrat erließ eine allgemein gehaltene Resolution, in der der Irak nicht namentlich erwähnt wurde. Der im Rotationsverfahren wechselnde Ratsvorsitzende verurteilte die Anwendung **chemischer Waffen** in einer separaten, wenig beachteten Erklärung, die unter seinem eigenen Namen erschien. Weniger hätte der Sicherheitsrat kaum tun können.

Aber selbst der Aufschrei der Empörung über Halabjah hielt den Irak nicht davon ab, **chemische Waffen** gegen seine Kurden einzusetzen (was technisch nicht einmal ein Verstoß gegen das Genfer Protokoll über chemische Waffen von 1925 darstellte, dessen praktisch zahnlose Bestimmungen die Anwendung der Waffen durch Unterzeichnerstaaten gegen ihre eigenen Angehörigen in Kriegszeiten nicht vorhergesehen hatten).

Tatsächlich war Halabjah kein Einzelfall. Unter den Millionen 1991 von den Kurden erbeuteten irakischen Akten fand man Unterlagen, die beweisen, daß Saddam 1987 und 1988 in einer Kampagne mit dem Code-Namen Al Anfal mindestens sechzig Mal **chemische Waffen** gegen kurdische Dörfer eingesetzt hatte.

Irakische und kurdische Vertreter stimmen darin überein, daß bei der Operation Al Anfal mindestens sechzigtausend Kurden starben. Selbst nach dem Waffenstillstand von 1988 fuhr Saddam fort, Kurden zu vergasen. Seine Greueltaten gegen die Kurden waren „so schwerwiegend", so ein UN-Bericht, und „so massiv, daß sich seit dem Zweiten Weltkrieg nur wenige Parallelen finden lassen".

Die Al Anfal-Unterlagen sind so belastend, daß Menschenrechtsanwälte einer Anklage Saddams wegen Völkermords, der von der UN definiert wird als „Vorsatz ..., eine nationale, ethnische, rassische oder religiöse Gruppe als solche ganz oder teilweise zu zerstören", gute Chancen einräumen. Human Rights Watch hat unter enormen Mühen und Kosten 4 Millionen Unterlagen durchgesehen und ein Buch veröffentlicht, in dem anscheinend unwiderlegbare Beweise aneinandergereiht werden. „Es ist geradezu lächerlich, wieviel dort zu finden ist", bemerkte ein Rechtsexperte.

Aber nur Regierungen können Anklagen wegen Völkermordes einreichen. Bisher hat noch kein Staat bzw. eine Koalition aus mehreren Staaten sich freiwillig dazu bereit erklärt, offenbar aus Furcht vor Vergeltungsmaßnahmen oder um Aussichten auf lukrative Verträge mit Bagdad nicht aufs Spiel zu setzen. Die Vereinigten Staaten haben sich in der Angelegenheit unbeständig gezeigt, weswegen manche Menschenrechtsanwälte davon überzeugt sind, daß Washington nur dann Interesse zeigt, wenn andere Argumente gegen Saddam erschöpft sind.

Nichts illustriert Saddams Überzeugung, daß er straflos davonkommen würde, so sehr wie die Einschätzung seines Cousins Ali Hassan Majid, der die Al Anfal-Operation befehligte. 1989 rechtfertigte der Mann, den die Kurden Ali Chemical nennen, seinen wiederholten Giftgaseinsatz, indem er prahlte: „Wer soll denn schon etwas sagen? Die internationale Gemeinschaft? Scheiß drauf!"

Das einzig Positive, das sich bislang aus den massiven Verstößen gegen die Menschenrechte im Krieg zwischen dem Iran und dem Irak ergeben hat, ist die revidierte Giftwaffen-Konvention, die im Januar 1993 in Paris unterzeichnet wurde. Darin wurde die Anwendung solcher Waffen, ihre Lagerung, Entwicklung, Herstellung, Übertragung, Verkauf oder Überlassung verboten und die Zerstörung bestehender Lagerbestände vorgeschrieben.

So lobenswert das auch ist, kam die Konvention zu spät für die, die vergast wurden, und für die alleingelassenen und vergessenen Überlebenden von Halabjah. Die britische Genetikerin Christine Gosden hat Halabjah zehn Jahre nach dem Angriff besucht. Die von ihr gesammelten forensischen Beweise zeigen, daß die Überlebenden an grauenhaften genetischen Defekten, Hautläsionen, Atembeschwerden, ungewöhnlich hohen Raten an aggressivem Krebs und Fehlgeburten, Mißbildungen Neugeborener wie Gaumenspalten und Hasenscharten, Lungenbeschwerden und Herzerkrankungen leiden.

(Siehe **Giftwaffen**)

Irreguläre Streitkräfte

Ewen Allison

Mit dem Begriff der *irregulären Streitkräfte* werden häufig Kombattanten bezeichnet, die zu einer paramilitärischen Gruppe, Miliz, einem Freiwilligenkorps, einer organisierten Widerstandsbewegung oder einer Rebellenstreitmacht gehören. Irreguläre Streitkräfte sind häufig Teilzeit-Kombattanten, die im aktiven Dienst keine Uniform tragen oder ihre Waffen nicht offen tragen. Irreguläre Streitkräfte können jedoch auch Teil der Streitkräfte eines Landes sein, so wie in der Schweiz, wo die Armee fast ganz aus uniformierten Milizkräften besteht.

Der Begriff der *irregulären Streitkräfte* ist nicht unbedingt ein Synomym für **Guerilla**. Guerillas sind Kämpfer, die sich durch eine bestimmte Taktik auszeichnen, z.B. durch Angriffe aus dem Hinterhalt und Sabotage bzw. als Heckenschützen. Irreguläre wenden diese Taktiken möglicherweise gar nicht an, während reguläre Streitkräfte es häufig tun.

Bei innerstaatlichen bewaffneten Konflikten besteht die wichtigste Eigenschaft von irregulären Streitkräften darin, daß sie gern in der Zivilbevölkerung untertauchen und auf diese Weise häufig Zivilpersonen in Gefahr bringen, wenn Regierungstruppen in dem Versuch, aufständische irreguläre Streitkräfte zu neutralisieren, ganze Dörfer oder Städte zerstören oder auf andere Weise strafen.

Als *Partisanen* bezeichnet man für gewöhnlich irreguläre Streitkräfte, die Widerstand gegen die Besetzung eines Landes durch eine fremde Macht leisten, wie beispielsweise der französische Maquis im Zweiten Weltkrieg. Partisanen können innerhalb oder außerhalb von besetztem Gebiet operieren.

In zwischenstaatlichen Konflikten können irreguläre Streitkräfte als rechtmäßige Kombattanten betrachtet werden, die ein Anrecht auf einen Kriegsgefangenenstatus haben, wenn sie sich an gewisse Normen halten. Dazu gehört, daß sie: sich von der Zivilbevölkerung unterscheiden (d. h. aussehen wie Kombattanten), bei Operationen oder Einsätzen ihre Waffen offen tragen, von einem verantwortlichen Offizier befehligt werden und sich generell an die internationalen Bestimmungen in bezug auf einen bewaffneten Konflikt halten. Wenn sie sich nicht daran halten, kann das ein Gerichtsverfahren und eine Strafe wegen feindlicher Handlungen nach sich ziehen. (**Söldner** nach der rechtlichen Definition des Ersten Zusatzprotokolls von 1977 haben keinen Anspruch auf einen Kriegsgefangenenstatus.)

Bei innerstaatlichen bewaffneten Konflikten gibt es keinen Kriegsgefangenenstatus, und es steht der Regierung frei, ihre bewaffneten Feinde wegen Verrats oder anderer gewaltsamer Handlungen vor Gericht zu stellen. Jedoch muß es sich bei jedem Gerichtsverfahren gemäß dem gemeinsamen Artikel 3 der Genfer Konventionen von 1949 um das „eines ordentlich bestellten Gerichts" handeln, „das die von den zivilisierten Völkern als unerläßlich anerkannten Rechtsgarantien bietet".

RECHT

Ius ad bellum/Ius in bello

Karma Nabulsi

Im Völkerrecht kann man einen Krieg auf zweierlei Art betrachten: Entweder berücksichtigt man den Grund, aus dem man kämpft, oder die Art, wie man kämpft. Theoretisch könnte man alle Regeln brechen, auch wenn man einen gerechten Krieg führt, oder man könnte einen ungerechten Krieg führen, aber dabei die Regeln des bewaffneten Konflikts einhalten. Aus diesem Grund sind die beiden Rechtsgebiete vollkommen unabhängig voneinander.

Ius ad bellum ist die Bezeichnung des Rechtsgebietes, das die legitimen Gründe definiert, weshalb ein Staat einen Krieg führen darf, und das sich auf bestimmte Kriterien konzentriert, die einen Krieg zu einem *gerechten* Krieg machen. Die wichtigste moderne Rechtsquelle des *ius ad bellum* stellt die Charta der Vereinten Nationen dar, in der es in Artikel 2 heißt: „Alle Mitglieder unterlassen in ihren internationalen Beziehungen jede gegen die territoriale Unversehrtheit oder die politische Unabhängigkeit eines Staates gerichtete oder sonst mit den Zielen der Vereinten Nationen unvereinbare Androhung oder Anwendung von Gewalt", und in Artikel 51: „Diese Charta beeinträchtigt im Falle eines bewaffneten Angriffs gegen ein Mitglied der Vereinten Nationen keineswegs das naturgegebene Recht zur individuellen oder kollektiven Selbstverteidigung."

Das *ius in bello* dagegen besteht aus den Regeln, die in Kraft treten, sobald ein Krieg begonnen hat. Sein Zweck besteht darin zu regeln, wie Kriege geführt werden, wobei unberührt bleibt, wie oder warum sie begonnen wurden. So müßte also eine Kriegspartei eines ohne weiteres als ungerecht zu definierenden Krieges (zum Beispiel Iraks gewaltsame Invasion Kuwaits 1990) trotzdem während der Führung des Krieges bestimmte Regeln einhalten, genauso wie die Seite, die darauf aus ist, das ursprüngliche Unrecht zu beseitigen. Dieses Gebiet des Rechts stützt sich auf das Gewohnheitsrecht auf der Grundlage anerkannter Kriegspraktiken sowie auf internationale Verträge (wie beispielsweise die Haager Konventionen von 1899 und 1907), die Regeln für die Durchführung von Feindseligkeiten aufstellten. Weitere grundlegende Dokumente sind die vier Genfer Konventionen von 1949, die Kriegsopfer unter Schutz stellen: Kranke und Verwundete (Erste Konvention), Schiffbrüchige (Zweite Konvention), Kriegsgefangene (Dritte Konvention) und Zivilpersonen in den Händen einer gegnerischen Partei sowie in geringerem Maße alle Zivilpersonen in dem Gebiet der Konfliktparteien (Vierte Konvention) sowie die Zusatzprotokolle von 1977, die Schlüsselbegriffe wie *Kombattanten* definieren, detaillierte Bestimmungen zum Schutz von Nicht-Kombattanten, Sanitätstransporten und Zivilschutz enthalten und Praktiken wie einen unterschiedslosen Angriff untersagen.

Man ist sich nicht darüber einig, wie die Bezeichnung für ius in bello in der Umgangssprache lautet. Das Internationale Komitee vom Roten Kreuz (IKRK) und viele Rechtsgelehrte, die das Positive daran betonen wollen, nennen es humanitäres Völkerrecht, um auf ihr Ziel hinzuweisen, die schlimmsten Auswüchse des Krieges zu verhindern und Zivilpersonen und andere Nicht-Kombattanten zu schützen. Aber Militärs und andere

Rechtsgelehrte betonen, daß das Kriegsrecht direkt den Gebräuchen und Praktiken des Krieges selbst entnommen wurde und den Armeen der Staaten dienen soll. Sie ziehen meist die traditionellere Bezeichnung, Gesetze und Gebräuche der bewaffneten zwischenstaatlichen Konflikte, oder einfach Kriegsrecht vor.

(Siehe **Aggression; Verbrechen gegen den Frieden; Gerechter und ungerechter Krieg; Kriegsverbrechen**)

214 Journalisten, Schutz von
William A. Orme, jr.

217 Journalisten in Gefahr *Frank Smyth*

SCHLÜSSELBEGRIFF

Journalisten, Schutz von

William A. Orme, Jr.

In den brutalen Bürgerkriegen und unerklärten Grenzkämpfen, die immer häufiger an die Stelle erklärter herkömmlicher Kriege treten, wissen nur wenige Kombattanten, daß die Genfer Konventionen besondere Schutzbestimmungen für Journalisten enthalten. In solchen Fällen kann es sich für einen Reporter empfehlen, in der linken Brusttasche ein in Kevlar gebundenes Exemplar der Genfer Konventionen mit sich zu führen, da der Schutz, den internationale Verträge bieten, auf der Annahme basiert, daß sich die Kombattanten an das Völkerrecht halten.

Das Recht der bewaffneten Konflikte besagt, daß Journalisten in Kriegszeiten eine einzigartige und wichtige Rolle spielen. Vor einem Jahrhundert riskierten Kriegskorrespondenten noch, als Spione erschossen zu werden. Das kann ihnen zwar immer noch passieren – die Ermordung eines iranischen Journalisten durch Taliban-Milizen im Jahr 1998 ist nur ein Beispiel der letzten Zeit –, aber wenigstens müssen die Henker sich jetzt auf eine international sanktionierte Strafe gefaßt machen.

Der Geist und die Buchstaben des humanitären Völkerrechts sind klar. Wenn Journalisten bei einer Armee akkreditiert sind und diese begleiten, sind sie rechtlich ein Teil dieser militärischen Umgebung, ob sie sich selbst so sehen oder nicht. Das ist seit mindestens Anfang des neunzehnten Jahrhunderts die rechtliche Praxis. Wenn sie von gegnerischen Streitkräften gefangengenommen werden, können sie damit rechnen, als Kriegsgefangene behandelt zu werden. Die Genfer Konventionen drücken sich da ganz eindeutig aus: sie setzen Kriegskorrespondenten mit „zivilen Besatzungsmitgliedern von Militärflugzeugen" und anderen integralen, aber nicht uniformierten Teilnehmern an einem größeren militärischen Unternehmen gleich. Wenn keine Beweise dafür vorliegen, daß sie außerhalb ihrer Rolle als Kriegskorrespondenten Untaten begangen haben, sind sie nicht als Spione zu behandeln.

Journalisten haben einen Rechtsanspruch auf größere Selbstbestimmung als die meisten anderen zivilen Nicht-Kombattanten: Reporter können nur „aus zwingenden Sicherheitsgründen" festgehalten werden und haben selbst dann Anspruch auf denselben Rechtsschutz wie ein Kriegsgefangener, einschließlich des Rechtes, bei einer Befragung nicht antworten zu müssen (obwohl Notizbücher und Filme im Einvernehmen mit dem Recht durch Militärpersonal beschlagnahmt werden können).

Die Bestimmungen der Genfer Konventionen von 1949 waren auf den akkreditierten uniformierten Kriegsberichterstatter zugeschnitten, der vom Feind als Teil seiner militärischen Umgebung betrachtet werden konnte. Obwohl der Korrespondent eindeutig kein Soldat war, spielte er dennoch eine offiziell sanktionierte Rolle in einer organisierten militärischen Streitmacht. Soweit Tradition oder Klugheit eine Behandlung von Nicht-Kombattanten oder Kriegsgefangenen streng nach Vorschrift erforderten, kam dies dem Korrespondenten vermutlich zugute.

Diese Tage sind praktisch vorbei. Die Gefahr, gefangengenommen zu werden, ist im Irak, in Tschetschenien oder auf dem afghanischen Hochland nicht von der Hand zu weisen, doch die Kämpfer, die die Reporter gefangennehmen, kennen sich möglicherweise nicht mit dem humanitären Völkerrecht aus. In den 90er Jahren von Guerilla-Streitkräften oder einem abtrünnigen Paria-Regime als Geisel festgehalten zu werden, ist eine qualitativ andere (und meist beängstigendere) Erfahrung, als in den 40er Jahren bei den Achsenstreitkräften oder den Alliierten in Kriegsgefangenschaft zu geraten. Anfang der 60er Jahre trugen viele Korrespon-

Die Kamera des japanischen Fotografen Taizo Ichinose wird seit 1996 als Reliquie im Familienschrein in Kyushu, Japan, verwahrt. Ichinose entging einer Verwundung, als er seine Kamera bei einem Überfall aus dem Hinterhalt verlor.

denten und Kriegsfotografen immer noch von der Armee ausgegebene Uniformen. Ein Jahrzehnt später unterschied sich das Pressekorps in Vietnam in der Kleidung, in den politischen Ansichten und selbst in den nationalen Loyalitäten demonstrativ von den Streitkräften. (Tatsächlich werden Journalisten nun, nach der Annahme des Ersten Zusatzprotokolls von 1977, darauf hingewiesen, daß der Schutz, den ihnen die Genfer Konventionen gewähren, möglicherweise entfällt, wenn ihre Kleidung der der kämpfenden Truppen zu sehr ähnelt.) Artikel 79 des Ersten Zusatzprotokolls sieht zusätzlich zu der erneuten Auflistung der Rechte von Journalisten, die bei Streitkräften akkreditiert sind, einen „Personalausweis" vor, der von einer Regierung ausgestellt wird und ihren Status als Journalisten bestätigt.

Die Rechte, die die meisten Journalisten heutzutage in Kriegszeiten genießen, wurden in ihren jeweiligen nationalen politischen Kulturen erworben. Letztendlich tolerieren Befehlshaber im Feld die Anwesenheit der Presse wegen der politischen Macht und dem Rechtsschutz, den die Presse in ihren eigenen lokalen Arenen erworben hat. Manche Reporter mögen den Eindruck haben, wenn sie nach dem humanitären Völkerrecht einen besonderen Schutz verlangten, würde dies möglicherweise einer Sonderregelung nach diesem Recht Tür und Tor öffnen. Dessen ungeachtet wird ihr Schutz in den Bestimmungen ausdrücklich aufgeführt. In vielen Fällen hängt eine Akkreditierung von dem Gebiet ab: Sie ist die einzige Möglichkeit, Zugang zu den militärischen Transportmitteln zu erhalten, die ein Korrespondent braucht, um über den Konflikt berichten zu können, oder zu den offiziellen Informationsveranstaltungen (wo häufig erklärt wird, daß das, was man gerade selbst mitangesehen hat, möglicherweise gar nicht passiert ist und daß die eigentliche Geschichte in etwas besteht, was die Reporter nicht gesehen haben.)

Aber Journalisten, die sich in den wilderen Konflikten der Welt herumtreiben, müssen stattdessen nach dem Dylan-Diktum leben: Um außerhalb des Gesetzes leben zu können, muß man ehrlich sein. Man darf niemals vorgeben zu sein, was man nicht ist, niemals verleugnen, was man ist, es sei denn, das Leben hängt davon ab. Eine Kamera mit sich tragen, aber niemals eine Waffe. Und diese eselsohrige Ausgabe der Genfer Konventionen in der Brusttasche behalten, bis das Schießen wirklich aufgehört hat.

(Siehe **Zivilpersonen, Immunität von; Geschützte Personen**)

Journalisten in Gefahr

Frank Smyth

Drei Wochen nach dem Ende des Golfkriegs betraten wir den Nordirak mit kurdischen Guerillas, die Saddam Hussein bekämpften, und begaben uns zu dem 150 Meilen südlich gelegenen Kirkuk an die Front zwischen Rebellen und Regierungstruppen. Obwohl andere Journalisten, die für Tageszeitungen arbeiteten, und Fernsehteams bereits in Kirkuk gewesen und wieder abgereist waren, beschlossen ich, die zwei Fotografen Alain Buu und Gad Gross, die für Wochenzeitungen arbeiteten, und unser bewaffneter kurdischer Führer Bakhtiar Muhammed Abd-al-rahman Askari, noch zu bleiben. Wir alle waren so naiv zu glauben, Saddam würde bald gestürzt werden.

Am 28. März, unmittelbar nach Tagesanbruch, wurde alles anders. Es befanden sich noch Tausende von Kurden, Guerilla-Kämpfer und Zivilpersonen, in der Stadt. Artillerie- und Panzerfeuer von draußen ließen den Boden erbeben und kosteten als erstes das Leben eines jungen Mädchens auf einem Fahrrad. „Das ist Saddam Hussein!" brüllte ein Mann, der sie gekannt hatte. „Das muß Mr. Bush wissen." Bald erschienen mehrere kleine Helikopter am Himmel. Sie eröffneten das Feuer mit Maschinengewehren, und die Guerillas erwiderten es mit Flugabwehrwaffen. Ich sah kurdische Guerillas zwei Boden-Luft-Raketen tragen. Die ankommenden Geschosse schlugen nun mit größerer Präzision ein, und Panzer näherten sich der Stadt. Etwa um die Mittagszeit gesellten sich zu den kleineren Hubschraubern vier oder fünf Kampfhubschrauber hinzu. Sie glitzerten wie wütende Hornissen, feuerten mit Bordkanonen und schossen scheinbar endlose Salven explodierender Raketen ab. Die Kampfhubschrauber gaben Dutzenden vorrückender Panzer die notwendige Deckung aus der Luft. Mehrere Mehrfachraketenwerfer belegten fliehende Guerilla-Kämpfer und Zivilpersonen mit Flächenfeuer.

Wir vier suchten hinter einem von einem Bulldozer aufgeworfenen Erdwall Deckung. Mein Draufgängertum schmolz dahin wie Eis in der Sonne. Ein Panzer erschien auf einem Hügel. Gad und Bakhtiar rannten auf einige kleine Häuser zu. Alain und ich sprangen in einen Graben. In der Nacht blieben wir getrennt, während irakische Soldaten rund um uns herum ihre Lager aufschlugen. Wir hörten sie reden, herumgehen, pinkeln – wir hörten sogar, wie sie Dosen mit Essen öffneten. Ich schaltete den Wecker an meiner Uhr ab und versuchte, meine Atemgeräusche zu kontrollieren. Wenn ich nervös werde, atme ich in schnellen, kurzen Zügen. Alains Blutdruck dagegen fiel durch den Streß, und er schlief ein. Ich weckte ihn, damit er nicht anfing zu schnarchen. Auch die Temperatur ging in der Nacht zurück. Wir durften auch unsere Zähne nicht klappern lassen.

Engumschlungen wie Liebende, um uns gegenseitig zu wärmen, blieben wir über achtzehn Stunden lang in dem Graben. Ich beobachtete unter uns eine Ameisenkolonie bei der Arbeit und beneidete jeden Vogel, der über uns hinwegflog. Kurz nach Sonnenaufgang hörten Alain und ich Lärm von den Häusern her. Es klang, als seien ein paar Leute gefangengenommen worden. Nach wenigen Minuten hörten wir eine kurze Salve aus einem automatischen Gewehr. Dann einen Schrei, der von einer weiteren Salve unterbrochen wurde. Dann Stille. Uns packte das Entsetzen. Wir befürchteten beide, daß es Gad gewesen war, der geschrien hatte.

Ich geriet im stillen in Panik, während ich in Gedanken in meine Kindheit zurückkehrte. Ich fühlte mich wie ein kleiner Junge, der ein tödliches Versteckspiel mit einigen älteren Jungen aus der Nachbarschaft spielen wollte. Aber sie hatten strenge Regeln, in die ich törichterweise im voraus eingewilligt hatte: „Wenn wir dich fangen, bringen wir dich um." Ich hatte ja nicht gedacht, daß sie mich fangen würden. Und jetzt ... Ich stellte mir vor, wie ich, immer noch als Kind, versuchte, mich aus der Situation herauszureden, was mir nach meinen eigenen Vorstellungen jedes Mal mißlang.

Aus dem Graben heraus sahen Alain und ich in entgegengesetzte Richtungen in der Hoffnung, daß wir, falls uns jemand sah, eine Chance hätten, uns zu ergeben. Eine Stunde später sprang Alain mit erhobenen Händen hoch und brüllte „Sahafi" (Journalist). „Was machst du denn?" fragte ich, aber es war schon zu spät. Alain sagte, ein Soldat hätte ihn gesehen. Ich schob mich widerstrebend hoch und folgte ihm. Soldaten mit erhobenen Gewehren drohten, uns zu töten. Einer zog seinen Finger sardonisch grinsend über seinen Hals. Aber ein Nachrichtenoffizier, der offenbar gerade erst angekommen war, intervenierte. Er versicherte uns, daß wir nicht getötet werden würden, und riß gleichzeitig einen Anhänger mit dem Bild der Jungfrau Maria von Alains Hals.

Er brachte uns zu ein paar anderen Offizieren mit anderen Uniformen, bei denen es sich um Befehlshaber von Sondereinheiten der Armee handelte. Sie erzählten uns von Gad. Er hätte „sich selbst getötet", sagte einer, denn „er hatte eine Waffe". Ein anderer Offizier zeigte uns Gads Kameratasche und seine Pressekarte, die voller Blut waren. Da waren wir sicher, daß Gad und wahrscheinlich auch Bakhtiar nach ihrer Gefangennahme summarisch hingerichtet worden waren. Die Armee-Befehlshaber sagten in Englisch und in Arabisch, daß sie auch uns umbringen wollten. Aber der Nachrichtenoffizier bestand darauf, daß wir zur Befragung zu einer Nachrichteneinheit gebracht wurden. Er hat uns gerettet.

Man unterzog uns zahlreichen Befragungen mit verbundenen Augen, und später wurden wir nach Bagdad gebracht und inhaftiert. Während einer besonders harten Befragung warf man mir vor, ein CIA-Agent zu sein, und Alain wurde später beschuldigt, Agent des französischen Geheimdienstes zu sein. Zwar behandelte der Irak uns als Kriegsgefangene, aber er teilte unsere Gefangennahme nicht dem Internationalen Komitee vom Roten Kreuz mit. Dennoch ließ uns Saddam nach achtzehn Tagen in der letzten Nacht der für die Moslems heiligen Zeit des Ramadan frei. Gads Kameratasche aber behielten die irakischen Behörden. Seine sterblichen Überreste müssen noch gefunden werden.

K

220 **Kambodscha** Sydney Schanberg

230 **Kindersoldaten** Anna Cataldi

233 **Kindersoldaten: Kinder als Killer** Corinne Dufka

235 **Kollateralschäden** Horst Fischer

237 **Kollektivstrafen** Daoud Kuttab

241 **Kolumbien** Douglas Farah

247 **Kombattantenstatus** A.P.V. Rogers

248 **Konzentrationslager** Ed Vulliamy

254 **Kranke und Verwundete** Eric Stover

257 **Krankenhäuser** Charles Lane

261 **Kriegsgefangene, Nicht-Repatriierung von** Mark Huband

263 **Kriegsgefangenenlager** H. Wayne Elliott

268 **Kriegshandlung** David Turns

269 **Kriegsverbrechen, Kategorien von** Steven R. Ratner

273 **Kulturgut und geschichtliche Denkmäler** Peter Maass

276 **Kuwait und seine Ölquellen** Robert Block

FALLSTUDIE

Kambodscha

Sydney Schanberg

Seit drei Jahrzehnten wird Kambodscha ohne Unterlaß heimgesucht von Krieg, Völkermord, Zwangsarbeit, Zwangsmärschen, Hunger, Krankheit und nun Bürgerkrieg. Kambodscha ist für Asien, was der Holocaust für Europa war.

Kambodscha ist etwa halb so groß wie die Bundesrepublik Deutschland (ca. 181000 Quadratkilometer) und grenzt an Thailand, Laos und Vietnam. Als 1975 die wahnsinnigen Guerillakämpfer der Roten Khmer in Phnom Penh einmarschierten und ihre „Reinheitskampagne" starteten, die das Herzstück ihrer radikalen Agrarrevolution darstellte, hatte Kambodscha etwa 7 bis 8 Millionen Einwohner. Als vier Jahre später die Roten Khmer in den Dschungel zurückgetrieben worden waren, hinterließen sie ein Vermächtnis von 1,5 bis 2 Millionen ermordeter Kambodschaner in dem, was als „Killing Fields" bekannt werden sollte. Zwanzig Prozent der Bevölkerung waren ausgelöscht. Auf Amerika übertragen, wären das 50 bis 60 Millionen Menschen.

Manche Juristen behaupten, was in Kambodscha geschehen sei, sei juristisch kein Völkermord gewesen, denn dabei seien hauptsächlich Khmer von anderen Khmer getötet worden, nicht von jemand anderem in der Absicht, eine andere „nationale, rassische, ethnische oder religiöse Gruppe" zu vernichten – wie die völkerrechtliche Definition des Völkermords lautet.

Doch manchmal haben solche semantischen oder juristischen Unterscheidungen mit dem gesunden Menschenverstand wenig zu tun – schließlich wollten die Roten Khmer eine ganze Kultur auslöschen, die zu einem großen Teil auf Kambodschas Religion, dem Theravada-Buddhismus, beruhte. Und das erklärt vielleicht zum Teil, warum das Recht sich im Lauf der Jahre in der Realität des Abschlachtens von Menschen als so geringe Hilfe erwiesen hat. Denn ob man die Massenmorde in Kambodscha nun als **Völkermord** oder einfach als **Verbrechen gegen die Menschlichkeit** bezeichnet, es handelt sich beide Male um das Gleiche. Es war eine Manifestation des Bösen.

So könnte man also mit gutem Grund Kambodscha als Sinnbild für die Schwäche des Rechts im Umgang mit solchen Verbrechen betrachten. Schließlich hängt die Legitimität des Völkerrechts von der Bereitschaft der Nationalstaaten der Welt ab, es einzuhalten und durchzusetzen. Im Fall Kambodschas zeigten die meisten Nationalstaaten Schock und Entsetzen – und beließen es dabei. Selbst nachdem die vietnamesische Armee die Roten Khmer 1979 entmachtet und den Völkermord beendet hatte, als Befreier bejubelt worden war und eine Hanoi-freundliche Regierung in Phnom Penh eingesetzt hatte, setzten westliche Nationen durch, daß eben diese Roten Khmer noch mehrere Jahre lang Kambodschas Sitz bei den Vereinten Nationen besetzt hielten. Zwar verurteilten Washington und seine Verbündeten die Verbrechen der Roten Khmer, konnten sich aber nicht von der Ideologie des Kalten Krieges lösen: Lieber wollten sie die Roten Khmer auf dem UN-Sitz sehen, als ihn einer Regierung im

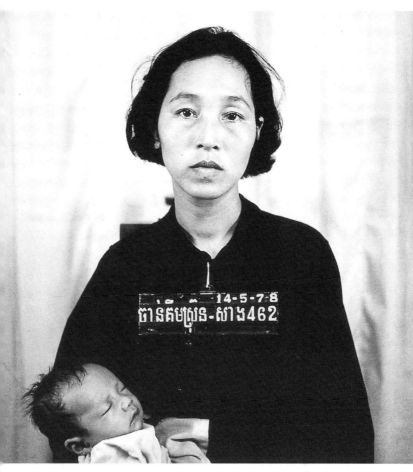

Ihre einzige Grabinschrift: Mit makabrer bürokratischer Präzision fotografierten die Roten Khmer ihre Opfer, bevor sie sie folterten und ermordeten. Nur noch dieses Bild ist von einer Mutter und ihrem Kind geblieben, die im Tuol Sleng-Gefängnis ermordet wurden, irgendwann zwischen 1975 und 1979. Ebenso wie alle Personen auf den folgenden Seiten.

Dunstkreis Vietnams und seines Mentors, der Sowjetunion, zu überlassen. Nicht das Recht war ausschlaggebend, sondern die Realpolitik.

Sehen wir uns einmal genau an, was die Roten Khmer der kambodschanischen Bevölkerung angetan haben. Ihre erste Handlung, nur Stunden nach ihrem militärischen Sieg, bestand darin, sie zu entführen, indem sie alle Einwohner aus den größeren und kleineren Städten in Arbeitslager auf das Land trieben. Auch alle Dörfer, die an Straßen lagen, wurden leergefegt. Im Grunde wurde Kambodscha in ein riesiges Zwangsarbeitslager unter der Herrschaft von Angka, der „Organisation an der Spitze" verwandelt. Das war der glimpfliche Teil.

Die Roten Khmer hatten das Land regelrecht abgeschottet. Die Welt konnte nicht hineinsehen. Das Grauen konnte beginnen. Angeführt von Pol Pot, ihrem in Paris ausgebildeten, von maoistischen Vorstellungen beeinflußten „Bruder Nummer Eins", gingen die neuen Herrscher daran, die drei Grundpfeiler der kambodschanischen Gesellschaft – die Familie, den Buddhismus und das Dorf – vollkommen zu zerschlagen. In mörderischen Märschen trieb man die Menschen so weit weg von ihren Heimatdörfern wie nur möglich. Kinder wurden von ihren Eltern getrennt und in Jugendgruppen gesteckt, wo ihnen eingetrichtert wurde, ihre Eltern und andere Erwachsene bei jedem Verstoß gegen die erstickenden Angka-Regeln zu melden. Eheschließungen waren untersagt, soweit sie nicht von Angka arrangiert waren. Die Schulen wurden geschlossen, die Währung abgeschafft, Fabriken verlassen. Es gab keine Zeitungen mehr. Radioapparate wurden konfisziert.

Was die Religion betrifft, so wurden die buddhistischen Tempel zerstört oder geschlossen. Von den sechzigtausend buddhistischen Mönchen fand man nach der Herrschaft der Roten Khmer nur noch dreitausend lebend vor; die anderen waren entweder massakriert worden oder durch Zwangsarbeit, Krankheiten oder Folter umgekommen. Auch die Chams, eine moslemische Minorität, sollten ausgelöscht werden.

Doch die Religion war erst der Anfang. Einfach ausgedrückt, waren für die Roten Khmer alle diejenigen Kambodschaner potentielle Objekte der Vernichtung, die sie für nicht „borisot" (rein) hielten; das heißt, alle, die eine Ausbildung besaßen, die in Bevölkerungszentren aufgewachsen waren, die durch etwas Fremdes „besudelt" waren (einschließlich der Kenntnis einer fremden Sprache), sogar die, die Brillen trugen. Das heißt, jeder, der verdächtigt wurde, nicht mit ihrem pathologischen Agrar-Gesamtplan in Einklang zu stehen. Alle verdächtigen Kambodschaner wurden als „neue Menschen" bezeichnet und von der „reinen" Bevölkerung getrennt. In einigen Fällen bekamen die „neuen Menschen" besondere Halstücher zur Identifikation – man fühlt sich an den gelben Judenstern erinnert –, so daß sie jederzeit aus einer Menge herausgeholt werden konnten, was ihnen auch häufig widerfuhr, wenn sie zur Hinrichtung gebracht wurden.

Die Roten Khmer hatten einen Lieblingsspruch: „Dich zu verschonen, ist kein Gewinn, dich zu vernichten, kein Verlust." Mit diesen Worten wurden mindestens 1,5 Millionen Kambodschaner ausgelöscht.

Ich war gerade in Phnom Penh, als die siegreichen Roten Khmer am 17. April 1975 dort einmarschierten, ihre Gesichter kalt, die Augen tot. Sie befahlen, die Stadt zu evakuieren. Jeder sollte aufs Land ziehen, um sich der ruhmreichen Revolution anzuschließen. Wer Einwände vorbrachte, wurde erschossen. Zwei Millionen verängstigter Menschen machten sich auf den Weg aus der Hauptstadt. Die Guerilla-Soldaten befahlen sogar den Verwundeten, die übervollen Krankenhäuser zu verlassen, die in den letzten Tagen des Krieges so viele Verwundete aufgenommen hatten, daß die Böden glitschig vor Blut waren. Für etwas anderes als Notoperationen war keine Zeit. Als den Ärzten die Operationshandschuhe ausgingen, tauchten sie ihre Hände einfach in Schüsseln voll Antiseptikum und gingen weiter zum nächsten Operationstisch. Etwa fünf- bis zehntausend Verwundete befanden sich in den Krankenhäusern der Stadt, als der Evakuierungsbefehl kam. Die meisten konnten nicht laufen, daher brachten ihre Verwandten sie mit ihren Betten aus den Gebäuden, samt Plasma- und Serumbeuteln, und schoben sie auf den Boulevards aus der Stadt, der „Revolution" entgegen.

Ausländer durften sich auf das Gelände der französischen Botschaft flüchten. Ich beobachtete, wie viele kambodschanische Freunde aus Phnom Penh getrieben wurden. Die meisten habe ich nie wiedergesehen. Wir alle kamen uns vor wie Verräter, wie Menschen, die in Sicherheit waren und nicht genug taten, um ihre Freunde zu retten. Wir verspürten Scham. Und das tun wir immer noch.

Zwei Wochen später wiesen uns die Roten Khmer aus dem Land, indem sie uns mit zwei Lkw-Konvois an die Grenze zu Thailand brachten. Damit war Kambodscha endgültig abgeschottet. Die Welt konnte nicht hineinsehen. Das Töten konnte beginnen.

Doch die Geschichte von Kambodschas Elend fing nicht erst mit den Roten Khmer an. Sie begann im März 1970, als eine pro-westliche Junta unter der Leitung von General Lon Nol mit Washingtons Billigung Prinz Norodom Sihanouk absetzte, der gerade außer Landes war. Sihanouk, ein Neutralist, hatte Kambodscha aus dem Vietnamkrieg herausgehalten, indem er beiden Seiten Zugeständnisse machte. Er erlaubte den Amerikanern, heimlich Verstecke der Vietkong in Kambodscha zu bombardieren, während er den vietnamesischen Kommunisten erlaubte, über Kambodschas Hafenstadt Kompong Som (auch Sihanoukville genannt) Nachschub für diese Verstecke heranzuschaffen.

Nachdem Sihanouk weg war, erklärte die Lon-Nol-Gruppe Hanoi praktisch den Krieg; und Präsident Richard Nixon, froh, nun Parteigänger – und keine Neutralisten – in Phnom Penh zu haben, befahl amerikanischen Truppen, von Vietnam aus nach Kambodscha einzumarschieren, um einen sechswöchigen Angriff auf die Verstecke der Kommunisten durchzuführen. Da der Präsident jedoch Lon Nol nicht wirklich vertraute, informierte er ihn erst über die Invasion seines Hoheitsgebietes, als diese bereits begonnen hatte und nachdem Nixon über das nationale Fernsehen die amerikanische Öffentlichkeit informiert hatte.

Wahrscheinlich war das der Moment, in dem Kambodscha zu einer bloßen Schachfigur im Kalten Krieg wurde, wobei die Chinesen die Roten Khmer unterstützten, die Sowjets Hanoi und die Amerikaner das Lon-Nol-Regime. Sie alle zusammen machten aus dem ganzen Land ein Ersatzschlachtfeld des Kalten Krieges. Die große Ironie besteht darin, daß die Roten Khmer 1970 gar keine ernste Gefahr darstellten, da sie nur eine zusammengewürfelte Schar ineffektiver Guerilla-Banden von insgesamt drei- bis fünftausend Mann bildeten, aus denen ohne die amerikanische Intervention und die darauffolgende Ausweitung der chinesischen und russischen Hilfe an die kommunistische Seite niemals die mörderische Streitmacht von siebzig- bis hunderttausend Mann hätte werden können, die fünf Jahre später schließlich Phnom Penh überrannte. Durch den erweiterten Krieg erlangten die Roten Khmer Status und Rekrutierungsmacht. Außerdem standen ihnen die Streitkräfte Hanois mit Schulungen und Ratschlägen zur Seite (zumindest in den ersten zwei Jahren, bevor sich zwischen den beiden Seiten tiefe Gräben auftaten).

Dieser fünfjährige Krieg war gekennzeichnet durch eine allseitige Barbarei. Seit Jahrhunderten pflegen kambodschanische Krieger auf dem Schlachtfeld ihren toten Gegnern die Leber herauszuschneiden, um sie zu kochen und aufzuessen. Sie glauben, das würde sie stark machen und auf magische Weise davor schützen, vom Feind getötet zu werden. Auf diese und zahllose weitere Arten wurden die internationalen Konventionen, nach denen dem gefallenen Feind Respekt zu erweisen ist, von allen Seiten ignoriert.

Zu Beginn des Krieges hatten Truppen Lon Nols in einer Stadt südlich von Phnom Penh zwei Vietkong getötet, ihre schlimm verkohlten Leichen geborgen und verkehrt herum auf dem Marktplatz aufgehängt, wo sie grausig im Wind schaukelten als Botschaft an alle, die auch nur daran dachten, dem Feind zu helfen. Henry Kamm, mein Kollege von der *New York Times*, versuchte dem Lon-Nol-Befehlshaber klarzumachen, daß eine

Tuol Sleng Museum of Genocide: *Photo Archive Group*

solche Behandlung der Leichen gegen die Genfer Konventionen verstoße. Der Befehlshaber fand das lustig. Er ließ die Leichen, wo sie waren.

Als die vietnamesischen Kommunisten tiefer nach Kambodscha eindrangen, begann die Lon-Nol-Regierung, die Bevölkerung gegen die Vietnamesen aufzuhetzen. Das brachte Furcht und Schlimmeres über die 200000 Vietnamesen im Land, die, obwohl Bürger Kambodschas und seit Generationen dort ansässig, bald Ziel einer öffentlichen Raserei wurden. Es kam zu den ersten Massakern. Viele Vietnamesen lebten an Flüssen und verdienten ihren Lebensunterhalt als Fischer; bald trieben ihre Leichen zu Dutzenden den Mekong hinab. Ein Regierungsgeneral, Sosthene Fernandez, ein Kambodschaner philippinischer Herkunft, der später zum Führer der Streitkräfte aufstieg, begann, Mitglieder der vietnamesischen Bevölkerungsgruppe als Schutzschilde für seine vorrückenden Truppen zu benutzen und sie in der ersten Reihe marschieren zu lassen, direkt vor die wartenden Waffen der Vietkong. Auch dies verstößt gegen das Völkerrecht. Fernandez sah das anders. „Es ist eine neue Art der psychologischen Kriegführung", sagte er.

Saigon erhob scharfen Protest gegen diese Pogrome, und schließlich wurde die vietnamesische Bevölkerung Kambodschas in Schulen und anderen öffentlichen Gebäuden in Schutzhaft genommen. Viele wurden schließlich vorübergehend unter Bewachung nach Süd-Vietnam gebracht, bis sich die Emotionen wieder etwas abgekühlt hatten.

Je länger der Krieg dauerte, desto mehr schrumpfte das Land – zumindest der von der Lon-Nol-Regierung beherrschte Teil. Die nicht mehr aufzuhaltenden Roten Khmer eroberten mehr und immer mehr Land, bis das von der Regierung kontrollierte Gebiet außer der Hauptstadt nur noch aus ein paar Transportkorridoren und einigen Provinzstädten bestand. Seine einzigen Verbindungen zur Außenwelt waren der Flughafen von Phnom Penh und der Mekong-Fluß. Um diese Versorgungslinien zu schützen, bombardierten die Amerikaner täglich Stellungen der Roten Khmer und des Vietkong auf dem Lande. Da die meisten Angriffe mit riesigen achtmotorigen B-52-Bombern erfolgten, die jeweils etwa 25 Tonnen Bomben transportierten und riesige Teppiche der Zerstörung legten, war das Bombardement alles andere als chirurgisch und traf häufig Dörfer der Zivilbevölkerung. Die Folge davon war, daß Tausende Flüchtlinge nach Phnom Penh und in die Provinzstädte flohen. Lebten zu Beginn des Krieges noch 600000 Menschen in der Hauptstadt, so war die Zahl am Ende des Krieges 1975 auf 2 Millionen angestiegen. Die amerikanische Botschaft in Phnom Penh und Henry Kissingers Team in Washington ließen sich nicht davon abbringen, daß die Flüchtlinge nur vor einem flohen: vor den Angriffen der brutalen Roten Khmer. Aber tatsächlich flohen sie gleichermaßen vor den Roten Khmer wie vor den amerikanischen Bomben. Ich habe regelmäßig Flüchtlingslager besucht und stets beide Versionen zu hören bekommen. Nicht alle Bauern entschieden sich für die Flucht; die Roten Khmer machten sich ihre Wut über die Bombardierung zunutze und rekrutierten sie als Soldaten und Träger.

Die Bombenangriffe illustrieren, was bei allen Kriegen mehr oder weniger ein feststehender Grundsatz ist, und zwar, daß die sogenannten „konventionellen" **Waffen**, die völkerrechtlich erlaubt sind, dieselben entsetzlichen Auswirkungen haben können wie geächtete Waffen.

In Kambodscha warfen die B-52-Bomber Napalm und Pfeil-Clusterbomben ab (die vom Pentagon seither nicht mehr verwendet werden). Die Angriffe erfolgten durch drei der Mammut-Flugzeuge in Formation.

Jedes Flugzeug kann fünfundzwanzig bis dreißig Tonnen Bomben transportieren, was eine Ladung von insgesamt fünfundsiebzig bis neunzig Tonnen pro Formation ausmacht. Die B-52-Bomber werfen ihre Bomben in Form eines Teppichs („box") der Zerstörung auf dem Boden ab; der Bombenteppich (der durchschnittlich vielleicht einen Kilometer breit und zwei Kilometer lang ist) läßt sich in Größe und Form an die Truppenkonzentration anpassen. Soldaten, die diese massiven Explosionen überleben (bei denen Körper und Erde bis zu dreißig Meter hoch in die Luft geschleudert werden können), können meist keinen Dienst mehr tun, da sie einen permanenten Schock erlitten haben, taub geworden sind oder einfach bei jedem heftigen Geräusch oder jeder plötzlichen Bewegung bis ins Mark erschrecken. Solche Angriffe haben am Ende des Golfkrieges

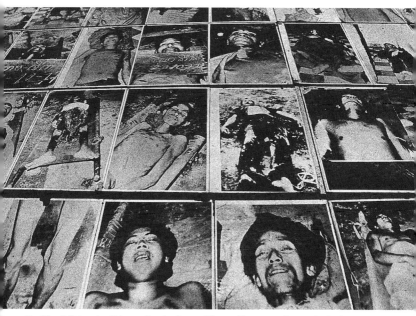

„Nachher"-Fotos der Folteropfer der Roten Khmer. Phnom Penh, Kambodscha, 1998.

1991 die auf dem Rückzug befindlichen irakischen Truppen auf der Straße nach Basra aufgerieben, jener Straße, die als die „Autobahn des Todes" bekannt wurde.

1973 wurden bei einer versehentlichen Bombardierung von Neak Loeung, einer von der Regierung kontrollierten Stadt am Mekong-Fluß, durch eine B-52 etwa vierhundert Kambodschaner getötet und verwundet, die meisten davon Zivilisten. Die amerikanische Botschaft entschuldigte sich und verteilte Geldgeschenke an die Familien, die sich nach dem jeweiligen Verlust richteten: ein paar hundert Dollar für den Verlust eines Arms oder Beins, mehr für mehrere Gliedmaßen und noch mehr für einen Todesfall. Wenn Zivilpersonen in Kriegen sterben, bezeichnet das Militär dies als unbeabsichtigt, obgleich jedem klar ist, daß der Tod von Zivilisten unvermeidlich ist, insbesonders wenn die Waffen ihre tödliche Ladung über große Flächen verteilen. Die Bezeichnung des Pentagons für die Todesfälle unter der Zivilbevölkerung lautet „unbeabsichtigte Nebenschäden", genau wie Napalm „weiches Kriegsmaterial" genannt wurde. Die Idee, die dahinter steckt, ist, dem Krieg in den Ohren der ahnungslosen Öffentlichkeit einen harmloseren, sozusagen „keimfreien" Klang zu verleihen.

Übrigens wurde Napalm im Vietnam-Krieg und in Kambodscha von B-52-Bombern in Form von CBUs (Cluster Bomb Units, Fragmentationsbomben) abgeworfen. (Andere Flugzeuge warfen Napalm in verschiedenen Behältern und Formen ab.) Eine Clusterbombe ist eine große Bombe, etwa 340 Kilogramm schwer, die Hunderte von Kleinbomben enthält. Eine typische Fragmentationsbombe ist so eingestellt, daß sie sich wie eine Muschel kurz über dem Boden öffnet und einen Hagel explosiver Kleinbomben auf die feindlichen Truppen darunter entläßt. Eine Version war die CBU-3; ihre Kleinbomben enthielten Napalm, das die Truppen verbrannte oder erstickte, indem es der Luft den Sauerstoff entzog. Eine andere Version enthielt spezielle Pfeile, die sich durch das Fleisch bohrten oder die Opfer an Bäume oder an den Boden nagelten. Manchmal ist es für den Laien schwierig, einen großen Unterschied zwischen diesen Waffen und, beispielsweise, den chemischen Waffen festzustellen, die vom Völkerrecht und vom Gewohnheitsrecht geächtet werden. Beide besitzen eine Terrorkomponente. Das Napalm und die Pfeile wurden inzwischen wegen ihres schlechten Images aus dem amerikanischen CBU-Inventar gestrichen, aber die konventionellen Fragmentationsbomben, deren Kleinbomben konventionellen Sprengstoff enthalten, werden immer noch benutzt, so zum Beispiel im Golfkrieg gegen den Irak 1991.

Und was ist mit den einfachen alten Raketen? Sollten auch sie in Bausch und Bogen geächtet werden, weil sie oft als Terrorinstrumente gegen Zivilpersonen eingesetzt werden? Während der ganzen Dauer des fünfjährigen Krieges heulten Raketen der Roten Khmer über Phnom Penh. Das waren ganz sicher keine präzis gezielten Geschosse. Es waren primitiv gemachte chinesische Raketen mit einem fächerartigen Schwanz, der die Luft mit einem Pfeifen durchschnitt; man wußte genau, wann sie nach unten abdrehten, weil dann plötzlich der Pfeifton weg war. Diese Raketen wurden aus der Umgebung der Stadt von selbstgezimmerten Holzplattformen gestartet. Es wurden keine spezifischen militärischen Ziele anvisiert, ihr einziger Zweck bestand darin, daß sie irgendwo in der von Flüchtlingen überfüllten Stadt einschlugen, egal wo. Und das taten sie – auf Märkten, in Schulzimmern, in Hinterhöfen – und sie spien rasierklingenscharfe Metallteilchen aus, die sich ins Fleisch bohrten. Ihre Aufgabe bestand darin, die Zivilbevölkerung zu demoralisieren, und die erfüllten sie.

Auch ein Geschütz kann als Terrorwaffe gegen Zivilpersonen eingesetzt werden. Eines Nachmittags im Sommer 1974 richteten die Roten Khmer eine erbeutete 105-mm-Haubitze amerikanischer Produktion auf Phnom Penh und bestrichen fächerförmig die Südkante der Stadt. Als die Granaten in diesem halbmondförmigen Bogen einschlugen, explodierten sie zunächst, ohne Schaden anzurichten, aber schließlich erreichte der Bogen eine Häusersiedlung namens Psar Deum Kor, und das Sterben begann. Es brach Feuer aus, das durch die Granaten entzündet worden war, und bald standen die Häuser in Flammen, die durch den starken Wind angefacht wurden. Innerhalb einer halben Stunde waren beinahe zweihundert Menschen tot und weitere zweihundert verletzt, praktisch ausschließlich Zivilpersonen. Die Leichen wurden auf Polizei-Lkws weggekarrt. Nirgendwo in der Nähe befand sich ein militärisches Ziel.

Im Grunde ist weder in Kambodscha noch auf irgendeinem anderen „Killing Field" etwas neu an der Grausamkeit von Menschen, die Menschen vernichten, oder auch, leider, daran, daß dies in jedem Zeitalter unausweichlich erscheint. Eine sich nie ändernde Erkenntnis ist, daß es sich bei Krieg oder Völkermord oder Verbrechen gegen die Menschlichkeit um einen Zustand der Gewalt handelt, der, wo er auch existiert, jegliche Vorstellung von Recht und zivilisiertem Verhalten sinnlos erscheinen läßt.

Ist es also hoffnungslos zu versuchen, das Völkerrecht zu stärken und für eine bessere Durchsetzung des Völkerrechts zu sorgen? Nein, ganz sicher nicht hoffnungslos – nicht, wenn man an die Möglichkeit einer Besserung glaubt, wie geringfügig sie auch sein mag. Der Glauben, oder zumindest der Grundsatz, daß man sich dafür einsetzen muß, daß etwas Schlimmes nicht noch schlimmer wird, ist Journalisten in Fleisch und Blut übergegangen. Darum dieses Buch.

VERBRECHEN

Kindersoldaten

Anna Cataldi

Die Frau rannte auf mich zu, laut rufend und mit den Armen rudernd, tränenüberströmt. Es war ein bitterkalter Novembermorgen, und ich befand mich in einem Flüchtlingslager in Turanj, einer kleinen, ausgebombten Stadt an der Grenze zwischen Bosnien und Kroatien. Einen Augenblick später schrie die Frau etwas, das wie eine Art Fluch klang und brach dann plötzlich wie tot zusammen.

Ich konnte nicht verstehen, was ich getan hatte, um eine derartige Reaktion hervorzurufen. Ein polnischer UN-Soldat, der Serbo-Kroatisch verstand, trat vor und erklärte, daß die Frau mich nicht angeschrien hätte, sondern verzweifelt die Hilfe der einzigen Journalistin gesucht hätte, die sich seit Tagen in dem Lager hatte blicken lassen.

In der Nacht zuvor waren Soldaten der Streitkräfte Fikret Abdics auf der Suche nach neuen Rekruten in das Lager gekommen. Abdic war ein bosnischer Geschäftsmann und Kriegsherr, der, obwohl Moslem, mit der Regierung in Sarajewo gebrochen hatte und im Nordwesten Bosniens gegen sie einen Krieg im Krieg führte. Der Kampf lief nicht gut, und er brauchte alle Kämpfer, die er bekommen konnte.

Die Frau hatte für Abdics zweifelhafte Sache bereits Opfer bringen müssen. Sowohl ihr Mann als auch ihre beiden älteren Söhne waren in den vergangenen Monaten bei Kämpfen getötet worden. Jetzt hatten die Kämpfer ihren jüngsten Sohn mitgenommen. Sie hatten ihn gepackt und in einen Transporter geworfen, der heimtückisch mit den Zeichen des Roten Kreuzes markiert war. Er war erst vierzehn.

Vorfälle wie dieser ereigneten sich während des bosnischen Krieges andauernd und tun es immer noch in Konflikten, die es weiterhin überall auf der Welt gibt. Während der Einsatz von Kindern alles andere als eine neue Erscheinung ist – seit Jahrtausenden sind Kinder als Trommler, Boten, Träger und Diener in den Krieg gezogen –, ist die Anzahl der waffentragenden Kinder in heutigen Konflikten erschreckend. Graca Machel, Autorin des Berichtes der Vereinten Nationen über die Auswirkungen bewaffneter Konflikte auf Kinder, schätzt, daß allein 1995 und 1996 250 000 Kinder entweder in Regierungsarmeen oder in Streitkräften der Opposition dienten. Sie nennt die Teilnahme von Kindersoldaten am Krieg „eine der beunruhigendsten Entwicklungen bei bewaffneten Konflikten".

Die zwei Zusatzprotokolle von 1977, die sich auf zwischenstaatliche bzw. innerstaatliche bewaffnete Konflikte beziehen, sehen folgendes vor: Die Parteien eines Konflikts „treffen alle praktisch durchführbaren Maßnahmen, damit Kinder unter fünfzehn Jahren nicht unmittelbar an Feindseligkeiten teilnehmen" und „sehen insbesondere davon ab, sie in ihre Streitkräfte einzugliedern". Das Römische Statut des Internationalen Gerichtshofes von 1998 führt es als Kriegsverbrechen auf, Kinder unter fünfzehn Jahren in die bewaffneten Streitkräfte eines Staates einzu-

Kindersoldaten „spielen" Krieg. Erste Reihe: Afghanistan 1990, Sidon 1982. Zweite Reihe: Kambodscha 1973, Liberia 1992, Afghanistan 1985. Dritte Reihe: Jordanien 1969, Iran 1983. Unterste Reihe: Vietnam 1968, Sri Lanka 1995, Spanien 1936.

ziehen oder zwangszuverpflichten oder sie dazu zu verwenden, aktiv an Feinseligkeiten teilzunehmen.

Die Menschenrechte behandeln auch das Thema von Kindern in bewaffneten Konflikten. Die Konvention über die Rechte des Kindes von 1989 (UNCRC), die beinahe allseits angenommen wurde – die Ausnahme bilden Oman, Somalia, die Vereinigten Arabischen Emirate und die Vereinigten Staaten von Amerika – ist das wichtigste Dokument. Die Konvention definiert als Kind eine Person unter achtzehn Jahren, bestimmt aber fünfzehn als das Mindestalter, um in den Krieg zu ziehen. Einige Staaten möchten achtzehn als das Mindestalter für Kombattanten festlegen, aber der Vorschlag wurde nicht sehr unterstützt, am wenigsten von den Ländern, die von internen Konflikten der Art betroffen sind, in der am wahrscheinlichsten Kindersoldaten verwendet werden. In solchen Ländern, insbesondere in Afrika, ist typischerweise die halbe Bevölkerung unter fünfzehn Jahren alt.

(Siehe **Heimtücke und Verrat**)

Kindersoldaten: Kinder als Killer

Corinne Dufka

Die Krahn-Milizionäre, etwa zweihundert an der Zahl, marschierten die Broad Street entlang. Sie waren mit AK-47-Gewehren, Macheten, Harpunen und Küchenutensilien bewaffnet und sie wollten Charles Taylors Miliz der National Patriotic Front of Liberia (NPFL) den eleganten Küstenbereich von Mamba Point abnehmen. Es war im April 1996, und in Monrovia, der liberianischen Hauptstadt, herrschten Straßenkämpfe, bei denen Hunderte umkamen und Zehntausende die Stadt in Panik verließen.

Männer und Kinder der Krahn-Miliz in Liberia greifen einen mutmaßlichen NPFL-Anhänger mit einem Speer an und schlagen ihn tot. Double Trouble ist der Junge mit den Gummilatschen und dem Stock.

Ein Befehlshaber hörte aus einem der Gebäude ein Geräusch. „Was ist das?" schrien die Soldaten aufgeregt. Sie zogen einen unbewaffneten Mann aus seinem Versteck im zweiten Stock hervor. Wir erkannten in ihm den Hausmeister, der eindeutig versuchte, sich aus Schwierigkeiten herauszuhalten. Für die Krahn war er der Feind.

Innerhalb von Minuten wurde er von einer Gruppe von zehn Soldaten wie ein Tier gehetzt. Sie trieben ihn im Kreis herum und stachen mit Bajonetten auf ihn ein, bis er, aus vielen Wunden blutend, zu erschöpft war, um sich weiter zu wehren. Der Hausmeister, ein sanftmütiger Mann, aber von kräftigem Aussehen, sollte nicht mehr lange leben. Bald schossen sie ihm mit einer Pistole in den Rücken, und als er sterbend dalag, stachen ihm einige Soldaten abwechselnd ein fünfzehn Zentimeter langes Metzgermesser in den Rücken.

Vielleicht das letzte, was er sah, bevor er in den Tod hinüberglitt, war Double Trouble, ein neunjähriger Kindersoldat, bekleidet mit einem übergroßen, verschossenen violetten T-Shirt und Gummilatschen, wie er sich das Messer griff und es ihm ebenfalls zwischen die Schultern stieß und wieder herauszog. Dann griff er sich eine leere Colaflasche, die er wie in einem Gnadenstoß auf dem Kopf des sterbenden Mannes zerschlug. Schließlich stand Double Trouble auf und sah sich beifallheischend nach seinen Kumpanen um. Als hätte er gerade ein Tor geschossen. Das 1:0. Sie schlugen ihm auf den Rücken und gröhlten.

„Wo ist deine Mama?" fragte ich ihn nach dem Kampf. Er hatte ein weiches, kindliches Gesicht, das sich zwischen den Augen verhärtete, als er antwortete: „Sie ist tot." „Und dein Papa?" „Der ist auch tot. Alle sind tot." „Wie alt bist du?" fragte ich. „Alt genug, um einen Mann zu töten", antwortete er.

Double Trouble. Einer von tausenden Kindersoldaten in Liberia. Die meisten haben mit acht Jahren mehr Verlust und Schmerz erlitten als wir anderen in einem ganzen Leben. Viele mußten zusehen, wie ihre Eltern vor ihren Augen getötet wurden, oder schlimmer noch, wurden gezwungen, ihre Liebsten in einer Art perversen Initiationsritus selbst zu töten. Aber jedes Kind braucht eine Familie, und bald trat die Miliz an deren Stelle.

Einige Tage später vereinbarten die kämpfenden Parteien eine Waffenruhe. Die Kämpfer entspannten sich. Jungs bleiben eben Jungs, dachte ich, als ich auf eine Gruppe NPFL-Kindersoldaten stieß, der älteste höchstens zwölf Jahre alt, die an einer der am heißesten umkämpften Ecken des Stadtkrieges Fußball spielten. Ihre Gewehre lagen verlassen auf der Straße unter einer regennassen liberianischen Flagge, und erst da wurde mir klar, daß der weiße „Ball", mit dem sie spielten, ein menschlicher Schädel war. Der verwesende Körper lag etwa zwanzig Meter weiter.

Sie kickten den „Ball" über die Hinterlassenschaften des Krieges – Patronenhülsen, alte Brieftaschen, Kleider, die fliehende Zivilisten zurückgelassen hatten, und alte Fotos – und kreischten vor Vergnügen, als er ins Tor ging, das aus zwei rostigen Sardinendosen bestand. Ein flüchtiger Blick auf die Kindheit, und am nächsten Morgen waren sie wieder hinter den Barrikaden. „He, weiße Frau", rief mir ein etwa elfjähriger Junge hinter einer mit Einschußlöchern übersäten Wand zu; er trug zu große Tennisschuhe, einen erbeuteten Hut mit gelben Blumen und ein AK-47-Gewehr, das halb so groß war wie er selbst. „Heute keine Schule. Nee. Heute legen wir die Krahn um."

Kollateralschäden

Horst Fischer

Kollateralschäden oder unvermeidbare Nebenschäden ereignen sich, wenn Angriffe auf **militärische Ziele** Verluste unter der Zivilbevölkerung und Schäden an zivilen Objekten verursachen. Sie kommen häufig dann vor, wenn militärische Ziele, wie militärische Ausrüstung oder Soldaten, sich in Städten oder Dörfern oder in der Nähe von Zivilpersonen befinden. Angriffe, von denen erwartet wird, daß sie Kollateralschäden verursachen, sind nicht *per se* verboten, aber die Regeln des bewaffneten Konflikts verbieten **unterschiedslose Angriffe.** Artikel 57 des Ersten Zusatzprotokolls von 1977 zu den Genfer Konventionen von 1949 besagt, in einem zwischenstaatlichen Konflikt sei „stets darauf zu achten, daß die Zivilbevölkerung, Zivilpersonen und zivile Objekte verschont bleiben". Außerdem werden in Artikel 51 **Flächenbombardierungen** verboten sowie Angriffe, bei denen Kampfmethoden oder -mittel angewendet werden, deren Auswirkungen sich nicht kontrollieren lassen. Schließlich werden Angriffe verboten, bei denen mit Kollateralschäden zu rechnen ist, die nicht im Verhältnis zu dem erwarteten militärischen Vorteil stehen. Wenn militärische Befehlshaber die Entscheidung über die Durchführung eines Angriffs treffen, müssen sie sich dieser Regeln bewußt sein und entweder ganz von einem Angriff absehen bzw. einen Angriff aussetzen, wenn voraussichtlich gegen das Prinzip der **Verhältnismäßigkeit** verstoßen wird, oder einen Angriff neu planen, so daß die Gesetze des bewaffneten Konflikts eingehalten werden.

Bei einem innerstaatlichen Konflikt sind Zivilpersonen kaum vor Kollateralschäden oder unvermeidbaren Nebenschäden geschützt. Das Zweite Zusatzprotokoll sieht vor, daß die Zivilbevölkerung und Zivilpersonen, solange sie nicht an Feindseligkeiten teilnehmen, „allgemeinen Schutz vor den von Kampfhandlungen ausgehenden Gefahren [genießen]" und nicht „das Ziel von Angriffen sein [dürfen]". Außerdem verbietet das Zweite Zusatzprotokoll die Anwendung oder Androhung von Gewalt mit dem hauptsächlichen Ziel, „Schrecken unter der Zivilbevölkerung zu verbreiten".

Die Beteiligten an größeren bewaffneten Konflikten der letzten Zeit, wie beispielsweise am **Golfkrieg** und an den Kriegen im ehemaligen Jugoslawien, haben unter anderem mit dem Begriff *Kollateralschäden* zu demonstrieren versucht, daß ihre Angriffe rechtmäßig waren. Dabei wird entweder vorgebracht, daß keine Kollateralschäden verursacht wurden, oder daß die Schäden minimal oder verhältnismäßig gewesen seien. Neutrale Beobachter können dabei zu anderen Schlußfolgerungen kommen als die Konfliktparteien. Der Tod zahlreicher Zivilpersonen im Irak während des Golfkrieges infolge des Stromausfalls in Krankenhäusern, der durch die Zerstörung fast sämtlicher irakischer Kraftwerke durch die Luftangriffe der Verbündeten verursacht wurde, wurde vom Irak als unverhältnismäßiger Kollateralschaden bezeichnet. Andererseits behaupteten NATO-Vertreter im Frühjahr und Sommer 1995 völlig zu Recht, daß bei den NATO-Angriffen auf bosnisch-serbische militärische Ziele in Bosnien-Herzegowina Zivilpersonen nicht in unverhältnismäßigem Umfang getötet wurden und daß die Kollateralschäden daher verhältnismäßig geblieben seien.

So hat der Begriff nicht nur rechtliche Auswirkungen, sondern wird außerdem häufig verwendet, um politische Unterstützung für eine spezifische Methode der Kriegführung zu gewinnen oder Behauptungen zu widersprechen, daß gegen das humanitäre Recht verstoßen worden sei. Der Beobachter wird daran erinnert, daß direkte Angriffe auf die Zivilbevölkerung, ungeachtet dessen, was Regierungen oder Streitkräfte vorbringen, eine Verletzung des grundlegenden Prinzips der Unterscheidung darstellen und daß man daher von solchen Angriffen nicht behaupten kann, sie hätten Kollateralschäden verursacht.

(Siehe **Zivilpersonen, Immunität von**)

K

VERBRECHEN

Kollektivstrafen

Daoud Kuttab

Vierzehn Jahre lang hatte der Steinmetz George Qumsieh gebraucht, um in der Westbank-Stadt Beit Sahour ein dreistöckiges Steinhaus zu errichten. Im Februar 1981 war es dann soweit; er und seine Familie – seine Frau, vier Töchter und drei Söhne – zogen in ihr neues Heim. Neun Monate später holten Soldaten ihren jüngsten Sohn Walid, fünfzehn Jahre alt, ab. Die Armee beschuldigte Walid, vier Tage zuvor Steine auf ein israelisches Militärfahrzeug geworfen zu haben, wobei ein Seitenfenster zu Bruch gegangen sei. Es wurden bei diesem Vorfall keine Verletzungen von Soldaten gemeldet.

Am darauffolgenden Tag, noch bevor der Shin Bet (General Security Service, Allgemeiner Sicherheitsdienst; heutiger Name: Shaback) die Befragung Walids abgeschlossen hatte, kamen weitere Truppen zum Haus der Familie Qumsieh. Ariel Sharon, der neuernannte Likud-Verteidigungsminister, hatte versprochen, den Palästinensern gegenüber eine Politik der „eisernen Faust" zu verfolgen. Eine Pioniereinheit der Armee legte Sprengsätze und jagte das Steinhaus der Qumsiehs in die Luft. Monate später wurde Walid aufgrund der Geständnisse seiner Freunde zu sieben Jahren Gefängnis verurteilt.

Nach den Genfer Konventionen von 1949 sind Kollektivstrafen ein Kriegsverbrechen. Artikel 33 der Vierten Konvention besagt: „Keine geschützte Person darf wegen einer Tat bestraft werden, die sie nicht persönlich begangen hat", und „Kollektivstrafen sowie jede Maßnahme zur Einschüchterung oder Terrorisierung sind untersagt." Israel akzeptiert jedoch nicht, daß sich die Vierte Genfer Konvention oder die Zusatzprotokolle *de jure* auf die Westbank erstrecken, behauptet allerdings, sich an deren humanitären Bestimmungen zu halten, ohne dabei anzugeben, welche humanitären Bestimmungen gemeint sind.

Mit Kollektivstrafen hatte man bei der Erstellung der Genfer Konventionen das **Töten als Repressalie** im Ersten und Zweiten Weltkrieg im Sinn. Im Ersten Weltkrieg richteten Deutsche belgische Dorfbewohner als Massenvergeltung für Widerstandsaktivitäten hin. Im Zweiten Weltkrieg wandten Nazis eine Art Kollektivstrafe zur Unterdrückung jeglichen Widerstands an. Ganze Dörfer, Städte oder Distrikte wurden für jede Regung des Widerstands in diesem Gebiet verantwortlich gemacht. Um dagegen anzugehen, wiederholten die Konventionen die Prinzipien der individuellen Verantwortlichkeit. Das Internationale Komitee vom Roten Kreuz (IKRK) merkt in seinem Kommentar zu den Konventionen an, Konfliktparteien griffen häufig zu „Einschüchterungsmaßnahmen, um die Bevölkerung zu terrorisieren" in der Hoffnung, feindselige Handlungen zu verhindern, doch derartige Praktiken „treffen Schuldige und Unschuldige gleichermaßen. Sie widersprechen allen Grundsätzen der Humanität und der Gerechtigkeit".

Das Recht der bewaffneten Konflikte sieht ähnliche Schutzbestimmungen für innerstaatliche Konflikte vor. Nach dem gemeinsamen Artikel 3 der vier Genfer Konventionen von 1949 muß allen Personen vor einer Bestrafung ein gerechtes Verfahren zuteil werden, und das Zweite Zusatzprotokoll von 1977 verbietet eine Kollektivbestrafung explizit.

Israels Besetzung der Westbank unterscheidet sich von fast allen anderen Fällen insofern, als sie bereits eine ganze Generation andauert. Die Zerstörung palästinensischer Häuser in den besetzten Gebieten ist an der Tagesordnung. Meist wird die Armee nach einem Bombenanschlag auf israelische Zivilisten aktiv. Am 30. Juli 1997 explodierte eine Bombe in West-Jerusalem, wobei 15 Personen, darunter zwei Selbstmordattentäter, umkamen und 170 Personen verletzt wurden. Die Armee reagierte darauf, indem sie die Familien derjenigen bestrafte, die der Ausführung der Bombenanschläge verdächtigt wurden, sowie das Dorf, aus dem sie kamen. Die Häuser von vier ortsansässigen Familien wurden vollständig zerstört, ebenso acht Häuser in Ost-Jerusalem. Einen Monat lang ließen israelische Soldaten fast niemanden auf die Westbank oder von dort weg.

Nach offiziellen Angaben zerstörte die Armee die Häuser, weil sie entgegen den Vorschriften gebaut worden seien. Doch ein ungenannter Vertreter der Armee sagte, die Zerstörungen seien als Signal an die palä-

stinensischen Behörden zu verstehen, daß sie erst dann „wieder ein normales Leben führen können, wenn sie bestimmte Maßnahmen ergreifen, um dem Terrorismus Einhalt zu gebieten".

Andere Sicherheitsmaßnahmen der israelischen Armee sind nicht weniger umstritten, völkerrechtlich aber weniger eindeutig.

Zum Beispiel Reisebeschränkungen. Issa aus Bethlehem und seine Verlobte, Farida aus Jerusalem, wollten am 13. September 1997 in der Mar Elias Christian Church südlich von Jerusalem heiraten. Nach der Explosion im Juli gab die israelische Armee eine vollständige Abriegelung des Gebietes bekannt, das von der Palästinenserbehörde kontrolliert wird. Ein Palästinenser aus Bethlehem konnte daher keine Genehmigung für eine Reise nach Jerusalem bekommen, und hätten sie stattdessen beschlossen, die Hochzeit in Bethlehem abzuhalten, hätte Farida keine Genehmigung erhalten, das von der Palästinenserbehörde kontrollierte Gebiet zu betreten. Nach drei erfolglosen Versuchen, israelische Kontroll-

Zwei palästinensische Brüder in den Ruinen ihres Hauses im Gazastreifen, zerstört von der israelischen Armee, weil im Haus nebenan ein Verdächtiger lebte.

punkte zu passieren, umging der in seinen besten Sonntagsstaat gekleidete Bräutigam die Beschränkungen, indem er über Mauern kletterte und stundenlang über schmutzige Straßen marschierte, um es zu seiner Hochzeitsfeier zu schaffen. Die Mehrzahl der Gäste blieb zu Hause. Die meisten Restriktionen für die Palästinenser begannen nach der Annexion der Westbank durch Israel im Krieg von 1967, wurden aber bis zum Golfkrieg weitgehend ignoriert. Im März 1993 richtete die Regierung nach einer Reihe von Messerstechereien in Israel einen permanenten Kontrollpunkt zwischen der übrigen Westbank und Israel ein und begann, routinemäßig die besetzten Gebiete abzuriegeln. Dadurch wurden die Bewegungen der Palästinenser und der Warenverkehr von und zu den Gebieten blockiert, außer wenn gültige Genehmigungen vorlagen. Seither hat Israel wiederholt eine „vollständige Abriegelung" durchgeführt, wodurch Palästinenser keine Krankenhäuser, Schulen, Ausbildungseinrichtungen, diplomatische Missionen und Andachtsstätten in Jerusalem erreichen konnten. Bei Reisebeschränkungen, die von denjenigen, die darunter leiden, als Strafmaßnahme betrachtet werden, kann es, muß es sich aber nicht um eine Kollektivbestrafung handeln; sie könnten auch eine Sicherheitsvorkehrung als Reaktion auf einen Verstoß gegen Sicherheitsbestimmungen sein. Einige Juristen stehen auf dem Standpunkt, daß semipermanente Restriktionen an der Schwelle zur Kollektivstrafe stehen.

FALLSTUDIE

Kolumbien

Douglas Farah

In Kolumbien findet zur Zeit einer der komplexesten bewaffneten Konflikte der Welt statt. Anders als bei anderen Guerillakriegen in Zentral- und Südamerika stehen sich in Kolumbien nicht so sehr eine Regierungsarmee auf der einen und Guerilla-Kämpfer auf der anderen Seite gegenüber, sondern vielmehr Paramilitärs gegen Guerilla-Kämpfer und nebenher auch noch die Armee.

Beobachter in Kolumbien und außerhalb glauben, daß diese paramilitärischen Gruppen der Regierung und den Militärbehörden von Anfang an dazu dienten, ohne offensichtliche Beteiligung des Staates einen schmutzigen Krieg zu führen. Doch jetzt ist die Situation schon lange an einen Punkt geraten, an dem Zivilpersonen das Hauptziel des totalen Kriegs bilden, der in Kolumbien tobt. Obwohl die Armee auf einen Rückgang bei der Anzahl der Verstöße gegen das humanitäre Recht verweisen kann, scheint die gesamte Konzeption des Kriegsrechts vor dem Kollaps zu stehen. Der elementarste Unterschied, nämlich der zwischen Kombattanten und Nichtkombattanten, also zwischen Zivilpersonen und Soldaten, wird nicht mehr respektiert. Und in den letzten Jahren hat sich die Lage nur weiter verschlimmert.

Kolumbien besitzt eine lange Geschichte blutiger politischer Kämpfe, nicht zuletzt der bürgerkriegsähnlichen Unruhen in den 40er und 50er Jahren, die als La Violencia bezeichnet werden und in denen sich bewaffnete Milizen der Liberalen und der Konservativen Partei gegenüberstanden und das Land beinahe in den Untergang getrieben hätten. Diese Gewalt ist niemals ganz verstummt. Überreste der Miliz der Liberalen Partei haben in den 60er Jahren die erste Guerilla-Bewegung, die Revolutionären Bewaffneten Streitkräfte von Kolumbien (FARC), gegründet. Als Reaktion auf diese neu entfachte Bedrohung durch Guerilla-Kräfte, erst durch die FARC und dann durch die Nationale Befreiungsarmee (ELN), wurden die ersten paramilitärischen Gruppierungen als Hilfseinheiten der kolumbianischen Armee eingerichtet.

So steckt Kolumbien also seit mehreren Jahrzehnten fest in einem Teufelskreis von Gewalt und Vergeltung. Ein großer Teil davon ist zyklisch und dem Wesen nach reine Vergeltung. Nicht selten ermordeten sowohl **Guerilla-Kämpfer** als auch **Paramilitärs** Mitglieder der Familien der jeweils anderen Seite. Infolgedessen wurde die Gewalt immer persönlicher und immer unaufhaltsamer. Doch wie brutal die Gewalt in der Vergangenheit auch gewesen sein mag: Dadurch, daß plötzlich alle Seiten Zugang zu Abermillionen Dollar an Drogengeldern haben, ist die aktuelle Welle mörderischer Kämpfe und politischer Gewalt, die Anfang der 80er Jahre begann, umfassender und unterschiedsloser denn je.

Mit dem Geld aus dem Drogenhandel können sich Guerilla-Kämpfer wie Paramilitärs auf dem internationalen Waffenmarkt versorgen; gleichzeitig befreit es sie von den früheren Beschränkungen in der Anwendung ihrer neu erworbenen Waffen. Auch ihre Taktiken haben sich geändert, obwohl dies wahrscheinlich auch ohne die Beteiligung der Drogenschieber der Fall gewesen wäre. Befreit von der Abhängigkeit von Staaten, die sie einst als Befreiungsbewegung unterstützt hatten (und die vielleicht einen gewissen Druck ausgeübt hätten, um sie von bestimmten Operationen abzuhalten), griffen Guerilla-Gruppen wie die FARC und ELN immer häufiger zu Entführungen, Attentaten auf gewählte Volksvertreter und Anschlägen auf Öl-Pipelines. Das Ergebnis war eine weitere, massive Vertreibung der Zivilbevölkerung. Die Paramilitärs wiederum begingen in ihrem Kampf gegen die Guerilla Massaker und zwangsrekrutierten junge Männer und Frauen in einem Krieg, den diese nicht kämpfen wollen. Und während bei früheren Gewaltausbrüchen die Paramilitärs gänzlich von der kolumbianischen Armee abhingen, sind sie nun finanziell von ihr unabhängig, wenn auch immer noch für den Schutz vor Strafverfolgung auf sie angewiesen, und haben sich zu den wichtigsten bewaffneten Gegnern der Guerilla entwickelt.

Diese Entwicklungen haben zu einer weiteren Verschlechterung der Situation der Zivilbevölkerung geführt und eine größere humanitäre Krise ausgelöst, die außerhalb von Kolumbien kaum Beachtung findet. Im Laufe des vergangenen Jahrzehnts wurden über 600 000 Menschen innerhalb Kolumbiens aus ihren angestammten Wohnorten vertrieben.

Die kolumbianische Krise würde es mit oder ohne Drogenhändler geben. Doch wenn diese auch nicht die Ursache für den Krieg oder die sozialen und historischen Ereignisse sind, die ihn ausgelöst haben, so sind sie doch die Ursache für die Kriminalisierung des Konflikts, ein Krebsgeschwür der modernen kolumbianischen Geschichte. Die Drogenhändler haben sich willens gezeigt, mit beiden Seiten zusammenzuarbeiten und beide Seiten zu finanzieren. Diese Situation ist alles andere als der ideologische Kampf, der den kolumbianischen Konflikt vor dreißig Jahren charakterisierte. Guerilla-Kämpfer und Paramilitärs werden gleichermaßen reich durch den Krieg, und die Gewinne, die der Krieg mit sich bringt, lassen einen Frieden nur um so unerreichbarer erscheinen.

Im Kielwasser der Drogenhändler kamen gewöhnliche Kriminelle, die willig für jede Gruppe arbeiten, die für ihre Dienste zu zahlen bereit ist, und die natürlich noch weniger Rücksicht auf die Gesetze des Krieges nehmen als Guerillas und Paramilitärs. So war es vielleicht vorhersehbar, daß der Krieg auch die letzten Winkel des kolumbianischen Lebens erfaßt hat. Jetzt gehört das Land mit einer jährlichen Mordrate von etwa siebzig pro 100 000 Einwohnern weltweit zu den Ländern mit der höchsten Gewaltrate. Im Vergleich dazu beträgt die Mordrate in den Vereinigten Staaten, die höchste von allen entwickelten Ländern, etwa elf pro 100 000 Einwohner.

Durch diese Mischung aus Krieg und Verbrechen – die Kämpfe flauen ab und flammen wieder auf, je nachdem, wieviel Drogengeld an beide Seiten fließt – ist der kolumbianische Konflikt sehr schwer zu verstehen. Klar ist jedoch, daß alle Seiten bereit sind, schwere Verletzungen des humanitären Rechts zu begehen, obwohl gewisse Gruppen zu gewissen Verletzungen mehr neigen als andere.

Während zum Beispiel alle Seiten Entführungen begehen, sind für die FARC und in geringerem Maße auch für die ELN Entführung und Geiselnahme von Zivilpersonen sowohl politische Waffe als auch Mittel zur Geldbeschaffung. Die FARC neigt dazu, sich auf Politiker und Landbesitzer zu

Todesschwadronen laden ihre Opfer auf einem Hügel oberhalb von Bogota ab. Die Polizei bezeichnet solche Massentötungen als „Aufräumprogramm" oder „Rehabilitationsprogramm".

konzentrieren, während die ELN eher Ausländer entführt, insbesondere wenn sie glaubt, daß für sie hohe Lösegelder erzielt werden können. Aber feste und eindeutige Regeln gibt es dabei nicht. Gelegentlich entführt die ELN auch Politiker, während die FARC immer noch drei 1993 entführte amerikanische Missionare festhält. Und obwohl Entführungen hauptsächlich von Guerilla-Kämpfern durchgeführt werden, wird diese Taktik immer häufiger auch von rechtsorientierten paramilitärischen Organisationen angewandt.

Niemand weiß genau, wieviele Entführungen sich jedes Jahr zutragen, da den Behörden nur ein Teil davon gemeldet wird. Wenn, wie die kolumbianischen Behörden schätzen, höchstens 20 Prozent der Entführungen gemeldet werden und es etwa neunhundert gemeldete Ent-

San Jose de Apartado. Die Dorfbewohner haben den von den Paramilitärs Getöteten ein Denkmal errichtet. Kolumbien, 1998.

führungen im Jahr gibt, dann wäre die Gesamtzahl auf jeden Fall erschreckend hoch. Die Gesamtstatistik der Personen, die in den letzten beiden Jahren in diesem Klima der Gewalt umgekommen sind, verschlägt einem den Atem.

Summarische Hinrichtungen sind ein weiteres Beispiel für eine Taktik, die, obwohl von allen Seiten angewandt, bei einer der kriegführenden Gruppierungen häufiger vorkommt als bei der anderen. Nach den letzten Berichten von Menschenrechtsorganisationen wurden derartige Rechtsverletzungen in erster Linie von den paramilitärischen Truppen begangen. Als Anwender dieser Taktik haben sich insbesonders die Anhänger der zwei der bedeutendsten paramilitärischen Anführer, der Brüder Fidel und Carlos Castano, hervorgetan. Wie es in Kolumbien so oft der Fall ist, liegt der Krieg der Castanos gegen die Guerilla-Kämpfer zu einem großen Teil in ihrer Familiengeschichte begründet. Der Vater der Brüder wurde in den 70ern von den FARC zur Erpressung von Lösegeld entführt. Die Familie verhandelte mit den Guerilla-Kämpfern und zahlte schließlich ein Lösegeld, doch der Vater wurde dennoch umgebracht und seine Leiche auf einem Grundstück der Familie abgeladen. Im kolumbianischen Kontext ist es nicht weiter überraschend, daß die Castano-Brüder bei Erreichen des Mannesalters paramilitärische Organisationen gründeten, die bis auf den heutigen Tag für einige der schlimmsten Massaker verantwortlich zeichnen, die es in Kolumbien je gegeben hat.

Im Fall der Castanos waren politische Gewalt und Verbrechen bald nicht mehr voneinander zu unterscheiden. Ihre Kämpfer finanzierten sie durch den Verkauf von Kokain, und Ende 1997 wurde Carlos Castano von der US-amerikanischen Drogenbehörde DEA (Drug Enforcement Administration) als einer der bedeutendsten Drogenhändler identifiziert. In der Praxis begeben sich die Kämpfer der Castanos meist mitten in der Nacht

Beerdigung von Leutnant Perez, 23, getötet auf offener Straße von Heckenschützen. Kolumbien.

mit einer Liste mutmaßlicher Linker in ein Zivilgebiet, zerren alle, derer sie habhaft werden können, aus ihren Häusern, exekutieren sie und laden ihre Leichen dort ab, wo sie von so vielen Leuten wie möglich gesehen werden können. Offenbar als Vergeltung für dieses Vorgehen wurde Fidel Castano von den FARC entführt und angeblich ermordet.

Doch obwohl die paramilitärischen Organisationen für die meisten großen Massaker der letzten Zeit verantwortlich sind, haben – wie es umgekehrt bei den Entführungen der Fall ist – sowohl die FARC als auch die ELN schon politische Vertreter von Städten, in denen die Aufständischen die Kontrolle übernehmen wollten, summarisch hingerichtet. Und es ist in jedem Fall häufig schwierig festzustellen, wer an einem bestimmten Massaker die Schuld trägt, oder auch nur, warum es geschah, da die Gruppen oft auch auf Weisung anderer tätig werden, insbesondere der Drogenhändler selbst. So töten beispielsweise die paramilitärischen Einheiten nicht nur mutmaßliche Linke, sondern auch Mitglieder von Drogenkartellen, die zuviel wissen oder der Illoyalität verdächtigt werden.

Auch die Guerilla-Kämpfer haben auf Weisung der Kartelle aus den gleichen Gründen schon Arbeiter in den Koka-Feldern oder in Drogenlabors exekutiert.

Die Praxis summarischer Exekutionen wird üblicherweise mit der Anwendung von **Folter** verbunden. Die Folter wird angewandt, um jemandem Informationen zu entreißen, aber sie dient auch als Strafmaßnahme und Abschreckung für andere. Solche Tötungen sind nur ein Element in dem Muster direkter und unterschiedsloser Angriffe auf die Zivilbevölkerung, die alle Seiten regelmäßig unternehmen. Diese Angriffe, über die selbst in der kolumbianischen Presse kaum berichtet wird, haben zur internen Vertreibung von Hunderttausenden geführt, sowohl aus den von den Guerilla-Kämpfern kontrollierten als auch aus den von den Paramilitärs kontrollierten Gebieten. Diese gewaltige Zahl von Opfern interner Vertreibungen ist menschlich gesehen vielleicht die schlimmste Auswirkung des gesamten kolumbianischen Konfliktes. Noch weniger Beachtung fand die durch die Kämpfe verursachte Umweltkatastrophe. Trotz weitreichender internationaler Proteste sprengt die ELN weiterhin Öl-Pipelines, die durch unberührten Dschungel führen. Zehntausende Gallonen Rohöl versickern jedes Jahr und verseuchen Wasserstraßen, vernichten die Tierwelt und machen eine Säuberung praktisch unmöglich, selbst wenn der Wille oder die Ressourcen dafür vorhanden wären.

Die Aussichten sind trübe. Trotz seiner Reichtümer und der Talente seines Volkes ist Kolumbien eine Gesellschaft, die inzwischen vollkommen von der Kultur des Todes durchdrungen ist. In einem gewissen Sinne handelt es sich hier um einen ganz speziellen Fall. Doch zumindest bis zu einem gewissen Grade ähnelt der in Kolumbien ausgefochtene Krieg einigen Konflikten, die in der letzten Zeit in Afrika stattgefunden haben und bei denen der Niedergang des Staates und der Triumph einer mörderischen Kriminalität zu einer fundamentalen Unterhöhlung der Grundlagen des humanitären Rechts selbst geführt haben.

Kombattantenstatus

A. P. V. Rogers

Bei einem bewaffneten Konflikt dürfen nur „Kombattanten unmittelbar an den Feindseligkeiten teilnehmen". Nichtkombattanten, die dies tun, begehen ein Kriegsverbrechen und verlieren den Status geschützter Personen, den sie möglicherweise besitzen. Das heißt, sie sind nicht berechtigt, als Kriegsgefangene behandelt zu werden, und alle Angriffe auf Personen oder Objekte können als gewöhnliche Verbrechen verfolgt werden.

Kombattanten sind sämtliche Mitglieder der Streitkräfte einer Konfliktpartei mit Ausnahme von Sanitäts- oder Seelsorgepersonal. Sie können für ihre feindseligen Akte nicht bestraft werden, und wenn sie gefangengenommen werden, können sie nur bis zum Ende der Feindseligkeiten als Kriegsgefangene festgehalten werden.

Sich unmittelbar an Feindseligkeiten zu beteiligen, bedeutet normalerweise, Kombattanten oder Militärobjekte des Gegners anzugreifen.

Die Streitkräfte bestehen aus allen organisierten bewaffneten Kräften, Gruppen und Einheiten, für die folgendes zutrifft: sie stehen unter einem Oberbefehl, der einer Konfliktpartei für das Verhalten seiner Untergebenen verantwortlich ist; sie unterstehen einem internen Disziplinarsystem, das die Einhaltung des Rechtes bewaffneter Konflikte durchsetzt; ihre Mitglieder tragen, zumindest wenn sie bei militärischen Operationen eingesetzt werden, Uniform oder Kampfkleidung, die sie von der Zivilbevölkerung unterscheidet.

Mitglieder des Sanitäts- oder Seelsorgepersonals sind – wie Zivilpersonen – keine Kombattanten. Sie dürfen nicht unmittelbar an Feindseligkeiten teilnehmen, und solange sie das nicht tun, sind sie rechtlich vor einem Angriff geschützt. Jedoch darf das Sanitätspersonal leichte Handfeuerwaffen zur Selbstverteidigung benutzen, falls es widerrechtlich angegriffen wird. Seelsorgepersonal ist nicht bewaffnet.

Die Zusammensetzung der Streitkräfte ist Sache des betreffenden Staates oder der betreffenden Gruppierung. Sie können sich aus regulären Einheiten, Reservisten, Einheiten der Territorialverteidigung, zu Teilzeitdiensten einberufenen Bürgern oder Vollzeitsoldaten zusammensetzen, solange die oben angeführten Bedingungen erfüllt werden. Bei Mitgliedern der Streitkräfte sind Dienstgrade üblich, wobei die höheren Dienstgrade die Macht haben, ihren Untergebenen Befehle zu erteilen und Disziplinarstrafen zu verhängen.

Die Verletzung des Kriegsrechts bedeutet keinen Verlust des Kombattantenstatus, solange die Verantwortlichen vor Gericht gestellt und bestraft werden. Wenn die Mitglieder einer bewaffneten Gruppe ständig gegen das Kriegsrecht verstoßen und nicht bestraft werden, ist dies ein deutlicher Hinweis darauf, daß sich die Gruppe nicht als „Streitkräfte" qualifiziert, da sie das Kriterium eines internen Disziplinarsystems nicht erfüllt, und daß ihre Mitglieder keinen Kombattantenstatus besitzen.

(Siehe **Irreguläre; Paramilitärs**)

VERBRECHEN

Konzentrationslager

Ed Vulliamy

In den Bestimmungen zu Kriegsführung und Konflikten werden Konzentrationslager nicht aufgeführt. Doch seit über einem Jahrhundert sind Konzentrationslager ein Schauplatz von Massenkriegsverbrechen und das Symbol für den schlimmsten Mißbrauch von Zivilpersonen in Kriegszeiten.

Die ersten *reconcentrados* oder „Konzentrationszentren" wurden in Kuba von dem spanischen General Valeriano Weyler errichtet, als er versuchte, die Rebellion von 1895 zu unterdrücken. Großbritannien errichtete während der Buren-Kriege von 1899 bis 1902 zahlreiche Konzentrationslager. Um dafür zu sorgen, daß die burischen Guerilla-Kämpfer weder an Essen noch an Informationen herankamen, ordnete General Lord Kitchener an, daß die britische Armee das Transvaal- und Oranje-Gebiet in Südafrika „leer" räumen solle. Zivilpersonen – Frauen, Kinder, alte Leute und einige Männer im kampffähigen Alter – wurden aus ihren Heimen getrieben und in Lagern entlang der Eisenbahnlinien konzentriert; auf lange Sicht sollten sie endgültig aus dem Gebiet entfernt werden. Die Buren nannten diese Lager, die für sie zum Symbol des Völkermordes wurden, *laagers*.

Die Nazis entwickelten ein riesiges Netzwerk von *Konzentrationslagern*, die sie nutzten, um zunächst politische Gefangene, später Zwangsarbeiter festzuhalten, und schließlich, um das europäische Judentum zu vernichten und zahlreiche Polen, Russen und Zigeuner zu töten. Von den fast sechs Millionen Juden, die gemäß Hitlers „Endlösung" getötet wurden, starben zwei Millionen in Auschwitz, dem Hauptvernichtungszentrum.

Niemand aus der Generation nach dem Zweiten Weltkrieg hätte sich vorstellen können, daß in Europa noch einmal solche Lager errichtet werden könnten. In jenem August 1992, als ich und meine Kollegen vom britischen Fernsehsender ITN aus unseren Fahrzeugen stiegen, ließ sich schwer sagen, wer von uns mehr überrascht war, den anderen zu sehen. Vor uns lag eine Landschaft menschlichen Elends, die aus einer anderen Zeit zu stammen schien: Hinter einem Stacheldrahtzaun drängten sich Männer, manche bis zum Skelett abgemagert, hohlwangig, jede einzelne Rippe unter der faulenden Haut zu erkennen. Sie hingegen erblickten ein Kamerateam und eine Schar Reporter, die über das vertrocknete Sommergras auf sie zukamen.

Dies war Logor Trnopolje, eine riesige Ansammlung von Menschen im Elend – verängstigt, von der Sonne verbrannt, von Haus und Hof vertrieben. Einer davon war Fikret Alic, dessen ausgezehrter Torso hinter spitzen Stacheldrahtknoten zum dauerhaften Symbol für den Krieg in Bosnien, seine Grausamkeit und sein Echo der schlimmsten Katastrophen unseres Jahrhunderts werden sollte. Alic war aus einem weiteren Lager gekommen, Keraterm, wo er weinend zusammengebrochen war, nachdem er den Befehl erhalten hatte, etwa 150 Leichen wegzuräumen, die noch von dem Massaker der Nacht zuvor dalagen.

Ich ging nach Trnopolje hinein, vorbei an Familien, die auf dem Boden einer ehemaligen Schule aneinandergedrängt waren, vorbei an stinkenden Löchern, die als Latrinen in den Boden gegraben worden waren. „Ich kann Ihnen nicht alles sagen, was hier vor sich geht", sagte ein junger Internierter, Ibrahim Demirovic, „aber sie tun, was sie wollen." Einem gütigen Arzt, Idriz, war die Leitung eines „medizinischen Zentrums" übertragen worden, wo er uns einen nicht entwickelten Film übergab. Er zeigte seine Patienten, die buchstäblich grün und blau geschlagen worden waren.

Am Tag nach der Entdeckung der Lager Trnopolje und Omarska schreckte ich wegen der unweigerlichen Assoziation mit den bestialischen Methoden des Dritten Reiches davor zurück, sie als Konzentrationslager zu bezeichnen. Ich argumentierte, daß wir sehr vorsichtig sein müßten, um die Völkermorde unserer Zeit nicht mit dem Holocaust in einen Topf zu werfen, der einmalig und unverwechselbar gewesen sei. Auch wenn in dem Gulag serbischer Lager Tausende vorsätzlich getötet wurden, ließ sich das mit dem industrialisierten Massenmord der Nazis an Juden und anderen vergleichen?

Bei näherer Betrachtung ist jedoch *Konzentrationslager* genau der richtige Begriff für das, was wir an jenem Tag entdeckten. Denn hier wurde die Zivilbevölkerung buchstäblich *konzentriert* – in Kolonnen an Orte geschleppt oder in Bussen herangekarrt mit dem rechtswidrigen Ziel der Mißhandlung, der Folter, des Mißbrauchs, des Tötens und, was ausschlaggebend war, der zwangsweisen Verlegung oder der **ethnischen Säuberung.** Tatsächlich stellte die unabhängige Expertenkommission der UN nach einer einjährigen Untersuchung fest, daß Trnopolje ein Konzentrationslager sei und Omarska und Kereterm „de facto Vernichtungslager".

Im allgemeinen befassen sich die Bestimmungen, die sich auf Konzentrationslager anwenden ließen, wenig systematisch mit dem Thema, und das Hauptelement ist die rechtswidrige Internierung, eine schwere Verletzung der Vierten Genfer Konvention. Die Internierung von Zivilpersonen ist nicht unbedingt rechtswidrig. „Ausländischen" Zivilpersonen, die eine Gefahr für eine Konfliktpartei darstellen, können „Internierungsorte" oder „Zwangsaufenthalte" zugewiesen werden. Jedoch muß die Gefahr tatsächlich gegeben sein. Um dies nachzuweisen, reicht es nicht, die Nationalität anzuführen, sondern es muß eine eindeutige Aktion vorliegen. Es ist auch rechtmäßig, Zivilpersonen zu ihrer eigenen Sicherheit in einem Notfall, z. B. bei einem bevorstehenden Kampf, fortzubringen und temporäre Schutzräume für sie zu errichten. Selbst dann müssen sie nach Hause zurückgebracht werden, sobald dies in Sicherheit getan werden kann, und zwischenzeitlich müssen sie gut versorgt werden. Außerdem können Zivilpersonen als Verdächtige oder Kriminelle festgehalten oder eingesperrt werden, solange ihnen **rechtliches Gehör** gewährt wird. Bei einem innerstaatlichen Konflikt dürfen Nicht-Kombattanten interniert werden, haben aber Anspruch auf menschliche Behandlung und den rechtlichen Schutz, der von einem ordnungsgemäß zusammengesetzten Gericht garantiert wird. In Konzentrationslagern gibt es einen derartigen Schutz nicht. Daher ist die Internierung unter solchen Bedingungen rechtswidrig. Bei der willkürlichen Inhaftierung von Zivilpersonen in großer Zahl bei Konflikten, inner- oder zwischenstaatlichen, kann es sich um ein Verbrechen gegen die Menschlichkeit handeln.

Diese Themen der „Konzentration" und des „Entfernens" von Zivilpersonen beherrschten die letzte Phase des Buren-Kriegs, beim Krieg in Bosnien den gesamten Krieg, am deutlichsten in den frühen Phasen. Wie wir

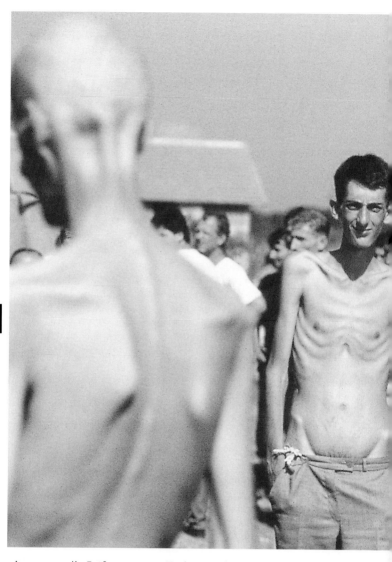

wissen, war die Entfernung von Moslems und Kroaten von den serbischen Gebieten nicht das Nebenprodukt eines Krieges von Armeen untereinander, sondern es war das *Wesentliche*, das erklärte Ziel der Serben.

Die Konzentrationslager des Buren-Kriegs riefen in Großbritannien eine Welle der Empörung und des Zorns hervor, angeführt von Emily Hobhouse, einer glühenden Temperenzlerin. Sie beschrieb „Deportationen ... eine ausgebrannte Bevölkerung, die von Hunderten von Konvois hergebracht wird ... halbe Aushungerung in den Lagern ... fiebergeschüttelte Kinder, die auf der bloßen Erde liegen ... eine erschreckende Sterblichkeitsrate."

Die Lager veranlaßten Lloyd George zu dem zornigen Ausruf: „Wann ist ein Krieg kein Krieg? Wenn er mit Methoden der Barbarei geführt wird." Selbst das allein aus Frauen bestehende Fawcett Committee, das den britischen Krieg unterstützte, aber unerschrocken Inspektionen in den Konzentrationslagern durchführte, war von den Bedingungen in Mafeking

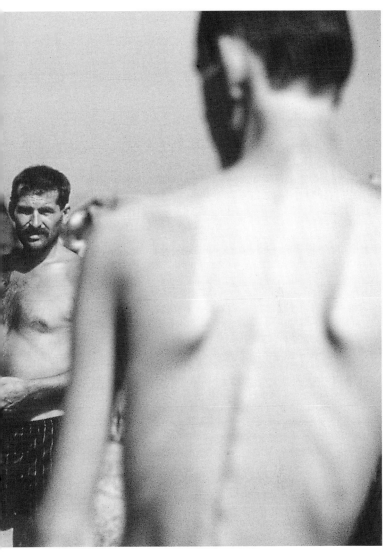

Bilder wie diese aus dem Lager Trnopolje im August 1992 riefen Erinnerungen an die Nazi-Lager wach. Doch hier handelt es sich um Lager der Serben für Bosnier.

erschüttert, wo Frauen Kleidung in exkrementenverseuchtem Wasser wuschen, oder in Brandfort, wo eine Epidemie 337 Menschen in drei Wochen dahinraffte. Diese Orte waren noch lange kein Auschwitz oder Belsen, aber sie *waren* Konzentrationslager.

Der Begriff Konzentrationslager impliziert weniger ein Gefängnis oder einen Zwangsaufenthalt für Kriegsgefangene oder auch Zivilpersonen, als vielmehr eine Funktion in einem umfassenden Prozeß des „Entfernens". Die Tatsache, daß die Serben Trnopolje rechtfertigen wollten, indem sie es als „Durchgangslager" umschrieben, bestätigt diesen Punkt: Es gibt eine Verbindung zwischen Konzentrationslagern und der erzwungenen Verlegung oder Entfernung der Bevölkerung.

In ihrer Beschreibung Trnopoljes in dem Urteil gegen Dusko Tadic stellten die Richter in Den Haag fest, daß es dort zwar „kein reguläres

Verhör- oder Prügelregime wie in anderen Lagern gab, doch Prügel und Tötungen kamen vor." Sie bezogen sich auf eine Zeugenaussage über "tote Menschen, in Papier gewickelt und zusammengebunden, ihre Zungen herausgezogen ... und die Leichen abgeschlachteter junger Mädchen und alter Männer". Die Richter erkannten an, daß einige Insassen in dem Dorf vor dem Lager nach Essen suchen durften. Doch dies „lief im Grunde auf eine Gefangenschaft hinaus", da viele bei diesen Exkursionen getötet wurden und die Überlebenden Angst hatten, sie zu wiederholen.

Außerdem, „da in diesem Lager die meisten Frauen und Mädchen lebten, gab es mehr Vergewaltigungen in diesem Lager als in jedem anderen. Mädchen zwischen 16 und 19 waren am stärksten gefährdet ... wobei das jüngste Mädchen zwölf Jahre alt war." Ein Mädchen, das von sieben serbischen Soldaten hintereinander vergewaltigt wurde, erlitt „schreckliche Schmerzen und Blutungen".

Doch was Trnopolje kennzeichnete, war die Tatsache, daß das Lager, wie die Richter sagten, „den Höhepunkt der Kampagne zur ethnischen Säuberung bildete, da diejenigen Moslems und Kroaten, die nicht in den Lagern Omarska und Kereterm getötet wurden, von Trnopolje aus deportiert wurden." Es ist eines der Erkennungsmerkmale von Konzentrationslagern, daß die internierende Macht ihre Insassen loswerden möchte, entweder indem sie sie tötet, oder indem sie sie zwangsweise anderswohin verlegt.

Im Lager Trnopolje waren diese Verlegungen, der Zweck der Konzentrationslager, wirklich entsetzlich. Ich war bei einer dabei; es handelte sich um die Verlegung von Moslems aus der Stadt Sanski Most. Da es sich um **interne Vertreibungen** aus dem von Serben kontrollierten Nordbosnien in Gebiete unter Regierungskontrolle handelte, fanden sie außer in den Nachrichtenmedien wenig Beachtung.

Ein Jahr später, im September 1993, entdeckte ich ein weiteres Konzentrationslager: Dretelj. Diesmal waren die Insassen Moslems und ihre Bewacher bosnische Kroaten. Die meisten Gefangenen waren in der feuchten Dunkelheit von zwei unterirdischen Hangars eingesperrt, die in die Hügel gegraben worden waren. Die Metalltüren waren für unseren Besuch aufgeschoben worden, doch viele Männer zogen es vor, drinnen zu bleiben, und starrten wie blind in den Himmel draußen. „Wir dürfen eigentlich nicht raus", sagte einer. Diese Männer waren hier jeweils bis zu 72 Stunden hintereinander eingesperrt gewesen, ohne Essen oder Wasser, und um zu überleben, tranken sie ihren eigenen Urin. Sie alle erinnerten sich noch an die Nacht im Juli 1993, als die kroatischen Bewacher sich betranken und anfingen, durch die Türen zu schießen. In jener Nacht kamen zehn bis zwölf Männer um; die Rückwand des Hangars wies zahlreiche Einschüsse auf.

Der Plan war simpel; die bosnisch-kroatischen Behörden erklärten ihn dem Flüchtlingshochkommissariat der UN (UNHCR) bei einem Treffen in dem Küstenort Makarska in der Woche vor unserer Entdeckung des Lagers. Der Vorschlag lautete, fünfzigtausend Moslems in ein Transitlager bei dem nahegelegenen Ljubuski zu bringen und von dort in Drittländer. Der kroatische Außenminister Mate Granic sagte, sein Land werde tun, was in seinen Kräften stehe, um zu helfen. Würde das UNHCR ...? Die UNHCR-Mitarbeiter waren verblüfft, gefangen in einem furchtbaren Dilemma: entweder den Zweck Dretelijs und drei weiterer Konzentrationslager zu erfüllen oder die Männer weiter dahinvegetieren zu lassen, unter Bedingungen, die seit zwei Monaten vor dem Internationalen Komitee vom Roten Kreuz verborgen gehalten worden waren.

Den Zweck von Konzentrationslagern auf eine solche Weise zu erfüllen, ist an sich schon eine rechtswidrige **Deportation**. Doch zusätzlich zu den Bestimmungen bezüglich einer Internierung regelt die Genfer Konvention von 1949 auch die Verlegung von Internierten – um die euphemistische Umschreibung der Serben und Kroaten für ihre eigenen Konzentrationslager zu übernehmen. Diese soll, so Artikel 127, „stets mit Menschlichkeit durchgeführt" werden, und in der Regel mit der Eisenbahn oder anderen Beförderungsmitteln. „Müssen derartige Verlegungen ausnahmsweise zu Fuß durchgeführt werden, so dürfen sie nur stattfinden, wenn der Gesundheitszustand der Internierten es erlaubt."

Die Konvention fährt fort: „Beim Entscheid über die etwaige Verlegung von Internierten berücksichtigt der Gewahrsamsstaat die Interessen derselben; insbesondere unternimmt er nichts, was die Schwierigkeiten bei ihrer Heimschaffung oder ihrer Heimkehr in ihren Wohnort vergrößern könnte." Zu dem Zeitpunkt, zu dem der vorliegende Artikel geschrieben wird, wird diese Bestimmung in bezug auf die in Trnopolje und Dretelj „Konzentrierten" auf schändliche und entsetzliche Weise immer noch ignoriert.

K

Kranke und Verwundete

Eric Stover

Die Genfer Konventionen von 1949 erkannten an, daß die **„militärische Notwendigkeit"** ihre Grenzen hat und daß **Kombattanten** sowie Zivilpersonen, die verwundet oder als Kriegsgefangene **außer Gefecht gesetzt** sind, keine militärischen Ziele darstellen und jederzeit mit Würde behandelt werden sollten. Die Konventionen sehen auch vor, daß Zivilpersonen und Kombattanten, die krank und verwundet sind, gleich behandelt werden sollten und daß bei ihrer Behandlung keine Unterschiede gemacht werden sollten.

Die Kranken und Verwundeten, so heißt es in Artikel 12, der in der Ersten und Zweiten Genfer Konvention von 1949 gleich ist, „werden durch die am Konflikt beteiligte Partei, in deren Händen sie sich befinden, mit Menschlichkeit behandelt und gepflegt, ohne jede auf Geschlecht, Rasse, Nationalität, Religion, politischer Meinung oder irgendeinem anderen ähnlichen Unterscheidungsmerkmal beruhende Benachteiligung. Streng verboten ist es, ihr Leben und ihre Person anzugreifen, insbesondere sie umzubringen oder auszurotten, sie zu foltern, an ihnen biologische Versuche vorzunehmen, sie vorsätzlich ohne ärztliche Hilfe oder Pflege zu lassen oder sie eigens dazu geschaffenen Ansteckungs- oder Infektionsgefahren auszusetzen."

Die Geschichte ist reich an Beispielen kranker und verwundeter Kombattanten und Zivilpersonen, die von denen, die sie gefangengenommen haben, körperlich und seelisch mißhandelt wurden. Einer der entsetzlichsten Fälle von Gefangenenmißhandlung im Zweiten Weltkrieg ereignete sich in einer von den Japanern betriebenen Fabrik zur biologischen Kriegsführung in der mandschurischen Ebene. In der geheimen Fabrik injizierten japanische Ärzte gefangengenommenen chinesischen und koreanischen Soldaten, von denen viele im Kampf verwundet worden waren, Beulenpest, Cholera, Syphilis und andere tödliche Krankheitserreger, um den Widerstand verschiedener Völker und Rassen gegen Krankheit zu vergleichen. Hunderte von Kriegsgefangenen starben infolge der **biologischen Experimente**, und Hunderte weitere wurden auf der Flucht aus dem Labor von den Japanern getötet.

Während der Belagerung der ostkroatischen Stadt Vukovar im November 1991 holten Truppen der Jugoslawischen Volksarmee (JNA) und serbische Irreguläre Hunderte von Patienten und Angestellten aus dem städtischen Krankenhaus und exekutierten sie am Ende einer Schlucht auf dem Gelände des landwirtschaftlichen Kollektivbetriebes Ovcara, neun Kilometer im Süden der Stadt gelegen. Fünf Jahre später exhumierten Spurensicherungsexperten, die von den Physicians for Human Rights (PHR) und vom Internationalen Strafgerichtshof für das ehemalige Jugoslawien (ITCY) bestellt worden waren, zweihundert Leichen aus einem **Massengrab** auf dem Gehöft Ovcara. Einige der Leichen trugen Kittel und weiße Clogs,

Eine Frau mit schweren Verbrennungen erhielt das Etikett „VNC" (vietnamese civilian, vietnamesische Zivilperson). Üblicherweise galten Verwundete automatisch als „VCS" (Vietcong suspects, mutmaßlicher Vietkong). Vietnam, 1967.

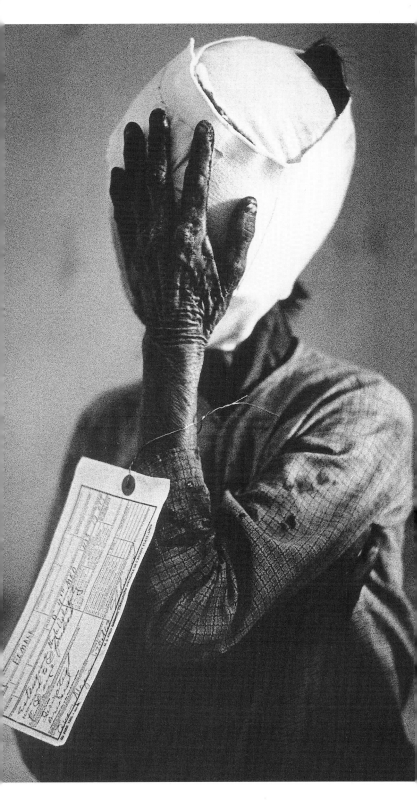

die Einheitskleidung von Krankenhausangestellten in Europa. Andere Leichen wiesen Zeichen früherer Verletzungen auf: einen mit Gaze bandagierten Oberschenkel oder einen gebrochenen Arm in Gips und Schlinge. Auf einer Leiche lag ein Paar zerbrochener Krücken. Bei einer anderen hing ein Katheter aus dem Becken. Bis zum Mai 1998 hatten die Gerichtsmediziner einundneunzig Leichen identifiziert. Mittlerweile hatte der ITCY gegen den ehemaligen Bürgermeister von Vukovar, Slavko Dokmanovic, und drei Offiziere der JNA – Mile Mrksic, Miroslav Radic und Veselin Sljivancanin – wegen des Massakers von Ovcara Anklage erhoben.

(Siehe **Medizinische Experimente an Kriegsgefangenen**)

VERBRECHEN

Krankenhäuser

Charles Lane

„Die Guerillas haben das Krankenhaus in die Luft gejagt."

Ich erinnere mich noch lebhaft an jenen brütend heißen Tag im November 1989, als ich diese Worte hörte und sofort erkannte, daß dahinter möglicherweise eine Geschichte steckte. Ich arbeitete als Mittelamerika-Korrespondent für *Newsweek*. El Salvador steckte mitten in einer heftigen landesweiten Offensive einer marxistischen Guerilla-Gruppe, die unter der Bezeichnung Nationale Befreiungsfront Farabundo Martí (FMLN) bekannt war. Die FMLN hatte die salvadorianische Armee mit groß angelegten koordinierten Angriffen auf die Hauptstadt San Salvador und alle größeren Provinzstädte in dem winzigen Land überrascht, das nur etwa 21 000 Quadratkilometer groß ist. Unter anderem überfielen sie auch Zacatecoluca, eine Provinzhauptstadt in der Nähe des internationalen Flughafens des Landes. In dem entstehenden Chaos begingen beide Seiten furchtbare Menschenrechtsverletzungen. In dieser Atmosphäre hörte ich zum ersten Mal von dem Guerilla-Angriff auf das Krankenhaus in Zacatecoluca.

Krankenhäuser genießen nach dem humanitären Völkerrecht natürlich einen besonderen Schutz. Vorsätzlich ein Krankenhaus oder eine andere zivile oder militärische medizinische Einrichtung anzugreifen, ist ein Kriegsverbrechen. Es ist auch rechtswidrig, ein Krankenhaus zur unmittelbaren Unterstützung einer Kampfhandlung zu gebrauchen – zum Beispiel einen Flügel des Krankenhauses in ein Munitionslager zu verwandeln. (Krankenhäuser, die solchermaßen mißbraucht werden, verlieren ihren rechtlichen Schutz.) Medizinisches Personal darf generell nicht angegriffen werden, aber ebenso dürfen medizinische Einrichtungen oder damit in Zusammenhang stehende Ausrüstungen wie Krankenwagen nicht zur Tarnung oder zum Schutz für Militärpersonal oder als Schutzschild für militärische Kräfte verwendet werden.

Jedoch ist das humanitäre Völkerrecht nicht ganz und gar unflexibel in seiner Bewertung von **Kollateralschäden** an Krankenhäusern, die aus Angriffen auf in der Nähe gelegene legitime **militärische Ziele** herrühren. Als Faustregel gilt, daß wenn der Schaden an einem Krankenhaus im Hinblick auf die unmittelbaren und konkreten militärischen Vorteile, die durch den Angriff auf das nahegelegene Ziel gewonnen werden können, nicht unverhältnismäßig hoch ist, er als rechtmäßig betrachtet werden kann.

Um noch einmal auf jenen heißen Tag in El Salvador vor neun Jahren zurückzukommen: Ich kletterte also in meinen verbeulten Mitsubishi Montero Jeep und machte mich auf den Weg nach Zacatecoluca. Nie werde ich den Schock vergessen, als ohne Vorwarnung plötzlich eine gewaltige Explosion scheinbar nur fünf Zentimeter neben meinem rechten Ohr losging. Vorübergehend taub geworden, konnte ich meine übriggebliebenen Sinne immerhin so weit zusammenraffen, daß mir klar wurde, daß soeben ein Artilleriegeschütz aus einer Entfernung von ca. 25 Metern abgefeuert worden war. Das salvadorianische Militär beschoß die Hügel um Zacatecoluca in einem halbherzigen Versuch, es mit den sich zurückziehenden Guerillas aufzunehmen.

Als ich die Stadt erreichte, begab ich mich sofort zu dem großen, modernen öffentlichen Krankenhaus in der Nähe des Stadtzentrums. Sobald ich dort war, stellte ich fest, daß die Kinderstation tatsächlich vollkommen ausgebombt war. Fenster waren zerbrochen, der Aufzug zerstört, Fetzen von Bettzeug lagen auf dem Boden verstreut umher. Das Krankenhauspersonal bestätigte uns, daß die Schäden verursacht worden waren, als eine Guerilla-Einheit auf der Station eine große Sprengladung zur Explosion gebracht hätte.

Ende der Geschichte? Nicht ganz. Die Zerstörung war gewaltig, aber nicht ganz und gar böswillig herbeigeführt worden. An jenem Tag hatten zwischen der Armee und den Guerillas heftige Kämpfe stattgefunden. Keine der beiden Seiten besetzte das Krankenhaus oder machte auch nur den Versuch dazu, doch als die Kämpfe in den engen gepflasterten Straßen der Stadt tobten, waren einige Soldaten der salvadorianischen Armee von ihrer Einheit getrennt worden und versuchten, auf das Dach des Krankenhauses zu fliehen. Die FMLN-Streitkräfte trieben die Regierungssoldaten in die Enge und beschlossen, um sie aus ihrem Schlupfloch zu

jagen, eine Sprengladung auf der Kinderstation zu zünden, die dem Dachversteck der Soldaten am nächsten gelegen war.

Hier nun ergeben sich zwei entscheidende rechtliche Fragen: Zum einen, waren die Soldaten ein legitimes Ziel für die FMLN? Fast sicher muß die Antwort darauf „ja" lauten. (Man könnte sogar argumentieren, daß das Krankenhaus seinen geschützten Status verlor, weil die Soldaten sich dort zu verstecken versuchten, aber ihre Flucht auf das Krankenhausdach schien weniger aus Berechnung erfolgt zu sein als in der Hitze und der Panik des Gefechts, ohne Kooperation seitens des Krankenhauspersonals, und es wäre abwegig, das Krankenhaus dafür büßen zu lassen.)

Zum zweiten, waren die FMLN-Truppen berechtigt, eine Sprengladung für den Angriff auf die Soldaten zu verwenden, obwohl sie doch wußten, daß die Detonation den Flügel des Krankenhauses, in dem Kinder der Zivilbevölkerung behandelt wurden, schwer beschädigen würde? Ich glaube, daß auch in diesem Fall die Antwort „ja" lauten muß – insbesondere

Sandsäcke schützen die Patienten des Gaza-Krankenhauses, Sabra-Schatila, während der israelischen Invasion des Libanon 1982.

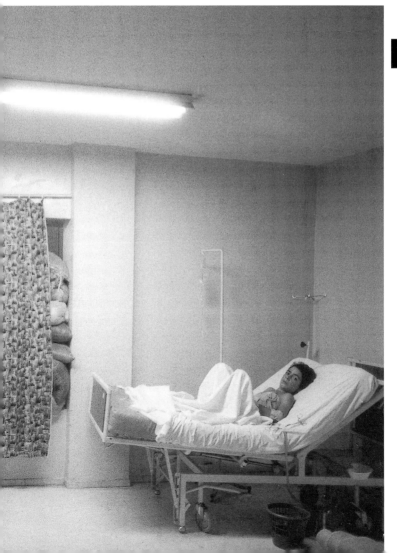

im Hinblick auf die Tatsache, daß das Krankenhauspersonal uns erzählte, die Guerilla-Kämpfer hätten sie rechtzeitig gewarnt und ihnen erlaubt, alle Patienten und das gesamte Klinikpersonal zu evakuieren, bevor sie ihre Sprengladung zündeten.

Doch es ist ein Ja unter Vorbehalt. Nach dem Völkerrecht würde die Antwort letzten Endes davon abhängen, ob für das Töten oder die Gefangennahme einer Handvoll bereits auf der Flucht befindlicher Feinde wirklich ein ausgesprochen vorhersehbarer Schaden an einer Krankenhauseinrichtung erforderlich war. Und dieser Schaden war gewaltig; zwar keine totale Zerstörung des gesamten Gebäudes, aber immerhin so schwer, daß Dutzende von Kranken und Verletzten in eine provisorische Klinik im Freien verlegt werden mußten. Man könnte nun argumentieren, daß ein so schwerer Schaden nicht beabsichtigt war, ungeachtet der löblichen Bemühungen der FMLN, das Gebäude zunächst zu evakuieren. Tatsächlich ist es der FMLN nicht gelungen, die Soldaten gefangenzunehmen oder zu töten. Wenn gegen das Völkerrecht verstoßen worden war, könnte man theoretisch von der FMLN fordern, Reparationen für den verursachten Schaden zu zahlen. Aber es gab keine Beweise für einen **Vorsatz** im juristischen Sinne, eine Voraussetzung für ein individuell strafbares Kriegsverbrechen.

Also fuhr ich zurück nach San Salvador und beschrieb in meinem wöchentlichen Artikel den Vorfall im Krankenhaus von Zacatecoluca. Es stimmte, was ich anfangs gehört hatte, daß nämlich die Guerillas das Krankenhaus in die Luft gejagt hatten. Aber eine nähere Untersuchung aller Faktoren, die sie zu dieser Handlung veranlaßten, und der Art, in der sie sie durchführten, zeigte, daß der Angriff, so tragisch er war, sehr wohl in die Kategorie zwar fragwürdiger, aber rechtmäßiger militärischer Handlungen gehört haben könnte, anstatt einen wesentlichen Verstoß gegen die Menschenrechte oder ein individuell strafbares Kriegsverbrechen darzustellen.

VERBRECHEN

Kriegsgefangene, Nicht-Repatriierung von

Mark Huband

Mustapha Sirji schwankte von einem Fuß auf den anderen. Rings um uns ragten die hohen Lehmwände des Märtyrer Mohammed Lasyad Gefängnisses in der algerischen Wüste empor.

Vergessen von dem Land, das ihn einst in den Krieg geschickt hatte, lebt er seit einundzwanzig Jahren eingesperrt in einem Wüstengefängnis, das von den Gebeten der Gefangenen widerhallt, während draußen die Sonne über der kahlen Sahara untergeht.

„Ich frage die anderen, ob ich hier ein Mensch bin oder ob ich ein Tier bin", sagt er mit glasigen Augen. „Wir sind Moslems. Wir glauben an Gott. Wir beten. Wir sind keine Felsen. Wir leben in diesem Inferno. Wir sind die vergessenen Opfer dieses Dramas. Wir haben unser Leben zu leben. Ich habe meine Jugend verloren. Wir haben unsere Familien verloren. Jedes Mal, wenn wir Briefe bekommen, ist jemand gestorben. Wie lange soll das noch weitergehen? Würde uns bitte jemand zur Kenntnis nehmen?"

Mustapha Sirji und seine Kameraden gehören zu zweitausenddreihundert marokkanischen Soldaten, die von der Frente POLISARIO, einer Guerilla-Armee, gefangengenommen wurden, die über fünfzehn Jahre lang für die Errichtung eines unabhängigen Staates in der ehemaligen spanischen Kolonie Spanisch-Sahara gekämpft hatte. Tatsächlich hatte Spanien die Unabhängigkeit bereits 1975 gewährt, aber nach wenigen Tagen okkupierte das benachbarte Marokko die an Bodenschätzen reiche Region. Und es begann der Krieg, der Mustapha Sirji seine Freiheit kostete.

Dieser Konflikt ist nun in eine Sackgasse geraten, und es finden keine Kämpfe mehr statt. Stattdessen warten alle Seiten auf das Ergebnis einer von den Vereinten Nationen vermittelten Bemühung zur Organisation eines Referendums über die Zukunft des Gebietes, das inzwischen Westsahara genannt wird. Die Bewohner des Gebietes, die hauptsächlich zu dem Nomadenstamm der Saharauís gehören, sollen gefragt werden, ob sie die volle Unabhängigkeit wünschen oder zu einem Teil Marokkos werden wollen. Während die Vorbereitungen für diese Abstimmung schleppend vorangehen, hat sich die POLISARIO auf kleine Gebietsstreifen an der östlichen und südlichen Grenze Westsaharas und über die Grenze ins benachbarte Algerien zurückgezogen. Doch ihre marokkanischen Gefangenen haben sie mitgenommen, und bisher waren keine der Bemühungen, ihre Freilassung zu erreichen, erfolgreich, obwohl die Feindseligkeiten geendet haben.

Die marokkanischen Kriegsgefangenen leben in fünf Gefängnissen in der Gegend um Tindouf in Algerien. Das Mohammed Lasyad Gefängnis, in dem von allen fünf Gefängnissen angeblich die besten Bedingungen herrschen, besteht aus einem großen sandigen Hof, der auf drei Seiten von einer 7,5 m hohen Mauer umgeben ist. Auf der vierten Seite befindet sich eine Felsnase. An der Wand entlang ziehen sich kuppelförmige Hütten, die von den Gefangenen selbst erbaut wurden. Auf dem Hof tun die fünfhundert Männer, was sie seit zwanzig Jahren Tag für Tag getan haben: Beten und Fußballspielen.

„Eigentlich will niemand mit einem reden", sagte Mustapha Sirji mir. „Es waren auch früher schon ein paar Besucher hier, einige haben Essen mitgebracht, aber dann gehen sie wieder, und wir hören nie wieder von ihnen. Sie alle sagen, sie wollen unseren Fall in der Außenwelt zu Gehör bringen. Aber das tun sie nie, und wir werden wieder alleingelassen. Wieder vergessen."

Nach dem humanitären Völkerrecht ist die fortgesetzte Gefangenschaft von Mustapha Sirji und seinen Kameraden eine schwere Verletzung, das heißt, ein Kriegsverbrechen. Artikel 118 der Dritten Genfer Konvention von 1949 besagt, daß Gefangene „nach Beendigung der aktiven Feindseligkeiten ohne Verzug freigelassen und heimgeschafft [werden]". Diese Verpflichtung wird im Ersten Zusatzprotokoll von 1977 erneut aufgegriffen, in dem unter den schweren Verletzungen des Protokolls auch die „ungerechtfertigte Verzögerung bei der Heimschaffung von Kriegsgefangenen oder Zivilpersonen" aufgeführt wird; das bedeutet, daß bei Verstößen dagegen die **universelle Gerichtsbarkeit** gilt. Die Verpflichtung aller Seiten, die Gefangene in Gewahrsam haben, deren sofortige Entlassung und Heimkehr zu veranlassen, hängt nicht von der Unterzeichnung eines förmlichen Friedensvertrags ab, obwohl ein Kriegführender das Recht hat, sicherzustellen, daß der Gegner den Kampf endgültig eingestellt hat und nicht vorhat, den Konflikt wieder aufleben zu lassen; sonst wäre die Repatriierung von Gefangenen gleichbedeutend mit der Stärkung der Armee des Feindes. Wenn das Risiko nicht vorhanden ist, ist nach dem Völkerrecht die Pflicht zur Heimkehr der Gefangenen eindeutig. Jedoch haben Gefangene nach Ansicht des Internationalen Komitees vom Roten Kreuz (IKRK) das Recht, zwangsweise Heimschaffungen abzulehnen. Derartige Situationen ergeben sich, wenn durch einen Regierungswechsel im Heimatstaat des Kriegsgefangenen die Rückkehr gefährlich sein könnte.

Das ist aber bei den marokkanischen Kriegsgefangenen nicht der Fall. Sie wollen unbedingt nach Hause. Und obwohl im September 1991 ein Waffenstillstand zwischen Marokko und der Frente POLISARIO vereinbart wurde, schmachten die marokkanischen Gefangenen der POLISARIO weiterhin in Lagern wie dem Märtyrer Mohammed Lasyad Gefängnis, genauso wie iranische Gefangene noch Jahre nach dem Ende des Krieges zwischen dem Iran und dem Irak in Gefangenschaft im Irak verbrachten. Vertreter der POLISARIO behaupten, sie würden die Gefangenen mit Freuden freilassen, aber die Marokkaner hätten sich geweigert, weil, wie es ein Botschafter für mehrere Vertretungen der POLISARIO ausdrückte, „das bedeuten würde, sie müßten uns auch die POLISARIO-Kriegsgefangenen ausliefern, die sie festhalten. Aber das tun sie nicht, denn sie wollen POLISARIO nicht anerkennen oder zugeben, daß dies ein Krieg ist."

Für Männer wie Mustapha Sirji, die zumeist in ihren Zwanzigern gefangengenommen wurden, bedeutet das, daß sie zwar am Leben sind (über schlechte Behandlung klagen die Gefangenen nicht), daß ihre Jugend aber unwiederbringlich verloren ist. Rechtswidrig gefangengehalten und inzwischen Anfang der Vierzig, müssen sie damit rechnen, daß ihnen jetzt auch ihre mittleren Jahre gestohlen werden.

Kriegsgefangenenlager

H. Wayne Elliott

Anfang der 70er Jahre spielte eine populäre Comedy-Serie im Fernsehen am unwahrscheinlichsten aller Schauplätze – in einem deutschen Kriegsgefangenenlager. Die Streiche von „*Hogan's Heroes*"[1] brachten Millionen zum Lachen. Der schusselige Lagerkommandant Oberst Klink kam nie dahinter, daß in Wirklichkeit die Kriegsgefangenen das Lager leiteten. Natürlich hat die Serie rein gar nichts mit den Realitäten des Lebens als Kriegsgefangener im Zweiten Weltkrieg zu tun. Aber zumindest in einer Hinsicht war sie realistisch: In fast jeder Episode gibt es eine Unterhaltung zwischen den Gefangenen und den Wachen, in der es um die Bestimmungen der Genfer Konventionen geht. Selbst im Lager muß man sich an das Recht halten, insbesondere an die Dritte Genfer Konvention. Dabei geht es um die Pflichten, Verantwortlichkeiten und Rechte sowohl der Gefangenen als auch der Wachen. Dennoch ist es unwahrscheinlich, daß man in einem echten Kriegsgefangenenlager viel zu lachen hätte. Was ist bei der Errichtung und Unterhaltung eines Kriegsgefangenenlagers zu beachten? Was sollte man wirklich von einem Kriegsgefangenenlager erwarten?

Natürlich verlieren Kriegsgefangene ihre Freiheit. Aber sie sind keine Straftäter. Sie sind feindliche Soldaten, für die die Teilnahme am Krieg beendet ist. Die Dritte Genfer Konvention basiert auf der Vorstellung, daß Kriegsgefangene ihren militärischen Status behalten und ein Anrecht auf menschliche Behandlung haben. Das Internationale Komitee vom Roten Kreuz (IKRK) wird in Artikel 126 damit betraut, auf die Einhaltung der Bestimmungen der Konvention zu achten, aber auch andere können ein Kriegsgefangenenlager besuchen, beispielsweise Journalisten oder Mitarbeiter von Hilfsorganisationen.

Jemand, der ein Kriegsgefangenenlager besucht, sollte zumindest eine allgemeine Vorstellung, oder besser noch detaillierte Kenntnisse darüber mitbringen, was die Dritte Genfer Konvention oder einzelne Bestimmungen in bezug auf Lageraktivitäten vorsehen. Gewisse Rechtskenntnisse erschweren es einer Gewahrsamsmacht, der Außenwelt eine Fassade der Einhaltung der Bestimmungen zu präsentieren, während sie in Wirklichkeit gegen fundamentale Rechtsgrundsätze verstößt.

Bei der Bewertung eines Kriegsgefangenenlagers ist als erstes sein Standort zu berücksichtigen. Liegt das Lager in einem Gebiet, das sicher ist? Das Lager sollte weit genug vom Kampfgebiet entfernt liegen, damit die Kriegsgefangenen sich außer Gefahr befinden (Artikel 19). Es sollte in einem Gebiet liegen, in dem die Umgebung die Gesundheit der Kriegsgefangenen nicht gefährdet. Es besteht zudem ein allgemeines Verbot, Kriegsgefangene in Strafanstalten unterzubringen (Artikel 22). Die Kriegsgefangenen sollten so untergebracht sein, daß sie vor den Auswirkungen des Krieges, insbesondere vor Bombardements aus der Luft, geschützt sind. Soweit die militärischen Erwägungen es erlauben, sollte das Lager mit den aus der Luft erkennbaren Buchstaben PW *(prisoner of war)*

---

[1] Anm. d. Übers.: Deutscher Titel: „Ein Käfig voller Helden" (Kabel 1).

oder PG *(prisonnier de guerre)* gekennzeichnet werden. Die Gebäude, in denen die Kriegsgefangenen untergebracht sind, müssen den gleichen allgemeinen Standards entsprechen wie die Quartiere, die den Kräften der Gewahrsamsmacht zur Verfügung stehen. Weibliche Gefangene müssen getrennt von den Männern untergebracht werden (Artikel 25).

Damit die Dritte Genfer Konvention im Lager wirklich einen Nutzen hat, müssen die darin Befindlichen – Gefangene wie Wärter – wissen, was darin steht. Artikel 39 bestimmt, daß der Lagerkommandant ein Exemplar der Konvention besitzen muß. Artikel 127 geht noch weiter und verlangt, daß das militärische Personal, das für Kriegsgefangene verantwortlich ist, in den Bestimmungen der Konvention „besonders unterrichtet" wird. Doch ebenso müssen die Kriegsgefangenen ihre Verantwortlichkeiten kennen. Artikel 41 verlangt, daß der vollständige Text der Konvention in der Sprache der Gefangenen im Lager angeschlagen ist.

Wenn der Wortlaut der Konvention den Kriegsgefangenen und den Wachen zur Verfügung steht und ihnen bekannt ist, wie bewertet man dann, ob sie eingehalten werden? Zunächst einmal kann man unter-

suchen, wer sich tatsächlich in dem Lager befindet. Wenn die Festgehaltenen rechtmäßige Kriegsgefangene sind, sollte ihnen Gelegenheit gegeben worden sein, eine „Gefangenschaftskarte" auszufüllen und wegzuschicken. Diese Karte soll dazu dienen, die nächsten Angehörigen über die Gefangennahme zu informieren und einige allgemeine Informationen über den Gesundheitszustand des Gefangenen mitzuteilen. Das Format der Karte ist in einem Anhang der Konvention festgelegt. Da die Karte innerhalb von sieben Tagen nach der Ankunft eines neuen Gefangenen im Lager eingereicht werden muß, sollte ein rechtmäßiges Kriegsgefangenenlager, das ordnungsgemäß betrieben wird, einen Vorrat an Karten zur Hand haben. Wenn die Karten nicht vorliegen, ist ein wesentlicher Faktor bei der Gefangennahme nicht gegeben: andere darüber zu informieren.

Einige Bewertungsfaktoren sind ganz offensichtlich. Wer medizinische Hilfe benötigt, muß medizinisch versorgt werden. Es sollte sich eine Krankenstation im Lager befinden, und sie sollte über qualifiziertes

Mutmaßliche Vietkong, mit einem Seil zusammengebunden, werden in ein Kriegsgefangenenlager geführt. Vietnam, 1967.

Sanitätspersonal verfügen. Dies müssen nicht unbedingt Ärzte sein, aber zumindest Personen mit einer gewissen medizinischen Ausbildung. Falls es Sanitätspersonal unter den Kriegsgefangenen gibt, dann sollten diese Personen auf der Krankenstation arbeiten (Artikel 33).

Die Gefangenen müssen ernährt und mit Trinkwasser versorgt werden, aber die Konvention verlangt, daß die normale Ernährung der Kriegsgefangenen berücksichtigt wird (Artikel 26). Es wäre also nicht richtig, moslemische Kriegsgefangene zu zwingen, etwas zu essen, was ihnen ihre Religion verbietet. Die Kriegsgefangenen sollten ordentlich gekleidet sein. Das bedeutet meist, daß sie eine Uniform irgendeiner Art tragen, entweder ihre eigene oder eine, die von dem Gewahrsamsstaat gestellt wird. Wenn viele Kriegsgefangene Zivilkleidung tragen, sollte das vielleicht hinterfragt werden. Erstens sind Kriegsgefangene generell Soldaten und sollten Uniform tragen. Zweitens besteht bei einem Kriegsgefangenen, der Zivilkleidung trägt, ein größeres Fluchtrisiko. Wenn also viele „Kriegsgefangene" Zivilkleidung tragen, besteht die Möglichkeit, daß es sich um Zivilpersonen und keine echten Kriegsgefangenen handelt.

Kriegsgefangene sind immer noch Soldaten und sollten sich wie Soldaten verhalten. Kriegsgefangene sollten vor Soldaten des Gewahrsamsstaates salutieren, wenn diese einen höheren Rang haben. Jeder Kriegsgefangene muß ungeachtet seines Ranges vor dem Lagerkommandanten salutieren. Das erscheint auf den ersten Blick albern. Aber in Wirklichkeit hilft es sowohl dem Kriegsgefangenen als auch denen, die ihn bewachen, ihren militärischen Status und ihre Würde zu bewahren. Natürlich wird die Disziplin gestärkt, wenn derartige militärische Traditionen eingehalten werden. Das Fehlen grundlegender militärischer Anstandsformen, wie beispielsweise des Salutierens, kann ebenfalls ein Hinweis darauf sein, daß das Lager nicht ordnungsgemäß betrieben wird.

Im allgemeinen können Kriegsgefangene Kontakt zur Außenwelt haben. Das bedeutet, die Kriegsgefangenen haben das Recht, Briefe nach Hause zu schicken und von dort zu erhalten (Artikel 71). Die Kriegsgefangenen dürfen auch Hilfssendungen mit Nahrung, Medizin, Kleidung etc. erhalten (Artikel 72).

In jedem Lager wird es Probleme mit der Disziplin geben. Das Kriegsrecht erkennt das Recht des Gewahrsamsstaates an, die Disziplin im Lager aufrechtzuerhalten. Die Konvention enthält eine umfangreiche Liste von Bestimmungen, mit deren Hilfe gewährleistet werden soll, daß die Bestrafung für verschiedene Verstöße gerecht und menschlich erfolgt. So ist es angebracht zu fragen, wie mit Verstößen gegen die Lagerregeln verfahren wird. Im allgemeinen erkennt das Kriegsrecht an, daß ein Kriegsgefangener das Recht auf einen Fluchtversuch und der Gewahrsamsstaat die Pflicht zu dessen Verhinderung hat. In Artikel 42 geht es speziell um Fluchtversuche und die Anwendung von Gewalt, um diese zu verhindern. Er legt fest, daß der Waffengebrauch gegen Kriegsgefangene nur „ein äußerstes Mittel" darstellt und daß ihm „stets den Umständen entsprechende Warnungen voranzugehen haben". So ist die Frage an das Lagerpersonal relevant, wie Fluchtversuche bestraft werden. Außerdem ist es interessant zu wissen, wie der Gewahrsamsstaat mit Kriegsgefangenen umgeht, die verdächtigt werden, Kriegsverbrechen begangen zu haben. Befinden sich angeklagte Kriegsverbrecher im Lager? Wenn ja, welche Straftat wird ihnen vorgeworfen? Welche Verfahren bestehen für die Verhandlung? Falls eine Verhandlung in Erwägung gezogen wird, wurde die Schutzmacht gemäß Artikel 104 der Konvention darüber informiert?

Das letzte Stadium des Lebens im Lager ist die Entlassung aus der Gefangenschaft und die Heimkehr. Die Lagerverwaltung sollte über einige Verfahren verfügen, um dies so schnell und effizient wie möglich zu erledigen.

Die Regeln in bezug auf Kriegsgefangene sind umfangreich, und die Dritte Genfer Konvention und der IKRK-Kommentar zu der Konvention bestehen aus einem 764-seitigen Buch. Als allgemeine Regel gilt, daß die Gefangenen menschlich behandelt werden müssen. Da für die Verwaltung eines Kriegsgefangenenlagers strenge Regeln aufgestellt wurden, bietet das Kriegsrecht viele Maßstäbe, anhand derer sich der Standard der menschlichen Behandlung beurteilen läßt.

(Siehe **Kombattanten; Rechtliches Gehör; Kriegsgefangene, Nicht-Repatriierung von; Soldaten, Rechte der; Vorsätzliches Töten**)

RECHT

Kriegshandlung

David Turns

Bis 1945 verstand man unter einer Kriegshandlung im traditionellen und historischen Sinn jede von einem Staat begangene Handlung, die das normale internationale Recht zu Friedenszeiten beenden und das internationale Kriegsrecht in Gang setzen würde. Die Entscheidung darüber lag unweigerlich bei dem angegriffenen Staat, und ihr ging im allgemeinen eine Erklärung voraus, in der davor gewarnt wurde, daß bestimmte Handlungen als Kriegshandlung betrachtet und Feindseligkeiten auslösen würden. Kriegführende und neutrale Staaten gebrauchten den Begriff ebenfalls. Kriegführende Staaten interpretierten als Kriegshandlung alles, was dem Feind zu nutzen schien, und neutrale Staaten jede Verletzung ihrer Neutralität.

1945 verbot die Charta der Vereinten Nationen den Ersteinsatz von Gewalt und machte so den Kriegserklärungen ein Ende. „Alle Mitglieder unterlassen in ihren internationalen Beziehungen jede gegen die territoriale Unversehrtheit oder die politische Unabhängigkeit eines Staates gerichtete [...] Androhung oder Anwendung von Gewalt", so heißt es in Artikel 2 der Charta. Die letzte Kriegserklärung erfolgte durch die Sowjetunion gegen Japan im Jahre 1945. Ein Beispiel für die moderne Praxis der Staaten liefert Großbritannien, das 1956 im Suezkrieg und 1982 im Falklandkrieg heftig abstritt, mit Ägypten bzw. mit Argentinien Krieg zu führen. Dennoch wandte Großbritannien die Gesetze des bewaffneten Konflikts bei seinen militärischen Aktionen an.

Der Begriff **Aggression** bzw. *Aggressionsakt* subsummiert inzwischen den Begriff der Kriegshandlung in jeder Hinsicht und hat ihn bedeutungslos werden lassen, obwohl der Begriff der Kriegshandlung immer noch rhetorisch von Staaten benutzt wird, die sich bedroht fühlen. Die Volksrepublik China erklärte 1997, daß jeder Versuch der Republik China (Taiwan), die Unabhängigkeit zu erklären, als Kriegshandlung betrachtet würde, und im August 1998 sagte die US-Außenministerin Madeleine Albright, daß Osama bin Laden, der mutmaßliche Kopf hinter dem Autobombenanschlag auf zwei US-Botschaften in Afrika, „den Vereinigten Staaten den Krieg erklärt und als erster angegriffen" habe. Im innerstaatlichen Recht vieler Staaten wird der Begriff der Kriegshandlung in einigen Kontexten ebenfalls verwendet, so zum Beispiel bei Versicherungs- und Entschädigungsforderungen, um sich auf eine Gewaltanwendung bei einem bewaffneten Konflikt zu beziehen.

Kriegsverbrechen, Kategorien von

Steven R. Ratner

Der Begriff *Kriegsverbrechen* beschwört eine ganze Reihe grausamer Bilder herauf: Konzentrationslager, ethnische Säuberung, Hinrichtung von Gefangenen und Bombardierung von Städten. Diese Bilder entsprechen in vielerlei Hinsicht den rechtlichen Definitionen des Begriffes, aber das Völkerrecht zieht Grenzen, die unserer Auffassung von dem entsetzlichsten Verhalten nicht immer gerecht werden.

Kriegsverbrechen sind Verstöße gegen das Kriegsrecht, bzw. das humanitäre Völkerrecht, die die strafrechtliche Verantwortlichkeit von Einzelpersonen nach sich ziehen. Während sich Beschränkungen in bezug auf die Durchführung bewaffneter Konflikte bis zu dem chinesischen Krieger Sun Tzu (sechstes Jahrhundert v. Chr.) zurückverfolgen lassen, gehörten die Griechen der Antike zu den ersten, die derartige Verbote als Gesetze betrachteten. Eine umfassendere Vorstellung von Kriegsverbrechen an sich findet sich im Hindu-Gesetzbuch des Manu (ca. 200 v. Chr.) und fand schließlich Eingang in das römische und europäische Recht. Als der erste wirkliche Prozeß aufgrund von Kriegsverbrechen gilt allgemein der gegen Peter von Hagenbach, der im Jahr 1474 in Österreich wegen im Kriege begangener Greueltaten vor Gericht gestellt und zum Tode verurteilt wurde.[1]

Zur Zeit des Ersten Weltkrieges hatten die Staaten akzeptiert, daß bestimmte Verstöße gegen das Kriegsrecht – die zum großen Teil in den Haager Abkommen von 1899 und 1907 kodifiziert worden waren – Verbrechen waren. Das Statut des Internationalen Militärgerichtshofs von Nürnberg von 1945 definierte Kriegsverbrechen als „Verletzungen der Kriegsgesetze oder -gebräuche", darunter Mord, Mißhandlungen oder Deportation von Zivilpersonen in besetzten Gebieten, Mord oder Mißhandlungen von Kriegsgefangenen, Töten von Geiseln, Plünderung öffentlichen oder privaten Eigentums, mutwillige Zerstörung von Ortschaften und jede durch militärische Notwendigkeit nicht gerechtfertigte Zerstörung.

In den Genfer Konventionen von 1949, die das humanitäre Völkerrecht nach dem Zweiten Weltkrieg kodifizierten, wurde zum ersten Mal eine Reihe von Kriegsverbrechen, die sogenannten schweren Verletzungen der Konventionen, in eine Übereinkunft des humanitären Rechts aufgenommen. Jede der vier Genfer Konventionen (über Verwundete und Kranke zu Lande, Verwundete und Kranke zur See, Kriegsgefangene und

---

[1] Anmerkung des Lektorats: Peter von Hagenbach war Statthalter Herzog Karls des Kühnen von Burgund in der von Herzog Sigismund von Österreich (Tirol) an Burgund verpfändeten Grafschaft Pfirt, mit Sitz in Breisach am Rhein. Im Zuge des Reichskriegs gegen Karl den Kühnen wurde Peter von Hagenbach zusammen mit 800 Kriegsleuten von den Schweizern, die sich mit Herzog Sigismund verbündet hatten, gefangengenommen. Während die Kriegsleute wieder freigelassen wurden, wurde Peter von Hagenbach wegen „gewisser Übergriffe und Gewalttaten, die er in Pfirt begangen hatte" (Memoiren des Phillipe de Commynes) im damals noch habsburgischen Basel der Prozeß gemacht. Er wurde in Breisach hingerichtet.

Zivilpersonen) enthält ihre eigene Liste schwerer Verletzungen. Die Liste in ihrer Gesamtheit lautet: vorsätzliche Tötung, Folterung oder unmenschliche Behandlung (einschließlich medizinischer Versuche), vorsätzliche Verursachung großer Leiden oder schwere Beeinträchtigung der körperlichen Unversehrtheit oder der Gesundheit sowie Zerstörung und Aneignung von Eigentum, die durch militärische Erfordernisse nicht gerechtfertigt sind und in großem Ausmaß rechtswidrig und willkürlich vorgenommen werden, Nötigung einer geschützten Person zur Dienstleistung in den Streitkräften der feindlichen Macht, vorsätzlicher Entzug ihres Anrechts auf ein ordentliches und unparteiisches Gerichtsverfahren, rechtswidrige Verschleppung oder rechtswidrige Verschickung einer geschützten Person, rechtswidrige Gefangenhaltung einer geschützten Person und das Festnehmen von Geiseln. Das Erste Zusatzprotokoll von 1977 weitete die Schutzbestimmungen der Genfer Konventionen für zwischenstaatliche Konflikte aus auf die folgenden schweren Verletzungen: bestimmte medizinische Experimente, Angriffe gegen Zivilpersonen und unverteidigte Orte oder Angriffe, bei denen diese zu zwangsläufigen Opfern werden, die heimtückische Benutzung des Zeichens des Roten Kreuzes oder des Roten Halbmonds, die von einer Besatzungsmacht durchgeführte Überführung eines Teils ihrer eigenen Bevölkerung auf das besetzte Gebiet, ungerechtfertigte Verzögerung bei der Heimkehr von Kriegsgefangenen, Apartheid, Angriffe gegen historische Denkmäler und Maßnahmen, durch die einer geschützten Person das Recht auf ein unparteiisches Verfahren entzogen wird. Nach den Genfer Konventionen und dem Ersten Zusatzprotokoll müssen die Staaten solche Personen, denen schwere Verletzungen vorgeworfen werden, strafrechtlich verfolgen oder einem Staat überantworten, der dazu bereit ist.

Die Bestimmungen hinsichtlich der schweren Verletzungen gelten nur in zwischenstaatlichen bewaffneten Konflikten, und sie gelten nur für Handlungen gegen sogenannte geschützte Personen oder bei Aktivitäten auf dem Schlachtfeld. Geschützte Personen sind im allgemeinen verwundete und kranke Kombattanten zu Lande oder zur See, sowie Kriegsgefangene und Zivilpersonen, die sich in der Macht eines Staates befinden, dem sie nicht angehören.

Die meisten Verstöße gegen die Genfer Konventionen und die Zusatzprotokolle sind keine schweren Verletzungen. Von denen, die nicht als schwere Verletzungen aufgeführt sind, gelten viele dennoch als Kriegsverbrechen, auch wenn die Staaten in diesen Fällen nicht dieselbe Verpflichtung wie bei den schweren Verletzungen haben, nämlich die Verantwortlichen auszuliefern oder zu verfolgen. Andere nicht schwere Verletzungen sind keine Kriegsverbrechen, sondern einfach **rechtswidrige Handlungen,** für die nach dem Völkerrecht nur der Staat verantwortlich ist, der die Verstöße begeht. Ein einfaches Beispiel: Wenn der Befehlshaber eines Kriegsgefangenenlagers es versäumt, ein Disziplinarstrafregister zu führen (ein Verstoß gegen Artikel 96 der Dritten Genfer Konvention), begeht er wahrscheinlich kein Kriegsverbrechen, obwohl manche vielleicht anderer Meinung sind. Unterschiede zwischen nicht schweren Verletzungen zu machen, um festzustellen, welche davon Verbrechen darstellen, ist keine exakte Wissenschaft; jedoch dürften die schwerwiegenderen der nicht schweren Verletzungen wohl eine individuelle Verantwortlichkeit nach sich ziehen. (Das US-Militär vertritt die Haltung, daß alle Verstöße gegen die Gesetze des Krieges, einschließlich derjenigen, die in den Genfer Konventionen enthalten sind, Kriegsverbrechen darstellen.)

Zu Kriegszeiten begangene Greueltaten, die nicht nach den Genfer Konventionen oder dem Ersten Zusatzprotokoll verboten sind, können dennoch Kriegsverbrechen sein, und zwar nach der gewohnheitsrechtlichen Rubrik der „Verletzungen der Kriegsrechte und -gebräuche" (dieselbe Wendung wie in dem Nürnberger Statut). Die Staaten argumentieren, daß bei zwischenstaatlichen Konflikten solche Kriegsverbrechen bestimmte Verstöße gegen die Haager Landkriegsordnung von 1907 beinhalten, z.B. die Verwendung von Giftwaffen, die willkürliche Zerstörung von Städten, die von der militärischen Notwendigkeit nicht gerechtfertigt ist, Angriffe auf unverteidigte Orte, Angriffe gegen religiöse und kulturelle Einrichtungen und Plünderung von öffentlichem und privatem Eigentum. Das Statut des Internationalen Strafgerichtshofes (ICC) führt als Kriegsverbrechen in zwischenstaatlichen Konflikten nicht nur die schweren Verletzungen der Genfer Konventionen auf, sondern etwa sechsundzwanzig Verstöße gegen die Gesetze und Gebräuche des Krieges, von denen die meisten zumindest seit dem Zweiten Weltkrieg von den Staaten als Verbrechen betrachtet werden.

Was **Bürgerkriege** angeht, so hat das Völkerrecht heute leider weniger Regeln in bezug auf innerstaatliche Konflikte, die viele Staaten als innere Angelegenheiten betrachten, und infolgedessen ist die Liste der Kriegsverbrechen hier kürzer. Das Zweite Zusatzprotokoll von 1977, in dem grundlegende Regeln für das Verhalten in innerstaatlichen Konflikten niedergelegt sind, enthält keine Bestimmungen hinsichtlich einer strafrechtlichen Verantwortlichkeit, und die Reichweite der Kriegsverbrechen nach dem Völkerrecht ist im Hinblick auf solche Kriege weniger klar als bei zwischenstaatlichen Kriegen. Das Statut des Internationalen Strafgerichtshofes für das ehemalige Jugoslawien schließt „schwere Verstöße gegen den den vier Genfer Abkommen ... gemeinsamen Artikel 3" (den einzigen Artikel der Genfer Konventionen, der sich mit Bürgerkriegen befaßt) sowie andere Regeln zum Schutz der Opfer bewaffneter Konflikte und grundlegende Regeln zu den Methoden der Kriegführung ein. Das Tribunal definierte einen schweren Verstoß als einen, der schwerwiegende Konsequenzen für seine Opfer hat und eine Regel bricht, die wichtige Werte schützt. Das dürfte wohl Gewalt gegen Leben oder Gesundheit (Mord, Mißhandlung, Folter, Verstümmelung, Körperstrafe, Vergewaltigung, Zwangsprostitution, unzüchtige Handlung), summarische Hinrichtungen, Geiselnahmen, Kollektivstrafen und Plünderung einschließen. Diese Liste ist zwar kürzer als die Liste schwerer Verletzungen oder anderer Kriegsverbrechen bei zwischenstaatlichen Kriegen, dürfte aber einige der schlimmsten Handlungen umfassen, die bei Konflikten der letzten Zeit begangen wurden. Das Statut des Internationalen Strafgerichtshofes für Ruanda führt unter Kriegsverbrechen schwere Verstöße gegen den gemeinsamen Artikel 3 sowie schwere Verstöße gegen das Zweite Zusatzprotokoll auf. Das Statut des ICC führt als Kriegsverbrechen bei internen Konflikten vier schwere Verstöße gegen den gemeinsamen Artikel 3 auf (Angriffe auf das Leben und die Person, Beeinträchtigung der persönlichen Würde, Geiselnahme und summarische Hinrichtungen), sowie zwölf schwere Verstöße gegen die Gesetze und Gebräuche des Krieges (z.B. Angriffe gegen Zivilpersonen, Plünderung, Vergewaltigung oder Verstümmelung).

Auch wenn es vielleicht auf der Hand liegt, sollte doch noch einmal darauf hingewiesen werden, daß das Kriegsrecht nur für solche Greueltaten gilt, die bei bewaffneten Konflikten begangen werden. Sie lassen sich nicht anwenden auf einige der schlimmsten Schandtaten dieses Jahrhunderts, z. B. auf Stalins Säuberungen und die Vernichtung der Kulaken, auf den größten Teil des Terrors der Roten Khmer und auf Maos Zwangskollektivierungen. Diese Greueltaten sind zwar internationale Verbrechen, **Verbrechen gegen die Menschlichkeit** oder in einigen Fällen auch **Völkermord**, aber Kriegsverbrechen sind sie nicht.

Schließlich und endlich bedeutet die Erschaffung eines Regelwerkes, welches bestimmte Verstöße gegen das Kriegsrecht kriminalisiert, nicht, daß Kriegsverbrecher auch tatsächlich strafrechtlich verfolgt werden. Das bleibt Sache der Staaten und in wachsendem Maße der Vereinten Nationen und anderer internationaler Organisationen. Die Genfer Konventionen verlangen, daß alle Vertragsparteien alle Personen, die verdächtigt werden, schwere Verletzungen begangen zu haben, ermitteln und entweder ausliefern oder vor Gericht stellen. Und das Völkerrecht berechtigt die Staaten, nach der Theorie der universellen Gerichtsbarkeit Kriegsverbrecher zu verfolgen. Zwar haben die Staaten schon gelegentlich Kriegsverbrecher verfolgt (z. B. der Prozeß der USA gegen die Straftäter von My Lai), aber meist kommen die Täter trotz der Verpflichtungen nach den Genfer Konventionen entweder lediglich mit einer Disziplinarstrafe oder ganz straflos davon. Die Ad-hoc-Tribunale für Jugoslawien und Ruanda sind sowohl für schwere Verletzungen der Genfer Konventionen als auch für andere Verbrechen zuständig, die in diesen speziellen Konflikten begangen wurden, und die Gerichtsbarkeit des ICC erstreckt sich, wie bereits erwähnt, auf die meisten Kriegsverbrechen.

(Siehe **Zwischenstaatliche im Vergleich mit innerstaatlichen bewaffneten Konflikten**)

VERBRECHEN

Kulturgut und geschichtliche Denkmäler

Peter Maass

Die Zerstörung der Moschee war bereits beschlossene Sache. Der genaue Tag stand natürlich noch nicht fest, doch als ich im Sommer 1992 durch das vordere Tor in die Ferhad-Pasha-Moschee trat, waren ihre Tage bereits gezählt. Nationalistische Serben kontrollierten Banja Luka und waren schon dabei, alle Symbole moslemischer Kultur zu zerstören, und keines war so geschichtsträchtig und bedeutend wie die Ferhad-Pasha-Moschee, erbaut 1583 während des Ottomanischen Reiches.

Sie war eine der ältesten Moscheen in Bosnien, und sie war wunderschön, und darum befand sie sich in größerer Gefahr als das Häuflein verängstigter Moslems, die gerade ihr Nachmittagsgebet beendet hatten. „Ja, ich werde mit Ihnen reden", sagte einer von ihnen. „Aber bitte, wir müssen jetzt von hier verschwinden." Vier Jahrhunderte lang hatte die Moschee den Tumulten auf dem Balkan getrotzt, doch nun floh man besser aus ihrem dem Untergang geweihten Schatten.

Einige Monate später, am 7. Mai 1993, wurden die Leute, die in der Nähe der Moschee lebten, durch eine Explosion aus dem Schlaf gerissen, die die Erde unter ihren Häusern erbeben ließ. Unter den Fundamenten des alten Gebäudes waren Panzerminen detoniert und hatten es in Trümmer gelegt, die zu einem geheimen Schuttabladeplatz gebracht wurden. Zurück blieb nur ein geschwärztes Stück Boden. Die „ethnischen Säuberer" hofften, wenn sie den spirituellen Mittelpunkt der Gemeinde zerstörten, würden die Moslems ihre Heime verlassen und niemals wiederkehren. Dies trug sich in ganz Bosnien zu, und eine Moschee nach der anderen wurde in Schutt und Asche gelegt. Mit jeder Explosion wurde ein Verbrechen begangen.

Internationale Richtlinien zum Schutz von Kulturgut vor Beschädigung und Diebstahl gibt es schon seit dem amerikanischen Bürgerkrieg. Als Folge der Verwüstungen dieses Krieges wurde 1863 der Lieber-Code aufgesetzt, der Bibliotheken, wissenschaftliche Sammlungen und Kunstwerke unter Schutz stellte. Der Code galt nur für die amerikanischen Truppen, aber er beeinflußte eine Reihe internationaler Abkommen, auf deren Grundlage 1954 schließlich das Abkommen zum Schutz von Kulturgut entstand. Die Definition von Kulturgut in dem Abkommen ist weitgefaßt und erstreckt sich auf bedeutende Architekturdenkmäler, Kunstwerke, Bücher oder Manuskripte von künstlerischer oder historischer Bedeutung, Museen, große Bibliotheken, Archive, archäologische Fundstellen und historische Gebäude. Das Abkommen wurde durch die Zusatzprotokolle von 1977 weiter gestärkt, deren Artikel 53 verbietet, „feindselige Handlungen gegen geschichtliche Denkmäler, Kunstwerke oder Kultstätten zu begehen, die zum kulturellen oder geistigen Erbe der Völker gehören". Es ist wichtig festzustellen, daß die Protokolle Zivileigentum unter den Schutz vor Zerstörung stellen, das nicht mit militärischen Handlungen oder einer militärischen Verwendung in Zusammenhang steht.

Artikel 53 verbietet zudem die Verwendung von Kulturgut „zur Unterstützung des militärischen Einsatzes" – zum Beispiel die Verwendung eines nationalen historischen Gebäudes als Kommandozentrale. In solchen Fällen stellt die Zerstörung oder Beschädigung kulturellen Eigentums nicht unbedingt ein Kriegsverbrechen dar. Das Abkommen von 1954 stellt fest, die Verpflichtung, Kulturgut nicht zu beschädigen, ist „nur in denjenigen Fällen nicht bindend, in denen die militärische Notwendigkeit dies zwingend erfordert". Die Formulierung „militärische Notwendigkeit" wird in dem Abkommen nicht definiert, obwohl sie sich wahrscheinlich z. B. auf eine Kirche bezieht, die bei einem Bombenangriff auf eine nahegelegene Waffenfabrik beschädigt wird, oder auf ein Museum, das zerstört wird, weil es als Waffenlager genutzt wurde.

Bei den Nürnberger Prozessen nach dem Zweiten Weltkrieg wurden zum ersten Mal Einzelpersonen für kulturelle Kriegsverbrechen verantwortlich gemacht. Mehrere Angeklagte wurden wegen einer ganzen Reihe von Verbrechen zum Tode verurteilt, darunter auch die Zerstörung von Kulturgut. Nach diesem Präzedenzfall wurde das jugoslawische Kriegsverbrechertribunal ermächtigt, Individuen strafrechtlich zu verfolgen, die

verantwortlich gehalten wurden für: „die Inbesitznahme, Zerstörung oder vorsätzliche Beschädigung von Einrichtungen, die der Religion, der Wohltätigkeit und der Erziehung, den Künsten und den Wissenschaften gewidmet sind, von geschichtlichen Denkmälern und von Werken der Kunst und der Wissenschaft". Jedoch legen die Abkommen über kulturelle Kriegsverbrechen keine Strafen fest, die für Verletzungen auszusprechen wären.

Die Zerstörung der Ferhad-Pasha-Moschee ist eindeutig ein Kriegsverbrechen. Zu jener Zeit befand sich Banja Luka fest unter der politischen und militärischen Kontrolle der Serben, und weder in der Stadt noch in dem unmittelbar angrenzenden Gebiet fanden Kämpfe statt. Die historische Moschee konnte nicht als militärisches Ziel betrachtet werden; die wenigen Moslems, die in Banja Luka geblieben waren, benutzten sie nur als Kultstätte. Dennoch wurde sie zerstört.

Vorher und Nachher: Im November 1993 beschossen und zerstörten bosnische Kroaten die vierhundert Jahre alte Neretva-Brücke in Mostar. Sie war von den belagerten Bosniern benutzt worden, doch ihr größtes „Verbrechen" bestand darin, daß sie unter ottomanischer Herrschaft erbaut wurde.

Kuwait und seine Ölquellen

Robert Block

Dante hätte sich 1991 in Kuwait zu Hause gefühlt. Was einmal ein Paradies in der Wüste gewesen war, hatte ein skrupelloser irakischer Staatschef in ein Umweltinferno verwandelt.

Im ganzen Land spuckten mehr als sechshundert von irakischen Soldaten gesprengte Ölquellen orangefarbene und rote Feuerbälle und brüllten wie wilde Tiere. Der Rauch war so dicht und schwarz, daß es, wenn kein Wind ging, bereits morgens um 10 Uhr so dunkel war wie mitten in der Nacht. Schmiere tropfte vom Himmel, und Ruß fiel wie Schneeflocken, die aus der Hölle kamen. Alles, das von Natur aus weiß hätte sein sollen, war schwarzgrau: Katzen, Schafe und die Kadaver schmalschnäbliger Möwen, die beim Überfliegen des Landes vom Himmel stürzten.

Die brennenden Ölfelder am Horizont von Kuwait sind vielleicht das Bild des Golfkrieges, das am längsten in Erinnerung bleibt. Und sie waren eines der größten Umweltverbrechen, das jemals begangen wurde.

Das Inbrandsetzen der Ölfelder war Saddam Husseins letzte provozierende Geste. Im Golfkrieg geschlagen, aber ungebeugt, brachten seine Truppen in den Ölfeldern von Ahmadi, Dharif, Umm Quadir, Wafra, Minagish und Rawdatayn an jeder Ölquelle, an die sie herankamen, Sprengsätze an. Falls es bei dem ganzen Streit, der zu der Invasion Kuwaits durch den Iran geführt hatte, um Öl gegangen war, so schien Saddams Einstellung zu sein: „Wenn ich es nicht haben kann, werdet ihr es auch nicht kriegen."

Um Saddam Husseins Akt des Ökoterrorismus in einem möglichst schlechten Licht erscheinen zu lassen, teilte das Pentagon während des

Beim Anblick des riesigen brennenden Burgan-Ölfelds, das 1991 von irakischen Truppen auf dem Rückzug in Brand gesetzt wurde, drängen sich Gedanken an die Apokalypse auf.

Krieges übertriebene Einschätzungen der von den Irakern verursachten Ölbrände und Öllecks mit. Aber dennoch waren das Grauen der Brände und der ökologische Schaden an der empfindlichen Flora und Fauna des Persischen Golfs, verursacht durch das, was die Einheimischen als „Saddams Gedenkwolke" bezeichneten, durchaus real.

Damals galt die Sorge von John Walsh, einem Biologen, der für die Tierschutzorganisation „World Society for the Protection of Animals" arbeitet, insbesondere den zahlreichen Arten von Zugvögeln aus Mittelasien, die über den Golf zogen. Er trotzte der Hitze und dem Rauch der brennenden Ölquellen und sammelte tote Vögel ein. Nachdem er eine tote Möwe aufgesammelt hatte, sah er sich um und fragte sich: „Sieht so der Weltuntergang aus?"

280 **Legitime militärische Ziele**
Gaby Rado

284 **Liberia** *Mark Huband*

SCHLÜSSELBEGRIFF

Legitime militärische Ziele

Gaby Rado

Sechs Monate, bevor der Krieg in Bosnien endete, bekamen ihn die ausländischen Fernsehjournalisten am eigenen Leib in der Form einer gewaltigen Rakete zu spüren, die im Hof des Fernsehgebäudes von Sarajewo explodierte. Der von einem bosnisch-serbischen Stützpunkt abgefeuerte Sprengkörper – es handelte sich übrigens um eine Fliegerbombe, die an Raketen befestigt war – zerstörte die Büros von zwei internationalen Fernsehgesellschaften sowie der European Broadcasting Union. Bei den meisten Verwundeten handelte es sich um ausländische Journalisten.

Faridoun Hemani, ein kanadischer Freund bei Worldwide Television News, wurde gefilmt, wie er herumlief und versuchte, andere aus dem Gebäude zu holen, während ihm das Blut über das Gesicht lief. „Wir haben gehört, wie der Fernsehsender von irgend etwas getroffen wurde, aber es klang nicht nach einer großen Sache. Und auf einmal fiel alles auf uns herab", erinnert sich Margaret Moth, eine tapfere Kamerafrau von CNN, die den größten Teil ihres Kiefers bei einem Heckenschützenüberfall zwei Jahre zuvor verloren hatte und wieder an ihre Arbeit in Sarajewo zurückgekehrt war.

Den meisten Fernsehreportern war nicht klar, daß das Gewohnheitsrecht vor langer Zeit Radio- und Fernsehsender als **militärische Ziele** eingeordnet hatte, so wie Ziele der Militärindustrie, militärischen Forschung, Infrastruktur, Kommunikation und Energieversorgung. Die Logik dahinter besagt, daß sie normalerweise zu militärischen Zwecken ein-

Nur der zentrale Turm widersteht noch dem unaufhörlichen serbischen Beschuß der Büros von Oslobodjene, einer unabhängigen Zeitung in Sarajewo, die weiter in einem Bunker unter den Trümmern produziert wurde.

gesetzt werden können und für das Funktionieren jedes modernen Militärs in Zeiten eines Konflikts unabdingbar sind. Journalisten an sich bilden kein legitimes Ziel, aber wenn sie verwundet werden, während sie sich an einem legitimen Ziel aufhalten oder dort arbeiten, gilt dies als **Kollateralschaden**.

Die Definition legitimer Ziele stellt einen zentralen Bestandteil des Rechtes der bewaffneten Konflikte dar. Das Erste Zusatzprotokoll definiert in Artikel 52 legitime militärische Ziele als Objekte, „die auf Grund ihrer Beschaffenheit, ihres Standorts, ihrer Zweckbestimmung oder ihrer Verwendung wirksam zu militärischen Handlungen beitragen und deren gänzliche oder teilweise Zerstörung, deren Inbesitznahme oder Neutralisierung unter den in dem betreffenden Zeitpunkt gegebenen Umständen einen eindeutigen militärischen Vorteil darstellt". Jeder Angriff muß in erster Linie durch die **militärische Notwendigkeit** gerechtfertigt sein. Es darf jedoch kein Objekt angegriffen werden, wenn der Schaden unter der Zivilbevölkerung und an zivilen Objekten in keinem Verhältnis im Vergleich mit diesem Vorteil stünde. Und wenn Zweifel bestehen, ob eine normale zivile Einrichtung zu einer militärischen Handlung beiträgt, dann wird vermutet, daß es sich um ein ziviles Objekt handelt.

Legitime militärische Ziele sind unter anderem: bewaffnete Streitkräfte und Personen, die am Kampf teilnehmen, Stellungen oder Einrichtungen, die von Streitkräften besetzt sind, sowie Ziele, die direkt umkämpft werden, militärische Einrichtungen wie Kasernen, Kriegsministerien, Kriegsmaterial oder Kraftstofflager, Fahrzeughöfe, Flugplätze, Raketenabschußrampen und Marinestützpunkte.

Legitime Ziele der Infrastruktur sind unter anderem Mittel und Wege für Kommunikations-, Befehls- und Führungszwecke, wie Eisenbahnstrecken, Straßen, Brücken, Tunnel und Kanäle, die von grundlegender militärischer Bedeutung sind.

Als legitime Ziele im Bereich der Kommunikation sind unter anderem Radio- und Fernsehsender sowie Telefon- und Telegrafenvermittlungsstellen von grundlegender militärischer Bedeutung.

Legitime Ziele im Bereich der Militärindustrie sind unter anderem Fabriken, die Waffen, Transportmittel und Kommunikationsausrüstung für das Militär herstellen, Metallgewinnung und -veredlung, Maschinenbau- und Chemieindustrie, die ihrer Art oder Zweckbestimmung nach im wesentlichen militärisch sind, sowie Lager- und Transporteinrichtungen, die solchen Industrien dienen.

Legitime Ziele im Bereich der militärischen Forschung sind unter anderem experimentelle Forschungszentren für die Entwicklung von Waffen und Kriegsmaterial.

Legitime Ziele im Bereich der Energieindustrie sind unter anderem Einrichtungen, die hauptsächlich die nationale Verteidigung mit Energie versorgen, z. B. mit Kohle und anderen Brennstoffen, sowie Werke, die Gas oder Elektrizität hauptsächlich für den militärischen Gebrauch produzieren. Angriffe auf Kernkraftwerke und Staudämme sind im allgemeinen, aber nicht immer, nach dem Kriegsrecht verboten.

Eines der größten Probleme bei der Unterscheidung zwischen rechtmäßigen und rechtswidrigen oder strafbaren Kriegshandlungen betrifft offensichtlich zivile Objekte, die aber möglicherweise vom Militär genutzt werden. Die meisten Gebäude, die Zivilpersonen in Friedenszeiten nutzen, sind nach dem Völkerrecht geschützt. Artikel 52 des Ersten Zusatzprotokolls besagt: „Im Zweifelsfall wird vermutet, daß ein in der Regel für zivile Zwecke bestimmtes Objekt, wie beispielsweise eine Kultstätte, ein Haus, eine sonstige Wohnstätte oder eine Schule, nicht dazu verwendet wird, wirksam zu militärischen Handlungen beizutragen."

Es ist ein **Kriegsverbrechen**, vorsätzlich etwas anzugreifen, was kein legitimes militärisches Ziel darstellt. Andererseits ist es nicht immer ein Kriegsverbrechen, versehentlich einer geschützten Person oder einem geschützten Objekt Schaden zuzufügen. Obwohl die oben angeführten Kategorien im Gewohnheitsrecht typischerweise als legitime Ziele betrachtet werden, sind angreifende Kräfte dennoch verpflichtet abzuwägen, ob bei dem voraussichtlichen Schaden die **Verhältnismäßigkeit** im Vergleich mit dem militärischen Vorteil gewahrt bleibt. In Anbetracht der Tatsache, daß dies ein Abwägen meist anhand von ungenügenden Informationen ist, wird den Befehlshabern traditionell ein gewisser Spielraum für ihre Entscheidung zugebilligt. Dennoch, wenn der Schaden „in keinem Verhältnis zum erwarteten konkreten und unmittelbaren militärischen Vorteil" steht, handelt es sich um ein Kriegsverbrechen.

FALLSTUDIE

Liberia

Mark Huband

Der Schutz des Rechtes war im liberianischen Konflikt absolut kein Thema. Die Kriegführenden dachten nicht daran, Lager für Kriegsgefangene zu errichten. Wer als Feind betrachtet wurde, ob Soldat oder Zivilist, wurde hingerichtet – und viele wurden vorher erst gefoltert. Aus moralischer Sicht, ganz zu schweigen vom Standpunkt des humanitären Völkerrechts, war der liberianische Bürgerkrieg von 1990 bis 1997 das reine Grauen; das Recht wurde in diesem Konflikt völlig ignoriert und jede nur vorstellbare Grausamkeit begangen.

Und doch, so anarchisch die Ereignisse in Liberia Außenstehenden auch erschienen und so barbarisch sie sich auch gestalteten, war der Sturz des

Landes in einen Bürgerkrieg in den ersten Monaten des Jahres 1990 nicht unvermeidbar, war dies kein von Menschen geschaffenes Gegenstück zu einer Naturkatastrophe.

Es war der Kulminationspunkt einer jahrelangen politischen Krise. Denn in Wirklichkeit war Liberia schon in die Irre geraten, lange bevor die von Charles Taylor geführten Rebellen den Krieg auslösten, durch den ihr Land in Schutt und Asche gelegt wurde.

Außenstehende Mitspieler, insbesondere die Vereinigten Staaten, spielten in der liberianischen Katastrophe eine zentrale Rolle. Für die Amerikaner bestand eine historische Verbindung zwischen ihnen und Liberia. Das Land war ein nützlicher Verbündeter im Kalten Krieg gewesen, und es widerstrebte ihnen, sich gegen irgendein Regime zu wenden, das in der liberianischen Hauptstadt Monrovia an die Macht kam. Die Entscheidung der Vereinigten Staaten, 1980 den Staatsstreich eines obskuren liberianischen Armee-Oberfeldwebels, Samuel K. Doe, und danach seine korrupte und chaotische Diktatur in den zehn Jahren seiner Herr-

Ein NPFL-Kämpfer bringt einen verwundeten Kameraden in Sicherheit. Liberia, 1996.

schaft zu unterstützen, führte unausweichlich zu dem Desaster des Bürgerkrieges. Denn wenn der Krieg, der Does Sturz zum Ziel hatte, bald zu einer grotesken Geschichte des Grauens, der Gier und der Greuel verkam, in der Tag für Tag von jeder Seite jeder Grundsatz des humanitären Rechtes gebrochen wurde, so wurde die Saat dazu während Does Herrschaft gelegt.

Sobald der Kampf richtig losging, wurde klar, daß keine der einzelnen Gruppen die Absicht hatte, auch nur Lippenbekenntnisse zum Kriegsrecht abzugeben, noch auch zu den Bestimmungen zum Schutz von Zivilpersonen in Kriegszeiten. Alle Seiten waren überzeugt, daß sie ungestraft tun konnten, was sie wollten, und sie hatten recht mit der Vermutung, daß es die Außenwelt wenig kümmerte, was in Liberia geschah, und daß

Kein Pardon: Ein Miliz-Angehöriger von Charles Taylors Nationaler Patriotischer Front erschießt einen wehrlosen, unbewaffneten Gefangenen. Liberia, 1997.

sie gewiß nichts tun würde, um die stattfindenden Greueltaten zu verhindern. So war es beispielsweise zu keiner Zeit im Gespräch, so wie nach dem Völkermord in Ruanda 1994, einen internationalen Strafgerichtshof zu errichten, um die schlimmsten Täter vor Gericht zu stellen. Und dieses Gefühl der Straffreiheit sorgte dafür, daß das Morden immer weiter um sich greifen konnte.

Doch die Wurzel dieser Brutalisierung bildete der Zusammenbruch der staatlichen Strukturen in Liberia. Als die Regierung Boden an die heranrückenden Rebellen Charles Taylors verlor, brachen ihre Verwaltungsstrukturen rasch zusammen. Die liberianischen Streitkräfte (Armed Forces of Liberia, AFL) übernahmen effektiv die Macht und errichteten eine Militärherrschaft. Allerdings war das Militär inzwischen nicht mehr als nationale Institution zu betrachten. Does Stammesverbündete innerhalb der Armee-Hierarchie isolierten die Truppen von anderen Stämmen, die vorgeblich Taylors Nationaler Patriotischer Front von Liberia (NPFL) nahestanden, und töteten sie dann.

Da sich die AFL in ihrer Eigenschaft als Kampftruppe durch Disziplinlosigkeit und Ineffektivität hervortaten und es der Regierung nicht gelang, andere Stämme als Does Krahn auf ihre Seite zu ziehen, war die Regierungsarmee bald nichts weiter als nur noch eine weitere kämpfende Gruppe. Dieser Verlust der Legitimität bildete in sich einen bedeutenden Faktor bei der Verschärfung der Gewalt, da AFL-Soldaten den Krieg allmählich als Kampf um das eigene Überleben betrachteten. Bald wurde das Anzünden von Dörfern und das Abschlachten der Bewohner zu einem Markenzeichen der AFL-Strategie. Und während die Rebellentruppen weiter auf Monrovia vorrückten, entfesselten die AFL in der Hauptstadt ein Terrorregime. Das Verschwindenlassen von Zivilpersonen wurde alltäglich, und in den Straßen begannen sich die Leichen zu stapeln.

Nigerianische Mitglieder der westafrikanischen Friedenstruppe beschützen verängstigte Zivilisten. Monrovia, Liberia, 1997.

Es war nicht weiter überraschend, daß zivile Mitglieder von Stämmen, die sich mit der NPFL zusammengetan hatten, am meisten gefährdet waren. Eines der schlimmsten Massaker dieser Art ereignete sich am 29. Juli 1990 in der St. Peter's Church in Monrovia. Ein Überlebender erzählte, was geschehen war: „Die Soldaten schossen die Tür auf und nahmen alles Essen, was sie drinnen sehen konnten, und sie töteten die Frau, die den Schlüssel zum Lager [der Kirche] hatte, nachdem sie sie vergewaltigt hatten. Am Eingang standen Wachen, und wir blieben drin. Niemand konnte heraus, und dann wurde es dunkel, und die Soldaten kamen in derselben Nacht zurück ... Es kamen etwa 200 [AFL-] Soldaten herein. Und sie begannen, einen Jungen mit einem Messer aufzuschlitzen, und sie schlitzten und schlitzten jeden mit ihren Messern und Macheten auf."

In der Nacht des Terrors kamen sechshundert Menschen um. Weder hochstehende AFL-Offiziere noch Regierungsvertreter haben ihre Verantwortlichkeit je bestritten. Die Kirche war ungeschützt und hatte eine

Ein angebliches NPFL-Mitglied wird von einem Krahn festgehalten und erstochen.

große Rotkreuz-Flagge am Eingang. Der Anführer des Massakers, Michael Tilly, hatte schon zuvor zahlreiche Akte grotesker Brutalität begangen und den Schutz genossen, den die AFL und die Regierung Einzelpersonen boten.

Natürlich sind derartige Übergriffe auf Zivilpersonen durch Truppen unter Regierungsbefehl völkerrechtlich absolut verboten. Das Zweite Zusatzprotokoll der Genfer Konventionen verpflichtet Militäreinheiten, Zivilpersonen zu schützen und zwischen Kombattanten und Zivilpersonen zu unterscheiden. In Bürgerkriegen wie in zwischenstaatlichen Kriegen sind Nicht-Kombattanten **geschützte Personen**.

Das bedeutet nicht, daß Massaker wie das in der St. Peter's Church ohne Ziel und Zweck begangen wurden. Daß die AFL es auf Zivilpersonen abgesehen hatten und sie ermordeten, sollte natürlich die Leute davon abhalten, sich durch die NPFL rekrutieren zu lassen. Aber auf diese Art und Weise Druck auszuüben, ist nach dem humanitären Völkerrecht ebenfalls rechtswidrig. Die Übergriffe der AFL auf die angeblich „feindlichen Stämme" können nach der Konvention über die Verhütung und Bestrafung des Völkermordes von 1948 als versuchter **Völkermord** betrachtet werden. Denn obwohl Völkermord nicht das erklärte Ziel der AFL war, liefen ihre Angriffe auf die Stämme der Gio und Mano wohl auf eine versuchte ganze oder teilweise Vernichtung dieser Völker hinaus.

Wie zu erwarten war, standen weder die NPFL unter Führung von Charles Taylor, dessen Wahl zum Präsidenten von Liberia den Krieg 1997 beendete, noch die abgespaltene Unabhängige Nationale Patriotische Front von Liberia (INPFL) unter Führung von Prince Johnson den AFL an Greueltaten auch nur im geringsten nach. Das bezeugen direkte Aussagen unzähliger Rebellenkämpfer. Wie mir ein NPFL-Soldat namens Elijah McCarthy erzählte: „Ich trage einen Ring und zwei Fetische am Strick um meinen Hals. Wenn du mein Feind bist, wird der Ring mich brennen. Wenn jemand mein Feind ist, nehme ich ihn zur Seite. Die Leute betteln. Sie sagen: ‚Bitte töte mich nicht.' Aber ich traue ihnen nicht. Ich habe fünfzig Menschen getötet. Ich habe ihnen die Köpfe abgeschnitten oder sie erschossen. Sie haben um ihr Leben gebettelt. Aber ich habe ihnen nicht getraut."

Als das Leben in Monrovia unerträglich wurde und Flüchtlinge in das von der NPFL kontrollierte Gebiet flohen, wurde es fast zu einem alltäglichen Schauspiel, daß fliehende Regierungsvertreter an NPFL-Kontrollpunkten exekutiert wurden. Und nicht nur Regierungsvertreter. Zahlreiche NPFL-Kämpfer, meist Teenager, gaben zu, routinemäßig Zivilpersonen zu töten, die ihnen unsympathisch waren. Über die Schutzbestimmungen der Genfer Konventionen zu sprechen, mag unter diesen Umständen fast bizarr erscheinen, aber die Konventionen von 1949 verlangen den Schutz von Zivilpersonen und Ausländern. Aber Ausländer, insbesondere Nigerianer, wurden routinemäßig umgebracht, zum Teil als Botschaft an die nigerianische Regierung, daß sie keine Friedenstruppen zur Beendigung des Konfliktes schicken sollte. Auch die Ermordung von fünf auf Rebellengebiet lebenden amerikanischen Nonnen im Jahr 1992 war möglicherweise als Warnung gedacht.

Einmal befahl Prince Johnson seinen INPFL-Kämpfern, achtundvierzig Ausländer als Geiseln zu nehmen, offensichtlich in dem Versuch, die Aufmerksamkeit der Welt auf Liberia zu richten. Eine derartige Geiselnahme wird in Artikel 4 des Zweiten Zusatzprotokolls von 1977 zu den Genfer Konventionen ausdrücklich verboten. Aber dieser Verstoß war die vielleicht geringste Zuwiderhandlung Johnsons gegen das Völkerrecht. Es war Johnson, der Doe 1990 gefangennahm und zu Tode folterte. Er ließ die Ohren des abgesetzten Präsidenten abschneiden und aß sie, während der ganze Vorfall auf Film festgehalten wurde. Paradoxerweise ließen sich Johnsons Truppen wahrscheinlich weniger Gewalt gegen Zivilpersonen zuschulden kommen als die anderen Kriegsparteien.

Derartige Akte körperlicher Verstümmelung waren ein Markenzeichen des liberianischen Konflikts, und rituelle Tötungen begingen alle Seiten. Daß sie durch den gemeinsamen Artikel 3 der vier Genfer Konventionen und durch das Zweite Zusatzprotokoll verboten sind und außerdem gegen die Grundsätze des Gewohnheitsrechts verstoßen, die in den Artikeln der Brüsseler Konferenz von 1874, den Haager Konventionen zum Landkrieg von 1899 und 1907 und der Genfer Konvention von 1929 über die Behandlung von Kriegsgefangenen niedergelegt sind, stand immer außer

Frage und war, leider, vollkommen irrelevant. Vielleicht wäre es anders gewesen, wenn wie in Ruanda nach dem Völkermord 1994 Aussicht auf einen Strafgerichtshof bestanden hätte, vor dem sich die schlimmsten Täter hätten verantworten müssen. Aber die bestand nicht. Das hat dazu geführt, daß sich die Verbrecher, die überlebt haben, genau wie im Krieg völlig ungehindert bewegen können; einer von ihnen sitzt inzwischen im Präsidentenpalast von Monrovia.

M

292 **Massengräber** *Elizabeth Neuffer*

296 **Medizinische Experimente an Kriegsgefangenen** *Sheldon B. Harris*

298 **Militärische Notwendigkeit**
Françoise Hampson

300 **Militärische Ziele** *Hamilton DeSaussure*

304 **Minen** *John Ryle*

VERBRECHEN

Massengräber

Elizabeth Neuffer

Das Massengrab bei Cerska konnte man riechen, lange bevor man es sehen konnte.

Der unangenehm süßliche Verwesungsgeruch zog durch die Bäume an der unbefestigten Straße zum Grab. Die Mörder hatten den Ort gut gewählt – einen verborgenen Hügel abseits einer wenig frequentierten, von Furchen durchzogenen Straße.

Das Grab war von Ermittlern des Internationalen Strafgerichtshofes für das ehemalige Jugoslawien (ITCY) entdeckt worden. Und der Gestank, der in der Luft lag, wies darauf hin, daß sie es exhumierten, um Beweise für Verhandlungen gegen Kriegsverbrecher zu finden.

Die Leichen trugen Zivilkleidung. Sie wiesen Schußwunden im Hinterkopf auf. Ihre verwesenden Hände waren auf dem Rücken zusammengebunden. Diese Männer und Jungen, so sagte ein Spurensicherungsexperte vor Ort, waren kalten Blutes erschossen worden.

Das Massengrab bei Cerska ist eines von mehreren in Bosnien exhumierten Gräbern, die das Schicksal von etwa siebentausend bosnischen moslemischen Männern und Jungen aus Srebrenica klären helfen, die verschwanden, nachdem die bosnisch-serbischen Streitkräfte im Juli 1995 die UN-Schutzzone überrannten. Bosnische Serbenführer versicherten, Srebrenicas Männer seien bewaffnet und im Kampf gefallen.

Das Grab bewies das Gegenteil.

Einzel- und Massengräber liefern entscheidende Beweise für die Verfolgung von Kriegsverbrechen, insbesondere jene, bei denen es um **außergerichtliche Exekutionen** und Angriffe gegen Zivilpersonen geht. In den letzten zwanzig Jahren haben Spurensicherungsexperten Gräber in Argentinien, Guatemala, El Salvador, Honduras, Äthiopien, Mexiko und im irakischen Kurdistan exhumiert und untersucht. Exhumierungen in Argentinien haben beispielsweise gezeigt, daß viele von den Tausenden von Zivilpersonen, die während der Zeit der Juntas verschwunden waren, exekutiert worden waren; diese forensischen Beweise wurden 1985 bei der Verhandlung von neun argentinischen Generälen vorgelegt, von denen fünf später verurteilt wurden.

In den letzten Jahren haben Spurensicherungsteams Massengräber in Ruanda und im ehemaligen Jugoslawien exhumiert, einige der größten bisher entdeckten Gräber. Die bei den Exhumierungen gefundenen Beweise werden eine entscheidende Rolle bei den bevorstehenden Verhandlungen über Kriegsverbrechen spielen. So werden sich beispielsweise die Verfahren gegen den ehemaligen bosnischen Serbenführer Radovan Karadzic sowie den Befehlshaber der Armee, General Ratko Mladic, zum Teil auf die Beweise aus Gräbern wie Cerska in Kombination mit Zeugenaussagen stützen.

Von oben nach unten: Opfer der Eroberung von Srebrenica im Massengrab beim Staatsgut in Pilice; Ansicht des Massengrabes bei Ovcara, wo die Serben Patienten und Personal des Krankenhauses von Vukovar ermordeten; die Forensiker Dr. Clyde Snow und Bill Haglund und ihr Team untersuchen das Massengrab bei Ovcara.

Beiden Männern werden **Kriegsverbrechen, Völkermord** und **Verbrechen gegen die Menschlichkeit** vorgeworfen.

Um in dem Fall Srebrenicas einen Völkermord oder ein Verbrechen gegen die Menschlichkeit nachweisen zu können, müßten die Ankläger zeigen, daß bosnische Moslems vorsätzlich für Massenerschießungen ausgewählt wurden. Mit Hilfe der forensischen Beweise wird man feststellen können, daß es sich bei den Toten in einem Massengrab um bosnische moslemische Zivilpersonen handelt und daß sie exekutiert wurden.

Massengräber selbst können einen Verstoß gegen das Völkerrecht darstellen. Die Dritte und Vierte Genfer Konvention und das Erste Zusatzprotokoll enthalten Bestimmungen über eine ordnungsgemäße Bestattung und über die Identifizierung und Registrierung der Kriegstoten. Kriegsgefangene beispielsweise müssen „mit allen Ehren ... bestattet" werden, in Gräbern, die mit Informationen über sie versehen sind.

Doch das Recht, ein Massengrab zu exhumieren oder zu verhindern, daß sich jemand daran zu schaffen macht, ist im Völkerrecht nicht geregelt. Die 1973 angenommene Resolution Nr. 3074 der UN-Generalversammlung fordert die Staaten zur Kooperation bei Untersuchungen von Kriegsverbrechen auf, die Artikel 32 und 33 des Ersten Zusatzprotokolls fordern die Parteien auf, nach dem Ende der Feindseligkeiten nach dem Verbleib der Vermißten zu forschen und auf andere Weise zur Klärung ihres Schicksals beizutragen. Aber ein Land muß die Untersuchung mutmaßlicher Massengräber nicht gestatten.

M

Nicht alle Massengräber enthalten Opfer von Kriegsverbrechen oder Greueltaten. In einigen können sich die Leichen eilig bestatteter Kombattanten befinden. Augenzeugen und Überlebende können helfen zu klären, worum es sich jeweils handelt. Selbst in einem solchen Fall ist ein Massengrab nicht unbedingt leicht zu finden.

Häufig durchkämmen Experten auf der Suche nach einem Massengrab ein Feld oder einen Wald. Sie suchen nach abrupten Änderungen in der Vegetation, die auf kürzlich erfolgte Bestattungstätigkeiten hinweisen, oder nach Veränderungen in der Konsistenz und Farbe der Erde. Vertiefungen oder Hügel sind ein weiteres Anzeichen, daß kürzlich dort gegraben wurde.

Reporter, die auf etwas stoßen, was sie für ein Massengrab halten, sollten die Finger davon lassen. Massengräber sind häufig vermint oder voll von nicht detonierter Munition. Außerdem können Beweise verfälscht werden, wenn man ein Massengrab durcheinanderbringt. Man sollte nicht versuchen, etwas auszugraben oder mitzunehmen, was aus dem Grab hervorragt, sondern das Grab nur fotografieren und seine Position auf einer Karte markieren.

An Massengräbern kann man sich leicht zu schaffen machen, und die Beweise, die sie enthalten, können dadurch für immer verlorengehen. Man sollte auch gut überlegen, wen man über ein vermutliches Massengrab informiert. Zwei erste Anlaufstellen sind das Internationale Komitee vom Roten Kreuz (IKRK) und der UN-Hochkommissar für Menschenrechte. Eine weitere sind die Physicians for Human Rights (Ärzte für Menschenrechte) mit Sitz in Boston, die Spurensicherungsteams zur Untersuchung von Gräbern auf der ganzen Welt entsenden. Sobald Spurensicherungsexperten an den Ort des Geschehens kommen, machen sie sich mit archäologischer Akribie an ihre Untersuchungen. Jeder Teil des menschlichen Skeletts – etwa zweihundert Knochen und zweiunddreißig Zähne – erzählt seine eigene Geschichte.

Ein Spurensicherungsteam beginnt seine Arbeit, indem es das Grab sondiert, oft mit einem Metallstab, um seine Konsistenz zu prüfen und um Leichengeruch zu entdecken. Sobald die Ermittlungsbeamten das Grab so weit ausgehoben haben, daß sie auf die Leichen stoßen, sieben sie die Erde nach Spuren von Beweisen durch und legen jede Leiche sorgfältig frei. Bevor die Leichen entfernt werden, werden sie vorsichtig untersucht. Wertvolle Beweismittel sind unter anderem Augenbinden, Kugeln und Fesseln, die darauf hinweisen, wie ein Opfer getötet wurde. Schmuck und Papiere helfen bei der Identifikation.

Die Todesursache zu bestimmen, ist eine komplexe Wissenschaft. Ein Experte, der eine Schußwunde untersucht, kann bestimmen, wo eine Person erschossen wurde, aus welcher Entfernung und in welchem Winkel die Kugel eingetreten ist – alles Hinweise darauf, ob jemand exekutiert wurde oder nicht. Die Identifikation ist der nächste Schritt. Experten sind auf Zeugen angewiesen, die unter Umständen wissen, wer in welchem Grab ist. Anhand sorgfältig geführter zahnmedizinischer Unterlagen läßt sich feststellen, ob die Daten einer Leiche mit denen eines Vermißten übereinstimmen. Ein DNS-Test kann ebenfalls zur Identifizierung von Opfern herangezogen werden.

Diese Untersuchungen verlaufen mit unterschiedlichem Erfolg. In Ruanda ist die Identifikation wegen fehlender Unterlagen und der ungeheuren Größe der Gräber fast unmöglich. Aber die Experten sind zuversichtlich, daß sie die meisten der zweihundert Leichen aus Ovcara, Kroatien, identifizieren können, dank einer Liste der Personen, die dort begraben wurden. Weniger zuversichtlich sind sie in bezug auf das Grab von Cerska, da so viele Menschen vermißt werden.

Aber trauernde Mütter und Ehefrauen hoffen immer noch auf ihren Erfolg. „Bringt mir seine Leiche", sagt Hatidza Hren, eine bosnische Moslemin, die nach ihrem Ehemann sucht. „Ich werde seine Knochen erkennen."

(Siehe **Verschwindenlassen von Personen; Gerichtsmedizinische Untersuchungen**)

VERBRECHEN

Medizinische Experimente an Kriegsgefangenen

Sheldon B. Harris

Der hippokratische Eid verpflichtet medizinisches Personal nicht nur, Kranke zu heilen und die zu pflegen, die nicht geheilt werden können, sondern auch, den Patienten nicht wissentlich Schaden zuzufügen. Aber Anfang der 30er Jahre und während des gesamten Zweiten Weltkriegs hat die japanische Ärzteschaft ganz allgemein und das Sanitätspersonal des japanischen Militärs im besonderen routinemäßig Untaten begangen, indem es an Kriegsgefangenen, Nichtkombattanten, politischen und kriminellen Häftlingen gleichermaßen entsetzliche medizinische Experimente vornahm.

Obwohl die kaiserliche Regierung zugesichert hatte, Kriegsgefangene fürsorglich und mit Achtung zu behandeln, wurden Gefangene brutal behandelt. Eine medizinische Versorgung kranker Gefangener existierte entweder gar nicht oder konnte bestenfalls als primitiv, herzlos oder gleichgültig bezeichnet werden. Die Folgen dieser schlechten Behandlung werden durch einen Vergleich der Sterblichkeitsraten in japanischen und europäischen Kriegsgefangenlagern klar: Die Todesrate in japanischen Lagern betrug mindestens 27 Prozent. In Europa lag diese Zahl ungefähr bei 4 Prozent.

Noch schwerwiegendere Folgen hatte die Entscheidung des japanischen medizinischen Establishments, nachdem die japanische Armee 1942 ein großes Gebiet im Pazifik und auf dem asiatischen Festland erobert hatte, Kriegsgefangene und Angehörige unterworfener Völker als Hauptkandidaten für gezielte Experimente an Menschen zu verwenden bzw. anstelle von Versuchstieren, wie sie traditionsgemäß zur Ausbildung in der Medizin gebraucht werden. Gefangene, militärische wie zivile, wurden auf Bahren festgeschnallt, ohne Anästhetika viviseziert, ihnen wurden zahlreiche unterschiedliche Krankheitserreger injiziert oder es wurden an ihnen chirurgische Techniken demonstriert.

Bei einem Fall auf den Philippinen verwendete man verschiedene Gefangene, um frischgebackene japanische Ärzte in Chirurgie zu unterweisen. Mehrere gesunde Männer wurden auf ein Feld gebracht, mußten sich auf eine Decke legen, bekamen Masken über die Nase und wurden betäubt. Dann wurden die Opfer aufgeschnitten, während der leitende Chirurg seinen Studenten die „richtigen Techniken" demonstrierte. Als die Demonstration vorbei war, erschoß einer der Chirurgen die Patienten, da sie für Ausbildungszwecke nicht mehr von Nutzen waren.

Bei einem anderen Vorfall, der sich 1942 in China ereignete, führte ein leitender Chirurg eine „Operationsübung" für junge Ärzte und anderes medizinisches Personal seiner Einheit durch. Dieser Chirurg injizierte ein Betäubungsmittel in den Lendenbereich eines gesunden Patienten. Als einer der Beobachter den Chirurgen fragte, ob er die Nadel desinfizieren würde, die er für die Injektion benutzte, erwiderte der Arzt: „Wovon reden Sie? Wir werden ihn töten."

Gefangengenommene amerikanische Flieger wurden häufig für Vivisektionsexperimente verwendet. Im Juli 1944 nutzte ein Chirurg auf der Insel Dublon im Südpazifik amerikanische Kriegsgefangene für ein besonders grausiges Experiment. Acht Kriegsgefangene wurden Tests unterzogen, bei denen ihnen für sieben oder acht Stunden Aderpressen an den Armen und Beinen angelegt wurden. Zwei Männer starben an Schock, als die Aderpressen entfernt wurden. Daraufhin wurden sie seziert, und ihre Körperteile wurden auf verschiedene Krankheiten untersucht. Ihre Schädel behielt der leitende Chirurg als Souvenir. In einer anderen Episode, die sich im Mai und Juni 1945 ereignete, wurden acht amerikanische Flieger an der Kaiserlichen Universität Kyushu, einer der angesehensten medizinischen Ausbildungsstätten Japans, viviseziert. Zwei der Gefangenen wurden die Lungen entnommen. Anderen Opfern wurde Herz, Leber und Magen entfernt. Noch anderen wurde das Gehirn und die Gallenblase entnommen. Natürlich überlebte keiner der acht.

Das sind nur einige Beispiele eines systematischen Musters von Greueltaten im Bereich der Medizin. Von 1942 bis zu Japans Kapitulation Mitte August 1945 führten japanische Ärzte und medizinisches Personal Hunderte ähnlicher Experimente durch. Viele Hunderte, wenn nicht Tausende von Testsubjekten starben. Aber nur wenige Täter wurden je der Gerechtigkeit zugeführt, und viele lebten im demokratischen Nachkriegsjapan als geachtete und erfolgreiche Bürger.

Keine japanische Regierung hat jemals die Schuld dieser Ärzte anerkannt, obwohl das Recht des bewaffneten Konflikts derartige Verbrechen absolut verbietet; das galt auch für den Zeitraum des Zweiten Weltkriegs, selbst vor der Annahme der Genfer Konventionen von 1949. Die Haager Konvention von 1906, die Japan ratifiziert hatte, bevor die Feindseligkeiten ausbrachen, sieht vor: „Offiziere, Soldaten und andere offiziell zu Armeen gehörige Personen, die krank oder verwundet sind, sind von den Kriegführenden, in deren Händen sie sich befinden, ohne Ansehen der Nationalität zu achten und zu versorgen."

Bei den Nürnberger Prozessen nach dem Zweiten Weltkrieg wurden medizinische Versuche an Häftlingen zu einem Verbrechen gegen die Menschlichkeit erklärt. Die Genfer Konventionen von 1949 definierten medizinische Versuche an Kriegsgefangenen und geschützten Personen, d. h. Zivilpersonen unter der Kontrolle einer Besatzungsmacht, als schwere Verletzung, und das Römische Statut des Internationalen Strafgerichtshofes von 1998 besagt, daß solche medizinische Experimente Kriegsverbrechen sind, ungeachtet dessen, ob sie sich in einem zwischen- oder einem innerstaatlichen bewaffneten Konflikt ereignen. Es definierte das Verbrechen als „die Verstümmelung von Personen, die sich in der Gewalt einer gegnerischen Partei befinden, oder die Vornahme medizinischer oder wissenschaftlicher Versuche jeder Art an diesen Personen, die nicht durch deren ärztliche, zahnärztliche oder Krankenhausbehandlung gerechtfertigt sind oder in ihrem Interesse durchgeführt werden und zu ihrem Tod führen oder eine ernste Gefahr für ihre Gesundheit darstellen".

(Siehe **Biologische Experimente**)

Militärische Notwendigkeit

Françoise Hampson

Die militärische Notwendigkeit ist ein Rechtskonzept, das im humanitären Völkerrecht als Teil der rechtmäßigen Begründung für Angriffe auf **legitime militärische Ziele** verwendet wird, die nachteilige oder sogar furchtbare Konsequenzen für Zivilpersonen und zivile Objekte hat. Es bedeutet, daß Militärkräfte bei der Planung militärischer Aktionen die praktischen Erfordernisse einer militärischen Situation zu dem jeweiligen Zeitpunkt sowie die Imperative des Siegens berücksichtigen dürfen. Das Konzept der militärischen Notwendigkeit erkennt an, daß selbst nach dem Kriegsrecht das Gewinnen des Krieges oder der Schlacht eine legitime Überlegung ist, auch wenn andere Überlegungen des humanitären Völkerrechts nicht aus den Augen verloren werden dürfen.

Es würde die Dinge allerdings zu sehr vereinfachen, wenn man sagen würde, daß Streitkräfte im Falle einer militärischen Notwendigkeit freie Hand für Aktionen haben, die anderenfalls nicht zulässig wären, denn die militärische Notwendigkeit muß immer gegen humanitäre Notwendigkeiten des humanitären Völkerrechts abgewogen werden. Es gibt drei Einschränkungen für die freie Anwendung des Konzepts der militärischen Notwendigkeit. Erstens muß jeder Angriff beabsichtigt sein und die militärische Niederlage des Feindes anstreben; Angriffe, die nicht in dieser Absicht geführt werden, können nicht durch die militärische Notwendigkeit begründet werden, da sie keinen militärischen Zweck haben würden. Zweitens darf selbst ein Angriff, der auf die militärische Schwächung des Feindes abzielt, Zivilpersonen oder zivilen Objekten keinen Schaden zufügen, der in einem Mißverhältnis zum erwarteten konkreten und unmittelbaren militärischen Vorteil steht. Drittens kann die militärische Notwendigkeit nicht einen Verstoß gegen andere Regeln des humanitären Völkerrechtes rechtfertigen.

Zudem muß mit der fraglichen Aktion ein militärisches und nicht ein politisches Ziel verfolgt werden. Das zieht offensichtliche Probleme der Kategorisierung nach sich. Ist es ein militärisches oder ein politisches Ziel, wenn man den Feind zur Kapitulation überreden will? Ist es ein militärisches oder ein politisches Ziel, wenn man den Feind durch Luftangriffe zur Kapitulation „überreden" will?

Was ein militärisches Ziel ausmacht, ändert sich im Laufe des Konflikts. Da manche militärischen Ziele zerstört werden, nutzt der Feind andere Einrichtungen für denselben Zweck, was diese wiederum zu militärischen Zielen macht, und ein Angriff auf sie kann daher aus militärischer Notwendigkeit gerechtfertigt sein. Es gibt einen ähnlich variablen Effekt bei der Bestimmung der **Verhältnismäßigkeit**. Je größer der erwartete militärische Vorteil ist, desto größer sind die **Kollateralschäden**, häufig Opfer unter der Zivilbevölkerung, die „gerechtfertigt" oder „notwendig" sind. Diese Flexibilität existiert auch in bezug auf das Verbot der Verwendung von Waffen, die „überflüssige Verletzungen oder unnötige Leiden" verursachen. Je größer die Notwendigkeit, desto mehr Leiden ist offenbar gerechtfertigt. So ließen in dem Gutachten zur Rechtmäßigkeit des Einsatzes von Nuklearwaffen die Richter des Internationalen Gerichtshofes in

Den Haag die Möglichkeit offen, daß ein Staat einen Einsatz von **Nuklearwaffen** möglicherweise dann rechtfertigen kann, wenn das Überleben des Staates selbst auf dem Spiel steht.

Die Staatenpraxis erkennt an, daß Urteile über die militärische Notwendigkeit oft auf Grund subjektiver Einschätzungen gefällt werden müssen, sowohl wegen unzureichender Informationen im Gefecht wie wegen unvollständiger Kenntnisse darüber, welche Folgen ein Nicht-Handeln hätte. Aus diesem Grund wird einem Befehlshaber ein großer Ermessensspielraum eingeräumt, insbesondere für Entscheidungen, die unter Gefechtsbedingungen getroffen werden. Selten, wenn überhaupt, wird das Urteil eines Befehlshabers an der Front, der die militärische Notwendigkeit gegen den militärischen Vorteil abwägt, rechtlich hinterfragt, ganz zu schweigen davon, daß strafrechtliche Maßnahmen gegen ihn ergriffen würden. Eine Ausnahme wäre dann gegeben, wenn die Methode der Kriegsführung, die der Befehlshaber anwendet, an sich strafbar wäre und daher nicht von dem Argument der militärischen Notwendigkeit abgedeckt.

In einigen Fällen besteht die Annahme, daß bestimmte Aktionen rechtswidrig sind; sie konnten nicht absolut verboten werden, aber sie sind rechtswidrig, es sei denn, sie sind durch „zwingende militärische Notwendigkeit" gerechtfertigt. Diese Einschränkung, daß ein Umstand etwas „unbedingt erfordert" oder daß etwas „aus Gründen zwingender militärischer Notwendigkeit" erfolgen muß, bürdet denen, die diese Ausnahme in Anspruch nehmen, eine beträchtliche Beweislast auf. Beispiele dafür sind die Vierte Genfer Konvention, die die Internierung geschützter Personen und die Verlegung oder Deportation aus einem besetzten Gebiet einschränkt, das Erste Zusatzprotokoll, das normalerweise eine Politik der verbrannten Erde verbieten würde, sie aber unter außergewöhnlichen Umständen auf eigenem Gebiet zuläßt, und das Zweite Zusatzprotokoll, das normalerweise die **interne Vertreibung** der Zivilbevölkerung verbietet.

Im Verlauf der Feindseligkeiten erlegen diese Regeln dem Verhalten von Streitkräften, die sich an das Recht halten, bedeutende Einschränkungen auf, aber wenn das eigene Überleben dieser Streitkräfte oder ihr Sieg auf dem Spiel steht, können sie sich möglicherweise rechtmäßig auf die militärische Notwendigkeit berufen.

(Siehe **Zivilpersonen, Immunität von; Zivilpersonen, Rechtswidriger Angriff auf; Immunität vor Angriffen; Unterschiedsloser Angriff; Militärische Ziele; Eigentum; Vorsätzlichkeit**)

RECHT

Militärische Ziele

Hamilton DeSaussure

Der Begriff *militärisches Ziel* dient häufig zur Beschreibung des Gesamtziels einer bestimmten Operation, z. B. der Einnahme eines bestimmten Hügels, des Erreichens eines Flusses oder der Befreiung von Geiseln. Im engeren Sinne kann sich „militärisches Ziel" auf ein bestimmtes Einzelziel beziehen, das neutralisiert oder zerstört werden soll. Das Kriegsrecht verwendet den Begriff im letzteren Sinne: Orte, Einrichtungen oder feindliche Truppen zu erkunden und anzugreifen, die unter den gegebenen Umständen **legitime militärische Ziele** bilden. Bestimmte potentielle Objekte oder Einzelpersonen sind eindeutig rechtswidrige Ziele. Zum Beispiel ist jeder direkte Angriff auf die Zivilbevölkerung oder auf Orte, Einrichtungen oder Objekte, die nur für humanitäre, kulturelle oder religiöse Zwecke verwendet werden, wie Krankenhäuser, Kirchen, Moscheen, Schulen oder Museen, verboten. Andererseits geht diese **Immunität** verloren, wenn sie für militärische Zwecke des Feindes gebraucht oder eingesetzt werden. Die Vermutung im Zweifelsfall muß immer zugunsten der Immunität getroffen werden. Das Erste Zusatzprotokoll zu den Genfer Konventionen von 1949 besagt: „Im Zweifelsfall wird vermutet, daß ein in der Regel für zivile Zwecke bestimmtes Objekt, wie beispielsweise eine Kultstätte, ein Haus, eine sonstige Wohnstätte oder eine Schule, nicht dazu verwendet wird, wirksam zu militärischen Handlungen beizutragen."

Vor über einem Jahrhundert gab es durch die Möglichkeiten der Kriegsführung einfache Regeln, was als militärisches Ziel zu betrachten war: Das war eine Festung oder ein befestigter Ort sowie die angrenzenden Städte, die zu dessen Verteidigung beitrugen. Diese Definition war Anfang des zwanzigsten Jahrhunderts bald überholt, da die Feuerkraft die Reichweite der Zerstörung vergrößerte und Flugzeuge zu einem Kriegsinstrument wurden, das tief in das feindliche Gebiet eindringen konnte. An die Stelle der Festungen und befestigten Orte trat bei den zwei Haager Friedenskonferenzen, die das Recht der bewaffneten Kriegführung unmittelbar vor dem Ersten Weltkrieg kodifizierten, das Konzept des „verteidigten Ortes". Was einen verteidigten Ort ausmachte, war natürlich viel ungenauer und variabler als was eine Festung oder einen befestigten Ort ausmachte. Jeder kann eine Festung oder Befestigung identifizieren, aber wann ist eine Stadt verteidigt? Ist sie verteidigt, wenn sie keine militärischen Einrichtungen oder Streitkräfte enthält und keinen strategischen militärischen Wert hat, aber innerhalb der Schutzzone einer Luftverteidigungseinheit liegt, die ein Gebiet von Hunderten von Kilometern umfaßt? Der Begriff des verteidigten Ortes war bei Ausbruch des Zweiten Weltkrieges durch die verbesserte Feuerkraft von Flugzeugen und Artillerie bei Angriffen auf die industrielle Kriegsinfrastruktur genauso überholt wie zuvor der des sogenannten befestigten Orts.

Nach dem Ersten Weltkrieg wurde von mehreren Staaten versucht festzulegen, was ein legitimes militärisches Ziel ausmachte, indem man Kategorien legitimer Ziele auflistete. Die Regeln erwiesen sich als zu restriktiv, und kein kriegführender Staat berief sich bei darauffolgenden Konflikten auf sie. Es war leichter, diejenigen Kategorien von Personen und Orten aufzulisten, die keine legitimen Angriffsobjekte waren, als diejenigen zu definieren, die es waren. Jedoch wurde es infolge der gewaltigen Zerstörungen und Menschenverluste durch die Flächenbombardierungen des Zweiten Weltkrieges erforderlich, neu zu definieren, was ein militärisches Ziel war. Durch die systematische Zerstörung von Städten und den Angriff auf die Moral der feindlichen Bevölkerung, die sowohl von den Streitkräften der Alliierten als auch denen der Achsenmächte gebilligt wurden, wurden zahlreiche Rufe nach humaneren Regeln des bewaffneten Konfliktes laut. Die Zerstörung von Dresden, wobei an zwei Tagen im Februar 1945 100 000 Zivilpersonen bei einem einzigen koordinierten Angriff durch britische und US-amerikanische Bomber starben, demonstrierte das Fehlen einer sinnvollen Definition des Begriffs „militärisches Ziel". Im Fernen Osten kamen allein durch Brandbombenangriffe innerhalb weniger Monate vierundachtzigtausend Zivilpersonen um, viele Wohnhäuser und kommunale Einrichtungen wurden zerstört. Das war vor der Massenvernichtung durch die Atombombe. Auch wenn diese Vorfälle sich in einem globalen Konflikt hoher Intensität ereigneten, demonstrierten sie die dringende Notwendigkeit, die Regeln des bewaffneten Konflikts zu aktualisieren, zu kodifizieren und klar zu definieren, was ein legitimes Ziel für feindliche Angriffe sein kann und was nicht.

Die heutige Regel zur Definition militärischer Ziele findet sich im Ersten Zusatzprotokoll von 1977. Artikel 52 beschränkt Angriffe auf Orte, Einrichtungen, Strukturen und „Objekte, die ... wirksam zu militärischen Handlungen beitragen und deren gänzliche oder teilweise Zerstörung, deren Inbesitznahme oder Neutralisierung unter den in dem betreffenden Zeitpunkt gegebenen Umständen einen eindeutigen militärischen Vorteil darstellt". Jedoch bieten die Regeln eine besondere Immunität für bestimmte Einzelpersonen und Orte. Erstens darf die Zivilbevölkerung niemals zum Ziel eines Angriffs gemacht werden, was klarstellt, daß Taktiken zur Unterhöhlung des Kampfgeistes oder Bombardements zur Verbreitung von Schrecken unter der Bevölkerung heute eindeutig ein Kriegsverbrechen sind. Auch zivile Objekte, die zu friedlichen Zwecken genutzt werden, sind geschützt. Aber die neuen Regeln gehen noch weiter, indem sie vorsehen, daß im Zweifelsfall, ob nämlich bestimmte in der Regel zu zivilen Zwecken genutzte Objekte vielleicht zur Unterstützung eines militärischen Auftrags verwendet werden (wodurch sie ihren geschützten Status verlieren würden), angenommen wird, daß sie nicht so verwendet werden. Zweitens verbietet das Erste Zusatzprotokoll auch die Taktiken von **Flächenbombardierungen** oder Bombenteppichen. Es sieht vor, daß es rechtswidrig ist, „mehrere deutlich voneinander getrennte militärische Einzelziele in einer Stadt, einem Dorf oder einem sonstigen Gebiet, in dem Zivilpersonen oder zivile Ojekte ähnlich stark konzentriert sind, wie ein einziges militärisches Ziel" zu bombardieren. Das ist eine nützliche und humane Regel, die Flächen- oder Massenbombardements ausschließt, die so oft im Zweiten Weltkrieg und in geringerem Ausmaß auch im Vietnam-Krieg stattfanden.

Die gewaltigen Brandbombenangriffe, die US-Streitkräfte 1945 auf große städtische Gebiete in Japan flogen, und die verheerende Vernichtung, die während des Zweiten Weltkriegs über eine Stadt nach der anderen in Europa gebracht wurde, würden heute als eklatante Verstöße gegen die modernen Regeln betrachtet und werden von den Zusatzprotokollen eindeutig verboten, ungeachtet der Art oder der Intensität des Konfliktes. Viele zeitgenössische Autoren auf dem Gebiet des Kriegsrechts sind der Ansicht, daß Größe und Ausmaß des Konfliktes sich auf den Geltungsbereich des Begriffes „militärisches Ziel" auswirken. Das heißt, in dem Maße, in dem die Staaten für ihre Kriegsanstrengungen mehr Ressourcen einsetzen und ein erfolgreicher Abschluß für sie von immer größerer Bedeutung wird, können wirtschaftliche Aktivitäten wie öffentlicher Transport, Versorgung und Kommunikation, die normalerweise für zivile Zwecke genutzt werden, zu legitimen Zielen werden. Das stimmt, aber auch dadurch wäre heute die Ausweitung des Begriffs „legitimes Ziel" auf Zivilbevölkerung und zivile Ziele als solche nicht mehr zu rechtfertigen.

Drittens sieht das Erste Zusatzprotokoll auch vor, daß Todesopfer unter der Zivilbevölkerung, die im Zusammenhang mit Angriffen auf legitime militärische Ziele vorkommen, auf das zur Erfüllung des Auftrages absolut notwendige Maß beschränkt werden müssen. Ein Angriff, der Opfer unter der Zivilbevölkerung nach sich zieht, die unter den gegebenen Umständen unverhältnismäßig sind, gilt demnach als unterschiedslos und rechtswidrig. Das militärische Ziel selbst muß immer identifiziert und innerhalb der Grenzen verfügbarer Technologie und Waffen individuell angegriffen werden. Der Einsatz präzisionsgelenkter Waffen, wie bei den erfolgreichen Luftangriffen in Vietnam, z. B. bei Linebacker I und II, wirkte sich wesentlich auf die erfolgreiche Durchführung der Operation Wüstensturm durch die USA aus. Wo es hohe Konzentrationen von Zivilpersonen gibt, müssen anstelle von „nicht intelligenten Bomben" präzisionsgelenkte Flugkörper verwendet werden, wenn sie zur Verfügung stehen und wenn die militärische Notwendigkeit dies gebietet.

Die militärischen Operationen im Golfkrieg 1991 demonstrierten die Präzision, mit der militärische Ziele getroffen werden konnten, ohne Verletzungen oder Störungen unter der Zivilbevölkerung zu verursachen. Tomahawk-Marschflugkörper schalteten mit minimalen Verlusten unter der Zivilbevölkerung und an zivilen Strukturen Kraftwerke und Raketenstützpunkte aus und zerstörten das militärische Hauptquartier in Bagdad. F 117 Tarnkappenbomber und F 111 Kampfbomber konnten mit chirurgischer Genauigkeit lasergelenkte Bomben durch so schmale Ziele wie Türöffnungen und Luftschächte „fädeln". Durch das Aufkommen von präzisionsgelenkten Flugkörpern und Hochtechnologiesystemen zur Zielerfassung ist es noch notwendiger geworden, das Ziel von der Zivilbevölkerung und zivilen Gebäuden zu isolieren. Ein Autor der Luftwaffe wies darauf hin, daß während des Zweiten Weltkriegs oft viertausendfünfhundert Feindflüge erforderlich waren, um zur Zerstörung eines Ziels neuntausend einfache Bomben abzuwerfen (vermutlich jeweils knapp 1000 kg schwer); im Golfkrieg dagegen habe eine einzelne F 117 auf einem einzigen Feindflug ein Punktziel mit einem präzisionsgelenkten Flugkörper ausschalten können. Der wahrscheinliche Streukreis oder die Größe des möglichen Einschlagbereichs wird heute nicht mehr nach Kilometern, sondern nach halben Metern berechnet.

Natürlich sind präzisionsgelenkte Flugkörper teuer, stehen selbst der technologisch überlegenen Streitmacht für bestimmte Missionen nicht immer zur Verfügung und sollen oft für eine spätere Kampfphase aufgehoben werden. Jedoch können die operationsbedingten Entscheidungen über ihren Einsatz nicht die Tatsache verschleiern, daß der heutige Stand der Technik bei militärischen Auseinandersetzungen zu einer dauerhaften Veränderung der Kriterien für Art und Umfang der zulässigen Verluste unter der Zivilbevölkerung geführt hat. Wird operationsbedingt die Entscheidung getroffen, einfache Bomben zu benutzen, obwohl präzisere

Waffensysteme zur Verfügung stehen, kann so ein Angriff als unverhältnismäßig und rechtswidrig gewertet werden, wenn Zivilpersonen getötet werden, die bei Verwendung genauerer Waffen verschont worden wären.

Daher muß heute eindeutig belegt werden, daß der Verlust von Zivilpersonen in und um ein militärisches Ziel, auch wenn sie vorsätzlich dort untergebracht wurden, unbedingt erforderlich war. Das Erste Zusatzprotokoll fordert ausdrücklich, daß zu den möglichen Vorsichtsmaßnahmen zur Minimierung von Verlusten unter der Zivilbevölkerung die Wahl der Waffen sowie der Angriffsmittel und -methoden gehört. So würde beispielsweise die Bombardierung eines militärischen Hauptquartiers in einer dicht besiedelten Stadt den Einsatz ungelenkter Bomben niemals rechtfertigen, wenn den angreifenden Streitkräften präzisionsgelenkte Flugkörper zur Verfügung stünden und wenn vermutlich unschuldige Bürger in der Nachbarschaft verletzt oder getötet würden. Jedoch können die angegriffenen Streitkräfte nicht vorsätzlich Zivilpersonen als Schutzschild für ihre eigenen militärischen Aktivitäten verwenden und sie z. B. in ein kritisches Kommando- und Kontrollzentrum verlegen. Ein Beispiel für diesen Grundsatz ist Iraks Verwendung des Amirya-Schutzraumes während des **Golfkrieges**. Die Vereinigten Staaten griffen diesen an und töteten zweihundert bis vierhundert Zivilpersonen, woraufhin sie von einigen Seiten beschuldigt wurden, gegen das Kriegsrecht verstoßen zu haben. Zivilpersonen verlieren ihren geschützten Status nicht dadurch, daß sie als Schutzschilder verwendet werden. Das bedeutet, daß die Angreifer sich dennoch besonders bemühen müssen, die Verletzung oder den Tod von Zivilpersonen zu verhindern oder wenigstens so gering wie möglich zu halten.

Bei bewaffneten Konflikten zwischen zwei Staaten, bei denen nur die Streitmacht des einen Staates über Hochtechnologie-Waffensysteme verfügt, ändern sich die humanitären Regeln nicht. Jede Streitmacht wird nach ihren Fähigkeiten beurteilt, sich zu verteidigen oder einen Angriff zu führen. Der Hochtechnologie-Staat kann sich nicht auf das Fehlen von präzisionsgelenkten Flugkörpern bei seinem Feind berufen, um zu rechtfertigen, daß er selbst andere als die modernsten Waffen verwendet. Gleichzeitig muß die angegriffene Macht bei ihrer eigenen Verteidigung bzw. ihren eigenen Angriffen alle verfügbaren Mittel einsetzen, um Angriffe auf Zivilpersonen oder unverhältnismäßige Nebenschäden unter ihnen zu vermeiden.

Der Militärbefehlshaber, der den Angriff plant oder ausführt, kann nicht der höchste Richter darüber sein, ob der Verlust an Leben und Eigentum unter der Zivilbevölkerung in einem vernünftigen Verhältnis zu dem militärischen Vorteil des Angriffs steht. Nur durch die unabhängige Einschätzung unbeteiligter Institutionen oder Organisationen können die strengen Regeln zur Begrenzung unnötigen Leidens und unnötiger Zerstörung bewahrt werden.

In der endgültigen Analyse muß eindeutig nachgewiesen werden, daß trotz Anwendung der präzisesten Waffen, die der angreifenden Macht zur Verfügung standen, der Verlust an Leben oder Eigentum unter der Zivilbevölkerung infolge eines bewaffneten Angriffs, ungeachtet des Niveaus des Krieges oder der Intensität der jeweiligen geplanten Mission, unvermeidlich war.

(Siehe **Verhältnismäßigkeit; Militärische Notwendigkeit**)

SCHLÜSSELBEGRIFF

Minen

John Ryle

Für die Verwendung von Landminen, sowohl Antipersonen- als auch Panzerabwehrminen, gilt im wesentlichen Protokoll II der Waffenkonvention vom Oktober 1980 (Konvention über das Verbot oder die Beschränkung des Einsatzes bestimmter konventioneller Waffen, die übermäßige Leiden verursachen oder unterschiedslos wirken können).

Israelische Verstärkung passiert ein Minenfeld. Sinai, 1973.

Die Bestimmungen des Protokolls II gelten allgemein als vage und nicht durchsetzbar. „Vorgeplante" Minenfelder, so heißt es darin, müssen registriert und Zivilpersonen müssen vor fernverlegten Minen gewarnt werden, „es sei denn, die gegebenen Umstände erlaubten dies nicht". Einige Rechtsexperten argumentieren, Minen seien rechtswidrig nach dem Völkergewohnheitsrecht, das die Verwendung von Waffen verbietet, die ihrem Wesen nach unterschiedslos wirken. Weder das Gewohnheitsrecht noch die Waffenkonvention haben irgendeine Auswirkung auf die zunehmende Verwendung von Minen gezeigt, die nach dem Kalten Krieg insbesondere in innerstaatlichen Konflikten sehr verbreitet ist.

    1997, nach einer weltweiten Kampagne, wurde in Ottawa eine neue Vereinbarung in bezug auf Antipersonenminen angenommen. Das Ottawa-Abkommen, das von über 125 Staaten unterzeichnet und bis September 1998 von 41 Staaten ratifiziert wurde, soll 1999 in Kraft treten. Es verbietet die Herstellung, Lagerung, die Weitergabe und den Einsatz von Antipersonenminen. Des weiteren verpflichtet es die Teilnehmerstaaten, die von ihnen gelegten Minen zu räumen und Vorkehrungen für die Opfer der Minen zu treffen. Aber bedeutende Minenproduzenten wie die Vereinigten Staaten, Rußland, China, Indien und Pakistan haben das Ottawa-Abkommen nicht unterzeichnet; es bezieht sich nicht auf Panzerabwehrminen, und die Teilnahme von Gruppierungen, die keine Staaten darstellen, z.B. Rebellen und Widerstandsgruppen, ist nicht möglich.

N

308 **Die NATO und die
Genfer Konventionen** Roy Gutman

311 **Nötigung zum Dienst für das Militär**
Patrick J. Sloyan

314 **Nuklearwaffen** Burrus M. Carnaham

SCHLÜSSELBEGRIFF

Die NATO und die Genfer Konventionen

Roy Gutman

Zehn Monate, nachdem NATO-Truppen die Sicherheit in Bosnien-Herzegowina gemäß den Friedensverträgen von Dayton in die Hand genommen hatten, bereiste ein *Boston Globe*-Reporter Nordbosnien auf der Suche nach Personen, gegen die vor dem Kriegsverbrechertribunal in Den Haag Anklage erhoben worden war.

In dem von den Briten kontrollierten nordwestlichen Sektor war der ehemalige Befehlshaber des berüchtigten Konzentrationslagers von Omarska als stellvertretender Polizeichef von Omarska angestellt, und drei weitere Personen, die in Den Haag angeklagt waren, standen als Polizisten auf dem Dienstplan. In Bosanski Samac im amerikanischen Sektor gab ein Angeklagter ein Interview in seinem Büro, wo er als Spitzenvertreter der Stadt arbeitete. Das war im Oktober 1996. In den darauffolgenden Wochen beobachteten Reporter im französischen Sektor in Cafés und Bars in Foca in Südbosnien bosnische Serben, die wegen systematischer Vergewaltigung angeklagt waren, und andere entdeckten in Vitez, Zentralbosnien, im holländisch kontrollierten Gebiet bosnische Kroaten, die wegen Massakern an Zivilpersonen angeklagt waren und sich hier frei und ungehindert bewegten.

Mehr noch, die zwei höchsten Serbenführer, der militärische Befehlshaber Ratko Mladic und der politische Führer Radovan Karadzic, reisten ungehindert über Straßen, die von amerikanischen und französischen Truppen kontrolliert wurden. Beide waren angeklagt wegen Völkermords, des verabscheuungswürdigsten Verbrechens, das es gibt.

Daß führende Weltmächte tolerieren, daß Straftäter ungestraft davonkommen, illustriert das zentrale Problem beim Recht der bewaffneten Konflikte: Seine Durchsetzung ist absolut auf den Willen der politischen Führer angewiesen. Und von diesen war keiner bereit, angefangen bei den Vereinigten Staaten, in den ersten neun Monaten ihres Einsatzes ein Leben zu riskieren, um das Recht durchzusetzen, das ihre Vorgänger aufgesetzt, unterzeichnet und ratifiziert hatten. Später verhafteten sie mindestens ein halbes Dutzend Angeklagter, während sie zuließen, daß sich Karadzic erst zurückzog und dann versteckte.

Alle vier Genfer Konventionen von 1949 verpflichten die Staaten, diejenigen zu ermitteln und vor Gericht zu stellen, die schwerer Verletzungen verdächtigt werden, ungeachtet des Heimatlandes des Verdächtigen oder des Ortes, an dem das Verbrechen begangen wurde. „Jede Vertragspartei ist zur Ermittlung der Personen verpflichtet, die der Begehung oder der Erteilung eines Befehles zur Begehung einer dieser schweren Verletzungen beschuldigt sind; sie stellt sie ungeachtet ihrer Nationalität vor ihre eigenen Gerichte" oder übergibt sie „einer anderen an der gerichtlichen Verfolgung interessierten Vertragspartei." Der Kommentar des Internationalen Komitees vom Roten Kreuz (IKRK) besagt, daß der Verdächtige einem internationalen Strafgerichtshof übergeben werden kann.

Die Vereinigten Staaten, Großbritannien und Frankreich haben die Konventionen unterzeichnet und ratifiziert, genau wie jeder andere Teilnehmer an der von den USA geführten „Implementation Force" (IFOR) und späteren „Stabilization Force" (SFOR). Alle Staaten sind zudem gemäß der Resolution 827 des UN-Sicherheitsrates verpflichtet, mit dem Tribunal zu kooperieren und „alle nach ihrem innerstaatlichen Recht notwendigen Maßnahmen ... zu ergreifen", um den Verfügungen oder Ersuchen des Tribunals um Rechtshilfe Folge zu leisten. Die NATO aber setzte ihre eigenen Regeln für ihre Truppen auf und reinterpretierte sie später je nach Belieben: IFOR-Truppen halten nur dann Kriegsverbrecher fest, „wenn sie ihnen in Durchführung ihres zugewiesenen Auftrags begegnen". Daraufhin angesprochen, erklärten NATO-Stellen, die Pflichten der Staaten nach den Genfer Konventionen fielen nicht in ihren Zuständigkeitsbereich und könnten den Konsens zerbrechen, der ihrem Einsatz zugrunde liege.

Weder die NATO, noch SHAPE (Supreme Headquarters of the Allied Powers in Europe), noch die IFOR als Organisation „ist Partei der Genfer Konventionen von 1949 oder des Ersten Zusatzprotokolls dazu", schrieb Max Johnson, der Rechtsberater des alliierten Oberbefehlshabers in Europa, im März 1996 an Amnesty International. Er fügte hinzu, daß die IFOR als multinationale Truppe unter dem Operationsbefehl und der Kontrolle der NATO „in bezug auf internationale Verpflichtungen nicht mit einem Staat gleichgesetzt werden" solle. Zudem sei die IFOR „nicht eine Besatzungsarmee", der es „freisteht, zu tun, was sie will". Das Widerstreben der NATO, Kriegsverbrecher festzunehmen, reflektiere „die politischen Realitäten in der Region" und die Furcht, daß eine aggressivere Haltung „möglicherweise keinen Konsens findet" unter den dreißig Staaten, die Truppen für den Einsatz abgestellt hatten.

Dieselbe „Nicht meine Abteilung"-Haltung traf man auch bei den Vereinten Nationen an. „Wir halten uns an das Mandat. Wir sind nicht autorisiert, Recht und Ordnung durchzusetzen", sagte General Manfred Eisele, stellvertretender Generalsekretär für die Planung in der Abteilung für friedenssichernde Operationen in einem Interview 1998. „Die eigentliche Zuständigkeit für die Festnahme angeklagter Kriegsverbrecher liegt bei den lokalen Behörden."

Nach dieser Logik müßte der stellvertretende Polizeichef in Omarska sich selbst verhaften.

In gewissem Sinn können sich die Angeklagten dank der Ankunft der NATO in Bosnien, die an die Stelle der fehlgeschlagenen UNO-Mission treten sollte, wieder frei bewegen. Die IFOR mit ihrem Mandat zur Entflechtung der militärischen Kräfte verhinderte effektiv, daß irgendeine bosnische politische Organisation einen Angeklagten außerhalb ihres Zuständigkeitsbereiches verhaftete. So übernahm die NATO im Endeffekt die Rolle, die Angeklagten zu schützen.

Ursache für die Einstellung der NATO war das Widerstreben des amerikanischen Führungsbereiches, das Leben von US-Bodentruppen zu riskieren. „Es spielen offensichtlich politische Überlegen in der Frage [ob die IFOR verpflichtet war, Verhaftungen durchzuführen] eine Rolle", sagte Judith A. Miller, allgemeine Pentagon-Beraterin, im September 1996. Aber dann reinterpretierte sie die Genfer Konventionen, wobei sie die **universelle Gerichtsbarkeit** im Falle schwerer Verletzungen ignorierte. „Wir verstehen diese Bestimmungen so, daß sie für das Gebiet der Vereinigten Staaten gelten, nicht als universelle Verpflichtung oder Blankovollmacht, um auf dem Hoheitsgebiet fremder Länder mutmaßliche Kriegsverbrecher zu ermitteln", sagte sie vor der American Bar Association.

Die Haltung der USA und der NATO wirft grundlegende Fragen auf. Amnesty International kam zu der Schlußfolgerung, daß Millers Argument „nichts weniger als eine kalkulierte Politik darstellt, Rechtspflichten auszuweichen, die das Völkerrecht auferlegt". Professor Diane Orentlicher von der American University stellte fest, daß gemäß der Logik des NATO-Vertreters Johnson „jeder Staat straflos gegen die Genfer Konventionen verstoßen könnte, einfach indem er mit anderen Ländern ein militärisches Bündnis eingeht".

Tatsächlich ist die Rechtsposition nur vorgeschoben. „Das sind alles politische Entscheidungen, in juristische Rhetorik gekleidet", sagt ein Pentagon-Vertreter, der weiß, wovon er spricht.

(Siehe **Die Vereinten Nationen und die Genfer Konventionen**)

VERBRECHEN

Nötigung zum Dienst für das Militär

Patrick J. Sloyan

Nötigung zum Dienst für das Militär war die Standardpraxis der amerikanischen Infanterie in Vietnam, wo unaussprechliche Schrecken durch Sprengstoff-Fallen und Minenfelder lauerten. Leutnant William

Opfer des Massakers von My Lai: Etwa zwanzig Dorfbewohner ließ man am Leben, nur um als menschliche Minendetektoren eingesetzt zu werden.

Diehl erinnert sich immer noch an jenen Tag als Zugführer auf einer Dschungelpatrouille.

Einer ihrer Gefangenen, ein mutmaßlicher Angehöriger des Vietkong, wurde an die Spitze des Zuges gebracht. Um den Hals des Gefangenen wurde ein Seil gelegt, und der erste Mann des Zuges stieß den Gefangenen vor sich her. Sie waren noch nicht weit gekommen, als der menschliche Minendetektor auf einen Stolperdraht trat und eine vergrabene Granate auslöste. Doch diesmal ging die Taktik nicht auf. Die Explosion war so gewaltig, daß sie den ersten Mann des Zuges tötete und ihm dabei das Herz aus der Brust riß. Diehl wurde ebenfalls verletzt. In manchen Nächten sieht Diehl immer noch das Herz des Mannes auf dem Dschungelpfad pulsieren. Er war sicher, daß einige in der Nähe lebende vietnamesische Kinder mit ihren Müttern und Großeltern dafür verantwortlich waren. „Wir haben immer vermutet, daß die Minen von den Dorfbewohnern gelegt wurden", sagte Diehl.

Diehls Einheit verstieß gegen das, was in der Ausbildung der US-Armee gelehrt wird und gegen mindestens drei Regeln des Kriegsrechtes. Gefangene, ob es sich nun um kriegsgefangene Militärangehörige oder um feindliche Zivilpersonen handelt, dürfen nicht gezwungen werden, an Kampfhandlungen teilzunehmen oder gefährliche Arbeiten auszuführen oder grausam oder unmenschlich behandelt werden. Was Diehl in Vietnam beobachtete, ist gemäß Artikel 52 der Dritten Genfer Konvention von 1949 ausdrücklich verboten.

Menschen als Minendetektoren zu verwenden, war während des zehnjährigen Krieges allgemein üblich geworden. Bei dem Massaker von My Lai am 16. März 1968 zerstörten Truppen der Americal Division ein gesamtes Dorf und töteten über fünfhundert alte Männer, Frauen, Kinder und Säuglinge. Nur etwa zwanzig wurden verschont: „Falls wir auf ein Minenfeld treffen würden", sagte Leutnant William Calley später vor einem Kriegsgericht der Armee aus.

Das Motiv, weshalb Zivilpersonen durch Minenfelder getrieben wurden, war das eigene Überleben. Beinahe ein Drittel der achtundfünfzigtausend amerikanischen Soldaten, die in Vietnam starben, wurden durch eine Sprengstoff-Falle oder eine Mine getötet; 40 Prozent der 153 000 Verwundeten waren Opfer dieser Waffen. Doch die Genfer Konventionen von 1949, die sich auf zwischenstaatliche und, wie im Fall Vietnams, solchen Konflikten ähnliche Kriege beziehen, lassen keinen Zweifel daran, daß es sich um ein Kriegsverbrechen handelt, einen gefangengenommenen Soldaten oder eine gefangengenommene Zivilperson zu zwingen, in gefährlichen Situationen vorneweg zu marschieren.

„Nötigung eines Kriegsgefangenen zur Dienstleistung in den Streitkräften der feindlichen Macht" gilt nach der Dritten Genfer Konvention als schwere Verletzung. Einen Kriegsgefangenen für ungesunde oder gefährliche Arbeiten zu verwenden, ist verboten, es sei denn, er meldet sich freiwillig. Die Dritte Genfer Konvention besagt: „Das Entfernen von Minen oder anderen ähnlichen Vorrichtungen gilt als gefährliche Arbeit." Kriegsgefangene dürfen auch nicht gezwungen werden, gefährliche Arbeiten auszuführen oder Arbeiten, zu denen sie körperlich nicht in der Lage sind; sie dürfen nur gezwungen werden, in Bereichen zu arbeiten, die nach ihrer Art und ihrem Zweck nicht militärisch sind.

Nach der Vierten Genfer Konvention dürfen Zivilpersonen nicht zum Militär eingezogen werden, können aber interniert und zur Arbeit unter denselben Bedingungen wie die Angehörigen der besetzenden Partei gezwungen werden. Internierte können sich freiwillig melden, um „zur Befriedigung der Bedürfnisse der Besatzungsarmee" zu arbeiten, nicht jedoch für strategische oder taktische Erfordernisse wie das Ausheben von Gräben oder den Bau von Befestigungen und Stützpunkten.

Die US-Army wußte sehr wohl darüber Bescheid, daß im Krieg feindliche Kriegsgefangene und Zivilpersonen zum Minenräumen verwendet wurden, und auch, daß dies eine Völkerrechtsverletzung war. Als der Fall Calley verhandelt wurde, hatte die Infanterieschule in Fort Benning inzwischen einen Ausbildungsfilm produziert, der einen Zug Infanterie in einem vietnamesischen Dorf zeigte. Der Leutnant befiehlt seinem Feldwebel, einige Dorfbewohner zu nehmen und durch ein verdächtiges Gebiet zu treiben. „Herr Leutnant, Sie wollen, daß ich die Dorfbewohner nehme und durch ein Minenfeld treibe?" fragt der Feldwebel. Nachdem auf den Leutnant solchermaßen Druck ausgeübt wurde, seinen Befehl zu wiederholen, läßt er davon ab.

Während des **Golfkrieges** 1991 zeigte die Lektion Früchte. Den Oberbefehl hatte Norman Schwarzkopf, der als Oberstleutnant in Calleys Americal Division in Vietnam gedient hatte. Konfrontiert mit einem Gürtel irakischer Landminen und in dem Wissen, daß Tausende irakischer Soldaten sich lieber ergeben als kämpfen würden, ordnete Schwarzkopf die vielleicht ehrgeizigste Bemühung zur Verhinderung von Kriegsverbrechen an, die je auf einem Schlachtfeld unternommen wurde. Jeder Offizier und jeder Soldat wurde über die Regeln des Landkriegs und die richtige Behandlung von Gefangenen informiert. Laut Aussagen von Mitarbeitern der Rechtsabteilung des Internationalen Komitees vom Roten Kreuz (IKRK) kamen fast täglich Anfragen von Schwarzkopfs Leuten zu Feinheiten des Kriegsrechts.

(Siehe **Zwangsarbeit**)

Nuklearwaffen

Burrus M. Carnahan

Seit über fünfzig Jahren gehört die Rechtmäßigkeit von Nuklearwaffen zu den Themen im Kriegsrecht, die am emotionalsten diskutiert werden und bei denen die Meinungen am weitesten auseinander gehen. Sowohl die Befürworter als auch die Gegner können sich auf angesehene Völkerrechtsexperten berufen.

Diejenigen, die die Rechtmäßigkeit von Nuklearwaffen bejahen, argumentieren, daß derartige **Waffen** unter Einhaltung des Kriegsrechts verwendet werden können. Die Vereinigten Staaten beispielsweise behaupten seit dreißig Jahren, daß sie die folgenden Rechtsgrundsätze für die

Verwendung von Nuklearwaffen anerkennen: daß das Recht der Konfliktparteien, Mittel zur Verletzung des Feindes zu verwenden, nicht unbegrenzt ist; daß es verboten ist, Angriffe gegen die Zivilbevölkerung als solche zu führen; und daß zu jeder Zeit unterschieden werden muß zwischen Personen, die an den Feindseligkeiten teilnehmen, und Mitgliedern der Zivilbevölkerung, so daß letztere so weit wie möglich geschont werden.

Die Befürworter von Nuklearwaffen argumentieren, daß die tatsächliche Staatenpraxis eine ursprünglichere Quelle des Völkerrechts ist als theoretische Rechtsgrundsätze. Sie stellen fest, daß die fünf ursprünglichen Atommächte (die Vereinigten Staaten, die Sowjetunion/Rußland, Großbritannien, Frankreich und China) seit Jahrzehnten Nuklearwaffen aufgestellt und offen für sich in Anspruch genommen haben, diese Waf-

Ein Foto von der Verwüstung in Hiroshima, unterzeichnet von Männern, die zu der Crew der Enola Gay gehörten: Pilot Oberst Paul Tibbets Jr., Bombenschütze Major Thomas W. Ferebee und Navigator Hauptmann Theodore J. van Kirk.

fen zur Selbstverteidigung zu nutzen. (1998 haben auch Indien und Pakistan offen das Recht auf Nuklearwaffen für sich in Anspruch genommen.) Es wurde auch darauf hingewiesen, daß der Vertrag von 1968 über die Nichtverbreitung von Kernwaffen (Atomwaffensperrvertrag, Non-Proliferation Treaty NPT) ausdrücklich das Recht der fünf ursprünglichen Atommächte anerkennt, Nuklearwaffen zu besitzen. Über 170 Staaten sind dem Atomwaffensperrvertrag beigetreten.

Zu denen, die die Rechtmäßigkeit dieser Waffen bestreiten, gehören eine Reihe nichtstaatlicher Organisationen wie das Internationale Komitee vom Roten Kreuz (IKRK), das Vorbehalte geltend gemacht hat, sowie einige Regierungen. Sie neigen dazu, ihre Argumente auf allgemeine humanitäre Grundsätze zu stützen, die dem Kriegsrecht zugrundeliegen. Für die Gegner spricht das ungeheure Zerstörungspotential von Nuklearwaffen den Bemühungen Hohn, Krankenhäuser, Kranke und Verwundete, Zivilpersonen und andere zu schützen, was diese humanitären Grundsätze fordern. Vielleicht mögen Zivilpersonen in einem Nuklearkrieg „soweit wie möglich" geschont werden, aber in der Praxis, so glauben sie, werden nur sehr wenige geschont werden können. Die zivilen Opfer und der Umweltschaden werden zwangsläufig in keinem Verhältnis zu dem Wert der von Nuklearwaffen zerstörten militärischen Ziele stehen.

1994 haben mehrere nichtstaatliche Organisationen, die die Anwendung von Nuklearwaffen ablehnen, eine Mehrheit der Generalversammlung der Vereinten Nationen überzeugt, den Internationalen Gerichtshof in Den Haag um ein Gutachten über die Rechtmäßigkeit von Nuklearwaffen und deren Verwendung zu ersuchen. Gemäß der Charta der UN kann die Generalversammlung das Gericht zu jeder rechtlichen Frage um ein derartiges Gutachten ersuchen. (Die Vereinigten Staaten sprachen sich gegen die Annahme der Resolution aus, aber sie wurden überstimmt.) Das Gutachten des Gerichts, das am 8. Juli 1996 abgegeben wurde, illustriert, wie tief die Spaltung der internationalen Rechtsgemeinschaft in dieser Frage reicht. Die vierzehn Richter des Gerichtes waren in der Frage, ob Nuklearwaffen je rechtmäßig in Übereinstimmung mit dem Kriegsrecht verwendet werden könnten, in genauso viele Befürworter wie Gegner gespalten. In dieser Situation darf der Vorsitzende des Gerichtes eine zweite Stimme abgeben, um die Stimmengleichheit aufzulösen. Durch dieses Verfahren gab der Gerichtshof der Generalversammlung die folgende unklare Antwort:

> "Es folgt aus den obengenannten Erfordernissen, daß die Drohung mit oder der Einsatz von Atomwaffen im allgemeinen dem im bewaffneten Konflikt anwendbaren Regeln widerspricht, und insbesondere den Regeln des humanitären Völkerrechts.
>
> Mit Blick auf den aktuellen Stand des Völkerrechts sowie die tatsächlichen Elemente, über die der Gerichtshof verfügt, kann er jedoch nicht zu der endgültigen Schlußfolgerung gelangen, daß die Drohung mit oder der Einsatz von Atomwaffen in einem extremen Fall der Selbstverteidigung, in dem es um das Überleben des Staates selbst geht, rechtmäßig oder rechtswidrig ist."

(Siehe **Unterschiedsloser Angriff; Militärische Notwendigkeit; Verhältnismäßigkeit**)

318 Opfer, Rechte der
Lindsey Hilsum

SCHLÜSSELBEGRIFF

Opfer, Rechte der

Lindsey Hilsum

Monica Uwimana, die sich in ihrem Haus in Kigali versteckt hielt und hörte, wie ihre Nachbarn schrien, während sie umgebracht wurden, wußte nicht, wen sie um Hilfe bitten konnte. Banden von Jugendlichen zogen mit Macheten und nagelgespickten Knüppeln von Haus zu Haus, um Tutsis wie sie zu töten. Sie rief UN-Mitarbeiter an. Diese sagten, sie könnten nicht helfen. Sie rief einen ausländischen Reporter an und bat ihn um Rat. Der Journalist wußte keinen.

Viele Ruander glauben, die Mitglieder der UN-Friedenstruppen wären verpflichtet gewesen, ihnen zu helfen. Aber der UN-Sicherheitsrat zog auf dem Höhepunkt des Völkermordes in Ruanda im April 1994 die meisten seiner Truppen ab und entsandte erst wieder neue Truppen, als es bereits zu spät war.

Theoretisch können sich Zivilpersonen an ein neutrales Land wenden und versuchen, sich zu einer ausländischen Botschaft durchzuschlagen. Aber selbst wenn Monica Uwimana an den Straßensperren vorbeigekomen wäre, wäre sie möglicherweise abgewiesen worden, denn die meisten Botschaften akzeptieren und beschützen nur Opfer, die eine besondere Verbindung zu ihrem Land nachweisen können.

Ruanda ist das extreme Beispiel einer humanitären Krise, in der die internationale Gemeinschaft und ihre Vertreter praktisch von der Bildfläche verschwanden, als sie am nötigsten gebraucht wurden. Und es ist ein anschauliches Beispiel für die aussichtslose Lage von Opfern bewaffneter Konflikte, Verbrechen gegen die Menschlichkeit oder, wie in diesem Fall, eines Völkermordes. Staaten sind verpflichtet, eine Entschädigung für Verstöße gegen internationale Übereinkommen zu zahlen, und sind für das Fehlverhalten ihrer Truppen verantwortlich. Das Haager Abkommen von 1907 besagt: „Die Kriegspartei, welche die Bestimmungen der bezeichneten Ordnung verletzen sollte, ist gegebenen Falles zum Schadensersatze verpflichtet. Sie ist für alle Handlungen verantwortlich, die von den zu ihrer bewaffneten Macht gehörenden Personen begangen werden." Gerichtliche Institutionen verhandeln Fälle aus den Kriegen über die Nachfolge Jugoslawiens und zum Völkermord in Ruanda, und während dieser Artikel geschrieben wird, wird ein neuer internationaler Strafgerichtshof errichtet. Schließlich und endlich werden in diesen Fällen die Schuldigen zur Verantwortung gezogen werden. Doch in der Zeit der größten Gewalt gibt es praktisch keinen Schutz.

Das **Internationale Komitee vom Roten Kreuz (IKRK)** ist eine der ersten Stellen, an die sich die Opfer wenden. Sein Mandat basiert auf den Genfer Konventionen: die Schwächsten zu schützen, ob es sich nun um Kriegsgefangene handelt oder um angegriffene Zivilpersonen, die Vermißten zu ermitteln und mit ihren Familien zusammenzuführen, die Repatriierung von Gefangenen zu überwachen und alle Konfliktparteien an ihre Verpflichtung zur Einhaltung der Konventionen zu erinnern. Während des Völkermordes in Ruanda legten seine ausländischen und einheimischen Mitarbeiter ihr Mandat großzügig aus und boten neuntausend Ruandern auf ihrem Gelände Zuflucht. Aber das IKRK stand auf verlorenem Posten. Seine Vertreter bargen Tausende von verwundeten Zivilpersonen und brachten sie ins Krankenhaus. Das hieß aber nicht, daß diese daraufhin sicher waren, denn bei einer Gelegenheit drangen Soldaten in das Krankenhaus ein, als die Ausländer fort waren, und verübten ein Massaker unter den Patienten. Bei einer anderen Gelegenheit wurden Tutsis aus IKRK-Fahrzeugen gezerrt und getötet. In manchen Teilen von Ruanda waren einheimische Mitarbeiter der Nationalen Gesellschaft des Roten Kreuzes an den Morden beteiligt.

Das UN-Flüchtlingshochkommissariat (UNHCR) versucht seinem Mandat gemäß, denen Schutz zu bieten, die wegen eines Konfliktes aus ihrem Land fliehen. Der massive Anstieg der Zahl **intern Vertriebener** hat dazu geführt, daß das UNHCR in immer mehr Ländern tätig wird, um sie zu versorgen. Und immer mehr nichtstaatliche Organisationen versuchen, den Opfern bewaffneter Konflikte zu helfen. Aber wenige nationale oder internationale nichtstaatliche Organisationen operieren inmitten des Konfliktes selbst, außer wenn eine außenstehende Macht ihre Sicherheit garantiert. Der Konflikt in Bosnien zeigt die Grenzen eines derartigen Schutzes auf, denn es wurden zwar Truppen Außenstehender eingesetzt, um die Konvois mit Lebensmitteln und Medikamenten zu schützen, welche die von den UN deklarierten „Schutzzonen" zu erreichen versuchten, doch diese Truppen taten fast nichts, um Zivilpersonen oder auch die angegriffenen Schutzzonen selbst zu schützen.

In der Zeit nach dem Kalten Krieg werden Hilfsorganisationen ebenso angegriffen wie Zivilpersonen, die sie schützen. Der Leiter der IKRK-Mission in Bosnien wurde im Juni 1992 angegriffen und getötet, woraufhin das IKRK seine gesamte Präsenz vorübergehend aus dem Land abzog. Damals begannen die bosnischen Serben mit ihrem großangelegten Feldzug zur ethnischen Säuberung. In Burundi gerieten drei IKRK-Delegierte 1996 auf einer Hauptstraße in einen Hinterhalt und wurden ermordet. Und in Tschetschenien drangen Bewaffnete 1996 auf IKRK-Gelände vor und brachten sechs Delegierte um. Angriffe auf diejenigen, die versuchen, den Opfern zu helfen, sind der dramatischste Beweis für die totale Mißachtung des Kriegsrechtes, die für die Konflikte unserer Zeit so bezeichnend ist.

Nach dem Völkerrecht sind die Staaten verpflichtet, massive Verstöße zu verhindern und, wenn das nicht geht, zu bestrafen. Aus innenpolitischen Gründen ziehen es Staaten häufig vor, sich aus Konflikten in oder zwischen anderen Staaten herauszuhalten; und die rechtlichen Übereinkünfte, die eine Intervention rechtfertigen würden, verfügen über bestenfalls schwache Durchsetzungs-Mechanismen. Die Völkermord-Konvention von 1948, nach der die Unterzeichnerstaaten zur „Verhütung und Bestrafung" eines Völkermords verpflichtet sind, enthält keine Mechanismen zur Feststellung, ob gerade ein Völkermord geschieht. Artikel 90 des Ersten Zusatzprotokolls von 1977 sieht eine **Internationale humanitäre Ermittlungskommission** vor, um Beschuldigungen über Kriegsverbrechen nachzugehen, doch diese benötigt die Zustimmung beider Parteien, um tätig werden zu können, und wurde im Prinzip bisher nicht in Anspruch genommen. Der neueste Versuch ist die UN-Kampagne zur Errichtung eines Internationalen Strafgerichtshofes, dessen Ankläger ermächtigt sein soll, Untersuchungen wegen Kriegsverbrechen und Verbrechen gegen die Menschlichkeit einzuleiten, noch während diese stattfinden.

Was eine Entschädigung betrifft, so sind die Opfer nach dem Völkerrecht und nach dem innerstaatlichen Recht klageberechtigt, aber nach einem Völkermord wie in Ruanda ist kaum jemand übrig, der reich genug ist, um den Schadensersatz zu zahlen. Den Opfern des Nazi-Holocausts haben nachfolgende deutsche Regierungen Entschädigungen gezahlt. Aber die „Comfort Women", die im Zweiten Weltkrieg von den japanischen Truppen als Sexsklavinnen benutzt wurden, warten fünfzig Jahre später immer noch auf ihre Entschädigung, obwohl die Regierung 1993 zugegeben hat, daß das japanische Militär für das Verbrechen verantwortlich war. Am 27. April 1998 ordnete das Gericht des Distriktes Tokio an, drei koreanischen Frauen eine Entschädigung zu zahlen, aber dagegen hat die Regierung Rechtsmittel eingelegt. Die UN-Kommission für Menschenrechte setzt sich für eine Reihe von Grundsätzen ein, die Opfern von Menschenrechtsverstößen helfen sollen. Die Grundsätze umfassen das Recht einer Familie, das Schicksal Vermißter zu erfahren, das Recht auf Entschädigungen, das Recht auf eine Strafgerichtsbarkeit und den Grundsatz, daß Regierungen Schritte unternehmen müssen, um ein erneutes Vorkommen dieser Ereignisse zu verhindern. Diese Grundsätze sind jedoch nur Empfehlungen.

Durch Glück, Zufall und Gottes Gnade hat Monica Uwimana überlebt. Ihre fünf Kinder, die bei den Großeltern auf dem Lande waren, wurden ermordet. Sie hat wenig Vertrauen in das Völkerrecht.

(Siehe **Geschützte Personen; Rotes Kreuz/Roter Halbmond als Zeichen; Flüchtlinge, Rechte der; Verschickung von Zivilpersonen**)

322 **Paramilitärs**
Christiane Amanpour

326 **Pardon, Kein Gewähren von**
Christiane Amanpour

329 **Parlamentäre**
Ewen Allison

330 **Plünderung**
Thomas Goltz

P

VERBRECHEN

Paramilitärs

Christiane Amanpour

Im April 1992 kam Zeljko Raznatovic (alias „Arkan") mit seinen uniformierten Milizen in die ostbosnische Stadt Bijeljina und begann eine Kampagne, die man später als „ethnische Säuberung" bezeichnete.

Die Stadt war praktisch ohne Verteidigung, und Arkans Leute richteten Straßensperren ein, verhafteten Zivilpersonen und gingen von Haus zu Haus, um weitere Personen gefangenzunehmen. Ein Zeuge sah, wie drei Leuten an einem Kontrollpunkt die Kehle durchgeschnitten wurde. Ein anderer sah, wie eine Frau erschossen wurde, als sie Burek, eine Käse-

pastete, aß. Als Arkan schließlich fertig war, waren zwanzigtausend Moslems entweder geflohen, in Lager gebracht oder abgeschlachtet worden.

Arkan leitete eine paramilitärische Gruppe namens Serbische Freiwilligengarde, die später unter der Bezeichnung „Arkans Tiger" bekannt wurde. Eine paramilitärische Truppe ist eine rechtmäßige bewaffnete Formation, die nicht in eine reguläre Streitmacht eingegliedert ist. Der Begriff *Paramilitär*, bei dem es sich nicht um einen Rechtsbegriff handelt, umfaßt Milizen, Freiwilligenkorps und sogar Polizeieinheiten, die an bewaffneten Konflikten teilnehmen. Sie sind nach dem Völkerrecht rechtmäßige **Kombattanten**. Das bedeutet, daß sie unter einem verantwortlichen Befehl stehen, deutliche Unterscheidungsmerkmale tragen, Waffen offen tragen und die Gesetze und Gebräuche des Krieges befolgen müssen.

Wie anderen rechtmäßigen Kombattanten auch steht Paramilitärs, die in einem zwischenstaatlichen Konflikt kämpfen und gefangengenommen

Einer von Arkans „Tigern" tritt einer von zwei gerade erschossenen Frauen gegen den Kopf. Die Frauen wurden erschossen, als sie dem ebenfalls von den Paramilitärs ermordeten Mann zu Hilfe eilen wollten.

werden, der Schutz der Genfer Konventionen zu, der für alle Kriegsgefangenen gilt. Sie müssen anständig behandelt werden, wie alle anderen, die wegen des Konfliktes festgehalten werden, d. h. sie müssen vor den Gefahren des Krieges geschützt werden, die nötige Nahrung und ärztliche Versorgung erhalten, und über das Internationale Komitee vom Roten Kreuz (IKRK) muß ihnen der Kontakt zur Außenwelt gestattet sein. Wie alle anderen Streitkräfte dürfen sie nicht allein deshalb vor Gericht gestellt werden, weil sie als Kombattanten an den Feindseligkeiten teilgenommen haben, aber sie können als Kriegsgefangene interniert werden, bis der Konflikt beendet ist. Doch wie andere auch können Paramilitärs wegen Kriegsverbrechen, die sie begangen haben, vor Gericht gestellt werden.

Ungeachtet der oft legitimen militärischen Funktionen von Paramilitärs setzen Regierungen sie routinemäßig ein, um gegebenenfalls ihre eigene Verantwortlichkeit plausibel verneinen und die Frage der Befehlsgewalt und der Kontrolle verschleiern zu können. Allzu häufig schieben Regierungen Paramilitärs vor, wenn sie vorhaben, gegen das Völkerrecht zu verstoßen. Außerdem schützen Paramilitärs politische Führer vor der direkten Verantwortlichkeit für Kriegsverbrechen. Aber manchmal werden ihre Aktivitäten gemäß dem öffentlichen Recht kontrolliert, und häufig unterstehen sie der regulären Armee.

Im ehemaligen Jugoslawien waren paramilitärische Kräfte das primäre Mittel krimineller Gewalt; sie ermordeten unbewaffnete Männer, Frauen und Kinder, sie vergewaltigten, plünderten und setzten eine Terrorkampagne mit dem Ziel in Gang, alle Nicht-Serben aus Gebieten zu vertreiben, die traditionell ethnisch gemischt waren. Wegen ihrer Rolle bei mutmaßlichen Kriegsverbrechen, Verbrechen gegen die Menschlichkeit und Völkermord unterstehen sie als offiziell anerkannte bewaffnete Formationen unbestreitbar dem Völkerrecht.

Als sich das ehemalige Jugoslawien aufzulösen begann, wurde die Rolle paramilitärischer Truppen durch eine Reihe von Erlassen etabliert. Im August 1991 erließ Serbien einen Erlaß zur Regelung der Anwerbung von Freiwilligen zur Gebietsverteidigung, d. h. zur Aufstellung paramilitärischer Formationen, durch die Freiwillige an Manövern und Ausbildungen teilnehmen und auf diese Weise Waffen erwerben konnten. Im Dezember 1991 etablierte die Regierung Rest-Jugoslawiens „Freiwilligen"-Kräfte als Anhängsel der Bundesarmee. Arkan, ein Fußballmanager und Cafébesitzer, war ein enger politischer Freund des serbischen starken Mannes Slobodan Milosevic. Schon im vorangegangenen Herbst hatte Arkan mit Hilfe einer Rekrutierungskampagne in den staatseigenen Medien angefangen, arbeitslose Fußball-Rowdies und Kriminelle um sich zu scharen und in Armee-Einrichtungen auszubilden.

Arkan operierte also nicht als freier Agent; bei mehr als einer Gelegenheit übernahm er sogar das Kommando. UN Ermittler stellten fest, daß Arkans Truppen in elf Gemeinden in Bosnien mit der Bundesarmee zusammenarbeiteten, und in drei dieser Gemeinden, darunter Bijeljina, war Arkan angeblich der Leiter der gemeinsamen Operation zur Einnahme von Städten und zur Vertreibung der einheimischen Bevölkerung. In Zvornik stellte Arkan Anfang April 1992 ein Ultimatum für die Kapitulation und rief dann die Armee, um den Beschuß zu beginnen. Seine geschulte Armee von Killern und Kommandotrupps fuhr mit Armeefahrzeugen in die Stadt ein. Angetan mit schwarzen Wollmützen und schwarzen, fingerlosen Handschuhen durchkämmten sie die Stadt anhand vorbereiteter Listen und ermordeten führende Moslems.

Drei Jahre später bezeichnete Milosevic die Freiwilligen als „Banditen und Mörder". In einem Interview sagte er, es seien „nur ein paar Tausend" Paramilitärs, und sie seien „in diesem Krieg eine reine Randerscheinung" gewesen. Nach Aussage der UN-Expertenkommission nahmen mehr als zwanzigtausend Paramilitärs an dem Krieg teil und spielten bei der verheerenden Zerstörung eine zentrale Rolle.[1]

(Siehe **Bürgerwehren; Guerilla; Irreguläre Streitkräfte**)

---

[1] Anmerkung des Lektorats: Am 15. Januar 2000 wurde Arkan in Belgrad unter mysteriösen Umständen ermordet, dadurch kommt es nun nicht mehr zu einem Prozeß gegen ihn vor dem UN-Kriegsverbrechertribunal.

VERBRECHEN

Pardon, Kein Gewähren von

John Burns

Der alte Name Sri Lankas, Serendip, ist schon vor langer Zeit mit dem Wort „serendipity" in die englische Sprache eingegangen; es bedeutet in etwa „die Gabe, durch Zufall angenehme Entdeckungen zu machen". Die Insel vor der südöstlichen Küste Indiens erhielt ihren Namen von europäischen Seeleuten, die auf dieser üppigen, milden Insel eine Zuflucht vor der furchterregenden, ungeheuren Weite des Indischen Ozeans fanden.

Es war eine grausame Ironie der 80er und 90er Jahre, daß Sri Lanka mit seinen weißen Stränden und duftenden Hochländern zu einem Synonym für einen der gewalttätigsten und gnadenlosesten Konflikte der Welt geworden ist. In zwei verschiedenen Bürgerkriegen, von denen der eine immer noch fortdauert und der andere Anfang der 90er durch die unversöhnliche Härte der Regierungstruppen beendet wurde, sind mindestens 100000 Srilanker zu Tode gekommen. Bei einer Bevölkerungszahl von insgesamt 18 Millionen wurden diese Verluste mit denen verglichen, die Frankreich und England in den ersten beiden Weltkriegen des Jahrhunderts erlitten haben. Noch erschreckender aber ist die Tatsache, daß viele Tausende Tote nicht im Kampf auf dem Schlachtfeld starben, sondern als Folge einer von beiden Seiten verfolgten Praxis, nach der keine Gefangenen gemacht wurden.

In einem der Kriege bekämpfen die srilankischen Streitkräfte, die die singhalesische buddhistische Mehrheit der Insel vertreten, die Liberation Tigers of Tamil Eelam (Befreiungstiger von Tamil Eelam), die für einen eigenen Staat im Norden und Osten der Insel für die vorwiegend hinduistische tamilische Volksgruppe kämpfen. Der zweite Konflikt, innerhalb der singhalesischen Volksgruppe, bestand zwischen der Regierung und der ultralinken Janatha Vimukthi Peramuna (JVP), die 1988 und 1989 große Teile des zentralen und südlichen Teils von Sri Lanka lahmlegte. In beiden Konflikten wurden nur ganz selten Gefangene gemacht, die noch am Leben sind und davon berichten können.

Der Krieg zwischen der Regierung und den tamilischen Tigern, dessen Wurzeln bis zu einem brutalen Ausbruch anti-tamilischer Unruhen im Jahre 1983 zurückreichen, führte in den frühen Morgenstunden des 19. Juli 1996 in einer abgelegenen Gegend im Nordosten der Insel zu einer katastrophalen Eruption der Gewalt im blutigsten Kampf des gesamten Konfliktes. Nachdem die tamilischen Tiger sechs Monate zuvor ihren Stützpunkt auf der Jaffna-Halbinsel im äußersten Norden der Insel verloren hatten, wollten sie um jeden Preis die Initiative zurückerlangen und griffen den strategisch wichtigen Regierungsstützpunkt Mullaitivu an, einen an der Küste gelegenen Außenposten im Südosten der Halbinsel.

Der Stützpunkt wurde von der See- und der Landseite von immer neuen Wellen von Tiger-Kämpfern angegriffen, darunter vielen Jungen und Mädchen, die kaum das Teenageralter erreicht hatten und in Selbstmordtrupps, die sogenannten Black Tigers, gepreßt worden waren. Bis zum Morgengrauen waren mindestens sechshundert Tiger-Kämpfer tot, ebenso wie eintausenddreihundert Regierungssoldaten. Keine andere Schlacht in der ganzen Geschichte des Konfliktes hatte dermaßen viele Opfer gekostet. Als sich die Tiger schließlich zurückzogen, fand eine Hilfskolonne von Regierungstruppen nicht einen einzigen Regierungssoldaten vor, der noch am Leben war.

Die Wunden vieler Toter, die zum Teil noch weiße Fahnen als Zeichen der Kapitulation bei sich hatten, zeigten, daß sie erschossen oder auf kurze Distanz von Granaten zerrissen worden waren; andere waren offenbar zu Hunderten zusammengetrieben, mit Benzin übergossen und verbrannt worden. Bei den Ereignissen in Mullaitivu handelte es sich allem Anschein nach weniger um eine Schlacht als vielmehr, zumindest in den letzten Stadien, um ein Massaker.

Beerdigung eines Mannes, der im willkürlichen Maschinengewehrfeuer der Armee starb. Sri Lanka, 1986.

Ein besonderes Merkmal des Kampfes auf Sri Lanka und ein Anlaß akuter Sorge für internationale humanitäre Organisationen wie Amnesty International und das Internationale Komitee vom Roten Kreuz (IKRK) waren die seltenen Gelegenheiten, bei denen die gegnerischen Streitmächte Gefangene machten – oder zugaben, Gefangene gemacht zu haben. Kämpfer beider Seiten, die offen mit Menschenrechtsermittlern und Reportern zu sprechen wagten, gaben zu, daß es die Regel gewesen sei – manchmal auf ausdrücklichen Befehl, meist aber stillschweigend vorausgesetzt –, daß feindliche Kombattanten nicht am Leben gelassen wurden.

Wenn Gefangene gemacht wurden, dann oft nicht aus humanitären Erwägungen, sondern zu Propagandazwecken, zum Beispiel, wenn Regierungstruppen Kämpfer der Tiger aufgriffen, die erst elf oder zwölf Jahre alt waren, und sie nach Colombo in Untersuchungsgefängnisse für Jugendliche brachten, wo ausländische Fernsehteams sie filmen durften als Beweis, daß die Tiger Kinder im Kampf einsetzten. Manchmal machten auch die Tiger Gefangene und tauschten sie aus, damit der Druck durch die Regierungstruppen nachließ, wie beispielsweise bei einem sechsmonatigen Waffenstillstand 1994–1995, den sie später außer Kraft setzten.

Aber insgesamt demonstrierten die Kämpfe auf Sri Lanka auf bestürzende Weise das Fortbestehen einer Praxis, die bis zu den frühesten bekannten Kriegen zurückreicht – der Praxis, dem Feind „kein Pardon zu gewähren" (wörtlich „keine Verzeihung gewähren", worunter inzwischen verstanden wird, daß kein Recht auf Überleben gewährt wird).

Auch wenn es schon in der alten Geschichte Beispiele dafür gibt, daß Generäle ihren Truppen die Schonung von in der Schlacht besiegten Soldaten befahlen, und sogar dafür, daß frühe Gesetzgeber bestrebt waren, diejenigen zu bestrafen, die zu brutal mit dem Feind umgegangen waren, reichen die Versuche neuerer Zeit, eine menschliche Behandlung gegnerischer Kämpfer zu gewährleisten, zurück bis zum amerikanischen Bürgerkrieg, als Präsident Lincoln 1863 den sogenannten Lieber-Code verkündete: eine Kodifikation des Rechts der bewaffneten Konflikte, die es Unionstruppen ausdrücklich verbot, kein Pardon zu geben.

Bei einer 1874 in Brüssel abgehaltenen Konferenz europäischer Mächte nach dem Ende des deutsch-französischen Krieges wurde ein wichtiges Schlupfloch des Lieber-Codes, die Notlagenbestimmung, abgeschafft, nach der ein Soldat oder eine kämpfende Einheit die Überlebenden einer Schlacht eliminieren durfte, wenn zu seiner oder ihrer „eigenen Rettung" keine Gefangenen gemacht werden konnten.

1949 wurde die Hinrichtung oder Eliminierung wehrloser Soldaten in allen vier Genfer Konventionen zu einer schweren Verletzung des Rechtes internationaler bewaffneter Konflikte erklärt. 1977 wurde im Ersten Zusatzprotokoll zu den Genfer Konventionen in den Artikeln 40 und 41 eine Definition des Grundsatzes gegeben, die viele Rechtswissenschaftler für die maßgeblichste halten.

Artikel 41 bestimmt unter anderem: „Wer als außer Gefecht befindlich erkannt wird oder unter den gegebenen Umständen als solcher erkannt werden sollte, darf nicht angegriffen werden." Laut dem Artikel ist außer Gefecht befindlich auch, „wer sich in der Gewalt einer gegnerischen Partei befindet, wer unmißverständlich seine Absicht bekundet, sich zu ergeben, oder wer bewußtlos oder anderweitig durch Verwundung oder Krankheit kampfunfähig und daher nicht in der Lage ist, sich zu verteidigen". Bei internen Konflikten verpflichtet der allen vier Genfer Konventionen gemeinsame Artikel 3 die Konfliktparteien, diejenigen Soldaten „mit Menschlichkeit" zu behandeln, die ihre Waffen gestreckt haben oder durch Krankheit, Verwundung, Gefangennahme oder irgendeine andere Ursache **außer Gefecht gesetzt** sind.

In Sri Lanka haben sich trotz zahlreicher gegenteiliger Versicherungen im Laufe der Jahre anscheinend weder die Regierungstruppen noch die tamilischen Tiger darum geschert, daß die Praxis, wehrlose feindliche Soldaten zu eliminieren, ein schweres Kriegsverbrechen darstellt. Während in den letzten Jahren die Regierung von Präsidentin Chandrika Bandaranaike Kumaratunga in einigen Fällen Soldaten und Polizisten wegen rechtswidriger Tötungen strafrechtlich verfolgt hat, zeigen die tamilischen Tiger auch weiterhin kein Erbarmen und töten immer noch viele Zivilpersonen durch Selbstmordattentate und exekutieren Regierungssoldaten nach Belieben. Auf dem Schlachtfeld in Sri Lanka wird anscheinend weiterhin von keiner Seite Pardon gegeben, bis die eine oder andere Seite den Krieg gewinnt.

(Siehe **Geschützte Personen; Soldaten, Rechte der**)

RECHT

Parlamentäre

Ewen Allison

Nachdem General Ratko Mladic, der Befehlshaber der angreifenden bosnisch-serbischen Streitkräfte, die Stadt Zepa tagelang mit Artillerie-, Raketen- und Maschinengewehrbeschuß belegt hatte, akzeptierte er Ende Juli 1995 schließlich die Kapitulation der Stadt. Zuvor hatte Mladic verlangt, die Stadt solle alle Männer im Kampfsalter als Kriegsgefangene ausliefern, und versprochen, alle Frauen, Kinder und Alten zu den Regierungslinien und in Sicherheit zu begleiten. Trotz der Bitten des Bürgermeisters von Zepa, Mehmed Hajric, weigerten sich NATO- und UN-Kräfte zu intervenieren. Schließlich nahm sich Bürgermeister Hajric eine weiße Flagge und ging zu Mladic, um über die Kapitulation von Zepa zu verhandeln. Er und drei Gefährten wurden von den Serben ergriffen und in der benachbarten Stadt Rogatica inhaftiert. Kurz darauf nahmen die bosnischen Kräfte Zepa ein.

Nach fünfzehn Tagen in Gefangenschaft gelang es Hajric zu entkommen. Doch nach den Haager Abkommen zum Landkrieg von 1899 und 1907, die immer noch gelten und als Teil des konventionellen humanitären Völkerrechts betrachtet werden, hatte Hajric Anrecht auf besonderen Schutz. Er hatte den Status eines Parlamentärs und durfte nicht ohne Grund verhaftet und festgehalten werden.

Ein Parlamentär ist eine Person, die von einer Konfliktpartei ermächtigt wurde, mit einer anderen Konfliktpartei zu sprechen, und die unter einer weißen Flagge reist. Auf Hajric traf beides zu – er war ermächtigt, sich selbst zum Unterhändler zu ernennen, und er trug tatsächlich eine weiße Fahne bei sich.

Obwohl die Regeln über Parlamentäre sich in früheren Jahrhunderten entwickelt haben und in den Haager Abkommen kodifiziert wurden, gelten sie auch heute noch. Ein Parlamentär kann von einem Flaggenträger, einem Dolmetscher und einem Trompeter oder Trommler begleitet werden. Der befehlshabende Offizier, zu dem ein Parlamentär geschickt wird, ist nicht verpflichtet, sich mit diesem zu treffen und kann Maßnahmen ergreifen, um zu verhindern, daß der Parlamentär spioniert.

Von Bedeutung für Hajrics Fall ist die Tatsache, daß ein Parlamentär nicht direkt angegriffen werden darf und fast immer das Recht hat, nicht verhaftet, festgehalten oder exekutiert zu werden. Ein Parlamentär verliert diese Rechte, wenn er seine Mission mißbraucht, indem er z. B. spioniert oder einen feindseligen Akt begeht. Selbst wenn ihm ein derartiger Mißbrauch vorgeworfen wird, hat er weiterhin das Recht auf ein regelgerechtes Gerichtsverfahren und eine menschliche Behandlung.

Aber Hajric hatte sich nichts vorzuwerfen. Ihn gefangenzuhalten war rechtswidrig.

VERBRECHEN

Plünderung

Thomas Goltz

Plünderungen fanden in fast jedem Konflikt seit dem Altertum statt. Aber selten wurde dabei eine derart rücksichtslose Effizienz an den Tag gelegt wie 1992 und 1993 im Krieg zwischen abchasischen Separatisten und der neuen Regierung Georgiens. Einer der Gründe, weshalb sich der Konflikt zu einem offenen Krieg entwickelte, waren die gewaltigen Plünderungen, die die Mchedrioni, eine halbstaatliche Miliz unter der Führung des Kriegsherrn Dschaba Ioseliani, und die Nationalgarde unter der Leitung von Tengis Kitowani begingen.

Die „Weißen Ritter" und die Nationalgarde requirierten ganze Flugzeuge, um ihre geraubten Fernseher, Radios, Kühlschränke, Teppiche und Stühle aus der abchasischen Hauptstadt Suchumi wegzubringen. Das zahlten die Abchasen den Georgiern mit Zinsen heim, als es ihnen Ende September 1993 gelang, nicht nur die georgischen „Verteidigungs"-Streitkräfte, sondern außerdem den größten Teil der dort lebenden Bevölkerung aus dem Gebiet zu vertreiben. Alles, was zurückgeblieben war, wurde zur leichten Beute – Autos, Geräte, der Inhalt von Speisekammern, alles.

Obwohl die Praxis der Plünderung in Konflikten schon seit fast einem Jahrhundert verboten ist, können sich nur wenige Länder und Kulturen davon ausnehmen. Die Haager Landkriegsordnung von 1907 besagt: „Es ist untersagt, Städte oder Ansiedlungen, selbst wenn sie im Sturme genommen sind, der Plünderung preiszugeben." Vor der Haager Landkriegsordnung galt eine Plünderung nach einem Sturmangriff weitgehend als gerechtfertigt, um die Angreifer für die Risiken und Verluste, die diese Eroberungsmethode mit sich brachte, zu entschädigen. In der Praxis konnte man häufig nur schwer unterscheiden zwischen einer Plünderung nach einem Sturmangriff und der Beschlagnahme von Nahrungsmitteln bei Bauern, um die Armee zu versorgen. Das Aufkommen neuer Methoden der Nahrungsmittelkonservierung bedeutete, daß die Armeen ihre eigenen Vorräte mitbringen konnten, wodurch sowohl Beschlagnahme als auch Plünderung eingeschränkt werden konnten.

Die Beschlagnahme oder Requirierung (d. h. eine Besatzungsarmee holt sich von einer Bevölkerung das „Notwendigste" zur eigenen Verwendung) ist jedoch rechtmäßig. Die Beschlagnahme muß vom örtlichen Befehlshaber angeordnet worden sein, muß im Verhältnis zu dem stehen, was das Gebiet bereitstellen kann, muß den Bedarf der Bevölkerung berücksichtigen und sollte dergestalt sein, daß diese nicht an Kriegsunternehmungen gegen ihr Vaterland teilnehmen muß.

Beschlagnahmte Waren sind „so viel wie möglich bar zu bezahlen. Anderenfalls sind dafür Empfangsbestätigungen auszustellen." Doch die Güter, die den Streitkräften des Feindes gehören, „unterliegen den Gesetzen und Gebräuchen des Krieges", das heißt, sie können als Beute genommen werden.

Amerikanische Streitkräfte erwischten am Mutla-Höhenzug eine mit Beute vollgepackte Fahrzeugkolonne irakischer Truppen und Zivilisten auf dem Rückzug in Richtung Norden. Kuwait, März 1991.

Die Genfer Konventionen von 1949 reduzieren das Verbot auf drei Wörter: „Plünderungen sind untersagt." Die Beschlagnahme von Essen oder medizinischen Ausrüstungen ist nur für den eigenen Gebrauch der Besatzungsstreitkräfte und -verwaltung gestattet, und auch dann „nur unter Berücksichtigung der Bedürfnisse der Zivilbevölkerung". Die Konventionen fordern außerdem, daß für beschlagnahmte Waren ein angemessenes Entgelt bezahlt wird, und enthalten besondere Beschränkungen für die Beschlagnahme von medizinischen Einrichtungen.

Auch wenn in den Konflikten unserer Zeit das Verbot der Plünderung meist verletzt wird, so war es doch vor der Kodifizierung des Rechts noch schlimmer. Europas große Museen legen Zeugnis davon ab, in welchem Umfang in den Kriegen der letzten Jahrhunderte geplündert wurde. In vielen Kriegen nach dem Ende des Kalten Krieges wurde die Plünderung zu einem Hauptmerkmal des Konflikts. Die irakische Armee plünderte Kuwait, als sie das Land unter dem Druck der Operation Wüstensturm Anfang 1991 verließ, und serbische Paramilitärs stahlen in Kroatien und Bosnien-Herzegowina alles Privateigentum, was nicht niet- und nagelfest war, und hehlten damit in Belgrad und Novi Sad.

Nicht jede Enteignung ist gleich eine Plünderung. Nicht lange nachdem die aserbaidschanische Armee im Sommer 1992 wieder die Kontrolle über Nordkarabach übernommen und die Abspaltung in jenem Teil der armenischen Enklave niedergeschlagen hatte, beobachtete ich Tankwagen der Aseri, wie sie vor den Weinbrandlagern in besetzten Städten vorfuhren, den Inhalt in die Laster umfüllten und wieder wegfuhren. Mir erzählten die Fahrer, der Weinbrand solle zugunsten von Witwen und Waisen verkauft werden, aber in Wirklichkeit wurde er oft zum Auftanken von Militärfahrzeugen verwendet. Nicht weit von dieser Szene zockelten Pferdefuhrwerke, hochbeladen mit Kühlschränken, Küchenherden und diversem Installationsmaterial aus schwelenden Dörfern, langsam über Land auf dem Weg zu anderen Märkten.

Die Geschicke des Krieges wendeten sich, und neun Monate später, nachdem Volksarmenier die Aseri-Provinz Kelbajar eingenommen hatte, traf ein britischer Kollege bei einem Besuch in Stepanakert, der selbstproklamierten Hauptstadt der abtrünnigen Provinz, auf einen großen Markt für „gebrauchte Kühlschränke und Fernseher". Die Armenier bauten in besetzten Aseri-Städten wie Agdam, Fisuli und Sangelan in einem Haus nach dem anderen systematisch Fenster- und Türrahmen aus.

Das Umfüllen des Weinbrands, insbesondere durch die Armenier, bei denen Kraftstoff inzwischen knapp war, war wahrscheinlich keine Plünderung. Sehr wahrscheinlich war er öffentliches Eigentum, und die Aseri konnten für sich in Anspruch nehmen, der Staat zu sein. Ein Staat hat das Recht, einen Notstand oder das Kriegsrecht auszurufen und Güter zu beschlagnahmen, die zur Versorgung der Zivilbevölkerung gebraucht werden. Der beschlagnahmte Weinbrand war, wenn er für die Kriegsbemühung verwendet wurde, z.B. zum Betanken von Panzern, rechtmäßige Kriegsbeute.

Bei den Kühlschränken und Fernsehern, Fenster- und Türrahmen dagegen handelt es sich eindeutig um einen Fall von Plünderung, denn sie wurden aus privaten zivilen Wohnstätten gestohlen und nicht in einem ordnungsgemäßen militärischen Verfahren zu einem ordnungsgemäßen militärischen Zweck beschlagnahmt. Die Daumenregel lautet, daß bei einem zwischenstaatlichen Konflikt alle Güter, die ohne ordentliches Verfahren genommen wurden, Plünderungsgut sind. Will man bei einem innerstaatlichen Konflikt herausfinden, ob eine Armee plündert, muß man zuerst feststellen, ob die Güter Privat- oder Staatseigentum sind. Wenn eine Partei des innerstaatlichen Konfliktes als die Regierung der Region anzusehen ist, dann hat sie Anspruch auf die im Besitz des Staates befindlichen Waren.

R

336 **Rechtliches Gehör** Gideon Levy

340 **Rechtswidrige Gefangenhaltung**
Ed Vulliamy

345 **Rechtswidrige oder verbotene Handlungen** Ewen Allison und Robert K. Goldman

346 **Repressalien** Frits Kalshoven

348 **Rotes Kreuz / Roter Halbmond als Zeichen**
Christian Jennings

351 **Ruanda – der Völkermord** Mark Huband

356 **Ruanda – Flüchtlinge und Beteiligte am Völkermord**
Lindsey Hilsum

VERBRECHEN

Rechtliches Gehör

Gideon Levy

Tarek Burkan ist ein gutgekleideter, hellhaariger Palästinenserjunge aus Hebron, dem gerade sein erster Schnurrbart sprießt. Als ich bei ihm war, war er meist ruhig und machte einen gelassenen Eindruck. Nur wenn ich ihn nach den Umständen seiner Festnahme fragte, reagierte er offen und aggressiv: „Fragen sie den Shabak (hebräisches Akronym für „Allgemeiner Sicherheitsdienst"). Nächstes Mal werfe ich Steine, dann weiß ich wenigstens, weshalb ich festgehalten werde." An seiner Wut ist nichts offensichtlich Psychotisches, genausowenig wie bei den anderen Verwaltungshäftlingen, die in Israel über Monate und Jahre ohne ein Urteil oder eine Erklärung festgehalten werden.

Sie alle sind Bewohner der 1967 von Israel eroberten Gebiete. Während der Intifada hielt Israel Tausende fest; beim Schreiben dieses Artikels sind es über einhundert. Die Anzahl variiert, aber die Anzahl ist nicht entscheidend.

Es ist eine Frage des Prinzips, und sie berührt zwei grundlegende Punkte: Israels Position in der Gemeinschaft der Nationen und Israels interne Position als Land mit einer öffentlichen Ordnung. Aber für den jungen Tarek spielt das alles keine Rolle. Ich glaube kaum, daß er jemals von den Genfer Konventionen oder anderen humanitären oder völkerrechtlichen Bestimmungen gehört hat. Er ist ein psychisch kranker Junge, den ich in seiner Zelle im Megiddo-Gefängnis innerhalb der Grünen Linie in Nordisrael kennengelernt habe. Das ist ein Militärgefängnis und eher ein Lager als ein Gefängnis, doch seine Zäune werden gut bewacht. Bis vor kurzem hatte Israel dort die meisten der in Verwaltungshaft festgehaltenen Palästinenser untergebracht. Anfang 1998 wurden sie nach und nach in Zivilgefängnisse verlegt, ebenfalls innerhalb der Grünen Linie, wo sie mit kriminellen Gefangenen zusammen sind. Die meisten Verwaltungshäftlinge, die ich kenne, zogen die kalten Winter und heißen Sommer in den Zelten des Megiddo-Gefängnisses und die relative Freiheit und Autonomie dort den überfüllten Zivilgefängnissen vor.

Doch noch einmal zu dem Jungen, Tarek: Mehrere Wochen vor unserem Treffen im Gefängnis verschlimmerte sich seine Krankheit, und er begann, für sich selbst und seine Umgebung zu einer Gefahr zu werden. Er ist sechzehn Jahre alt, hat seinen Vater im Alter von einem Jahr verloren und befand sich früher in einem Bethlehemer Krankenhaus für psychisch Kranke. Dr. Fahum Tarek, Experte für Kinder- und Heranwachsenden-Psychiatrie am Mental Health Center in Tirat Hacarmel in Israel, der ihn auf Ersuchen der Gefängnisbehörden untersuchte, schrieb in seinem Gutachten: „Es ist fast sicher, daß er [in der Vergangenheit] an paranoider Schizophrenie gelitten hat ... auch während seiner Inhaftierung bestand Verdacht auf einen psychotischen Zustand mit Wahnvorstellungen." Der Gefängnisdirektor gab zu, daß dieser Junge nicht in das Megiddo-Gefängnis gehörte.

Ein palästinensischer Gefangener in Einzelhaft. Beer Sheba, 1971.

Viele der anderen Verwaltungshäftlinge in Israel gehören ebenfalls nicht in ein Gefängnis. Darunter sind Junge und Alte, Dichter und Arbeiter, Männer und Frauen, Hamas-Mitglieder und Mitglieder der linken Front. Nach keinem Standard, weder einem israelischen noch einem internationalen, hat Israel ihnen ein faires Verfahren gewährt – oder rechtliches Gehör, um den juristischen Fachbegriff zu gebrauchen. Israel ist sowohl der Vierten Genfer Konvention als auch dem Internationalen Pakt über bürgerliche und politische Rechte beigetreten, die verschiedene Anforderungen an die Verhandlungen von feindlichen Zivilpersonen aufführen (siehe Kasten). Diese Anforderungen umfassen: das Recht, über die Anschuldigungen unterrichtet zu werden, das Recht auf eine Verhandlung ohne ungehörige Verzögerung, das Recht, eine Verteidigung vorzubereiten und vorzubringen, das Recht auf Beistand durch einen Verteidiger, das Recht, nicht zu einem Geständnis gezwungen zu werden und so lange als unschuldig zu gelten, bis die Schuld bewiesen ist. Diese Anforderungen sind auch Teil des gemeinsamen Artikels 3 der Genfer Konventionen von 1949, der für innerstaatliche bewaffnete Konflikte gilt und „Verurteilungen und Hinrichtungen ohne vorhergehendes Urteil eines ordentlich bestellten Gerichts, das die von den zivilisierten Völkern als unerläßlich anerkannten Rechtsgarantien bietet", untersagt.

Weder die Häftlinge noch ihre Anwälte haben eine Ahnung, wie die Anschuldigungen gegen sie lauten – alles ist geheim und vertraulich. Es sagen keine Zeugen gegen sie aus, die Beweise werden allein dem Richter durch einen Shabak-Vertreter vorgelegt. Sie haben keine Ahnung, wann sie entlassen werden: Alle sechs Monate können sie mit der Mitteilung rechnen, daß ihre Inhaftierung ohne Angabe von Gründen verlängert wurde. Ihre Inhaftierung erfolgt auf der Grundlage einer Verwaltungsanordnung, unterzeichnet von einem Militärbefehlshaber, aber die eigentliche Zuständigkeit liegt beim Shabak, dem allmächtigen israelischen Sicherheitsdienst. All dies geschieht ohne Gerichtsurteil, formelle Anklageschrift oder Verfahren. Inhaftierte können Revision einlegen, aber selbst das Revisionsverfahren entspricht nicht den Minimalstandards des rechtlichen Gehörs. Über ein Jahr lang boykottierten die meisten das Revisionsverfahren wegen der Art, wie es organisiert ist, und erst vor kurzer Zeit wurde beschlossen, es noch einmal damit zu versuchen. Einige wurden vor kurzem entlassen, aber noch läßt sich nicht sagen, ob dies der Beginn einer willkommenen Veränderung ist oder nur Zufall. Inzwischen gibt es immer noch Inhaftierte, deren Inhaftierung bereits neun- bis zehnmal verlängert wurde, und die meisten sind schon seit über zwei Jahren in Haft. Einige haben ihre gerichtlich festgesetzen Haftstrafen verbüßt, nur um am Tag ihrer Entlassung festzustellen, daß sie in Verwaltungshaft genommen wurden. Seit der Unterzeichnung der Oslo-Abkommen scheinen einige wegen ihrer Opposition gegen die Abkommen inhaftiert zu sein, oder in anderen Worten, wegen ihrer Oppositionstätigkeit. Es handelt sich folglich um politische Häftlinge, selbst wenn Israel die Definition nicht anerkennt.

In einem Bericht von B'tselem – dem israelischen Informationszentrum für Menschenrechte in den besetzten Gebieten – heißt es, „trotz der Erklärungen offizieller Sprecher und Richter, nach denen Israel sich an die Grundsätze des Völkerrechts hält, begeht Israel de facto sehr schwere Verstöße gegen jeden einzelnen davon." Verwaltungsinhaftierungen auf der Westbank werden nach Anordnung Nr. 1229 von 1988 vorgenommen. Diese ermächtigt Militärbefehlshaber, eine Person maximal sechs Monate festzuhalten, wenn es „eine vernünftige Grundlage für die Annahme gibt, daß Gründe der regionalen Sicherheit oder der öffentlichen Sicherheit es erfordern, daß eine bestimmte Person in Gewahrsam gehalten wird." Die Anordnung gibt keine maximale Gesamtdauer an, und daher kann die Inhaftierung wiederholt und unbegrenzt verlängert werden. Selbst die Bedeutung der magischen Worte „regionale Sicherheit" und „öffentliche Sicherheit" liegt allein im Ermessen des regionalen militärischen Befehlshabers.

Die Situation widerspricht den natürlichen Grundsätzen der Gerechtigkeit und verschiedenen internationalen Konventionen, denen Israel beigetreten ist. Israel hat den Internationalen Pakt über bürgerliche und politische Rechte 1991 ratifiziert. Deren Artikel 9 besagt: „Niemand darf willkürlich festgenommen oder in Haft gehalten werden." Obwohl Israel geltend macht, es habe sich zum Zeitpunkt der Ratifizierung und seither in „einem Zustand allgemeinen Notstandes gemäß Artikel 4 des Paktes" befunden, handelt es sich bei diesem Artikel 4 nicht um eine Klausel ohne Einschränkung. Selbst in Notsituationen muß der Staat grundlegende Menschenrechte so weit wie möglich schützen, und jede gegen diese gerichtete Maßnahme muß den Test der Erfordernis und Verhältnismäßigkeit bestehen. Tatsächlich hat der Europäische Gerichtshof für Menschenrechte die Notwendigkeit einer richterlichen Überprüfung von Inhaftierungen in Notsituationen betont. Eine Verwaltungshaft, die im Widerspruch gegen die Völkerrechtsregeln erfolgt, das heißt, über längere Zeit oder als Alternative zu einem Strafprozeß, verstößt zudem gegen Artikel 14 des Paktes über bürgerliche und politische Rechte, der Mindeststandards für ein Verfahren aufstellt.

Die Verwaltungshaft in den Gebieten unterliegt zudem den Richtlinien des humanitären Völkerrechts, hauptsächlich der Vierten Genfer Konvention von 1949. Israel behauptet, seine Anwendung der Verwaltungshaft sei rechtmäßig laut Artikel 78 der Genfer Konvention, der Inhaftierungen aus Sicherheitsgründen erlaubt. Doch in diesem Kontext erwähnt der B'tselem-Bericht den Kommentar des Internationalen Komitees vom Roten Kreuz (IKRK) zu den Genfer Konventionen, in dem es heißt, daß dieser Artikel sich nur auf lebenswichtige Sicherheitserfordernisse bezieht. Der Kommentar stellt fest, daß gemäß Artikel 49 die Verlegung von Internierten an Internierungsorte außerhalb der besetzten Gebiete (wie es Israel tut) verboten ist. Es ist zweifelhaft, ob Artikel 78 auch nur auf die Gebiete anzuwenden ist. Artikel 6 der Vierten Genfer Konvention besagt, daß die Anwendung dieses Abschnitts „ein Jahr nach der allgemeinen Einstellung der Kampfhandlungen" endet.

Von alldem hat der junge Tarek noch nie etwas gehört. Er sitzt in seiner Zelle und ist wütend über seine Inhaftierung und hauptsächlich darüber, daß er nicht weiß, welche Anschuldigungen überhaupt gegen ihn erhoben werden. Viele Kameraden mit dem gleichen Schicksal, die geistig gesünder sind als er, sind nicht weniger zornig. Doch eigentlich sollte der Zorn und die Frustration im Staat Israel verspürt werden: Bei der endgültigen historischen Abrechnung wird das Endresultat der Verwaltungshaft darin bestehen, daß die Wärter davon mehr betroffen sind als die Inhaftierten. Tarek Burkan wurde nach sechs Monaten Haft ohne Verfahren freigelassen. Auch seine Freunde werden eines Tages freikommen.

VERBRECHEN

Rechtswidrige Gefangenhaltung

Ed Vulliamy

Die Gefangenen blinzelten ins Sonnenlicht, als sie aus einem großen, dunklen Hangar heraustraten und sich auf dem Hof in einer schnurgeraden Reihe zum Essen fassen ausrichten mußten, unter den wachsamen Blicken eines bulligen Maschinengewehrschützen, der hoch oben auf seinem Wachturm thronte.

In der erlaubten Minute schlangen die Männer ihre wäßrige Bohnensuppe herunter. Ihre Haut überzog ihre Knochen wie Pergament. Sie umklammerten ihre Löffel mit zitternden dünnen Fingern. Ihre riesigen, in tiefen Höhlen liegenden Augen waren auf uns fixiert. „Ich will keine Lügen erzählen", sagte eine der ausgezehrten Gestalten, „aber die Wahrheit kann ich nicht erzählen."

Das war Mittagessenszeit in Omarska, dem von Serben betriebenen Lager für moslemische und kroatische Gefangene. Ein Team von ITN Television und ich beobachteten die Szene am 5. August 1992, bevor man uns schmählich hinauswarf.

Die Wahrheit – die erst nach und nach herauskam – war, daß es sich bei Omarska um ein Konzentrationslager handelte, ein höllisches **Konzentrationslager** mitten in unserer Zeit, praktisch vor Venedigs Haustür. Es war ein Ort, an dem Mord, Grausamkeit und rituell durchgeführte Erniedrigung als eine Art kranker Zeitvertreib begangen wurde. Die Wachen waren häufig betrunken und sangen, während sie Gefangene folterten, schlugen, verstümmelten und umbrachten, und besonders beliebt waren erzwungene Fellatio, erzwungener Sex mit Tieren und sexuelle Verstümmelung. Die UN-Expertenkommission bezeichnete Omarska als „De-facto-Vernichtungslager".

Ein Gefangener wurde gezwungen, die Hoden eines anderen abzubeißen, dem im Sterben noch eine lebende Taube in den Mund gestopft wurde, um seine Schreie zu ersticken. Ein Augenzeuge, der später vor dem Internationalen Strafgerichtshof der UN für das ehemalige Jugoslawien (ICTY) in Den Haag aussagte, beschrieb das Verhalten der Wachen während dieser Barbarei wie das „einer Menge bei einer Sportveranstaltung".

Am Ende dieser Gewaltorgien, die für gewöhnlich auf dem geteerten Hof oder in zwei Nebengebäuden, dem Weißen Haus oder dem Roten Haus, stattfanden, wurden die Körper der Toten von ihren Freunden oder mit Bulldozern auf Lastwagen geladen. Dieses Gemetzel war von einer makabren Intimität umgeben: die Opfer kannten ihre Folterer; sie waren Nachbarn gewesen. Als wir dorthin kamen, waren die meisten Gefangenen bereits aus Omarska fortgebracht worden, und am Tag nach unserem Besuch wurde es hastig geschlossen. Es war eine besonders dunkle Facette des Krieges in Bosnien und bezeichnend für die Konflikte unserer Zeit.

Omarska ist zudem ein Paradefall einer rechtswidrigen Gefangenhaltung, eines Kriegsverbrechens. Das Vermächtnis Omarskas wurde 1996 in Den Haag bei dem ersten Kriegsverbrecherprozeß seit Nürnberg auf dramatische Weise erneut wachgerufen. Einem Teilzeitwächter des Lagers, Dusko Tadic, wurden **Kriegsverbrechen** und **Verbrechen gegen die Menschlichkeit** vorgeworfen.

Das Kriegsrecht in bezug auf rechtwidrige Inhaftierung variiert, je nachdem, ob ein Konflikt inner- oder zwischenstaatlich ist. Bei zwischenstaatlichen Konflikten sind die Bestimmungen sehr genau, aber für innerstaatliche Konflikte existieren nur Mindeststandards.

In einem zwischenstaatlichen Konflikt stellt eine rechtswidrige Inhaftierung eine schwere Verletzung der Vierten Genfer Konvention von 1949 dar. Das Statut des ICTY bezeichnet eine (rechtswidrige) Freiheitsentziehung, die sich gegen die Zivilbevölkerung richtet, als ein Verbrechen gegen die Menschlichkeit. Der Freiheitsentzug als Form der Verfolgung aus politischen, rassischen oder religiösen Gründen ist ebenfalls ein Verbrechen gegen die Menschlichkeit.

Aufgrund seiner Rolle bei der „Gefangennahme, Abholung, Trennung und erzwungenen Verlegung von Zivilpersonen in Lager" befand das Tribunal Tadic der **Verfolgung** aus politischen, rassischen oder religiösen Gründen, eines Verbrechens gegen die Menschlichkeit, für schuldig. (In einer 2:1-Entscheidung befanden die Richter, die Fakten des Falles bewiesen nicht, daß es sich im Fall Bosnien um einen zwischenstaatlichen Konflikt gehandelt habe, und schlossen daher alle schweren Völkerrechtsverletzungen aus.)

Nicht immer ist es rechtswidrig, Zivilpersonen gefangenzuhalten. Nach Artikel 42 der Vierten Konvention darf die „Macht, in deren Machtbereich sie sich befinden", diejenigen inhaftieren, die eine Bedrohung ihrer Sicherheit darstellen, „nur ..., wenn es die Sicherheit der Macht, in deren Machtbereich sie sich befinden, unbedingt erfordert". Die Beschreibungen dafür lauten „Internierung" oder „Zwangsaufenthalt". Die Internierung einer Zivilperson ist auch rechtmäßig bei bestimmten geringfügigen Vergehen gegen eine Besatzungsmacht oder wenn die Person eine echte Bedrohung darstellt.

Der Kommentar des Internationalen Komitees vom Roten Kreuz (IKRK) zu den Konventionen bezeichnet die Internierung als eine Möglichkeit, „Menschen aus dem Weg zu schaffen und sie leichter beaufsichtigen zu können." Zivilpersonen in einem fremden Land, das sich im Krieg befindet, können interniert werden, „wenn es die Sicherheit der Macht, in deren Machtbereich sie sich befinden, unbedingt erfordert." Zivilpersonen auf besetztem Gebiet können interniert werden, wenn eine Besatzungsmacht es „aus zwingenden Sicherheitsgründen als notwendig [erachtet], Sicherheitsmaßnahmen in bezug auf geschützte Personen zu ergreifen." Es muß eine eindeutige Handlung vorgelegen haben, die eine Bedrohung der Sicherheit des Gewahrsamsstaates darstellt, z. B. Spionage oder Sabotage oder die Mitgliedschaft in „Organisationen, deren Ziel es ist, Störungen zu verursachen" oder die Sicherheit (des Kriegführenden) auf andere Weise zu bedrohen. Nur Angehöriger des feindlichen Staates zu sein, reicht nicht aus. Zivilpersonen können als Verdächtige oder Straftäter festgehalten oder inhaftiert werden, solange ihnen die Rechte in bezug auf ein gerechtes Verfahren gewährt werden.

Es ist rechtmäßig, Zivilpersonen zu ihrer eigenen Sicherheit in einem Notfall wie einem bevorstehenden Kampf vorübergehend in Schutzräume zu verlegen. Selbst dann müssen sie gut versorgt und nach Hause zurückgebracht werden, sobald dies sicher geschehen kann. Feindliche Kombattanten können natürlich als Kriegsgefangene interniert werden.

Weder die Genfer Konventionen noch das Zweite Zusatzprotokoll von 1977, das alle Parteien des Bosnien-Konfliktes einzuhalten vereinbart haben, kodifizieren die Regeln, wann Zivilpersonen in einem innerstaatlichen bewaffneten Konflikt interniert werden dürfen. Wenn die Internierung aber eine Strafe für eine Straftat ist, dann müssen dem Angeklagten laut den Bestimmungen alle Rechte eines ordentlichen Verfahrens gewährt werden.

Bei einer Informationsveranstaltung im Lager Omarska bestand der lokale Polizeichef Simo Drljaca (der später, im Sommer 1997, von britischen Truppen erschossen wurde, als er sich der Verhaftung widersetzte), darauf, daß eine Gefahr für die Sicherheit existiere – um uns davon zu überzeugen, inszenierten die Serben sogar einen miesen kleinen Schau-Schußwechsel. Die Behörden, so sagte er, überprüften Insassen auf der Suche nach moslemischen Aufständischen.

Das erwies sich als groteske Lüge; die überwältigende Mehrheit von Drljacas Gefangenen waren unbewaffnete Zivilisten. Selbst wenn sie be-

Bosnische Gefangene in einem Kuhstall in Manjaca. Bosnien, September 1992.

waffnet oder feindselig gewesen wären, würde das Recht immer noch gewisse Standards erfordern, angefangen bei Artikel 37 der Vierten Genfer Konvention, die besagt: „Geschützte Personen, die sich in Untersuchungshaft befinden oder eine Freiheitsstrafe verbüßen, werden während ihrer Gefangenschaft mit Menschlichkeit behandelt." Diese Bestimmung schließt ein, daß Gefangene vor Angriffen geschützt, ernährt, gekleidet und auch sonst versorgt werden. Ähnliche Anforderungen in bezug auf eine menschliche Behandlung gelten bei innerstaatlichen Konflikten. Laut dem Zweiten Zusatzprotokoll sind die Betreffenden ebenfalls ordentlich zu ernähren, zu kleiden und unterzubringen, und „ihnen werden Gesundheitsfürsorge und Hygiene ... gewährleistet."

Hätte es sich bei den Internierten von Omarska um Kriegsgefangene gehandelt, wäre „ihre Einschließung oder Beschränkung auf einen Raum nur als unerläßliche Maßnahme zum Schutze ihrer Gesundheit" zulässig gewesen – d. h. der stinkende menschliche Hühnerstall, in dem sie festgehalten wurden, war eindeutig rechtswidrig.

Inhaftierte müssen ausreichenden Raum zum Schlafen haben, und ihnen muß die Möglichkeit geboten werden, Gottesdienste ihrer Glaubensbekenntnisse abzuhalten. Die Gewahrsamsmacht muß für eine medizinische Versorgung und eine „zweckentsprechende Krankenabteilung" sorgen – alles Bestimmungen, für die Omarska das direkte Gegenbeispiel war.

Im Gegensatz zu der wäßrigen Bohnensuppe müssen die täglichen Nahrungsrationen in ausreichender „Menge, Güte und Abwechslung" bereitgestellt werden, um einen guten Gesundheitszustand zu gewährleisten. Was die „Ermittlungen" betrifft, die Herr Drljaca angeblich anstellte, heißt es, sie sollen „so schnell durchgeführt [werden], wie die Umstände es gestatten", und eine etwaige Gerichtsverhandlung soll so schnell wie möglich abgehalten werden. Die Männer dort verfaulen zu lassen, unter welchen Lagerbedingungen auch immer, verstieß gegen das Recht.

Internierte in einem zwischenstaatlichen bewaffneten Konflikt dürfen „ihre persönlichen Gebrauchsgegenstände behalten", und „Gegenstände, die vor allem persönlichen oder gefühlsmäßigen Wert besitzen, dürfen ihnen nicht abgenommen werden" – im Gegensatz zu der in großem Maßstab erfolgten Plünderung von Wertgegenständen in den serbischen Lagern. Die willkürliche und systematische oder großangelegte Gefangenhaltung von Zivilpersonen in großer Anzahl ist bei allen Konflikten, inner- oder zwischenstaatlichen, ein Verbrechen gegen die Menschlichkeit.

Wenn die Gefangenen Nichtkombattanten sind, wie es bei der überwiegenden Mehrzahl der Opfer von Omarska der Fall war, dann gilt für sie automatisch der gemeinsame Artikel 3 der vier Genfer Konventionen. Diese Bestimmung, die sich ausdrücklich auf nicht zwischenstaatliche Konflikte bezieht, besagt: „Personen, die nicht unmittelbar an den Feindseligkeiten teilnehmen, ... werden unter allen Umständen mit Menschlichkeit behandelt, ohne jede auf Rasse, Farbe, Religion oder Glauben, Geschlecht, Geburt oder Vermögen oder auf irgendeinem anderen ähnlichen Unterscheidungsmerkmal beruhende Benachteiligung."

Er verbietet „Angriffe auf das Leben ..., namentlich Tötung jeder Art, grausame Behandlung und Folterung" sowie „Verurteilungen und Hinrichtungen ohne vorhergehendes Urteil eines ordentlich bestellten Gerichts".

Das Zweite Zusatzprotokoll von 1977 enthält eine weitere Auflistung grundlegender Garantien und Rechte für nichtmilitärische Internierte in innerstaatlichen Konflikten: Die Verwundeten und Kranken müssen geachtet und ordentlich behandelt werden; Internierte sind genauso wie die örtliche Zivilbevölkerung mit Lebensmitteln und Trinkwasser zu versorgen, und sie müssen ordentlich untergebracht werden.

Nach den Genfer Konventionen ist die Gewahrsamsmacht verpflichtet, bei einem zwischenstaatlichen bewaffneten Konflikt Organisationen wie dem IKRK den Zutritt zu ihren Lagern zu gewähren. Aber in Bosnien wurde solchen Organisationen drei lange, blutige Monate lang der Zutritt verwehrt. Da sie die die Regeln kannten und gemerkt hätten, wie gründlich sie mißachtet wurden, wären sie unbequem für die Täter gewesen.

(Siehe **Besetzung**)

Rechtswidrige oder verbotene Handlungen

Ewen Allison und Robert K. Goldman

Rechtswidrige oder verbotene Handlungen werden entweder nach dem Regelwerk des Völkerrechts kategorisiert, gegen das sie verstoßen, oder nach den Konsequenzen für den Täter. Einige Handlungen beinhalten verbotene Mittel oder Methoden der Kriegführung („Haager Recht", d. h. das Recht, das sich aus den Haager Konventionen von 1899 und 1907 ergibt). Andere Handlungen schaden **geschützten Personen, Kranken und Verwundeten**, Schiffbrüchigen oder **Zivilpersonen** („Genfer Recht", d. h. das Recht, das sich aus den Genfer Konventionen ergibt).

Die schwerwiegendsten rechtswidrigen Handlungen sind schwere Verletzungen der Genfer Konventionen von 1949. Rechtswidrige Handlungen, die keine schweren Verletzungen darstellen, sind schwerwiegende Verstöße und unterliegen anders als Verletzungen nicht **universeller Gerichtsbarkeit**, obwohl sie vor verschiedene Gerichte, einschließlich internationaler Tribunale, gebracht werden können und oft auch werden.

Unter die rechtswidrigen Handlungen fällt: Die Anwendung verbotener Mittel und Methoden der Kriegführung, darunter Gift oder andere **Waffen**, die darauf ausgelegt sind, unnötige Leiden zu verursachen; **Heimtücke** und heimtückische Angriffe, die nicht den Mißbrauch von Schutzzeichen oder Zeichen oder Uniformen neutraler Länder umfassen; das Nichttragen einer Uniform, um sich als rechtmäßiger **Kombattant** auszuweisen, **Plünderung, Terrorismus**, Behinderung **humanitärer Hilfe**, nicht-exzessive, nicht gerechtfertigte Zerstörung von **Eigentum**, Angriff oder Bombardierung **unverteidigter Städte**, Wohnungen oder Gebäude, Einnahme oder vorsätzliche Zerstörung von bestimmten kulturellen Einrichtungen, die zum **Kulturgut** gehören und z. B. der Religion, der Erziehung, der Wohltätigkeit, den Künsten, den Wissenschaften gewidmet sind, von geschichtlichen Denkmälern und Werken der Kunst, **Repressalien** gegen geschützte Personen oder Objekte und jeden Bruch eines **Waffenstillstands**.

Der Internationale Strafgerichtshof für das ehemalige Jugoslawien definierte einen schweren Verstoß als einen, der schwerwiegende Konsequenzen für die Opfer hat und gegen eine Regel verstößt, die bedeutende Werte schützt. Die Ernte eines Dorfes zu verbrennen, ist ein schwerer Verstoß; einen Laib Brot zu stehlen dagegen nicht.

Ungeachtet dessen, ob eine Einzelperson bestraft werden muß, sind Konfliktparteien für alle Verstöße gegen das humanitäre Menschenrecht verantwortlich.

(Siehe **Kriegsverbrechen**)

RECHT

Repressalien

Frits Kalshoven

Wenn eine kriegführende Partei durch ein Verhalten ihres Gegners geschädigt wird, das sie als systematisches Unterlaufen oder als schwere Verletzung der Gesetze des bewaffneten Konflikts betrachtet, hat sie unter anderem die Möglichkeit, dies durch eine Handlung zu vergelten, die gegen dieselben Rechtsregeln verstößt. Während derartige Repressalien vollkommen willkürlich und ohne Beachtung irgendwelcher Beschränkungen erfolgen können, haben sich in der Vergangenheit im Gewohnheitsrecht Regeln herausgebildet, die die Grenzen festlegen, innerhalb derer eine Vergeltungsmaßnahme als rechtmäßige Repressalie betrachtet werden kann. Die Hauptelemente dieses üblichen „Repressalienrechts" sind: Gegenseitigkeit (alle anderen verfügbaren Mittel haben versagt), Benachrichtigung (der andere Staat muß förmlich von der geplanten Aktion unterrichtet werden), Verhältnismäßigkeit (der Schaden und das Leiden, das der anderen Partei zugefügt wird, dürfen nicht über den Schaden und das Leiden hinausgehen, das ihr rechtswidriges Verhalten bewirkt hat), und zeitliche Begrenzung (die Repressalie muß beendet werden, wenn der Gegner aufhört, gegen das Recht zu verstoßen).

Eine Repressalie kann „gleichartig" sein (gegen dieselbe Regel oder eine damit eng verbundene Regel der Gesetze bewaffneter Konflikte verstoßen) oder „nicht gleichartig" sein (gegen eine andersartige Regel verstoßen). In jedem Fall braucht sich die Repressalie nicht gegen diejenigen Personen der gegnerischen Seite zu richten und kann es normalerweise auch nicht, die für das rechtswidrige Verhalten verantwortlich sind, und neigt daher dazu, hauptsächlich Personen zu betreffen, die an diesem Verhalten „unschuldig" sind. Außerdem betrachtet der Gegner häufig eine angebliche Repressalie als eindeutig rechtswidrige Handlung, die wiederum Repressalien rechtfertigt, was eine Spirale zunehmend schwerer Schäden und Leiden verursacht.

Dies hat zu einer Tendenz geführt, Repressalien so weit wie möglich zu verbieten. Infolgedessen verbieten alle vier Genfer Konventionen von 1949 kategorisch Repressalien gegen die Personen und Objekte, die sie schützen sollen. Ebenso verbietet Artikel 20, der den Teil des Ersten Zusatzprotokolls von 1977 über Verwundete, Kranke und Schiffbrüchige abschließt, Repressalien gegen die Personen und Objekte, die von diesem Teil geschützt werden.

Während diese Ächtungen im allgemeinen als völlig gerechtfertigt akzeptiert werden, sind die Bestimmungen in den Artikeln 51 bis 55 des Ersten Zusatzprotokolls, das Repressalien gegen Zivilpersonen und zivile Objekte verbietet, sehr umstritten, und einige Staaten haben ihre Ratifizierung des Abkommens um Vorbehalte ergänzt. Ein Beispiel der letzten Zeit für einen Staat, der Vorbehalte angemeldet hat, ist Großbritannien, das seine Vorbehalte so formuliert hat, daß es gebräuchliche „gleichartige" Repressalien anwenden darf.

Das Zweite Zusatzprotokoll von 1977 sagt nichts über Repressalien. Das sollte jedoch nicht als Recht der Parteien in einem innerstaatlichen bewaffneten Konflikt ausgelegt werden, Repressalien anwenden zu dürfen; man sollte dies eher so betrachten, daß wesentliche Anforderungen an die Menschlichkeit, die für zwischenstaatliche bewaffnete Konflikte akzeptiert sind, analog auch in innerstaatlichen bewaffneten Konflikten gelten.

(Siehe **Geschützte Personen; Töten als Repressalie**)

VERBRECHEN

Rotes Kreuz/Roter Halbmond als Zeichen

Christian Jennings

Für die sieben burundischen Soldaten waren Feuerbefehl und Zielbeschreibung ganz einfach. Der Trupp wartete im Hinterhalt, verborgen in dem hohen Elefantengras am Straßenrand, in der Cibitoke-Provinz im nördlichen Burundi auf zwei weiße Toyota Land Cruiser, die auf der Motorhaube, auf beiden Seiten, auf dem Dach und auf den hinteren Türen deutlich mit dem international anerkannten Zeichen eines roten Kreuzes auf weißem Hintergrund markiert waren.

Zehn Minuten und Dutzende von Kalaschnikow-Salven später lag einer der Land Cruiser von Kugeln zersiebt im Graben, und die drei Delegierten des **Internationalen Komitees vom Roten Kreuz (IKRK)** darin waren tot, einer von ihnen geköpft; das zweite Fahrzeug hatte entkommen können.

Der Angriff auf zwei Fahrzeuge des IKRK auf der Straße zwischen den burundischen Dörfern Rugombo und Mugina am 4. Juni 1996 gehörte zu den krassesten Verletzungen des Rotkreuzsymbols unserer Zeit. Bei den Nachforschungen von Journalisten, die sich an jenem Tag in Cibitoke aufhielten, und des IKRK stellte sich heraus, daß der Überfall speziell den schweizerischen Delegierten gegolten hatte.

Artikel 38 der Ersten Genfer Konvention von 1949 etabliert das rote Kreuz auf einem weißen Hintergrund als Zeichen der Sanitätsdienste der Streitkräfte. Das ständige Sanitätspersonal und alle Militärpfarrer sollen es in Form einer feuchtigkeitsbeständigen Armbinde am linken Arm tragen und sind auch berechtigt, eine Rotkreuzflagge zu zeigen. Es ist zudem das Zeichen der Bewegung des Roten Kreuzes und des Roten Halbmondes, der nationalen Gesellschaften, des IKRK und der Internationalen Föderation der Liga der Rotkreuz- und Rothalbmondgesellschaften. Ihr Personal darf das Zeichen immer verwenden.

Das Rote Kreuz „ist das Zeichen der Konvention und daher ein Schutzzeichen. Es erlaubt den Trägern, auf das Schlachtfeld zu gehen und ihre humanitären Aufgaben zu erfüllen", sagt das IKRK in seinem Kommentar zu den Zusatzprotokollen von 1977. Das Wesen des Symbols als „Schutzzeichen" bedeutet, daß ein Angriff auf Fahrzeuge und Personen, die dieses Zeichen tragen, einen schweren Verstoß gegen die Genfer Konventionen und ein Kriegsverbrechen darstellt.

Der Schutz gilt auch bei innerstaatlichen Konflikten. Das Zweite Zusatzprotokoll von 1977, das für innerstaatliche bewaffnete Konflikte gilt, besagt in Artikel 12, das Schutzzeichen „ist unter allen Umständen zu achten".

Alles wies darauf hin, daß das burundische Militär die zwei IKRK-Fahrzeuge eigens wegen der Art ihrer humanitären Aktivitäten im Land angriff: Zur Zeit des Vorfalls war das IKRK die einzige humanitäre Organisation, die in Cibitoke arbeitete. Sein Personal war daher Zeuge massiver Mißhandlungen der Zivilbevölkerung sowohl durch die Tutsi-Militärs als auch durch die Hutu-Rebellen, einschließlich Massenmorden, Zwangsverschleppungen und Vergewaltigungen. Außerdem, so brachte die Armee vor, „bringen sie den Rebellen Lebensmittel".

Der Vorfall ruft Zweifel hervor, ob das Zeichen des Roten Kreuzes oder des Roten Halbmondes seinem Träger in den komplexen ethnischen und nationalen Konflikten, die in fünfzehn afrikanischen Ländern bestehen, Schutz bieten kann. Bezeichnend für den aktuellen Konflikt ist eine Vielzahl von Gruppen, die von Milizen oder Kriegsherren unterstützt werden, die das humanitäre Völkerrecht nicht achten. Immer wieder kommen Fälle der Mißachtung des Schutzzeichens vor. 1996 wurde auf ein IKRK-Transportflugzeug in Zaire gefeuert, das ein mobiles Krankenhaus nach Uvira brachte. Ein Treffer der Flugabwehr lag genau in der Mitte des Rot-

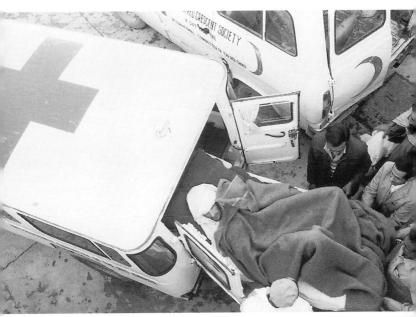

Ein Verwundeter wird ins Krankenhaus in Peschawar gebracht. Pakistan, 1981.

kreuz-Zeichens auf dem Flugzeugrumpf. Während des Völkermordes in Ruanda 1994 kam es vor, daß Tutsis von Hutu-Extremisten aus Krankenwagen des Roten Kreuzes gezerrt und umgebracht wurden.

Ein anderes, aber ebenso schweres Kriegsverbrechen ist der Mißbrauch des Rotkreuzzeichens. Laut den Genfer Konventionen und den Zusatzprotokollen dürfen die Zeichen nur zum Schutz von Sanitätseinheiten und -einrichtungen verwendet werden. Werden sie benutzt, um jemanden in Sicherheit zu wiegen, ihn dann anzugreifen oder gefangenzunehmen, zählt dies als „heimtückischer Gebrauch" und ist eine schwere Verletzung, wenn dies vorsätzlich geschieht und den Tod oder eine ernsthafte Verwundung des Gegners verursacht. Daher stellt es eine schwere Verletzung dar, Waffen in einem mit dem Rotkreuz-Zeichen markierten Fahrzeug zu transportieren. Flüchtlinge, die im Juni 1998 nach Albanien flohen, berichteten, daß serbische Streitkräfte im Kosovo aus Hubschraubern, die das Rotkreuz-Zeichen trugen, auf sie feuerten; auch dies stellt eine schwere Verletzung dar.

Das IKRK sieht sich außerdem mit dem Problem konfrontiert, wie es mit einem weiteren Mißbrauch umgehen soll, der darin bestehen kann, daß nationale Gesellschaften des Roten Kreuzes – insbesondere nicht anerkannte nationale Gesellschaften – bei Kriegsverbrechen eine führende Rolle spielen. Während des Krieges in Bosnien leitete Ljiljana Karadzic, die Frau des wegen Völkermordes angeklagten politischen Führers Radovan Karadzic, das bosnisch-serbische Rote Kreuz. Diese vom IKRK nicht anerkannte Organisation war an der ethnischen Säuberung von Nicht-Serben beteiligt und leitete mindestens ein Konzentrationslager, in Trnoplje bei Prijedor, in dem Morde, Folterungen und Vergewaltigungen stattfanden.

Das Zeichen des Roten Kreuzes hat fast während seines gesamten Bestehens Kontroversen hervorgerufen. Das Zeichen selbst, ein rotes Kreuzes auf weißem Grund, wurde bei der Genfer Konvention von 1864 ins Leben gerufen und entstand, wie es in den Genfer Konventionen von 1949 heißt, „zu Ehren der Schweiz" aus der Umkehrung des Schweizer Wappens, dem weißen Kreuz auf rotem Grund. Die Türkei behauptete, moslemische Soldaten fänden das Kreuz anstößig, und führte 1876 einseitig einen roten Halbmond ein; dieser wurde in der Aktualisierung der Genfer Konvention von 1929 akzeptiert, zusammen mit dem inzwischen nicht mehr verwendeten Zeichen des „Roten Löwen mit roter Sonne" für den Iran. Israel versuchte bei der Konferenz von 1949, bei dem die aktuellen Genfer Konventionen aufgesetzt wurden, den sechszackigen Roten Davidstern durchzusetzen. Die IKRK-Delegierten befürchteten, dies würde zu einer Flut neuer nationaler und religiöser Symbole führen; ihnen lagen bereits Anträge auf die Anerkennung einer roten Flamme, eines Schreins, eines Bogens, einer Palme, eines Rades, eines Dreizacks, einer Zeder und einer Moschee vor. Ein Delegierter schlug ein rotes Herz vor. Alle derartigen Vorschläge wurden abgelehnt, da man fürchtete, daß die Abschaffung eines universell anerkannten Symbols das Leben von Menschen in Gefahr bringen würde. Das IKRK erkennt Gesellschaften, die nicht anerkannte Symbole verwenden, nicht offiziell an, angefangen vom roten Davidstern bis hin zum grünen Kreuz von Cruz Verde, einer abgespaltenen nationalen Gesellschaft, die 1980 in El Salvador gegründet wurde.

Seit dem Mord an seinen drei Delegierten hat sich das IKRK aus Burundi zurückgezogen; nach seinen Worten wartet es auf eine Untersuchung der Angelegenheit durch die Regierung. Das burundische Militär führte eine Untersuchung durch und machte als Schuldige sofort Hutu-Extremisten aus. Die angeblichen Beteiligten an dem Hinterhalts sagen, daß der burundische Offizier, der die offizielle Untersuchung leitete, auch den Hinterhalt befohlen habe.

Bisher wurde niemand für diesen Vorfall bestraft oder vor Gericht gestellt. In dem Bemühen, den Druck von der burundischen Armee zu nehmen, behaupteten britische und amerikanische Diplomaten in Ruanda und Burundi ein Jahr später immer noch, der Hinterhalt sei ein Versehen gewesen und habe in Wirklichkeit dem Korrespondenten der Nachrichtenagentur Reuters gegolten, der an jenem Tag ebenfalls in Cibitoke war. Aber als Nichtkombattant genießt auch der Reporter Schutz und wäre ebenfalls kein rechtmäßiges Ziel gewesen.

(Siehe **Heimtücke und Verrat**)

FALLSTUDIE

Ruanda - der Völkermord

Mark Huband

Der Begriff Völkermord wird häufig und manchmal ziemlich großzügig verwendet. Aber das, was im April und Mai 1994 in Ruanda geschah, war der dritte eindeutige Völkermord des zwanzigsten Jahrhunderts. Nach der Definition der Konvention von 1948 über die Verhütung und Bestrafung des Völkermords besteht Völkermord aus einer Handlung, „die mit dem Vorsatz begangen wird, eine nationale, ethnische, rassische oder religiöse Gruppe als solche ganz oder teilweise zu zerstören". In Ruanda wurden zwischen 500 000 und 1 Million Tutsis und gemäßigte Hutus ermordet, was der Definition einer nationalen Gruppe in der Konvention entspricht.

Von der Planung dieses **Völkermords**, was rechtlich von Bedeutung war, weil daraus der eindeutige Vorsatz seiner Urheber zur Begehung des Verbrechens hervorging, erfuhren die Vereinten Nationen lange, bevor das eigentliche Verbrechen geschah. Auf die Volkszählung im Jahre 1993 durch die ruandische Regierung, bei der alle Ruander ihren Stamm angeben mußten, folgte ein Gemetzel an Tutsis im nördlichen Teil des Landes. Es sollte sich als eine makabre Generalprobe für den Völkermord von 1994 erweisen.

Inzwischen unterzeichnete der ruandische Präsident Juvenal Habyarimana in Arusha, Tansania, ein Friedensabkommen mit der Ruandischen Patriotischen Front (RPF) der Tutsis, um den seit vier Jahren andauernden Bürgerkrieg im Land zu beenden. Ob Präsident Habyarimana wirklich Frieden wollte oder, was wahrscheinlicher ist, dies als eine Verschnaufpause zur Ausarbeitung der Pläne zur Ausrottung der Tutsis sah, wird sich wahrscheinlich nie mit letzter Gewißheit klären lassen. Klar ist aber, daß er die von den Hutu dominierte nationale Verwaltung umstrukturierte und Extremisten in Machtpositionen setzte. Extremisten, deren Hauptziel in einer Verschwörung bestand, um einen endgültigen, vernichtenden Schlag gegen die verhaßte Tutsi-Minderheit zu führen.

Am 6. April 1994 kehrte Präsident Habyarimana nach einer Besprechung über den Friedensprozeß aus Tansania zurück. Als Habyarimanas Flugzeug in der ruandischen Hauptstadt Kigali zur Landung ansetzte, wurde es von extremistischen Mitgliedern der eigenen Partei des Präsidenten abgeschossen. Diese hatten ohnehin nichts dagegen, ihn zu opfern, da er ihrer Ansicht nach der RPF bei den Friedensverhandlungen zu sehr entgegengekommen war, auch wenn dies nur vorübergehend der Fall war.

Habyarimanas Tod diente als Vorwand zur Entfesselung des **Völkermordes.** Ruandas nationaler Radiosender sowie eine Anzahl von Privatsendern gaben Anweisungen an die Todesschwadronen heraus, die sogenannten Interahamwe (was auf Kinyarwanda „die zusammen kämpfen" bedeutet), und drängten die Mörder unablässig, ihr Gemetzel zu intensivieren. Die ruandischen Steitkräfte unterstützten die Interahamwe dort, wo die Mörder auf Widerstand von Tutsi-Zivilisten stießen. Mit Hilfe von vorher bereitgestellten Transportmitteln und Kraftstoff gelangten die Todesschwadronen selbst in die abgelegensten Tutsi-Siedlungen.

Andere **Völkermorde**, das Gemetzel der Türken an den Armeniern, die Ausrottung von Europas Juden und Zigeunern durch die Nazis, fanden zum großen Teil im Verborgenen statt. Ruanda war anders. In Ruanda war eine Friedenstruppe der Vereinten Nationen vor Ort. Ihre Mitglieder waren dabei und beobachteten das Morden mit eigenen Augen. Der Rest der Welt sah auf dem Fernseher zu, wie Ruanda explodierte.

Ich erinnere mich an eine junge Frau, die wortlos allein durch das Entsetzen in ihren Augen um Hilfe flehte, während sie an französischen UN-Truppen vorbei in den Tod geführt wurde. Die Franzosen schützten flüchtende Ausländer, die in einem offenen Transporter aus der ruandischen Hauptstadt evakuiert wurden, und Regierungsmilizen hatten dem Konvoi befohlen, auf einer matschigen, unbefestigten Straße in der Nähe des städtischen Flughafens anzuhalten. Gehorsam warteten die UN-Truppen. Eine Intervention, so sagten sie, sei „nicht unser Mandat". Neben ihnen knieten auf einem umfriedeten Stück Land zwei Männer, schweigend, während die Milizen ihnen mit Keulen die Köpfe einschlugen und dann die Kehlen durchschnitten. Die Frau kniete neben ihnen nieder. In weniger als einer Minute war ihr Kopf praktisch abgetrennt. Dann durfte der Konvoi weiterfahren.

Die Regierungen der Welt wußten nicht nur, was geschah, sondern sie waren auch Mittäter. Artikel 1 der Völkermord-Konvention verpflichtet die Unterzeichnerstaaten, einen **Völkermord** nicht zur zu bestrafen, sondern auch zu verhüten. Durch die Tatsache, daß die UN wußten, daß der **Völkermord** geplant war und dieses Wissen vermutlich den Mitgliedsstaaten mitteilten, und die Tatsache, daß nichts getan wurde, sobald der **Völkermord** begann, ist das, was 1994 in Ruanda geschah, nicht einfach nur ein Verbrechen. Es war ein Ereignis, das Schande über die Menschheit brachte.

Inzwischen ist klar, daß die einflußreichen Mächte nicht nur alles andere als überrascht wurden, sondern auch noch bemüht waren, die Realität dessen, was in Ruanda geschah, zu verschleiern. Als der Sicherheitsrat zusammentrat, entschied man, daß der Vertreter Ruandas, der Regierung, die den Völkermord beging, eine Erklärung abgeben durfte. Anscheinend bestand die Hauptsorge des Rates praktisch darin, die Frage, ob ein **Völkermord** stattfand, so lange wie möglich zu diskutieren.

Für die Rolle des Staates gab es Tausende von Beispielen. In der katholischen Mission in Nyarubuye in Ostruanda traf ich Leoncia Mukandayambaje, eine Überlebende, die vor ihrer Hütte zwischen den Bäumen saß. Sie war dorthin geflohen, als der Bürgermeister des Ortes, Sylvestre Gacumbitsi, besondere Ausweise an die dort ansässige Tutsi-Bevölkerung ausgegeben hatte, damit sie den großen Ziegelkomplex erreichen konnte. Nachdem er dort alle versammelt hatte, bestellte er zwei Transporterladungen von Mördern.

In Schulräumen, in Klöstern, in Korridoren und in Eingängen bedeckten die 2620 Opfer den Boden in einem verwesenden Teppich des Todes. Leoncia wurde durch ihr Baby gerettet, das sie an sich gedrückt hielt, während die Mörder mit Macheten auf beide losgingen. Sie war vom Blut ihrer Tochter bedeckt. Die Mörder hielten Mutter und Kind für tot.

Als der UN-Sicherheitsrat schließlich feststellte, was von Anfang an klar gewesen war – daß tatsächlich ein **Völkermord** stattgefunden hatte –,

Unheiliger Boden: Eine verwesende Leiche vor der Gemeindekirche von Nyarabuye gibt einen grausigen Hinweis auf die weiteren tausend, die von Hutu-Milizen in der Kirche niedergemetzelt wurden.

war es zu spät, um etwas für die Menschen in Ruanda zu tun. Etwas anderes zuzugeben, hätte die Parteien der Völkermord-Konvention, darunter alle ständigen Mitglieder des Sicherheitsrates, verpflichtet, zu intervenieren und den Massenmord zu beenden. Am 26. Mai kam der Sicherheitsrat schließlich zu der Schlußfolgerung, daß tatsächlich ein **Völkermord** geschah. Inzwischen waren eine halbe Million Menschen umgekommen. Die Anerkennung von Generalsekretär Boutros-Ghali kam zu spät und reichte nicht.

Immerhin war er dem US-Außenminister Warren Christopher noch ein Stück voraus. Als das Gemetzel begann, untersagte die US-Regierung ihren Vertretern, den Begriff *Völkermord* zu gebrauchen. Schließlich, am 10. Juni, gab Christopher nach, widerstrebend und unwillig. „Wenn irgend-

Hutu-Flüchtlinge, möglicherweise teilweise selbst am Völkermord beteiligt, flehen UN-Friedenstruppen um Schutz an, als die ruandische Armee das Kibeho-Flüchtlingslager angreift. Südruanda, 22. April 1995.

welche besondere Magie darin liegt, dies einen **Völkermord** zu nennen", räumte er ein, „dann zögere ich nicht, es auszusprechen."

Es lag sehr wohl eine Magie darin, und zwar insofern, als die Verwendung dieses Begriffes die Vereinigten Staaten und andere Regierungen zum Handeln verpflichtet hätte. Als Christopher schließlich sein widerwilliges Zugeständnis an die Realität machte, war es zu spät, und vielleicht war es von Anfang an darauf angelegt gewesen.

Die Teilnahme der sogenannten Weltgemeinschaft an dem **Völkermord** in Ruanda sollte natürlich nicht die Tatsache verschleiern, daß die hauptsächliche Verantwortlichkeit für das Verbrechen bei seinen ruandischen Urhebern liegt. Verteidiger der ruandischen Behörden versicherten damals nachdrücklich, daß die Morde unglückliche Nebenprodukte eines Wiederaufflammens des Bürgerkriegs seien. Später rechtfertigten Hutu-Extremisten die Morde als Selbstverteidigung gegen die Aggression der Tutsis. Diese Äußerungen waren eine Umkehrung der Realität. Fast alle Opfer des

Frühjahrs 1994 wurden im Rahmen einer von der Regierung ins Leben gerufenen Vernichtungskampagne getötet, nicht bei den darauffolgenden Kämpfen zwischen der ruandischen Armee und der RPF.

Gemäß den Bestimmungen der Völkermord-Konvention hatte sich die Regierung in allen Punkten des Artikels 3 der Konvention schuldig gemacht: des **Völkermords**, der Verschwörung zur Begehung von **Völkermord**, der unmittelbaren und öffentlichen Aufhetzung zur Begehung von **Völkermord** und der Teilnahme am **Völkermord**. Regierungsmitglieder hatten den Verwaltungsapparat zur Organisation des Gemetzels verwendet und, was ebenso schwerwiegend war, die Hutu-Zivilbevölkerung aufgehetzt, ihre Tutsi-Nachbarn zu töten und sogar, da Ehen zwischen den Volksgruppen in Ruanda gang und gäbe waren, ihre Tutsi-Ehegatten und Verwandten zu töten.

Als das Gemetzel vorüber war, wurde ein internationaler Strafgerichtshof errichtet, um die Schuldigen zur Rechenschaft zu ziehen, sie nach dem humanitären Völkerrecht und nach den Bestimmungen der Völkermord-Konvention vor Gericht zu stellen. Zweifellos sind solche Gerichtsverfahren besser als gar nichts. Zumindest gibt es im Fall von Ruanda keine völlige Straflosigkeit. Aber Gerichtsverfahren sind ein schlechter Ersatz für eine Verhütung, und wenn eines klar ist, dann dies: daß der **Völkermord** in Ruanda hätte verhindert werden können, hätte die Außenwelt den Willen dazu gehabt. Die Tatsachen lagen auf der Hand. Die rechtliche Grundlage für eine Intervention war gegeben. Was fehlte, war Mut.

(Siehe **Die Vereinten Nationen und die Genfer Konventionen**)

FALLSTUDIE

Ruanda – Flüchtlinge und Beteiligte am Völkermord

Lindsey Hilsum

Sie war eine breithüftige Frau in mittleren Jahren in einem blauen Kleid, eine von einer Million ruandischen Hutu-Flüchtlingen. Es war ihr Job, die Familien von verwaisten und verlassenen Kindern in einem Flüchtlingslager in Ostzaire zu ermitteln.

Aber Paulina Nyiramasuhuko hatte eine Vergangenheit. Im April 1994, als der Völkermord an Tutsis und oppositionellen Hutus in Ruanda in vollem Gange war, sah die Bäurin Grace Hagenimana, wie Nyiramasuhuko in ei-

nem Ort namens Runyinya eine Rede hielt. „Sie kam, um zum Mord aufzurufen. Ich sah sie in einem Wagen mit Polizisten als Eskorte. Sie sagte, ihr müßt euch an die Arbeit machen, ihr müßt die Feinde verjagen. Und dann griffen die Leute zu ihren Macheten." Unter den Getöteten war auch Hagenimanas Ehemann.

Jetzt wartet Nyiramasuhuko auf ihr Verfahren vor dem Internationalen Kriegsverbrechertribunal in Arusha, Tansania, wo sie wegen **Völkermordes,** Komplizenschaft am Völkermord, **Verbrechen gegen die Menschlichkeit** und schweren Verstößen gegen den gemeinsamen Artikel 3 der Genfer Konventionen von 1949 und das Zweite Zusatzprotokoll angeklagt ist. Ihre Geschichte zeigt die internationale Ambivalenz gegenüber den Kriegsverbrechern, die den Völkermord in Ruanda 1994 anführten. Als Frauenministerin war Nyiramasuhuko eines der bekanntesten, am leichtesten identifizierbaren Mitglieder jener Regierung, die das Gemetzel inszeniert hatte, doch sie konnte über die Zone Türkis unter der Kontrolle

Dieser Hutu-Mann zeigte nach Ansicht der Interahamwe-Miliz den Tutsis gegenüber zu viel Mitleid, daher gingen sie mit einer Machete auf seinen Kopf los.

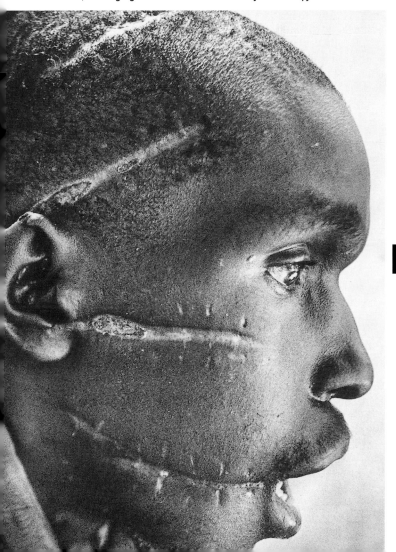

französischer Truppen, die den Opfern angeblich humanitäre Hilfe und Schutz bieten sollten, nach Zaire entkommen. Als sie im Flüchtlingslager bei Bukavu ankam, stellte der spanische Verband der katholischen Hilfsorganisation Caritas (lateinisch für „liebende Fürsorge") sie als Sozialleistungskoordinatorin ein. Drei Jahre lang reiste sie ungehindert zwischen Zaire und Kenia hin und her. Im Juli 1997 wurde sie schließlich verhaftet, nachdem die ruandische Regierung Druck auf Präsident Moi ausgeübt hatte.

Die Tatsache, daß das Völkerrecht in kritischen Momenten nicht angewandt wurde, sorgte dafür, daß das Leiden der Menschen in Zentralafrika verlängert wurde. Es wurden gewaltige Summen an Hilfsgeldern ausgegeben, was zu Lasten des Wiederaufbaus der Wirtschaft in der Region ging.

Die französische Regierung unter Präsident François Mitterand hat aus ihrer Antipathie gegenüber der Guerilla-Armee der anglophonen Ruandischen Patriotischen Front (RPF), deren militärischer Sieg dem Völkermord ein Ende setzte, nie einen Hehl gemacht. Die Franzosen erlaubten Dutzenden bekannter „Völkermörder", unter anderem Pauline, die Zone Türkis zu durchqueren und so ihren Kopf aus der sich zuziehenden Schlinge der RPF zu ziehen.

Die Mörder haben sich neue Identitäten als Leiter der Flüchtlingslager aufgebaut, unterstützt von internationalen Hilfsorganisationen unter dem UN-Hochkommissar für Flüchtlinge (UNHCR). Internationale Verpflichtungen nach dem humanitären Recht und der Völkermord-Konvention wurden dem allgemeinen Wunsch, Leben zu retten, untergeordnet. Die Schuldigen wurden zusammen mit den Tausenden von Kindern, deren Bilder die Fernsehzuschauer in den westlichen Ländern verfolgten, versorgt. Die administrativen Strukturen, die die Morde in Ruanda ermöglicht hatten, wurden in den Lagern von neuem aufgebaut.

Es wurde nie der Versuch unternommen, diejenigen, die vor der Gerechtigkeit davongelaufen waren, von denen zu trennen, die nicht gemordet hatten. Es wurde nie definiert, in wessen Aufgabenbereich eine so schwierige und gefährliche Aufgabe fallen sollte. Dies führte zu einem Verstoß gegen das Völkerrecht. Die Lager wurden zu sicheren Verstecken für Kriegsverbrecher und zu Stützpunkten für Guerilla-Angriffe zur Destabilisierung Ruandas, wo die neue RPF-Regierung unter der Leitung von Tutsis ihre Macht zu konsolidieren versuchte.

Als ruandische Regierungssoldaten die Flüchtlinge im November 1996 angriffen, fand man überall in den verlassenen Lagern Übungsbücher über Terroristentaktiken und die Geschichtsversion von Hutu-Extremisten. Angesichts der deutlichen Hinweise darauf, was sie da unterstützt hatten, sagte ein hochrangiger Mitarbeiter einer Hilfsorganisation: „Wir haben nie gewußt, was in der Nacht vor sich ging."

Die gewaltsame Auflösung der Lager trieb die meisten Flüchtlinge zurück nach Ruanda, aber mehrere Tausend flohen auch tief in die Dschungel von Ostzaire, das wenig später seinen Namen in Kongo änderte. Aus den Berichten entsetzter Augenzeugen geht hervor, daß die ruandischen Regierungssoldaten, darunter viele Verwandte der Opfer des Völkermords, sie zu Tausenden massakrierten. Von Vertretern der ruandischen Regierung wurden die Morde manchmal geleugnet, manchmal völkerrechtlich mit der Behauptung gerechtfertigt, die Opfer seien bekannte „Völkermörder" gewesen, die vorgehabt hätten, erneut in Ruanda einzudringen und dabei Kinder und andere Flüchtlinge als „Schutzschilde" zu gebrauchen.

Aber beim Anblick der Überlebenden, geschwächt von ihrer Odyssee durch den Busch, war klar, daß diese mitleiderregenden, verzweifelten Leute für die gut ausgerüsteten ruandischen Streitkräfte keine echte Gefahr mehr darstellten. Manche brachten vor, daß es sich bei der Tötung von Hutus in den Dschungeln von Kongo um unprovozierte Angriffe auf Zivilpersonen und Flüchtlinge und daher um Kiegsverbrechen gehandelt habe.

Inzwischen verüben extremistische Hutu-Rebellen Blitzüberfälle auf Tutsis und Armee-Einrichtungen in Ruanda, während Regierungssoldaten gegen Hutus vorgehen, die sie im Verdacht haben, die Rebellen zu unterstützen. Immer noch ist Ruanda ein Land der Angst, des Mißtrauens und des Todes.

So hat das Versagen der internationalen Gemeinschaft, rasch gegen Kriegsverbrecher vorzugehen, Zentralafrika zu einem nach wie vor ungebrochenen Kreislauf der Gewalt und der Straflosigkeit verurteilt.

362 **Sanitätspersonal** Eric Stover

363 **Sanitätstransporte** Michael Ignatieff

365 **Sanktionen** Tom Gjelten

367 **Schutzschilde, menschliche** Robert Block

371 **Sexuelle Gewalt** Tom Shanker

376 **Sexuelle Gewalt: Systematische Vergewaltigungen**
Alexandra Stiglmayer

378 **Sexuelle Gewalt: Versklavung und Zwangsprostitution**
George Rodrigue

381 **Sicherheitszonen** Adam Roberts

383 **Sklaverei** Pierre Richard

386 **Soldaten, Rechte der** Peter Rowe

389 **Söldner** Elizabeth Rubin

393 **Status einer kriegführenden Partei**
Ewen Allison und Robert K. Goldman

S

SCHLÜSSELBEGRIFF

Sanitätspersonal

Eric Stover

Das humanitäre Völkerrecht verbietet ausdrücklich militärische Angriffe auf Sanitätspersonal und Sanitätseinheiten. Die Vierte Genfer Konvention besagt in Artikel 20: „Das ordentliche und ausschließlich für den Betrieb und die Verwaltung der Zivilkrankenhäuser bestimmte Personal ... wird geschont und geschützt." Andere Artikel verbieten die Zerstörung und (zeitweise oder dauerhafte) Schließung von Krankenhäusern und Kliniken oder die wissentliche Unterbrechung ihrer Versorgung mit Nahrungsmitteln, Wasser, Medikamenten oder Strom. Artikel 19 besagt, daß der Schutz von Zivilkrankenhäusern und mobilen oder stationären Einheiten verloren gehen kann, „wenn sie außerhalb ihrer humanitären Bestimmung dazu verwendet werden, den Feind schädigende Handlungen zu begehen".

Ärzte und andere Mitarbeiter der Gesundheitsfürsorge stehen unter dem Schutz des Völkerrechtes, solange sie sich als Sanitätspersonal identifizieren, die Grundsätze der ärztlichen Ethik einschließlich der ärztlichen Schweigepflicht achten, ohne Diskriminierung jeglicher Art alle Opfer versorgen, die ihrer Hilfe bedürfen, und keine Waffen tragen, mit Ausnahme leichter Handfeuerwaffen zur Selbstverteidigung. Ein Arzt oder Mitarbeiter der Gesundheitsfürsorge, der während eines bewaffneten Konflikts Funktionen übernimmt, die nicht zum Sanitätsdienst gehören, kann den Schutz des Kriegsrechts nicht für sich in Anspruch nehmen. Dr. Che Guevara konnte in den 60er Jahren in Bolivien in seinen Rollen als Politiker und Kombattant keine der Schutzbestimmungen für sich geltend machen, die durch die ärztliche Neutralität definiert werden. Ebenso wenig könnte dies der bosnische Serbenführer Radovan Karadzic, der von Beruf Psychiater ist.

SCHLÜSSELBEGRIFF

Sanitätstransporte

Michael Ignatieff

Wann ist ein Hubschrauber ein Krankentransportmittel und wann ist er ein Kampfhubschrauber? Der Unterschied ist nicht immer so einfach, wie es den Anschein hat.

Der Mi-17-Hubschrauber russischer Bauart, der 1997 durch das Bodenfeuer über Freetown flog, machte bis zu fünfzehn Flüge pro Tag. Manchmal transportierte er Truppen, Munition, Kraftstoff und Lebensmittel zu den nigerianischen Truppen, die Sierra Leones Militär-Junta stürzen und den gewählten Präsidenten des Landes, Tejan Kabbah, wiedereinsetzen wollten. Aber manchmal transportierte er auch Ärzte und Sanitätspersonal und dazu Verwundete, die evakuiert wurden. Er geriet unter Dauerbeschuß. Ist es ein Verstoß gegen die Genfer Konventionen, einen Verwundetentransport zu beschießen? Wäre der Mi-17 abgeschossen und die Verwundeten getötet worden, wäre das ein Verstoß gegen das humanitäre Völkerrecht gewesen?

Gemäß den Genfer Konventionen haben Transportmittel nicht allein aufgrund der Tatsache, daß sie auch Verwundete transportieren, Anspruch auf Schutz. Es hängt alles davon ab, ob der Hubschrauber eindeutig mit dem **Zeichen des Roten Kreuzes** oder des **Roten Halbmonds** gekennzeichnet ist und ob die Piloten, wenn sie über feindliches Gebiet fliegen, vorher bei den Kombattanten einen Flugplan einreichen und sich an die im Plan festgelegte Flughöhe, Abflug- und Ankunftszeit halten. Wenn diese Bedingungen nicht eingehalten werden oder wenn der Hubschrauber für feindliche Zwecke genutzt wird, ist er ein legitimes Ziel, mit oder ohne Verwundete an Bord.

Warum, ist nicht schwer zu verstehen. Wie sollen Bodentruppen zwischen Nachschub- und Evakuierungsflügen des Mi-17 unterscheiden können? Im Fall von Sierra Leone trug der Hubschrauber keine Rotkreuz-Kennzeichnung. In jedem Fall hätte er, wenn er eine getragen hätte, gegen die Bestimmungen der Genfer Konventionen verstoßen, die die Verwendung von Luftfahrzeugen für den Transport von Waffen und Kriegsmaterial verbieten.

Detaillierte Regeln in bezug auf Luftfahrzeuge sind in den Artikeln 24 bis 31 des Ersten Zusatzprotokolls von 1977 für zwischenstaatliche bewaffnete Konflikte enthalten. Diese verbieten den Kriegführenden, Sanitätsluftfahrzeuge zu nutzen, um sich einen militärischen Vorteil gegenüber einem Gegner zu verschaffen, und erlauben der gegnerischen Konfliktpartei, das Luftfahrzeug zum Landen zu zwingen, um es zu untersuchen. Wenn das Luftfahrzeug die Bestimmungen eingehalten hat, sollte es „unverzüglich" seinen Flug fortsetzen. Liegt ein Verstoß vor, kann es beschlagnahmt werden, aber die an Bord befindlichen Kranken, Verwundeten und das Sanitäts- und Seelsorgepersonal sind als geschützte Personen zu behandeln. In Sanitätsluftfahrzeugen dürfen nur leichte Waffen zur Selbstverteidigung sowie die Handfeuerwaffen und die Munition der Kranken oder Verwundeten zu finden sein. Sie dürfen nicht verwendet werden, um Aufklärungsdaten zu sammeln oder zu übermitteln oder Ausrüstung zu derartigen Zwecken zu transportieren oder auch nur, um eine Suche durchzuführen, es sei denn, sie haben zuvor eine Genehmigung dazu eingeholt.

Die Bestimmungen in bezug auf Sanitätsfahrzeuge oder andere Bodenfahrzeuge sind eindeutig. Wie **Sanitätspersonal** dürfen sie gemäß Artikel 19 bzw. 35 der Ersten Genfer Konvention von 1949 „unter keinen Umständen angegriffen werden", sondern müssen „geschont und geschützt" werden. Sie sollten außerdem mit dem Emblem des Roten Kreuzes oder des Roten Halbmonds gekennzeichnet sein. Sie dürfen untersucht werden und verlieren nach vorheriger Warnung und einer angemessenen Frist ihren geschützten Status, wenn sie verwendet werden, um Handlungen zu begehen, die dem Feind Schaden zufügen und die außerhalb ihrer humanitären Pflichten liegen.

Ob sich die Feinheiten der Konvention in vertrackten Fällen wie dem von Sierra Leone *überhaupt* anwenden lassen, ist eine andere Frage. Die Konvention impliziert, daß Staaten, militärische Hierarchien und Befehlsketten klare Zuständigkeiten haben. Diese lagen im Fall Sierra Leone nicht vor. Die Mi-17 gehörte nicht einem Staat, sondern einer privaten britischen Firma, Sandline International, die Präsident Kabbah gegen Geld **Söldner-**Dienste erbrachte; die britische Regierung genehmigte das Auftanken und die Wartung des Hubschraubers auf britischen Kriegsschiffen im Hafen von Freetown, während sie eine Verwicklung in den Konflikt offiziell abstritt.

Sierra Leone gehört zu einer Gruppe ethnischer Konflikte, bei denen eher systematisch gegen die Genfer Konventionen verstoßen wird, als daß sie eingehalten werden. Selbst wenn Sanitätsfahrzeuge *tatsächlich* eindeutig mit einem Roten Kreuz gekennzeichnet sind und ganz offensichtlich nur Verletzte und Sanitätspersonal transportieren, werden sie häufig angegriffen. Der schlimmste Fall in neuerer Zeit wurde während des Völkermords 1994 in Ruanda beobachtet, als Banden-Mitglieder Verwundete aus Rotkreuz-Fahrzeugen zerrten und sie umbrachten.

Journalisten an Bord von Rotkreuz-Sanitätsfahrzeugen, Lazarettschiffen und Helikoptern, die Verwundete evakuieren, können sich ihres geschützten Status nie sicher sein. Theoretisch erfordert Artikel 79 des Ersten Zusatzprotokolls, daß Journalisten als Zivilpersonen behandelt werden. Theoretisch dürfen Journalisten in Fahrzeugen des Roten Kreuzes und des IKRK mitfahren, vorausgesetzt natürlich, daß sie keine Waffen bei sich tragen und bereit sind, eine Verzichtserklärung gegenüber ihrer Lebensversicherung zu unterschreiben. In der Praxis erwecken Personen, die nicht zum Sanitätspersonal gehören, bei Untersuchungen und an Kontrollpunkten häufig Mißtrauen. Sind sie vielleicht Spione? Sind sie verkleidete Militärangehörige? Die Untersuchung von Rotkreuz-Transporten durch das Militär ist erlaubt, und die Anwesenheit von Personen, die nicht zum Sanitätspersonal gehören, kann als Vorwand für eine Beschlagnahme, Gefangennahme oder einen Angriff gebraucht werden. Tatsächlich ist die Anwesenheit anderer Personen als Kranker, Verwundeter oder Sanitäts- oder Seelsorgepersonal zu ihrer Betreuung in Sanitätsluftfahrzeugen verboten. Die Daumenregel lautet, sich vom IKRK oder von den lokalen Kombattanten eine schriftliche Reiseerlaubnis zu holen. Und nicht die Verzichtserklärung für die Versicherung vergessen! Jeder, der die Land Cruiser besteigt, sollte sich vergewissern, daß jemand zu Hause eine Versicherung für ihn abgeschlossen hat – wenn eine Gesellschaft gefunden werden kann, die einem eine Police ausstellt!

SCHLÜSSELBEGRIFF

Sanktionen

Tom Gjelten

Kinder sterben, weil Krankenhäuser nicht die Medikamente bekommen können, die für ihre Behandlung notwendig sind. Fabriken schließen und die Arbeitslosenzahlen steigen, weil die Produzenten nicht die benötigten Waren und Materialien importieren bzw. ihre fertigen Produkte nicht exportieren können. Grundnahrungsmittel sind so teuer, daß die Durchschnittsfamilie es sich nicht mehr leisten kann, gut zu essen. Können Sanktionen gegen einen Staat unter bestimmten Umständen ein Kriegsverbrechen darstellen?

Wäre das Argument nicht so häufig von so verrufenen Gestalten der Weltgeschichte wie Saddam Hussein und Slobodan Milosevic vorgebracht worden, würde die Frage vielleicht ernster genommen. Wenn ein Staat – oder eine Gruppe von Staaten – sich weigert, mit einem anderen Land Handel zu treiben, leidet darunter am meisten die Zivilbevölkerung des betreffenden Landes. Sanktionen schaden zwangsläufig Unschuldigen, und in extremen Fällen können sie einen Verstoß gegen das humanitäre Völkerrecht darstellen.

Sanktionen entstehen auf verschiedene Art und Weise. Artikel 41 der Charta der Vereinten Nationen ermächtigt den Sicherheitsrat, „Maßnahmen – unter Ausschluß von Waffengewalt – zu ergreifen ..., um seinen Beschlüssen Wirksamkeit zu verleihen. ... Sie können die vollständige oder teilweise Unterbrechung der Wirtschaftsbeziehungen, des Eisenbahn-, See- und Luftverkehrs, der Post-, Telegraphen- und Funkverbindungen sowie sonstiger Verkehrsmöglichkeiten und den Abbruch der diplomatischen Beziehungen einschließen." Gemäß dieser Bestimmung wurden internationale Embargos gegen Rhodesien, Libyen, Haiti, Irak und Jugoslawien erlassen. Alternativ können Sanktionen von einer regionalen Organisation angeordnet werden, wie es die Europäische Union im Fall Jugoslawien tat. Sie können auch einseitig von einem Land gegen ein anderes auferlegt werden; ein Beispiel dafür ist das Handelsembargo der USA gegen Kuba.

Von größerer Bedeutung ist die Unterscheidung, ob die Sanktionen zu Kriegszeiten von einer oder mehreren der kriegführenden Parteien auferlegt oder durchgesetzt werden. Das humanitäre Völkerrecht greift nicht, wenn kein bewaffneter Konflikt vorliegt. Das bedeutet, daß man gegen „friedliche" Sanktionen, einschließlich die gegen Kuba, Libyen, Haiti, Rhodesien und Jugoslawien, aus moralischen oder politischen Gründen Einwände vorbringen kann, daß sie aber normalerweise nicht als Kriegsverbrechen betrachtet werden können. Von Befürwortern von Wirtschaftssanktionen können sie sogar als Alternative zu Militäraktionen gerechtfertigt werden.

Im Falle des Irak wandten die Vereinigten Staaten und andere Länder vor dem Beginn des Golfkrieges Sanktionen an, um das irakische Regime zu zwingen, sich aus dem benachbarten Kuwait zurückzuziehen, in das es im August 1990 einmarschiert war. Aber die Sanktionen wurden, unter anderem von den Vereinigten Staaten, auch während des Krieges noch aufrechterhalten und mußten daher dem humanitären Völkerrecht entsprechen.

Die Zusatzprotokolle von 1977 zu den Genfer Konventionen von 1949 verbieten Maßnahmen zu Kriegszeiten, die dazu führen, daß einer Zivilbevölkerung Objekte entzogen werden, die zu ihrem Überleben erforderlich sind. Artikel 70 des Ersten Zusatzprotokolls sieht Hilfslieferungen für eine Zivilbevölkerung vor, die mit Versorgungsgütern „nicht ausreichend versehen" ist. Artikel 18 des Zweiten Protokolls fordert Hilfsaktionen für eine Zivilbevölkerung, die „übermäßige Entbehrungen infolge eines Mangels an lebensnotwendigen Versorgungsgütern wie Lebensmittel und Sanitätsmaterial" leidet. Derartige Bestimmungen legen das rechtlich zulässige Limit von Sanktionen fest, obwohl ihre Definition unterschiedlich ausgelegt werden kann. Das UN-Embargo gegen den Irak nimmt „humanitäre" Hilfe aus, aber Kritiker sagen, daß die Sanktionen dennoch übermäßiges Leiden verursachen.

Andere Bestimmungen des humanitären Völkerrechts beschränken Umfang und Wirkung von Wirtschaftssanktionen auf eine ähnliche Art und Weise. Artikel 33 der Vierten Genfer Konvention (über den Schutz von Zivilpersonen im Krieg) verbietet beispielsweise „Kollektivstrafen". Gemäß der Auslegung des Kommentars des Internationalen Komitees vom Roten Kreuz (IKRK) zu den Konventionen verbietet diese Bestimmung „Strafen jeder Art, die Personen oder ganzen Personengruppen ungeachtet der elementarsten Grundsätze der Menschlichkeit auferlegt werden für Handlungen, die diese Personen nicht begangen haben".

Befürworter von Sanktionen können dagegen vorbringen, daß die Maßnahmen keine **Kollektivstrafe** darstellen, da sie gegen Regierungen, nicht gegen Menschen gerichtet seien, und daß **Kollateralschäden** unter der Zivilbevölkerung nicht beabsichtigt und bedauerlich seien. Im Falle des Iraks wurde dieses Argument jedoch geschwächt, als US-Vertreter andeuteten, daß die Sanktionen zu Entbehrungen im Land führen und so die Bevölkerung ermuntern sollten, die Regierung zu stürzen.

Sanktionen, die unter friedlichen Bedingungen auferlegt werden, sind normalerweise auf der Grundlage moralischer oder politischer statt rechtlicher Erwägungen zu beurteilen. Nach Ansicht der nationalen Konferenz katholischer Bischöfe in den USA „können Sanktionen eine nichtmilitärische Alternative zu den schrecklichen Optionen des Krieges oder der Gleichgültigkeit angesichts von Aggression oder Ungerechtigkeit bieten". Doch dem widersprechen manche politische Philosophen, die der Ansicht sind, aggressiv angewandte Sanktionen könnten selbst dann, wenn kein bewaffneter Konflikt vorliegt, als eine Form der **Belagerung** betrachtet werden und seien aus denselben Gründen zu beanstanden. So gesehen, besteht bei Sanktionen die Gefahr, daß aus ihnen eine Art Krieg gegen Zivilpersonen wird, geführt von Regierungen, die nicht willens sind, das erforderliche Blut oder Geld aufzuwenden, die für einen direkten Angriff auf das feindliche Regime nötig wären.

VERBRECHEN

Schutzschilde, menschliche

Robert Block

Die Welt sah menschliche Schutzschilde im Fernsehen, als bei den Ereignissen, die dem Golfkrieg vorausgingen, die irakische Regierung Angehörige anderer Staaten im Irak und in Kuwait gefangennahm und sie in strategischen und militärischen Einrichtungen festhielt. Das ist ein sehr offensichtliches Beispiel für die Verwendung von Zivilpersonen als Geiseln oder menschliche Schutzschilde in einem Versuch, einen Angriff zu verhindern.

Das humanitäre Völkerrecht verbietet es Konfliktparteien, Zivilpersonen zu gebrauchen, um militärische Ziele oder militärische Operationen vor einem Angriff zu schützen. Aber Armeen und irreguläre Streitkräfte verwenden in Konflikten auf der ganzen Welt unschuldige Zivilpersonen als menschliche Schutzschilde. Oft geschieht das in einer Art und Weise, die anders als das unverhohlene Vorgehen des Irak nicht auf den ersten Blick zu erkennen ist.

Zwei derartige Fälle ereigneten sich im Gefolge des **ruandischen Völkermords** Mitte 1994, als über eine Million Menschen nach Zaire flohen und in dem Elend der Flüchtlingslager lebten. Einige wollten nicht zurück wegen der Rolle, die sie bei dem Gemetzel des extremistischen nationalistischen Hutu-Regimes gespielt hatten, bei dem bis zu einer Million Tutsis und gemäßigte Hutus getötet wurden. Andere befürchteten, daß Ruandas neue Pro-Tutsi-Regierung die Schuldigen nicht von den Unschuldigen unterscheiden könnte, die in den letzten Tagen des Bürgerkriegs aus dem Land geflohen waren. Aber viele andere wollten es darauf ankommen lassen und zu ihren Familien und ihrem fruchtbaren Land nach Hause zurückkehren. Man ließ sie nicht. Obwohl sie von der internationalen Gemeinschaft als **Flüchtlinge** betrachtet wurden, sahen sie sich selbst als Gefangene derjenigen, die die Lager leiteten.

Marie Akizanye war 43, als sie 1996 aus den ruandischen Flüchtlingslagern in Zaire floh, wirkte aber doppelt so alt. Ihr Gesicht sah aus wie getrocknetes Leder. Das bißchen, was von ihrem Haar unter ihrem Tuch noch geblieben war, war fast weiß, während ihre Augen gelb und glasig geworden waren.

„Wir wollten nach Ruanda zurückkehren, aber im Lager waren Leute, die uns davon abhielten. Sie hatten Schußwaffen und Macheten, und sie drohten, uns umzubringen, wenn wir zurückzukehren versuchten", sagte sie. „Sie sagten, daß wir eines Tages alle zusammen mit Gewalt zurückkehren würden, und sie errichteten unter uns militärische Stützpunkte, um den Feind anzugreifen."

Tatsächlich nutzten zwischen August 1994 und November 1997 die letzten Reste der bewaffneten Streitkräfte von Ruanda und der gefürchteten Interahamwe-Milizen, die dem besiegten extremistischen Regime von Präsident Juvenal Habyarimana gegenüber immer noch loyal waren, die Flüchtlingslager in Zaire zur Vorbereitung und als Sprungbrett für Angriffe auf Ruanda. Die Extremisten begingen von den Lagern aus Überfälle auf Ruanda und zogen sich dann wieder dorthin zurück, wobei sie die Flüchtlinge als Schutzschilde vor Gegenangriffen nutzten. Als die Lager durch eine kombinierte Streitmacht aus der neuen, von Tutsis dominierten Armee und zairischen Rebellen aufgelöst wurden, kamen Beweise für Pläne einer massiven militärischen Invasion Ruandas ans Tageslicht, die von den Flüchtlingslagern hätte ausgehen sollen.

Nach dem Völkerrecht müssen Konfliktparteien militärische Objekte so weit wie möglich von Konzentrationen von Zivilpersonen entfernt halten. Es ist außerdem ein Kriegsverbrechen, Zivilpersonen als menschliche Schutzschilde zu gebrauchen. Artikel 51 des Ersten Zusatzprotokolls von 1977 zu den Genfer Konventionen von 1949 besagt: „Die Anwesenheit oder Bewegungen der Zivilbevölkerung oder einzelner Zivilpersonen dürfen nicht dazu benutzt werden, Kriegshandlungen von bestimmten Punkten oder Gebieten fernzuhalten, insbesondere durch Versuche, militärische Ziele vor Angriffen abzuschirmen oder Kriegshandlungen zu decken, zu begünstigen oder zu behindern."

Das zweite Beispiel ereignete sich 1997. Zairische Rebellen, die die Regierung des Diktators Mobutu Sese Seko stürzen wollten, beschwerten sich häufig, daß sie, wenn sie sich ruandischen Flüchtlingsgruppen

näherten, die damals vor dem Bürgerkrieg in Zaire flohen, oft von bewaffneten Elementen beschossen würden, die sich zwischen den Flüchtlingen versteckten. Diese Tatsache schoben wiederum die Rebellen als Entschuldigung vor, um unterschiedslos Flüchtlingsgebiete anzugreifen, wobei sie häufig Hunderte von Frauen, Kindern und Alten niedermetzelten – was nach dem Völkerrecht eindeutig rechtswidrig ist.

Nicht alle Fälle liegen so klar auf der Hand.

Ein Vorfall, der das illustriert, ereignete sich im März 1984 in El Salvador. El Salvadors Armee, die wegen der furchtbaren Menschenrechtsverletzungen unter Druck geraten war und die Welt nicht davon hatte überzeugen können, daß sie einen gerechten Kampf gegen kommunistische Aufständische führte, suchte nach einem Ereignis, das ihr vor den bevorstehenden Wahlen neues Ansehen verschaffen konnte.

Die Gebete der Armee schienen am Montagabend vor der kleinen Stadt San Antonio Grande erhört worden zu sein, als Rebellen der Frente Farabundo Martí para la Frente Liberación Nacional (FMLN) einen Zug an-

Ein salvadorianischer Polizist benutzt einen Eiskremverkäufer als Schutzschild während eines Schußwechsels mit Demonstranten in San Salvador.

griffen, der von der Stadt San Vicente im Westen des Landes zur Hauptstadt San Salvador fuhr.

Die Eisenbahnlinie verlief mitten durch Guerilla-Land. Züge auf dieser Route wurden regelmäßig beschossen oder in die Luft gejagt. Aber das waren immer Güterzüge, die Versorgungsgüter für das Militär oder für die Unternehmen der wohlhabenden Schirmherren der Armee an Bord hatten – also militärische Ziele. Diesmal jedoch war der Zug voller Fahrgäste.

Acht Menschen, darunter Frauen und Kinder, wurden getötet und Dutzende verwundet. Hier war endlich der „Beweis" für das, was die salvadorianische Armee die ganze Zeit behauptet hatte: daß ihre Feinde Kriegsverbrecher waren, die keine Rücksicht auf Menschenleben nahmen. Ein Angriff, der nicht zwischen **militärischen Zielen** und Zivilpersonen unterscheidet, ist ein Kriegsverbrechen.

Am nächsten Morgen wurde die Auslandspresse vom salvadorianischen Militär an den Ort des Geschehens bestellt. Im Zug lagen unter den hölzernen Sitzbänken auf dem Boden eines Waggons noch die Leichen von zwei Männern, vier Frauen und einem Kind in einer Pfütze geronnenen Blutes. Sie waren liegengelassen worden, wo sie hingefallen waren, und fünfzehn Stunden lang nicht angerührt worden, damit die Berichte der Reporter über die Tat der Guerillas dramatischer ausfielen.

Draußen kniete eine junge Frau wie angewurzelt an der Stelle, an der sie zusammengebrochen war. Sie war über den Körper eines kleinen Jungen gebeugt, ihr Kopf lag auf dem Rücken der einen Hand, während sie mit der anderen an ihre Brust faßte, als versuchte sie, ihr eigenes Herz herauszureißen. Sie weinte und flehte Gott um das Leben ihres kleinen Jungen an, während sie die Guerillas verfluchte. Auch ihr Weinen ging über den Äther.

Dies, so sagte ein Armeesprecher enthusiastisch, sei Beweis für die Barbarei der Guerillas. Doch als wir mit den Überlebenden draußen redeten, ergab sich ein ganz anderes Bild als das, was die salvadorianische Armee uns glauben machen wollte.

Nach Angaben des Maschinisten hatten die Rebellen den Zug angehalten, nachdem zwei Minen auf der Strecke hochgegangen waren. Dann hatten die Rebellen die Kapitulation eines Trupps Soldaten und die Herausgabe von fünftausend Schuß Munition verlangt, die sich im letzten Wagen befanden. Die Soldaten hatten sich geweigert, und es ergab sich ein Schußwechsel. Überlebende Passagiere sagten, als der Angriff der FMLN heftiger wurde, hätten die Soldaten Schutz in ihrem Wagen gesucht und auf die Angreifer geschossen, während sie sich hinter den zivilen Fahrgästen versteckten. Dabei seien dann Menschen getötet worden.

Um zu verhindern, daß Angehörige der Armee neben den Leichen von Zivilpersonen in einem Fahrgastwaggon gesehen wurden, entfernte die Armee die Leichen der Soldaten lange vor der Ankunft der Journalisten.

Trotz der Berichte der Überlebenden ist unklar, ob die Soldaten in den Passagierbereich geeilt waren, um die Zivilpersonen als Schutzschilde zu gebrauchen – was eindeutig ein Kriegsverbrechen gewesen wäre – oder ob sie aus ihrem Wagen geflohen waren, weil sie dachten, dies sei der beste Weg, um Deckung zu suchen, was kein Rechtsverstoß gewesen wäre.

Was auch immer der Wahrheit entspricht, im Propagandakrieg im Fernsehen, bei dem es darum ging, die Welt emotional und rational auf eine Seite zu ziehen, waren es die Guerilla-Kämpfer der FMLN und nicht die salvadorianische Armee, die an jenem Tag Sympathiepunkte verloren.

(Siehe **Geiseln**.)

VERBRECHEN

Sexuelle Gewalt

Tom Shanker

Sie gab ihren Namen als Marijanna an, aber in Wirklichkeit heißt sie Mirsada, und sie sagte sehr wenig nach ihrer Ankunft im Krankenhaus im August 1992, als der Konflikt in Bosnien-Herzegowina erst wenige Monate bestand und die Berichte über Massenvergewaltigungen vor der Brutalität der sich verschiebenden Fronten noch in den Hintergrund traten.

Doch als die Wochen vergingen, berichtete das blaßhäutige, braunhaarige Mädchen – halb Kroatin, halb Moslemin – davon, wie sie mit ihrer Mutter und zwei Dutzend weiterer Frauen im Keller des Rathauses in ihrer Heimatstadt Teslic im nördlichen Zentralbosnien eingesperrt war. Ihre Gefängniswärter, bosnisch-serbische **Irreguläre**, vergewaltigten sie und die anderen und zwangen sie zum Sex mit uniformierten bosnisch-serbischen Truppen, die auf dem Durchmarsch durch das Gebiet waren. Sie und ihre Mutter mußten zusehen, wie die jeweils andere von ihnen dreimal täglich, Tag für Tag, vier Monate lang, von mehreren Männern nacheinander vergewaltigt wurden. Mirsada wurde erst freigelassen, als sie sichtbar schwanger war, und ihre Wärter-Vergewaltiger sagten: „Geh und bring unsere serbischen Kinder zur Welt." Bis sie die Front überquerte und medizinische Hilfe in Kroatien fand, war der Fötus zu weit entwickelt, um ihn noch sicher abtreiben zu können. Auf der Entbindungsstation des Petrova-Krankenhauses in Zagreb sitzend, hielt sie eine Hand über ihren Bauch. In ihrem Schoß wuchs und wuchs der Beweis für das immer furchtbarere Grauen des bosnischen Krieges. Mirsada war siebzehn.

Vergewaltigung als Kriegslohn zieht sich durch die ganze Geschichte und reicht zurück bis zu den mündlichen Überlieferungen von den Kriegerkönigen der Antike, die Homer zugeschrieben werden; aber noch nie zuvor wurde sie vom Völkerrecht so stark beachtet wie heute. Vielleicht trat im Laufe der Zeit in der westlichen Welt an die Stelle der Praxis, Frauen ähnlich wie Vieh und Getreide als Kriegsbeute zu betrachten, das Aufkommen einer jüdisch-christlichen Tradition und die Entwicklung des Kriegsgewohnheitsrechts, aber dieses Recht hatte kaum Auswirkungen auf die öffentliche Akzeptanz von Vergewaltigung als natürliche, wenn auch bedauernswerte, Begleiterscheinung, wenn Männer gegen Männer zu den Waffen griffen. Infolge dieses weltweiten Achselzuckens, das im Grunde besagte, daß Vergewaltigung nun einmal eine unvermeidbare Randerscheinung des Krieges sei, hielt die Allgemeinheit in den westlichen Ländern (die der Krieg an sich schon verwirrte) erste Berichte aus Bosnien für wenig bemerkenswert, und westliche Politiker spielten sie herunter (damit die öffentliche Bestürzung über Greueltaten sie nicht zum Handeln zwang). Erst als Opfer wie Mirsada sich meldeten und Auslandskorrespondenten den Archipel aus Lagern zur sexuellen Versklavung bestätigten und ein Programm systematischer Massenvergewaltigung aufdeckten, nahm die Welt es zur Kenntnis, und es war möglich, darüber zu sprechen, daß Vergewaltigungen **Verbrechen gegen die Menschlichkeit** darstellten und Elemente eines vorsätzlichen Völkermordprogramms waren.

S Vergewaltigung gilt schon seit Jahrhunderten als Kriegsverbrechen. 1474 wurde der Ritter Peter von Hagenbach[1] von einem Kriegsgericht wegen Vergewaltigungen während einer militärischen Besetzung verurteilt. Er war von Herzog Karl dem Kühnen von Burgund als Landvogt über die österreichische Stadt Breisach gesetzt worden, und seine brutalen Mittel zur Unterdrückung der Stadt umfaßten Plünderung, Mord und Vergewaltigung. Während des amerikanischen Bürgerkriegs operierte die Unionsarmee unter einem von Francis Lieber aufgesetzten und 1863 von Präsident Lincoln unterzeichneten allgemeinen Befehl, nach dem Vergewaltigung ein Kapitaldelikt war. In unserem Jahrhundert wurde Vergewaltigung – in immer expliziterer Form – in verschiedene Abkommen über die Kriegführung aufgenommen, angefangen bei Artikel 46 der Bestimmungen im Anhang zum Haager Abkommen von 1907. Darin geht es

---

[1] Anmerkung des Lektorats: Zu Peter von Hagenbach siehe die Fußnote bei **Kriegsverbrechen, Kategorien von**.

372

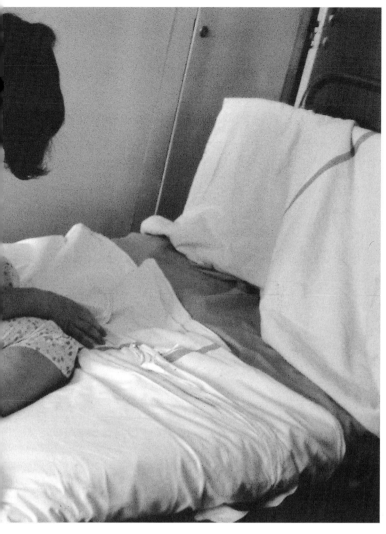

Ein achtzehnjähriges moslemisches Vergewaltigungsopfer, einen Tag nach der Abtreibung ihrer erzwungenen Schwangerschaft. Bosnien, September 1992.

darum, „[die] Ehre und die Rechte der Familie" zu achten. Auf diese Bestimmung stützte sich die Anklage bei dem Verfahren vor dem Tokio-Tribunal wegen Kriegsverbrechen in Zusammenhang mit Massenvergewaltigungen in Nanking, China.

Die Geschichte der Kriegführung im zwanzigsten Jahrhundert hat jedoch gezeigt, wie wenig das formale und das Gewohnheitsrecht beachtet – und wie selten sie durchgesetzt wurden. Die Sowjetarmee zog in den letzten Tagen des Zweiten Weltkrieges vergewaltigend durch Preußen und nach Berlin, und trotzdem saßen Moskaus Militärrichter bei den Nürnberger Prozessen auf dem Ehrenplatz der Sieger. Tatsächlich wird in dem Statut von Nürnberg Vergewaltigung gar nicht erwähnt; man verließ sich auf die Verbote einer unmenschlichen Behandlung, um die von den Nazis begangenen Vergewaltigungen mit abzuhandeln. Und der zur gleichen Zeit stattfindende Kriegsverbrecherprozeß in Tokio faßte seine Zuständigkeit für Kriegsverbrechen in sehr allgemeine Worte, „und zwar Verstöße gegen die Rechte oder Gebräuche des Krieges".

Nach dem Krieg wurde in Artikel 27 der Vierten Genfer Konvention von 1949 klar dargelegt, daß Frauen vor jedem Angriff auf ihre Ehre und namentlich vor Vergewaltigung, Nötigung zur gewerbsmäßigen Unzucht und jeder unzüchtigen Handlung zu schützen sind. Jedoch gilt Artikel 27 nur für zwischenstaatliche Konflikte, und in den ersten Monaten des bosnischen Krieges verhedderte sich die Weltgemeinschaft in Diskussionen, ob der Konflikt nun ein Bürgerkrieg innerhalb der Grenzen einer bestehenden Republik war, die eine rechtswidrige Politik der Ablösung von Jugoslawien verfolgte, oder ob es sich bei dem Konflikt um einen zwischenstaatlichen Aggressionskrieg handelte, angeregt und unterstützt von der serbischen Regierung in Belgrad gegen den soeben souverän gewordenen Staat Bosnien-Herzegowina.

Diese Diskussion hatte keinerlei Auswirkungen auf die Frage, ob Vergewaltigung als Kriegsverbrechen zu betrachten ist. Frauen in innerstaatlichen Konflikten stehen unter dem Schutz des gemeinsamen Artikels 3 der vier Genfer Konventionen von 1949. Obwohl Vergewaltigung nicht explizit verboten ist, erhob der Ankläger vor dem Internationalen Strafgerichtshof für das ehemalige Jugoslawien Anklage wegen sexueller Übergriffe gemäß dem gemeinsamen Artikel 3 und zitierte dessen Bestimmungen in bezug auf grausame Behandlung, Folter und Beeinträchtigung der menschlichen Würde, namentlich erniedrigende und entwürdigende Behandlung. Weiteren Schutz genießen Frauen in inner- wie in zwischenstaatlichen Konflikten gemäß den Zusatzprotokollen von 1977 zu den Genfer Konventionen. Die Berufungskammer des Jugoslawien-Tribunals führte an, daß der gemeinsame Artikel 3 Mindestgarantien für alle bewaffneten Konflikte festlegt. Daher würden schwerwiegende Verstöße gegen seine Bestimmungen sowohl in zwischenstaatlichen als auch in innerstaatlichen bewaffneten Konflikten als Kriegsverbrechen betrachtet.

In den länger werdenden Schatten des Jugoslawien-Konfliktes muß festgestellt werden, daß auch sexuelle Angriffe auf Männer ein Kriegsverbrechen sein können. Dusko Tadic, ein bosnischer Serbe, wurde unter anderem auch wegen Verstoßes gegen den gemeinsamen Artikel 3 verurteilt, der unter der Überschrift „Verstöße gegen die Gesetze oder Gebräuche des Krieges" in das Statut des Jugoslawien-Tribunals aufgenommen wurde, und zwar wegen seiner Rolle bei dem Vorfall, bei dem ein Inhaftierter in Omarska gezwungen wurde, einem anderen einen Hoden abzubeißen. Später bestätigte das Jugoslawien-Tribunal, daß Vergewaltigung ein Kriegsverbrechen ist, indem es Anto Furundzija, einen bosnisch-kroatischen paramilitärischen Befehlshaber, verurteilte, der einem Untergebenen die Vergewaltigung einer bosnischen Moslemin gestattete. Im Furundzija-Fall, dem ersten Kriegsverbrecherverfahren der Vereinten Nationen, bei dem es ausschließlich um Vergewaltigung ging, wählte das Tribunal sorgfältig einen geschlechtsneutralen Begriff bei der Definition der Elemente der Vergewaltigung „eines Opfers", ob nun Mann oder Frau.

In der internationalen Gemeinschaft besteht immer mehr Einigkeit darüber, daß Vergewaltigung im Krieg – da sie unter die Definition von Folter oder unmenschlicher Behandlung fällt, und als Handlung, die vorsätzlich große Leiden oder eine schwere Beeinträchtigung der körperlichen Unversehrtheit oder der Gesundheit verursacht – als schwere Verletzung gemäß Artikel 147 der Vierten Genfer Konvention betrachtet werden kann, der Verbrechen aufführt, für die Staaten verantwortlich gemacht werden können.

Ob durch Gewohnheit, Gewissen, Menschenrechte oder Kodifizierung durch das Völkerrecht, Vergewaltigung ist als Kriegshandlung untersagt. Die letzte Kodifizierung erhielt diese Tatsache in dem neuen Statut zur Errichtung eines permanenten Internationalen Strafgerichtshofes, das von der diplomatischen Konferenz der Vereinten Nationen am 17. Juli 1998 in Rom angenommen wurde. Zum ersten Mal wurde erzwungene Schwangerschaft als Verbrechen nach dem Völkerrecht aufgeführt, und mit einer Definition, die nahelegt, sie zur Bestrafung ethnischer Säuberungen zu verwenden: „... die rechtswidrige Freiheitsentziehung einer zwangsweise geschwängerten Frau in der Absicht, die ethnische Zusammensetzung einer Bevölkerung zu beeinflussen oder andere schwere Verstöße gegen das Völkerrecht zu begehen." Die Statuten des Gerichtes behandeln als Verbrechen gegen die Menschlichkeit Vergewaltigung, sexuelle Sklaverei, Zwangsprostitution, erzwungene Schwangerschaft, Zwangssterilisation oder jede andere Form sexueller Gewalt vergleichbarer Schwere, ob im Krieg oder im Frieden, die als Teil eines großangelegten oder systematischen Angriffs begangen werden. Dieselben Akte sexueller Gewalt können auch eine schwere Verletzung der Genfer Konventionen darstellen, wenn sie bei einem zwischenstaatlichen Konflikt begangen werden, oder einen schweren Verstoß gegen den gemeinsamen Artikel 3, wenn sie bei einem innerstaatlichen Konflikt begangen werden.

In Bosnien war Vergewaltigung ein Mittel des Kampfes. Nachdem Mirsada einem gesunden, neuneinhalb Pfund schweren Mädchen das Leben geschenkt hatte, weigerte sie sich, das Baby zu sehen. Das Personal der Geburtshilfestation in Zagreb, zumeist Katholiken, die sich mit moslemischen Namen nicht gut auskannten, nannten das Neugeborene Emina, nach einem romantischen, aber traurigen Gedicht eines berühmten bosnischen Dichters. Am zweiten Tag nach der Geburt bemerkten die Schwestern, daß Mirsada nicht in ihrem Zimmer, nicht auf der Station und auch sonst nirgendwo auf dem Krankenhausgelände war. Sie meldete sich nie wieder bei dem Krankenhaus. Doch Mirsada gehört auch nicht zu denen, die Gerechtigkeit gegen ihre Peiniger suchen. Ihr Name erscheint nicht in den Listen der Zeugen, die in Den Haag aufgerufen werden sollen, noch befindet sie sich unter denen, die sich an auf Opferrechte spezialisierte Anwälte gewandt haben, um eigene, zivile Verfahren gegen die Verursacher der ethnischen Säuberung und des Völkermords in Bosnien anzustrengen.

VERBRECHEN

Sexuelle Gewalt: Systematische Vergewaltigung

Alexandra Stiglmayer

Mit dem Begriff der „systematischen Vergewaltigung" wurden allgemein und korrekt bestimmte Formen sexueller Verbrechen beschrieben, die während des Krieges in Bosnien-Herzegowina an Frauen begangen wurden; das Völkerrecht aber kennt das spezifische Verbrechen systematischer Vergewaltigung nicht.

Doch der Beweis, daß Vergewaltigungen großangelegt oder systematisch stattfinden, ist wichtig für die Feststellung, daß damit ein **Verbrechen gegen die Menschlichkeit** begangen wird. Der systematische Charakter von Vergewaltigungen kann zudem als Nachweis des Vorsatzes herangezogen werden, die für eine Anklage wegen **Völkermords** unbedingt notwendig ist.

Das systematische Muster von Vergewaltigungen kann auch bei der Feststellung der strafrechtlichen Verantwortlichkeit vorgesetzter Offiziere für sexuelle Übergriffe Untergebener relevant sein. Gemäß dem Statut des Jugoslawien-Tribunals kann ein Befehlshaber strafrechtlich belangt werden wegen Vergewaltigungen, die seine Untergebenen begangen haben, wenn er die Vergewaltigungen angeordnet oder Beihilfe dazu geleistet hat oder wenn er „wußte oder hätte wissen müssen, daß der Untergebene im Begriff war, eine solche Handlung zu begehen oder eine solche begangen hatte und der Vorgesetzte nicht die erforderlichen und angemessenen Maßnahmen ergriffen hat, um die Handlung zu verhindern oder die Täter zu bestrafen".

Frauen in Bosnien-Herzegowina wurden vergewaltigt, um sie zu erniedrigen und zu demoralisieren, als Teil eines Programms zur Terrorisierung, um die unerwünschten ethnischen „anderen" zu vertreiben, um die Moral des Militärs zu stärken. Es war eine großangelegte, systematische – sogar strategische – Kampagne, die zudem von den Behörden gefördert wurde.

1993 schätzte eine Kommission der Europäischen Gemeinschaft die Anzahl der Vergewaltigungsopfer in Bosnien-Herzegowina auf zwanzigtausend. Die von den Moslems geführte Regierung versicherte nachdrücklich, es seien fünfzigtausend gewesen. Eine Kommission der Vereinten Nationen nannte systematische Vergewaltigung „ein Instrument für **ethnische Säuberung**", und Human Rights Watch bezeichnete sie als "eine Waffe des Krieges".

Die Befehlshaber zukünftiger Kriege werden ein in Arusha gefälltes historisches Urteil zur Kenntnis nehmen müssen. Jean-Paul Akayesu, Bürgermeister der Gemeinde Taba, hatte andere dazu ermuntert und sogar angewiesen, nicht nur Tutsis auf der Stelle zu töten, sondern auch Vergewaltigungen und Akte sexueller Gewalt gegen Tutsi-Frauen zu begehen. Das Gericht befand, daß die Vergewaltigung von Tutsi-Frauen „systematisch erfolgte und sich gegen alle Tutsi-Frauen und allein gegen diese richtete". Die Strafkammer kam zu der Schlußfolgerung, wenn dies mit der Absicht erfolgt sei, eine geschützte Gruppe ganz oder teilweise zu zerstören, dann „machen Vergewaltigung und sexuelle Gewalt genauso wie jede andere Handlung einen Völkermord aus", und Akayesus Angriffe hätten gezielt und systematisch Tutsi-Frauen gegolten, um zur Zerstörung der Tutsi-Gruppe als ganzes beizutragen. Am 2. September 1998 wurde Akayesu wegen Fällen von Vergewaltigung und sexueller Gewalt als Handlungen eines Völkermords verurteilt.

VERBRECHEN

Sexuelle Gewalt: Versklavung und Zwangsprostitution

George Rodrigue

Im Juni 1996 erhob der Internationale Strafgerichtshof für das ehemalige Jugoslawien (ITCY) Anklage gegen acht bosnisch-serbische Soldaten wegen Versklavung und Vergewaltigung moslemischer Frauen in der ostbosnischen Stadt Foca in den Jahren 1992 und 1993. Mitglieder der serbischen Militärpolizei wurden beschuldigt, ein fünfzehnjähriges Mädchen über acht Monate wiederholt gefoltert und vergewaltigt zu haben.

Die Geschichte des Mädchens war nur allzu typisch für das, was während des gesamten bosnischen Krieges praktiziert wurde. Im Juli 1992 wurde sie mit mindestens zweiundsiebzig weiteren Moslems in der Oberschule von Foca gefangengehalten. Eine Zeitlang wurde sie jede Nacht von einem oder mehreren Soldaten vergewaltigt. Die Übergriffe gingen weiter, nachdem sie aus der Schule in die Partizan-Sporthalle von Foca verlegt wurde. Und danach, als sie in ein Haus gebracht wurde, das als Bordell für das serbische Militär diente, wurde sie nicht nur als Sex-Sklavin, sondern auch noch als Dienerin mißbraucht und mußte für die Soldaten, die sie vergewaltigten, waschen und saubermachen. Laut Anklage verkauften ihre Gefängniswärter sie schließlich für 500 DM an zwei Soldaten aus Montenegro.

Aus den Aussagen von Opfern geht eindeutig hervor, daß das, was dem Mädchen in Foca passierte, alles andere als ein Einzelfall war. Zahlreiche Zeugen, einzeln befragt, beschrieben „Vergewaltigungslager" in dem gesamten von den bosnischen Serben kontrollierten Gebiet, sowie eine viel kleinere Anzahl von Lagern, die von kroatischen und bosnischen Regierungsstreitkräften geführt wurden.

Es war nicht das erste Mal, daß die Welt mit der systematischen Versklavung von Frauen konfrontiert wurden. Die 100 000 asiatischen „Comfort Women", die während des Zweiten Weltkrieges in japanischen Militärbordellen versklavt waren, sind vielleicht das schlimmste Beispiel für das zwanzigste Jahrhundert. Soldaten wurden nach dem Krieg von anderen Gerichten wegen des Kriegsverbrechens der Zwangsprostitution verurteilt: So verurteilte ein niederländisches Tribunal in Batavia angeklagte japanische Militärs, die fünfunddreißig holländische Frauen und Mädchen in sogenannten „Comfort Stations" versklavt hatten, wegen Kriegsverbrechen, unter anderem Vergewaltigung, Nötigung zur Prostitution, Entführung von Frauen und Mädchen zur Zwangsprostitution und Mißhandlung von Gefangenen. Diese Grundsätze wurden in den Genfer Konventionen von 1949 und den Zusatzprotokollen von 1977 bestätigt.

Unter manchen Bedingungen erfüllen die Praktiken, die während des Zweiten Weltkrieges in „Comfort Stations" und in den Lagern der Sex-Sklaven in Bosnien stattfanden, den Tatbestand des **Verbrechens gegen die Menschlichkeit** der Sklaverei, wenn sie als Teil eines großangelegten oder systematischen Angriffs gegen eine Zivilbevölkerung begangen wur-

Seit vier Jahren demonstrieren Kim Sun Duck, 76, und andere koreanische ehemalige „Comfort Women" jeden Mittwoch vor der japanischen Botschaft in Seoul, um eine öffentliche Entschuldigung und Entschädigung zu erhalten.

den. Bei der Foca-Anklage vor dem ITCY wurden zwei Angeklagte beschuldigt, das Verbrechen gegen die Menschlichkeit der Versklavung begangen zu haben. Es sollte darauf hingewiesen werden, daß **Sklaverei** ein internationales Verbrechen ist, ob in Zusammenhang mit Kämpfen betrieben oder nicht. Das Römische Statut für die Errichtung eines Internationalen Gerichtshofes von 1998 führt unter seinen Kategorien der Verbrechen gegen die Menschlichkeit und unter den schweren Verletzungen der Genfer Konventionen sexuelle Sklaverei und Zwangsprostitution auf. Es definiert Versklavung als die Ausübung aller oder einzelner mit dem Eigentumsrecht an einer Person verbundenen Befugnisse und umfaßt die Ausübung dieser Befugnisse im Zuge des Menschenhandels, insbesondere des Handels mit Frauen und Kindern.

Es sollte darauf hingewiesen werden, daß die Sklaverei an sich schon lange als internationales Verbrechen anerkannt ist, ob im Zuge eines bewaffneten Konfliktes oder als Teil eines großangelegten oder systematischen Angriffs gegen eine Zivilbevölkerung oder nicht. Aber weder die bestehenden noch die geplanten internationalen Strafgerichtshöfe sind für das Verbrechen der Sklaverei an sich zuständig; sie können gegen die Sklaverei nur als Kriegsverbrechen oder als Verbrechen gegen die Menschlichkeit vorgehen.

Die rechtliche Grundlage für die Verfolgung derjenigen, die für Zwangsprostitution und sexuelle Sklaverei verantwortlich sind, existiert schon lange, auch wenn die strafrechtliche Verfolgung nicht immer sehr zielstrebig durchgeführt wurde. Zweifellos werden sich im Umfeld der ethnischen Konflikte, die mit dem Ende des Kalten Krieges um sich greifen, weitere und gleichermaßen tragische Gelegenheiten ergeben, diese internationalen gerichtlichen Rahmenwerke anzuwenden.

Sicherheitszonen

Adam Roberts

Die Belagerungen oder Bombardierungen von Leningrad, Dresden, Hiroshima, Vukovar, Sarajewo und Srebrenica führten zu ungeheuren Verlusten und Leiden unter der Zivilbevölkerung. Doch die meisten Pläne zum Schutz bestimmter Orte vor den Grauen des Krieges lassen sich nur bedingt als erfolgreich bezeichnen.

Sicherheitszonen ist ein inoffizieller Begriff, mit dem zahlreiche unterschiedliche Versuche bezeichnet werden, bestimmte Gebiete vor militärischen Angriffen zu schützen. Die Vierte Genfer Konvention von 1949 und das Erste Zusatzprotokoll sehen drei Haupttypen vor: Krankenhauszonen, neutralisierte Zonen und demilitarisierte Zonen. Für alle ist das gegenseitige Einverständnis der Kriegführenden erforderlich, außerdem eine vollständige Demilitarisierung; Maßnahmen zur Verteidigung solcher Gebiete werden nicht aufgeführt. Diese Möglichkeiten wurden nur selten genutzt.

In den Konflikten nach dem Ende des Kalten Krieges waren es eher der UN-Sicherheitsrat oder andere Organisationen als die Kriegführenden, die ad hoc Sicherheitszonen proklamierten. Solche Gebiete wurden wahlweise als „Ruhekorridore", „humanitäre Korridore", „neutrale Zonen", „geschützte Gebiete", „sichere Gebiete", „sichere Hafen", „sichere humanitäre Gebiete", „Sicherheitskorridore" und „Sicherheitszonen" bezeichnet. Motivationen waren unter anderem die Sicherheit von Flüchtlingen und die Verhinderung umfangreicher neuer Flüchtlingsströme. Die Kampfaktivität ging innerhalb der Gebiete meist weiter. Anders als bei selbsterklärten **unverteidigten Städten** gilt für Sicherheitszonen nicht, daß sie durch die feindliche Macht besetzt werden können.

Nach dem Golfkrieg von 1991 richteten die westlichen Mächte nach der Förderung eines gescheiterten kurdischen Aufstands eine Schutzzone im Nordirak ein, was etwa 400 000 kurdischen Flüchtlingen, die über die Grenze in die Türkei geflohen waren, die Rückkehr ermöglichte. Die Verantwortung übernahmen UN-Organe.

1993 errichtete der UN-Sicherheitsrat sechs Sicherheitszonen in Bosnien-Herzegowina, um die Bewohner von sechs Städten vor der Belagerung durch bosnisch-serbische Truppen zu schützen, aber die geographischen Grenzen oder eine Verpflichtung, sie zu schützen, wurden vom Sicherheitsrat nie definiert. Die Serben beschwerten sich, die Bosnier würden diese Zonen nutzen, um Angriffe gegen sie zu führen; die Sicherheitszonen konnten jedoch nicht neutralisiert werden, denn die Bewohner wollten ihre Sicherheit nicht internationalen Truppen anvertrauen. Im Juli 1995 sahen UN-Truppen tatenlos zu, wie bosnisch-serbische Truppen die Sicherheitszonen von Srebrenica und Zepa eroberten und furchtbare Greueltaten begingen.

Als der Völkermord in Ruanda 1994 bereits zu drei Vierteln vollendet war, beschloß der Sicherheitsrat, sichere humanitäre Gebiete einzurichten, aber kein Land wollte Truppen dafür bereitstellen. Stattdessen ermächtigte der Rat Frankreich, als das schlimmste Morden vorüber war, mit Gewalt eine Zone einzurichten, die letztendlich eine Zuflucht für Hutus war, die den Völkermord organisiert hatten, wodurch die Idee noch mehr ins Zwielicht geriet.

Insgesamt haben Sicherheitszonen viele Leben gerettet, aber sie zu etablieren, Kampfaktivitäten darin zu verhindern und sie vor Angriffen von außen zu schützen, ist schwierig und anstrengend. Sicherheitszonen bieten selten einen sicheren Hafen vor den Grauen des Krieges.

(Siehe **Evakuierung von Zivilpersonen**)

VERBRECHEN

Sklaverei

Pierre Richard

249 schwarze Kinder und Frauen saßen unter dem Mahagonibaum; sie alle warteten auf die weißen Käufer, die sie nach dem Handel befreien sollten. Die Händler, zwei Araber, waren nervös. Der Verkauf würde ihnen 14 Mio. sudanesische Pfund (vierzehntausend US-Dollar) einbringen, und sie waren nicht sicher, ob es den Weißen ernst war.

Arabische Händler im Sudan bieten westlichen Mitarbeitern von humanitären Organisationen die Befreiung von Sklaven an.

„Wir sind monatelang durch den Norden des Landes hin- und hergereist, um die Sklaven zurückzukaufen und hierherzubringen", sagte einer der Araber.

Der Job war sehr gefährlich. Die sudanesische Regierung in Khartum, die Nationale Islamische Front, hatte nicht genug Geld zur Bezahlung der arabischen Steitkräfte in den nicht-arabischen und hauptsächlich nicht-moslemischen Provinzen im Süden, die ihre Unabhängigkeit anstrebten, und so hatte sie den von ihr ausgerüsteten Milizen und ihren Soldaten gestattet, die Frauen und Kinder aus dem Süden als Sklaven gefangenzunehmen. Als arabische Händler kamen, um die Sklaven freizukaufen, versetzte dies den Geheimdienst in Khartum nach Aussage der Händler in helle Wut.

Eine der Frauen sprach. „Ich war sieben Jahre im Norden", sagte sie und wiegte ihr zweijähriges Kind in den Armen. „Ich mußte auf einem Bauernhof arbeiten, und manchmal nahm mich mein Herr in sein Schlafzimmer. Dieses Baby ist von ihm."

1996 berichtete Gaspar Biro aus Ungarn, der UN-Sonderberichterstatter, über einen alarmierenden Anstieg bei den Fällen von Sklaverei,

Knechtschaft, Sklavenhandel und **Zwangsarbeit.** „Die Entführung von Personen, hauptsächlich Frauen und Kindern, die zu rassischen, ethnischen und religiösen Minderheiten gehören, aus dem südlichen Sudan, aus dem Gebiet der Nuba-Berge und der Ingessana-Hügel, ihre Unterwerfung unter den Sklavenhandel, einschließlich Handel mit und Verkauf von Kindern und Frauen, Sklaverei, Knechtschaft, Zwangsarbeit und ähnliche Praktiken ... werden von Personen ausgeführt, die mit Ermächtigung und der stillschweigenden Zustimmung der sudanesischen Regierung handeln", schrieb er. Und der jährliche Menschenrechtsbericht des US-Außenministeriums von 1998 sprach von glaubwürdigen, aber unbestätigten Berichten, nach denen Frauen und Kinder in den Nordsudan gebracht werden, um dort als Hausdiener, Landarbeiter und manchmal als Konkubinen zu arbeiten.

Sklaven warten im Sudan auf ihre Befreiung: Gesamtpreis 14 000 US-$ für 249 Sklaven.

Die Versklavung von Personen, die bei einem Konflikt gefangengenommen werden, gilt schon seit über einem Jahrhundert als Kriegsverbrechen; das geht zurück auf den Lieber-Code, der während des Bürgerkriegs in den USA für die Unionsarmee aufgesetzt wurde. Heute ist die Sklaverei sowohl in Friedens- als auch in Kriegszeiten völkerrechtlich verboten. Das Zweite Zusatzprotokoll von 1977 zu den Genfer Konventionen dehnt dieses Verbot ausdrücklich auf innerstaatliche bewaffnete Konflikte aus. „Sklaverei und Sklavenhandel in allen ihren Formen ... sind und bleiben ... jederzeit und überall verboten", heißt es in Artikel 4. Obwohl die Vereinigten Staaten und eine Reihe weiterer Länder dieses Protokoll nicht ratifiziert haben, gilt das Verbot der Sklaverei als bindende Regel des Völkergewohnheitsrechtes in allen Konflikten, ob zwischen- oder innerstaatlich. Wie die Grundsätze von Nürnberg bezeichnet das Römische Statut von 1998 die Versklavung als **Verbrechen gegen die Menschlichkeit**, wenn sie als Teil einer großangelegten oder systematischen Praxis gegen eine Zivilbevölkerung durchgeführt wird. Demnach ist die Sklaverei in

Übereinstimmung mit dem Anti-Sklaverei-Abkommen von 1926 „die Ausübung aller oder einzelner mit dem Eigentumsrecht an einer Person verbundenen Befugnisse und umfaßt die Ausübung dieser Befugnisse im Zuge des Menschenhandels, insbesondere des Handels mit Frauen und Kindern."

Artikel 1 des Übereinkommens betreffend die Sklaverei von 1926 besagt: „Sklaverei ist der Zustand oder die Stellung einer Person, an der die mit dem Eigentumsrecht verbundenen Befugnisse oder einzelne davon ausgeübt werden." Den Sklavenhandel definiert die Übereinkunft als „jeden Akt der Festnahme, des Erwerbes und der Abtretung einer Person, in der Absicht, sie in den Zustand der Sklaverei zu versetzen; jede Handlung zum Erwerb eines Sklaven, in der Absicht, ihn zu verkaufen oder zu vertauschen; jede Handlung zur Abtretung eines zum Verkauf oder Tausch erworbenen Sklaven durch Verkauf oder Tausch und überhaupt jede Handlung des Handels mit Sklaven oder der Beförderung von Sklaven".

Aber die Sklaverei kommt in unterschiedlicher Gestalt daher, und die Definitionen können sich ändern. In dem Bewußtsein, daß Sklaverei auch als Leibeigenschaft bezeichnet werden konnte, besagt das Zusatzübereinkommen der Vereinten Nationen über die Abschaffung der Sklaverei, des Sklavenhandels und sklavereiähnlicher Einrichtungen und Praktiken, wenn die Stellung oder Lage eines Pächters so ist, daß er „durch Gesetz, Gewohnheitsrecht oder Vereinbarung verpflichtet ist, auf einem einer anderen Person gehörenden Grundstück zu leben und zu arbeiten und dieser Person bestimmte entgeltliche oder unentgeltliche Dienste zu leisten, ohne seine Rechtsstellung selbständig ändern zu können", dann kann ein solcher Knecht oder Pächter als Sklave betrachtet werden.

Eine andere Definition der Sklaverei aus dem Zusatzübereinkommen von 1956 dreht sich um das Konzept der Schuldknechtschaft, d. h. „eine Rechtsstellung oder eine Lage, die dadurch entsteht, daß ein Schuldner als Sicherheit für eine Schuld seine persönlichen Dienstleistungen oder diejenigen einer seiner Kontrolle unterstehenden Person verpfändet, wenn der in angemessener Weise festgesetzte Wert dieser Dienstleistungen nicht zur Tilgung der Schuld dient, oder wenn diese Dienstleistungen nicht sowohl nach ihrer Dauer wie auch nach ihrer Art begrenzt und bestimmt sind."

Manchmal nimmt diese Schuldknechtschaft sehr merkwürdige Formen an. Wenn im Sudan die Händler gelegentlich Kinder in von den Dinka-Rebellen kontrolliertes Gebiet zurückbringen, haben die Familien kein Geld, um den Händler zu bezahlen. Der Händler willigt ein, daß die Eltern das Kind bei sich behalten können, besteht aber darauf, daß das Kind weiterhin sein Eigentum ist, bis die Familie ihre Schulden abbezahlt hat.

Eine Reihe von Sudan-Experten wie beispielsweise der britische Autor John Ryle behaupten, daß die Organisation, die sich mit dem Rückkauf von Sklaven befaßt, die Christian Solidarity International (CSI) in Zürich, indirekt den Sklavenhandel fördert, indem sie wiederholt Massenzahlungen leistet. Dem setzt John Eibner von CSI entgegen, daß von der Regierung geförderte Überfälle, bei denen Sklaven genommen werden, schon seit Mitte der 80er Jahre stattfinden, und daß die Händler, die die Rückkäufe vermitteln, im Rahmen lokaler Friedensvereinbarungen zwischen Dinka-Häuptlingen und arabischen Clan-Führern tätig werden. Er sagt, an dem Preis für den Rückkauf von Sklaven habe sich von 1995, als CSI mit dem Rückkauf von Sklaven begann, bis 1998 nichts geändert – er beträgt etwa fünfzigtausend sudanesische Pfund. Einen Sklaven bekommt man also für etwa fünfzig Dollar.

Soldaten, Rechte der

Peter Rowe

Soldaten haben als Mitglieder von Streitkräften bestimmte Rechte nach dem humanitären Völkerrecht. Sie werden als **Kombattanten** bezeichnet und haben das Recht, unmittelbar an Feindseligkeiten teilzunehmen. Das bedeutet praktisch, daß Kombattanten feindliche Streitkräfte angreifen, töten oder verletzen und als Teil von Kampfhandlungen Eigentum zerstören dürfen – alles Aktivitäten, die strafbar wären, wenn sie nicht in Kriegszeiten oder nicht von Kombattanten ausgeführt würden. Wenn daher Kombattanten gefangengenommen werden, sind sie gemäß der Dritten Genfer Konvention von 1949 als Kriegsgefangene und nicht als Straftäter zu behandeln, da sie als Kombattanten berechtigt sind zu kämpfen.

Es ist jedoch Sache eines Staates, festzulegen, wer Mitglied seiner Streitkräfte ist. Das ist von besonderer Bedeutung, wenn es darum geht, wann Reservisten, die in vielen Ländern üblich sind, Mitglieder und daher Kombattanten im Sinne des humanitären Völkerrechts werden. Sobald jemand Mitglied der Streitkräfte eines Staates ist, ist es irrelevant, ob der Staat die Pflichten dieser Person im Kampf oder außerhalb des Kampfes beschreibt oder ob die Mitglieder der Streitkräfte eingezogen wurden oder sich freiwillig gemeldet haben. Es ist auch irrelevant, ob der Staat diese Streitkräfte als Spezialtruppen, Einsatzkommandos, Präsidentengarden oder anders bezeichnet. Wenn aber ein Staat seine bewaffneten Vollstreckungsorgane (z. B. seine Polizei) in seine Streitkräfte eingliedert, dann muß er die andere Konfliktpartei darüber informieren, aus dem einfachen Grund, weil solche Organe normalerweise nicht als Streitkräfte eines Staates betrachtet und daher auch nicht als Kombattanten angegriffen werden würden. Bestimmte bewaffnete Formationen in bestimmten Staaten, wie **Paramilitärs**, können, müssen aber nicht Mitglieder der Streitkräfte in der Bedeutung des humanitären Völkerrechts sein, je nachdem, wie die Gesetze des jeweiligen Staates derartige paramilitärische Truppen behandeln.

Gemäß dem Ersten Zusatzprotokoll von 1977 zu den Genfer Konventionen dürfen die Staaten keine **Kindersoldaten** in ihre Streitkräfte rekrutieren, die jünger als 15 Jahre sind, und müssen alle nur möglichen Maßnahmen treffen, um sicherzustellen, daß Kinder nicht direkt an Feindseligkeiten teilnehmen.

Die Definition von Kombattanten neben denen, die für die regulären Streitkräfte eines Staates kämpfen, wird vom humanitären Völkerrecht geregelt.

Das humanitäre Völkerrecht behandelt alle Kombattanten gleich, außer in bezug auf zwei klare Unterscheidungen. Der eine Unterschied wird zwischen Offizieren und anderen Rängen gemacht und ist nur bei bestimmten Verpflichtungen relevant, die dem Gewahrsamsstaat in bezug auf Kriegsgefangene auferlegt werden, z. B. das Verbot, Offiziere zur Arbeit zu zwingen. Der zweite Unterschied, zwischen militärischen Führern mit Kommandogewalt und anderen, ist von außerordentlicher Bedeutung, da kommandierende militärische Führer gemäß dem Ersten Zusatzproto-

Kombattant in Vietnam

koll besonders verpflichtet sind, sicherzustellen, daß ihre Untergebenen ihre Verpflichtungen nach dem humanitären Völkerrecht kennen, und alle Verletzungen dieser Verpflichtungen zu unterbinden. Außerdem müssen Kommandierende eine derartige Verletzung auch verhindern, wenn ihnen bekannt wird, daß ihre Untergebenen gegen das humanitäre Völkerrecht verstoßen wollen. So besteht für den militärischen Führer die **Verantwortlichkeit des Vorgesetzten** für die Handlungen seiner Untergebenen, auch wenn er die Verstöße vielleicht nicht unmittelbar angeordnet hat.

Gefangengenommene Kombattanten haben Anspruch darauf, als Kriegsgefangene behandelt zu werden, selbst wenn sie angeblich Kriegsverbrechen begangen haben. Bei bestimmten Konflikten haben Staatsführer manchmal erklärt, daß gefangengenommene Mitglieder von Flugzeugbesatzungen als „Kriegsverbrecher" und nicht als Kriegsgefangene zu behandeln seien. Das verstößt gegen das humanitäre Völkerrecht, auch wenn ein Staat Anspruch darauf und das Recht hat, Kriegsverbrechen zu untersuchen, auch diejenigen, die angeblich unter den Kriegsgefangenen stattgefunden haben. Bei innerstaatlichen bewaffneten Konflikten haben Aufständische keinen Anspruch auf einen Kriegsgefangenenstatus nach der Dritten Genfer Konvention oder dem Ersten Zusatzprotokoll, da der Konflikt nicht zwischen Staaten stattfindet. Dementsprechend können sie vor Gericht gestellt werden wegen Aufwiegelung, Verrat, Rebellion, Mord oder anderen Straftaten nach dem innerstaatlichen Recht ihres Staates; dennoch behalten sie nach dem gemeinsamen Artikel 3 der vier Genfer Konventionen, ungeachtet der Tatsache, daß sie von ihrem eigenen Staat vor Gericht gestellt werden, einen bestimmten Mindestschutz nach dem humanitären Völkerrecht, dürfen insbesondere nicht summarisch hingerichtet werden und müssen ein ordentliches Gerichtsverfahren erhalten.

(Siehe **Kriegsgefangenenlager; Geschützte Personen**)

SCHLÜSSELBEGRIFF

Söldner

Elizabeth Rubin

Oberst Roelf war ein Afrikaander, der sein Erwachsenenleben als Soldat und geschulter Attentäter damit verbracht hatte, schwarzafrikanische Befreiungsbewegungen für die südafrikanischen Verteidigungskräfte der Apartheid-Ära niederzuschlagen. Doch als ich ihn im Frühjahr 1996 in Sierra Leone traf, erzählten mir die schwarzafrikanischen Zivilisten, deren Heime er inmitten eines brutalen Bürgerkrieges befreit hatte, für sie sei er ihr Retter.

Roelf war mit Executive Outcomes (EO) nach Sierra Leone gekommen; dabei handelte es sich um eine private Söldnerarmee aus ehemaligen südafrikanischen Soldaten, die die Regierung angeheuert hatte, um den Krieg zu beenden. „Wir wollen afrikanischen Ländern dabei helfen, ihre Rebellenkriege zu neutralisieren und sich zur Lösung ihrer Probleme nicht auf die UN verlassen zu müssen", sagte mir Roelf eines Nachmittags in der abgelegenen Diamantenregion, wo er und seine Söldnerkollegen sich ihren Stützpunkt auf einem Hügel eingerichtet hatten. „Wir sind so etwas wie die UN Afrikas, nur mit einem kleineren Budget." Als einige sierraleonische Frauen kamen und um seinen Schutz für ein Fußballspiel unten am Fluß baten, da immer noch Rebellen durch den Busch streiften, sagte Roelf seine Hilfe zu. „Ich bin hier der Ombudsman", sagte er. Tatsächlich war Roelf eher so etwas wie ein unabhängiger Polizeichef, der sein Bankkonto mit Diamanten aufzupolstern hoffte. Und er war ganz offensichtlich bemüht, seine Söldneroperation mit der Sprache internationaler Friedensoperationen herauszuputzen. Aber solange Roelfs die Leute weiterhin mit seinen Soldaten und Kampfhubschraubern beschützte, war es den Dorfoberen egal, ob Roelf ein Söldner, ein Afrikaander, ein Mitglied einer UN-Friedenstruppe oder irgendetwas anderes war.

Zwischen 1991 und 1995 geriet Sierra Leone in einen Zustand gewalttätiger Anarchie, in der Rebellen und abtrünnige Regierungssoldaten einen Terrorkrieg gegen Zivilpersonen führten – sie zündeten Dörfer an, hackten Menschen zu Tode oder schnitten ihnen die Hände, Füße und Genitalien ab. Die internationale Gemeinschaft zeigte sich wenig geneigt zu intervenieren. Die Vereinten Nationen hatten genug Demütigung hinnehmen müssen, als Somalis tote amerikanische Angehörige der Friedenstruppen durch die Straßen von Mogadischu schleiften, als die bosnisch-serbische Armee Angehörige der UN-Friedenstruppe als Geiseln nahmen und völkermordende Banden in Ruanda belgische Blauhelme töteten. Also ging der junge sierraleonische Militärpräsident auf den internationalen Markt und engagierte Executive Outcomes. Als Gegenleistung für 15 Millionen Dollar und Diamantenförderkonzessionen sollte sie die Rebellen vernichten und Recht und Ordnung wiederherstellen. Innerhalb eines Jahres stabilisierte EO das Land so weit, daß unter der Bevölkerung zum ersten Mal seit achtundzwanzig Jahren wieder Präsidentschaftswahlen abgehalten werden konnten.

EO gehört zu der aufstrebenden Branche privater Sicherheitsfirmen, die während des letzten Jahrzehnts in der Kriegsarena aufgetaucht sind und das versprechen, was die Vereinten Nationen nicht tun können – gegen ein stattliches Honorar Partei zu ergreifen, überlegene Streitkräfte einzusetzen und Präventivschläge zu führen. Wie Roelfs Arbeitgeber in Südafrika betont, arbeitet die Firma, anders als die Söldner der Vergangenheit, nur für „rechtmäßige Regierungen". Dennoch trifft die Söldnerdefinition des Ersten Zusatzprotokolls auch auf EO zu. Ein Söldner ist jemand, der kein Staatsangehöriger einer am Konflikt beteiligten Partei ist und der die Zusage einer materiellen Vergütung erhalten hat, die höher ist als der in den Streitkräften seines Arbeitgebers gezahlte Sold.

Internationale Bestimmungen in bezug auf den Status von Söldnern und ihren Einsatz durch kriegführende Parteien sind infolge der wechselnden politischen Wetterlagen, in denen die Bestimmungen aufgesetzt wurden, sehr unscharf. Der Söldnerberuf ist der vielleicht zweitälteste Beruf der Welt. In den Tagen der italienischen Stadtstaaten verpflichtete sogar der Papst *condottieri*, um Soldaten von außerhalb zur Verteidigung anzuheuern. Im siebzehnten und achtzehnten Jahrhundert waren die Schweizer für ihre freien stehenden Bataillone berühmt, die sie an andere europäische Länder vermieteten. Erst in diesem Jahrhundert, während der turbulenten Periode der Entkolonisierung in Afrika, erlangten die Söldner traurige Berühmtheit als blutrünstige Schrecken des Krieges, die der Souveränität schwacher, gerade unabhängig gewordener Staaten schweren Schaden zufügten. Solche freiberuflichen gedungenen Kämpfer sind keinem Staat verantwortlich und keinen internationalen Bestimmungen verpflichtet. Sie arbeiten für den, der am besten zahlt; worum es geht, ist ihnen egal, und sie gelten zu Recht als destabilisierend. Schließlich haben sie keinen Anteil an der Zukunft des Landes, und solange der Krieg fortdauert, bekommen sie auch weiter ihre Gehälter.

Daher setzten die Generalversammlung der Vereinten Nationen und die Organisation für die Einheit Afrikas 1968 Bestimmungen in bezug auf Söldner auf, durch die ihr Einsatz gegen nationale Befreiungs- und Unabhängigkeitsbewegungen strafbar wurde. 1977 nahm der Sicherheitsrat eine Resolution an, in der die Rekrutierung von Söldnern zum Sturz der Regierung eines UN-Mitgliedsstaates verurteilt wurde. Das Erste Zusatzprotokoll von 1977 zu den Genfer Konventionen sprach in Artikel 47 Söldnern das Recht ab, einen Kombattanten- oder Kriegsgefangenenstatus für sich in Anspruch nehmen zu können, so daß sie von dem betroffenen Staat als gewöhnliche Straftäter vor Gericht gestellt werden konnten. Außerdem beließ es der Artikel nach Ansicht vieler Kritiker bei einer Söldnerdefinition, die gefährlich subjektiv ist und zum Teil von der Beurteilung der Gründe abhängt, weshalb jemand kämpft.

Die Charta der Vereinten Nationen erklärt jedoch auch, daß nichts das naturgegebene Recht zur individuellen oder kollektiven Selbstverteidigung beeinträchtigt, wenn ein bewaffneter Angriff gegen ein UN-Mitglied geführt wird. Da interne Konflikte geringer Intensität auf der ganzen Welt immer mehr um sich greifen und militärische Interventionen den Mitgliederstaaten widerstreben, erscheint es denkbar, daß Staaten und sogar humanitäre Operationen in Zukunft häufiger auf private Sicherheitsfirmen zurückgreifen. Hat also Sierra Leone gegen die Bestimmungen gegen den Einsatz von Söldnern verstoßen? Oder hat es sein Recht ausgeübt, sich gegen den Zusammenbruch des Staates zu verteidigen?

Je nachdem, wie man die Gewinne für Sierra Leone beurteilt, hat Roelf in gewisser Weise recht mit dem, was er sagt. Dank der Intervention der EO konnten über 300 000 Flüchtlinge nach Hause zurückkehren.

Dieselbe Anzahl Menschen in elenden Flüchtlingslagern im benachbarten Guinea zu unterhalten, kostete die internationale Hilfsgemeinschaft etwa 60 Millionen Dollar jährlich. Außerdem traute die Zivilbevölkerung der EO viel eher als ihren eigenen unzuverlässigen Soldaten zu, die Ordnung aufrechtzuerhalten. Anderseits schuldete die neue Zivilregierung einer Gesellschaft südafrikanischer Söldner Millionen und war absolut auf diese angewiesen, um an der Macht zu bleiben. Wie sich herausstellte, wies die Weltbank die bankrotte Zivilregierung an, ihren Vertrag mit EO zu kündigen. Ohne verläßliche nationale Armee oder Friedenstruppen fiel das Land in gewaltsame Unruhen zurück. Ein Jahr später stürzten Rebellen und habgierige Regierungssoldaten die Regierung und errichteten eine Terrorherrschaft. Damit war der Kreis noch nicht vollendet. Etwa acht Monate

Der belgische Söldner Marc Goosens, der bei einem Angriff auf einen nigerianischen Bunker getötet wurde, wird von Ibo-Soldaten weggetragen. Biafra, 1968.

später griff eine britische Firma, die EO nahestand, mit einer nigerianischen Streitmacht ein und warf die Junta hinaus, was in London einen ungeheuren politischen Skandal verursachte. Und was haben diese ganzen privaten Armeen Sierra Leone im Endeffekt gebracht? Während dieser Artikel geschrieben wird, ist der schwache zivile Präsident wieder an der Macht, die Söldner sind weg, und wütende Rebellen hacken weit weg von der Hauptstadt immer noch Sierraleonern die Hände und Arme ab.

Den Kern der Debatte über Söldner und Sicherheitsfirmen bildet die Frage, ob es möglich ist, rechtlich einen Unterschied zwischen guten und schlechten Söldnern zu machen. Ginge es Sierra Leone heute besser, wenn EO halb-permanent verpflichtet worden wäre? Was ist von den serbischen und kroatischen Soldaten – ehemaligen Feinden – zu halten, die von Zaires Diktator Mobutu Sese Seko angeheuert wurden, um einer allgemeinen Revolution Einhalt zu gebieten? Oder von den südafrikanischen Heckenschützen, die von den bosnischen Serben bezahlt wurden, um während der Belagerung Sarajewos bosnische Zivilpersonen zu töten?

Vielleicht ist es an der Zeit, die Bestimmungen und die Definition von Söldnern zu ändern. Einige Völkerrechtsexperten meinen, wenn man Söldnern den Status und also die Rechte von **Kombattanten** zugestehe, würden sie sich vermutlich eher an ihre Verpflichtungen als Kombattanten halten. Ja, vielleicht. Vielleicht aber auch nicht. Andere schlagen eine Bestimmung vor, nach der Sicherheitsfirmen sich bei nationalen Regierungen registrieren lassen müßten. Damit wären die Firmen zumindest einer Registrierungsbehörde der Regierung gegenüber verantwortlich, weshalb sie sich an das Völkerrecht halten müßten. Auch wenn die Staaten diese privaten Firmen vermutlich als Deckung für ihre Beteiligung an unpopulären auslandspolitischen Maßnahmen benutzen werden, ist dies vielleicht die beste Kontrollmöglichkeit.

Obwohl Executive Outcomes nicht die beste Methode der Krisenintervention darstellt, kann man den Worten von Sam Norma, dem stellvertretenden Verteidigungsminister von Sierra Leone, kaum widersprechen, der mir im April 1996 sagte: „Unsere Leute sind für diese Wahlen gestorben, haben ihre Gliedmaßen verloren, haben ihre Augen und ihr Eigentum verloren. Wenn wir jemanden engagieren, um unsere hart erkämpfte Demokratie zu schützen, was sollte daran schlecht sein?" In Anbetracht der furchtbaren Situation, die heute in Sierra Leone herrscht, und der Tatsache, daß keine legitime Streitkraft zu Hilfe gekommen ist, könnten die Sierraleoner vielleicht ihre Gliedmaßen behalten, wenn die internationale Gemeinschaft sie ihre Söldner behalten ließe.

Status einer kriegführenden Partei

Ewen Allison und Robert K. Goldman

Früher versuchten Rebellengruppen, die eine anerkannte Regierung stürzen oder sich von einem Staat loslösen wollten, den „Status einer kriegführenden Partei" zu erhalten – eine rechtliche Stellung, die in etwa der entspricht, die einer Regierung zugestanden wird, und die das Recht des zwischenstaatlichen bewaffneten Konfliktes für beide Seiten ins Spiel bringt.

Eine Rebellengruppe erhielt den „Status einer kriegführenden Partei", wenn alle nachfolgenden Bedingungen eingehalten wurden: Sie kontrollierte ein Gebiet in dem Staat, gegen den sie rebellierte; sie erklärte die Unabhängigkeit, wenn sie die Abtrennung von diesem Staat anstrebte; sie verfügte über gut organisierte bewaffnete Kräfte; sie begann mit Feindseligkeiten gegen die Regierung, und, was wichtig war, die Regierung erkannte sie als kriegführende Partei an.

Später haben sich Regierungen jedoch einfach geweigert, Gruppen anzuerkennen, die gegen sie rebellierten. Regierungen geben nicht gerne zu, daß sie die effektive Kontrolle über Gebiete verloren haben, und sie sind auch nicht darauf erpicht, Rebellengruppen eine rechtliche Stellung zu gewähren.

Diese Weigerung hat schwerwiegende rechtliche und humanitäre Konsequenzen. Wenn Aufständische nicht den Status einer kriegführenden Partei besitzen, ist eine Regierung nicht verpflichtet, im Umgang mit ihnen das Recht zwischenstaatlicher bewaffneter Konflikte zu beachten, was grausamen und unmenschlichen Vorfällen oft Tür und Tor öffnet.

Als Gegenmaßnahme hat die internationale Gemeinschaft bestimmte Mindeststandards des humanitären Rechts vereinbart, die aufgrund von tatsächlichen Gegebenheiten eintreten, statt darauf zu warten, daß Regierungen kriegführende Parteien oder einen Kriegszustand anerkennen. Eine Konfrontation gilt dann als interner bewaffneter Konflikt, wenn die Kämpfe heftig und organisiert verlaufen und lange genug anhalten, um über temporäre Unruhen und Spannungen hinauszugehen. Zudem muß der Konflikt auf ein Gebiet innerhalb der Staatsgrenzen begrenzt sein, und im allgemeinen dürfen keine fremden Parteien beteiligt sein. Sobald die tatsächliche Situation diesen Kriterien entspricht, wird von den Parteien erwartet, daß sie bestimmte Menschenrechte einhalten, die am deutlichsten in dem gemeinsamen Artikel 3 der Genfer Konventionen von 1949 und im Zweiten Zusatzprotokoll Ausdruck finden. Diese Regeln gelten ungeachtet der rechtlichen Stellung der Parteien.

Tatsächlich weicht das humanitäre Recht der sensiblen Frage der Anerkennung vollständig aus.

(Siehe **Zwischenstaatliche im Vergleich mit innerstaatlichen bewaffneten Konflikten**)

396 **Terrorismus** Rich Mkhondo

400 **Terrorismus gegen Zivilpersonen**
Serge Schmemann

402 **Todesschwadronen** Jean-Marie Simon

405 **Töten als Repressalie** Kenneth Anderson

408 **Totaler Krieg** Peter Rowe

410 **Tote und Verwundete** H. Wayne Elliott

413 **Tschetschenien** Barry Renfrew

VERBRECHEN

Terrorismus

Rich Mkhondo

Als Johannes „Sweet" Sambo Ende der 80er Jahre bei einem Polizeiverhör versehentlich getötet wurde, wandte sich Oberst Eugene de Kock, Leiter der Einheit C-10, eines geheimen Sonderkommandos der südafrikanischen Regierung, an seine Vorgesetzten und wies später seine Kollegen, darunter Major Chappies Klopper, an, die Leiche zu beseitigen: „Buddha it". Dieser Ausdruck bedeutete bei ihnen, etwas mit Sprengstoff in tausend Fetzen zu zerlegen. Die Leiche wurde auf eine Farm gebracht, wo sie zwischen Sprengkörper gelegt und in die Luft gesprengt wurde. Die Teile wurden aufgesammelt, auf einen Haufen geworfen und wieder in die Luft gejagt.

Dies wurde solange wiederholt, bis nichts mehr zum Zerstören übrig war. Als Klopper bei dem Verfahren gegen de Kock aussagte, in dem er dazu verurteilt wurde, den Rest seines Lebens in Haft zu verbringen, sagte Klopper, sie hätten gehofft, alles, was noch übrig war, würde schnell von Ameisen beseitigt werden. Der Richter verurteilte de Kock zu zweimal lebenslänglich und insgesamt zu 212 Jahren Haft für seine anderen Straftaten.

Als die Tatsachen im Laufe von de Kocks Verfahren bekannt wurden, wurde das, was die Einheit C-10 getan hatte, allgemein als Terrorismus unter dem **Apartheid**-Regime betrachtet. Für den Begriff *Terrorismus* gibt es keine allgemeingültige Definition, aber er umfaßt einige immer wieder auftretende Begleiterscheinungen, unter anderem: Gewaltanwendung zu einem politischen oder sozialen Zweck; den Versuch, Schrecken zu ver-

Ein Priester rettet einen mutmaßlichen Polizei-Informanten vor der „Halskrause", einem Autoreifen, der ihm um den Hals gelegt und angezündet werden sollte. Duncan Village, Südafrika, 1985.

breiten und Angriffe auf Zivilpersonen und andere Nichtkombattanten. Terrorismus geht über einfache Gewalt hinaus, bei der nur zwei Parteien erforderlich sind, ein Aggressor und ein Opfer. Terrorismus braucht eine dritte Partei, die von dem, was dem Opfer geschieht, eingeschüchtert werden kann.

Handlungen, die oft als terroristisch bezeichnet werden, wurden in völkerrechtlichen Verträgen und Verträgen zur Definition internationaler Verbrechen geächtet, zum Beispiel in der Vierten Genfer Konvention von 1949 und den zwei Zusatzprotokollen von 1977. Diese verbieten terroristische Handlungen in zwischen- und innerstaatlichen bewaffneten Konflikten, jedenfalls insofern, als mit Terrorismus Handlungen gemeint sind, die sich gegen Zivilpersonen richten. Auch wenn mit dem Begriff Terrorismus häufig Handlungen von Gruppen bezeichnet werden, die nicht Teil des Staates sind, besteht eine bedeutende Kategorie terroristischer Handlungen aus denen, die von einem Staat direkt oder indirekt ausgeführt oder gefördert werden oder die implizit von einem Staat sanktioniert werden, selbst wenn seine eigene Polizei oder seine Streitkräfte nicht daran beteiligt sind, beispielsweise die Taten bestimmter **Todesschwadronen**.

Verschiedene Verträge, die nicht Teil des Völkerrechts sind, definieren außerdem außerhalb des Kontextes bewaffneter Konflikte Verbrechenskategorien für Handlungen, die allgemein als terroristisch betrachtet werden, unter anderem die internationale Konvention gegen Geiselnahme von 1979 und viele Konventionen zu Flugzeugentführungen.

Was sich während der Apartheid-Ära in Südafrika ereignete, war viel mehr als nur die Anwendung der Apartheid, die an sich schon ein **Verbrechen gegen die Menschlichkeit** ist. Zusätzlich wurden auch noch rechtswidrige Methoden zur Verteidigung der Apartheid angewendet. Die umfassenden Vollmachten, die dem Apartheid-Staat gegeben wurden, um das Leben schwarzer Südafrikaner zu kontrollieren und ihnen die Grundrechte zu entziehen, reichten noch nicht aus; sie wurden ergänzt von allen Spielarten des Verbrechens im gewöhnlichen Recht, darunter systematischem und organisiertem Mord, Betrug, Entführung und Folter.

Bei vielen dieser Verbrechen handelte es sich strenggenommen einfach um Unterdrückung statt um Terrorismus im politischen Sinn. Als Verbrechen waren sie deswegen nicht weniger abscheulich, aber nur in einigen Fällen wurden sie gemäß dem Konzept des Terrorismus ausgeführt, um Dritte einzuschüchtern.

Nach Aussagen von Menschenrechtsorganisationen wurden zwischen 1960 und 1990 dreiundsiebzig politische Gefangene in der Haft getötet. In den offiziellen Erklärungen hieß es dann unter anderem, der Betreffende sei unter der Dusche gestürzt und habe sich beim Ausrutschen auf einem Stück Seife verletzt, er sei ohnmächtig geworden und gegen einen Schreibtisch gefallen oder er sei eine Treppe hinuntergestürzt. Einige hatten sich angeblich mit ihren Schnürsenkeln, Jeans oder anderen diversen Kleidungsstücken erhängt. In demselben Zeitraum wurden etwa 220 politische Führer durch Apartheids-Todesschwadronen ermordet. Einige Untersuchungen ergaben, daß Mitglieder der Sicherheitskräfte die Gerechtigkeit viele Jahre lang durch eine fast undurchdringliche Verschwörung untergraben konnten. Mindestens fünfzehntausend Menschen wurden bei Vorfällen getötet, bei denen es sich nach Angaben der weißen Regierung um Gewaltakte von Schwarzen gegen Schwarze gehandelt hatte, Morde, die nach Aussage von Anti-Apartheid-Gruppen von der Regierung veranlaßt worden waren.

Terrorismus ist trotz der Tatsache, daß viele häufig als terroristisch bezeichnete Handlungen im humanitären Völkerrecht kategorisch verboten sind, kein rechtliches Konzept im humanitären Völkerrecht. Eine offensichtliche Schwierigkeit bei der Verwendung des Begriffes im humanitären Völkerrecht besteht darin, worauf schon häufig hingewiesen wurde, daß jemand, den die eine Seite als Terrorist betrachtet, für die andere ein Freiheitskämpfer ist. Die Führer des Apartheidsstaates betrachteten den Kampf gegen ihre Politik als Terrorismus und sahen in den Anti-Apartheid-Aktivisten Terroristen. Anti-Apartheid-Aktivisten betrachteten sich selbst als **Guerillas**, die ein Unrechtsregime bekämpften, was vom Völkerrecht stillschweigend geduldet wird. So sagte beispielsweise Brigadegeneral Jack Cronje, Mitglied des Vlakplaas Unit, bei de Kocks Verfahren aus, daß eine geheime Gruppe namens Counterrevolutionary Intelligence Target Center sich allmonatlich getroffen hätte, um Ziele zur „Eliminierung" auszuwählen. „Terroristen und Aktivisten mußten eliminiert werden, denn wären sie nicht eliminiert worden, dann wären sie nicht dauerhaft ausgeschaltet worden. Die Strategie war vorbeugend, wir schlugen zu, bevor sie terroristische Handlungen begehen konnten", sagte er.

Wie die südafrikanische Wahrheits- und Aussöhnungskommission dokumentiert hat, beging der African National Congress (ANC) in seinem Kampf gegen die Apartheid eine Reihe von Verbrechen, die als terroristische Handlungen bezeichnet werden können. Während also der zur Zeit regierende ANC Schläge gegen Regierungseinrichtungen führte, legten seine MK-Guerillas außerdem Bomben in Bars, Restaurants und an anderen öffentlichen Orten, um Anhänger der weißen Regierung einzuschüchtern oder zu bestrafen. Der ANC hat zugegeben, mutmaßliche Apartheid-Spione hingerichtet und in nicht gekennzeichneten Gräbern begraben zu haben. Er argumentierte, daß solche Handlungen wie die Bombe, durch die 1981 in Pretoria achtzehn Menschen getötet wurden, nicht als terroristisch bezeichnet werden könnten, da die Bomben unter anderem Militärangehörige töten sollten.

Was den rechtlichen Standpunkt betrifft, so ist letzten Endes nicht ausschlaggebend, ob die Verbrechen vom ANC oder vom Apartheid-Regime als Terrorismus bezeichnet werden, sondern die Tatsache der Verbrechen selbst.

(Siehe **Zivilpersonen, Rechtswidrige Angriffe auf; Unterschiedsloser Angriff**)

Terrorismus gegen Zivilpersonen

Serge Schmemann

Die drei Männer standen in einem Abstand von etwa fünfundzwanzig Metern voneinander an der Ben Yehuda-Promenade in Jerusalem, einer von ihnen als Frau verkleidet. Einer gab wahrscheinlich ein Zeichen, vielleicht nickte er mit dem Kopf, und alle drei lösten Schalter aus, mit denen sie primitive Bomben zündeten, die unter ihren Kleidern versteckt waren: Jeweils etwa fünf Pfund Sprengstoff, vermischt mit Muttern und Schrauben, damit sie wie Schrapnelle wirkten.

Schon beim Klang des ersten „wumm" wußten viele instinktiv, worum es sich handelte. Regelmäßig durchbrechen Kampfjets die Schallmauer über Jerusalem, aber das klingt eher wie ein Donnerschlag. Und trotzdem erstarren die Menschen, bis sie das leiser werdende Fluggeräusch hören, das bestätigt, daß es sich um einen Jet gehandelt hat. Die Bomben klingen anders, mehr wie ein gedämpftes Krachen ganz in der Nähe. Wer es einmal gehört hat, erkennt es auf Anhieb wieder. Noch bevor am 4. September 1997 die zweite und die dritte Explosion erklang, hatten viele Menschen das grausig vertraute Geräusch erkannt.

Ich war unterwegs, um meine Frau aus der Schule abzuholen, in der sie arbeitete, und hatte gerade die Ben Yehuda überquert, als ich die Explosionen hörte. Obwohl ich das Geräusch noch nie zuvor gehört hatte, wußte auch ich, worum es sich handelte. In meinen zwei Jahren in Israel hatte ich über neun Selbstmordanschläge berichtet, und wie alle anderen wartete auch ich immer auf den nächsten Anschlag. Ich wußte auch, was als nächstes geschehen würde. Zuerst die vorsichtige Stille – alle wußten, daß Terroristen manchmal auf das Eintreffen der Hilfsdienste warten, bevor sie eine weitere Bombe zünden. Dann die Schreie der Verwundeten und der Entsetzten, die Sirenen, das chaotische Zusammentreffen von Sanitätern, Polizisten, Ermittlern, Soldaten und schwarzbärtigen orthodoxen Juden, die jedes Fetzchen jüdischen Fleisches und jüdischer Knochen für ein ordnungsgemäßes Begräbnis aufsammeln. Das Mobilfunknetz bricht zusammen, und die Menschen suchen verzweifelt nach einem freien Telefon, um ihre Familien daheim zu beruhigen.

Und jeder dort verspürt diese entsetzliche Hilflosigkeit, diese leere Wut. „Man hat fast das Gefühl, als wäre das etwas, mit dem wir uns einfach abfinden müssen", sagte ein junger Anwalt, Jonathan Shiff, der den Aufruhr von seinem Fenster aus beobachtete, das auf die Ben Yehuda hinausging. „So kann man nicht leben, und doch tun wir es", warf eine Frau ein, die neben uns stand.

Ein Selbstmordattentat ist anders als alle anderen Gewalttaten. Es gibt im Grunde keinen Schutz vor einem Angriff, der im wesentlichen willkürlich ist, keinen Schutz gegen einen Mann (alle Selbstmordattentäter in Israel waren bisher Männer), der so wahnsinnig vor Religion oder Verzweiflung ist, daß er bereit ist zu sterben. In den Kommuniqués, die danach veröffentlicht wurden, nannte die fundamentalistische islamische Hamas-Bewegung die Attentäter Märtyrer und Soldaten. Aber in Wirklichkeit waren sie nur Selbstmörder und Killer. Das zwölfjährige Mädchen, das von ihrer Bombe getötet wurde, war kein Soldat und auch kein Feind. Ebensowenig wie die anderen Opfer, ein Mann und zwei Frauen.

Terrorismus ist seinem Wesen nach ein Verstoß gegen alle Verhaltens-, Rechts- und Kampfnormen. Er zielt durch Handlungen willkürlicher und demonstrativer Bösartigkeit darauf ab, zu demoralisieren, zu entmenschlichen, zu entwürdigen und zu entsetzen.

Und fast instinktiv wehrt sich der menschliche Geist, indem er eben jenen Kampfgeist an den Tag legt, den der Terror zu unterminieren versucht. Innerhalb von Stunden waren die Straßen von Blut und Glas gesäubert, und am Morgen schlenderten Tausende von Israelis, viele von weit her, den Attentätern zum Trotz über die Ben Yehuda und erfüllten sie mit Entschlossenheit und Leben.

VERBRECHEN

Todesschwadronen

Jean-Marie Simon

Sie lungerten vor dem Polizeihauptquartier in Guatemala City herum, bekleidet mit Anzügen, bei denen nichts zusammenpaßte, gestützt auf ihre automatischen Gewehre wie auf Regenschirme. Sie waren Experten im Foltern, Verschwindenlassen und Hinrichten. Während des unerklärten Bürgerkriegs der guatemaltekischen Militärregierung gegen ihr eigenes Volk, der Anfang der 80er Jahre seinen Höhepunkt erreichte, bildeten diese Männer die Todesschwadronen, die Guatemala terrorisierten.

Todesschwadronen hießen buchstäblich *escuadrones de la muerte*, wurden oft aber auch *judiciales* genannt, eine unzutreffende Bezeichnung, denn mit Gerichten hatten sie aber auch rein gar nichts zu tun.

Am ersten Weihnachtstag 1980 folgte mir aus einem Kino ein *judicial* und sagte, ich könne ihn entweder auf einen BigMac zu McDonald's oder zum Polizeihauptquartier begleiten. Da die Polizeiwache ein Folterzentrum war, aus dessen Kellergeschoß man im Vorübergehen Schreie hören konnte, zog ich den Restaurant-Treff vor. Bei einer anderen Gelegenheit wurden eines Nachts zwei Kollegen und ich auf einer verlassenen Straße von vier schwerbewaffneten Männern in einem Bronco-Jeep verfolgt. Ein befreundeter Politiker mit guten Verbindungen ging der Sache für mich nach und berichtete, ja, die Männer seien hinter uns hergewesen, aber das sei nur zur Einschüchterung gewesen. („Wenn sie euch hätten töten wollen, wärt ihr jetzt tot", versicherte er mir.)

Zehntausende Menschen starben in Guatemala, entweder bei Massakern auf dem Lande, begangen von uniformierten Armeetruppen, oder in den Städten, wo Todesschwadronen sie „verschwinden ließen".

Einige waren Militärangehörige, die für Entführungen Zivilkleidung anlegten. Andere dagegen waren ehemalige Soldaten, Polizisten, Leibwächter oder arbeitslose Zivilisten, die die schmutzige Arbeit der Armee gegen Bezahlung erledigten. *Judiciales* waren Bauern vom Lande, in sogenannte **Bürgerwehren** rekrutiert, die von der Armee die Anweisung erhalten hatten, ihre Nachbarn für ein Gewehr, ein Stück Land oder etwas Geld zu denunzieren oder um nicht selbst ins Visier der Armee zu geraten. Für die meisten war es nichts Politisches, nur eine Sache des Geldes; wenn man einem *judicial* sagte, er bekäme doppelt soviel Geld fürs Autowaschen, hätte er statt dessen Autos gewaschen.

Todesschwadronen entführen und töten Menschen, weil jemand in der Regierung oder beim Militär ihr Verhalten befiehlt, billigt oder duldet. Regierungen, Streitkräfte und politische Organisationen haben einen rein praktischen Grund für die Verwendung von Todesschwadronen, nämlich deren Taten ableugnen zu können; plausibel ist der Grund selten.

Hinrichtungen durch Todesschwadronen verstoßen gegen das Recht der bewaffneten Konflikte sowie gegen viele Menschenrechtspakte. Ein Verbrechen, das damit in Zusammenhang steht, und zwar das **Verschwindenlassen von Personen**, gilt unter bestimmten Umständen inzwischen als **Verbrechen gegen die Menschlichkeit**.

Das Recht der bewaffneten Konflikte, wie es in den vier Genfer Konventionen von 1949 kodifiziert ist, verbietet ausdrücklich Exekutionen ohne ein faires Gerichtsverfahren. Der gemeinsame Artikel 3, der bei innerstaatlichen Konflikten anzuwenden ist, verbietet „Angriffe auf das Leben und die Person, namentlich Tötung jeder Art, Verstümmelung, grausame Behandlung und Folterung" von Personen, die nicht an Feindseligkeiten teilgenommen haben. Er verbietet außerdem „Verurteilungen und Hinrichtungen ohne vorhergehendes Urteil eines ordentlich bestellten Gerichtes, das die von den zivilisierten Völkern als unerläßlich anerkannten Rechtsgarantien bietet".

Das Zweite Zusatzprotokoll von 1977, das sich auf innerstaatliche bewaffnete Konflikte bezieht, besagt, daß das Gericht „die wesentlichen

Salvadorianische Todesschwadronen hinterlassen ihr Symbol, die Mano Blanca, die weiße Hand, an der Tür eines Opfers.

Garantien der Unabhängigkeit und Unparteilichkeit" aufweisen muß. Das Gericht muß den Beschuldigten unverzüglich über die Einzelheiten der Anklage unterrichten und ihm alle erforderlichen Rechte und Verteidigungsmittel gewähren; niemand darf wegen einer Straftat angeklagt werden, für die er nicht selbst strafrechtlich verantwortlich ist; niemand darf wegen einer Straftat verurteilt werden, die zur Zeit ihrer Begehung rechtlich nicht existierte; wem eine Straftat zur Last gelegt wird, der gilt als unschuldig, bis seine Schuld bewiesen ist; jeder Angeklagte hat das Recht, bei der Hauptverhandlung anwesend zu sein, und darf nicht gezwungen werden, gegen sich selbst auszusagen. Obwohl das Protokoll weniger universell anerkannt ist als die Konventionen von 1949, trat Guatemala ihm 1987 bei.

1994 erklärte die Organisation Amerikanischer Staaten die systematische Praxis des Verschwindenlassens von Personen zu einem Verbrechen gegen die Menschlichkeit, ein Standard, der in das Römische Statut des Internationalen Strafgerichtshofes von 1998 übernommen wurde. Menschenrechtspakte, die bei Aufständen oder Unruhen gelten, aber rechtlich bei bewaffneten Konflikten eingeschränkt und vorübergehend außer Kraft gesetzt werden können, untersagen die Todesstrafe ohne das Urteil eines zuständigen Gerichtes.

Die Situation in Guatemala war eindeutig ein innerstaatlicher bewaffneter Konflikt, und es galt das humanitäre Recht. Daher waren die Regierung, die Armee, die Todesschwadronen und alle anderen, die für die Regierung Gewalt anwandten, an seine Bestimmungen gebunden.

Die Todesschwadronen hinterließen sehr wenig Überlebende, und die meisten von diesen waren entweder der Gefangenschaft entgangen oder wurden am Vorabend von Guatemalas erster ziviler Wahl nach drei Jahrzehnten freigelassen, als die Regierung darauf bedacht war, gegen das Versprechen wirtschaftlicher Unterstützung ausländischen Forderungen nachzugeben.

Zwar leugnete die Armee jegliche Verbindung zu den Todesschwadronen, doch niemand glaubte ihr. Selbst in Guatemala, wo die Armee dafür berüchtigt war, keine Zeugen oder schriftlichen Beweise ihrer Aktionen zu hinterlassen („Wir sind nicht Argentinien, wir hinterlassen keine Überlebenden", prahlte 1984 der ehemalige Leiter der Abteilung für Öffentlichkeitsarbeit, Oberst Edgar D'Jalma Dominguez), war sie gelegentlich indiskret. Als die Frau eines Gewerkschafters sich nach ihrem verschwundenen Mann erkundigte, wurde sie an ein obskures Eckbüro im Nationalpalast verwiesen, wo ein *judicial* mit einer schwarzen Kapuze über dem Gesicht ihr die Einzelheiten der Entführung und Folter mitteilte.

(Siehe **Rechtliches Gehör**)

VERBRECHEN

Töten als Repressalie

Kenneth Anderson

1944 begannen nach der Landung der Alliierten in der Normandie französische Partisanen der Resistance einen offenen und großangelegten Kampf gegen die deutschen Streitkräfte. Sie waren in den „Forces françaises de l'intérieur" (FFI) organisiert und standen mit dem Oberkommando der Alliierten und mit der gaullistischen Provi-

Deutsche Soldaten ergeben sich FFI- Truppen in Paris. 25. August 1944.

sorischen Regierung Frankreichs in Verbindung, operierten aber unter einem von diesen Streitkräften unabhängigen Oberbefehl. Da sie Abzeichen trugen, die aus der Entfernung sichtbar waren, ihre Waffen offen trugen, unter einem verantwortlichen Oberbefehl standen und sich an die Gesetze des bewaffneten Konflikts hielten, qualifizierten sich die FFI laut der Genfer Konvention von 1929 als Kombattanten.

Die Deutschen aber erkannten die FFI nicht als rechtmäßige **Kombattanten** an. Sie vertraten die Haltung, daß Frankreich nach dem Waffenstillstand von 1940 nicht mehr im Kriegszustand mit Deutschland sei und daß seine Angehörigen in den FFI daher Straftäter und keine Kombattanten seien. Die FFI ihrerseits brachte vor, daß der Waffenstillstand zwischen Frankreich und Deutschland gebrochen worden sei und daß die Feindseligkeiten wieder aufgenommen worden seien. Ihrer Argumentation nach standen den französischen Streitkräften, die nach den Regeln von 1929 kämpften, die Rechte von Kombattanten zu, einschließlich des

Kriegsgefangenenstatus für gefangengenommene Kämpfer. Da Deutschland die FFI nicht als rechtmäßige Kombattanten betrachtete, tötete es viele von ihnen kurzerhand durch summarische Hinrichtungen. Am Tag nach der Landung in der Normandie erschossen die Deutschen beispielsweise fünfzehn Partisanen, die in Caen gefangengenommen worden waren.

Als die Kämpfe in Frankreich um sich griffen, ließ sich die deutsche Behauptung, daß der Waffenstillstand und seine Bedingungen immer noch galten, nicht mehr aufrechterhalten. Dennoch fuhren die deutschen Streitkräfte fort, FFI-Kämpfer zu exekutieren, obwohl Charles de Gaulles Provisorische Regierung im Namen der FFI dagegen protestierte und Repressalien androhte. Ende Sommer 1944 hatten sich viele deutsche Soldaten den FFI ergeben, und die FFI befanden sich in der Situation zu handeln. Als sie erfuhren, daß die Deutschen achtzig Partisanen exekutiert hatten und vorhatten, weitere zu exekutieren, gaben die FFI bekannt, daß sie als Repressalie ebenfalls achtzig Exekutionen vornehmen würden. Das Internationale Komitee vom Roten Kreuz (IKRK) versuchte zu intervenieren und erreichte eine Verschiebung, bis die Deutschen einwilligten, den FFI den rechtlichen Status von Kombattanten zuzubilligen. Nachdem sechs Tage ohne eine Reaktion der Deutschen verstrichen waren, exekutierten die FFI achtzig deutsche Gefangene. Danach wurden offenbar keine FFI-Kämpfer mehr hingerichtet.

Repressalie ist ein Rechtsbegriff des humanitären Völkerrechts, der eine bestimmte Art der Vergeltung beschreibt. Damit eine Handlung eine Repressalie ist, muß sie zu dem Zweck unternommen werden, feindliche Kräfte dazu zu zwingen oder zu veranlassen, ihre eigene Völkerrechtsverletzung einzustellen. Eine Repressalie ist sozusagen Selbsthilfe zur Durchsetzung des Kriegsrechts, sie wird nicht aus Rache oder als Strafe durchgeführt, sondern vielmehr, um die andere Seite zu zwingen, ihren Verstoß einzustellen. Juristisch betrachtet ist eine Repressalie eine Handlung, die, wenn sie um ihrer selbst willen ausgeführt würde, einen Verstoß gegen das humanitäre Völkerrecht darstellen würde. Wenn sie jedoch dazu unternommen wird, eine gegnerische Partei dazu zu bringen, ihren Verstoß gegen das humanitäre Völkerrecht einzustellen, kann sie zu einer rechtmäßigen Handlung werden, vorausgesetzt, alle rechtlichen Kriterien werden erfüllt. Zudem muß eine Repressalie, damit sie eine Repressalie und nicht einfach nur eine Vergeltungsmaßnahme ist, im Verhältnis zu dem Verstoß gegen das humanitäre Völkerrecht durch die andere Seite stehen.

Heute ist die Repressalie fast ganz aus dem Kanon des humanitären Völkerrechts verschwunden. Selbst wenn man voraussetzt, daß die deutsche Position zur Rechtmäßigkeit der FFI-Kombattanten falsch war, hat die Genfer Konvention von 1929 genau diese Art von Repressalie, bei der Kriegsgefangene verwendet werden, ausdrücklich verboten. Jede darauffolgende Revision von Verträgen des humanitären Völkerrechts hat zusätzliche Kategorien von Kombattanten und Zivilpersonen unter den Schutz vor Repressalien gestellt. Die Genfer Konventionen von 1949 weiten das Verbot von Kriegsgefangenen auf diejenigen Zivilpersonen aus, die von der Vierten Genfer Konvention geschützt werden, und das Erste Zusatzprotokoll von 1977 weitet den Schutz speziell auf Zivilpersonen jeder Art sowie „zivile Objekte" aus. Vielleicht der einzige Umstand, unter dem das humanitäre Völkerrecht heute noch Repressalien – wenn überhaupt – zuläßt, wäre eine Reaktion auf die Verwendung rechtswidriger Methoden oder Waffen gegen Kombattanten. Der Trend geht eindeutig dahin, Repressalien unter allen Umständen zu verbieten.

Die Tötung deutscher Soldaten durch die FFI, obwohl sie insoweit effektiv war, als danach die summarischen Hinrichtungen durch die Deutschen aufhörten, stellten eindeutig einen Verstoß auch gegen die damaligen Regeln des humanitären Völkerrechts dar und wäre heute auf jeden Fall ein Verstoß gegen das humanitäre Völkerrecht und eine schwere Verletzung der Genfer Konventionen und des Ersten Zusatzprotokolls.

(Siehe **Geschützte Personen**)

SCHLÜSSELBEGRIFF

Totaler Krieg

Peter Rowe

Als totalen Krieg bezeichnet man manchmal die Mobilisierung aller wirtschaftlichen wie militärischen Ressourcen einer Gesellschaft, zur Unterstützung der Kriegsanstrengung; so bezeichnete Amerika sein eigenes Engagement während des Zweiten Weltkrieges. Manchmal ist mit dem Begriff auch die Bereitschaft gemeint, es in jeder geographischen Zone mit dem Feind aufzunehmen, oder mit allen verfügbaren Waffen, oder gelegentlich die Bereitschaft, einen Feldzug der verbrannten Erde zu bestreiten, sogar auf dem eigenen Gebiet. Manchmal wird damit ein Krieg bezeichnet, der gegen die militärische und wirtschaftliche Infrastruktur eines Feindes auf dessen gesamtem Gebiet geführt wird, um die Kampffähigkeit des Feindes zu dezimieren; in diesem Sinn wurde der Begriff in beiden Weltkriegen von Großbritannien verwendet. Er bezeichnet außerdem manchmal die Bereitschaft, jede Methode oder jedes Mittel der Kriegführung, legal oder illegal, anzuwenden, darunter z. B. auch Waffen, die kategorisch als rechtswidrig gelten, wie **chemische** oder **biologische** Waffen. Diese äußerst unterschiedlichen Bedeutungen des Begriffes *totaler* Krieg haben im humanitären Völkerrecht vollkommen unterschiedliche rechtliche Implikationen.

Die ersten drei Bedeutungen des totalen Krieges schließen nicht unbedingt einen Verstoß gegen das humanitäre Völkerrecht ein. Es ist beispielsweise möglich, nach dem humanitären Völkerrecht alle Ressourcen einer Gesellschaft zu Kriegszwecken zu mobilisieren. Es ist auch möglich, innerhalb des humanitären Völkerrechts an jedem Schauplatz und mit allen legalen Waffen zu kämpfen. Es ist sogar möglich, wenn auch schwieriger, einen Krieg zu führen, bei dem die militärisch-wirtschaftliche Infrastruktur auf legale Weise angegriffen wird, vorausgesetzt, daß die angreifenden Streitkräfte die Regeln des humanitären Völkerrechts in bezug auf unterschiedslose Angriffe respektieren. Eine Konfliktpartei verstößt aber gegen das humanitäre Völkerrecht, wenn sie glaubt, daß es bei einem totalen Krieg zulässig ist, das Recht der bewaffneten Konflikte auszusetzen.

Das humanitäre Völkerrecht gilt immer, wie heftig der bewaffnete Konflikt auch geführt wird. Ein Staat, der versuchte, einen totalen Krieg in dem Sinn zu führen, daß er erklärte, er werde die Einschränkungen des humanitären Völkerrechts in bezug auf sein Verhalten nicht einhalten, verstieße gegen das humanitäre Völkerrecht und würde zum Subjekt von Resolutionen des UN-Sicherheitsrates werden.

Zudem kann bei einer individuellen oder Staatenverantwortlichkeit für Verletzungen des humanitären Völkerrechtes nicht als Rechtfertigung vorgebracht werden, daß der Feind einen totalen Krieg führt. Noch kann man auf **militärische Notwendigkeit** plädieren, denn die militärische Notwendigkeit rechtfertigt nur Aktionen, die an sich rechtmäßig sind. Das humanitäre Völkerrecht selbst gibt militärischen Führern einen gewissen Spielraum bei der Durchführung von Kampfhandlungen, aber sie müssen innerhalb der Beschränkungen des humanitären Völkerrechts handeln. Es kann auch nicht zur Verteidigung argumentiert werden, daß die Verletzungen des humanitären Völkerrechts im Rahmen eines totalen

Krieges in Form von **Repressalien** als Antwort auf Handlungen des Feindes erfolgen. Die Genfer Konventionen von 1949 und das Erste Zusatzprotokoll von 1977 enthalten ausdrücklich das Verbot von Repressalien gegen alles, was durch diese Abkommen geschützt wird, wie die Zivilbevölkerung, zivile Objekte, Verwundete und Kranke und Kriegsgefangene.

(Siehe **Legitime militärische Ziele; Begrenzter Krieg; Militärische Ziele.**)

RECHT

Tote und Verwundete

H. Wayne Elliott

1967 posierte ein Feldwebel der US-Army für ein Foto. Das Foto, das später landesweit publiziert wurde, zeigt den Feldwebel, wie er die abgetrennten Köpfe von zwei gefallenen Gegnern hochhält. Der Soldat wurde vor ein Kriegsgericht gestellt und wegen „Gefährdung der Ordnung und Disziplin" verurteilt. Es gab auch Berichte über US-Soldaten, die den Leichen der Gegner Ohren und Finger abschnitten. General William Westmoreland, Befehlshaber der US-Streitkräfte in Vietnam, prangerte die Verstümmelung von Leichen als „untermenschlich" und „gegen alle Grundsätze und unter den Mindeststandards menschlichen Anstands" an. Doch die Mißhandlung von Leichen verstößt nicht nur „gegen alle Grundsätze", sie stellt zudem einen Verstoß gegen das Kriegsrecht dar.

Eine Konsequenz des Krieges ist der Tod vieler, die darin verwickelt sind. Seit undenklichen Zeiten obliegt dem Militär die Sorge um die ordnungsgemäße Beseitigung der Toten. In früheren Zeiten hatte diese ordnungsgemäße Beseitigung auf dem Schlachtfeld oft religiöse Untertöne. Zudem bildeten die Toten ein unmittelbares hygienisches Problem. Die Notwendigkeit zur Verhinderung von Krankheiten, die dadurch entstehen konnten, daß niemand sich um die Toten kümmerte, war häufig ausreichend, um eine humane Beseitigung der Gefallenen zu veranlassen. Doch das Recht verläßt sich nicht allein auf religiöse Praktiken oder die Sorge um die Gesundheit der Lebenden. Die ordnungsgemäße Beseitigung der Toten ist inzwischen rechtlich vorgeschrieben.

Die wichtigste Pflicht gegenüber den Gefallenen wird in Artikel 15 der Ersten Genfer Konvention dargelegt. In diesem Artikel geht es in erster Linie um die Hilfe für die Verwundeten. Doch er verlangt von den Beteiligten auch, „jederzeit und besonders nach einem Kampf ... die Gefallenen zu suchen und deren Ausplünderung zu verhindern." In dem Artikel heißt es außerdem, „wenn immer es die Umstände gestatten", solle ein Waffenstillstand vereinbart werden, um die Suche nach den Verwundeten zu ermöglichen. Bei der Suche nach den Verwundeten würde man natürlich auch die Toten finden.

Im Kommentar des Internationalen Komitees vom Roten Kreuz (IKRK) zu der Genfer Konvention heißt es, die Toten seien zusammen mit den Verwundeten zurückzubringen. Ein Grund dafür besteht darin, daß es in der stark aufgeladenen Atmosphäre auf dem Schlachtfeld vielleicht nicht immer möglich ist zu bestimmen, wer wirklich tot ist und wer schwer verwundet. Der zweite Grund besteht darin, daß das Kriegsrecht verlangt, die Toten nach Möglichkeit zu identifizieren und ihnen ein ordnungsgemäßes Begräbnis zu gewähren.

Für die Behandlung der Gefallenen auf dem Schlachtfeld gelten zwei Aspekte. Zunächst einmal besteht das Verbot einer vorsätzlichen Schändung der Leiche, entweder dadurch, daß sie nicht mit der angemessenen Achtung behandelt wird, oder durch Verstümmelung. Zum zweiten ist es verboten, die Gefallenen auszuplündern. Diese Regeln in bezug auf die Gefallenen stammen ebensosehr aus dem Kriegsgewohnheitsrecht wie aus den Genfer Konventionen.

Auf dem Weg zur Beerdigungsstätte schleifen US-Truppen die Leiche eines Vietkong-Soldaten an einem Schützenpanzer hinter sich her. Tan Binh, Vietnam, 1966.

Die Genfer Konventionen entwickeln das Gewohnheitsrecht noch etwas weiter. In Artikel 16 der Ersten Genfer Konvention finden wir eine Verpflichtung der Partei, die im Besitz der Leiche ist, der anderen Partei (normalerweise durch eine neutrale Macht oder das IKRK) einen schriftlichen Nachweis für den Tod zu übermitteln. Wenn die Leiche mit der erforderlichen doppelten Erkennungsmarke identifiziert ist, wird eine Hälfte der Marke zusammen mit allen persönlichen Besitztümern, die an der Leiche gefunden werden, der anderen Seite übermittelt.

Artikel 17 der Ersten Genfer Konvention befaßt sich hauptsächlich mit der Beerdigung der auf dem Schlachtfeld gefundenen Gefallenen. Die Leichen werden untersucht, vorzugsweise durch eine Person mit medizinischen Kenntnissen, um den Tod zu bestätigen. Die Beerdigung erfolgt, soweit möglich, in Einzelgräbern. Dahinter steht die Vorstellung, daß Einzelgräber eher der allgemeinen Forderung entsprechen, die Toten zu achten, und daß eine Beerdigung in Einzelgräbern eine spätere Exhumierung erleichtern würde. Diese Forderung ist jedoch nicht absolut. Je nach Klima und den gesundheitlichen und hygienischen Verhältnissen kann ein Massengrab die einzige vernünftige Alternative darstellen. Die verbleibende Hälfte der doppelten Erkennungsmarke muß bei der Leiche bleiben. Eine Einäscherung ist verboten, es sei denn, sie ist durch die Religion des Gefallenen oder aus zwingenden hygienischen Gründen erforderlich. Die Beerdigung oder Einäscherung erfolgt nach Möglichkeit nach den religiösen Riten des Gefallenen. Die Leichen werden nach der Staatsangehörigkeit angeordnet und die Friedhöfe so angelegt, daß eine spätere Exhumierung erleichtert wird. Das ist das Kernstück der Pflichten gegenüber den Gefallenen nach der Genfer Konvention – sie sind mit allen Ehren zu behandeln, und ihre Gräber sind zu schonen.

Tatsächlich kommt die Verstümmelung der Toten in disziplinierten Armeen nur selten vor. Das erklärt sich vermutlich ebenso aus einer allgemeinen Abscheu vor einem derartigen Verhalten wie aus der Furcht vor strafrechtlichen Folgen. Das Ausplündern der Toten ist das größere Problem. Im Zweiten Weltkrieg verbot die US-Armee den Soldaten, Gegenstände als „Kriegstrophäen" mitzunehmen, die auf eine respektlose Behandlung der Gefallenen hindeuteten. Heute gibt es eine ähnliche Bestimmung. Dennoch gibt es ein anerkanntes Recht, die Toten nach Informationen zu durchsuchen, die für den Nachrichtendienst von gewissem Wert sein könnten. Doch das Privateigentum des Gefallenen muß sichergestellt werden, um es später den Militärbehörden des Gefallenen zu übermitteln.

Wie diese Zusammenfassung zeigt, ist die Pflicht gegenüber den Gefallenen mehr oder weniger subjektiv. Welches Verhalten stellt eine Respektlosigkeit dar? Wie können wir bestimmen, wann die Nachlässigkeit gegenüber den Gefallenen nicht mehr durch militärische Erfordernisse bedingt ist, sondern ein Beweis für das Kriegsverbrechen der Mißhandlung von Gefallenen wird? Auf diese Fragen gibt es keine klaren und eindeutigen Antworten. Wenn die Toten jedoch noch einige Zeit, nachdem der Kampf zu Ende ist, auf dem Schlachtfeld liegengelassen werden, ist allein ihre Anwesenheit schon ein Beweis für die Nichterfüllung rechtlicher Verpflichtungen. Wenn die Toten allein zu dem Zweck auf dem Schlachtfeld liegengelassen werden, um von Journalisten gesehen oder fotografiert werden zu können, ist dies ein noch deutlicherer Beweis dafür, daß die Schwelle zur Mißhandlung nahe ist. Werden die Toten zu Propagandazwecken ausgestellt, dann ist die Schwelle überschritten, und es handelt sich ganz eindeutig um ein Kriegsverbrechen.

Das Kriegsrecht akzeptiert, daß der Tod ein Bestandteil des Krieges ist. Es erkennt außerdem an, daß die Beseitigung der Toten hinter der Pflege der Verwundeten zurückstehen muß.

Worum es bei dem Schutz und der Achtung vor den Gefallenen geht, drückt der Spruch am Grab des Unbekannten Soldaten auf dem Friedhof von Arlington aus: „Hier ruhe in ehrenvollem Frieden ein Soldat, den nur Gott allein kennt." Derartige Empfindungen sind auch anderen Völkern nicht fremd.

FALLSTUDIE

Tschetschenien

Barry Renfrew

Ausmaß und Intensität des Gemetzels und der Greueltaten in Rußlands verhängnisvollem Krieg in Tschetschenien erinnerten an den Zweiten Weltkrieg. Ohne Unterlaß nahmen gewaltige Verbände von Panzern, Artillerie und Flugzeugen tschetschenische Städte unter schweren Beschuß, bis von ihnen nur noch verbrannte Ruinen blieben. Die Getöteten oder Ermordeten waren hauptsächlich Zivilisten. Menschenrechte und humanitäres Völkerrecht waren für beide Seiten ohne Bedeutung.

Nach russischen Schätzungen starben bei dem einundzwanzig Monate dauernden Krieg bis zu 90 000 Menschen, hauptsächlich Zivilpersonen. Etwa 600 000 Menschen, die Hälfte der Bevölkerung, flohen oder wurden aus ihren Heimen vertrieben. Beide Seiten begingen Greueltaten, obwohl die viel größere russische Militärmacht sich die schlimmeren Ausschreitungen zuschulden kommen ließ. Russische Truppen griffen unterschiedslos Städte und Dörfer an, töteten und vergewaltigten Zivilpersonen, plünderten und verbrannten Häuser. Tschetschenische Kämpfer exekutierten Gefangene und Gegner unter der Zivilbevölkerung, mißbrauchten Zivilpersonen als Schutzschilde für ihre Truppen und militärischen Einrichtungen und vertrieben in einer systematischen Kampagne russische Zivilisten aus Tschetschenien.

Eine saubere, einfache Antwort auf die Frage, weshalb dieser Krieg so brutal war, gibt es nicht. Es war ein Krieg, der von intensivem Nationalismus und ethnischem Haß angefacht wurde; ein katastrophal geführter Krieg, der rasch zu einer brutalen Unterdrückungskampagne verkam, der den tschetschenischen Widerstand nur noch verstärkte; ein Krieg, in dem eine schlecht ausgebildete, sich auflösende Armee, in Wahrheit kaum mehr als ein Mob, es mit einer kleineren, aber hochmotivierten, gutgeschulten Guerilla-Streitmacht zu tun bekam; ein Krieg, in dem eine demokratisch gewählte Regierung die rücksichtslosen Methoden und Kräfte des sowjetischen Totalitarismus gegen eine Zivilbevölkerung einsetzte. Es war außerdem ein Krieg zwischen Völkern und Kulturen, die seit Jahrhunderten mit unverminderter mittelalterlicher Grausamkeit gnadenlose Eroberungs- und Vernichtungskriege gegeneinander geführt hatten.

Töten oder getötet werden, das war die einzige Motivation der meisten Soldaten der sich auflösenden russischen Armee, die verzweifelt eher darum kämpften, am Leben zu bleiben, als einen Krieg zu gewinnen. Siegen oder Sterben war der Schlachtruf der Tschetschenen, inspiriert von fanatischem Patriotismus und ihrem islamischen Glauben an den Dschihad oder Heiligen Krieg gegen den traditionellen Feind. Viele Russen betrachten Tschetschenen als dunkelhäutige, tückische Wilde und gewohnheitsmäßige Kriminelle. Für die Tschetschenen sind die Russen rücksichtslose Eroberer und Plünderer ihres Vaterlandes.

Der Westen zog es vor, den Krieg als innerstaatliche Angelegenheit ohne rechtliche oder praktische Grundlagen für eine Intervention von außen zu betrachten. Er war sich zwar der Tatsache schmerzlich bewußt, daß die russischen Streitkräfte für den Tod Tausender Zivilisten verantwortlich waren, glaubte aber, Boris Jelzin unterstützen zu müssen.

Rußland ist ein ungleiches Flickwerk besiegter ethnischer und nationaler Gruppen, die mit Gewalt zusammengehalten werden. Ungeachtet ihrer Ideologie glaubte jede russische Regierung, die Existenz Rußlands hänge davon ab, dieses auseinanderstrebende Reich zusammenzuhalten – um jeden Preis. Viele russische Führer und gewöhnliche Leute waren sich der Tatsache zutiefst bewußt, daß die Auflösung der Sowjetunion sie riesige Gebiete und einen Großteil ihres nationalen Stolzes gekostet hatte. Viele befürchteten, Rußland stehe kurz vor dem Zerfall.

Die Tschetschenen, ein sehr nationalbewußtes und kriegerisches Volk, waren im neunzehnten Jahrhundert unter den letzten, die vom zaristischen Rußland erobert wurden. Die Tschetschenen haben die russische Herrschaft niemals akzeptiert, und dementsprechend regierte Moskau dort mit eiserner Faust. Der sowjetische Diktator Josef Stalin deportierte in den vierziger Jahren praktisch die gesamte tschetschenische Nation, Hunderttausende Männer, Frauen und Kinder, nach Zentralasien, wo viele unter entsetzlichen Bedingungen umkamen.

Nach dem Zusammenbruch der Sowjetunion 1991 erklärte Tschetschenien seine Unabhängigkeit. Einige Tschetschenen lehnten aufgrund von Stammesrivalitäten und einem Streit um Macht und Wohlstand in einer Region voll bedeutender Öl-Pipelines das Regime Dschochar Dudajews, eines früheren Sowjet-Generals, ab. Doch für die meisten Tschetschenen war ihr Recht auf Unabhängigkeit eine naturgegebene Tatsache, so unveränderlich wie die Berge ihres Landes. Die Tschetschenen sahen keine Notwendigkeit, ihren Anspruch auf Unabhängigkeit mit dem Völkerrecht oder der Geschichte zu begründen. Auf eine derartige Frage würde ein Tschetschene entweder mit Mitleid reagieren, weil es sich bei dem Fragenden eindeutig um einen Dummkopf handeln muß, oder mit einer drohenden Entgegnung des Inhalts, daß der Fragende nur ein Feind sein könne.

Das Völkerrecht hat wenig darüber zu sagen, ob die Tschetschenen das Recht hatten, sich abzuspalten, oder ob Rußland berechtigt war, Gewalt anzuwenden, um sie davon abzuhalten. (Zwar ist in internationalen Verträgen häufig weitschweifig vom Selbstbestimmungsrecht der Völker

Innerstaatlicher Konflikt: Trotz weit überlegener Waffen erlitten russische Truppen, hier ein verwundeter Soldat, hohe Verluste. Ebenso die Zivilbevölkerung.

die Rede, doch dies wird normalerweise so ausgelegt, als beziehe es sich auf antikoloniale Kämpfe gegen den weit entfernten Kolonialherrn und nicht auf die Teile einer Nation.) Aber Regierungen berufen sich auf das Hoheitsrecht, ihre territoriale Unversehrtheit zu bewahren, falls notwendig, mit Gewalt – und akzeptieren dabei stillschweigend das Recht anderer Staaten, ebenso zu verfahren.

International galt der Tschetschenien-Krieg rasch als innerstaatliche Angelegenheit. Die Vereinten Nationen sagten, sie hätten bei einem innerstaatlichen Problem keine Handhabe einzugreifen. Vereinzelt wurden Rufe nach Sanktionen laut, doch die Reaktion des Westens beschränkte sich auf Appelle zur Zurückhaltung und auf gelegentliche Rügen.

Mehr zu tun waren die westlichen Regierungen nicht willens oder nicht in der Lage, da sie ihre Rußlandpolitik an Präsident Boris Jelzin festgemacht hatten, dem Mann, der den Krieg begonnen hatte. Jelzin wurde vom Westen als der beste Garant für eine gemäßigte, pro-westliche Regierung in Moskau gesehen. Aber die russische Demokratie steckte noch in den Kinderschuhen, und mächtige kommunistische und nationalistische Gruppen in Rußland riefen nach einer Absetzung Jelzins und einer Rückkehr zur totalitären Vergangenheit des Landes.

Der Westen, der sich des riesigen nuklearen Arsenals Rußlands wohl bewußt war und das Gespenst eines Rußlands im Chaos unter einem neuen autoritären Regime vor Augen hatte, wollte eine freundlich gesonnene Regierung im Kreml. Die Welt feierte immer noch das Ende des Kalten Krieges und den Fall der Sowjetunion, die Millionen ihrer eigenen Leute getötet und eingesperrt hatte. Das Hauptanliegen bestand darin, für die Aufrechterhaltung demokratischer Reformen zu sorgen, damit Rußland nicht in den alten Zustand zurückdriftete.

Ein demokratisches Rußland, oder wenigstens die Hoffnung darauf, überwog das Leid Tschetscheniens.

Selbst wenn die Vereinigten Staaten und ihre Verbündeten hätten handeln wollen – was hätten sie tun können, um den Krieg zu stoppen oder zu mäßigen? Embargos auf Waffen oder andere strategische Güter hätten gegen das mächtige russische Militär nichts ausrichten können, das immer noch viele Ressourcen einer Weltmacht besaß und sich selbst versorgen konnte. Ein Wirtschafts- oder Finanzembargo hätte den prodemokratischen Marktreformen geschadet. Selbst im Rückblick hätte der Westen wohl kaum mehr tun können. Heute scheint es wichtiger denn je, die Hoffnung auf ein demokratisches Rußland zu setzen, da das Land weiter zerfällt und die Gefahr von Autoritarismus oder Faschismus droht.

Als die russischen Soldaten im Dezember 1994 nach Tschetschenien geschickt wurden, waren sie verwirrt. Frauen und Kinder versuchten die russischen Panzer aufzuhalten und flehten die russischen Truppen an, umzukehren. Ein russischer General stoppte den Vormarsch seiner Truppen, da es nicht Aufgabe der Armee sei, gegen ihre eigenen Bürger zu kämpfen.

Diese anfängliche Ungewißheit schwand, als tschetschenische Streitkräfte den Russen schwere Verluste beibrachten. Die mangelhaft ausgebildeten, schlecht geführten russischen Truppen wurden zu Hunderten bei vergeblichen Sturmangriffen gegen tschetschenische Stellungen niedergemäht. Was als schnelle Polizeiaktion gedacht gewesen war, wurde zu einem gigantischen Desaster für das russische Militär. Fast sofort kam es zu den ersten Greueltaten, wobei Tschetschenen gefangengenommene russische Flieger buchstäblich in Stücke rissen, während russische Streitkräfte unterschiedslos Siedlungen der Zivilbevölkerung bombardierten.

Rund um Grosny, die tschetschenische Hauptstadt, fanden offene Kämpfe statt. Nachdem Angriffe der Infanterie gescheitert waren, machte sich das russische Militär daran, die Stadt in Grund und Boden zu schießen, damit sie sich ergab. Russische Flugzeuge bombardierten Grosny, während gepanzerte Streitkräfte und Artillerie die Stadt von Bodenstellungen aus angriffen.

Als die Kämpfe auf dem Höhepunkt waren, ging ich einmal mit zwei Kollegen eine Wohnstraße entlang, die aus dem Zentrum Grosnys herausführte. Plötzlich stieß ohne Vorwarnung ein russischer Jet auf uns nieder und feuerte eine Rakete ab, die ein großes Backsteinhaus ein paar Meter weiter zerstörte und uns von den Füßen warf. Die einzigen anderen Menschen auf der Straße waren Kinder. Früher an diesem Tag hatten wir be-

Ein tschetschenischer Kämpfer mit einer AK-47 im Feuergefecht. Grosny, 1996.

reits den Schüssen tschetschenischer Heckenschützen im Stadtzentrum ausweichen müssen. Alles, was sich bewegte, wurde aufs Korn genommen.

Der russische Angriff traf hauptsächlich die Zivilbevölkerung Grosnys, die meisten davon russischer Volkszugehörigkeit. Die kleine tschetschenische Bevölkerungsgruppe der Stadt war in die umgebenden Dörfer geflohen. Separatistische Streitkräfte operierten von Gebäuden voller russischer Zivilpersonen aus, die sie als Schutzschilde benutzten.

Nach dem humanitären Völkerrecht hatten die Russen bei ihrem Versuch, die Stadt einzunehmen, das Recht auf ihrer Seite, da sie der Hauptstützpunkt der Rebellen und Ort **legitimer militärischer Ziele** war, ungeachtet der Anwesenheit von Zivilpersonen. Die Tatsache, daß tschetschenische Streitkräfte große Teile der Stadt befestigt hatten, bedeutete außerdem, daß Wohnhäuser und andere zivile Strukturen legitime Ziele waren, wenn sie militärisch gebraucht wurden. Und viele Zivilpersonen starben nicht wegen der Russen, sondern weil tschetschenische Streitkräfte sie als menschliche **Schutzschilde** benutzten und sie zuweilen daran hinderten, die Stadt zu verlassen oder evakuiert zu werden. Eine russische Strategie, Grosny dadurch einzunehmen, daß es als Ganzes zerstört wurde, war jedoch nach dem Kriegsrecht nicht legitim, da Angriffe nicht unterschiedslos geführt werden dürfen und sich auf einzelne, voneinander getrennte Objekte richten müssen. Kombattanten ist es rechtlich nicht erlaubt, alle Ziele in einem Bereich, wie beispielsweise in einer ganzen Stadt, als ein einziges, riesiges Ziel zu behandeln.

Bei meiner Berichterstattung aus Grosny während der Schlacht konnte ich klar erkennen, daß beide Seiten alles tun würden, um zu siegen. Rechtliche oder humanitäre Fragen waren für die meisten russischen und tschetschenischen Befehlshaber bedeutungslos, insbesondere für diejenigen, die gleichgültig ihre eigenen Truppen Tag für Tag in einen Zermürbungskrieg schickten, nur um abgeschlachtet zu werden.

Grosny unter Belagerung: Einwohner holen Wasser aus einer Quelle im Park, während ein Amputierter über das Eis hinter ihnen hergeht.

Man kann auch nicht sagen, daß die gegnerischen Parteien nicht wußten, was sie taten, oder sich der rechtlichen und moralischen Verantwortung professioneller Soldaten nicht bewußt waren. Tschetschenische Spitzenkommandeure hatten in der sowjetischen Armee hohe Ränge bekleidet, mit denselben beruflichen Aussichten, derselben jahrelangen Ausbildung und derselben höheren Bildung wie ihre ehemaligen Kollegen beim russischen Militär. Aber die Befehlshaber auf beiden Seiten stammten auch aus der gleichen sowjetischen Tradition, nach der zur Durchsetzung des Staatswillens rücksichtslos Gewalt angewandt wurde und Menschen- oder Bürgerrechte praktisch nicht existent waren.

Als Grosny gefallen war, verlagerte sich der Krieg aufs Land. Russische Streitkräfte „befriedeten" Dörfer, indem sie sie mit Panzern, Artillerie und Flugzeugen angriffen, häufig ohne Rücksicht darauf, ob in den Dörfern Widerstand geleistet wurde. Humanitäre und Hilfsgruppen berichteten, daß russische Soldaten Zivilisten töteten, vergewaltigten und ausplünderten. Auch tschetschenische Banditen beraubten und töteten Zivilisten.

In einer systematischen Kampagne zur Terrorisierung der Bevölkerung trieben russische Streitkräfte willkürlich tschetschenische Männer zusammen. Überlebende berichteten von Folterungen. Viele tschetschenische Familien sagten, ihre Männer seien niemals zurückgekehrt, doch es gibt keine verläßlichen Schätzungen darüber, wieviele Menschen verschwanden. In der Nähe russischer Internierungslager in Grosny wurden Massengräber gefunden.

Sergej Kowaljow, zu Sowjetzeiten ein prominenter Dissident, trat im Januar 1996 von seinem Posten als Vorsitzender der Menschenrechtskommission in Rußland zurück, um gegen das Vorgehen der Regierung zu protestieren. Aber er kritisierte auch die Tschetschenen wegen ihrer Behandlung russischer Zivilisten.

„Ich kann nicht mehr mit einem Präsidenten arbeiten, den ich weder als Unterstützer der Demokratie noch als Bewahrer der Rechte und Freiheiten der Bürger meines Landes betrachte", schrieb er in einem Brief an Jelzin.

Tschetschenische Kämpfer mißbrauchten nicht nur Zivilisten als Schutzschilde beim Kampf, sondern töteten zudem Gefangene und zivile Gegner, insbesondere Anhänger moskau-freundlicher tschetschenischer politischer Gruppen, wobei sie häufig ihre Opfer folterten und verstümmelten. Manche gefangengenommene russische Soldaten wurden gefoltert und exekutiert, während andere dagegen gut behandelt und freigelassen wurden.

In ihrem Versuch, den Krieg ins russische Lager zu tragen, griffen tschetschenische Sonderkommandos mehrere russische Städte an, wobei sie wiederum **Geiseln** aus der Zivilbevölkerung als menschliche Schutzschilde benutzten und sich in einem Fall eines Krankenhauses bemächtigten, das zum Mittelpunkt einer heftigen Schlacht wurde.

Im Sommer 1996 schien der Krieg allmählich abzuflauen, wobei Moskau den Sieg für sich reklamierte. Im August nahmen die Separatisten bei einem Überraschungsangriff einen großen Teil Grosnys ein. Da die russische Regierung sich des wachsenden allgemeinen Zorns auf den Krieg bewußt war und die Hoffnung auf einen militärischen Sieg verloren hatte, zog sie ihre Streitkräfte zurück und versuchte ihr Gesicht zu wahren, indem sie ankündigte, eine Entscheidung über die tschetschenische Unabhängigkeit werde bis 2001 fallen. Die Tschetschenen betrachteten sich als unabhängig.

Seither versucht Rußland den Krieg nach Kräften zu vergessen. In Tschetschenien haben trotz Wahlen Gesetzlosigkeit und Gewalt überhand genommen. Wegen der ständigen Entführungen können es Journalisten nicht mehr wagen, nach Tschetschenien zu reisen. In dem zerrütteten Land herrscht das Faustrecht.

(Siehe **Zivilpersonen, Immunität von; Evakuierung von Zivilpersonen; Unterschiedsloser Angriff; Zwischenstaatliche im Vergleich mit innerstaatlichen bewaffneten Konflikten; Plünderung; Willkürliche Zerstörung; Vorsätzliches Töten**)

Anmerkung des Lektorats: Im Zeitraum zwischen dem Abschluß der Reportage und der Drucklegung der deutschen Ausgabe dieses Buches sind die Kämpfe in Tschetschenien wieder aufgeflammt und eine politische Lösung in weite Ferne gerückt.

422 **Umweltzerstörung als Mittel der Kriegführung** Mark Perry und Ed Miles

425 **Universelle Gerichtsbarkeit**
Françoise Hampson

427 **Unterschiedsloser Angriff** Roy Gutman und Daoud Kuttab

431 **Unterschiedsloser Angriff: Arten**

432 **Unverteidigte Städte** Adam Roberts

VERBRECHEN

Umweltzerstörung als Mittel der Kriegführung

Mark Perry und Ed Miles

Die Aussage von George Claxton, einem Veteranen des Vietnamkrieges, der im Jahre 1967 in Südostasien stationiert war, macht deutlich, in welch großem Umfang die Vereinigten Staaten Agent Orange tatsächlich einsetzten. „Ich habe mit dem Zeug geduscht", sagt Claxton. „Wir hatten Duschkabinen aus Holz, über denen Wannen mit Regenwasser angebracht waren, und das Regenwasser war leicht orange. Wir zogen an der Schnur in der Dusche und duschten uns mit dem orangen Wasser. Wir wußten, daß es Agent Orange war, da wir sahen, wie es die Flugzeuge täglich über dem Urwald versprühten. Wir machten uns keine Gedanken darüber, und zuerst dachten wir, die Army sprüht gegen Moskitos."

Was Claxton erlebte, war nicht außergewöhnlich. Zwischen 1965 und 1975 sprühte die US-Armee Millionen von Tonnen an Agent Orange auf die Urwälder von Vietnam, in als „ADMs" (Area Denial Missions) bezeichneten, per Flugzeug durchgeführten Missionen, die den Zweck hatten, der Armee des Vietkong und der Armee Nordvietnams durch Entlaubung der Wälder die Deckung zu entziehen. Diese Strategie hatte Erfolg: Auf großen Flächen der Provinz Quang Tri entlang des 38. Breitengrads und einem Teil des „eisernen Dreiecks" der Provinz Tay Ninh westlich von Saigon wurde jegliche Vegetation zerstört.

Nach dem Vietnamkrieg herrschte weltweit Besorgnis wegen der Umweltschäden, die durch US-amerikanische Militäroperationen in Südostasien verursacht wurden. Kurz nach Ende des Vietnamkrieges, im Jahre 1975, wurde allmählich deutlich, daß unverhältnismäßig viele Vietnamveteranen an Non-Hodgkin-Lymphom und Hautsarkomen erkrankten. Später stellten die „Centers for Disease Control" (Zentren für Gesundheitsüberwachung in den USA) fest, daß diese Krebserkrankungen von den in Agent Orange enthaltenen Dioxinen verursacht worden waren. Auch das Ausmaß der durch das Besprühen verursachten Umweltschäden in Vietnam wurde offenbar. Die entlaubten Flächen Südostasiens wurden zwar nicht systematisch erfaßt, doch über die Schäden bestehen unzählige Berichte. Wie Chuck Searcy, der Leiter des humanitären Programms in Hanoi berichtet, sehen große Teile der Provinzen Quang Tri und Tay Ninh „aus wie eine Mondlandschaft" und sind dauerhaft für die Landwirtschaft unbrauchbar. Und vietnamesische Ärzte sprechen von einer beträchtlichen Zunahme der Mißbildungen bei Neugeborenen in den betroffenen Gebieten.

Das Kernstück des humanitären Völkerrechts zum Verbot der Kriegführung durch Umweltzerstörung wurde als Reaktion auf die in Vietnam angewandten Methoden ausgearbeitet und ist in zwei Artikeln des Ersten Zusatzprotokolls zu den Genfer Konventionen enthalten. In Artikel 35 heißt es, „es ist verboten, Methoden oder Mittel der Kriegführung zu verwenden, die dazu bestimmt sind oder von denen erwartet werden kann, daß sie ausgedehnte, langanhaltende und schwere Schäden der natürlichen Umwelt verursachen". Dieses Verbot ist in zwei Abschnitten von Artikel 55 ausführlich dargelegt.

Im ersten der beiden Abschnitte geht es um den Schutz der natürlichen Umwelt. „Bei der Kriegführung ist darauf zu achten", heißt es da, „daß die natürliche Umwelt vor ausgedehnten, lang anhaltenden und schweren Schäden geschützt wird. Dieser Schutz schließt das Verbot der Anwendung von Methoden oder Mitteln der Kriegführung ein, die dazu bestimmt sind oder von denen erwartet werden kann, daß sie derartige Schäden der natürlichen Umwelt verursachen und dadurch Gesundheit oder Überleben der Bevölkerung gefährden." Die zweite Bestimmung erklärt, „Angriffe gegen die natürliche Umwelt als **Repressalie** sind verboten".

Eine Vietnamesin mit ihren beiden blinden Töchtern (1980). Der Vater der Mädchen war als Fahrer auf dem Ho-Chi-Minh-Pfad häufig mit Agent Orange durchnäßt worden.

Leider sind diese Bestimmungen in rechtlicher Hinsicht nicht so klar und eindeutig, wie zumindest einige Kommentatoren und Aktivisten sich dies gewünscht hätten. Diese Bestimmungen enthalten zwar die Verpflichtung dazu, Schutzvorkehrungen zu treffen, gehen jedoch nicht so weit, daß bestimmte Methoden der Kriegführung, welche die Umwelt schädigen können, pauschal verboten werden. Der Ausdruck „lang anhaltend" wird so gebraucht, daß er sich auf Jahrzehnte, und nicht auf Jahre bezieht, daher ist anscheinend ein beträchtliches Maß an Umweltschäden nach dem humanitären Völkerrecht durchaus tolerierbar.

Einige weitere Einschränkungen bezüglich der Zerstörungen, die durch Kriegführung mittels Umweltzerstörung verursacht werden, wurden in der „Konvention über das Verbot der militärischen oder einer sonstigen feindseligen Nutzung umweltverändernder Techniken" (ENMOD-Konvention: Environmental Modification Techniques) festgelegt, die (ebenfalls als Reaktion auf den Einsatz von Entlaubungsmitteln durch die USA in Vietnam) im Jahre 1977 zur Unterzeichnung aufgelegt und 1980 von den USA ratifiziert wurde. Diese Konvention gilt heute zusammen mit Artikel 35 und 55 des Ersten Zusatzprotokolls als eindeutigster Text des humanitären Völkerrechts auf dem Gebiet der Kriegführung durch Umweltzerstörung.

Nach den Bestimmungen der ENMOD verpflichtet sich jeder Vertragsstaat, „umweltverändernde Techniken, die weiträumige, lange andauernde oder schwerwiegende Auswirkungen haben, nicht zu militärischen Zwecken oder in sonstiger feindseliger Absicht als Mittel zur Zerstörung, Schädigung oder Verletzung eines anderen Vertragsstaats zu nutzen." In der Praxis wird sich noch zeigen müssen, ob diese Bestimmungen eindeutig genug sind, um als wirksames Mittel zur Verhinderung der extremsten Umwelteingriffe dienen zu können.

Zur Zeit des Vietnamkriegs waren diese Bestimmungen noch nicht in Kraft, daher können sie nachträglich nicht auf die Vorgänge zu jener Zeit angewandt werden. Einige Kommentatoren vertraten die Ansicht, daß das Inbrandsetzen der kuwaitischen Ölfelder und das absichtliche Einleiten von Millionen Tonnen Öl in den Persischen Golf durch die Regierung des Irak, als die Besetzung Kuwaits 1991 dem Ende entgegenging, ein Verbrechen dieser Art war. Da jedoch nie irakische Offiziere wegen dieser Straftaten angeklagt oder vor Gericht gestellt wurden, ist zweifelhaft, ob diese Bestimmungen in der Praxis eine Wirkung haben.

Universelle Gerichtsbarkeit

Françoise Hampson

Kann ein Amerikaner wegen Geschwindigkeitsübertretung auf den Straßen Frankreichs vor ein amerikanisches Gericht gestellt werden? Bei der Überlegung, ob jemand verurteilt werden kann, muß nicht nur das fragliche Delikt berücksichtigt werden, sondern auch, welche Gerichte die Gerichtsbarkeit über das Delikt haben. Die übliche Grundlage für die Gerichtsbarkeit ist das Gebiet (d.h. zuständig sind die Gerichte des Ortes, wo die Handlung stattgefunden hat), aber einige Rechtssysteme, hauptsächlich die des römisch geprägten Rechts, erkennen auch eine Gerichtsbarkeit auf der Grundlage der Staatsangehörigkeit an (d.h. in einigen Fällen können französische Staatsangehörige wegen strafbaren Verhaltens außerhalb von Frankreich vor ein französisches Gericht gestellt werden.) Das Völkerrecht läßt auch zu, daß ein Staat in einigen Fällen eine Strafgerichtsbarkeit auf anderen Grundlagen ausübt. In manchen Fällen kann eine Einzelperson in jedem beliebigen Staat vor Gericht gestellt werden. Dies wird als universelle Gerichtsbarkeit bezeichnet.

Im Oktober 1998 wurde General Augusto Pinochet, der ehemalige chilenische Diktator, auf Ersuchen eines spanischen Staatsanwaltes von britischen Behörden verhaftet. Möglicherweise wird dieser Fall bedeutsame neue Erkenntnisse über den Geltungsbereich der universellen Gerichtsbarkeit mit sich bringen, doch beim Schreiben dieses Artikels ist noch nicht bekannt, wie der Fall enden wird.

Nur die schwerwiegendsten Straftaten unterliegen im Völkerrecht einer universellen Gerichtsbarkeit. Ein Staat hat über diese Straftaten eine primäre Gerichtsbarkeit, aber ob eine Einzelperson vor Gericht gestellt wird oder nicht, hängt unter anderem davon ab, ob das *innerstaatliche* Recht des Staates ein Verfahren wegen derartiger Verbrechen zuläßt. Die schwerwiegendsten Straftaten, die der universellen Gerichtsbarkeit unterstehen, umfassen schwere Verstöße gegen das Kriegsrecht und die Kriegsbräuche, **Verbrechen gegen die Menschlichkeit** sowie, nach der Entscheidung des Internationalen Strafgerichtshofes für das ehemalige Jugoslawien (ITCY) im Falle Tadic, Verstöße gegen den gemeinsamen Artikel 3 der vier Genfer Konventionen von 1949, der in innerstaatlichen bewaffneten Konflikten Anwendung findet.

Außerdem sehen bestimmte internationale Verträge eine universelle Gerichtsbarkeit vor, zum Beispiel die UN-Konvention gegen Folter. Überraschenderweise gehört die **Völkermord**-Konvention nicht dazu, obgleich jeder Staat eine universelle Gerichtsbarkeit geltend machen kann. Sie sieht eine territoriale Gerichtsbarkeit vor oder eine Gerichtsbarkeit, die von einem internationalen Strafgerichtshof ausgeübt wird. Im allgemeinen fordern Verträge, die eine universelle Gerichtsbarkeit vorsehen, daß der Staat den Verdächtigen vor Gericht stellt oder ihn ausliefert, damit er anderswo vor Gericht gestellt werden kann.

Es gibt eine Verhaltenskategorie, für die spezielle Bestimmungen gelten. Schwere Verletzungen der Genfer Konventionen von 1949 und des Ersten Zusatzprotokolls von 1977 sind in den Verträgen definiert und können nur in zwischenstaatlichen bewaffneten Konflikten vorkommen.

Jeder Staat, der durch die Verträge gebunden ist, hat die rechtliche Verpflichtung, diejenigen, die schwerer Verletzungen verdächtigt werden, zu suchen und zu verfolgen, ungeachtet der Staatsangehörigkeit des Verdächtigen oder des Opfers oder des Ortes, an dem die Handlung angeblich stattgefunden hat. Der Staat kann den Verdächtigen für eine Gerichtsverhandlung an einen anderen Staat oder an ein internationales Tribunal ausliefern. Wenn das innerstaatliche Recht die Ausübung universeller Gerichtsbarkeit nicht zuläßt, muß ein Staat zunächst für die erforderlichen gesetzgeberischen Grundlagen sorgen, ehe er so handelt. Damit aber nicht genug: Der Staat muß tatsächlich seine Gerichtsbarkeit ausüben, es sei denn, er übergibt den Verdächtigen einem anderen Land oder einem internationalen Tribunal.

(Siehe **Zivilpersonen, Immunität von; Zwischenstaatliche im Vergleich mit innerstaatlichen bewaffneten Konflikten; Geschützte Personen**)

U

VERBRECHEN

Unterschiedsloser Angriff

Roy Gutman und Daoud Kuttab

Als westliche Luftstreitkräfte zu Beginn des Golfkrieges irakische militärische Ziele bombardierten, feuerte der Irak wiederholt SS-1-(Scud-)Raketen auf Israel ab. Scuds galten nie als besonders präzise, aber sie wurden noch unpräziser, als der Irak während des iranisch-irakischen Krieges beschloß, ihre Reichweite auf ca. 900 km zu verdreifachen.

Der Streuradius betrug ca. 2 km, wodurch die Rakete zum Angriff auf militärische Ziele fast nicht zu gebrauchen war, dafür aber sehr effektiv eingesetzt werden konnte, um die Bevölkerung in einem urbanen Gebiet in Angst und Schrecken zu versetzen. Von den elf Angriffen auf israelische Ziele schlugen viele in dicht bevölkerte Wohngebiete in Tel Aviv oder Haifa, aber auch in offenes Gelände ein; andere wurden vorher von Patriot-Flugabwehrraketen abgeschossen, die die USA bereitgestellt hatten, und kamen nicht in die Nähe ihrer Ziele. Es gibt keinerlei Hinweise, daß der Irak irgendeinen Versuch unternahm, die Scud-Raketen auf militärische Ziele zu richten.

Die Scud-Angriffe sind ein Paradebeispiel für einen unterschiedslosen Angriff, was im Ersten Zusatzprotokoll von 1977 zu den Genfer Konventionen von 1949 als Kriegsverbrechen definiert wird. Ein unterschiedsloser Angriff ist ein solcher, bei dem der Angreifer keinerlei Vorkehrungen unternimmt, um zu verhindern, daß er nicht-militärische Ziele, also Zivilpersonen und zivile Objekte, trifft. Das Erste Zusatzprotokoll besagt: „Die am Konflikt beteiligten Parteien [unterscheiden] jederzeit zwischen der Zivilbevölkerung und Kombattanten sowie zwischen zivilen Objekten und militärischen Zielen; sie dürfen daher ihre Kriegshandlungen nur gegen militärische Ziele richten."

Unter einen unterschiedslosen Angriff fällt auch der Gebrauch von Mitteln und Methoden, die, wie die Scud-Raketen, nicht auf bestimmte militärische Ziele gerichtet werden können oder deren Auswirkungen nicht begrenzt werden können.

Als **militärische Ziele** gelten nur „solche Objekte, die auf Grund ihrer Beschaffenheit, ihres Standorts, ihrer Zweckbestimmung oder ihrer Verwendung wirksam zu militärischen Handlungen beitragen und deren gänzliche oder teilweise Zerstörung, deren Inbesitznahme oder Neutralisierung unter den in dem betreffenden Zeitpunkt gegebenen Umständen einen eindeutigen militärischen Vorteil darstellt." Auch wenn jeder unterschiedslose Angriff einen Verstoß gegen das Kriegsrecht darstellt, ist dies auch der Fall, wenn der Angriff auf ein militärisches Ziel Kollateralschäden unter Zivilpersonen oder an zivilen Objekten herbeiführt. Wenn der Schaden für Zivilpersonen im ausgewogenen Verhältnis zu dem erwarteten militärischen Vorteil steht, dann ist der Angriff, wenn alle anderen Bedingungen gleich sind, eine rechtmäßige Kriegshandlung. Wenn die Schäden „in keinem Verhältnis zum erwarteten konkreten und unmittelbaren militärischen Vorteil stehen", dann ist der Angriff, ob unterschiedslos oder nicht, verboten. (Konkret bedeutet, mit den Sinnen wahr-

nehmbar, unmittelbar bedeutet, daß dabei kein intervenierender Faktor eine Rolle spielt.)

Auch wenn die Vereinigten Staaten und mehrere andere Länder das Erste Zusatzprotokoll nicht ratifiziert haben, gilt diese Bestimmung als Teil des Gewohnheitsrechtes und daher als bindend für alle Konfliktparteien. In innerstaatlichen Konflikten wurden unterschiedslose Angriffe niemals ausdrücklich verboten; dennoch gilt dieser Grundsatz durch seinen Status als Gewohnheitsrecht auch für diese.

Fast jede Armee hat irgendwann einmal Angriffe geführt, die man heute als unterschiedslos bezeichnen würde. Dazu gehören beispielsweise während des Zweiten Weltkrieges die deutschen Angriffe mit V1- und V2-Raketen, die alliierten „strategischen Bombardierungen" und die Brandbombenteppiche auf Dresden und Hamburg sowie während des Vietnamkrieges die **Flächenbombardierungen** der USA. Um dieser Praxis ein Ende zu setzen, verbietet das Erste Zusatzprotokoll einen Angriff „durch eine Bombardierung ..., bei dem mehrere militärische Einzelziele in einer Stadt, einem Dorf oder einem sonstigen Gebiet, in dem Zivilpersonen oder zivile Objekte ähnlich stark konzentriert sind, wie ein einziges militärisches Ziel behandelt werden".

Hinter dieser Bestimmung steckt die Absicht, einen Angreifer davon abzuhalten, eine ganze Stadt, die nicht nur Zivilpersonen, sondern auch militärische Ziele enthält, als ein einziges miltiärisches Ziel zu behandeln. Einzelne militärische Ziele dürfen dennoch angegriffen werden, auch wenn dies möglicherweise zu Kollateralschäden unter der Zivilbevölkerung führt, aber die Waffen müssen jeweils auf einzelne Ziele ausgerichtet werden. Was aber als ausreichend „unterscheidend" bei der Ausrichtung auf ein Ziel gilt, ist eine wichtige Auslegungsfrage, besonders im Hinblick auf die physikalischen Grenzen von Waffensystemen und die Unmöglichkeit, selbst „intelligente" Waffen immer perfekt ins Ziel zu bringen. Was das letztere betrifft, so besteht nicht einmal die Forderung, nur intelligente Waffen zu benutzen.

Selbst nach Inkrafttreten des Protokolls verstießen einige der fortschrittlichsten Armeen der Welt gegen das Recht. Human Rights Watch (HRW) dokumentierte in *Civilian Pawns: Laws of War Violations and the Use of Weapons on the Israel-Lebanon Border* (1996) [frei übersetzt: Die Zivilbevölkerung als Pfand: Kriegsrechtsverletzungen und Waffeneinsatz an der israelisch-libanesischen Grenze] sich wiederholende Beispiele unterschiedsloser Angriffe während des langen Konflikts Israels mit der Hisbollah im Südlibanon. Während der Operation „Accountability" [„Verantwortlichkeit"] griff die israelische Armee gezielt zivile und militärische Hisbollah-Mitglieder sowie deren Sympathisanten und Verwandte an und nahm außerdem ganze Dörfer ohne Unterscheidung bestimmter militärischer Ziele unter Beschuß. (Dazu sollte erwähnt werden, daß Israel dem Ersten Zusatzprotokoll von 1977 nicht beigetreten ist.)

Es fanden unmittelbare Angriffe auf rein zivile Ziele wie auf den Gemüsegroßmarkt in Sidon statt, und in einem bestimmten Stadium der Auseinandersetzung warnte Israel davor, daß es auf alle Transportmittel in etwa zwanzig Dörfern schießen werde, und machte das Gebiet so zu einer **freien Feuerzone**. Allerdings hatte die Hisbollah vor der israelischen Operation Katjuscha-Raketen auf Israel abgefeuert, nicht um militärische Einrichtungen zu treffen, sondern um die Zivilbevölkerung zur

Bewohner von Hanoi in ihren Schutzräumen. Vietnam, März 1967.

Flucht nach Süden zu treiben. Auch dies stellte einen eindeutigen Verstoß gegen das Verbot unterschiedsloser Angriffe dar. Außerdem hatte die Hisbollah nicht vor den Angriffen gewarnt, und sie hatte offensichtlich ungenaue Waffen verwendet. Zudem, so schloß HRW, habe die Hisbollah, indem sie ihre Waffen nicht gegen militärische Ziele gerichtet habe, die Waffen dazu benutzt, um Schrecken unter der Zivilbevölkerung zu verbreiten. Im wesentlichen hatte sich das, was vielleicht als unterschiedsloser Angriff begonnen hatte, in einen unmittelbaren Angriff auf Zivilpersonen verwandelt – auch dies eindeutig ein Kriegsverbrechen. Die von der Hisbollah vorgebrachte Entschuldigung, daß ihr Beschuß eine Vergeltungsmaßnahme sei, machte deutlich, daß ihr Angriff auf Zivilpersonen eine **Repressalie** war.

1995 und 1996 griffen Israel und die Hisbollah erneut zivile Ziele der jeweils anderen Seite an. Bei der Operation „Früchte des Zorns" im April 1996 gab es Beweise dafür, daß Israel „unterschiedslose und unverhältnismäßige Angriffe gegen Zivilpersonen führte, wodurch praktisch große Landstriche im Süden [des Libanons] zu ‚freien Feuer'-Zonen" geworden waren. Die Angriffe kulminierten in dem Beschuß eines provisorischen Flüchtlingslagers auf einem UN-Stützpunkt südlich von Tyrus, wobei über einhundert vertriebene Zivilpersonen starben. Israel sagte, die Hisbollah habe von einer Position, die dreihundert Meter von dem UN-Stützpunkt entfernt gewesen sei, Mörsergranaten und Katjuschas abgefeuert. Militärische Ziele in der Nähe einer Ansammlung von Zivilpersonen aufzustellen und diese so als Schutzschilde zu verwenden, ist ebenfalls ein Kriegsverbrechen, und das Recht der bewaffneten Konflikte macht klar, daß ein Angreifer durch die Nähe von Zivilpersonen oder zivilen Objekten nicht daran gehindert wird, ein legitimes militärisches Ziel anzugreifen. Selbst wenn die Zone also durch die Verwendung von Menschen als Schutzschilden nicht vor Angriffen immun war, „war Israel nicht berechtigt, *unterschiedslos* ein großes Gebiet zu beschießen, in dem sich ein UN-Stützpunkt und Ansammlungen von Zivilpersonen befanden", wie Human Rights Watch richtig bemerkte. Einen Tag später gab das Internationale Komitee vom Roten Kreuz (IKRK) eine Erklärung ab, in der es den israelischen Beschuß bei Qana „nachdrücklich verurteilte" und wiederholte, daß unterschiedslose Angriffe „absolut verboten" seien. Jedoch sagte ein höherer IKRK-Vertreter nach einer Untersuchung, das eigentliche Problem hierbei sei die Tatsache, daß das israelische System von seiner Konstruktion her automatisch auf den Ausgangspunkt eines Angriffs zurückfeuere. Also hatte Israel keine ausreichenden Vorkehrungen getroffen, um sicherzustellen, daß der Beschuß keine unverhältnismäßigen Opfer unter der Zivilbevölkerung verursachte. Der Militärberater der UN kam in einem Bericht von Mai 1996 zu der Schlußfolgerung, es sei „unwahrscheinlich, daß grobe technische und/oder Verfahrensfehler zu dem Beschuß des Geländes der Vereinten Nationen geführt haben". Er setzte jedoch hinzu: „Es läßt sich nicht vollständig ausschließen."

(Siehe **Zivilpersonen, Immunität von; Zivilpersonen, Rechtswidrige Angriffe auf; Legitime militärische Ziele; Militärische Notwendigkeit; Verhältnismäßigkeit; Schutzschilde**)

Unterschiedsloser Angriff: Arten

1. Ein Angriff, der nicht gegen militärische Ziele gerichtet ist. (Schaden an zivilem Eigentum, der tatsächlich beabsichtigt ist, wird als **vorsätzliche Zerstörung** bezeichnet, insbesondere wenn es sich um einen umfassenden Schaden handelt.)

2. Gebrauch von Waffen, die nicht richtig auf ein Ziel ausgerichtet werden können.

3. Gebrauch von Waffen, die unkontrollierbare Wirkungen haben.

4. Ein Angriff, bei dem ein Gebiet mit ähnlichen Konzentrationen militärischer und ziviler Ziele als ein einzelnes militärisches Ziel behandelt wird.

5. Ein Angriff, von dem zu erwarten ist, daß er Schäden unter der Zivilbevölkerung oder an zivilen Objekten anrichtet, die in keinem Verhältnis zum erwarteten konkreten und unmittelbaren militärischen Vorteil stehen.

Unverteidigte Städte

Adam Roberts

Zu den Begriffen der *unverteidigten* oder *offenen* Städte (die Begriffe werden mehr oder weniger synonym gebraucht) bestehen bereits mindestens seit Ende des neunzehnten Jahrhunderts im Völkerrecht und in der militärischen Praxis sowohl Regelungen wie Unklarheiten.

Das Kriegsrecht besagt, daß unverteidigte Orte nicht angegriffen werden sollen. In der Haager Landkriegsordnung von 1907, die formal immer noch gilt, steht in Artikel 25: „Es ist untersagt, unverteidigte Städte, Dörfer, Wohnstätten oder Gebäude, mit welchen Mitteln es auch sei, anzugreifen oder zu beschießen." Mit ähnlichen Worten befaßt sich das Haager Abkommen von 1907 mit der Beschießung von See aus.

Man kann den Begriff *unverteidigt* so auslegen, daß er alle Orte umfaßt, die nicht befestigt sind und in denen keine aktive militärische Präsenz vorhanden ist. Nach dieser Logik könnte auch eine Stadt im Inneren eines kriegführenden Landes, die über umfangreiche Waffenfabriken oder militärische Kommunikationssysteme verfügt, als unverteidigt gelten. Da jedoch Militärstrategen, insbesonders solche der Luftwaffe, den Standpunkt, solche Orte sollten vor Angriffen geschützt sein, allgemein ablehnen, kann eine derartige Auslegung nicht als die vorherrschende Rechtsauffassung angesehen werden.

In der Praxis wurden die Worte *unverteidigt* und *offen* restriktiv so definiert, daß damit Orte gemeint sind, die, ohne Widerstand zu leisten, offen sind für einen Einmarsch und eine Besetzung durch eine gegnerische Partei. Bei dieser Auslegung lautet die Kernbedeutung der Regel, die Angriffe auf unverteidigte Städte verbietet, einfach, daß eine in einer Kriegszone gelegene Stadt, die sich selbst bereit erklärt hat, den Einmarsch der Armee des Gegners zu akzeptieren, nicht bombardiert oder durch Artillerie angegriffen werden darf. Dies gilt allgemein als die überzeugendste Auslegung im Blick auf die Praxis und als ursprüngliche Intention des Artikels 25 der Haager Landkriegsordnung von 1907. Diese restriktive Ansicht wurde in dem Ersten Zusatzprotokoll von 1977 zu den Genfer Konventionen in Artikel 59 bestätigt, in dem es heißt, daß ein Kriegführender „jeden der gegnerischen Partei zur Besetzung offenstehenden bewohnten Ort in der Nähe oder innerhalb einer Zone, in der Streitkräfte miteinander in Berührung gekommen sind", zum *unverteidigten Ort* erklären kann.

In vielen Fällen wurden Städte in diesem Sinne für „offen" erklärt. Als die französischen Streitkräfte im Juni 1940 Paris verließen, wurde den Deutschen mitgeteilt, daß die Stadt ihnen offenstehe. Im Juni 1944 ersuchte der deutsche Oberbefehl in Italien die Alliierten, den Status Roms als offene Stadt zu „bestätigen", und gab dann eine entsprechende einseitige Erklärung ab, gefolgt von einer Kapitulation der Stadt an die Alliierten. Gelegentlich verstand man unter dem Konzept der offenen Städte auch schon die Vorstellung, daß bestimmten Städten ein Bombardement erspart werden sollte, selbst wenn sie für eine Besetzung nicht offen waren, weil sie z.B. weit hinter der Front lagen.

Die meisten Zerstörungsangriffe in modernen Kriegen erfolgten gegen Städte, die nicht unverteidigt im Sinne von offen für die Besetzung durch den Gegner waren. Das hat den Druck verstärkt, andere Grundlagen für den Schutz von Städten und ihren Bewohnern vor dem Wüten moderner Kriege zu entwickeln.

Der Begriff offene Städte wurde vom UN-Hochkommissar für Flüchtlinge (UNHCR) in einer ganz anderen Bedeutung verwendet: Er bezieht sich auf eine Initiative, die nach dem Friedensvertrag von Dayton 1995 in Bosnien-Herzegowina begonnen wurde, um lokale Behörden zu belohnen, die ihre „Opstina" (Distrikte) für offen erklären und sich für die Rückkehr der ethnischen Minderheit in ihre Vorkriegsheime einsetzen.

(Siehe **Legitime militärische Ziele; Sicherheitszonen**)

436 **Verantwortlichkeit der Vorgesetzten**
Nomi Bar-Yaacov

439 **Verbrechen gegen den Frieden**
Stephen R. Ratner

441 **Verbrechen gegen die Menschlichkeit**
M. Cherif Bassiouni

444 **Die Vereinten Nationen und die Genfer Konventionen**
Roy Gutman

448 **Verfolgung aus politischen, rassischen oder religiösen Gründen** William Shawcross

453 **Verhältnismäßigkeit, Grundsatz der** Horst Fischer

455 **Verschickung von Zivilpersonen** Thomas Goltz

457 **Verschwindenlassen von Personen** Corinne Dufka

460 **Völkermord** Diane F. Orentlicher

466 **Volksaufgebot** Karma Nabulsi

468 **Vorsätzliches Töten** Peter Maass

470 **Vorsätzlichkeit** A. P. V. Rogers

VERBRECHEN

Verantwortlichkeit der Vorgesetzten

Nomi Bar-Yaacov

Im Januar 1988, kaum einen Monat nach Beginn des Intifada-Aufstands gegen Israels Besetzung der Westbank und des Gazastreifens, gab Oberst Yehuda Meir Truppen unter seinem Kommando den Befehl, zwanzig palästinensische Männer aus Hawara und Beita, zwei arabischen Dörfern auf der Westbank, zusammenzutreiben, ihnen Handschellen und Augenbinden anzulegen und ihnen die Knochen zu brechen. Der Befehlshaber der Einheit, der Meir unterstellt war, gab den Befehl an seine Truppen weiter, sagte ihnen jedoch, sie müßten ihn nicht ausführen. Einige Soldaten taten es nicht, aber andere befolgten den Befehl mit solchem Eifer, daß ihre Schlagstöcke zerbrachen. Der damalige Verteidigungsminister Yitzhak Rabin sprach öffentlich von der Notwendigkeit, „den Intifada-Randalierern die Knochen zu brechen".

Meir war zwar bei diesem Vorfall nicht zugegen, doch er war der höchste kommandierende Offizier des Gebietes.

Es dauerte ein paar Monate, bis die Militärpolizei auf Ersuchen des Internationalen Komitees vom Roten Kreuz (IKRK) eine Untersuchung einleitete. Der Stabschef der Armee berief Meir zu sich und stellte ihn vor die Wahl, entweder vor einem Disziplinargericht des Militärs zu erscheinen, wo man ihm einen strengen Verweis erteilen und ihn aus der Armee entlassen würde, oder eine Kriegsgerichtsverhandlung über sich ergehen zu lassen. Meir akzeptierte die erste Option, nach der er für den Staatssicherheitsdienst arbeiten sollte, bis er mit seiner Oberstenpension in Rente gehen konnte.

Als der Kuhhandel bekannt wurde, rief die Bürgerrechtsvereinigung in Israel das oberste Gericht Israels an und forderte, Meir vor ein Kriegsgericht zu stellen.

Das Gericht urteilte einstimmig, daß Meir wegen Folter, vorsätzlicher Körperverletzung, schwerer Körperverletzung – übrigens alles schwere Verletzungen der Genfer Konventionen – und standeswidrigen Verhaltens vor ein besonderes Militärgericht gestellt werden solle.

„Diese Taten empören jede zivilisierte Person, und kein Mangel an Aufklärung kann sie vertuschen", sagte Richter Moshe Bejski. „Wenn der Befehl von einem höheren Offizier erteilt wird, muß sich dieser Offizier gewiß der Tatsache bewußt sein, daß die Moral der israelischen Streitkräfte ein derartiges Verhalten verbietet."

Gemäß dem Urteil des obersten Gerichts wurde Meir im April 1991 vor ein besonderes Militärgericht in Tel Aviv gestellt. Er wurde für schuldig befunden, zum Rang eines Gefreiten degradiert, und seine Oberstenpension wurde ihm aberkannt.

Meirs Fall beleuchtet zwei kritische Fragen des humanitären Völkerrechts. Kann der Gehorsam gegenüber den Befehlen Vorgesetzter als Verteidigung gegen den Vorwurf von Kriegsverbrechen vorgebracht werden?

Und wie hoch in der Befehlskette reicht die „Verantwortlichkeit eines Vorgesetzten"?

Die Antwort auf die erste Frage lautet, daß man sich nicht auf die Befehle eines Vorgesetzten berufen kann, um sich gegen den Vorwurf zu verteidigen, schwere Völkerrechtsverletzungen oder andere schwere Verstöße gegen das Völkerrecht begangen zu haben. Man sollte jedoch beachten, daß in Meirs Fall die Rechtswidrigkeit der Befehle eklatant und unbestreitbar war. In anderen Fällen mag sie weniger offensichtlich sein, und die Verfolgung von Kriegsverbrechen ist unter Umständen nicht möglich, wenn dem Untergebenen nicht nachgewiesen werden kann, daß er „vorsätzlich" gehandelt hat in dem Sinne, daß er wußte oder Grund hatte zu wissen, daß der Befehl rechtswidrig war. Zudem kann die Berufung auf den Befehl eines Vorgesetzten, auch wenn er nicht zur Entlastung des Beklagten vorgebracht werden kann, immerhin dazu dienen, auf mildernde Umstände zu plädieren, da der Untergebene unter Zwang gehandelt habe – beispielsweise aufgrund der Drohung, daß der Untergebene bei Nichtausführung des Befehls exekutiert werde.

Die zweite Frage besteht darin, wie weit in der Befehlskette die Verantwortlichkeit für die Anordnung eines Kriegsverbrechens hochreicht. Artikel 86 des Ersten Zusatzprotokolls der Genfer Konventionen besagt: „Wurde eine Verletzung der Abkommen oder dieses Protokolls von einem Untergebenen begangen, so enthebt dies seine Vorgesetzten nicht ihrer strafrechtlichen beziehungsweise disziplinarrechtlichen Verantwortlichkeit, wenn sie wußten oder unter den gegebenen Umständen auf Grund der ihnen vorliegenden Information darauf schließen konnten, daß der Untergebene eine solche Verletzung beging oder begehen würde, und wenn sie nicht alle in ihrer Macht stehenden praktisch möglichen Maßnahmen getroffen haben, um die Verletzung zu verhindern oder zu ahnden."

Diese Bestimmung gilt für Offiziere. Daher reicht die Verantwortlichkeit der Vorgesetzten bis zu jedem Offizier in der Befehlskette, der weiß oder Grund zur Annahme hat, daß seine Untergebenen Kriegsverbrechen begehen, und nichts dagegen unternimmt. Obwohl Israel das Erste Zusatzprotokoll nicht ratifiziert hat, geht aus der Praxis des obersten Gerichts Israels hervor, daß diese international anerkannten Standards in bezug auf die Befehle von Vorgesetzten und die Verantwortlichkeit von Vorgesetzten in sein innerstaatliches Recht eingegangen sind.

Nach dem Statut des neuen Internationalen Strafgerichtshofes von 1998 ist ein militärischer Befehlshaber verantwortlich für Verbrechen, von denen er „wußte oder aufgrund der zu der Zeit gegebenen Umstände hätte wissen müssen". Er ist nur für die Verbrechen verantwortlich, die von Truppen unter seiner „tatsächlichen Befehls- beziehungsweise Führungsgewalt und Kontrolle" begangen wurden. Er ist verantwortlich, wenn er „nicht alle ... erforderlichen oder angemessenen Maßnahmen ergriffen hat", um Verbrechen zu verhindern oder zu unterbinden, die seine Untergebenen „begangen haben oder zu begehen im Begriff waren" oder es unterlassen hat, den zuständigen Behörden die Angelegenheit zur Untersuchung und Strafverfolgung vorzulegen.

In Zusammenhang mit einigen Fällen haben sich schwierige Fragen ergeben, angefangen mit dem berühmten Yamashita-Fall, der vor dem Internationalen Militärtribunal in Tokio nach dem Zweiten Weltkrieg verhandelt wurde. Das Tribunal machte einen hochrangigen gegnerischen Befehlshaber in einem außerordentlich hohen Maße für die Handlungen seiner Untergebenen verantwortlich. Dieses Maß der Verantwortlichkeit für die Handlungen von Untergebenen, selbst unter Umständen, in denen Admiral Yamashita beinahe die gesamte Führungsgewalt und Kontrolle über seine Untergebenen und die Kommunikation mit ihnen verloren hatte, wurde von vielen Kritikern, darunter das Oberste Bundesgericht der USA, in einer vom Urteil des Tokioer Tribunals abweichenden Meinung als extrem hoch betrachtet. In der Praxis gilt, daß sich die Verantwortlichkeit von Vorgesetzten in der Befehlskette nicht so weit nach oben erstreckt, wie es logischerweise impliziert werden könnte, d.h. nicht bis zu den Oberbefehlshabern, und sich im allgemeinen auf Offiziere in einer unter den gegebenen Umständen sinnvollen Aufsichts- bzw Befehlsebene beschränkt.

In seiner Verteidigung argumentierte Meir, daß er in Übereinstimmung mit seinem Verständnis der Befehle seiner Vorgesetzten gehandelt habe. Das Gericht wies dieses Argument zurück. Die Richter kamen zu dem Schluß, daß politische Vertreter und hochrangige Militärvertreter keine Befehle zum Knochenbrechen gegeben hatten. Folglich entschloß sich die Staatsanwaltschaft, keine Anklage gegen den derzeitigen Stabschef Ehud Barak, den Verteidigungsminister Rabin oder den Befehlshaber der zentralen Zone, Generalmajor Yitzhak Mordechai, zu erheben.

Die Offiziere und Soldaten, die Meirs Befehle in der Affäre von Hawara und Beita ausgeführt hatten, wurden vor besondere Militärgerichte gestellt. Ihre Argumentation, daß sie nur „Befehle ausgeführt" hätten, wurde zurückgewiesen, und sie wurden zu Haftstrafen verurteilt.

(Siehe **Der arabisch-israelische Krieg; Vorsätzlichkeit**)

V

RECHT

Verbrechen gegen den Frieden

Stephen R. Ratner

Verbrechen gegen den Frieden sind nach der Definition des Internationalen Militärgerichtshofs in Nürnberg „das höchste internationale Verbrechen, das sich von anderen Kriegsverbrechen nur insofern unterscheidet, als es in sich das gesammelte Böse des Ganzen enthält".

Verbrechen gegen den Frieden, oder Verbrechen der **Aggression**, bildeten den ersten Anklagepunkt gegen die Nazis im Statut des Internationalen Militärgerichtshofes in Nürnberg von 1945. Die Charta definierte sie als „Planung, Vorbereitung, Einleitung oder Führung eines Angriffskrieges oder eines Krieges unter Verletzung internationaler Verträge, Vereinbarungen oder Zusicherungen, oder Teilnahme an einem gemeinsamen Plan oder an einer gemeinsamen Verschwörung zur Ausführung einer der vorgenannten Handlungen". Verbrechen gegen den Frieden sind aber nicht *per se* Kriegsverbrechen, bei denen es um rechtswidriges Verhalten *während* des Krieges geht.

Der Gedanke, den Nazis das Verbrechen, den Zweiten Weltkrieg begonnen zu haben, zur Last zu legen, war seinerzeit umstritten und ist es heute noch. Für die Amerikaner waren Verbrechen gegen den Frieden das Hauptdelikt der Nazis. Daß ein Angriffskrieg ein Verbrechen darstellt, mußte jedoch erst in das internationale Recht aufgenommen werden, denn bis zu jener Zeit hatte es nicht als strafbar gegolten, einen Krieg zu beginnen. Der Kellogg-Briand-Pakt von 1928, der den Krieg ächtete (nicht allzu erfolgreich, um es milde auszudrücken), definierte Aggression nur als einen *rechtswidrigen* Akt für Staaten, nicht als *strafbare* Handlung, für das Individuen vor Gericht gestellt werden konnten. Die Franzosen lehnten das Konzept aus diesem Grund ab; die Sowjets ihrerseits wandten sich aufgrund ihrer Invasionen in Finnland und der Annexion von Teilen Polens gegen eine Kriminalisierung des Angriffskrieges. Die amerikanische Haltung setzte sich durch, obwohl die Zuständigkeit des Tribunals sich auf die Aggression der *Achsenmächte* beschränkte, was zur Verurteilung führender Nazis wegen Verbrechen gegen den Frieden führte. Danach wurde in juristischen Kreisen eine hitzige Debatte darüber geführt, ob die Alliierten Strafrecht rückwirkend angewandt hätten.

Obwohl Einrichtungen der UN seit dem Zweiten Weltkrieg wiederholt auf die Bedeutung von Verbrechen gegen den Frieden verwiesen haben, haben die Mitglieder der UN – insbesondere westliche Staaten – schwerwiegende Hindernisse für eine tatsächliche strafrechtliche Verfolgung von Individuen ausgemacht. Zunächst einmal gibt es immer noch keine Definition von Aggression, die spezifisch genug ist, um Regierungsvertreter strafrechtlich zu verfolgen. Zum zweiten sind üblicherweise viele Leute in staatlichen Bürokratien an der Planung von Kriegen beteiligt, so daß es schwierig sein könnte, eine Grenze zwischen den Schuldigen und den Unschuldigen zu ziehen. Zum dritten könnten Strafsachen komplexe, politisch beladene Tatsachenuntersuchungen umfassen, für die sich Gerichte schlecht eignen. Während einige Fälle von Aggression so offensichtlich sind wie Iraks Invasion in Kuwait, ist in anderen Fällen eine sorgfältigere Untersuchung erforderlich.

Eine klare Manifestation dieser Sorgen war das Widerstreben des Sicherheitsrates, die Zuständigkeit für dieses Verbrechen dem Jugoslawien-Tribunal der UN zu übertragen. Eine weitere war die Entscheidung der Staaten, die das Römische Statut des Internationalen Strafgerichtshofes (ICC) aufgesetzt haben, dem ICC die Zuständigkeit für Verbrechen gegen den Frieden nur dann zu erteilen, wenn Staaten dieses Statut formal um eine Definition des Verbrechens und die Bedingungen für die Ausübung der entsprechenden Rechtsprechung ergänzen. So scheinen die Staaten auszudrücken, daß Aggression, abstrakt gesehen, zwar ein Verbrechen sei, doch sie scheinen unwillig, es zu verfolgen. Das Konzept von Verbrechen gegen den Frieden hat dennoch gewisse Auswirkungen auf das Völkerrecht, da Staaten so deutlich wie möglich die Rechtswidrigkeit der Aggression anerkennen wollen – indem sie verkünden, daß die führenden Personen dafür verantwortlich gemacht werden können. Doch die Aussichten dafür, daß tatsächlich einmal jemand strafrechtlich verfolgt werden könnte, sind so gering, daß Straffreiheit die Regel und Verbrechen gegen den Frieden ein toter Buchstabe ist.

(Siehe **Verbrechen gegen die Menschlichkeit; Kriegsverbrechen**)

V

Verbrechen gegen die Menschlichkeit

M. Cherif Bassiouni

Mit dem Begriff Verbrechen gegen die Menschlichkeit bezeichnet man inzwischen alle grauenerregenden Taten, die in großem Maßstab begangen werden. Das ist jedoch weder die ursprüngliche noch die juristische Bedeutung. Der Begriff stammt aus der Präambel der Haager Konvention von 1907, die das Gewohnheitsrecht des bewaffneten Konfliktes kodifizierte. Diese Kodifizierung basierte auf bestehender Staatspraxis, die sich von Werten und Prinzipien ableitete, die man für die „Gesetze der Menschlichkeit" hielt, so, wie sie im Lauf der Geschichte in den verschiedenen Kulturen reflektiert worden waren.

Nach dem Ersten Weltkrieg richteten die Alliierten 1919 in Zusammenhang mit dem Vertrag von Versailles eine Kommission zur Untersuchung von Kriegsverbrechen ein, die die Haager Konvention von 1907 als geltendes Recht zugrunde legte. Zusätzlich zu von den Deutschen begangenen Kriegsverbrechen befand die Kommission außerdem, daß Angehörige staatlicher türkischer Organisationen „Verbrechen gegen die Gesetze der Menschlichkeit" begangen hätten, indem sie während des Krieges türkische Staatsangehörige armenischer Nationalität getötet hätten. Die Vereinigten Staaten und Japan wandten sich heftig gegen die Kriminalisierung eines derartigen Verhaltens mit dem Argument, daß Verbrechen gegen die Menschlichkeit Verletzungen der Moral und nicht des positiven Rechts seien.

1945 schufen die Vereinigten Staaten und andere Alliierte das Abkommen über die Verfolgung und Bestrafung der Hauptkriegsverbrecher der europäischen Achsenmächte und das Statut für den Internationalen Militärgerichtshof (IMT) mit Sitz in Nürnberg, das in Artikel 6c die folgende Definition von Verbrechen gegen die Menschlichkeit enthielt:

> „Verbrechen gegen die Menschlichkeit: nämlich Ermordung, Ausrottung, Versklavung, Verschleppung oder andere an der Zivilbevölkerung vor Beginn oder während des Krieges begangene unmenschliche Handlungen, oder Verfolgung aus politischen, rassischen oder religiösen Gründen in Ausführung eines Verbrechens oder in Verbindung mit einem Verbrechen, für das der Gerichtshof zuständig ist, unabhängig davon, ob die Handlung gegen das Recht des Landes, in dem sie begangen wurde, verstieß oder nicht."

Im Nürnberger Statut wurden zum ersten Mal Verbrechen gegen die Menschlichkeit in positivem internationalen Recht definiert. Das Internationale Militärtribunal für den Fernen Osten in Tokio folgte dem Nürnberger Statut, wie auch das Kontrollratsgesetz Nr. 10 für Deutschland, nach dem die Alliierten Deutsche in ihren jeweiligen Besatzungszonen strafrechtlich verfolgten. Merkwürdigerweise hat es jedoch seither keine spezielle internationale Konvention zu Verbrechen gegen die Menschlichkeit gegeben. Dennoch wurde diese Kategorie von Verbrechen in die Statuten des Internationalen Strafgerichtshofes für das Ehemalige Jugoslawien (ICTY) und des Internationalen Strafgerichtshofes für Ruanda (ICTR) sowie in das Statut des Internationalen Strafgerichtshofes (ICC) aufgenommen. Tatsächlich gibt es sogar elf internationale Texte, die Verbrechen gegen die Menschlichkeit definieren, aber sie alle unterscheiden sich leicht in ihrer Definition dieses Verbrechens und seiner rechtlichen Elemente. All diesen Definitionen ist jedoch folgendes gemeinsam:

1. Sie beziehen sich auf spezifische Gewalttaten gegen Personen, ungeachtet der Tatsache, ob die Personen Staatsbürger des betreffenden Landes sind oder nicht und ungeachtet der Tatsache, ob die Taten in Kriegs- oder in Friedenszeiten begangen wurden.
2. Die Taten müssen das Produkt der Verfolgung einer identifizierbaren Gruppe von Personen sein, ungeachtet der Zusammensetzung dieser Gruppe oder des Zwecks ihrer Verfolgung. Derartige Praktiken können sich auch durch ein „großangelegtes und systematisches" Verhalten der Täter manifestieren, das zum Begehen der in der Definition aufgeführten spezifischen Verbrechen führt.

Die Liste der spezifischen Taten, die unter Verbrechen gegen die Menschlichkeit fallen, wurde seit der Abfassung des Artikels 6c des IMT erweitert und enthält jetzt im Falle des ICTY und ICTR zusätzlich Vergewaltigung und Folter. Auch das Statut des ICC erweitert die Liste der spezifischen Taten. Insbesondere sind im ICC-Statut als Verbrechen das Verschwindenlassen von Personen und die Apartheid enthalten. Des weiteren enthält das Statut Erläuterungen im Hinblick auf die spezifischen Verbrechen der Ausrottung, Versklavung, Vertreibung oder Zwangsumsiedlung einer Bevölkerung, Folter und der erzwungenen Schwangerschaft.

Bis zu einem gewissen Maße sind Verbrechen gegen die Menschlichkeit deckungsgleich mit Völkermord und Kriegsverbrechen. Doch Verbrechen gegen die Menschlichkeit unterscheiden sich insofern vom Völkermord, als kein Vorsatz erforderlich ist, eine bestimmte Gruppe „ganz oder teilweise ... zu zerstören", wie es in der Völkermord-Konvention von 1948 heißt. Verbrechen gegen die Menschlichkeit liegen bereits vor, wenn eine Gruppe zum Ziel einer Politik gemacht wird, innerhalb der „großangelegte oder systematische" Verstöße erfolgen. Verbrechen gegen die Menschlichkeit unterscheiden sich außerdem insofern von Kriegsverbrechen, als sie sich nicht nur auf Taten in einem Krieg beziehen, sondern auf Taten in Kriegs- und in Friedenszeiten.

Verbrechen gegen die Menschlichkeit gibt es im Völkergewohnheitsrecht seit über einem halben Jahrhundert, und sie wurden auch bei Prozessen vor nationalen Gerichten verfolgt. Zu den bedeutendsten derartiger Verfahren gehören die Prozesse gegen Paul Touvier, Klaus Barbie und Maurice Papon in Frankreich und gegen Imre Finta in Kanada. Doch Verbrechen gegen die Menschlichkeit werden außerdem als Teil des ius cogens erachtet – das ist die höchste Kategorie der internationalen Rechtsnormen. Daher stellt ihre Verfolgung innerhalb des Völkerrechts ein unveräußerliches Recht dar. Dies impliziert eine **universelle Gerichtsbarkeit**, d. h. alle Staaten können ihre Rechtsprechung bei der Verfolgung eines Straftäters ausüben, ungeachtet des Ortes, an dem das Verbrechen begangen wurde. Es bedeutet außerdem, daß alle Staaten die Pflicht zur gegenseitigen Hilfe bei der Beweisbeschaffung, zur Strafverfolgung und

Auslieferung haben und daß keine Person, der ein Verbrechen gegen die Menschlichkeit zur Last gelegt wird, ihre Auslieferung mit dem Verweis auf ein „politisches Vergehen" verhindern kann. Doch von größerer Bedeutung ist die Tatsache, daß kein Straftäter die „Gehorsamspflicht gegenüber Befehlen des Vorgesetzten" geltend machen kann und daß keine Verjährungsvorschriften nach den jeweiligen Gesetzen einzelner Staaten angewendet werden können. Schließlich ist niemand vor der Strafverfolgung wegen derartiger Verbrechen immun, nicht einmal Staatsoberhäupter.

(Siehe **Verantwortlichkeit der Vorgesetzten.**)

SCHLÜSSELBEGRIFF

Die Vereinten Nationen und die Genfer Konventionen

Roy Gutman

Im November 1994, als Truppen der Bosnier und Krajina-Serben auf die von den UN ausgerufene „Sicherheitszone" von Bihac losmarschierten, zeichnete sich eine Katastrophe für das städtische Krankenhaus ab, das direkt auf dem Weg der Offensive lag, und für seine neunhundert an ihre Betten gebundenen Patienten. Der kanadische Befehlshaber der UN-Truppen in Bihac wollte nicht intervenieren. Der UN-Vertreter für Zivilangelegenheiten, ein Amerikaner, argumentierte, daß Krankenhäuser nach den Genfer Konventionen von 1949 einen „geheiligten" Status hätten und daß die UN-Schutztruppe (UNPROFOR) die Verpflichtung hätte, diesen zu schützen.

Er setzte ein entsprechendes Memorandum auf, und sein Vorgesetzter in Sarajewo, ein Russe, gab ein formelles Ersuchen heraus. „Die Genfer Konventionen sehen vor, daß Krankenhäuser nicht angegriffen werden dürfen ... die Unterstützung und das Zusammenziehen von UNPROFOR-Truppen wird notwendig sein. Bitte führen Sie den Plan unverzüglich mit dem befehlshabenden Offizier in Bihac aus", hieß es darin. Der Befehlshaber, der auf das Memorandum hin tätig wurde, wies Truppen aus Bangladesh an, ihre Schützenpanzer auf das Krankenhausgelände zu fahren. Die Serben verzichteten darauf, das Krankenhaus anzugreifen, und die Bodeninvasion war gestoppt. Bihac, eine Stadt mit siebzigtausend Einwohnern, war gerettet.

Zwei Wochen später schaltete sich das Amt für Rechtsangelegenheiten (Office for Legal Affairs, OLA) der UN ein und versicherte, daß die Rettung Bihacs keinen Präzedenzfall setze. UN-Truppen, so sagte ein OLA-Vertreter, seien allein ihrem Mandat durch den Sicherheitsrat verpflichtet und hätten keine rechtliche Verpflichtung, für die Einhaltung der Konventionen zu sorgen. „Von einem streng rechtlichen Gesichtspunkt sind Verpflichtungen (wie die Genfer Konventionen) bindend für Staaten. Die Rolle der UN besteht darin, den Willen der internationalen Gemeinschaft auszuführen, wie er von ihr im Sicherheitsrat zum Ausdruck gebracht wird", sagte OLA-Vertreter Stephen Katz.

Der Vorfall illustriert die ambivalente Beziehung der UN zu den Genfer Konventionen. Fast jeder Mitgliedsstaat ist den Konventionen beigetreten, und jeder hat sich verpflichtet, indem er sie ratifizierte, die Bestimmungen „einzuhalten und [ihre] Einhaltung durchzusetzen". Aber das Aufsetzen der blauen Helme scheint Staaten eine Möglichkeit zu eröffnen, ihren rechtlichen Verpflichtungen aus dem Weg zu gehen.

Wenn Staaten Truppen für die Friedenssicherung abstellen, sind die Truppen formal und ausschließlich dem Sicherheitsrat unterstellt, sagen die Vereinten Nationen. (Das ist gewissermaßen eine Fiktion, denn im operativen Bereich erhalten sie, auf Drängen der Vereinigten Staaten und vieler anderer Länder, ihre Offiziere, ihre Ausrüstung, die Kommandierung zum Einsatz sowie Verlegung und Führung über eine nationale Befehlskette.) Aber die Vereinten Nationen sind den Konventionen nicht beigetreten.

Manchmal gibt der Sicherheitsrat vor den Einsätzen eine Erklärung heraus, in der er die Staaten an die Anwendbarkeit der relevanten Genfer Regeln und die Verpflichtung erinnert, Verstöße dagegen zu bestrafen. Bei anderen Gelegenheiten „vergißt" der Rat, den Punkt zu erwähnen.

Als der Irak 1990 in Kuwait einmarschierte, versäumte der Sicherheitsrat es sechs Wochen lang, die Schutzbestimmungen zu erwähnen, die die Genfer Konventionen für die Zivilbevölkerung in Kuwait vorsahen. Als der Rat die Anwendung von Gewalt zur Befreiung Kuwaits genehmigte, wurden in der entsprechenden Resolution die Staaten der Koalition nicht an ihre Verpflichtungen als Kombattanten nach den Genfer Konventionen oder dem humanitären Recht erinnert. Tatsächlich verstieß eine der ersten Sanktionsresolutionen gegen die Regel, nach der vielen Arten von Hilfslieferungen für Zivilpersonen freier Durchlaß gewährt werden muß, auch für Zivilpersonen einer gegnerischen Seite. Weder in bezug auf seine Operation in Bosnien-Herzegowina noch auf seine kürzlich erfolgte Friedenssicherungsoperation in Kambodscha gab der Sicherheitsrat eine Erklärung über die Relevanz des humanitären Rechts an die UN-Friedenstruppen ab.

Die Spannung in Zusammenhang mit den Konventionen spiegelt die unterschiedliche institutionelle Kultur der UN und des **Internationalen Komitees vom Roten Kreuz (IKRK)** wider. In ihrer Gründungscharta wird die UN als Organisation definiert, die den Weltfrieden errichten werde – ein hehres Ziel, das offenbar ausschließt, daß die Vereinten Nationen als Kombattant oder Besatzungsmacht auftreten. Die Vereinten Nationen verzichteten 1949 auf eine Mitwirkung bei der Kodifizierung der Gesetze des Krieges, indem sie das ganze Unternehmen herablassend abtaten. „Da der Krieg geächtet ist, ist die Regelung seiner Durchführung nicht mehr relevant", erklärte die Völkerrechtskommission der UN. Aus diesem Grund erfolgte die Kodifizierung unter der Federführung des IKRK in Genf.

Die distanzierte Haltung des UN-Hauptquartiers findet ihre Entsprechung im praktischen Einsatz. In Abwesenheit eines kontrollierenden internationalen Rechtsregimes und bei unklaren Mandaten, die sich oft von passiver Friedenssicherung zu aktiver Friedenserzwingung verschieben, übernimmt das Militär vor Ort das Kommando. Feldkommandeure, die die oft eindeutigeren Prioritäten ihrer eigenen Regierungen im Auge behalten, unterstehen formell einem Sicherheitsrat, der aus der großen Entfernung die Aufgabe nicht bewältigen kann. Häufig treffen die Befehlshaber aufgrund einer eigenen Auslegung des Mandats ihre eigenen Entscheidungen. Kriegsverbrechen werden kurz abgefertigt. In Bosnien besuchten UN-Mitarbeiter Mitte 1992 Sonja's Kon-Tiki, ein Hotel-Restaurant außerhalb von Sarajewo, auf dessen Gelände sich nach Aussage der bosnischen Regierung ein von Serben betriebenes Konzentrationslager befand. Die UN-Truppen stellten keine Fragen, ermittelten nicht und protestierten nicht; als Begründung brachten sie vor, daß weder das UN-Kommando noch ihre Regierungen ihnen Listen von Konzentrationslagern gegeben hatten. Als kanadische Soldaten in Somalia im März 1993 kaltblütig einen somalischen Eindringling töteten, bestrafte der kanadische Befehlshaber das Verbrechen nicht, sondern vertuschte es. (Nach einer offiziellen Untersuchung wurde das betreffende Luftlanderegiment später aufgelöst.) Später in demselben Jahr hielten UN-Streitkräfte Hunderte von Somalis fest und verweigerten dem IKRK dann den Zugang zu den Kriegsgefangenen, so lange, bis das IKRK schließlich aus Protest alle Operationen aussetzte.

Die Anomalie bereitet vielen nachdenklichen UN-Vertretern Sorge. Das von Serben betriebene Lager war ein „so offener" Verstoß gegen das Völker-

recht, sagte Kofi Annan, der jetzige UN-Generalsekretär. „Sie hätten es sehen und melden müssen. Und wenn sie es gemeldet hätten, wäre es viel früher bekannt geworden, als es dann schließlich geschah." In bezug auf die Haltung des Amtes für Rechtsangelegenheiten der UN zu den Konventionen sagte er: „Wir haben sie gebeten, die Genfer Konventionen zu achten, ob wir sie unterzeichnet haben oder nicht." Aber er äußerte auch Verständnis für die Truppen in Abwesenheit expliziter Mandate des Sicherheitsrates. „Soldaten haben gern klare Aufträge", sagte er. „Sie werden nicht Himmel und Hölle in Bewegung setzen", um nach Kriegsverbrechen zu suchen.

Die ideale Lösung des IKRK wäre nach den Worten eines hochrangigen Vertreters, „offen zu erklären, daß UN-Truppen an das humanitäre Völkerrecht gebunden sind und daß jeder unter UN-Flagge informiert, ausgebildet und überwacht wird." Ob das geschehen wird, ist unklar. Experten des IKRK und der UN diskutieren seit 1993 Richtlinien für UN-Truppen im Kampf, und beim Schreiben dieser Zeilen waren sie immer noch im Ent-

Gehört nicht zum Mandat: Eine um Hilfe flehende bosnische Frau aus Srebrenica vor einem Mitglied der UN-Friedenstruppen, 1995.

wurfstadium. Ein Entwurf von Anfang 1998 forderte die UN-Truppen nur auf, „die Prinzipien und den Geist des humanitären Völkerrechts zu achten", ohne sie rechtlich dazu zu verpflichten; ein späterer Entwurf bestätigte die Anwendbarkeit der Genfer Konventionen aufgrund der Tatsache, daß UN-Mitglieder den Abkommen beigetreten sind. Aber beide Entwürfe sahen vor, daß ein UN-Soldat, der eine verbotene Handlung begeht, durch seine eigene Regierung, nicht aber durch einen anderen Staat oder ein Tribunal vor Gericht gestellt werden kann, was eine **universelle Gerichtsbarkeit** verhindert. „Wir haben dafür gekämpft und verloren", kommentierte ein Rechtsexperte des IKRK. IKRK-Vertreter, die versichern, daß dennoch eine universelle Gerichtsbarkeit gelte, hoffen, daß die Errichtung eines Internationalen Strafgerichtshofes einen neuen Standard setzt, den UN-Friedenstruppen dann nicht werden ignorieren können.

VERBRECHEN

Verfolgung aus politischen, rassischen oder religiösen Gründen

William Shawcross

Unmittelbar vor Weihnachten 1975 fuhr ich von Bangkok aus ein paar hundert Meilen nach Osten, an die Grenze Thailands zu Kambodscha. Es war etwa acht Monate, nachdem die kommunistischen Roten Khmer die von den USA gestützte Regierung von General Lon Nol besiegt und die Macht in Kambodscha übernommen hatten.

Seitdem hatten die Roten Khmer alle Angehörigen westlicher Länder (und die meisten anderen Ausländer) ausgewiesen, alle Menschen aus den Städten hinausgetrieben und ein radikales maoistisches Experiment begonnen, mit dem sie das Land in ein autarkes vorindustrielles Zeitalter versetzen wollten.

Die einzigen Zeugen des Terrors, den dieser Plan beinhaltete, waren die Flüchtlinge, die es bis zur Grenze nach Thailand geschafft hatten. (Die, die Vietnam erreichten, wurden von den vietnamesischen Kommunisten ruhig gehalten, die zu jener Zeit noch mit den Roten Khmer verbündet waren.)

Die Flüchtlinge, die ich in einem Lager des UN-Hochkommissars für Flüchtlinge (UNHCR) bei der Grenzstadt Aranyaprathet traf, hatten alle

Ein liegender Buddha sieht auf die skelettierten Überreste ermordeter Kambodschaner herab, die die Vietnamesen 1980 bei ihrer Besetzung Sisophons in der Nähe eines Tempels entdeckten.

furchtbare Geschichten zu erzählen. Sie sprachen davon, daß Kader der Roten Khmer Babies gegen Bäume schlugen, bis sie tot waren, und daß jeder Erwachsene, den man verdächtigte, noch Bindungen zum alten Regime zu haben, zu Tode geprügelt oder erschossen wurde, sie sprachen von Aushungerung und dem vollständigen Fehlen einer ärztlichen Versorgung, von brillentragenden Männern, die getötet wurden, weil sie „Intellektuelle" seien. Ich hatte keinen Zweifel daran, daß diese Flüchtlinge die Wahrheit erzählten. Die Geschichte hat gezeigt, daß Flüchtlinge das normalerweise tun. Weniger klar war zu jener Zeit, weshalb die Roten Khmer derart grausam vorgingen.

Das Töten ging weiter und nahm im Lauf der darauffolgenden dreieinhalb Jahre sogar noch zu. Es wurde kein Versuch einer Intervention unternommen, um dem ein Ende zu setzen. Als der US-Senator George McGovern eine militärische Intervention zum Schutz der Menschlichkeit vorschlug, erntete er nur Spott.

Ende 1978, nachdem vielleicht 1,5 bis 3 Millionen der 7 Millionen Menschen in Kambodscha gestorben waren, wurden die Roten Khmer von ihren früheren vietnamesischen Verbündeten gestürzt. An ihrer Stelle errichtete Hanoi ein kommunistisches Satellitenregime. Dessen Politik läßt sich auf keinen Fall mit der der Roten Khmer vergleichen, aber dennoch handelte es sich um ein brutales Einparteiensystem.

1980 besuchte ich Kambodscha und wurde zu einem Massengrab außerhalb von Phnom Penh geführt, wo Opfer der Roten Khmer beerdigt lagen. Diese Menschen waren zu Tode geprügelt worden; ihre Hände waren immer noch zusammengebunden, ihre Schädel waren eingeschlagen, und an einigen Knochen hingen immer noch Fetzen faulenden Fleisches.

Ich hatte schon in meiner Kindheit von solchen Massengräbern gehört – mein Vater war britischer Chefankläger in Nürnberg, und es gehört zu meinen frühesten Erinnerungen, wie ich die Aufnahmen seiner Reden für die Anklage hörte. In einer schildert er die furchtbaren Greueltaten, die er in einem Massengrab bei einem Ort namens Dubno gesehen hatte. Das Bild, wie Familien jeden Alters auf Gräben zugetrieben wurden, an denen zigarettenrauchende SS-Männer darauf warteten, sie zu erschießen, machte einen Eindruck auf mich, der mich mein Leben lang nicht losließ. Natürlich hatte ich gehofft, einen solchen Anblick niemals selbst zu erleben. Aber in Kambodscha widerfuhr mir genau das.

Seit dem Sturz der Roten Khmer ist nie richtig der Versuch unternommen worden, die Anführer der Roten Khmer vor Gericht zu stellen. Im Sommer 1979 inszenierten die Vietnamesen einen Schauprozeß gegen die Anführer in deren Abwesenheit – es war eine Farce. Seitdem hat es, teils aus politischen Gründen, keine erfolgreiche Bemühung gegeben, die Roten Khmer der Gerechtigkeit zuzuführen.

Die Frage lautet, wegen welcher Verbrechen genau man sie anklagen sollte. Da die Mehrheit ihrer Opfer ebenfalls Kambodschaner waren, läßt sich die Völkermord-Konvention auf den ersten Blick wohl auf die Mehrzahl dieser Morde nicht anwenden; so lautete bis vor kurzem die vorherrschende Meinung in der internationalen Rechtsgemeinschaft. Jedoch gibt es Beweise des ersten Anscheins, daß sie insbesondere ethnische und religiöse Gruppen wie die Cham sowie Angehörige der vietnamesischen Minderheit und buddhistische Mönche angriffen. Diese Angriffe würden wahrscheinlich der Völkermord-Konvention entsprechen, insofern, als sie „mit dem Vorsatz" begangen wurden, diese Gruppen „ganz oder teilweise zu zerstören".

Verbrechen gegen die Menschlichkeit wurden mit zwischen- und innerstaatlichen Konflikten in Verbindung gebracht, aber die Meinung, daß dies nach dem Völkerrecht nicht unbedingt immer so sein muß und daß Morde in großem Maßstab auch dann, wenn kein bewaffneter Konflikt vorliegt, Verbrechen gegen die Menschlichkeit darstellen können, gewinnt immer mehr an Boden. Der Internationale Strafgerichtshof für das ehemalige Jugoslawien hat entschieden, daß Verbrechen gegen die Menschlichkeit nicht mit bewaffneten Konflikten in Verbindung stehen müssen, und das Römische Statut des Internationalen Strafgerichtshofes von 1998 erwähnt eine derartige Verbindung nicht. Eine Studie des US-Außenministeriums von 1995 kam zu der Schlußfolgerung, daß die Roten Khmer wegen Verbrechen gegen die Menschlichkeit vor Gericht gestellt werden könnten, und die Vereinigten Staaten und andere Regierungen versuchten 1998 erfolglos, Pol Pot noch kurz vor seinem Tod vor Gericht zu bringen.

Die systematischen Morde der Roten Khmer, die Ausrottung, unannehmbare Zwangsarbeit, Folter, Zwangsverlegungen der Bevölkerung – sie alle stellen Beweise des ersten Anscheins für Massenverfolgungen dar. Bei einer strafrechtlichen Verfolgung der Roten Khmer wegen Verbrechen gegen die Menschlichkeit würden Anklagen wegen Verfolgung sowie Ausrottung und Mord wahrscheinlich eine zentrale Rolle spielen. Die Nürnberger Prozesse und spätere Tribunale haben festgelegt, daß die folgenden Handlungen Elemente einer Verfolgung darstellen: der Entzug staatsbürgerlicher Rechte, der Entzug des Rechts zu lehren, Berufe auszuüben oder Bildung zu erwerben und nach eigenem Willen zu heiraten; Verhaftung und Inhaftierung; Prügel, Verstümmelung, Folter, Beschlagnahme von Eigentum; Deportation in Ghettos, Sklavenarbeit und Ausrottung; Plünderung und Zerstörung von Geschäften als Terrormaßnahme oder in Verbindung mit anderer Gewalt; Vorenthaltung der Rechte in bezug auf ein regelgerechtes Gerichtsverfahren, eine kollektive Geldstrafe, Beschlagnahme von Vermögenswerten, Errichtung von Ghettos, erzwungenes Tragen von Sternen, Boykott von Geschäften, das Predigen von Haß und Aufhetzung zu Mord und Ausrottung.

Das Römische Statut des Internationalen Gerichtshofes von 1998 führt unter den aufgelisteten Verbrechen gegen die Menschlichkeit auch Verfolgung auf und definiert sie als „den völkerrechtswidrigen, vorsätzlichen schweren Entzug von Grundrechten aufgrund der Identität der Gruppe oder der Gemeinschaft." Das Statut verbietet „Verfolgung einer identifizierbaren Gruppe oder Gemeinschaft aus politischen, rassischen, nationalen, ethnischen, kulturellen oder religiösen Gründen, Gründen des Geschlechts ... oder aus anderen nach dem Völkerrecht universell als unzulässig anerkannten Gründen im Zusammenhang mit einer in diesem Absatz [über Verbrechen gegen die Menschlichkeit] genannten Handlung oder einem der Gerichtsbarkeit des Gerichtshofs unterliegenden Verbrechen." Ein Verbrechen gegen die Menschlichkeit muß laut dem Statut als Teil „eines großangelegten oder systematischen Angriffs" begangen werden.

Bisher ist in Kambodscha noch niemand zur Verantwortung gezogen worden. Obwohl inzwischen beinahe zwanzig Jahre vergangen sind, seit die Roten Khmer gestürzt wurden und seither weitere Mißhandlungen an dem kambodschanischen Volk begangen wurden, suchen die Verbrechen der Roten Khmer ihresgleichen. Frieden und Gerechtigkeit gehen Hand in Hand. In Kambodscha gibt es immer noch keinen echten Frieden; einer der Gründe dafür ist die Tatsache, daß sich dort infolge des totalen Fehlens einer Verantwortlichkeit eine Kultur der Straflosigkeit entwickelt hat.

Nürnberg verkörperte die Rhetorik des Fortschritts. Das Urteil von Nürnberg wurde in Rebecca Wests Worten verstanden als „eine Art legalistisches Gebet, daß das Himmelreich bei uns sein sollte".

Es war vorauszusehen, daß dieses Gebet keine Erfüllung finden würde. Doch obwohl die in Nürnberg niedergelegten Vorschriften in den letzten fünfzig Jahren so unbarmherzig ignoriert wurden, sind sie doch nicht vergessen. Vielleicht werden sie jetzt, mit der Errichtung des internationalen Gerichtes in Rom, noch einmal in die Praxis umgesetzt. In Kambodscha, ebenso wie in Bosnien und Ruanda, müssen die Greueltaten der letzten Vergangenheit untersucht werden.

(Siehe **Völkermord**)

Verhältnismäßigkeit, Grundsatz der

Horst Fischer

Der Grundsatz der Verhältnismäßigkeit ist in fast jedem nationalen Rechtssystem verwurzelt und liegt der internationalen Rechtsordnung zugrunde. Seine Funktion im innerstaatlichen Recht besteht darin, die Mittel in ein Verhältnis zum Zweck zu setzen. Bei bewaffneten Konflikten wird der Grundsatz zunächst einmal verwendet, um im **ius ad bellum** beim Einsatz von Gewalt zur Selbstverteidigung die Rechtmäßigkeit der strategischen Ziele zu beurteilen, und als zweites, um im **ius in bello** die Rechtmäßigkeit eines bewaffneten Angriffs zu beurteilen, der Opfer unter der Zivilbevölkerung verursacht. Im Golfkrieg haben die Alliierten gemäß Artikel 51 der UN-Charta in individueller und kollektiver Selbstverteidigung gegen den Irak gehandelt, aber sie waren sich nicht einig in der Frage, ob das Prinzip der Verhältnismäßigkeit ihnen gestattete, irakisches Gebiet zu besetzen oder Saddam Hussein abzusetzen. Viele Staaten waren der Ansicht, daß nur die Befreiung Kuwaits ein erlaubtes Ziel sei.

Wenn eine Partei beim Führen eines Krieges einen rechtmäßigen Angriff gegen ein **militärisches Ziel** führt, dann kommt der Grundsatz der Verhältnismäßigkeit ebenfalls ins Spiel, wenn es einen **Kollateralschaden** gibt, das heißt, Opfer unter der Zivilbevölkerung oder Schäden an einem nichtmilitärischen Ziel entstehen. Als Beispiel dafür kann der Angriff der USA auf den Amiriyah-Schutzraum in Bagdad 1991 dienen, bei dem ein militärisches Ziel zerstört werden sollte, der aber viele zivile Leben kostete. Wenn es ein militärisches Ziel war, in dem Zivilpersonen Zuflucht gesucht haben, dann wäre ein Angriff, vorbehaltlich des Grundsatzes der Verhältnismäßigkeit, rechtmäßig gewesen.

Nach dem Ersten Zusatzprotokoll von 1977 sind Angriffe verboten, wenn sie auch zu Verlusten an Menschenleben unter der Zivilbevölkerung, zur Verwundung von Zivilpersonen und zur Beschädigung ziviler Objekte führen, die in keinem Verhältnis zu dem erwarteten konkreten und unmittelbaren militärischen Vorteil des Angriffes stehen. Dadurch besteht für militärische Befehlshaber eine ständige Verpflichtung, die Ergebnisse des Angriffs gegen den erwarteten Vorteil abzuwägen. Die Liste der Ziele muß im Verlauf des Konfliktes ständig aktualisiert werden, wobei die sichere Bewegung von Zivilpersonen besonders berücksichtigt werden muß. Der Angriff auf den Amiriyah-Schutzraum war möglicherweise rechtswidrig, falls – was niemals bewiesen wurde – die Vereinigten Staaten die Bewegungen der Zivilpersonen, die in Bagdad Zuflucht gesucht haben, nicht sorgfältig genug beobachtet haben.

Einige Staaten, die das Erste Zusatzprotokoll ratifiziert haben, haben vorgebracht, daß der bei einem Angriff erwartete konkrete und unmittelbare militärische Vorteil nur im ganzen und nicht aufgrund von einzelnen oder bestimmten Teilen des Angriffs bewertet werden kann. Artikel 85 definiert, daß ein **unterschiedsloser Angriff**, der in dem Wissen geführt wurde, daß er unverhältnismäßige Schäden unter der Zivilbevölkerung verursacht, eine schwere Verletzung und daher ein Kriegsverbrechen ist.

Im Krieg ist der Grundsatz schwer anzuwenden, und noch schwerer, nachdem sich ein Angriff ereignet hat. Aber krass unverhältnismäßige Ergebnisse werden alle kriegführenden Parteien und die Weltgemeinschaft als rechtswidrig betrachten.

„Terrorangriffe" auf die Zivilbevölkerung oder flächendeckende Bombardements, die ihrem Wesen nach nicht zwischen militärischen Zielen und zivilen Zielen unterscheiden, sind verboten, und der Grundsatz kommt hier nicht ins Spiel. Wäre die Beschießung des Marktes von Sarajewo 1994 während der Einkaufszeit, bei der vierunddreißig Zivilpersonen getötet wurden, vorsätzlich erfolgt, wäre sie ein Kriegsverbrechen gewesen. Das Römische Statut des Internationalen Strafgerichtshofes bestätigt dies, indem es in Artikel 8 unter Kriegsverbrechen vorsätzliche Angriffe auf die Zivilbevölkerung als solche oder auf einzelne Zivilpersonen aufführt, die an den Feindseligkeiten nicht unmittelbar teilnehmen. Auch die Verwendung unterschiedsloser Waffen wie beispielsweise von Fragmentationsbomben ist ein Kriegsverbrechen.

(Siehe **Immunität von Zivilpersonen; Legitime militärische Ziele; Militärische Notwendigkeit**)

VERBRECHEN

Verschickung von Zivilpersonen

Thomas Goltz

Japarna Miruzeva, sechsundzwanzig, lebt mit ihren vier Kindern im Keller eines ausgebombten armenischen Hauses und meint, sie befinde sich damit in einer glücklichen Lage.

Das finden auch die etwa hundert anderen Familien kurdischer Abstammung, die in den Ruinen etwa genauso vieler teilweise (und manchmal fast vollständig) zerstörter armenischer Häuser in Shariar leben, das einmal, jedenfalls nach sowjetischen Standards, eine malerische Stadt war und berühmt für ihre Branntweinbrennereien. Sie ist von hügeligem Ackerland umgeben, das sich bis zu den Bergen der sogenannten Republik Berg-Karabach zieht – der vorwiegend von Armeniern bewohnten Region, die rechtlich immer noch zu der ehemaligen Sowjetrepublik Aserbaidschan gehört, sich aber 1992 abgespalten und zu einem unabhängigen Staat erklärt hat.

Das Leben in Shariar ist bestenfalls trostlos. Das Brunnenwasser ist brackig und schwer zu bekommen, Essen ist knapp, es gibt keine Ärzte, und die umliegenden Felder wurden zweimal vermint – einmal von den Armeniern, die sie einst bestellten, und dann von der aserbaidschanischen Armee, die die Stadt verteidigen muß, wenn die Armenier wieder kommen sollten, um sie zurückzufordern.

Aber Japarna Miruzeva und die anderen kurdischen Familien in Shariar glauben, daß sie keinen Ort haben, an den sie sonst gehen könnten. Sie hoffen immer noch auf eine Rückkehr nach Kelbajar, der Stadt, aus der sie von armenischen Kämpfern vertrieben wurden. Und sie wollen sich nicht wie Hunderttausende andere **intern Vertriebene** in die elenden Zelt- oder Güterwagen-Städte oder Mehrfamilien-Schulzimmer abschieben lassen, die über ganz Aserbaidschan verstreut sind. Und trotzdem können die Miruzewas wenig oder gar keine Hilfe von der internationalen Gemeinschaft erwarten, da Shariar bei den internationalen Organisationen, die mit den Angelegenheiten der **Flüchtlinge** und intern Vertriebenen des Karabach-Konfliktes betraut sind, als Gefahrenzone gilt (das Amt des UN-Hochkommissars für Flüchtlinge hält Städte wie Shariar für zu gefährlich, um seine Mitarbeiter und Vertragspartner dort arbeiten zu lassen).

Tatsächlich verstoßen die aserbaidschanischen Behörden, indem sie den kurdischen Flüchtlingen erlauben, in Shariar zu bleiben, vom völkerrechtlichen Standpunkt aus gegen eine ganze Reihe von Bestimmungen der Genfer Konventionen, die die Verlegung der eigenen Bevölkerung in eine besetzte Zone verbieten. Die Tatsache, daß diese kurdischen Familien nicht weggehen wollen und daß zumindest in diesem Fall eine Kluft zwischen der strengen Einhaltung des Völkerrechtes und der menschlichen Realität besteht, ändert nichts an der rechtlichen Situation.

Die Realität ist, daß es die aserbaidschanischen Regierungsbehörden in Baku praktisch finden, daß sich Kurden in den in Trümmern liegenden Städten und Dörfern an der Frontlinie zu den Armeniern in Nagorno-Karabach befinden. Den Kurden zu erlauben, in eine Zone zu ziehen, in der eine ethnische Säuberung stattgefunden hat, widerspricht dem Recht der Genfer Konventionen, das in zwischenstaatlichen Konflikten gilt. „Die Besatzungsmacht darf nicht Teil ihrer eigenen Zivilbevölkerung in das von ihr besetzte Gebiet verschleppen oder verschicken", heißt es in Artikel 49 der Vierten Genfer Konvention. Tatsächlich stellen „Einzel- oder Massenzwangsverschickungen sowie Verschleppungen von geschützten Personen aus besetztem Gebiet" eine schwere Verletzung oder ein Kriegsverbrechen dar. Selbst bei einem innerstaatlichen Konflikt gilt gemäß dem Zweiten Zusatzprotokoll von 1977: „Die Verlegung der Zivilbevölkerung darf nicht aus Gründen angeordnet werden, die in Zusammenhang mit dem Konflikt stehen."

Wenn die Sicherheit von Zivilpersonen oder „zwingende militärische Gründe" wie die Verschiebung einer Front es erfordern, dann kann die Bevölkerung vorübergehend **evakuiert** werden, muß aber zurückgebracht werden, wenn eine Entschärfung der Krise eintritt. Artikel 17 des Zweiten Zusatzprotokolls besagt: „Muß eine solche Verlegung vorgenommen werden, so sind alle durchführbaren Maßnahmen zu treffen, damit die Zivilbevölkerung am Aufnahmeort befriedigende Bedingungen in bezug auf Unterbringung, Hygiene, Gesundheit, Sicherheit und Ernährung vorfindet."

Die aserbaidschanische Regierung hat keine dieser Anforderungen erfüllt und internationalen Organisationen wie dem Halo Trust sogar die Räumung der Minen in dem Gebiet untersagt, was einen eindeutigen Verstoß gegen die Verpflichtung der Unterzeichnerstaaten der Genfer Konventionen darstellt, nach denen gemäß Artikel 49 der Vierten Konvention Nichtkombattanten nicht in einer „den Kriegsgefahren ausgesetzten" Gegend zurückgehalten werden dürfen.

Bei den Nürnberger Prozessen, die den Genfer Konventionen von 1949 vorausgingen, wurden mehrere Vertreter der Nazi-Regierung wegen **Verbrechens gegen die Menschlichkeit** verurteilt, weil Zivilpersonen aus besetztem Gebiet als Sklavenarbeiter nach Deutschland verschleppt und Deutsche zur Neuansiedlung in besetztes Gebiet verlegt worden waren. Das Urteil gegen verschiedene Angeklagte erwähnte allerdings nur die **Deportationen**, nicht die Neuansiedlungen.

Die offensichtliche Lücke im heutigen Recht besteht darin, daß bei zwischenstaatlichen bewaffneten Konflikten das Recht nicht für ein Land gilt, das seine eigenen Angehörigen aus Flüchtlingszentren oder Zentren für intern Vertriebene, die in relativ friedlichen Gegenden des Landes liegen, in Gebiete in Frontnähe verlegt. Und das Problem wird akuter, wenn die Betreffenden nicht gezwungen werden, in solche Gebiete zu ziehen, sondern es freiwillig tun.

Wie ein Mitarbeiter einer internationalen Hilfsorganisation sagte: „Wenn eine Familie, die in Armenien oder Aserbaidschan in einem schmutzigen Eisenbahnwaggon lebt, beschließt, ihr schrecklicher Flüchtlingsstatus sei am schnellsten zu beenden, indem sie ihr Schicksal in die eigenen Hände nimmt und anfängt, die Wand eines Hauses wieder aufzubauen, das jemand anderem gehört, sich inzwischen aber auf der ‚freundlichen' Seite der Frontlinie befindet, wer sollte ihnen dann sagen, das dürften sie nicht? Vor dem Hintergrund der menschlichen Not wirkt das rechtliche Dilemma absurd."

VERBRECHEN

Verschwindenlassen von Personen

Corinne Dufka

Der Anruf kam am Sonntag etwa um die Mittagszeit. „Was soll das heißen, Tita ist verschwunden? Wer hat sie zuletzt gesehen? Mit wem war sie zusammen? War sie Samstag arbeiten? Was genau hat

Zivilpersonen in Santiago wurden zusammengetrieben und im Nationalstadion festgehalten; zahllose Personen verschwanden schließlich. Chile, 1973.

sie ihrer Mutter gesagt?" Fakten festzustellen, ist bei persönlichen Krisen immer eine gute Methode, um seine Gefühle im Zaum zu halten.

Titas richtiger Name lautete Margarita Guzman. Salvadorianische Staatsangehörige. Alter: 27, Größe: 1,65 m, Gewicht: 63 kg, Haarfarbe: schwarz, Augenfarbe: braun. Keine besonderen Merkmale. Alleinstehende Mutter mit zwei Kindern. Angestellt als Sekretärin bei einer sozialen Organisation. Wurde zuletzt, bekleidet mit Blue Jeans, einer hellblauen Bluse mit Blümchen und schwarzen Pumps, gesehen, wie sie am Samstag, dem 4. Mai, um 13.15 Uhr ihr Büro verließ und in Richtung Avenida Pablo Segundo ging.

So etwas passierte. Es passierte Armen, Reichen, Gläubigen, und gerade war es meiner Freundin Tita passiert. Sie würde ihre Kinder nicht mehr aufwachsen sehen, nie mehr einen Raum mit ihrer guten Laune erhellen, nie mehr ihren Freund in den Armen halten und nie mehr in Frieden die Straßen von San Salvador entlanglaufen. Sie war verschwunden ... oder vielmehr, man hatte sie „verschwinden lassen".

Jemanden verschwinden lassen bedeutet, jemanden heimlich festzunehmen, zu inhaftieren und/oder zu töten. Das wurde in den schmutzigen Kriegen von El Salvador und Argentinien bis Kurdistan und Kuwait so alltäglich, daß der Begriff schon fast für sich selbst spricht. Im humanitären Völkerrecht ist das Verschwindenlassen von Personen jedoch kompliziert, denn es beinhaltet das Begehen mehrerer separater Kriegsverbrechen, darunter rechtswidrige Inhaftierung, Nichtgewährung **rechtlichen Gehörs** und Nichtgestattung einer Kommunikation zwischen der inhaftierten Person und der Außenwelt. Häufig beinhaltet es Folter und grausame und unmenschliche Behandlung, und nur allzu häufig umfaßt es auch Mord.

Die erste Stufe des Verschwindenlassens besteht in der Festnahme. Das humanitäre Recht besagt, daß staatliche Behörden keine willkürlichen Festnahmen vornehmen dürfen und eine ordentliche Rechtsgrundlage dafür haben müssen, eine Person festzunehmen und gegen ihren Willen festzuhalten. Die zweite Stufe ist die Inhaftierung. Das Zweite Zusatzprotokoll zu den Genfer Konventionen besagt, daß eine Person, wenn sie inhaftiert wurde, menschlich behandelt werden muß, nicht gefoltert oder auf andere Weise grausam behandelt werden darf, Briefe verschicken und erhalten darf, rechtliches Gehör finden muß, was auch beinhaltet, daß man ihr sagt, was ihr zur Last gelegt wird. Wenn eine Person inhaftiert wurde, gilt sie bis zu einem Gerichtsurteil als unschuldig, ihr müssen alle zu ihrer Verteidigung erforderlichen Rechte und Mittel gewährt werden – die Vorlage von Beweisen, das Aufrufen von Zeugen etc. – und sie darf nicht zu einem Geständnis gezwungen werden.

Die letzte Stufe bei einem Verschwindenlassen ist Mord oder das, was manchmal euphemistisch als **außergerichtliche Exekution** bezeichnet wird. Die Verhängung und Durchführung einer Todesstrafe ohne die Zustimmung eines ordentlich bestellten Gerichtes ist ganz offensichtlich rechtswidrig. Wie in allen Fällen des Verschwindenlassens von Personen und mutmaßlichen Mordes stellt sich jedoch die Frage, wie die Verantwortlichkeit des Staates festgestellt werden kann. Das ist sowohl das Wesentliche in der Aufgabe der Ermittler als auch der Kern der Angelegenheit im Völkerrecht. Und es ist nicht überraschend, daß dies außerdem die schwierigste Aufgabe überhaupt ist.

Die meisten Fälle des Verschwindenlassens ereignen sich jedoch in anderen Situationen als bei zwischenstaatlichen bewaffneten Konflikten – entweder in innerstaatlichen Kriegen oder in Situationen, die nicht den Status interner Konflikte erreichen, d. h. Unruhen oder Polizeiaktionen. Beide Beispiele werden im Menschenrechtsschutz behandelt, und mit dem ersteren befaßt sich der gemeinsame Artikel 3 der vier Genfer Konventionen. Außerdem führt das Statut des Internationalen Strafgerichtshofes, das 1998 in Rom angenommen wurde, ausdrücklich das „Verschwindenlassen von Personen ... durch einen Staat oder eine politische Organisation oder mit Ermächtigung, Unterstützung oder Duldung des Staates oder der Organisation" als **Verbrechen gegen die Menschlichkeit** auf, wenn dies in großangelegter oder systematischer Weise erfolgt.

So sehr wir uns auch bemühten – wir haben Tita nie wiedergesehen oder mit letzter Gewißheit feststellen können, wer sie entführt hatte. Etwas haben wir jedoch über ihr Schicksal erfahren. In der Nähe des Lempa-Flusses außerhalb von San Salvador starrte eine Frau lange Zeit auf ihr Foto, schüttelte dann den Kopf und sagte, es tue ihr leid. Wir versuchten, uns nicht auszumalen, was geschehen war, aber es gelang uns nicht. Wir hatten genügend Leichen gesehen, die achtlos irgendwo abgeworfen worden waren, manchmal enthauptet und fast immer mit eindeutigen Anzeichen von Folter, an auffälligen Orten, wo Passanten sie sehen mußten. Gerüchte von Informanten, die Tita in den Händen der Policia Nacional gesehen hatten, kamen und gingen. Doch ihre Leiche fanden wir nie, und schließlich hörten wir alle auf, Fragen zu stellen, alle außer ihren kleinen Söhnen, die immer wieder fragten, weshalb ihre Mutter nicht nach Hause kam.

V

RECHT

Völkermord

Diane F. Orentlicher

Die Konvention über die Verhütung und Bestrafung des Völkermords von 1948, beschworen in einer Häufigkeit und mit einer Vertrautheit und Ehrerbietung wie kaum ein anderes Instrument des Rechts, ist zur Verkörperung des Gewissens der Menschheit geworden.

Ihre moralische Kraft ist zweifellos paradox. Denn die Völkermord-Konvention zeichnet sich seit ihrer Annahme vor allem dadurch aus, daß die Unterzeichnerstaaten beinahe generell bei der Durchsetzung ihrer Bestimmungen versagt haben.

Obwohl der Vertrag die Errichtung eines internationalen Gerichtshofes ins Auge faßt (aber nicht vorschreibt), um Völkermord zu bestrafen, sind fünfundvierzig Jahre vergangen, bis der erste internationale Strafgerichtshof errichtet wurde. Seine Zuständigkeit wurde begrenzt auf Verbrechen, einschließlich Völkermord, die seit 1991 im ehemaligen Jugoslawien begangen wurden. Ein ähnlicher, in seiner Zuständigkeit noch eingeschränkterer Gerichtshof wurde ein Jahr später für Ruanda errichtet. Erst am 2. September 1998 – ein halbes Jahrhundert, nachdem die Völkermord-Konvention durch die Generalversammlung der Vereinten Nationen angenommen worden war – wurde das erste auf der Konvention basierende Urteil durch ein internationales Gericht gefällt (ein weiterer Angeklagter hatte sich bereits zuvor des Völkermordes schuldig bekannt). An diesem Tag sprach das Ruanda-Tribunal Jean-Paul Akayesu in neun Fällen schuldig wegen der Rolle, die er beim Völkermord in Ruanda 1994 gespielt hatte.

Es brachte auch, bis zum Jahre 1993, kein Staat einen Fall nach der Völkermord-Konvention vor den Internationalen Gerichtshof, und selbst die Anklage von 1993 kann kaum als ein Meilenstein *internationaler* Bemühungen zur Durchsetzung der Konvention bezeichnet werden. Wurde der Fall doch durch einen Staat zur Anklage gebracht, der selbst Opfer von Völkermordverbrechen gewesen war, nämlich Bosnien-Herzegowina, gegen einen Staat, der angeblich dafür verantwortlich war – das ehemalige Jugoslawien – und nicht etwa von anderen Staaten, die das Recht des universellen Gewissens im Namen der verzweifelten Opfer jenseits ihrer Grenzen hätten durchsetzen wollen.

Im Gegenteil, während eben diese Verbrechen begangen und in ihrem ganzen Grauen in den täglichen Medienberichten gezeigt wurden, wurden Rechtsexperten der US-Regierung nach Aussage eines früher für das Außenministerium tätigen Juristen aufgefordert, „juristische Verrenkungen zu betreiben, um die Bezeichnung Völkermord zu vermeiden". Und während ruandische Hutus Tutsis zu Hunderttausenden abschlachteten, wies die Clinton-Regierung ihre Sprecher an, das, was geschah, nicht als Völkermord zu bezeichnen, um nicht „öffentliche Aufrufe zum Handeln zu entfachen", wie die *New York Times* schrieb. Statt dessen setzten das Außenministerium und der Nationale Sicherheitsrat angeblich Richtlinien auf, in denen sie die Regierungssprecher anwiesen zu sagen, daß in **Ruanda** „Akte des Völkermordes vorgekommen sein könnten".

Nachdem die Völkermord-Konvention fünf Jahrzehnte lang nicht angewendet wurde, sind ihre wichtigsten Bestimmungen in einen Schleier der Mehrdeutigkeit gehüllt, was widerstrebenden Politikern ein Ausweichen um so leichter macht. (Nichtsdestotrotz setzen sie sich auch mit Ausflüchten über die Konvention hinweg, denn Staaten müssen Völkermord nicht nur bestrafen – eine Maßnahme, die tatsächlich rechtliche Gewißheit verlangt –, sondern auch verhindern und bekämpfen – eine Handlung, die naturgemäß nicht das sichere Wissen abwarten muß, daß sich ein Völkermord ereignet hat).

Die Definition des Völkermords in der Völkermord-Konvention ist autoritativ und wurde wortwörtlich in die Statuten der Strafgerichtshöfe für Jugoslawien und Ruanda sowie in die Statuten des Internationalen Strafgerichtshofes (ICC) aufgenommen, der errichtet werden wird, sobald sechzig Staaten die im Juli 1998 in Rom angenommenen Statuten ratifiziert haben. Nach der Erklärung, daß Völkermord nach dem Völkerrecht ein Verbrechen ist, einerlei ob er in Friedens- oder in Kriegszeiten begangen wurde, definiert die Konvention von 1948 den Völkermord als „eine der folgenden Handlungen, die in der Absicht begangen wird, eine nationale, ethnische, rassische oder religiöse Gruppe als solche ganz oder teilweise zu zerstören: Tötung von Mitgliedern der Gruppe; Verursachung von schwerem körperlichem oder seelischem Schaden an Mitgliedern der Gruppe; vorsätzliche Auferlegung von Lebensbedingungen für die Gruppe, die geeignet sind, ihre körperliche Zerstörung ganz oder teilweise herbeizuführen; Verhängung von Maßnahmen, die auf die Geburtenverhinderung innerhalb der Gruppe gerichtet sind; gewaltsame Überführung von Kindern der Gruppe in eine andere Gruppe."

Das Verbrechen des Völkermords hat also in der Konvention von 1948 sowohl ein körperliches Element, das bestimmte aufgeführte Handlungen umfaßt, wie beispielsweise die Tötung von Mitgliedern einer rassischen Gruppe, als auch ein geistiges Element: Die Handlungen müssen mit dem Vorsatz erfolgt sein, eine nationale, ethnische, rassische oder religiöse Gruppe „als solche" ganz oder teilweise zu vernichten. In seinem Urteil im Akayesu-Fall befand das Ruanda-Tribunal, daß die systematische Vergewaltigung von Tutsi-Frauen in der Provinz Taba ein Völkermord-Element darstellt, nämlich „den Mitgliedern der [betreffenden] Gruppe schwere körperliche oder geistige Schäden zuzufügen".

Neben Völkermord-Verbrechen selbst sieht die Konvention von 1948 vor, daß die folgenden Handlungen strafbar sein sollen: die Verschwörung zur Begehung von Völkermord, unmittelbare und öffentliche Anreizung zur Begehung von Völkermord, Versuch, Völkermord zu begehen, und Teilnahme am Völkermord.

Was in der Konvention ausgelassen wurde, ist ebenso bedeutsam wie das, was aufgenommen wurde. Zwar wurden in früheren Entwürfen der Konvention politische Gruppen unter denen aufgeführt, für die die Bedingung der Vorsätzlichkeit gilt, doch diese Kategorie wurde beim endgültigen Vertragstext weggelassen. Zuviele Regierungen, so schien es, könnten des Völkermords beschuldigt werden, wenn die vorsätzliche Vernichtung politischer Gruppen unter das Verbrechen „Völkermord" fiele.

Ebenfalls ausgelassen wurde das Konzept des kulturellen Völkermords, d. h. die Vernichtung einer Gruppe durch die zwangsweise Assimilierung in die dominante Kultur. Die Geschichte der Entwürfe macht klar, daß die Konvention von 1948 für die körperliche Vernichtung eines Volkes gelten sollte; das einzige Echo der Bemühungen, das Konzept einer kulturellen Vernichtung einzubeziehen, ist die Bezugnahme der Konvention auf die zwangsweise Verschickung von Kindern einer Zielgruppe in eine andere Gruppe.

In dieser und anderer Hinsicht ist die konventionelle Definition des Völkermords enger als die Vorstellung des aus Polen stammenden Wissenschaftlers Raphael Lemkin, der bei einer internationalen Konferenz im Jahre 1933 zum ersten Mal vorschlug, einen internationalen Vertrag aufzusetzen, durch den Angriffe auf nationale, religiöse und ethnische Gruppen zu einem internationalen Verbrechen erklärt würden. Lemkin, der beim Kriegsministerium der USA beschäftigt war, entwickelte den englischen Begriff *genocide* aus dem griechischen Wortbestandteil *genos*, Rasse oder Stamm, und dem lateinischen *cide*, abgeleitet von *caedere*, töten. (In seinem 1944 erschienenen Buch *Axis Rule in Occupied Europe* stellte Lemkin fest, daß dieselbe Vorstellung auch umschrieben werden könne durch den Begriff „*ethnocide*, das aus dem griechischen Wort ‚ethnos' – Nation – und dem lateinischen ‚cide' besteht.")

Obwohl Lemkins Konzept auch die körperliche Vernichtung von Zielgruppen umfaßte, stellte dies seiner Meinung nach nur die extremste Technik des Völkermords dar:

***Völkermord vor Gericht.** Von links nach rechts: Das Völkermord-Verfahren gegen einen Hutu, Jean-Paul Akayesu, wird 1996 verzögert; Einmarsch der Richter beim Internationalen Strafgerichtshof für das ehemalige Jugoslawien in Den Haag 1995; eine Nürnberger Szene: Hermann Göring und Rudolf Hess auf der Anklagebank beim Kriegsverbrecherprozeß.*

„Mit ‚Genozid' meinen wir die Zerstörung einer ethnischen Gruppe ... Im allgemeinen bezeichnet Genozid nicht unbedingt die unmittelbare Zerstörung einer Nation, es sei denn, sie wird erzielt durch Massentötungen aller Mitglieder einer Nation. Vielmehr soll es einen koordinierten Plan verschiedener Maßnahmen bezeichnen, die auf die Vernichtung wesentlicher Grundlagen des Lebens nationaler Gruppen abzielen mit der Absicht, diese Gruppen selbst zu vernichten. Die Ziele eines derartigen Plans bestünden in der Auflösung der politischen und sozialen Einrichtungen, der Kultur, der Sprache, der Nationalgefühle, der Religion und der wirtschaftlichen Existenz nationaler Gruppen und in der Zerstörung der persönlichen Sicherheit, Freiheit, Gesundheit, Würde und sogar des Lebens der Individuen, die zu solchen Gruppen gehören ... Der Genozid besteht aus zwei Phasen: zum einen aus der Zerstörung der nationalen Struktur der unterdrückten Gruppe; zum zweiten aus der Aufoktroyierung der nationalen Struktur des Unterdrückers. Diese Aufoktroyierung kann wiederum auf die unterdrückte Bevölkerung erfolgen, der zu bleiben gestattet wird, oder nur auf das Gebiet nach Entfernung der Bevölkerung und der Kolonialisierung des Gebietes durch die eigenen Angehörigen des Unterdrückers."

Vier Jahre sollten vergehen, bevor Lemkins Vorstellung in einen internationalen Vertrag Eingang fand, aber das rechtliche Fundament wurde 1945 während der Nürnberger Prozesse und bei anderen Nachkriegsverfahren gelegt. Obwohl das den Nürnberger Prozessen zugrundeliegende

Statut den Begriff *Völkermord* oder *Genozid* nicht verwendete, überschnitt sich seine Definition von **Verbrechen gegen die Menschlichkeit** im wesentlichen mit Lemkins Konzeption des *Genozids*. Der Begriff *Völkermord* wurde in der Anklage gegen die Hauptkriegsverbrecher in Nürnberg verwendet, die beschuldigt wurden, „vorsätzlichen und systematischen Völkermord, d. h. die Auslöschung rassischer und nationaler Gruppen, gegen die Zivilbevölkerung bestimmter besetzter Gebiete betrieben zu haben, um bestimmte Rassen und Klassen von Menschen und nationale, rassische oder religiöse Gruppen zu vernichten". Die Staatsanwälte der Nürnberger Prozesse führten den Begriff auch in ihren abschließenden Ausführungen an, und er tauchte ebenfalls in den Urteilen mehrerer US-Militärgerichte auf, die in Nürnberg operierten.

Kurz nach dem Verfahren gegen die Hauptkriegsverbrecher in Nürnberg nahm die UN-Vollversammlung eine Resolution an, die Völkermord zu einem „Verbrechen nach Völkerrecht" erklärte. In der Resolution von 1946 heißt es in der Präambel, daß Völkermord „bedeutet, ganzen Men-

schengruppen das Existenzrecht zu verweigern, so wie Menschenmord die Verweigerung des Lebensrechts einzelner Menschen bedeutet."

Die verhältnismäßig engen Bestimmungen der Konvention von 1948, insbesondere der Ausschluß politischer Gruppen und das Voraussetzen eines Vorsatzes bei Völkermord, haben es politischen Führern immer wieder ermöglicht, Zweifel daran zu äußern, ob Taten, die möglicherweise Völkermord sein könnten, dies nach den strengen Kriterien der Konvention tatsächlich sind bzw. waren. Haben die Urheber der Anfal-Kampagne von 1988, bei denen schätzungsweise mindestens fünfzigtausend irakischer Kurden niedergemetzelt wurden, beabsichtigt, Kurden „als solche" zu töten oder war es, in den Worten eines führenden Wissenschaftlers, ihr Ziel, „die kurdische Bewegung als politisches Problem zu eliminieren"? Hatten die serbischen Täter bei der **ethnischen Säuberung** in Bosnien die Absicht, Moslems und Kroaten „als solche" zu vernichten, oder wollten sie „lediglich" eine homogene serbische Kontrolle über begehrte Gebiete etablieren?

Wie aus diesen Fragen ersichtlich wird, stellt eine Hauptquelle für Mehrdeutigkeiten die Interpretation der Vorsätzlichkeits-Bedingung der Konvention von 1948 dar. Obwohl die Geschichte der Entwürfe zur Konvention nicht ganz klar ist, halte ich es für einen Fehler, die Verwendung des Begriffs *Vorsatz* in der Konvention so zu behandeln, als sei er synonym mit *Motiv*. Daß serbische Täter bei ethnischen Säuberungen Moslems vielleicht deswegen abgeschlachtet haben, um die Kontrolle über Gebiete zu erhalten, negiert nicht ihren Vorsatz, Moslems „als solche" zu vernichten, um ihr ultimatives Ziel zu erreichen.

Die Völkermord-Konvention erlegt den Unterzeichnerstaaten die allgemeine Pflicht auf, den Völkermord „zu verhüten und zu bestrafen".

Wem Völkermord zur Last gelegt wird, der kann entweder in dem Staat vor Gericht gestellt werden, in dem das Verbrechen begangen wurde, oder „vor das internationale Strafgericht …, das für die Vertragschließenden Parteien, die seine Gerichtsbarkeit anerkannt haben, zuständig ist". Obwohl die Konvention eine dritte Möglichkeit nicht erwähnt, nämlich die Verfolgung in einem Drittstaat, hat es sich inzwischen durchgesetzt, daß jeder Unterzeichnerstaat seine Zuständigkeit in bezug auf Völkermord-Verbrechen geltend machen kann, ungeachtet dessen, wo die Verbrechen begangen wurden und welcher Nationalität die Täter und Opfer sind.

Zusätzlich zu der individuellen strafrechtlichen Verantwortlichkeit für Völkermord etabliert die Konvention zudem eine Staatenverantwortlichkeit, das heißt, die internationale rechtliche Verantwortlichkeit des Staates selbst für den Bruch seiner Vertragspflichten entsprechend der Konvention. Unterzeichnerstaaten der Konvention können einen Fall vor den Internationalen Gerichtshof bringen, indem sie vorbringen, daß ein anderer Unterzeichnerstaat für Völkermord verantwortlich ist. Wie oben bereits erwähnt, wurde der erste derartige Fall 1993 von Bosnien-Herzegowina gegen Jugoslawien vorgebracht und ist immer noch anhängig.

Artikel 8 der Konvention befaßt sich mit Maßnahmen, den Völkermord nicht nur zu bestrafen, sondern auch aufzuhalten: „Eine Vertragschließende Partei kann die zuständigen Organe der Vereinten Nationen damit befassen, gemäß der Charta der Vereinten Nationen die Maßnahmen zu ergreifen, die sie für die Verhütung und Bekämpfung von Völkermordhandlungen oder einer der sonstigen in Artikel 3 aufgeführten Handlungen für geeignet erachtet." Vertragsstaaten könnten zum Beispiel versuchen, die Ermächtigung durch den Sicherheitsrat zu erlangen, militärische Schritte zu unternehmen, um zu verhindern, daß in einem anderen Land Völkermord begangen wird.

Schließlich stellte, obwohl Verträge nur diejenigen Staaten binden, die vertragsschließende Parteien sind, ein Rechtsgutachten des Internationalen Gerichtshofes 1951 fest, daß die der Völkermord-Konvention zugrundeliegenden Grundsätze Bestandteil des internationalen Gewohnheitsrechtes sind, das alle Staaten bindet.

Der Völkermord in der Geschichte

Obwohl Lemkin implizierte, daß die Nazi-Verbrechen fundamental anders als alle zuvor begangenen Verbrechen gewesen seien, war Hitlers „Endlösung" nicht die erste Vernichtungskampagne, die Lemkins Definition des Genozids entsprach. Die systematische Auslöschung von Armeniern durch die Jungtürken, die im April 1915 begann, war der erste Völkermord dieses Jahrhunderts. Kühn geworden durch das Stillhalten der Welt bei dem Gemetzel an den Armeniern, schätzungsweise kamen über eine Million von ihnen dabei um, beruhigte Hitler angeblich Zweifler in den eigenen Reihen mit der Frage: „Wer spricht heute schließlich noch von den Armeniern?"

Was die neueren Episoden groß angelegter Gemetzel betrifft, so sind zumindest einige Wissenschaftler zu der Schlußfolgerung gelangt, daß das türkische Massaker an den Kurden im Distrikt Dersim 1937–1938, das Massaker an Hutus durch Tutsis in Burundi 1972, die Vernichtungskampagne der Roten Khmer Mitte der 70er Jahre und die Anfal-Kampagne gegen irakische Kurden 1988 der rechtlichen Definition des Völkermords entsprechen.

Unter diesen Fällen illustriert vielleicht keiner besser die Komplexitäten der Völkermord-Definition der Konvention von 1948 als der Fall **Kambodschas**. Im Hinblick auf das Ausmaß des Gemetzels dort – man nimmt an, daß 1,5 Millionen der 7 Millionen Einwohner Kambodschas infolge der Politik der Roten Khmer umgekommen sind – war man sehr stark daran interessiert, diese Verbrechen mit dem Begriff „Völkermord" zu belegen. Da jedoch sowohl die Täter als auch die meisten Opfer Khmer waren, erforderte solch eine Beweisführung eine recht bewegliche juristische Argumentation. Einige Wissenschaftler haben das Konzept eines *Auto-Genozids* aufgebracht und argumentieren, daß die Definition der Konvention von 1948 selbst dann erfüllt sein könne, wenn die Täter versuchten, einen wesentlichen Teil ihrer eigenen ethnischen/nationalen Gruppe zu töten. Andere vertreten eine konservativere Haltung und räumen ein, daß die große Mehrheit der Opfer aus Gründen getötet wurde, die im weiteren Sinne als politisch bezeichnet werden können, stellen jedoch fest, daß bestimmte Minderheitsgruppen wie die moslemischen Cham und die buddhistischen Khmer speziell für die Vernichtung vorgesehen waren, und argumentieren, daß es sich zumindest bei den Verbrechen gegen diese Gruppen um Völkermord gehandelt habe.

Auch wenn einige Vernichtungskampagnen eindeutiger als andere unter die Definition des Völkermords fallen, Beispiele dafür sind der Holocaust und der Völkermord 1994 in Ruanda, lassen sich in Wahrheit plausible Argumente für die meisten Fälle finden, die potentiell Völkermord darstellen. Fehlt eine richterliche Entscheidung oder ein politischer Beschluß kann praktisch jeder Fall von Völkermord in Frage gestellt werden. Der erste Angeklagte vor dem Ruanda-Tribunal argumentierte beispielsweise, daß die Massaker in Ruanda politisch motiviert gewesen seien, sozusagen eine besonders grausame Art von Bürgerkrieg. Als Antwort darauf urteilte das Gericht, daß „neben dem Konflikt ... in Ruanda 1994 ein Völkermord an den Tutsis als Gruppe begangen wurde". Daß die Durchführung dieses Völkermordes „wahrscheinlich durch den Konflikt ermöglicht wurde", negierte nicht die Tatsache, daß ein Völkermord stattgefunden hatte.

Durch den Mangel an Präzedenzfällen, in denen der Konvention Geltung verschafft wurde – ein bitteres Zeugnis für den fehlenden Willen der internationalen Gemeinschaft – konnten die Experten jahrzehntelang kaum mehr tun, als kenntnisreich darüber zu diskutieren, ob wohlbekannte Kandidaten für das Etikett „Völkermord" die juristische Definition erfüllen würden. Die in die Völkermord-Konvention eingebauten Mehrdeutigkeiten können erst dann endgültig aufgelöst werden, wenn die Staaten willens sind, geradeheraus zuzugeben, daß sich ein Völkermord ereignet hat, und dem Recht des Gewissens Geltung zu verschaffen.

Volksaufgebot

Karma Nabulsi

Ein Volksaufgebot, eine Levée en masse oder eine Volkserhebung, ist in der Kriegsgeschichte zu so etwas wie einem Mythos geworden. Der Rotkreuz-Vertreter bei den Verhandlungen, die den Genfer Konventionen von 1949 vorausgingen, sagte, es sei „praktisch niemals vorgekommen", wohingegen in Ländern wie Polen während des gesamten neunzehnten Jahrhunderts mit großer Regelmäßigkeit weitverbreitete und langanhaltende Volkserhebungen stattfanden. Napoleon nutzte Volksaufgebote als Mittel der nationalen Verteidigung, als die vereinigten Armeen der Alliierten auf französischen Boden vorrückten. Ein Beispiel neuerer Zeit ist Warschau in den ersten Tagen der Nazi-Invasion während des Zweiten Weltkrieges.

Der Begriff „Volksaufgebot", der zum ersten Mal bei der Brüsseler Konferenz 1874 als völkerrechtlicher Begriff Verwendung fand, ist nach dem Kriegsrecht von einem Aufstand eines Volkes gegen seine eigene nationale Regierung zu unterscheiden. Laut Definition richtet sich das Volksaufgebot gegen fremde Truppen, die ein Land entweder überfallen oder besetzen, was die Definition einschränkt auf eine Bewegung zur nationalen Selbstverteidigung. Es bezieht sich insbesondere auf Situationen, in denen die Bevölkerung spontan zu den Waffen greift, die sie gerade zur Hand hat, und sich der Invasion widersetzt, ohne daß ihr Zeit bleibt, sich zu organisieren.

Wer sich an einem Volksaufgebot beteiligt, kann unter gewissen Umständen das Privileg eines **Kombattanten** in Anspruch nehmen, d. h., das Recht, den Feind zu bekämpfen. Die Kombattanten dürfen nicht wegen ihrer feindseligen Akte verfolgt werden, sondern ihnen muß bei ihrer Gefangennahme der Status eines **Kriegsgefangenen** zugebilligt werden. (Sie können jedoch wegen anderer Straftaten und bei Verstößen gegen die Disziplin verfolgt werden.) Das Privileg bleibt normalerweise den Mitgliedern der Streitkräfte eines Landes, auch Partisanen, vorbehalten.

Damit die Mitglieder des Volksaufstands in den Genuß des Kombattanten-Privilegs kommen können, müssen mehrere Bedingungen erfüllt sein. Das Volksaufgebot kann nur gegen ausländische Truppen erfolgen, wenn diese in das Land einfallen, und nur dort, wo sie einfallen. Die Teilnehmer des Aufgebotes müssen ihre Waffen offen tragen und das Kriegsrecht und die Gebräuche des Krieges respektieren. Sobald ein Gebiet einmal besetzt ist, können Zivilpersonen, die dagegen Widerstand leisten, von der Besatzungsmacht bestraft werden.

Selbst nach der effektiven Besetzung eines Gebietes können Mitglieder der Streitkräfte, die sich nicht ergeben haben, sowie organisierte Widerstandsbewegungen und echte nationale Befreiungsbewegungen weiter Widerstand gegen die Besetzung leisten, aber sie müssen sich von der Zivilbevölkerung unterscheiden oder wenigstens bei Angriffen und Einsätzen ihre Waffen offen tragen. Jede direkte Einbeziehung von Zivilpersonen in diese Feindseligkeiten wäre rechtswidrig.

Eine indirekte Unterstützung der Widerstandsbewegung, wie etwa die Bereitstellung von Informationen oder nicht-militärischen Versorgungsgütern, wäre nach dem Völkerrecht rechtmäßig, würde aber sehr wahrscheinlich gegen die von der Besatzungsmacht erlassenen Sicherheitsgesetze verstoßen, in welchem Fall die Verantwortlichen mit einem Gerichtsverfahren und einer Bestrafung oder mit Beschränkungen ihrer Bewegungsfreiheit rechnen müßten. Auch in diesem Fall hätten sie aber Anrecht auf den Schutz durch die Vierte Genfer Konvention, und eine Kollektivmaßnahme gegen sie wäre rechtswidrig.

(Siehe **Soldaten, Rechte der**)

VERBRECHEN

Vorsätzliches Töten

Peter Maass

Slobodan war ein zuvorkommender Gastgeber. Immer, wenn wir auf ungeschütztes Gelände kamen, hielt er inne, lauschte wie ein Terrier, ob er Anzeichen für Schwierigkeiten hören konnte, rannte dann voraus und winkte mich weiter, wenn er glaubte, es sei sicher. Es war im Winter 1993, der Krieg in Bosnien war in vollem Gange, und Slobodan nahm mich mit zu seinem Arbeitsplatz, einer ausgeplünderten Wohnung in einem zerbombten Haus an der Frontlinie um Sarajewo.

Slobodan war ein bosnisch-serbischer Heckenschütze. Da er nicht im Dienst war, als er mich herumführte, war er nur mit einer Pistole bewaffnet. Sobald wir seinen Hochsitz betraten, zielte er damit vergnügt auf einige Bewohner Sarajewos, die ein paar hundert Meter entfernt über deckungsloses Gelände rannten. „Ich kann schießen!" sagte er in aufgeregtem Englisch. „Schau, schau, Leute, Pistole, Pop-Pop!" Dann beruhigte er sich wieder und lächelte. „Kein Problem, kein Problem. Nicht auf Leute schießen. Nein, nicht schießen."

Damit wollte er sagen, daß er nicht auf Zivilpersonen schoß, sondern nur auf Soldaten. Das war unwahrscheinlich. Ich war lange genug in Sarajewo gewesen, um zu wissen, daß Heckenschützen wie Slobodan praktisch ausschließlich auf Zivilpersonen schossen. Ich hatte mit Leuten geredet, die von Heckenschützen angeschossen worden waren, ich hatte gesehen, wie an der Front in der Nähe des Holiday Inn auf einen Jugendlichen geschossen wurde, und ich wußte, genau wie alle anderen, daß nicht das kalte Wetter und der Mangel an Lebensmitteln in der belagerten Hauptstadt Bosniens die meisten Todesopfer forderten. Es waren die Heckenschützen, die einem am meisten Sorgen machten, da sie es waren, die all diese Kugeln abfeuerten, die den Weg in so viele Arme und Beine und Köpfe und Herzen fanden.

Es gibt keine Bestimmung, die das Schießen aus dem Hinterhalt auf Kombattanten im Krieg verbietet, aber das vorsätzliche Töten von Zivilpersonen ist ein Kriegsverbrechen. Und wahrscheinlich hatten sich Slobodan und seine Heckenschützenkumpel viele, viele Male der vorsätzlichen Tötung schuldig gemacht – das ist der rechtliche Fachausdruck für dieses Verbrechen.

Das Erste Zusatzprotokoll von 1977 zu den Genfer Konventionen stellt klar, daß der Tod von Zivilpersonen, der versehentlich infolge von gerechtfertigten Kampfhandlungen verursacht wird, selbst wenn er vorhersehbar war, rechtmäßig ist, wenn dabei der Grundsatz der Verhältnismäßigkeit eingehalten wurde. Aber wenn das Töten einer Zivilperson, eines Nichtkombattanten, vorsätzlich erfolgt oder nicht durch die **militärische Notwendigkeit** gerechtfertigt ist, dann ist dies ein Kriegsverbrechen. Ein derartiges Verbrechen wäre beispielsweise die Hinrichtung von Geiseln oder Gefangenen. Bei einem zwischenstaatlichen Konflikt könnte der Verstoß nach den Bestimmungen über schwere Verletzungen der Genfer Konventionen als vorsätzliche Tötung strafrechtlich verfolgt werden; bei einem innerstaatlichen Konflikt könnte das Verbrechen als Mord nach dem innerstaatlichen Recht oder dem gemeinsamen Artikel 3 der vier Genfer Konventionen strafrechtlich verfolgt werden.

Unter die Rubriken Vorsätzliche Tötung und Mord fallen nicht nur Zivilpersonen im üblichen Sinn des Wortes, sondern außerdem z. B. Kriegsgefangene, Kranke oder Verwundete, kapitulierende Soldaten sowie Sanitäts- und Seelsorgepersonal.

Das Verbrechen der vorsätzlichen Tötung ist eine aktive Völkerrechtskomponente. Der Internationale Strafgerichtshof für das ehemalige Jugoslawien ist ermächtigt, sich mit vorsätzlichen Tötungshandlungen zu befassen, und wegen dieses Verbrechens wurden bereits mehrere Personen angeklagt. Jedoch entschied der Gerichtshof in einer umstrittenen Entscheidung im Fall Dusko Tadic, eines serbischen Gefängniswärters, daß Ta-

Ein einundzwanzigjähriger Nachwuchs-Heckenschütze mit Pferdeschwanz nimmt sein Opfer ins Visier. Karlovac, Kroatien 1991. Ihm werden drei Patronen am Tag zugestanden.

dic keine vorsätzliche Tötung begangen haben konnte, da der bosnische Krieg keinen zwischenstaatlichen Charakter hatte. Infolgedessen wurde Tadic in den Anklagepunkten der vorsätzlichen Tötung für nicht schuldig befunden; allerdings wurden gegen die Entscheidung Rechtsmittel eingelegt.

Mit welchen Strafen müßte nun angesichts des Tadic-Falles ein Heckenschütze wie Slobodan rechnen? Wenn am Ende entschieden wird, daß es sich bei dem Krieg in Bosnien um einen zwischenstaatlichen Konflikt gehandelt hat, könnte er im Fall jeder geschützten Person, die er erschossen hat, wegen vorsätzlicher Tötung angeklagt werden. Wenn entschieden wird, daß dies ein innerstaatlicher Konflikt war, könnte er wegen Mordes angeklagt werden. Doch wie auch immer die Anklage lauten mag, sie würde sich auf jeden Fall auf zahlreiche Fälle beziehen. An dem Tag, an dem er mir so höflich als Führer zur Seite stand, fragte ich ihn, ob er jemanden erschossen hätte. „Heute, nein", antwortete er. „Gestern, ja. Pop, pop!"

Vorsätzlichkeit

A. P. V. Rogers

In Verfahren wegen Kriegsverbrechen oder schweren Völkerrechtsverletzungen muß die Anklage im allgemeinen nicht nur nachweisen, daß der Angeklagte die Handlung, deretwegen er angeklagt ist, begangen hat, sondern auch, daß er die Folgen seiner Handlung beabsichtigt hat. Diese Absicht wird von Juristen normalerweise als *mens rea*, d. h. als Vorsatz im strafrechtlichen Sinne bezeichnet.

Wenn beispielsweise ein militärischer Führer beim Angriff auf ein militärisches Ziel unbeabsichtigt infolge einer Waffenfehlfunktion oder falscher Zielinformationen Opfer unter der Zivilbevölkerung verursacht, hat er sich trotz der Folgen seiner Handlungen keiner Straftat schuldig gemacht, da ihm der strafrechtliche Vorsatz fehlte.

Auch wenn einzelne Bestimmungen der Abkommen keine Aussagen zur Vorsätzlichkeit machen, wie etwa bei „Geiselnahme", muß der grundlegende Vorsatz dennoch nachgewiesen werden. Wenn einem Soldaten befohlen wird, Zivilpersonen aus einem Dorf im Kampfgebiet unter bewaffneter Aufsicht in eine Stadt zu bringen, die sich weit entfernt von den Kampfhandlungen befindet, und sie dort dem Garnisonskommandanten zu übergeben, und es sich später herausstellt, daß sie als Geiseln festgehalten wurden, um das militärische Hauptquartier in dieser Stadt vor einem Angriff zu schützen, kann er möglicherweise zu seiner Verteidigung mangelnden strafrechtlichen Vorsatz anführen, da er nicht wußte, daß die Zivilpersonen Geiseln waren, und angenommen hatte, daß sie an einen sicheren Ort gebracht werden sollten.

Häufig spezifiziert eine Bestimmung bezüglich einer schweren Verletzung der Konventionen die Absicht als „Vorsätzlichkeit", z. B. *„vorsätzliche Tötung, Folterung oder unmenschliche Behandlung"* oder *„vorsätzlich gegen die Zivilbevölkerung oder einzelne Zivilpersonen gerichtete Angriffe"*. Oder es wird der Begriff „Willkür" verwendet, z. B. in der Passage „Zerstörung ... von Eigentum, die durch militärische Erfordernisse nicht gerechtfertigt [ist] und in großem Ausmaß rechtswidrig und *willkürlich* vorgenommen [wird]".

Die Begriffe *vorsätzlich* und *willkürlich* bezeichnen absichtliche oder gezielte Handlungen sowie Fälle grober Fahrlässigkeit. Die strafrechtliche Verantwortlichkeit ist nicht auf aktive Handlungen beschränkt. Sie kann auch durch Unterlassen entstehen, wenn z. B. die Pflicht zum Handeln besteht, die Handlung jedoch absichtlich oder grob fahrlässig unterlassen wird und daraufhin die Folgen eintreten, die bei pflichtgemäßem Handeln nicht eingetreten wären.

Im Kommentar des Internationalen Komitees vom Roten Kreuz (IKRK) zu den Zusatzprotokollen wird Vorsätzlichkeit folgendermaßen erklärt: Der Beschuldigte muß bewußt und mit Absicht gehandelt haben, d. h., er muß die Handlung und ihre Folgen bedacht und gewollt haben; dies schließt auch „ungerechtfertigte Absicht" oder „grobe Fahrlässigkeit" ein, nämlich das Verhalten einer handelnden Person, die, ohne sich der Folgen sicher zu sein, die Möglichkeit akzeptiert, daß diese eintreten. Andererseits ist normale Fahrlässigkeit oder Mangel an Vorausschau nicht abgedeckt, d.h. wenn jemand handelt, ohne die Handlung oder ihre Folgen zu bedenken. Jedoch kann Fahrlässigkeit für eine Disziplinarmaßnahme nach innerstaatlichem Recht genügen.

Das Statut des Internationalen Strafgerichtshofes besagt, daß ein Angeklagter nur verurteilt werden darf, wenn seine Straftat „vorsätzlich und wissentlich" verübt wurde. Ein Vorsatz liegt vor, wenn die angeklagte Person im Hinblick auf ein Verhalten „sich willentlich so verhält" und „die Folgen willentlich herbeiführt oder ihr bewußt ist, daß diese im normalen Verlauf der Ereignisse eintreten werden". Wissen bedeutet „das Bewußtsein, daß ein Umstand vorliegt oder daß im normalen Verlauf der Ereignisse eine Folge eintreten wird".

(Siehe **Rechtliches Gehör; Willkürliche Zerstörung; Kriegsverbrechen; Vorsätzliches Töten**)

474 **Waffen** Burrus Carnaham

477 **Waffenstillstand** Howard S. Levie

480 **Wasserversorgung und Wasserwerke, Zerstörung von** Emma Daly

482 **Willkürliche Zerstörung** Jeremy Bowen

VERBRECHEN

Waffen

Burrus Carnahan

Im amerikanischen Bürgerkrieg wurden zahlreiche Waffen zum ersten Mal eingesetzt, die die Kriegführung von Grund auf ändern sollten – gepanzerte Kriegsschiffe, U-Boote, Landminen und Maschinengewehre, um nur einige zu nennen. Eine der Innovationen, die der Bürgerkrieg mit sich brachte, sollte jedoch ein zweifelhaftes Schicksal erleben; es handelte sich um die erste Waffe, die ausdrücklich in einer internationalen Übereinkunft verboten wurde: eine Gewehrkugel, die beim Aufprall auf den menschlichen Körper explodierte. Unmittelbar nach dem Krieg kam das Ordnance Department der US-Armee [Heereswaffenamt] zu dem Schluß, explodierende Gewehrkugeln seien unmenschlich und sollten nie wieder beschafft werden.

Die Erfahrung des Bürgerkriegs hatte gezeigt, daß jeder Soldat, der von einer gewöhnlichen Gewehrkugel getroffen wurde, allein durch diese Wunde außer Gefecht gesetzt wurde. In den meisten Fällen machten explodierende Kugeln eine Wunde, die den Soldaten bereits außer Gefecht gesetzt hätte, nur noch schlimmer. Das Leiden, das durch derartige Kugeln verursacht wurde, war daher militärisch unnötig und unmenschlich.

Fast zu derselben Zeit war die russische Regierung zu derselben Schlußfolgerung gelangt. Um 1860 hatte auch die Armee des Zaren ein Explosivgeschoß entwickelt, und es waren ähnliche Zweifel bezüglich ihrer Menschlichkeit aufgekommen. Anders als die Vereinigten Staaten jedoch sah sich Rußland einer Reihe potentiell feindlich gesinnter Landmächte gegenüber, und es widerstrebte der Regierung des Zaren, eine neue Waffe aufzugeben, wenn sie nicht sicher sein konnte, daß auch die potentiellen Feinde auf ihren Einsatz verzichten würden. Daher berief die russische Regierung 1868 in St. Petersburg eine internationale Konferenz ein, um dieses Thema zu erörtern. (Die Vereinigten Staaten nahmen daran nicht teil, es geschah dies in der Ära des außenpolitischen Isolationismus der USA.)

Die Übereinkunft, die dabei erzielt wurde, die sogenannte Petersburger Erklärung, verbot den Gebrauch von Explosiv- und Brandgeschossen unter 400 Gramm. Außerdem stellte sie bestimmte wichtige allgemeine Grundsätze auf, beispielsweise: „daß der einzige rechtmäßige Zweck ... während des Krieges die Schwächung der militärischen Kräfte des Feindes ist." Daß es deshalb genügt, möglichst viele Soldaten kampfunfähig zu machen und daß dieses Ziel durch den Gebrauch von Waffen überschritten würde, die unnötigerweise die Leiden der kampfunfähig gemachten Soldaten vermehren oder ihren Tod unvermeidlich machen würden, und „daß der Gebrauch solcher Waffen den Gesetzen der Menschlichkeit zuwider sein würde". Diese Grundsätze sind inzwischen als Bestandteil des Völkergewohnheitsrechtes akzeptiert, das für alle Staaten verbindlich ist, ob sie die Petersburger Erklärung unterzeichnet haben oder nicht.

Bei internationalen Konferenzen in Den Haag in den Niederlanden 1899 und 1907 wurden aus den Petersburger Grundsätzen die bekannten Grundsätze herausgearbeitet, daß es verboten ist, Waffen zu benutzen, die „unnötige Leiden" oder „überflüssige Verletzungen" verursachen. Dieser Grundsatz, der auch Teil des Völkergewohnheitsrechtes ist, wurde 1977 von einer diplomatischen Konferenz in Genf, Schweiz, bestätigt.

Diese Regel verbietet beispielsweise die Verwendung von Explosivgeschossen, die mit klarem Glas gefüllt sind. Durch Glasfragmente wären die Wunden eines Soldaten schwieriger zu behandeln, weil der Arzt sie nur schwer entdecken könnte. Sobald ein Soldat aber in einem Feldlazarett behandelt wird, steht er für Kampfhandlungen offensichtlich nicht mehr zur Verfügung. Es ist daher militärisch unnötig und überflüssig, dafür zu sorgen, daß die Wunden schwieriger zu behandeln sind. Aus ähnlichen Gründen ist es verboten, Explosivgeschosse zu verwenden, deren Fragmente durch Röntgenstrahlen nicht sichtbar gemacht werden können. Vergiftete Geschosse und Bajonette mit Sägezahnschneiden gelten ebenfalls allgemein als verboten. Das Verbot der Verwendung von Dumdumgeschossen, die beim Aufprall plattgequetscht werden, spiegelt ebenfalls den Grundsatz wider, daß unnötige Leiden und überflüssige Verletzungen zu vermeiden sind.

Bei der Anwendung des Grundsatzes, unnötige Leiden und überflüssige Verletzungen zu vermeiden, müssen die militärischen Vorteile der Waffe immer gegen die von ihr verursachten Leiden abgewogen werden. Schließlich impliziert schon die Wendung „unnötige Leiden", daß es auch so etwas wie nötige Leiden gibt. Eine Waffe kann nicht als verboten gelten, nur weil sie, abstrakt gesehen, große Leiden verursacht; es muß immer auch die militärische Seite der Gleichung betrachtet werden. Die Literatur humanitärer nichtstaatlicher Organisationen verfällt häufig diesem Irrtum, indem sie die unmenschlichen Folgen des Gebrauches einer Waffe betont und allein auf dieser Grundlage argumentiert, daß die Waffe unnötige Leiden verursacht.

Es sollte noch darauf hingewiesen werden, daß eine Waffe, wenn sie zu einem bestimmten Zweck verwendet wird, rechtswidrig sein kann, aber rechtmäßig, wenn sie stattdessen für einen anderen Zweck verwendet wird. Als beispielsweise im Ersten Weltkrieg der Luftkampf zwischen Flugzeugen aufkam, rüsteten die Briten die Maschinengewehre ihrer Kampfflugzeuge mit Brandmunition aus. Die erste Reaktion der deutschen Regierung bestand in der Drohung, gefangengenommene britische Flieger wegen Verstoßes gegen die Petersburger Erklärung als Kriegsverbrecher vor Gericht zu stellen. Nach einiger Überlegung gab die deutsche Regierung aber nach. Brandgeschosse beim Luftkrieg sollen feindliche Flugzeuge zerstören, nicht den feindlichen Truppen zusätzliche Verletzungen zufügen, und die Petersburger Erklärung bezog sich nur auf das letztere Problem. Heute gilt unter Juristen der Gebrauch von kleinkalibriger Brand- und Explosivmunition im Luftkrieg allgemein als rechtmäßig, während ihre Verwendung in Infanteriegewehren nach wie vor verboten ist.

Das Völkergewohnheitsrecht verbietet auch den Gebrauch unterschiedsloser Waffen. Eine unterschiedslose Waffe ist eine, die nicht gegen ein legitimes militärisches Ziel gerichtet werden kann. Die V2-Raketen, die Deutschland im Zweiten Weltkrieg verwendete, waren unterschiedslose Waffen insofern, als sie nicht gegen ein Ziel gerichtet werden konnten, das kleiner war als eine ganze Stadt. Nach dem **Golfkrieg** 1991 berichtete das US-Verteidigungsministerium vor dem Kongreß, daß die vom Irak verwendeten SCUD-Raketen (die nicht viel genauer als die V2 waren) unterschiedslose Waffen seien und daß ihr Einsatz ein Kriegsverbrechen darstellte. In vergleichbarer Weise waren die mit Brandbomben ausgestatteten Ballons, die die Japaner 1945 in den Jetstream in Richtung USA entließen, unterschiedslose Waffen. Die japanische Regierung hoffte, sie würden Brände in den westlichen Vereinigten Staaten verursachen, aber die Ballons ließen sich nicht einmal dafür ausreichend kontrollieren.

Eine Waffe ist nicht allein dadurch unterschiedslos, daß sie hoch destruktiv ist. Nuklearwaffen beispielsweise sind in diesem rechtlichen Sinn nicht unterschiedslos. Sie können effektiv gegen **militärische Ziele** gerichtet werden und diese zerstören. Die legalen Fragen, die sich in bezug auf **Nuklearwaffen** stellen, lauten, ob sie zu Opfern unter der Zivilbevölkerung und zu Umweltschäden führen, die in einem Verhältnis zu den militärischen Zielen stehen, die sie zerstören.

(Siehe **Biologische Waffen; Chemische Waffen; Minen; Giftwaffen**)

Waffenstillstand

Howard S. Levie

Ein Waffenstillstand ist kein Friedensvertrag. Sein Hauptzweck besteht zwar darin, eine Feuereinstellung, d. h. eine Einstellung der Feindseligkeiten herbeizuführen. Diese Einstellung kann unbegrenzt oder nur für einen bestimmten Zeitraum vereinbart werden. Ein Waffenstillstand beendet nicht den Kriegszustand zwischen den kriegführenden Parteien. Der Kriegszustand mit all seinen Konsequenzen für die kriegführenden und neutralen Parteien besteht weiterhin. (In der Waffenstillstandsvereinbarung im Koreakrieg war keine Zeitdauer angegeben, sie konnte daher von beiden Vertragsparteien gekündigt werden. Tatsächlich kündigte Nordkorea sie 1997.)

In früheren Zeiten wurden kurze, lokale Vereinbarungen über eine Feuereinstellung häufig dazu verwendet, die Toten und die Verwundeten vom Schlachtfeld zu bergen.

In den letzten Jahrzehnten hat die Waffenstillstandsvereinbarung an Bedeutung gewonnen, da sie meist nicht durch einen Friedensvertrag ergänzt wurde, wie es früher allgemein üblich war, sondern die einzige Vereinbarung der feindlichen Parteien zur Beendigung der Feindseligkeiten blieb.

Das 1956 erschienene Handbuch „Law of Land Warfare" (Landkriegsrecht) der US-Armee definiert einen Waffenstillstand und die Personen, die er betrifft: „Ein Waffenstillstand (manchmal auch als Waffenruhe bezeichnet) ist die Einstellung aktiver Feindseligkeiten für einen Zeitraum, auf den sich die kriegführenden Parteien geeinigt haben. Er stellt keinen teilweisen oder temporären Frieden dar; er bedeutet lediglich die Aussetzung militärischer Handlungen auf das Ausmaß, auf das sich die Parteien geeinigt haben."

Natürlich können die Parteien auch andere Bestimmungen aufnehmen, die sie wünschen und auf die sie sich einigen; es ist aber äußerst selten, daß Waffenstillstandsvereinbarungen Verpflichtungen über den Umgang mit Verstößen gegen das Kriegsrecht enthalten.

Datum und Zeitpunkt des Inkrafttretens: Es ist besonders wichtig, für den Zeitpunkt des Inkrafttretens eine ausreichende Zeitspanne einzuplanen, damit die Informationen bis zu den Außenposten gelangen können, die sonst die Feindseligkeiten nach Inkrafttreten der Waffenstillstandsvereinbarung fortsetzen und so unbewußt gegen die Vereinbarung verstoßen würden. Selbst im Zeitalter sofortiger Kommunikation wird nicht jeder Soldat oder jede Gruppe von Soldaten mit den entsprechenden Geräten ausgestattet sein, um die Informationen sofort zu erhalten.

Dauer: In früherer Zeit war es üblich (aber nicht erforderlich), die Zeitdauer anzugeben, für die die Waffenstillstandsvereinigung in Kraft bleiben sollte. Später wurde eine derartige Bestimmung häufig nicht mehr aufgenommen, wahrscheinlich in der Annahme, daß in nicht allzu ferner Zukunft ein Friedensvertrag folgen würde. Wenn eine Waffenstillstandsvereinbarung keine spezifische Dauer angibt, bleibt sie in Kraft, bis sie formell von einer Seite gekündigt wird. Man sollte auf jeden Fall erwarten können, daß in einer Kündigung mitgeteilt wird, daß diese erst nach einer bestimmten Zeitdauer oder zu einem bestimmten Zeitpunkt in der Zukunft wirksam wird, und nicht durch die Einschläge eines Artillerieüberfalls – obwohl es kein Gesetz gibt, das eine solche Forderung enthält!

Demarkationslinie und neutrale Zone: Es gibt zwar in keiner Konvention zum Kriegsrecht spezielle Bestimmungen für Demarkationslinien und neutrale Zonen (manchmal auch als „Niemandsland" bezeichnet), aber die Aufnahme entsprechender Bestimmungen würde in hohem Maße dazu beitragen, Vorfälle zu verhindern, die keine der beiden Seiten wirklich wünscht und die versehentlich und unbeabsichtigt zu einer Wiederaufnahme der Feindseligkeiten führen könnten.

Beziehungen mit den Bewohnern: Bei fast jedem Waffenstillstand wird eine Seite einen Teil des Gebietes der anderen Seite besetzt halten. Das bedeutet, daß es in einem Teil des Gebietes, das sie kontrolliert, feindliche Zivilisten gibt. Das Land Warfare Manual der US-Armee besagt, falls es in der Waffenstillstandsvereinbarung keine Bestimmungen zu diesem Thema gebe, blieben diese Beziehungen unverändert bestehen, wobei jede kriegführende Partei „fortfährt, dieselben Rechte wie vorher auszuüben, einschließlich des Rechtes, jeglichen Verkehr zwischen den Bewohnern hinter ihren eigenen Linien und Personen hinter den feindlichen Linien zu verhindern oder zu kontrollieren".

Verbotene Handlungen: Selten verbieten Waffenstillstandsvereinbarungen spezielle Handlungen der kriegführenden Parteien, außer der grundlegenden Handlung des Begehens von Feindseligkeiten, und selten ergreift die andere kriegführende Partei irgendwelche Maßnahmen, wenn die gegnerische Macht Handlungen unternommen hat, die sie für verboten hält. Jedoch würde jeder Verstoß gegen die Waffenstillstandsvereinbarung, einschließlich feindseliger Handlungen, sicherlich unter die Definition einer „verbotenen Handlung" fallen. Obwohl in der koreanischen Waffenstillstandsvereinbarung nicht ausdrücklich niedergelegt, sind die häufigen Verletzungen der entmilitarisierten Zone durch die Nordkoreaner, der Bau von Tunneln unter dieser Zone und das Landen von Kommandos in Südkorea mit Missionen wie einem Attentat auf den Präsidenten der Republik Korea auf jeden Fall verbotene Handlungen.

Kriegsgefangene: Dies war das schwierigste Problem, mit dem die Verhandlungsführer bei den Verhandlungen für die koreanische Waffenstillstandsvereinbarung zu kämpfen hatten, und seine Lösung nahm über ein Jahr in Anspruch. Die Delegation der Vereinten Nationen bestand auf einer „freiwilligen Repatriierung", was bedeutete, daß der Kriegsgefangene das Recht haben sollte, zu der Armee zurückzukehren, in der er bei seiner Gefangennahme diente, oder, falls er dies vorzog, anderswohin zu gehen. Dies war hauptsächlich dadurch begründet, daß die Nordkoreaner, als sie in einem frühen Stadium des Konfliktes den größten Teil Südkoreas besetzt hielten, alle Südkoreaner in wehrpflichtigem Alter, die gefangengenommen worden waren oder sich ergeben hatten, in ihre Armee einzogen. Diese Männer wollten nicht nach Nordkorea „repatriiert" werden. Jetzt ist die „freiwillige Repatriierung" anerkanntes Völkerrecht, und zweifellos werden zukünftige Waffenstillstandsvereinbarungen eine derartige Bestimmung enthalten.

Beratungsinstitutionen: Die Bestimmungen der koreanischen Waffenstillstandsvereinbarung bieten ein gutes Beispiel für die Kommissionen, die von Waffenstillstandsvereinbarungen eingesetzt werden. Es gab eine Repatriierungskommission neutraler Staaten, die die Durchführung der

Waffenstillstandsbedingungen in bezug auf Kriegsgefangene beaufsichtigen sollte, eine miliärische Waffenstillstandskommission (mit gemeinsamen Beobachtungsteams), die die Durchführung des Waffenstillstands selbst beaufsichtigen sollte, und eine Überwachungskommission neutraler Staaten (mit ihren eigenen Inspektionsteams), um die Einhaltung spezieller Bestimmungen der Waffenstillstandsvereinbarung zu gewährleisten.

Verschiedene politisch-militärische Angelegenheiten: Gelegentlich werden die Verhandlungsführer einer Waffenstillstandsvereinbarung von ihren Regierungen ermächtigt, politische Fragen zu diskutieren. (Es ist auch schon vorgekommen, daß Regierungen Diplomaten mit der Verhandlungsführung beauftragt haben. Die koreanische Waffenstillstandsvereinbarung beispielsweise wurde von Militärführern ausgehandelt, während die Vereinbarung über die Einstellung der Feindseligkeiten in Vietnam von Diplomaten ausgehandelt wurde.) Während also die Delegation der Vereinten Nationen darauf bestand, daß sie militärische, nicht aber politische Angelegenheiten diskutieren könne, enthielt Artikel 4 der koreanischen Waffenstillstandsvereinbarung eine Bestimmung, nach der die militärischen Befehlshaber den Regierungen empfahlen, daß die vertragschließenden Parteien innerhalb von drei Monaten nach der Unterzeichnung eine politische Konferenz einberufen sollten, um bestimmte Fragen zu klären, die über die Befugnisse der militärischen Befehlshaber hinausgingen.

In den letzten Jahrzehnten hat die Waffenstillstandsvereinbarung an Bedeutung als internationale Vereinbarung gewonnen, da ihr in den meisten Fällen kein Friedensvertrag nachfolgte, wie dies früher allgemein üblich war, sondern die einzige Vereinbarung bleibt, die verfeindete Staaten treffen, um die Feindseligkeiten zu beenden.

W

VERBRECHEN

Wasserversorgung und Wasserwerke, Zerstörung von

Emma Daly

Die alte Frau griff in ihren Plastikeimer und zog ein dreieckiges Stück eines menschlichen Knochens heraus, noch rosa und glänzend, eine grausige Erinnerung an ihren täglichen Kampf, Wasser zu finden.

Bewohner von Sarajewo überqueren die zerbombte Brücke über den Fluß Mijacka, um Wasser zu holen, 1993.

Sie hatte in der Schlange nach Wasser angestanden, an einem Steigrohr, das, so dachte sie, durch die Ruinen einer alten Schule geschützt war, als eine Mörsergranate durch ein Loch in der Decke krachte. Sieben Menschen wurden getötet und zwölf verwundet, darunter die alte Frau selbst, die mit einer leichten Abschürfung an der Stirn und einem schweren Nervenschock davonkam.

Wasser holen gehörte zwischen April 1992 und Dezember 1996 in Sarajewo zu den gefährlichsten und entmutigendsten Aufgaben. Die abtrünnigen serbischen Streitkräfte unterbrachen oft die Wasserversorgung (und die Gas- und Stromversorgung) der Stadt. Wenn sie das Wasser einmal fließen ließen, feuerten sie routinemäßig auf alle, die sich danach anstellten.

Allgemein gilt sowohl bei inner- als auch bei zwischenstaatlichen bewaffneten Konflikten die Regel, daß nur **militärische Ziele** angegriffen werden dürfen. Davon abgeleitet ist die Regel unter Artikel 54 im ersten der zwei Zusatzprotokolle von 1977 zu den Genfer Konventionen: „Das **Aushungern** von Zivilpersonen als Mittel der Kriegführung ist verboten."

Der Zivilbevölkerung Wasser vorzuenthalten, ist ebenso rechtswidrig, wie den Zugang zu Lebensmitteln zu verhindern. Artikel 54 besagt: „Es ist verboten, für die Zivilbevölkerung lebensnotwendige Objekte ... anzugreifen, zu zerstören, zu entfernen oder unbrauchbar zu machen", und das umfaßt nicht nur Nahrungsmittel, Vieh und ähnliches, sondern außerdem „Trinkwasserversorgungsanlagen und -vorräte sowie Bewässerungsanlagen".

Doch auch wenn die Menschen in dem belagerten Sarajewo dies kaum verstanden hätten, genießen Wasservorräte nach dem Völkerrecht keinen absoluten Schutz. Wenn Wasservorräte ausschließlich von Zivilpersonen genutzt werden, dann gelten sie als rechtlich geschützt. Aber wenn sie sowohl von Kombattanten als auch von Nichtkombattanten genutzt werden, sieht die Sache ganz anders aus.

Das gesamte Kriegsrecht beruht auf der Prämisse, daß es vollkommen rechtmäßig ist, **legitime militärische Ziele** anzugreifen. Wenn also Wasserwerke ausschließlich zur Versorgung von Streitkräften genutzt werden, können sie angegriffen werden. Außerdem können Wasserwerke vernichtet werden, die, wie es im Ersten Zusatzprotokoll heißt, „zur unmittelbaren Unterstützung einer militärischen Handlung" benutzt werden. Wenn beispielsweise eine Wasserversorgungsanlage von Soldaten als Feuerstellung oder zum Verstecken von Vorräten benutzt wird, dann ist sie, genauso wie z. B. **Krankenhäuser**, rechtlich nicht vor einem Angriff geschützt.

Dennoch sind diese Ausnahmen weniger weitreichend, als sie auf den ersten Blick erscheinen, und enthalten jeweils eigene Einschränkungen und Ausnahmen. Die Regeln besagen, daß Schäden, die der Zivilbevölkerung zugefügt werden, in einem Verhältnis zu einem konkreten und unmittelbaren militärischen Vorteil stehen müssen. Und im Ersten Zusatzprotokoll heißt es in Artikel 54, daß „keinesfalls" gegen Ziele wie Wasserwerke vorgegangen werden darf, wenn dadurch „eine unzureichende Versorgung der Zivilbevölkerung mit Lebensmitteln oder Wasser zu erwarten wäre, durch die sie einer Hungersnot ausgesetzt oder zum Weggang gezwungen würde". Die militärische Notwendigkeit allein berechtigt Soldaten noch nicht, eine Wasserversorgungsanlage zu zerstören, wenn diese für das Überleben der Zivilbevölkerung unabdingbar ist.

Die Frage, ob es sich um ein Kriegsverbrechen gehandelt hat, als die Serben die Wasserzufuhr nach Sarajewo unterbrachen, läßt sich nicht so ohne weiteres beantworten. Das eigentliche Verbrechen scheint meist eher darin bestanden zu haben, die nach Wasser anstehenden Menschen durch Heckenschützen oder mit Granaten zu beschießen, als in der Unterbrechung der Wasserzufuhr selbst. Es würde sich jedoch um ein Kriegsverbrechen handeln, wenn die Versorgung der Zivilbevölkerung mit Wasser vorsätzlich und systematisch unterbrochen würde.

In der Befürchtung, daß die Ereignisse in Sarajewo nur einen Vorgeschmack auf die Zukunft darstellen, und in der Überzeugung, daß bei immer mehr Konflikten der Mangel an sauberem Wasser mehr Menschen tötet als Kugeln oder Bomben, hat das Internationale Komitee vom Roten Kreuz (IKRK) eine Kampagne gestartet, um den Angriff auf Wasserwerke pauschal verbieten zu lassen. Es drängt darauf, den Schutz, der dem Sanitätspersonal gewährt wird, auch auf Wassertechniker und anderes Personal auszudehnen, das versucht, die Wasserversorgung aufrechtzuerhalten oder Wassersysteme zu reparieren. Derartiges Personal ist nach dem Ersten Zusatzprotokoll geschützt, da es in die Kategorie des Zivilschutzpersonals fällt. Das IKRK betont mit seiner Position „den absoluten Imperativ" von Wasser für das Überleben der Zivilbevölkerung.

VERBRECHEN

Willkürliche Zerstörung

Jeremy Bowen

Auf dem niedrigen Hügel am Rand von Grosny schien es etwas sicherer. Eine Wiederholung des Vortages, als wir im Stadtzentrum in einen russischen Luftangriff geraten waren, wollten wir vermeiden. Ich hatte Deckung hinter einer niedrigen Mauer gesucht und gewünscht, meine kugelsichere Weste würde nicht nur meinen Rücken, sondern auch meine Beine bedecken, während ich darauf wartete, daß die Explosionen der Fragmententationsbomben aufhörten. Etwa hundert Meter weiter töteten die Bombenfragmente die vier tschetschenischen Kämpfer, die ich noch vor etwa einer Minute interviewt hatte. Keinem von uns aus dem BBC-Team war vor dem Luftangriff besonders wohl gewesen. Jetzt war uns so, als hätte unsere letzte Stunde geschlagen – und genauso fühlten alle anderen in den ersten Tagen des Jahres 1995 in Grosny.

Wir standen auf dem Hügel und filmten aus ziemlich großer Entfernung die Feuer, die durch die russische Bombardierung ausgelöst worden waren. Dann brachen neue Explosionen, Feuer und Rauch im Zentrum Grosnys aus. Vielleicht waren es ja nur Adrenalin und Angst, aber in meiner Erinnerung bebte die Erde, und die Druckwelle drang durch meine Eingeweide. In den folgenden Sekunden bewegte sich die Linie aus Feuer und Rauch genau am Hauptboulevard der Stadt entlang, der am Minutka-Platz beginnt und bis zum tschetschenischen Parlamentsgebäude verläuft. Es war ein massiver, koordinierter Angriff durch schwere russische Artillerie und Mehrfachraketenwerfer. Es war schwer vorstellbar, daß in diesem Inferno jemand überleben konnte. Grosny verschwand unter weiterem Feuer und Rauchschwaden, und wir machten, daß wir mit unseren Bändern wegkamen.

An den meisten Tagen in jenem Januar kehrte ich in das Zentrum Grosnys zurück. Es fanden noch viele weitere russische Angriffe statt. Block um Block der typisch sowjetischen Stahlbetonbauten wurden zerstört. Innerhalb weniger Wochen nach Präsident Boris Jelzins Befehl an seine Truppen, die tschetschenische Rebellion niederzuschlagen, machten die Russen das Stadtzentrum dem Erdboden gleich. Die Zerstörung war gründlicher als alles, was ich im ehemaligen Jugoslawien (einschließlich Mostar und Vukovar) und sechs anderen Kriegen gesehen habe.

Das Kriegsrecht besagt, daß ein Angreifer versuchen muß, zwischen militärischen Zielen und Zivilpersonen und deren **Eigentum** zu unterscheiden. Tut er das nicht, macht er sich des Kriegsverbrechens des **unterschiedslosen Angriffs** schuldig. Wenn der Angriff außerdem zu unverhältnismäßigen, unnötigen und vorsätzlichen Schäden führt, dann ist er zudem willkürlicher Zerstörung schuldig. **Verhältnismäßigkeit** ist alles. Das Recht erkennt an, daß bei einer legitimen Kampfhandlung auch Nichtkombattanten getötet oder ihr Eigentum zerstört werden kann. Aber alle Schäden müssen in einem Verhältnis zu dem erwarteten unmittelbaren und konkreten militärischen Vorteil stehen.

Trotz der Eindeutigkeit der Bestimmungen tritt ihre Anwendung häufig hinter andere Erwägungen zurück. Bei den Nürnberger Prozessen wurde Hermann Göring, dem Reichsminister für Luftfahrt, und allen anderen Hauptkriegsverbrechern „die nicht durch die **militärische Notwendigkeit** gerechtfertigte Zerstörung von Städten unter Verletzung der Gesetze des Krieges" vorgeworfen. Die Anklagepunkte wurden nicht weiter verfolgt, vielleicht, weil ihnen auch noch zahlreiche andere Verbrechen zur Last gelegt wurden und weil die Alliierten nicht auf ihre eigenen Bombardierungskampagnen in Deutschland und Japan aufmerksam machen wollten.

Und im Fall Grosny konnte Russland vorbringen, daß kleine Gruppen tschetschenischer Kämpfer sich fast nach Belieben in der Stadt bewegten und in Richtung auf die Hauptkonfrontationslinie vorrückten, wo sie Hunderte von russischen Wehrpflichtigen töteten. Das Artilleriefeuer,

Grosny: Eine Frau steht nach dem russischen Angriff in den Ruinen der tschetschenischen Hauptstadt, 1996.

das ich beobachtete, folgte auf den katastrophalen Fehlschlag russischer Panzer, die versucht hatten, in das Stadtzentrum vorzudringen. Moskau könnte argumentieren, daß Artilleriefeuer die beste und einzige Möglichkeit darstellte, es mit den hochmotivierten Tschetschenen aufzunehmen.

Vielleicht war Grosny nach dem Kriegsrecht kein eindeutiger Fall, aber es gab zahlreiche Beispiele, die dafür kristallklar waren. Schauplatz war eine Kreuzung auf der Straße nach Grosny. Infolge des russischen Angriffs verließen Scharen von Flüchtlingen die Stadt, und geschäftstüchtige Händler hatten Wellblechstände aufgebaut und verkauften Getränke und Lebensmittel an die, die Geld hatten. Aus Grosny war das Geräusch von Granatfeuer zu hören. Manchmal flogen russische Kriegsflugzeuge auf dem Weg zur Stadt über die Flüchtlinge hinweg. In mittlerer Entfernung schwebte ein silbern schimmernder Kampfhubschrauber fast bewegungslos über einem der umliegenden Dörfer. Hin und wieder schoß er eine Rakete auf das Dorf ab, aus dem die Tschetschenen heftigen Widerstand leisteten.

Der Krieg tobte überall, doch die Kreuzung schien davon unberührt zu bleiben. Nie habe ich dort tschetschenische Kämpfer gesehen. Die nächstgelegenen Brücken waren einen guten Kilometer entfernt, und eine davon hatte die russische Luftwaffe gesprengt.

Aber eines Morgens im Januar 1995 griffen russische Kampfflugzeuge die Kreuzung an und bombardierten sie. Im Krankenhaus lagen Verwundete, und man sagte uns, es seien etwa ein halbes Dutzend Personen getötet worden – alles Zivilpersonen. Die Straßen wiesen Einschlagkrater auf. Von den Verkaufsständen waren nur noch ein paar verformte Wellblechteile übriggeblieben. Die Händler bauten ihre Stände unbeirrt wieder auf. Und die Flüchtlinge flohen weiter aus Grosny. Alles wies darauf hin, daß die Zerstörung der Kreuzung, wenn auch in geringerem Umfang als der Angriff auf Grosny, ein Bilderbuchbeispiel für eine willkürliche Zerstörung war.

(Siehe **Zivilpersonen, Immunität von; Legitime militärische Ziele; Militärische Ziele; Plünderung**)

Z

486 **Zivilpersonen, Immunität von**
Heike Spieker

488 **Zivilpersonen, Rechtswidrige Angriffe auf**
Joel Greenberg

492 **Zivilschutz** *Heike Spieker*

494 **Zwangsabschiebung von Flüchtlingen (Refoulement)** *David Rieff*

497 **Zwangsarbeit** *John Ryle*

501 **Zwischenstaatliche im Vergleich mit innerstaatlichen Konflikten** *Steven R. Ratner*

Zivilpersonen, Immunität von

Heike Spieker

Das Prinzip der Unterscheidung ist ein Fachbegriff aus dem Recht bewaffneter Konflikte und soll dem Schutz von Zivilpersonen und -objekten dienen. Nach diesem Prinzip müssen die Parteien eines bewaffneten Konfliktes stets zwischen Zivilpersonen und Zivilobjekten einerseits und Kombattanten und militärischen Zielen andererseits unterscheiden.

Die Bedeutung des Begriffs wurde im Ersten Zusatzprotokoll von 1977 dargelegt. Obwohl eine Reihe von Staaten dieses nicht ratifiziert hat, gilt die Verpflichtung, sich an das Prinzip der Unterscheidung zu halten, auch nach dem Gewohnheitsrecht.

Zivilpersonen genießen insofern **Immunität**, als sie „allgemeinen Schutz vor den von Kriegshandlungen ausgehenden Gefahren" genießen und nicht „das Ziel von Angriffen sein [dürfen]". Das Protokoll verbietet Handlungen, deren hauptsächliches Ziel darin besteht, Schrecken unter der Zivilbevölkerung zu verbreiten. Es verbietet zudem sogenannte **unterschiedslose** Angriffe und verpflichtet dabei jede Partei eines bewaffneten Konfliktes, unter allen Umständen jederzeit zwischen **Kombattanten** und **militärischen Zielen** einerseits und Zivilpersonen oder Zivilobjekten andererseits zu unterscheiden.

Beispiele für einen unterschiedslosen Angriff sind **Flächenbombardierungen** oder ein Angriff, bei dem damit zu rechnen ist, daß er **Kollateralschäden** bei Zivilpersonen oder -objekten verursacht, „die in keinem Verhältnis zum erwarteten konkreten und unmittelbaren militärischen Vorteil stehen".

Etliche Völkerrechtsexperten sind der Ansicht, daß das gewohnheitsrechtliche Prinzip der Unterscheidung auch für alle innerstaatlichen bewaffneten Konflikte gilt, aber das geschriebene Recht ist hier viel weniger explizit als bei zwischenstaatlichen Konflikten.

Gemäß dem Zweiten Zusatzprotokoll genießen Zivilpersonen, d.h. alle Personen, die von einem innerstaatlichen Konflikt „betroffen" sind, „allgemeinen Schutz vor den von Kampfhandlungen ausgehenden Gefahren, sofern und solange sie nicht unmittelbar an Feindseligkeiten teilnehmen".

Dieses Protokoll, das sich ausschließlich mit innerstaatlichen bewaffneten Konflikten befaßt, macht explizit keinen eindeutigen Unterschied zwischen Zivilpersonen und Kombattanten und erwähnt nicht einmal den Begriff Kombattant. Dennoch verbietet es, Zivilpersonen als solche zum Ziel eines Angriffs zu machen sowie die Anwendung oder Androhung von Gewalt, deren hauptsächliches Ziel darin besteht, Schrecken unter der Zivilbevölkerung zu verbreiten. Ein Verbot unterschiedsloser Angriffe als solches ist nicht kodifiziert.

So war beispielsweise die Bombardierung israelischer Städte mit Scud-Raketen durch den Irak zur Zeit des Golfkriegs ein unterschiedsloser Angriff, da diese Raketen aufgrund ihrer Konstruktion nicht präzise auf ein spezifisches militärisches Ziel gerichtet werden konnten. Hätte der

Irak dieselben Raketen gegen kurdische Städte im Nordirak gerichtet, hätten die Angriffe nicht ohne weiteres als rechtswidrige unterschiedslose Angriffe charakterisiert werden können, wenn der Irak behauptet hätte, sie gegen Aufständische gerichtet zu haben.

(Siehe **Zwischenstaatliche im Vergleich mit innerstaatlichen bewaffneten Konflikten.**)

VERBRECHEN

Zivilpersonen, Rechtswidrige Angriffe auf

Joel Greenberg

Am 25. Juli 1993 begann Israel einen massiven Vergeltungsschlag auf schiitische moslemische Guerillakämpfer, die Raketen auf Städte in Nordisrael abgeschossen und innerhalb eines Monats sieben israelische Soldaten in der israelischen Besatzungszone im Südlibanon getötet hatten.

Die Operation „Accountability" (Verantwortlichkeit) begann mit Langstrecken-Luftangriffen auf den Libanon und endete sechs Tage später mit einer von den Amerikanern vermittelten Feuereinstellung. Unter schweren israelischen Luft- und Artilleriebombardements wurden hunderttausende Zivilpersonen im Südlibanon aus ihren Städten und Dörfern vertrieben.

Israels offen eingestandenes Ziel bestand darin, die Angriffe der vom Iran unterstützten Hisbollah durch die massive Vertreibung libanesischer Zivilpersonen zu unterbinden. Das Elend der Flüchtlinge, die nach Norden in Richtung Beirut strömten, würde, so hoffte man, die libanesische Regierung und ihren Schirmherrn Syrien dazu veranlassen, die Hisbollah an die Leine zu nehmen.

Der israelische Ministerpräsident Yitzhak Rabin drückte es folgendermaßen aus: „Das Ziel der Operation besteht darin, die Bevölkerung des südlichen Libanons auf den Weg nach Norden zu bringen, in der Hoffnung, daß dies der libanesischen Regierung etwas über die Flüchtlinge sagt, die möglicherweise so weit nach Norden gelangen, daß sie Beirut erreichen."

Nachdem Israel vorgewarnt hatte, griff es Dörfer an, was zu Verlusten unter der Zivilbevölkerung führte. Nach den Worten von Human Rights Watch befaßte sich die israelische Armee zudem mit etwas, „was offenbar kalkulierte direkte Angriffe auf rein zivile Ziele waren".

Der direkte Angriff auf Zivilpersonen ist ein Verstoß gegen die Regeln des bewaffneten Konflikts. Das Erste Zusatzprotokoll von 1977 besagt: „Weder die Zivilbevölkerung als solche noch einzelne Zivilpersonen dürfen das Ziel von Angriffen sein. Die Anwendung oder Androhung von Gewalt mit dem hauptsächlichen Ziel, Schrecken unter der Zivilbevölkerung zu verbreiten, ist verboten." Israel hat das Erste Zusatzprotokoll nicht ratifiziert, aber diese Bestimmung, die direkte Angriffe auf Zivilpersonen verbietet, wird allgemein als Gewohnheitsrecht anerkannt, das ungeachtet einer Ratifikation universell anzuwenden ist.

Beinahe drei Jahre später, am 11. April 1996, begann Israel eine ähnliche Offensive gegen die Hisbollah, was zu einem weiteren Massenexodus von Zivilpersonen im südlichen Libanon führte. Die Operation „Früchte des Zorns" begann mit chirurgischen Luftschlägen und endete

Im April 1996 nahm Israel den Libanon während der Operation „Früchte des Zorns" sechzehn Tage lang in einem Blitzkrieg gegen die Hisbollah-Bewegung unter Beschuß. Hier zieht man Ibrahim Alayan aus den Trümmern seines Hauses in Nabatiye, nördlich von Tyrus, das von einer Rakete getroffen wurde.

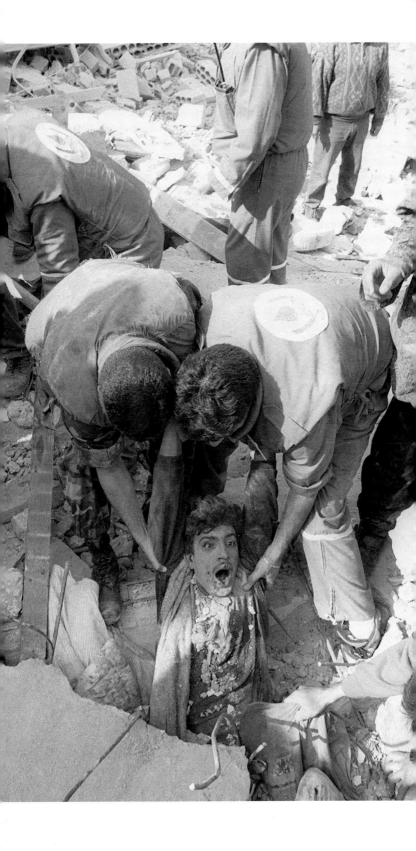

siebzehn Tage später, nachdem ein israelisches Artillerie-Sperrfeuer über einhundert libanesische Flüchtlinge getötet hatte, die auf einem Stützpunkt der Vereinten Nationen Zuflucht gesucht hatten.

Als sich die Bombardierung durch israelische Kampfflugzeuge, Kampfhubschrauber und Artillerie weiter nach Norden verlagerte, flohen etwa 400 000 Menschen aus ihren Dörfern und Städten, gehetzt von Radiodurchsagen und Flugblättern, in denen sie davor gewarnt wurden zu bleiben und damit zu riskieren, getroffen zu werden. Amnesty International sagte, die Sprache der Warnungen sei darauf angelegt gewesen, Zivilpersonen zu bedrohen, die nicht alle fortgehen konnten oder wollten, teils, weil sie zu alt bzw. zu krank waren oder keine Transportmittel besaßen, teils, um ihr Eigentum zu schützen.

Eine Warnung der von den Israelis unterstützten Südlibanesischen Armee, die am 11. April über den Radiosender „Stimme des Südens" verbreitet wurde, lautete: „Sollten sich zufällig Hisbollah-Männer in der Nähe eines Hauses aufhalten, so wird dieses Haus getroffen werden." Eine Mitteilung vom 13. April an die Bewohner von fünfundvierzig Dörfern warnte: „Jede Anwesenheit in diesen Dörfern wird als subversiv betrachtet; das heißt, daß die subversiven Elemente und alle, die sich zufällig bei ihnen befinden, getroffen werden."

Die Warnungen schienen darauf hinzudeuten, daß die Zivilpersonen und zivilen Objekte eher als Strafe für ihre Verbindungen zur Hisbollah angegriffen werden und weniger bei einem rechtmäßigen Angriff auf die Hisbollah zufällig Schaden erleiden sollten. Ob nun dies oder die andere mögliche Interpretation zutraf, daß nämlich die israelischen Behörden einfach davor warnten, daß sie Hisbollah-Ziele angreifen würden und daß jeder, der sich in der Nähe befände, leicht zu einem bedauerlichen zivilen Kollateralschaden werden könne, in den Warnungen schwang ein Echo der amerikanischen Doktrin der **freien Feuerzonen** in Vietnam mit.

Die israelischen öffentlichen Verlautbarungen waren vorsichtiger. Als Zivilpersonen in Nabatiyeh al-Fowqa zurückblieben und bei Kampfbomberangriffen getötet wurden, erklärte Ministerpräsident Shimon Peres: „Wir haben nur solche Gebäude angegriffen, aus denen Katjuschas abgefeuert wurden ... Aber natürlich war man davon ausgegangen, daß Nabatiyeh geräumt sein würde."

Brigadegeneral Giora Inbar, der Befehlshaber der Verbindungseinheit der israelischen Armee im Südlibanon, ließ durchblicken, daß die Vertreibung der Bevölkerung nicht aus militärischen Erfordernissen erfolgte, sondern um eine politische Botschaft zu schicken: „Die Bewohner des südlichen Libanon stehen unter Druck ... Wenn ihnen klar wird, daß der Ansprechpartner für Frieden und Ruhe die Regierung Libanons ist, die ihren Einfluß auf die Hisbollah geltend machen wird, dann hat sich dieser Druck gelohnt."

Noch deutlicher drückte sich ein israelischer Oberst, der nur als „Z" bezeichnet wurde, gegenüber der israelischen Zeitung *Ha'aretz* aus, als er sagte, hätten den libanesischen Anführern „die etwa 400 000 Flüchtlinge aus dem Süden am Herzen gelegen, hätten sie etwas getan, um die Kämpfe zu stoppen, doch solange nicht Tausende Flüchtlinge aus [der Stadt] Sidon nach Beirut ziehen, ist es ihnen offenbar egal."

Und das *Wall Street Journal* zitierte einen ungenannten offiziellen Vertreter mit dem Kommentar: „Selbst wenn Sie mich fesseln und auspeitschen, werde ich nicht offiziell zugeben, daß unsere Politik darin besteht, Zivilpersonen zu vertreiben, um die libanesische Regierung unter

Druck zu setzen. Aber sagen wir einfach, wir hoffen, daß der Libanon die Botschaft versteht."

Vertreibung von Zivilpersonen ist nach dem Kriegsrecht gestattet, wenn dies ihrem eigenen Schutz dient oder aus zwingenden militärischen Gründen erforderlich ist. In diesem Fall kritisierte das Internationale Komitee vom Roten Kreuz (IKRK) die Angriffe als „Verstoß gegen das humanitäre Völkerrecht". Das IKRK sagte, es berufe sich auf die Haager Konventionen von 1899 und 1907 und das Erste Zusatzprotokoll, Artikel 51, 52 und 57, die folgendes verbieten: Anwendung oder Androhung von Gewalt mit dem hauptsächlichen Ziel, Schrecken unter der Zivilbevölkerung zu verbreiten; Angriffe, bei denen damit zu rechnen ist, daß sie auch Verluste an Menschenleben unter der Zivilbevölkerung, die Verwundung von Zivilpersonen, die Beschädigung ziviler Objekte oder mehrere derartige Folgen zusammen verursachen, die in keinem Verhältnis zum erwarteten konkreten und unmittelbaren militärischen Vorteil stehen, und Angriffe durch Bombardierung – gleichviel mit welchen Methoden oder Mitteln – bei denen mehrere deutlich voneinander getrennte militärische Einzelziele in einer Stadt, einem Dorf oder einem sonstigen Gebiet, in dem Zivilpersonen oder zivile Objekte ähnlich stark konzentriert sind, wie ein einziges militärisches Ziel behandelt werden.

(Siehe **Kollateralschäden, Unterschiedsloser Angriff**)

Zivilschutz

Heike Spieker

Der Zivilschutz bezieht sich auf eine Reihe praktischer Maßnahmen zum Schutz von Zivilpersonen in Kriegen und bei Naturkatastrophen. Der Zweck des Zivilschutzes besteht darin, das Überleben der Zivilbevölkerung zu gewährleisten, einschließlich der Gebäude, Fahrzeuge, Einrichtungen und anderer für das Überleben notwendiger Objekte. So stärkte Israel beispielsweise nach der Bombardierung durch Scud-Raketen während des **Golfkrieges** sein Zivilschutzsystem, indem es den Bau von Luftschutzräumen besonders schnell vorantrieb.

Zivilschutz kann von Zivilisten oder dem Militär entweder in besetztem Gebiet oder in jedem Teil der Gebiete von Konfliktparteien durchgeführt werden. Zu den Aktivitäten, die darunter fallen, gehören Warnsysteme, Vorkehrungen für eine Evakuierung, die Verwaltung von Schutzräumen, Brandbekämpfung und Rettung, medizinische Versorgung einschließlich Erster Hilfe, religiöser Beistand, die Bereitstellung von Notunterkünften und Notverpflegungsgütern, die Instandsetzung unentbehrlicher öffentlicher Versorgungseinrichtungen und die Sicherung lebensnotwendiger Objekte.

Ausdrückliche Regeln für den Zivilschutz in besetztem Gebiet wurden in der Vierten Genfer Konvention von 1949 und im Ersten Zusatzprotokoll von 1977 kodifiziert. Diese enthalten eng definierte Zivilschutzbestimmungen, die hauptsächlich den Fall betreffen, daß der Zivilschutz von Zivilpersonen durchgeführt wird, seien es offizielle Personen oder Privatpersonen. Dieser Schutz wägt die unterschiedlichen Interessen von Zivilschutzorganisationen, der Zivilbevölkerung und der Besatzungsmacht gegeneinander ab.

In Artikel 63 der Vierten Genfer Konvention heißt es, zivile Zivilschutzorganisationen „können ... ihre Tätigkeit ... fortsetzen ... durch Aufrechterhaltung der lebenswichtigen öffentlichen Dienste, durch Verteilung von Hilfssendungen und durch Organisierung von Rettungsaktionen". Die Besatzungsmacht darf keine „vorübergehenden und ausnahmsweise auferlegten Maßnahmen" erlassen, es sei denn aus „zwingenden Sicherheitsgründen", und darf keine Änderungen beim Personal oder in der Struktur der zivilen Zivilschutzorganisationen verlangen, die ihre Aktivitäten beeinträchtigen würden.

Das Erste Zusatzprotokoll stärkt den Zivilschutz weiter und besagt, daß zivile Zivilschutzorganisationen „geschont und geschützt" werden sollen und berechtigt sind, ihre Aufgaben wahrzunehmen, außer in Fällen zwingender **militärischer Notwendigkeiten**. Einheiten und Personal müssen ein deutliches Zeichen (ein blaues Dreieck auf einem orangen Rechteck) tragen, und nur die Besitzer der Zivilschutzeinrichtungen und -ausstattung dürfen diese zerstören oder zweckentfremden.

Besatzungsmächte müssen zivilen Zivilschutzorganisationen die erforderlichen Einrichtungen gewähren und dürfen weder Gebäude noch Material zweckentfremden, wenn dies der Zivilbevölkerung schaden würde. Militäreinheiten, die dem Zivilschutz zugeteilt sind, werden ebenfalls „geschont und geschützt", wenn sie ständig diesen Aufgaben zugewiesen und ausschließlich dafür eingesetzt sind, während des Konflikts keine anderen militärischen Aufgaben wahrnehmen und das Schutzzeichen tragen.

Ein Verstoß gegen die Bestimmungen des Ersten Zusatzprotokolls ist eine **rechtswidrige Handlung** des Staates und stellt eine schwere Völkerrechtsverletzung dar, wenn das zivile Personal einer Zivilschutzorganisation angegriffen wird.

Wenn zivile Zivilschutzorganisationen, ihr Personal, ihre Gebäude, Schutzräume und ihr Material dazu verwendet werden, dem Feind Schaden zuzufügen, sind sie nicht länger geschützt. Doch die Organisation des Zivilschutzes unter militärischer Weisung, die Zusammenarbeit mit dem Militär bei Zivilschutzaufgaben und die Organisation in militärischer Weise stellen keine „den Feind schädigende Handlung" dar.

SCHLÜSSELBEGRIFF

Zwangsabschiebung von Flüchtlingen (Refoulement)

David Rieff

„Wir können nicht nach Ruanda zurück", erklärte mir ernst der junge Mann in dem schweißgetränkten Denver-Broncos-T-Shirt. „Wir sind Hutus, verstehen Sie, und gingen wir zurück, würden wir ganz sicher umgebracht."

Es war ein heißer Tag im Frühherbst 1994, und wir standen auf dem Gelände der Kathedrale im Zentrum von Goma, damals Ost-Zaire. So dicht drängten sich hier die Menschen, daß ich Schwierigkeiten hatte, alles zu verstehen, was er sagte. Und er wurde ständig von seinen Freunden unterbrochen. „Wir dürfen nicht zurückgeschickt werden", erklärte einer von ihnen. „Das wäre unmoralisch. Wir würden umgebracht werden." „Nicht bloß unmoralisch", fügte ein dritter junger Mann hinzu, „es wäre rechtswidrig. Ein Vertreter des UNHCR [Flüchtlingshochkommissariat der UN] hat uns das heute morgen erst gesagt. Wir können nicht zurückgeschickt werden. Das wäre ‚Refoulement'[1]."

Eine kurze Stille folgte auf dieses Wort. Es war dieses Verbot des „Refoulement", der Zwangsabschiebung einer Person in ein Land, in dem ihr Verfolgung droht, das als einziges diese mittellosen Hutus davor schützte, getötet zu werden. Im Kampf besiegt, dezimiert von einer Cholera-Epidemie, die bei ihrer Ankunft aus Ruanda zahlreiche Todesopfer gefordert hatte, hatten sie das **Flüchtlingsrecht** für sich entdeckt und wiederholten seine Bestimmungen wie ein Mantra.

„Wir sind Flüchtlinge. Sie können uns nicht zwingen, nach Hause zurückzukehren", sagte der junge Mann. „Würden Sie an unserer Stelle nach Ruanda zurückkehren wollen?"

Die Antwort darauf war nicht schwer, aber die Gründe waren sehr viel komplizierter, als die Flüchtlinge zugeben wollten. Von den über 2 Millionen Menschen, die nach dem Völkermord im Frühjahr und Frühsommer 1994, bei dem zwischen 500 000 und einer Million Tutsis und liberale Hutus getötet wurden, aus Ruanda flohen, waren Zehntausende (vorsichtig geschätzt) Soldaten und Vertreter des besiegten Hutu-Regimes. Viele tausend weitere hatten sich vom Blutrausch anstecken lassen und waren schuldig an der Ermordung ihrer Tutsi-Nachbarn. Aber Hunderttausende andere hatten bei dem Völkermord keine Rolle gespielt, darunter Tausende von Kindern, von denen viele in den vom UNHCR geleiteten Flüchtlingslagern geboren wurden.

Diejenigen, die Anspruch auf einen Flüchtlingsstatus hatten, von denen zu unterscheiden, die ihn nicht hatten, war eine unmögliche Aufgabe für die UNHCR-Vertreter, die eher Erfahrung darin hatten, für den

---

[1] Anmerkung des Lektorats: Im Englischen wird „refoulement" in einem völkerrechtlich-juristischen Sinn als Fachbegriff für eine Zwangsabschiebung trotz anerkanntem Flüchtlings- bzw. Asylantenstatus verwendet. Der Begriff ist dem Französischen entlehnt (*le refoulement*, Zurückdrängen, Abwehr, Verdrängen).

Schutz zu sorgen, der Flüchtlingen völkerrechtlich zusteht, als in der Unterscheidung rechtmäßiger Flüchtlinge von Soldaten, die über die Grenze gekommen waren, oder von Straftätern, die Verbrechen in Ruanda begangen hatten und deren Rückkehr nach Ruanda ein Akt der Gerechtigkeit und nicht ein Verstoß gegen das Völkerrecht gewesen wäre. Die UN-Konvention über die Rechtsstellung der Flüchtlinge und das Zusatzprotokoll von 1977 sehen vor, daß Flüchtlinge nicht an einen Ort zurückgeschickt werden dürfen, wo sie mit Verfolgung rechnen müssen. Aber sicherlich hatten ihre Schöpfer niemals mit einer Situation wie in Goma gerechnet.

Zuvor betraf der Abschiebungsschutz zumeist Einzelpersonen, die über eine Staatsgrenze oder in manchen Fällen in ein Drittland geflohen waren und geltend machten, daß sie mit Verfolgung rechnen müßten,

Mit aller Härte geführte Angriffe des von Tutsi geführten ruandischen Militärs brechen die Machtposition der Hutu-Miliz in den Lagern im Kongo, und eine Flut von Hutu-Flüchtlingen macht sich auf den langen Heimweg nach Ruanda, 1997.

wenn sie nach Hause zurückgeschickt würden. Ein irakischer Kurde, der auf dem Flughafen Frankfurt ankommt und nach Hause abgeschoben wird, eine Haitianerin, die in einem lecken Boot bis nach Miami kommt und dann von einem Kutter der US-Küstenwache zurück nach Port-au-Prince geschleppt wird – das sind Beispiele für „Refoulement", zu denen das Völkerrecht geistig und moralisch etwas zu sagen hat. In diesem Kontext kann darüber gesprochen werden, was eine „Verfolgung" in der Bedeutung der Flüchtlings-Konvention ausmacht; in der Praxis ist dies von Land zu Land unterschiedlich, aber im Prinzip ist jeder, der rechtmäßig einen Flüchtlingsstatus für sich in Anspruch nehmen kann, vor einer Zwangsabschiebung geschützt. Nur wenn jemand aufhört, ein Flüchtling zu sein, gilt das Zwangsabschiebungs-Verbot nicht mehr. Die wirkliche Debatte besteht darin, wann ein Flüchtling dieses Recht erhält. Fallen illegale Ausländer auch darunter? Einige Länder meinen, sie täten es; andere sind anderer Ansicht. Muß jemand offiziell in ein Land einreisen, um einen Flüchtlingsstatus und den damit einhergehenden Schutz vor Zwangsabschiebung zugesprochen zu bekommen? Auch hier gehen die Ansichten von Völkerrechtlern und Regierungen auseinander.

In Goma wurde klar, daß bei Massenfluchten – wo Kinder und Mörder zusammen in großen Scharen eintreffen und eine Trennung zwischen ihnen weder leicht noch ungefährlich ist – das Recht sehr schwer angewendet und noch schwerer angemessen angewendet werden kann. Niemand in diesen Lagern wollte nach Ruanda zurückkehren; viele hatten zuvor getötet, und es gab keinen Grund, weshalb sie nicht wieder töten sollten.

Das UNHCR hielt es für besser, sein Schutzmandat und das Zwangsabschiebungs-Verbot eher zu großzügig auszulegen, als Personen zurückzuschicken, die die Verfolgung in einem Ruanda fürchteten, in dem ein Machtwechsel stattgefunden hatte, selbst wenn dies in der Praxis bedeutete, daß man Massenmördern die Rechte unschuldiger Flüchtlinge einräumte. Diejenigen, die die ruandische Krise zu einem Ende bringen wollten und in den Flüchtlingslagern wenig mehr als einen sicheren Hafen für Völkermörder und ihre Angehörigen sahen, hielten das Zwangsabschiebungs-Verbot für Wahnsinn.

Zwei Jahre lang konnte sich das UNHCR mit seiner Ansicht durchsetzen. Dann ging die ruandische Armee gegen die Lager vor. Die meisten Flüchtlinge wurden gezwungen, zurück über die Grenze zu gehen. Es war eine unglückliche Lösung für ein Problem, dem durch rechtliche Definitionen der Rechtsstellung von Flüchtlingen und Rechtsbestimmungen gegen eine Abschiebung kaum beizukommen ist.

VERBRECHEN

Zwangsarbeit

John Ryle

Zwangsarbeit beinhaltet wie Sklaverei den Entzug der Freiheit, unterscheidet sich aber von Sklaverei insofern, als kein Anspruch auf das dauerhafte Besitzrecht über eine Person vorgebracht wird, die Zwangsarbeit leisten muß. Internationale Verträge erlassen strenge Beschränkungen für die Anwendung von Zwangsarbeit durch den Staat und verbieten ihre Anwendung durch nichtstaatliche Einrichtungen und Einzelpersonen, untersagen sie jedoch nicht absolut.

Zwangsarbeit ist eine gebräuchliche Begleiterscheinung moderner Kriege. In Burma (Myanmar) ist zum Beispiel die Einberufung von Zivilpersonen als unbezahlte Arbeitskräfte für Militärbehörden weit verbreitet. Zu den typischen Pflichten gehört der Bau von Straßen, Kasernen und Eisenbahnen sowie Trägerdienste für die Truppe. Im Rahmen solcher Projekte werden häufig in großem Maßstab Teile der Bevölkerung verlegt. In den schlimmsten Fällen wurden Zivilpersonen, die ethnischen Minderheiten angehörten, in Gebieten mit Rebellenaktivität dazu gezwungen, den Truppen als menschliche Schutzschilde gegen Landminen vorauszumarschieren.

Im ehemaligen Jugoslawien wurde zwischen 1993 und 1996 von allen kriegführenden Parteien Zwangsarbeit angewendet, am systematischsten jedoch in den von den Serben kontrollierten Gebieten Nordbosniens, wo nicht-serbische Minderheiten unter bosnisch-serbischer Kontrolle einer „Arbeitspflicht" unterworfen waren. Zwangsarbeiter mußten an vorderster Front in Kampfzonen arbeiten und wurden auch in Fabriken und Bergwerken beschäftigt. Die Arbeitspflicht wurde als Mittel zur öffentlichen Demütigung prominenter Mitglieder ethnischer Minderheitsgruppen eingesetzt.

All diese Praktiken stellen Verstöße gegen den einen oder anderen der verschiedenen internationalen Verträge dar, die sich mit der Problematik der Zwangsarbeit befassen. Der gemeinsame Artikel 3 der vier Genfer Konventionen von 1949 gilt für innerstaatliche Konflikte. Er fordert die menschliche Behandlung derer, die nicht an Feindseligkeiten teilnehmen und begrenzt Zwangsarbeit mehr oder weniger insofern, als er Mindeststandards dafür aufstellt. Die Vierte Genfer Konvention spezifiziert, daß Zivilpersonen in einem besetzten Gebiet nicht genötigt werden dürfen, den Streitkräften der Besatzungsmacht beizutreten oder sich an bestimmten Arten von Arbeiten zu beteiligen, die mit dem Krieg zusammenhängen, wie beispielsweise die Produktion von Kriegsmaterial. Wer unter achtzehn Jahre alt ist, darf gar nicht zur Arbeit gezwungen werden.

Zivilpersonen unter militärischer Besatzung, sowohl in Kriegen zwischen Staaten und, laut dem Zweiten Zusatzprotokoll von 1977, auch in innerstaatlichen Konflikten, dürfen nicht gezwungen werden, länger oder unter schlechteren Bedingungen zu arbeiten, als lokal üblich ist. Zivile Internierte in einem Krieg zwischen Staaten dürfen nicht zur Arbeit genötigt werden, es sei denn, es handelt sich um Sanitätspersonal (von dem man verlangen kann, daß es sich um Mit-Internierte kümmert) oder

Beschäftigte in der Verwaltung, der Küche, der Zivilverteidigung oder bei anderen Arbeiten im Interesse anderer Internierter. Nötigung zur gewerbsmäßigen Unzucht wird in Artikel 27 der Genfer Konvention ausdrücklich verboten.

Die Dritte Genfer Konvention von 1949 legt detaillierte völkerrechtliche Regeln für die Behandlung von **Kriegsgefangenen** fest. Die meisten der oben angeführten Restriktionen in bezug auf die Arbeit von Zivilpersonen gelten für sie ebenfalls; darüber hinaus bestimmen die Genfer Konventionen, daß Kriegsgefangenen, die zur Arbeit gezwungen werden, ein Lohn gezahlt werden muß, es sei denn, ihre Arbeit umfaßt nur die Wartung oder Verwaltung ihres Inhaftierungsortes. Sie dürfen nicht gezwungen werden, herabwürdigende, ungesunde oder gefährliche Arbeiten zu tun. Offiziere dürfen gar nicht zur Arbeit gezwungen werden.

Um zu bestimmen, ob ein bestimmter Fall von Zwangsarbeit gegen eine oder alle der oben angeführten internationalen Normen verstößt, hilft es, sich die folgenden Fragen zu beantworten. Zunächst einmal, wer wird zur Arbeit gezwungen: Handelt es sich um Kriegsgefangene, um

Frauen, um Personen unter achtzehn oder über fünfundvierzig Jahre oder um Angehörige einer ethnischen oder anderen Minderheit? Zum zweiten die Art der Arbeit und der Arbeitsbedingungen: Für wen ist Arbeit zu leisten, für wieviele Arbeitsstunden und -tage und in welcher Entfernung von zu Hause soll Arbeit geleistet werden, hängt die Arbeit mit dem Krieg zusammen, werden die Produkte exportiert und wird die Arbeit bezahlt oder nicht?

Mit Zwangsarbeit befassen sich auch zwei Übereinkommen der Internationalen Arbeitsorganisation (ILO), einer Sonderorganisation der UNO. Das ILO-Übereinkommen 29 (1930), das einen Versuch darstellte, die Problematik der Zwangsarbeit in den europäischen Kolonien Afrikas und Asiens zu behandeln, beschränkt Zwangsarbeitspflichten auf gesunde und kräftige Männer zwischen achtzehn und fünfundvierzig Jahren und auf diejenigen, deren Abwesenheit „sich nicht negativ auf das Familienleben in der Gemeinschaft auswirkt". Ein weiteres ILO-Übereinkommen (105)

Tschetschenen, die der Kollaboration mit den Russen beschuldigt werden, werden gezwungen, Schützengräben um Grosny auszuheben, 1996.

verbietet den Parteien, Zwangsarbeit als Bestrafung für den Ausdruck politischer Gesinnung oder als Mittel für die wirtschaftliche Entwicklung anzuwenden.

Die Anwendbarkeit der ILO-Übereinkommen im Krieg wird durch die Ausnahme begrenzt, die sie für Notfälle (einschließlich Krieg) vorsehen. Dennoch haben sie sich als effektiv erwiesen, um die Aufmerksamkeit auf einen Mißbrauch in solchen Ländern zu lenken, in denen nicht erklärte innerstaatliche Konflikte bestehen, wie beispielsweise Burma (das das ILO-Übereinkommen 29 ratifiziert hat, nicht aber das Übereinkommen 105). Die Unterzeichner von ILO-Übereinkommen sind verpflichtet, Berichte vorzulegen, die bei Treffen von Experten während der Internationalen Arbeitskonferenz gewürdigt werden. Einrichtungen, die nicht zur ILO gehören, dürfen bei diesen Treffen keine offiziellen Erklärungen abgeben, aber Informationen aus Menschenrechtsberichten können in die Tagesordnung aufgenommen werden, und betroffene Regierungen können gebeten werden, darauf zu reagieren. Einige westliche Länder haben Gesetze, die den Import von Produkten verbieten, die unter Beteiligung von Zwangsarbeitern hergestellt wurden. Diese Handelsbeschränkung stellt die vielleicht effektivste Sanktion gegen viele Formen der Zwangsarbeit dar.

Andere internationale Verträge, die sich mit der Problematik der Zwangsarbeit befassen, sind beispielsweise die UNO-Konvention über das Recht des Kindes und die UNO-Menschenrechtserklärung. Der Internationale Pakt über bürgerliche und politische Rechte der UNO wiederholt das Verbot von Zwangsarbeit als Strafe für das Vertreten politischer Gesinnungen, als Mittel wirtschaftlicher Entwicklung oder als Form der Diskriminierung einer sozialen Gruppe.

(Siehe **Nötigung zum Dienst für das Militär; Sexuelle Gewalt: Zwangsprostitution und Sklaverei**)

Z

RECHT

Zwischenstaatliche im Vergleich mit innerstaatlichen bewaffneten Konflikten

Steven R. Ratner

„Die Unterteilung der Weltgesellschaft in national und international[1] ist willkürlich", sagt der Politikwissenschaftler John Burton, aber dennoch hält sich das humanitäre Völkerrecht zum großen Teil an diese Unterteilung.

Da das traditionelle Kriegsrecht – und das Recht in bezug auf Kriegsverbrechen – nur Konflikte zwischen Staaten betraf, mußten Staaten, die sich gegenseitig vorwarfen, dagegen zu verstoßen oder Kriegsverbrechen zu begehen, einen Konflikt als tatsächlich zwischenstaatlich und nicht als innerstaatlich charakterisieren. Daher befassen sich die Genfer Konventionen und das Erste Zusatzprotokoll in fast allen Aspekten nur mit zwischenstaatlichen Konflikten. Sie gelten im Falle eines „erklärten Krieges oder eines anderen bewaffneten Konflikts, der zwischen [Staaten] entsteht, auch wenn der Kriegszustand von einer dieser Parteien nicht anerkannt wird", sowie „in allen Fällen vollständiger oder teilweiser Besetzung des Gebietes [eines Staates] ..., selbst wenn diese Besetzung auf keinen bewaffneten Widerstand stößt." Die leichten Fälle betreffen eine Invasion, einen Überfall, Artilleriebeschuß oder einen Luftangriff eines Staates auf einen anderen, die schwierigeren Fälle sind jedoch die, bei denen es um die Standpunkte der kriegführenden Parteien geht und den Blickwinkel der Staaten, die die Situation beobachten.

Einer dieser schwierigeren Fälle, die heutzutage nur allzu typisch geworden sind, ist ein **Bürgerkrieg** mit ausländischer Beteiligung oder Provokation, jedoch ohne daß der außenstehende Staat zu klassischen Kriegshandlungen greift. Wieviel Beteiligung von außen ist in einem Fall wie **Bosnien** oder Zaire ausreichend, um die Genfer Konventionen ins Spiel zu bringen? Das Völkerrecht hat auf diese Frage keine präzisen Antworten. Der Internationale Gerichtshof hat erklärt, daß ein außenstehender Staat für das Verhalten einer Partei in einem Bürgerkrieg verantwortlich ist, wenn: a) diese Partei *de facto* ein Vertreter des außenstehenden Staates ist oder b) der außenstehende Staat auf andere Weise Anweisungen gibt, bestimmte Handlungen auszuführen. Das Jugoslawien-Tribunal der UN brachte in dem Fall Tadic 1997 vor, daß die Anwendung der Genfer Konventionen durch die Rechtsnorm des *de facto*-Vertreters ausgelöst

---

[1] Anmerkung des Lektorats: Im englischen Sprachgebrauch kann „international" die dem lateinischen Wortursprung „inter nationes" zugrundeliegende Bedeutung von „zwischen Nationen" bzw. „zwischen Staaten" haben. Im deutschen Sprachgebrauch wird „international" im Sinne von „weltweit" verwendet. Statt „national" wird im politischen Bereich im Deutschen üblicherweise der Begriff „innere" z. B. in „innere Angelegenheiten" verwendet. Aus diesen Gründen wurde für das englische Begriffspaar „international/national" (bzw. „international/internal") im Deutschen „zwischenstaatlich/innerstaatlich" verwendet.

wurde; es stellte weiterhin fest, daß die bosnisch-serbische Armee in diesem speziellen Fall kein *de facto*-Vertreter Serbiens war, daß Serbien daher keine Konfliktpartei war und daß die Konventionen also nicht anzuwenden waren. Der Kommentar des Internationalen Komitees vom Roten Kreuz tritt für eine weniger hohe Schwelle ein, wobei ausschlaggebend sein soll, wer die Entscheidung getroffen hat, die zu den rechtswidrigen Handlungen führt. Die Frage bleibt ungelöst.

Die rechtlichen Konsequenzen, die sich aus der Charakterisierung eines Konfliktes als rein innerstaatlich ergeben, sind von recht großer Bedeutung. Erstens enthalten die Genfer Konventionen in ihrem gemeinsamen Artikel 3 für den Fall eines Bürgerkrieges nur ganz grundlegende Schutzbestimmungen. Dieser Artikel verbietet krasse Verstöße gegen die Menschenwürde wie Mord, Folter, Mißhandlung und Geiselnahme. Zweitens enthält das Zweite Zusatzprotokoll von 1977, das sich speziell mit innerstaatlichen Konflikten befaßt, weniger Schutzbestimmungen für derartige Konflikte, als die Genfer Konventionen für zwischenstaatliche Konflikte vorsehen. Drittens sehen die Konventionen eine strafrechtliche Verantwortlichkeit für **Kriegsverbrechen** nur für Verstöße vor, die bei zwischenstaatlichen bewaffneten Konflikten begangen werden.

Dennoch haben die jüngsten Entwicklungen eine Möglichkeit zur Verfolgung von Kriegsverbrechen in innerstaatlichen Konflikten gezeigt, ohne daß eine Verbindung irgendeiner Art zu einem zwischenstaatlichen Krieg hergestellt werden mußte, indem besondere Statuten und das Völkergewohnheitsrecht herangezogen wurden. Erstens verleiht das Statut des Ruanda-Tribunals diesem Gerichtshof ausdrücklich die Gerichtsbarkeit über schwere Verstöße gegen den gemeinsamen Artikel 3 und das Zweite Zusatzprotokoll; zweitens hat das Jugoslawien-Tribunal seine Statuten so ausgelegt, daß es die Gerichtsbarkeit für schwere Verstöße gegen den gemeinsamen Artikel 3 und andere schwere Verstöße gegen das Recht und die Gebräuche des Krieges in internen Konflikten zuläßt, und drittens sieht das Statut des Internationalen Strafgerichtshofes ausdrücklich die Strafbarkeit vieler Handlungen vor, die in innerstaatlichen Konflikten begangen werden.

(Siehe **Grauzonen im humanitären Völkerrecht; Guerilla; Paramilitärs**)

Der gemeinsame Artikel 3 der vier Genfer Konventionen vom 12. August 1949

Artikel 3, dessen Text in allen vier Genfer Konventionen wiederholt wird, ist der einzige Teil der Konventionen, der sich ausdrücklich auf innerstaatliche bewaffnete Konflikte bezieht. Man hat ihn auch als „Miniaturvertrag" bezeichnet, und er legt die minimalen Schutzbestimmungen und Verhaltensnormen fest, an die sich der Staat und seine bewaffneten Gegner halten müssen. Auch das Zweite Zusatzprotokoll von 1977 behandelt innerstaatliche Konflikte, ist aber unter den Staaten in geringerem Maße akzeptiert als die Konventionen von 1949. Die Schutzbestimmungen, die hier niedergelegt sind, bilden den Kern des humanitären Völkerrechts.

Im Falle eines bewaffneten Konflikts, der keinen internationalen Charakter hat und auf dem Gebiet einer der Hohen Vertragsparteien entsteht, ist jede der am Konflikt beteiligten Partei gehalten, mindestens die folgenden Bestimmungen anzuwenden:

1. Personen, die nicht unmittelbar an den Feindseligkeiten teilnehmen, einschließlich der Mitglieder der Streitkräfte, welche die Waffen gestreckt haben, und der Personen, die durch Krankheit, Verwundung, Gefangennahme oder irgendeine andere Ursache außer Kampf gesetzt sind, werden unter allen Umständen mit Menschlichkeit behandelt, ohne jede auf Rasse, Farbe, Religion oder Glauben, Geschlecht, Geburt oder Vermögen oder auf irgendeinem anderen ähnlichen Unterscheidungsmerkmal beruhende Benachteiligung.

Zu diesem Zweck sind und bleiben in bezug auf die oben erwähnten Personen jederzeit und überall verboten a) Angriffe auf das Leben und die Person, namentlich Tötung jeder Art, Verstümmelung, grausame Behandlung und Folterung; b) das Festnehmen von Geiseln; c) Beeinträchtigung der persönlichen Würde, namentlich erniedrigende und entwürdigende Behandlung; d) Verurteilungen und Hinrichtungen ohne vorhergehendes Urteil eines ordentlich bestellten Gerichtes, das die von den zivilisierten Völkern als unerläßlich anerkannten Rechtsgarantien bietet.

2. Die Verwundeten und Kranken werden geborgen und gepflegt.

Eine unparteiische humanitäre Organisation, wie das internationale Komitee vom Roten Kreuz, kann den am Konflikt beteiligten Parteien ihre Dienste anbieten.

Die am Konflikt beteiligten Parteien werden sich andererseits bemühen, durch Sondervereinbarungen auch die anderen Bestimmungen des vorliegenden Abkommens ganz oder teilweise in Kraft zu setzen.

Die Anwendung der vorstehenden Bestimmungen hat auf die Rechtsstellung der am Konflikt beteiligten Parteien keinen Einfluß.

NACHWORT

Kenneth Anderson, juristischer Fachlektor

Anmerkung zu den Rechtsnormen und der Vorgehensweise in diesem Buch

Das humanitäre Völkerrecht muß stets zwischen zwei Polen die Waage halten. Auf der einen Seite steht der Wunsch des Juristen nach rechtlicher Präzision, d. h. nach fachlicher Genauigkeit in bezug auf häufig schwierige Rechtskonzepte und rechtliche Unterscheidungen. Auf der anderen Seite steht der Wunsch, ein Recht zu kodifizieren, an das sich Soldaten und ihre Offiziere halten können, weil sie das Recht und die ihm zugrundeliegenden humanitären Beweggründe verstehen.

Ebenso wichtig ist die Wahrnehmung durch die Öffentlichkeit. Damit dieses Thema ein möglichst breites Publikum erreicht, sollte dieses Buch fachlich akkurat und gleichzeitig gut lesbar sein.

Als juristischer Fachlektor trage ich die Verantwortung für die rechtliche Analyse und die in diesem Buch zusammengetragenen Regeln des humanitären Völkerrechts. Die einzelnen Autoren äußern ihre eigenen Ansichten zu den Tatsachen und Ereignissen, die sie zu einem großen Teil selbst beobachtet haben. Die unabhängige Meinung der Autoren kommt in den längeren Artikeln über Länder und Konflikte deutlicher zum Ausdruck, beispielsweise in den Artikeln über die arabisch-israelischen Kriege, über Kambodscha und den Golfkrieg. Im allgemeinen haben die Herausgeber die Autoren ihre eigenen Erklärungen der Umstände und der sozialen und politischen Ursachen der Konflikte darlegen lassen. Dennoch habe ich, soweit möglich, versucht, ihre rechtliche Bedeutung und ihren rechtlichen Status im humanitären Völkerrecht zu bewerten. In unserer Bemühung um Genauigkeit und Fairneß kamen uns bei unseren Fragen die großzügig gewährten Ratschläge vieler juristischer Kapazitäten zugute (siehe **Danksagung**). Was die Artikel führender Experten des humanitären Völkerrechts betrifft, so haben wir ihnen Spielraum für ihre individuelle Bewertung von schwierigen oder strittigen Fragen gegeben, sind uns aber bewußt, daß noch nicht alle Fragen endgültig geklärt sind. Eventuelle Fehler in der rechtlichen Analyse oder Bewertung sind jedoch allein mir anzulasten.

Bei einem Buch wie diesem gibt es jedoch nicht nur das Spannungsfeld zwischen fachlicher Präzision und Vereinfachung. Es besteht immer das Risiko, daß man die Leser zugunsten einer größeren Klarheit in dem Glauben läßt, daß im humanitären Völkerrecht immer feste Regeln existieren, die auf jede Frage nach einer Anwendung eindeutige und zweifelsfreie Antworten geben. Im humanitären Völkerrecht gibt es genau wie in anderen Rechtsgebieten wichtige Fragen, über deren Reichweite und Auslegung die Ansichten beträchtlich auseinandergehen können. Kurz gesagt, es besteht nicht immer Einigkeit darüber, was anwendbares Recht ist; es wäre auch überraschend, wenn dem so wäre. Der vielleicht wichtigste Unterschied besteht zwischen den Vorstellungen derjenigen, die die Regeln der bewaffneten Konflikte in der einen oder anderen Weise gerne ausgeweitet sehen würden, und den Verteidigern der tatsächlichen und traditionellen Praxis der Staaten und ihrer Militärs.

Früher, so sollte man vielleicht gerechterweise erwähnen, neigten die Journalisten der westlichen Länder und der USA dazu, die Charakterisierung des Rechts durch ihre eigenen Militärs zu akzeptieren oder, schlimmer noch, sie stellten die Rechtmäßigkeit militärischer Aktionen überhaupt nicht in Frage. Heute gibt es zahlreiche internationale nichtstaatliche Organisationen, Rechtswissenschaftler und viele andere, die versuchen, die internationale öffentliche Meinung zu beeinflussen, und ihre Ansichten zum Völkerrecht gern darlegen. Häufig werden ihre Ansichten unkritisch als objektive Rechtsdarstellungen präsentiert (und oft akzeptiert), ohne daß anderslautende Meinungen berücksichtigt werden. Dieses Buch versucht nicht, die Themen und Debatten zwischen den Aktivisten und denen zu lösen, die dem Status quo näherstehen.

Wenn das Recht oder seine Auslegung zu einem Thema noch nicht geregelt oder strittig ist, versuchen wir die Kontroverse deutlich zu machen und nicht so zu tun, als gäbe es sie nicht.

Noch eine Anmerkung zum Status des Ersten Zusatzprotokolls von 1977: Das Erste Zusatzprotokoll wurde von sehr vielen Staaten angenommen, von den Vereinigten Staaten und anderen bedeutenden Militärmächten wie Israel und der Türkei aber nicht ratifiziert. Es ist häufig von Bedeutung zu sehen, welche Staaten die Verpflichtungen von Übereinkünften tatsächlich auf sich genommen haben und welche nicht. Außerdem haben die ratifizierenden Staaten teilweise Vorbehalte angemeldet, und auch diese definieren die Verpflichtungen eines Landes nach dem Abkommen. Einige Kommentatoren und internationale Aktivistenorganisationen betrachten die Frage, welche Länder die Verpflichtungen des Ersten Zusatzprotokolls übernommen haben und welche nicht, gelegentlich mit Ungeduld. Ihrer Ansicht nach stellt eine Übereinkunft, die auf so breite Akzeptanz gestoßen ist, zwangsläufig Völkergewohnheitsrecht dar, das, wie Professor Theodor Meron in seinem Artikel über Gewohnheitsrecht ausführt, selbst diejenigen Staaten bindet, die sie nicht ratifiziert haben. Auch hier ist es eher die Absicht dieses Buches, die Sachlage zu erklären, als die Frage zu lösen.

Es ist jedoch wichtig, sich klarzumachen, daß die Vereinigten Staaten – ein Staat, dessen Praxis eine große Bedeutung zukommt – das Erste Zusatzprotokoll in weiten Teilen akzeptiert hat, da es in einigen wesentlichen und kritischen Punkten des humanitären Völkerrechts das geltende Völkergewohnheitsrecht darstellt, beispielsweise bei den Verboten des unmittelbaren Angriffs gegen Zivilpersonen oder des unterschiedslosen Angriffs unter Einbeziehung von Zivilpersonen.

Ebenfalls noch ungelöst ist die Frage, welche Bedeutung der neu errichtete Internationale Strafgerichtshof (ICC) haben wird. Zwar befaßt sich dieses Buch damit, wie sich die Existenz des ICC, sein 1998 in Rom angenommenes Statut und die internationalen Strafgerichtshöfe für das ehemalige Jugoslawien und für Ruanda auf verschiedene Fragen des humanitären Völkerrechts auswirken könnten, aber die Tatsache, daß die Vereinigten Staaten beschlossen haben, dem Internationalen Strafgerichtshof fernzubleiben, läßt sich nicht ignorieren. Ob die Vereinigten Staaten ihm schließlich beitreten werden oder ob sich die Welt in Richtung eines Zweischichtensystems bewegt, in dem die meisten Staaten sich wenigstens nominell an ein internationales System von Gerichtsentscheidungen halten, während die führende Militärmacht der Welt und der politische Garant internationaler Stabilität sich abseits hält, läßt sich heute noch nicht sagen. Letzten Endes zählt aber immer auch die Staatenpraxis.

Das Römische Statut des ICC ist die bedeutendste Revision des humanitären Völkerrechts seit den Zusatzprotokollen von 1977. Das humanitäre Völkerrecht steht damit an der vordersten Front einer Entwicklung von ungleich größerer Tragweite, als sie dem bloßen Verhalten auf dem Schlachtfeld zukommt. Diejenigen, die sagen, daß es bei der ordnungsgemäßen Rolle und Geltung des humanitären Völkerrechts um die Souveränität der Staaten selbst geht, liegen vollkommen richtig. Dieses Buch versucht der Öffentlichkeit und den Journalisten, die für die Öffentlichkeit schreiben, das Recht zu erschließen, um das es dabei geht.

Hinweis zum Recht
und zu den rechtlichen Begriffen

Alan Dorsey

Die Begriffe *humanitäres Völkerrecht, Gesetze des Krieges, Recht der bewaffneten Konflikte, Kriegsrecht* etc. sind, allgemein ausgedrückt, synonym und austauschbar. Juristen, Menschenrechtsgruppen, Hilfsorganisationen, das IKRK und die meisten Staaten ziehen den Begriff *humanitäres Völkerrecht* vor, während das Militär meist den Begriff Kriegsrecht oder eine Variante davon bevorzugt. In diesem Buch tendieren wir zu dem Begriff humanitäres Völkerrecht, außer wenn ein Autor ausdrücklich einen anderen Begriff gewählt hat.

Das Völkerrecht ist eine komplexe Mischung aus multilateralen Verträgen, Gewohnheitsrecht, Staatenpraxis, Resolutionen des UN-Sicherheitsrates, Gerichtsurteilen, der Arbeit von Beratungskommissionen und Rechtsexperten und „allgemeinen Rechtsgrundsätzen". Ganz einfach ausgedrückt, kann man vielleicht sagen, daß die vier Genfer Konventionen vom 12. August 1949 und die zwei Zusatzprotokolle vom 8. Juni 1977 das Kernstück des humanitären Völkerrechts bilden und die am häufigsten zitierten Quellen sind.

Die Kurzform der Bezeichnungen der verschiedenen Verträge und Abkommen, die in diesem Buch angeführt werden, wurden allgemein anerkannten juristischen Werken entnommen. Die Kurzformen werden für die Verträge aufgeführt, die im Buch erwähnt werden, und/oder zur Information. Diese Liste ist nicht erschöpfend, und es werden nicht alle im Buch erwähnten Verträge aufgeführt, da einige (z. B. die Abkommen der Internationalen Arbeitsorganisation) nicht als Teil des eigentlichen humanitären Völkerrechts gelten.

Wichtige Übereinkünfte
des humanitären Völkerrechts

Erklärungen und Verträge in chronologischer Reihenfolge:
Titel, Ort der Entstehung oder Hinterlegung, Datum, *Kurzform in Kursivschrift*.

Instructions for the Government of Armies of the United States in the Field. 24. April 1863. *Lieber-Code*.

Genfer Konvention betreffend die Linderung des Loses der im Felddienst verwundeten Militärpersonen. Genf, 22. August 1864. *Genfer Konvention von 1864*.

Petersburger Erklärung über den Verzicht auf bestimmte Explosivstoffe im Krieg. St. Petersburg, 29. November – 11. Dezember 1868.
Petersburger Erklärung von 1868.

II. Abkommen betreffend die Gesetze und Gebräuche des Landkriegs und seine Anlage: Bestimmungen betreffend die Gesetze und Gebräuche des Landkriegs.

Den Haag, 29. Juli 1899. *Haager Abkommen von 1899 oder Haager Konventionen von 1899.*

Genfer Abkommen zur Verbesserung des Loses der Verwundeten und Kranken bei den im Feld stehenden Heeren. Genf, 6. Juli 1906. *Genfer Abkommen von 1906.*

IV. Abkommen betreffend die Gesetze und Gebräuche des Landkrieges und seine Anlage: Ordnung der Gesetze und Gebräuche des Landkrieges. Den Haag, 18. Oktober 1907. *Haager Abkommen von 1907 oder Haager Landkriegsordnung (HLKO).*

Protokoll über das Verbot der Verwendung von erstickenden, giftigen oder ähnlichen Gasen sowie von bakteriologischen Mitteln im Kriege. Genf, 17. Juni 1925. *Genfer Protokoll von 1925.*

Genfer Abkommen zur Verbesserung des Loses der Verwundeten und Kranken der Heere im Felde. Genf, 27. Juli 1929. *Genfer Konvention von 1929.*

Abkommen über die Verfolgung und Bestrafung der Hauptkriegsverbrecher der europäischen Achse, und Statut für den Internationalen Militärgerichtshof. London, 8. August 1945. *Nürnberger Statut.*

Konvention über die Verhütung und Bestrafung des Völkermordes. Vereinte Nationen, 9. Dezember 1948. *Völkermord-Konvention.*

I. Genfer Abkommen zur Verbesserung des Loses der Verwundeten und Kranken der Streitkräfte im Felde. Genf, 12. August 1949. *Erste Genfer Konvention (von 1949).*

II. Genfer Abkommen zur Verbesserung des Loses der Verwundeten, Kranken und Schiffbrüchigen der Streitkräfte zur See. Genf, 12. August 1949. *Zweite Genfer Konvention (von 1949).*

III. Genfer Abkommen über die Behandlung der Kriegsgefangenen. Genf, 12. August 1949. *Dritte Genfer Konvention (von 1949).*

IV. Genfer Abkommen zum Schutze von Zivilpersonen in Kriegszeiten. Genf, 12. August 1949. *Vierte Genfer Konvention (von 1949).*

Haager Abkommen zum Schutz von Kulturgut bei bewaffneten Konflikten. Den Haag, 14. Mai 1954. *Abkommen zum Schutz von Kulturgut von 1954.*

Konvention über die Entwicklung, Herstellung und Lagerung von bakteriologischen (biologischen) und toxischen Waffen und über ihre Vernichtung. Aufgelegt zur Unterzeichnung in London, Moskau und Washington. 10. April 1972. *B-Waffen-Konvention.*

I. Zusatzprotokoll zu den Genfer Abkommen vom 12. August 1949 über den Schutz der Opfer internationaler bewaffneter Konflikte. Genf, 8. Juni 1977. *Erstes Zusatzprotokoll oder Protokoll I.*

II. Zusatzprotokoll zu den Genfer Abkommen vom 12. August 1949 über den Schutz der Opfer nicht internationaler bewaffneter Konflikte. Genf, 8. Juni 1977. *Zweites Zusatzprotokoll oder Protokoll II.*

Konvention über das Verbot oder die Beschränkung des Einsatzes bestimmter konventioneller Waffen, die übermäßige Leiden verursachen oder unterschiedslos wirken können. Vereinte Nationen, 10. Oktober 1980. *Waffenkonvention von 1980.*

Übereinkommen über das Verbot der Entwicklung, Herstellung, Lagerung und des Einsatzes chemischer Waffen und über die Vernichtung solcher Waffen. Paris, 13. Januar 1993. *Chemiewaffen-Konvention von 1993.*

Statut des Internationalen Gerichts zur Verfolgung der Verantwortlichen für die seit 1991 im Hoheitsgebiet des ehemaligen Jugoslawien begangenen schweren Verstöße gegen das humanitäre Völkerrecht. Vereinte Nationen, 25. Mai 1993. *Statut des Jugoslawien-Tribunals oder ICTY.*

Statut des Internationalen Strafgerichtshofes zur Verfolgung der Personen, die für Völkermord und andere schwere Verstöße gegen das humanitäre Völkerrecht im Hoheitsgebiet Ruandas zwischen dem 1. Januar 1994 und dem 31. Dezember 1994 verantwortlich sind, sowie ruandischer Staatsbürger, die für während desselben Zeitraums im Hoheitsgebiet von Nachbarstaaten begangenen Völkermord und andere Verstöße verantwortlich sind. Vereinte Nationen, 8. November 1994. *Statut des Ruanda-Tribunals oder ICTR.*

Protokoll über Minen, Sprengfallen und andere Vorrichtungen. Vereinte Nationen in der Version vom 3. Mai 1996. *Protokoll II der Waffenkonvention von 1980.*

Übereinkommen über das Verbot des Einsatzes, der Lagerung, der Herstellung und der Weitergabe von Antipersonenminen und über deren Vernichtung. Vereinte Nationen, 18. September 1997. *Ottawa-Abkommen, Landminenübereinkommen*[1].

Römisches Statut des Internationalen Strafgerichtshofes. Vereinte Nationen, 17. Juli 1998. *Römisches Statut oder ICC-Statut*[2].

---

[1] Anm. d. Übers.: In Kraft seit 1. März 1999.

[2] Anm. d. Übers.: Sämtliche deutschen Zitate in diesem Buch entstammen der vorläufigen amtlichen Übersetzung (Stand: 1. Dezember 1998). Eine endgültige Fassung wird zwischen den deutschsprachigen Ländern noch abgestimmt.

Weiterführende Literatur (Auswahl)

Neier, Aryeh: *War Crimes: Brutality, Genocide, Terror, and the Struggle for Justice*. Times Books, 1998.

Ratner, Stephen R. und Abrams, Jason S.: *Accountability for Human Rights Atrocities in International Law: Beyond the Nuremberg Legacy*. Oxford University Press, 1997.

Roberts, Adam und Guelff, Richard (Herausgeber): *Documents on the Laws of War*. Oxford University Press, 1989.

Rogers, A. P. V.: *Law on the Battlefield* (Melland Schill Studies in International Law). Manchester University Press, Juni 1996.

Taylor, Telford: *Die Nürnberger Prozesse. Hintergründe, Analysen und Erkenntnisse aus heutiger Sicht*. München: Heyne 1996.

Völker in Not. Ärzte ohne Grenzen, 1999.

Rechtsquellen online (Auswahl)

http://www.icrc.org
Internationales Komitee vom Roten Kreuz (IKRK). Die vollständigen Texte der humanitären Völkerrechtsverträge und Kommentare stehen auf der IKRK-Website zur Verfügung. Das IKRK veröffentlicht außerdem die Genfer Konventionen und die Zusatzprotokolle, die beim Hauptquartier des IKRK in Genf bestellt werden können.

http://www.un.org/law
Vereinte Nationen. Diese Site enthält die Texte völkerrechtlicher Verträge und Informationen über den Internationalen Gerichtshof, den Internationalen Strafgerichtshof und die Tribunale für das ehemalige Jugoslawien und Ruanda.

http://www.un.org/Depts/german.
Einige UN-Texte in deutscher Sprache.

http://www.crimesofwar.org
Projekt „Crimes of War". Diese Site wird gerade erstellt und wird die Themen dieses Buches entwickeln.

http://www.ifhv.de
Institut für Friedenssicherungsrecht und humanitäres Völkerrecht, Universität Bochum.

http://www.gfbv.de
Gesellschaft für bedrohte Völker.

Links zu Menschenrechtsorganisationen im Internet (Auswahl)

http://www.amnesty.de
Amnesty International, Sektion der Bundesrepublik Deutschland e.V.

http://www.aerzteohnegrenzen.de
http://www.msf.org
Deutsche bzw. internationale Homepage von Ärzte ohne Grenzen – Médecins sans Frontières.

http://www.tdh.de
Homepage von Terre des Hommes.

Mitwirkende

Eddie Adams arbeitet als Bildjournalist für *AP/Wide World Photos*. Ihm wurde 1969 der Pulitzer-Preis für ein Foto verliehen, das eine Exekution auf offener Straße in Vietnam zeigt.

Ewen Allison ist Rechtsanwalt in Washington und leitender Mitarbeiter für juristische Recherchen für das Projekt „Crimes of War" an der American University.

Christiane Amanpour ist *CNN*-Chefreporterin für internationale Themen und berichtet darüber hinaus für die *CBS*-Sendung „60 Minutes". Sie wurde mit zwei Columbia DuPont Awards, zwei Emmys, zwei Polks, einem Peabody, einem Sigma Delta Chi Award, einem Livingston Award und einem Breakthrough Award ausgezeichnet.

Jon Lee Anderson, freier Schriftsteller, ist Autor von *Che Guevara: A Revolutionary Life* (Grove Press 1997) und von *Guerillas: The Men and Women Fighting Today's Wars* (Harper Collins, 1993).

Kenneth Anderson ist außerordentlicher Professor für Recht am Washington College of Law der American University. Zuvor war er als allgemeiner Rechtsberater des Open Society Institute, Leiter der Human Rights Watch Arms Division und als „John Harvey Gregory Lecturer on World Organization" an der juristischen Fakultät von Harvard tätig.

Dmitri Baltermants arbeitete als Korrespondent für *Izvestija* und fotografierte die Schlachten von Moskau und Stalingrad sowie die Befreiung Polens. Erst nach einer Wanderausstellung seines Werks im Jahre 1965 fand er im Ausland Anerkennung.

Micha Bar-Am, ein Bildjournalist, der für *Magnum Photos* arbeitet, berichtet seit 1956 über Israel und internationale Themen. Seit 1977 arbeitet er als Kustos für Fotografie am Museum von Tel Aviv. Er hat eine Retrospektive mit dem Titel *Israel – A Photobiography* (Simon & Schuster, 1998) veröffentlicht.

Nomi Bar-Yaacov ist Korrespondent für *Agence France-Press* Jerusalem und Autor von *Human Rights in States of Emergency Under the European Convention of Human Rights* (Council of Europe, 1990).

M. Cherif Bassiouni ist Professor für Recht und Leiter des „International Criminal Justice and Weapons Control Center" an der DePaul University in Chicago. Er führte den Vorsitz der UN-Expertenkommission für das ehemalige Jugoslawien und ist Autor von *Crimes Against Humanity in International Criminal Law* (Martinus Nijhoff, 1998).

Maud S. Beelman ist derzeit Leiterin des International Consortium of Investigative Journalists am Center for Public Integrity. Sie berichtete für *Associated Press* über die jüngsten Konflikte im ehemaligen Jugoslawien.

Nina Berman arbeitet als Fotografin für Sipa Press. Im Januar 1993 reiste sie nach Kroatien und Bosnien, um für *Newsweek* über die Vergewaltigung moslemischer Frauen zu berichten. Sie hat 1994 zwei Picture of the Year Awards erhalten.

Robert Block ist Afrika-Korrespondent des *Wall Street Journal*. Er wurde mit zahlreichen Preisen ausgezeichnet, darunter dem Press Award von Amnesty International für 1996.

Alexandra Boulat arbeitet als Fotografin für Sipa Press.

Jeremy Bowen ist Nahost-Korrespondent der *BBC*. Er hat seit 1980 die meisten bedeutenden internationalen Themen behandelt und dabei aus etwa 70 Ländern berichtet. Ihm wurde für seine Berichterstattung über die Belagerung von Mostar im Jahre 1993 die Silver Nymph des Monte Carlo TV Festival verliehen.

Colette Braeckman ist Afrika-Redakteurin von Le Soir (Brüssel). Sie ist Autorin von

Terreur Africaina (Fayard, 1996), *Histoire d'un Genocide* (Fayard, 1994) und *Le Dinosaure: le Zaire Mobutu* (Fayard, 1991).

Didier Bregnard arbeitet als Fotograf für das Internationale Komitee vom Roten Kreuz (IKRK).

Victoria Brittain ist stellvertretende Auslandsredakteurin des *Guardian* (London) und Autorin von *Death of Dignity: Angola's Civil War* (Pluto, 1998).

David Burnett ist Fotograf und Mitgründer von *Contact Press Images*. Er hat unter anderem über Konflikte wie den Vietnamkrieg, die Folgen des Militärputsches in Chile und über kambodschanische Flüchtlinge berichtet. Ihm wurde 1973 die Robert-Capa-Goldmedaille verliehen.

John Burns ist Auslandskorrespondent der *New York Times*. Er hat zweimal den Pulitzer-Preis für internationale Berichterstattung erhalten, und zwar 1993 für seine Berichterstattung über Bosnien und 1997 für Berichte über das Taliban-Regime in Afghanistan. Er wurde 1979 und 1997 mit dem George Polk Award ausgezeichnet.

Robert Capa war ein bekannter Kriegsfotograf und einer der Gründer von *Magnum Photos* im Jahre 1947. Er war wegen seiner Dokumentation des Bürgerkriegs in Spanien und des Zweiten Weltkriegs berühmt. Im Jahre 1954 wurde er bei seiner Arbeit in Vietnam durch eine Landmine getötet.

Burrus M. Carnahan ist Oberstleutnant der US-Air Force a.D. Als Dozent für Recht an der George Washington University in Washington war er Mitglied der US-Delegation bei der Konferenz über konventionelle Waffen der Vereinten Nationen.

Gilles Caron berichtete in den nur fünf Jahren seiner beispielhaften Karriere als Bildjournalist über den Sechs-Tage-Krieg, über Vietnam, Biafra und Nordirland. Caron gilt seit 1970 als vermißt, als er im Alter von dreißig Jahren an der Grenze zwischen Kambodscha und Vietnam arbeitete.

Anna Cataldi ist eine freiberuflich tätige Journalistin und Herausgeberin von *Letters from Sarajevo* (Element, Großbritannien, 1994), *Bambini di Guerra* (Valle D'Aosta, Italien) und *Fifty Years Later* (Mondadori, Italien, 1998). Sie wurde 1998 vom UN-Generalsekretär zur „Botschafterin des Friedens" ernannt.

Roger Cohen ist der Leiter des Berliner Büros der *New York Times* und Autor von *Hearts Grown Brutal: Sagas of Sarajevo* (Random House, 1998). Er war einer der Preisträger des Burger Human Rights Award des Overseas Press Club für seine Berichterstattung über ein Konzentrationslager der Serben in Bosnien.

Ernest Cole dokumentierte die Apartheid in Südafrika und verfaßte darüber sein allgemein gepriesenes Buch *House of Bondage* (Random House, 1967). Sein Leben ist Gegenstand eines Dokumentarfilms, der zur Zeit produziert wird.

Karim Daher arbeitet als Fotograf für *Gamma Liaison*. Er hat über verschiedene Konflikte berichtet, unter anderem den Krieg im Libanon, in Liberia und im ehemaligen Jugoslawien.

Emma Daly ist eine freie Journalistin, die für den *Observer* (London) und für den *Christian Science Monitor* schreibt. Sie hat für den *Independent* (London) und für die Agentur *Reuters* über Konflikte in Europa, Mittelamerika und Afrika berichtet.

Manoocher Deghati hat als Bildjournalist zehn Jahre lang für *Sipa Press* und *AFP* über Konflikte berichtet, mit Schwerpunkt auf dem Nahen Osten.

Reza Deghati, ein Bildjournalist, hat für *Newsweek* im Iran und für *Time* im Nahen Osten gearbeitet.

Raymond Depardon arbeitet als Bildjournalist für *Magnum Photos* und war in verschiedenen Ländern tätig, unter anderem in Chile, im Tschad und in Afghanistan. Ihm wurde 1991 der Grand Prix National de la Photographie verliehen. Zu seinen Büchern gehören *En Afrique* (Seuil, 1996) und *Return to Vietnam* (Verso, 1994).

Hamilton DeSaussure ist emeritierter Professor für Recht an der University of Akron in Ohio. Er hatte von 1979 bis 1980 den Stockton-Lehrstuhl für Völkerrecht am Naval War College inne.

Alan Dorsey ist stellvertretender Projektmanager des „Crimes of War"-Projekts und ehemaliges Mitglied der IKRK-Delegation für die Vereinten Nationen in New York.

Corinne Dufka arbeitet als Fotografin für *Reuters* von Nairobi in Kenia aus. Sie wurde mit einer Robert-Capa-Goldmedaille, einem World Press Photo Award, einem Pictures of the Year Award sowie dem Courage in Journalism Award der International Women's Media Foundation ausgezeichnet.

H. Wayne Elliott ist Oberstleutnant der US-Army a.D. Er war früher Leiter der Abteilung für Völkerrecht an der Judge Advocate General's School der US-Army.

Douglas Farah arbeitet als Enthüllungsjournalist für die *Washington Post*. Ihm wurde 1988 der Sigma Delta Chi Award für internationale Berichterstattung und 1995 der Maria Moor Cabot Award für seine Berichterstattung über Lateinamerika verliehen.

Dr. Horst Fischer ist akademischer Direktor des Instituts für Friedenssicherungsrecht und humanitäres Völkerrecht der Ruhr-Universität Bochum und Professor für humanitäres Völkerrecht an der Universität von Leiden in den Niederlanden. Ferner ist er für das Deutsche Rote Kreuz als juristischer Berater für internationale Angelegenheiten tätig und Herausgeber des *Yearbook of International Humanitarian Law*.

Leonard Freed ist freiberuflicher Fotograf und hat über anderem über die arabisch-israelischen Kriege sowie über den Irak nach dem Krieg berichtet.

Paul Fusco arbeitet als Bildjournalist für *Magnum Photos*. Er war bis 1971 als festangestellter Fotograf für das Magazin *Look* tätig.

Jean Gaumy, ein französischer Fotograf, der für *Magnum Photos* arbeitet, hat bei seiner Arbeit Europa, Afrika, Mittelamerika, den Nahen Osten und den Iran bereist.

Tom Gjelten ist als Korrespondent des Bereichs Auslandsbeziehungen für *National Public Radio* tätig und der Autor von *Sarajevo Daily: A City and Its Newspaper Under Siege* (Harper Collins, 1995). Er wurde für seine Berichterstattung in Bosnien mit dem George Polk Award und dem Robert F. Kennedy Journalism Award ausgezeichnet.

Robert Kogod Goldman ist Professor für Recht und einer der Direktoren des Center for Human Rights and Humanitarian Law am Washington College of Law der American University. Er ist der erste Vizepräsident der amerikanischen Menschenrechtskommission.

Richard Goldstone ist Richter am Verfassungsgericht Südafrikas. Er war der erste Ankläger bei den Internationalen Strafgerichtshöfen für das ehemalige Jugoslawien und Ruanda. Er war Vorsitzender der „Goldstone Commission", die Ermittlungen über die politische Gewalt in Südafrika durchführte.

Thomas Goltz ist Journalist und hält Vorträge zur Situation in der ehemaligen Sowjetunion und in der Türkei. Er ist Autor von *Azerbaijan Diary* (M.E. Sharpe, 1998) und *Requiem for a Would-be Republic: The Rise and Demise of the Former Soviet Republic of Azerbaijan* (Isis, Istanbul, 1994).

Christopher Greenwood ist Professor an der London School of Economics. Er ist der Autor von *Command and the Law of*

Armed Conflict (H.M. Stationery Office, London, 1993).

Joel Greenberg arbeitet als Reporter im Jerusalemer Büro der New York Times. Er berichtete für die Jerusalem Post über den Palästinenseraufstand und lieferte außerdem Beiträge für *The New Republic* und für *Christian Science Monitor*.

Philip Jones Griffiths arbeitet als Fotograf für *Magnum Photos*. Er fotografierte den Krieg in Vietnam, und sein Buch *Vietnam, Inc.* (Macmillan, 1971) wird von vielen als bedeutendste fotografische Arbeit über den Vietnamkrieg betrachtet. Er hat ebenfalls eine Sammlung seiner Fotografien in einem Buch mit dem Titel *Dark Odyssey* (Aperture, 1996) zusammengestellt.

Roy Gutman, Leiter des Projekts „Crimes of War" und Mitherausgeber dieses Buchs, berichtet im Washingtoner Büro des *Newsday* über Auslandsthemen. Ihm wurde für seine Berichte über Konzentrationslager und andere Praktiken der ethnischen Säuberung in Bosnien der Pulitzer-Preis für internationale Berichterstattung des Jahres 1993 verliehen. Außerdem erhielt er den Polk Award, den Hal Boyle Award des Overseas Press Club und den Selden Ring Award für aufklärenden Journalismus. Er ist Autor von *Banana Diplomacy* (Simon & Schuster, 1987) und *A Witness to Genocide* (Macmillan, 1993).

Ron Haeberle arbeitet als Fotograf für *Time/Life*. Er hat als Fotograf der US-Army in Vietnam im Jahre 1969 das My-Lai-Massaker dokumentiert.

Françoise J. Hampson ist Professorin an der University of Essex (Großbritannien) und leitet zusammen mit anderen dessen Bereich „Children and Armed Conflict". Sie ist Mitglied der UN-Unterkommission zur Verhinderung der Diskriminierung und zum Schutz von Minderheiten, des IKRK-Expertenkomitees für Gewohnheitsrecht und Direktorin des British Institute of Human Rights.

Sheldon H. Harris, emeritierter Professor für amerikanische Geschichte der California State University, Northridge, ist Autor von *Factories of Death: Japanese Biological Warfare and the American Cover-Up* (Routledge, 1994), für das er mit zwei akademischen Preisen ausgezeichnet wurde.

Florence Hartmann arbeitet bei *Le Monde* in Paris und war für *Le Monde* von 1989 bis 1994 ständige Korrespondentin im ehemaligen Jugoslawien. In Kürze wird ein Buch von ihr über Slobodan Milosevic und die Jugoslawienkrise erscheinen.

Amira Hass ist eine israelische Journalistin, die für *Ha'aretz* im Westbank- und Gaza-Gebiet arbeitet. Sie ist die Autorin von *Drinking the Sea at Gaza: Days and Nights in a Land under Siege* (Metropolitain, 1999).

Ron Haviv, der mit *Saba Press Photos* zusammenarbeitet, hat Konflikte in Panama, am Persischen Golf, in Südafrika und Haiti fotografiert. Er wurde unter anderem mit der Leica Medal of Excellence und dem World Press Photo Award des Jahres 1992 für seine Arbeit auf dem Balkan ausgezeichnet.

Brooke Hellewell ist Grafikdesignerin mit Stützpunkt in New York.

Lindsey Hilsum arbeitet als Korrespondentin für Auslandsbeziehungen für die *Channel Four News* (London), schreibt für das *Times Literary Supplement* und *The New Statesman* und hat mehrere Dokumentationen produziert. Für ihre Berichterstattung über Ruanda wurde ihr 1996 von Amnesty International der Human Rights Journalist of the Year Award verliehen.

Michael H. Hoffman, Rechtsanwalt, ist Beauftragter für humanitäres Völkerrecht des amerikanischen Roten Kreuzes und Oberstleutnant der Reserve a.D. der US-Army. Er ist Fakultätsmitglied am internationalen Institut für humanitäres Recht in San Remo, Italien.

Mark Huband, Korrespondent der *Financial Times* (London) in Kairo, erhielt den U.K. Foreign Correspondent of the Year Award des Jahres 1991. Er ist Autor von *The Liberian Civil War* (Cass, 1998) und *Warriors of the Prophet: The Struggle for Islam* (Westview, 1998).

Henri Huet, ein französischer Kriegsfotograf, dokumentierte den Vietnamkrieg und arbeitete später für *UPI* und *AP*. Huet kam 1971 ums Leben, als sein Hubschrauber in Laos abgeschossen wurde.

Michael Ignatieff, Schriftsteller und Historiker, ist der Autor von *Blood and Belonging: Journeys into the New Nationalism* (Noonday, 1993) und *The Warrior's Honor: Ethnic War and the Modern Conscience* (Henry Holt, 1998).

Rikio Imajo arbeitet von Tokio aus für *Associated Press*.

Kenneth Jarecke arbeitet als Bildjournalist für *Contact Press Images*. Er war 1989 während der Ereignisse auf dem Platz des Himmlischen Friedens in Peking und berichtete ebenfalls 1991 über die Operation Wüstensturm während des Golfkriegs.

Christian Jennings, ein freier Journalist, berichtete über den Völkermord in Ruanda für *Reuters* und ist Autor des in Kürze erscheinenden Buchs *Across the Red River: Four Years Genocide in Rwanda and Burundi* (Victor Gollancz, 2000).

William E. Jones diente während des Zweiten Weltkriegs als Luftaufnahmenfotograf im US-Army Air Corps. Während der Besetzung von Japan fotografierte er aus niedriger Höhe die Atombombenschäden in Hiroshima und Nagasaki. Diese Bilder befinden sich im National Atomic Museum und sind in dem Buch *Picturing the Bomb* (Harry N. Abrams, 1995) enthalten.

Andree Kaiser, ein deutscher Fotograf bei *Sipa Press*, hat für *Reuters*, den *Spiegel* und den *Stern* soziale und politische Themen in Osteuropa behandelt. Seine Reportage über den Balkankonflikt wurde in *Newsday, Newsweek, Epoca* und in *Paris Match* veröffentlich.

Frits Kalshoven ist Präsident der Internationalen Ermittlungskommission. Er ist Professor der Universität Leiden im Ruhestand, war Mitglied der niederländischen Delegation für die Ausarbeitung der Entwürfe der Zusatzprotokolle von 1977 und führte der Vorsitz der UN-Expertenkommission für das ehemalige Jugoslawien. Er ist der Autor von *Constraints on the Waging of War* (Martinus Nijhoff, 1987).

Yunghi Kim arbeitet als Fotografin für *Contact Press Images*. Für ihre Dokumentation über die ruandischen Flüchtlinge wurde sie mit dem Overseas Press Club Award und einem ersten Preis der World Press Photo Foundation ausgezeichnet und hat sich mit dem Thema der „Comfort Women" befaßt.

Joseph Koudelka, ein Fotograf von *Magnum Photos*, erhielt 1969 die Robert-Capa-Goldmedaille für seine Bilder des Prager Frühlings. Außerdem wurden ihm der Prix Nadar (1978) und der Grand Prix International Henri Cartier-Bresson (1991) verliehen.

Daoud Kuttab ist Direktor für moderne Medien an der Al-Quds-Universität in Jerusalem und einer der Leiter von *Internews Middle East*. 1997 erhielt er den International Press Freedom Award des Committee to Protect Journalists.

Peggy Lampl ist Projektleiterin des Projekts „Crimes of War". Sie hat sich für verschiedene Themen des Gemeinwohls engagiert und hatte die Funktion einer stellvertretenden Ministerialdirektorin (USA) und als Direktorin des Children's Defense Fund und der League of Women Voters inne.

Charles Lane ist der Herausgeber von *The New Republic*. Früher war er allgemeiner Redakteur von Newsweek und als Leiter des Berliner Büros von *Newsweek* tätig.

Er wurde mit einer Citation for Excellence des Overseas Press Club für seine Arbeit über das ehemalige Jugoslawien ausgezeichnet.

Annie Leibovitz arbeitet als Fotografin für *Contact Press Images*. Sie ist für ihre Portraitaufnahmen in *Rolling Stone* und *Vanity Fair* bekannt und unternahm von 1993 bis 1994 mehrere persönlich motivierte Reisen nach Sarajewo und Ruanda, um dort zu fotografieren.

Alex Levac ist angestellter Fotograf bei *Ha'aretz* (Jerusalem). Er erhielt 1993 vom Kunstmuseum Tel Aviv den Rita-Poretzky-Preis für Fotografie und ist Autor von *An Eye to Zion* (Am Oved, 1996).

Howard S. Levie ist außerordentlicher Professor für Völkerrecht am Naval War College und emeritierter Professor für Recht an der juristischen Fakultät der St. Louis University. Er verfaßte den Entwurf des Waffenstillstandsabkommens für Korea und war als Leiter der Abteilung für internationale Angelegenheiten des Office of The Judge Advocate General (JAG) tätig. Er ist Autor der Bücher *Terrorism in War: The Law of War Crimes* (Oceania, 1993) und *Levie on the Law of War* (Naval War College, 1998).

Gideon Levy, der als Kolumnist für *Ha'aretz* (Tel Aviv) arbeitet, hat von 1978 bis 1982 als Pressemitarbeiter des israelischen Ministerpräsidenten Shimon Peres gearbeitet. Er wurde von der Association of Civil Rights in Israel im Jahre 1996 mit dem Israeli Human Rights Award ausgezeichnet.

Lee Lockwood arbeitet als Bildjournalist für die Fotoagentur *Black Star* und hat Beiträge für das *Life Magazine* und andere Veröffentlichungen geliefert. Er ist Autor von *Castro's Cuba, Cuba's Fidel* (Westview, 1980).

Paul Lowe, ein britischer freiberuflicher Fotograf, der für *Magnum Photos* arbeitet, hat internationale Ereignisse in Osteuropa und dem Nahen Osten dokumentiert. Er wurde von der World Press Photo Foundation zum Fotografen des Jahres 1992 gewählt und unter anderem mit dem Global News Picture Award von 1996 ausgezeichnet.

Peter Maass, ein freier Schriftsteller, berichtete für die Washington Post aus dem ehemaligen Jugoslawien. Er ist Autor von *Love Thy Neighbor, A Story of War* (Knopf, 1996), das den Buchpreis des Jahres 1996 sowohl der *Los Angeles Times* als auch des Overseas Press Club erhielt.

Sean Maguire ist Chefkorrespondent der Nachrichtenagentur *Reuters* in Warschau und befaßt sich mit dem Kosovo und anderen Osteuropa-Themen. Er hat für *Reuters Television and News Service* über den Golfkrieg und die Konflikte im ehemaligen Jugoslawien berichtet.

Steve McCurry, der als Fotograf für *Magnum Photos* arbeitet, hat Konflikte in Asien, Afghanistan und dem Nahen Osten dokumentiert. Er wurde mit der Robert-Capa-Goldmedaille von 1980 ausgezeichnet und arbeitete für *National Geographic*. Er ist der Fotograf von *The Imperial Way* (Houghton Mifflin, 1985).

Don McCullin arbeitet als Fotograf für *Contact Press Images*. Sein Buch *Sleeping With Ghosts* (Aperture, 1998) ist eine Zusammenstellung seiner Aufnahmen aus über dreißig Jahren, in denen er bewaffnete Konflikte aus der ganzen Welt dokumentierte.

Susan Meiselas arbeitet als Fotografin für *Magnum Photos* und hat in den 80er Jahren in Lateinamerika gearbeitet. Sie ist die Autorin von *Kurdistan: In the Shadow of History* (Random House, 1997). Sie wurde unter anderem mit der Robert-Capa-Goldmedaille für 1979 und dem Leica Award for Excellence von 1982 ausgezeichnet.

Sheryl A. Mendez ist Bildredakteurin/Recherche-Mitarbeiterin des Projekts „Crimes of War". Zwischen 1989 und 1998 arbeitete sie für *Magnum Photos,* wo sie redaktionelle Artikel und Projekte erarbeitete und recherchierte. Derzeit arbeitet sie als freie Journalistin/Fotografin an dokumentarischen Projekten vorwiegend im Nahen Osten.

Theodor Meron ist „Charles L. Denison Professor" an der juristischen Fakultät der New York University. Er ist Mitglied des IKRK-Komitees für Gewohnheitsrecht und war Mitglied der US-Delegation bei der Konferenz von Rom für einen internationalen Strafgerichtshof. Er ist Autor von *Human Rights and Humanitarian Norms As Customary Law* (Oxford Univ. Press, 1991) und von *Bloody Constraint: War and Chivalry in Shakespeare* (Oxford Univ. Press, 1998).

Ed Miles ist außerordentlicher Direktor der Vietnam Veterans of America Foundation (VVAF). Er war Projektleiter für das Projekt „Cambodian Prosthetics" (Prothesen für Kambodscha) des VVAF, hat im ehemaligen Jugoslawien an Demokratisierungsprojekten und an der internationalen Kampagne für das Verbot von Landminen mitgearbeitet, für die die VVAF zusammen mit anderen Preisträgern den Friedensnobelpreis von 1997 erhielt.

Rich Mkhondo ist Korrespondent der südafrikanischen *Independence Newspapers* in Washington. Er ist Autor von *Reporting South Africa* (Heinemann, 1993). In Kürze wird sein Buch über das Leben in Südafrika nach der Apartheid erscheinen.

Etienne Montes ist Fotograf und hat Konflikte in Spanien, El Salvador, Nicaragua, Guatemala, Honduras, Kuba, Chile, Peru, Südafrika, dem Libanon und in Irland dokumentiert.

Benny Morris ist Professor für Geschichte an der Ben-Gurion-Universität in Beersheba, Israel. Er ist der Autor von *Israel's Border Wars, 1949–1956: Arab Infiltration, Israeli Retaliation, and the Countdown to the Suez War* (Oxford University Press, 1997) und des in Kürze erscheinenden Buchs *Righteous Victims: A History of the Arab-Zionist Conflict* (Knopf, 1999).

Caryle Murphy ist eine Reporterin der *Washington Post*. Sie wurde 1991 mit dem Pulitzer-Preis für internationale Berichterstattung und mit dem George Polk Award für ihre Berichterstattung über die irakische Besetzung von Kuwait ausgezeichnet.

Karma Nabulsi ist Dozentin und „Research Fellow" an der Universität von Oxford. Sie ist Autorin von *Traditions of War: Occupation, Resistance and the Law* (Oxford University Press, 1999) und *An Ideology of War not Peace: Jus in Bello and the Grotian Tradition of War* (Journal of Political Ideologies, 1999).

James Nachtwey, ein Bildjournalist, erhielt den World Press Photo Award von 1992 und 1994, wurde sechsmal als Magazine Photographer of the Year ausgezeichnet und erhielt die Robert-Capa-Goldmedaille von 1983, 1984, 1986 und 1994. Sein Werk wurde in der Retrospektive *Deeds of War* (Thames & Hudson, 1989) veröffentlicht.

Nanzer ist Fotograf bei *Sipa Press*.

Elizabeth Neuffer hat als Leiterin des Europa-Büros des *Boston Globe* gearbeitet. Sie ist „Edward R. Murrow Press Fellow" beim Council on Foreign Relations und arbeitet derzeit an einem Buch zu Rechtsfragen in Bosnien und Ruanda nach dem Krieg.

Don Oberdorfer ist ansässiger Journalist an der Nitze School of Advanced International Studies der John Hopkins University. Er ist Autor von *The Two Koreas* (Addison Wesley, 1997) und *Tet: A History of the 1968 Tet Offensive in Vietnam* (Da Capo, 1984).

Diane F. Orentlicher ist Professorin für Recht und Direktorin des War Crimes Research Office am Washington College of Law der American University. Sie ist Autorin von *Settling Accounts: The Duty to Prosecute Human Rights Violations of a Prior Regime* (Yale University Law Review, 1991).

Emmanuel Ortiz ist freier Fotograf und hat Konflikte in Peru, Chile, Bolivien, Argentinien, Kroatien, Bosnien und Mazedonien dokumentiert. Er ist Autor von *Ex-Yougoslavie* (Florent-Massot, 1996).

William A. Orme jun. ist Reporter der *New York Times* in Jerusalem. Er war von 1993 bis 1998 Direktor des Committee to Protect Journalists. Er ist Autor von *A Culture of Collusion: An Inside Look at the Mexican Press* (University of Miami North-South Press, 1997) und wurde 1998 mit dem First Amendment Award der Society of Professional Journalists ausgezeichnet.

Ramazan Ozturk arbeitet als freier Fotograf für das *Time Magazine* und für die türkische Tageszeitung *Sabah*. Er hat den Krieg zwischen Iran und Irak, den Giftgasangriff auf Halabjah, die Kriege in Bosnien und viele bedeutende Ereignisse in der Türkei seit 1974 dokumentiert.

Gilles Peress arbeitet als Fotograf für *Magnum Photos* und hat Konflikte in Nordirland, im Iran, türkische Gastarbeiter in Deutschland und in jüngster Zeit die Ereignisse in Bosnien und Ruanda fotografiert. Er hat unter anderem die Bücher *Telex Persan* (Scalo, 1994/1998), *Farewell to Bosnia* (Scalo, 1994) und *The Silence* (Scalo, 1995) veröffentlicht.

Mark Perry ist außerordentlicher Direktor der Vietnam Veterans of America Foundation, die zusammen mit anderen Preisträgern den Friedensnobelpreis von 1997 erhielt. Er ist Autor der Bücher *A Fire in Zion* (William Morrow, 1994) und *Conceived in Liberty* (Viking, 1997).

Die Photo Archive Group, die von Chris Riley und Doug Niven geleitet wird, wurde als gemeinnützige Organisation mit dem Zweck gegründet, das dokumentarische Material zu erhalten, das in dem geheimen Gefängnis S-21 gefunden wurde. Das Gefängnis, das von Mitte 1975 bis Ende 1978 von dem Pol-Pot-Regime in Phnom Penh betrieben wurde, wurde später in das Völkermordmuseum Tuol Sleng umgewandelt. Negative aus diesem Material wurden ausgewählt und in dem Buch *The Killing Fields* (Twin Palms, 1996) zusammengestellt.

Nicole Pope ist Türkei-Korrespondentin von *Le Monde* (Frankreich). Sie ist Mitautorin von *Turkey Unveiled: Ataturk and After* (Overlook, 1998) und von *History of Modern Turkey* (Overlook, 1999). Sie arbeitete während des iranisch-irakischen Krieges im Irak und im Libanon nach dem israelischen Einmarsch von 1982 für das IKRK.

Peter Pringle arbeitet als Korrespondent für den *Independent* (Großbritannien) und war bereits als Leiter von dessen Büros in Washington, New York und Moskau tätig. Er ist Autor von *Chernobyl: The End of the Nuclear Dream* (Pan, London, 1986) und von *Cornered: Big Tobacco at the Bar of Justice* (Henry Holt, 1998).

Gaby Rado arbeitet als Auslandskorrespondent für die *Channel Four News* von *ITN* in Großbritannien. Er wurde mit dem Amnesty International Award von 1998 ausgezeichnet, und für seine Berichterstattung über Srebrenica erhielt er zusammen mit anderen Preisträgern den Amnesty International Award von 1996.

Jonathan C. Randal war von 1969 bis 1998 Auslandskorrespondent der Washington Post. Er ist Autor von *After Such Knowledge, What Forgiveness? My Encounters in Kurdistan* (Farrar, Straus, Giroux, 1997).

Steven R. Ratner ist Professor für Recht an der University of Texas und „Fulbright Senior Scholar" und „Asser Research Fellow" am T.M.C. Asser Institut in Den Haag. Er ist Mitautor von *Accountability for Human Rights Atrocities in International Law: Beyond the Nuremberg Legacy* (Oxford University Press, 1997) und Mitglied der UN-Expertengruppe, die die Möglichkeit einer Anklage von Führern der Roten Khmer wegen ihrer Greueltaten in Kambodscha untersuchte.

Erich Rathfelder ist ein deutscher Journalist, der für *Die Tageszeitung* (Berlin) arbeitet und umfassend über den Konflikt in Jugoslawien berichtet hat. Er ist der Autor von *Sarajewo und danach* (Beck-Verlag, 1998) und *Krieg auf dem Balkan. Die europäische Verantwortung* (Rowohlt, 1992).

Barry Renfrew ist Leiter des Moskauer Büros von *Associated Press*. Er hat über die sowjetische Intervention in Afghanistan und über Konflikte in Neukaledonien, Pakistan, Südafrika und Rußland berichtet. Für seine Arbeit in Afghanistan, Südkorea und Tschetschenien wurde er mit drei Preisen der Associated Press Managing Editors Association ausgezeichnet.

Pierre Richard ist für die Montrealer Lokalredaktion des *Journal de Montreal* in Kanada zuständig und hat als Moskau-Korrespondent der Zeitung gearbeitet. Ihm wurde für seine Dokumentation über den sudanesischen Sklavenmarkt der Preis der Bourse de l'éditeur von 1997 verliehen.

David Rieff, Mitherausgeber dieses Buchs, ist freier Schriftsteller und hat Beiträge für *Foreign Affairs, Harper's, The New Republic, New York Review of Books, The Times Literary Supplement, The New Yorker* sowie andere Veröffentlichungen geschrieben. Er ist Autor von *Slaughterhouse: Bosnia and the Failure of the West* (Simon & Schuster, 1995).

Patrick Robert arbeitet als freier Fotograf für die *Sygma Photo Agency* und hat den Palästinenseraufstand in den von Israel besetzten Gebieten, den Krieg in Afghanistan, die Revolution in Rumänien, die Sowjetunion und die Kriege in Somalia, Libyen, Bosnien, Georgien, Ruanda und Liberia dokumentiert.

Adam Roberts ist „Montague Burton Professor" für internationale Beziehungen an der Universität in Oxford. Er ist Autor des Buchs *United Nations, Divided World: The UN's Roles in International Relations* (Oxford University Press, 1994) und Mitherausgeber von *Documents on the Laws of War* (Oxford University Press, 1999).

Gwynne Roberts ist unabhängiger Regisseur und produziert Dokumentationen für *Channel Four News*, die *BBC*, die *CBS*-Sendung „60 Minutes" und andere. 1998 brachte er *Saddam's Killing Fields*, eine Dokumentation über die Situation der Kurden im Irak, heraus. Im Jahre 1992 erhielt er einen Award des Overseas Press Club für *Wings of Death*, eine bahnbrechende Dokumentation, mit der er die Giftgasangriffe auf irakische Kurden nachgewiesen hat.

Arturo Robles, ein Fotograf, kam 1980 als Reporter für *Associated Press* nach El Salvador. Er hat über Konflikte in Nicaragua und die Militärinvasion von Panama berichtet. Derzeit arbeitet er in Kolumbien.

George Rodrigue ist Chefredakteur von *Press-Enterprise* (Riverside, Kalifornien). Er war früher Washington-Korrespondent und Leiter des Europabüros von *The Dallas Morning News*, und war einer der Pulitzer-Preisträger von 1994 für internationale Berichterstattung.

A.P.V. Rogers, OBE (Order of the British Empire), ist Generalmajor a.D. der britischen Armee und ein anerkannter Experte auf dem Gebiet des Kriegsrechts. Er erhielt den Paul-Reuter-Preis von 1997 für seine Veröffentlichung *Law on the Battlefield* (Manchester University Press, 1996).

David Rohde, Reporter der *New York Times*, ist Autor von *Endgame: The Betrayal and Fall of Srebrenica* (Farrar, Strauss, Giroux, 1998). Für seine Nachforschungen über Massengräber in Srebrenica für den *Christian Science Monitor* wurde er 1996 mit dem Pulitzer-Preis für internationale Berichterstattung sowie mit dem Sigma Delta Chi Award und dem Overseas Press Club Award ausgezeichnet.

Tim Ross, ein Fotograf, erhielt 1999 von der Soros Foundation Fördermittel für seine Arbeit über den Heroinkonsum in Kolumbien, wo er aktiv mit Straßenkindern arbeitet. Er hat zahlreiche Konflikte dokumentiert, unter anderem den Falkland-Konflikt, Panama, Grenada, Nicaragua und El Salvador.

Peter Rowe ist Professor am Fachbereich für Recht der Universität von Lancaster in England. Er ist Herausgeber von *The Gulf War 1990-91 in International and English Law* (Routledge, 1993).

Elizabeth Rubin arbeitet als freie Redakteurin für *The Forward* (Manhattan) und das *Harper's Magazine*. Außerdem hat sie Beiträge für *The New Yorker* und für *The New York Times Magazine* verfaßt. Sie wurde für einen Bericht über Söldner für *Harper's* mit einer Citation for Excellence des Overseas Press Club ausgezeichnet.

John Ryle ist Kolumnist des Guardian (London) und Berater der UN, der EU sowie von nichtstaatlichen Organisationen in Afrika.

Sebastião Salgado arbeitet als Fotograf für Contact Press Images. Er hat sich mit verschiedenen dokumentarischen Themen befaßt und mehrere Bücher veröffentlicht, darunter *Other Americans* (Pantheon, 1986), *Sahel: L'Homme en Detresse* (Prims Presse, 1986), *An Uncertain Grace* (Aperture, 1990) und *Workers* (Aperture, 1993).

Kyoichi Sawada, ein Bildjournalist, war vor allem wegen seiner Fotos aus Südostasien bekannt. Er wurde mit dem Pulitzer-Preis 1966, mit einem Grand-Prize des Fotowettbewerbs von World Press und dem Overseas Press Club Award ausgezeichnet. Nach seinem Tod in Kambodscha im Jahre 1970 wurde ihm die Robert-Capa-Goldmedaille verliehen.

Sydney H. Schanberg erhielt 1976 den Pulitzer-Preis für seine Berichterstattung in der *New York Times* über den Fall Kambodschas. Außerdem wurde er mit zwei Overseas Press Club Awards, zwei George Polk Memorial Awards, zwei Newspaper Guild Front Page Awards und dem Sigma Delta Chi Award für herausragenden Journalismus ausgezeichnet. Er ist der Autor des Buchs *The Death and Life of Dith Pran*

(Viking, 1985), auf dem der Film *The Killing Fields* basiert.

Serge Schmemann arbeitet mit Sonderauftrag für die *New York Times* und war als Leiter der Büros der *New York Times* in Moskau, Bonn und Jerusalem tätig. Er schrieb *Echoes of a Native Land: Two Centuries of a Russian Village* (Knopf, 1997). Er erhielt den Pulitzer-Preis für internationale Berichterstattung des Jahres 1991 für seine Berichte über die deutsche Wiedervereinigung und zwei Preise des Overseas Press Club für seine Artikel über die Sowjetunion und Deutschland.

Kurt Schork arbeitet als Kriegsberichterstatter für die Nachrichtenagentur Reuters und hat über Konflikte in Afghanistan, Albanien, Bosnien, Kambodscha, Tschetschenien, im Irak, in Kaschmir, im Kosovo, in Südafrika, Sri Lanka und in der Türkei berichtet.

David „Chim" Seymour war einer der Gründer von *Magnum Photos* im Jahre 1947. Bei seiner Arbeit dokumentierte er politische Ereignisse in Europa, insbesondere den spanischen Bürgerkrieg. Er wurde 1956 das Opfer ägyptischer Maschinengewehrschüsse.

Thom Shanker ist stellvertretender Washington-Redakteur der *New York Times*. Bei der *Chicago Tribune* war er Auslandsredakteur und Leiter des Moskauer Büros. Außerdem berichtete er während seiner Tätigkeit als leitender Europa-Korrespondent von 1992 bis 1994 über den Krieg in Bosnien.

William Shawcross arbeitet als freier Journalist und hat über Osteuropa und Südostasien berichtet. Er ist Autor von *The Quality of Mercy: Cambodia, The Holocaust, and Modern Conscience* (Simon & Schuster, 1984) sowie von *Sideshow: Kissinger, Nixon, and the Destruction of Cambodia* (Simon & Schuster, 1987).

Jean-Marie Simon ist Anwältin in Washington und Mitglied des Advisory Committee for Human Rights Watch/Americas Division. Sie ist Autorin von *Guatemala: Eternal Spring, Eternal Tyranny* (W. W. Norton, 1988).

Lewis M. Simons arbeitet als freier Journalist für *National Geographic* und andere Veröffentlichungen. Er war einer der Pulitzer-Preisträger von 1986 für internationale Berichterstattung und wurde außerdem mit einem George Polk Award, drei Overseas Press Club Awards und einem Edward R. Murrow Award ausgezeichnet.

Patrick J. Sloyan ist leitender Korrespondent des Washingtoner Büros von *Newsday*. Er wurde mit dem Pulitzer-Preis für internationale Berichterstattung des Jahres 1992, dem American Society of Newspaper Editors' Award, dem George Polk Award und dem Raymond Clapper Award für herausragenden Journalismus ausgezeichnet.

Frank Smyth ist freier Journalist und hat für *CBS News Radio* und den *Economist* über den Konflikt in El Salvador berichtet. Er war für Human Rights Watch und für Amnesty International mit Nachforschungen befaßt und beratend tätig.

Stabsunteroffizier Graham Spark war 15 Jahre lang Fotograf in der British Royal Air Force. 1997 war er in Sarajewo stationiert, um die Arbeit der multinationalen Einheiten auf ihrem Weg durch Bosnien zu dokumentieren. Derzeit arbeitet er an einer Retrospektive.

Dr. Heike Spieker ist außerordentliche Professorin am Institut für Friedenssicherungsrecht und humanitäres Völkerrecht der Ruhr-Universität Bochum. Sie ist Autorin von *Völkergewohnheitsrechtlicher Schutz der natürlichen Umwelt im internationalen bewaffneten Konflikt* (Brockmeyer, 1992).

Chris Steele-Perkins arbeitet als Fotograf für *Magnum Photos* auf dem Gebiet Konflikte und Hilfsmaßnahmen. Seine Auszeichnungen: Tom Hopkinson Prize for British Photojournalism, Oscar Barnack Prize und Robert-Capa-Goldmedaille.

Alexandra Stiglmayer schrieb für das *Time Magazine* und ist Autorin von *Mass Rape: The War Against Women in Bosnia-Herzegovina* (University of Nebraska Press, 1994). Sie ist derzeit Sprecherin für das Amt des Hohen Repräsentanten in Sarajewo.

Tom Stoddart arbeitet als Fotograf für *IPG* und *Matrix* und hat verschiedene Ereignisse dokumentiert, darunter die Einnahme Beiruts durch Israel, den Fall der Berliner Mauer und die Flüchtlingskrise in Ruanda. Er wurde 1990 und 1991 von Nikon als Pressefotograf des Jahres ausgezeichnet.

Eric Stover ist Leiter des Human Rights Center und außerordentlicher Professor für Volksgesundheit an der University of California in Berkeley und war Direktor von Physicians for Human Rights (Ärzte für Menschenrechte). Er hat zusammen mit Gilles Peress das Buch *The Graves: Srebrenica and Vukovar* (Scalo, 1998) veröffentlicht.

Jeff Streeper hat folgende Bücher gestaltet: *Vietnam: The Land We Never Knew* von Geoffrey Clifford (Chronicle Books, 1989), *Annie Leibovitz 1970–1990* von Annie Leibovitz (Harper Perennial, 1991) und *A Simpler Way* von Margaret J. Wheatley und Myron Kellner-Rogers (Berrett-Koehler, 1996).

Anthony Suau arbeitet seit dem Jahre 1990 als Auftragsfotograf für *Time*. Seine Bilder der Hungersnot in Äthiopien brachten ihm den Pulitzer-Preis von 1984 ein. Außerdem war er Magazine Photographer of the Year 1994, und eines seiner Bilder wurde von der World Press Photo Foundation zum Foto des Jahres gewählt.

Terence Taylor ist stv. Leiter des International Institute for Strategic Studies in London. Er ist Autor von *Escaping the Prison of the Past: Rethinking Arms Control and Non-proliferation Measures* (Stanford University, 1996). Er war Vertreter Großbritanniens in der UN-Sonderkommission für den Irak.

Larry Towell ist Fotograf und arbeitet für *Magnum Photos*. Zu seinen Auszeichnungen gehören der World Press Photo Award, der Canon Photoessayist Prize, der W. Eugene Smith Prize und der Oscar Barnack Prize. Von ihm sind kürzlich unter anderem die folgenden Bücher erschienen: *El Salvador* (DoubleTake/Norton, 1997) und *Then Palestine* (Marval, 1998; Aperture, 1999).

David C. Turnley arbeitet als Fotograf für *The Detroit Free Press*. Er hat bei den Konflikten in Armenien, auf dem Platz des Himmlischen Friedens und im Golfkrieg fotografiert. Er veröffentlichte mehrere Bücher, darunter *In Times of War and Peace* (Abbeville, 1997). Für seine Fotografien bosnischer Flüchtlinge erhielt er die Robert-Capa-Goldmedaille des Overseas Press Club.

David Turns ist Rechtsanwalt und Dozent für Recht an der University of Liverpool in England. Er ist Herausgeber von *International Law and Espionage* (Martinus Nijhoff, 1995, begonnen von Dr. J. Kish (†)).

Lawrence Weschler ist festangestellter Journalist des *New Yorker*. Er wurde bereits zweimal mit dem George Polk Award und 1998 mit dem Lannan Literary Award ausgezeichnet. Er ist Autor von *A Miracle, A Universe: Settling Accounts with Torturers* (University of Chicago Press, 1998), *Calamities of Exile* (University of Chicago Press, 1998) und des in Kürze erscheinenden Buchs *Vermeer in Bosnia* (Pantheon, 1999).

Marita Vihervuori ist eine finnische Journalistin, die für die *Austrian Press Agency* arbeitet. Sie hat acht Bücher über den Iran und Libyen geschrieben, darunter *Iran: Maa Mullahin Varjossa Allahin Nimeen* (Otava, Helsinki, 1989). Ihr nächstes Buch befaßt sich mit dem Zerfall Jugoslawiens.

Ed Vulliamy arbeitet als USA-Korrespondent und internationaler Korrespondent für den *Observer* (London). Er erhielt unter anderem die folgenden Preise: British Press Awards, International Reporter of the Year (1991 und 1996), Amnesty International Award für Zeitungsjournalismus (1992), James Cameron Memorial Award (1994) und Auslandskorrespondent des Jahres (1992) von „What the Papers Say". Er schrieb *Seasons in Hell: Understanding Bosnia's War* (Simon & Schuster, 1994).

Shi Young hat zusammen mit James Yin das Buch *The Rape of Nanking: An Undeniable History in Photographs* (Triumph, 1997) veröffentlicht.

Danksagung

Das vorliegende Buch ist ein außergewöhnliches Werk, das sein Entstehen sehr vielen Menschen zu verdanken hat. Sie alle waren sich darüber einig, daß dieses Buch dringend nötig war. Für unsere Herausgeber, Rechtsberater, Fachlektoren und insbesondere unsere Autoren, die einen Hungerlohn arbeiteten und es auf sich genommen haben, den Text zweimal zu redigieren und den wiederholten Umformulierungswünschen nachzukommen, war es eindeutig eine Arbeit, die sie aus Liebe zur Sache getan haben. Ihnen kann nicht genug gedankt werden. Gleichermaßen sind wir denjenigen Personen und Institutionen zu tiefem Dank verpflichtet, die Geldmittel und Einrichtungen für die Erstellung dieses Buchs zur Verfügung gestellt haben.

Herbert und Marion Sandler und die Sandler Family Supporting Foundation erkannten schnell das Potential dieses Buchs und stellten die Geldmittel zur Verfügung, die wir benötigten, um mit dem Projekt zu beginnen. Die Ford Foundation hat auf Betreiben von Larry Cox, unserem Programmleiter, die restlichen Mittel bereitgestellt, so daß wir das Projekt in kürzester Zeit fertigstellen konnten.

Sanford J. Ungar, Dekan der American University School of Communication, hat uns mit Hilfe des stellvertretenden Dekans Patrick Martin freundlicherweise ein Büro und jede mögliche Form an administrativer Unterstützung geboten. Claudio Grossman, der Dekan des Washington College of Law (WCL) der American University, hat die Einbeziehung der einzigartigen Fakultät des WCL mit Begeisterung unterstützt. Professor Diane Orentlicher hat sich des Projekts angenommen und mit Unterstützung durch das War Crimes Research Office des WCL und einer Förderung durch das Open Society Institute im Oktober 1996 eine Konferenz organisiert, die dazu beitrug, unser Programm festzulegen; sie schlug Autoren vor, nahm Pläne kritisch unter die Lupe und kontrollierte einen großen Teil der Artikel. Kenneth Anderson, ein Professor des WCL, hat die enorme Aufgabe des juristischen Fachlektorats übernommen, und Professor Robert Kogod Goldman stand uns während des gesamten Projekts mit fundierten Ratschlägen zur Seite. Das War-Crimes-Büro sponsorte mit OSI-Finanzierung die juristischen Recherchen von Ewen Allison, einem unermüdlichen WCL-Absolventen, der rund um die Uhr einsatzbereit war und die Unterstützung der „Deans' Fellows" Mair McCafferty und C. Jeffrey Tibbels hatte.

Eric Stover, der frühere Direktor von Physicians for Human Rights, organisierte eine wichtige zweite Konferenz, die im April 1997 in Berkeley im Human Rights Center stattfand, das er leitet. Er trug stets dazu bei, an strategisch wichtigen Punkten der Arbeit die Zielsetzung zu verdeutlichen, und hatte eine wichtige Rolle bei der Beschaffung finanzieller Mittel inne. Aryeh Neier, Präsident des Open Society Institute, half bei beiden Konferenzen durch seine klugen Ratschläge, bot moralische Unterstützung, wenn sie am meisten gebraucht wurde, und kommentierte außerdem einige der Artikel. Die italienische Schriftstellerin Anna Cataldi versammelte die Journalisten, Fotografen und Rechtswissenschaftler zu unserer ersten Brainstorming-Sitzung und gab uns vom Beginn bis zum Abschluß anspornende Impulse und Unterstützung für unsere Arbeit.

Da in diesem Buch rechtliche Aspekte und journalistische Arbeit miteinander kombiniert werden sollten, war es von entscheidender Bedeutung, auf beiden Fachgebieten ein hohes Niveau zu erreichen. A.P.V. Rogers, Generalmajor a. D. der British Army, unser Berater für Militärrecht, unterzog die Texte einer detaillierten Prüfung aus juristischer Sicht. Louise Doswald-Beck, Urs Boegli und Jean-François Berger des Internationalen Komitees vom Roten Kreuz (IKRK) lasen den Text und halfen uns mit nützlichen Vorschlägen. Von Oberstleutnant Scott Morris vom U.S. Judge Advocate General Corps (JAG) und Oberstleutnant a.D. H. Wayne Elliott, dem ehemaligen Leiter der JAG-Abteilung für Völkerrecht, erhielten wir wertvolle Kritik und Ermutigung. Jim Toedtman, der Leiter des Washingtoner Büros von *Newsday*, machte zahlreiche gute Vorschläge. Thom Shanker von der *New York Times* redigierte die drei Artikel über sexuelle Gewalt und las den endgültigen Text. Die in den Artikeln zum Ausdruck gebrachten Ansichten sind jene der Autoren und stehen nicht für die Meinung einer Regierung, Institution oder Organisation oder für die Meinung unserer Fachlektoren. Redaktionelle Entscheidungen liegen in der Verantwortung der Autoren und Herausgeber.

Sehr viel Energie und Zeit nahmen die Bildredaktion und das Design in Anspruch. Sheryl Mendez brach die Arbeit an zwei Projekten im Nahen Osten ab, um sich als Bildredakteurin und Recherche-Mitarbeiterin an dem Projekt zu beteiligen, was sie mit scharfem Blick und politischer Genialität, moralischem Engagement und erstaunlichem Elan erledigte. Unserer unerschütterlichen stellvertretenden Design-Redakteurin Brooke Hellewell kam eine Schlüsselrolle zu; ihr Design- und Organisationstalent waren ebenso groß wie ihr Durchhaltevermögen.

Peggy Lampl, unsere leidgeprüfte Projektmanagerin, entschärfte jede Krise und hatte eine wichtige Funktion beim Redigieren inne. Ein besonderes Glück war für uns die Beteiligung von Alan Dorsey am Projekt, der Bibliothekar des IKRK in New York gewesen war und ein weiterführendes Studium an der American University begonnen hatte. Bei seiner Tätigkeit als stellvertretender Projektmanager brachte er unschätzbare Erfahrungen und Kenntnisse auf dem Gebiet des humanitären Völkerrechts mit ein. Außerdem setzte er Ordnung bei der Arbeit am Projekt und in unserem Büro durch.

Ron Goldfarb, unser engagierter Literaturagent, blieb uns als allgemeiner Rechtsberater bei zukünftigen Projektaktivitäten treu. Tabitha Griffin, unsere Lektorin bei W.W. Norton, unterstützte uns durch konstruktive Kritik und Enthusiasmus. Carole Kismaric beriet uns in den wichtigen Anfangsmomenten hinsichtlich Budget und Organisation. Professor Brad Blitz vom Lewis & Clark College, Pat Watson, Evelyn Leopold von Reuters, Ian Williams von *The Nation*, Chuck Lane von *The New Republic*, Tom Gjelten von National Public Radio und Michael Muskal und Jim Dooley von *Newsday* standen uns mit guten Ratschlägen zur Seite. W. Hays Parks, Special Assistant des Jugde Advocate General und Professor Steve Ratner von der University of Texas in Austin halfen uns mit willkommener moralischer Unterstützung und juristischem Rat zur rechten Zeit.

Der *Newsday*-Redakteur Anthony Marro, A.M.E. Les Payne, Auslandsredakteur Tim Phelps und die Washington-Redakteurin Anne Hoy unterstützten das Buch mit großem Enthusiasmus und tolerierten mein häufiges Fehlen. Und ganz persönlich danke ich von ganzem Herzen meiner geduldigen Ehefrau Betsy und Tochter Caroline, die achtzehn Monate lang auf nahezu jeden Abend, jedes Wochenende und jeden freien Tag mit mir verzichten mußten.

Alle Beteiligten und alle außenstehenden Personen, die das Buch unterstützt haben, haben einen wichtigen Beitrag geleistet. Ich hoffe, daß alle das fertige Produkt mit Stolz betrachten werden und stets bedenken, daß die aufklärerische Arbeit, die in Zusammenhang mit diesem Buch geleistet werden sollte, noch nicht abgeschlossen ist.

Roy Gutman

Register: Länder, Völker, Orte, Organisationen

Abchasien 330
Abu-Ghraib-Gefängnis 165
Afghanistan 12
AFL (Armed Forces of Liberia) 286
Ägypten 268
Al-Fallujah-Brücke 160
Algerien 261
Amiriyah-Schutzraum 160, 303, 453
Amnesty International 128, 490
Anab 155
ANC (African National Congress) 399
Angka 221
Angola 10, 98
Arab al Mawasa 33
Argentinien 24, 60, 268
Arkans Tiger 323
Armenien 90, 455
Armenier 441, 464
Arusha 48, 351, 376
Aserbaidschan 90, 455
Ashkelon 117
As-Samawah 165
As-Sulaymaniyah 55
Äthiopien 24, 125
Auschwitz 12, 248
Azteken 150

Badr-Brigade 205
Bagdad 160, 217, 302
Balad ash Sheik 36
Banja Luka 197, 273
Bar-Lev-Linie 38
Basra 122, 161, 227
Batavia 378
Batticaloa 170
Beer Sheba 336
Beirut 40
Beit Mirsim 101
Beit Nuba 39
Beit Sahour 237
Beita 436
Belsen 251
Berg-Karabach 455
Biafra 85, 391
Bihac 444
Bijeljina 82, 322
Bi'na 33
Bogota 242
Bolivien 364
Bosanski Samac 308
Bosnien 8, 52, 76 ff, 94, 95, 105, 138, 143, 150, 174, 197, 230, 248, 281
Bosnien-Herzegowina 76 ff, 308, 376
Brandfort 251

B'tselem 338
Bukavu 358
Buren 248
Burgan-Ölfeld 277
Burma 497
Burundi 123, 319, 348
Butare 150

Caritas 358
Cerska 292
Cham 222, 450, 465
Chichicastenango 87
China 268, 296
Cibitoke 348
Colombo 327
Comfort Women 378
Contras (Nicaragua) 170
CSI (Christian Solidarity International) 385
Cuba 98
Cuito 98

Dagestan 12
Dayton 140, 198, 308, 433
DEA (Drug Enforcement Administration) 245
Deir Yassin 36
Delaware-Indianer 151
Den Haag 15, 20, 23, 80, 92, 316
Deutschland (Bundesrepublik) 15
Deutschland (Deutsches Reich) 94, 406
Dhariya 103
Dinka 385
Dir al Assad 33
Dir el-Ballah 117
Double Trouble 233
Dresden 120, 301, 429
Dretelj 252
Dublon-Insel 297

Ein al Hilwe 40
Ein Tzurim 38
El Salvador 257, 369
ELN (Nationale Befreiungsarmee, Kolumbien) 241
Elsaß-Lothringen 94
Entebbe 28
EO (Executive Outcomes) 389

Falkland-Inseln 60, 268
FARC (Revolutionäre bewaffnete Streitkräfte von Komlubien) 241
Ferhad-Pasha-Moschee 273
FFI (Forces françaises de l'intérieur) 405
FMLN (Nationale Befreiungsfront Farabundo Marti) 257, 369
Foca 308, 378
Frankreich 94, 182, 405
Freetown 365
Frente POLISARIO 261

Galiläa 33
Gaza 436
Gazastreifen 38, 45, 117
Genf 23
Georgien 330
Golanhöhen 38
Goma 494
Griechenland 24, 105
Grosny 417, 482, 499
Großbritannien 60, 72, 248, 268, 364
Grüne Linie 101
Guatemala 87, 168, 402
Guatemala City 402

Haager Tribunal für das ehemalige Jugoslawien s. ITCY 4
Haganah 34
Haifa 36, 40, 427
Haiphong 120
Halabjah 11, 154, 207
Halo Trust 456
Hamburg 429
Hanoi 24, 120
Harbin 67
Hawara 436
Hebron 336
Hiroshima 120, 315, 429, 488
Hmong 90
Honduras 24
Huê 113
Human Rights Watch 98, 160, 208, 376, 429, 488
Human-to-human-Organisation 52
Hutu 12, 47, 181, 351, 494
HVO (Kroatischer Verteidigungsrat) 178

Ibo 85, 391
ICC (Internationaler Strafgerichtshof, Rom) 24, 31, 48, 133, 153, 230, 271, 297, 375, 440, 442, 461, 502, 505
ICTR (Internationaler Strafgerichtshof für Ruanda) 21, 48, 133, 271, 355, 376, 442, 502
ICTY (Internationaler Strafgerichtshof für das ehemalige Jugoslawien) 15, 20 f, 80, 116, 133, 143, 152, 167, 190, 254, 271, 292, 341, 345, 374, 378, 425, 441, 502
IDF (Israel Defense Force) 33, 101
IFOR (Implementation Force) 309
IHFFC (Internationale humanitäre Ermittlungskommission) 191
IKRK (Internationales Komitee vom Roten Kreuz) 9, 17, 22, 30, 45, 51, 95, 98, 138, 160, 192 ff, 203, 237, 252, 263, 294, 316, 318, 348, 406
Ilaboun 33
ILO (Intern. Arbeitsorganisation) 499
IMT (Internationaler Militärgerichtshof Nürnberg) s. Nürnberger Prozesse

Imwas 39
INPFL (Independant National Patriotic Front of Liberia) 289
Interahamwe 150, 351, 367
Internationaler Gerichtshof (Den Haag) 316
Internationaler Strafgerichtshof (Rom) s. ICC
Internationaler Strafgerichtshof für das ehemalige Jugoslawien s. ICTY
Internationaler Strafgerichtshof für Ruanda s. ICTR
Internationales Institut für humanitäres Recht 51
Internationales Komitee vom Roten Kreuz s. IKRK
Internationales Militärtribunal für den fernen Osten (Tokio) 23, 372, 437, 441
Intifada 336, 436
Irak 29, 55, 64, 71, 72, 74, 90, 95, 154, 158 ff, 200 ff, 217, 427
Iran 90, 155, 200 ff
Irgun Zvai Leumi 36
Israel 12, 33 ff, 45 f, 95, 101, 164, 338, 427, 436, 505
Israelische Streitkräfte s. IDF

JAG (Judge Advocate General) 131
Japan 67, 268, 296
Jerusalem 400
Jish 33
Johannesburg 16
Jordanien 101
Juden 105, 248
Judiciales 402
Jugoslawien 75, 77, 95, 105
Jugoslawien-Tribunal s. ITCY
JVP (Janatha Vimukhti Peramuna) 326

Kalesija 145
Kambodscha 129, 220 ff, 448, 464
Karlovac 469
Kereterm 248
Kfar Darom 38
Kfar Etzion 36
Khartum 383
Khirbet Beit Mirsim 39
Khmer Rouge s. Rote Khmer
Kigali 318, 351
Kirkuk 217
Kladanj 105
Kolumbien 199, 241 ff
Kompong Som (Sihanoukville) 223
Kongo 123, 358
Kosevo-Krankenhaus 150, 180
Kosovo 123, 149, 199, 349
Kozluk 94
Krahn-Milizen 233, 287
Kroatien 8, 77, 105, 136, 177, 230

Kuba 248
Kurden (Armenien) 455
Kurden (Irak) 55, 154, 165, 207, 463
Kurden (Türkei) 90, 127
Kuwait 29, 64, 74, 95, 163, 276 f, 330
Kyushu 297

Laos 90
Lazete 143
Lehi (Lohamei Herut Yisrael) 36
Libanon 259, 488
Liberation Tigers of Tamil Eelam 326
Liberia 11, 233, 284 ff
Ljubuski 252
Logor Trnopolje 248
Lydda 33, 37

Mafeking 250
Majd al Kurum 33
Makarska 252
Malvinas (s. a. Falkland-Inseln) 60
Manjaca 343
Marokko 261
Massu'ot Yitzak 38
Meggido-Gefängnis 336
Menschenrechtskommission, Interamerikanische 87
Meshatil 64
Mexiko 151
Mitla-Pass 38
Mogadischu 389
Mohammed-Lasyad-Gefängnis 261
Monrovia 233, 285
Mosambik 90, 150
Mostar 178, 275
Mullaitivuh 326
Mutla-Höhenzug 330
My Lai 130, 272, 311
Myanmar 497

Nabatiye 488
Nabi Samwit 39
Nagorno-Karabach s. Berg-Karabach
Nanking 372
NATO 235, 308 ff
Nazis (s.a. Nürnberger Prozesse) 248, 439
Nicaragua 169
Nigeria 85
Nordkorea 477
Nordvietnam (s. a. Vietnam) 113, 120
NPFL (Nationale patriotische Front von Liberia) 233, 287
Nuba 384
Nürnberger Prozesse 8, 23, 68, 94, 108, 120, 133, 138, 152, 269, 274, 297, 439, 441, 451, 456, 463
Nyarabuye 353

Omarska 81, 249, 308, 340 ff, 374

Omis 136
Oranje 248
Organisation für das Verbot chemischer Waffen 92
Österreich 94
Ottawa 304
Ovcara 254, 292

Palästinenser 95, 101, 237
Palic 94
Paris 432
Park Canada 39
Peruca-Damm 136
Pham Van Tuong 113
Philippinen 296
Phnom Penh 129, 220, 450
PHR (Physicians for Human Rights) 254, 294
Pilice 292
Ping Fang 67
PKK (Kurdische Arbeiterpartei) 127
PLO (Palästinensische Befreiungsorganisation) 40, 104
Polen 94
POLISARIO 261
Prijedor 81, 350
Psar Deum Kor 228

Qana 430
Quang Tri 422

Ramat Ash Kol 103
Ramle 37
Rashidiye 40
RENAMO (Nationale Widerstandsbewegung von Mosambik) 150
Republika Srpska 52
Republikanische Garden (Irak) 122, 162
Revadim 38
Revolutionäre Garden (Iran) 154
Rogatica 329
Rom (s.a. ICC) 432
Rote Khmer 129, 220 ff, 448
Roter Halbmond 17, 350
Rotes Kreuz s. IKRK
Rotterdam 120
RPF (Ruandische Patriotische Front) 351, 358
Ruanda 9, 47, 126, 150, 182, 318, 351 ff, 465, 494
Ruanda-Tribunal s. ICTR
Rumänien 95
Runiynia 357
Rußland 71, 91, 413

Sabra 40
Sabra-Schatila 259
Safsaf 33
Saigon 422
Saliha 33

Samac 94
San Antonio Grande 369
San Salvador 257, 457
Sandline International 366
Sanski Most 196, 252
Sarajewo 12, 52, 61, 82, 111, 138, 150, 177, 180, 280, 468, 480
Sasa 33
Schiiten (Irak) 165
Scopus (Berg) 36
Serbien 52, 77, 94, 136, 324, 501
Serbische Freiwilligengarde 323
SFOR (Stabilization Force) 309
Shaback 42, 118, 336
Shariar 455
Shatilla 40
Shawnee-Indianer 151
Shin Bet 42, 117, 237
Sidon 40, 429, 490
Sierra Leone 365, 389
Sihanoukville (Kompong Som) 223
Sinai 304
Singhalesen 326
Sisophon 449
Solferino 22
Somalia 10, 28, 183, 445
Sowjetunion 71, 268
Spanisch-Sahara 261
Srebrenica 145, 174, 180, 292, 381, 447
Sri Lanka 12, 170, 326
Stern-Gang 36
Suchumi 330
Südafrika 30, 73, 90, 98, 248, 396
Sudan 90, 383
Südvietnam (s.a. Vietnam) 113
Suez 268
Susica 108

Taba 48, 376
Tadschikistan 12, 123
Taiwan 268
Taliban 214
Tamilen 326
Tamil-Tiger 170
Tan Binh 411
Tansania 48, 351
Tay Ninh 422
Tel Aviv 40, 164, 427
Tiberias, See von 33
Tibet 123
Tigre 125
Timor 123
Tindouf 261

Tokio-Tribunal s. IMT
Transvaal 248
Trnopolje 248, 350
Tschechoslowakei 95, 105
Tschetschenien 9, 319, 413 ff
Turanj 230
Türkei 24, 90, 105, 127, 464, 505
Tutsi 47, 181, 318, 351
Tyrus 40

UN 444 ff
– Charta 28
– Flüchtlingshochkommissariat s. UNHCR
– Generalversammlung 142, 294
– Hochkommissar für Menschenrechte 294
– OLA (Office for Legal Affairs) 444
– Sicherheitsrat 45, 54, 74, 95, 318, 353
– Völkerrechtskommission 31
Ungarn 95
UNHCR (UN-Flüchtlingshochkommissariat) 52, 123, 178, 252, 319, 358, 433, 494
UNITA (Nationalunion für die völlige Unabhängigkeit Angolas) 98
UNPROFOR (United Nations Protection Force) 62, 444
Uruguay 24
USA 8, 67, 71, 91, 120, 158, 285, 302, 410, 504

Vereinte Nationen s. UN
Vietkong 114, 130, 265, 311, 410
Vietnam 8, 113, 130, 223, 302, 422
Vitez 308
Vlakplaas Unit 399
Vlasenica 105
Völkerbund 28
Vukovar 254, 292

Wehrmacht (Deutsches Reich) 406
Westbank 45, 101, 237, 436
World Society for the Protection of Animals 278

Yalu 39

Zacatecoluca 257
Zaire 12, 98, 126, 181, 367
Zepa 329, 381
Zigeuner 248
Zvornik 82, 324